Kathrin Dreckmann

SPEICHERN UND ÜBERTRAGEN

Kathrin Dreckmann

SPEICHERN UND ÜBERTRAGEN

Mediale Ordnungen des akustischen Diskurses
1900-1945

Wilhelm Fink

Die vorliegende Arbeit wurde bearbeitet und in seiner ursprünglichen Version von der Philosophischen Fakultät der Heinrich-Heine-Universität unter dem Titel „Speichern und Übertragen. Mediale Ordnungen des akustischen Diskurses. 1900–1945“ als Dissertation angenommen.

Bibliografische Information der Deutschen Nationalbibliothek

Die Deutsche Nationalbibliothek verzeichnet diese Publikation in der Deutschen Nationalbibliografie; detaillierte bibliografische Daten sind im Internet über http://dnb.d-nb.de abrufbar.

Internet: www.fink.de

Einbandgestaltung: Phillip Schulze
Herstellung: Brill Deutschland GmbH, Paderborn

ISBN 978-3-7705-6212-1

Meinen Eltern

Danksagung

Mein besonderer Dank gilt meinem Doktorvater Prof. Dr. Dirk Matejovski, der mit Zuspruch und produktivem Anstoß meine Dissertation betreute. Ebenso bin ich Prof. Dr. Jochen Hörisch, meinem Zweitgutachter, zu großem Dank verpflichtet.

Besonders meinen KollegInnen und KorrekturleserInnen möchte ich an dieser Stelle danken: sie haben mich unterstützt, wo sie nur konnten, dazu gehören vor allem Dr. Jessica Eisermann, Dr. Verena Meis, Christoph Roolf M.A. und Annika Olbrisch M.A. sowie die studentischen Hilfskräfte Karla König B.A. und Bastian Schramm B.A. Ich danke meiner Familie für ihre Unterstützung. Helga Lanfer danke ich dafür, dass sie mich sehr früh darin bestärkt hat, den akademischen Weg zu gehen.

Inhaltsverzeichnis

1 Einleitung

„Falls Gott nicht die Wiederholung gewollt hätte, so wäre die Welt niemals entstanden", schrieb Søren Kierkegaard.[1] Die Welt, die Kierkegaard vor Augen hatte, war noch eine der metaphysischen Wahrheiten, der Mensch erkennt in dieser Welt durch Wiederholung, er erschafft sie durch die Wiederholung.

Der Popliterat Thomas Meinecke nimmt diesen Gedanken auf und sagte jüngst in einem Radiointerview, dass Kunst und Musik immer darauf angewiesen seien, wiederholt zu werden, um damit „Dinge, die schon mal da gewesen sind, neu ins Spiel zu bringen oder ins Bild zu setzen und zu recyceln und zu verändern und umzuschreiben."[2] Meinecke spricht über popkulturelle Techniken des Erinnerns und des Wiederholens und meint damit das Sampling, Covern und Remixen.

Für ihn gilt: „Aber ohne dieses, das schon mal da war, geht Pop für mich gar nicht."[3] Es ist also etwas in der Welt, auf das noch einmal Bezug genommen werden kann. Was Meinecke hier anspricht, ist nicht nur das Kernstück popkultureller Erinnerungstechniken, sondern zugleich das Wesen der Popmusik selbst. Er rekurriert auf die mediale Verfügbarkeit von popmusikalischen Medienträgern, auf das akustisch Gespeicherte, auf das noch einmal Bezug genommen wird. Der gespeicherte Inhalt kann wiederholt werden, weil er in kulturelle Prozesse des Erinnerns und Wiederverwendens eingebunden ist.

Auch der Pop-Produzent und Autor Hans Nieswandt ist dieser Auffassung, wenn er über die Wiederholung sagt:

> „Atmung, Herzschlag, all diese Dinge, die sich wiederholen, ohne dass man darauf überhaupt einen Einfluss nehmen kann, die sind Teil der Musik. [...] Ich denke, Wiederholung ist so was von unausweichlich und so sehr Teil der ganzen Produktionskette und Entstehungskette, also wirklich menschheitsgeschichtlich, zivilisationsgeschichtlich, dass man da unmöglich schlechte Gefühle haben kann. Also, ohne Wiederholung geht's überhaupt nicht."[4]

---

1 Kierkegaard, Sören (1967): *Die Wiederholung. Drei erbauliche Reden*. Düsseldorf, S. 5.

2 http://www.deutschlandfunk.de/popkultur-die-wiederholung-in-den-kuensten.866.de.html?dram:article_id=282224, abgerufen am 20.6.2014.

3 Ebd.

4 Ebd.

Für die Pop- und Mediengeschichte – so könnte geschlussfolgert werden – ist die Möglichkeit der Wiederholung ein zentrales Moment. Der Medientheoretiker Tilman Baumgärtel veröffentlichte entgegen der Kritik Adornos des „einlullenden Charakters der Massenmedien" und der Freudschen Vorstellung eines neurotischen mit dem Tod verwandten Wiederholungszwanges eine Studie. Das Experimentieren mit der Wiederholung als „Loop" begreift er als „künstlerisches Verfahren". Er geht von diversen Zeugnissen einer Kultur der Wiederholung aus, indem er Loops in verschiedenen chronologischen Stufen als Evolution der Technik begreift. Vor allem das Bearbeiten und Herauslösen von Klangbruchstücken und das Arrangieren im Produktionsstudio sind bei ihm als Stadien der Evolutionierung von moderner, synthetisch hergestellter Musik, zu verstehen, die analog zu den neuen Produktionspraktiken eines DJs zu denken sind. Als Beispiel ließen sich Künstler und Komponisten anführen, die dem Diktum der Komposition nicht folgten: Karl-Heinz Stockhausen, Terry Riley, Steve Reich oder die Klanginstallationen von La Monte Young. Die Synthese zwischen Mensch und Maschine, bei Hegel formuliert als „Prothesengott", wird bei Baumgärtel am Beispiel Elvis Presleys verhandelt. Die originelle Studie Baumgärtels[5] und die Thesen Meineckes, die im Feature Kierkegaard zitieren, setzen jedoch einiges vortheoretisch voraus: Die Frage nach der Ordnung medialer Diskurse. Hat Kierkegaard noch für das philosophische Denken innerhalb der Schriftvermittlung festgehalten, dass Leben und Erkennen immer eine erinnernde Wiederholung darstellen,[6] hat er sich damit zwangsläufig – medientheoretisch gedacht – einem platonischen Denken der Kultur der Schriftlichkeit zugeneigt. Nach Michel Foucault und mit Friedrich Kittler ist jedoch eine Idee von Kultur entstanden, die in chronologisch diversifizierten Dispositiven und Aussagen- bzw. Aufschreibesystemen denkt und dabei das Mediale mit einbezieht. Wird über die Wiederholung in dem oben genannten Sinne gesprochen, sind heute nicht mehr Texte gemeint, sondern Ordnungen des Medialen, die sich auch jenseits der Gesetze der Textlichkeit konstituiert haben und auf die Bezug genommen werden kann. Kittler hat recht, wenn er Sound als „das Unaufschreibbare der Musik und unmittelbar ihre Technik"[7] bezeichnet. Sound ist nur dann herstellbar, wenn er medientechnisch bearbeitet werden kann. Aussagen- bzw. Aufschreibesysteme entwickeln sich dann über die Materialität ihrer Wissensträger und die Ordnung selbst bildet sich aus durch Materialität der musikalischen Träger und der Rezeption. Die Frage lautete: Was liegt hinter der Musik,

5 Vgl.: BAUMGÄRTEL, Tilman (2015): *Schleifen. Zur Geschichte und Ästhetik des Loops.* Berlin, S. 113ff.

6 Vgl.: KIERKEGAARD, Sören (1967): *Die Wiederholung. Drei erbauliche Reden.* Düsseldorf.

7 KITTLER, Friedrich A. (1993): „Der Gott der Ohren", in: ders.: Draculas Vermächtnis. Technische Schriften. Leipzig, S. 130-148, hier S. 133; bzw. die erste Fassung: „Pink Floyd, Brain Damage", in: LINDEMANN, Klaus (Hg. 1982): *Europalyrik 1775 – heute. Gedichte und Interpretationen.* Paderborn, S. 467-477.

was sind die Dispositive der Speicherung, auch popmusikalischer Produktionsweisen?

Vor der Frage nach der Schleife, der Spur, dem Loop oder der Wiederholung als künstlerische Strategie ist die Frage der Möglichkeit der Wiederholung in der Welt.

Mit der Patentierung des Phonographen hat Thomas Alva Edison zum ersten Mal die Möglichkeit eröffnet, dass das zuvor Flüchtige reproduzierbar wurde. Damit sind Klangproduktionen und auch Schallaufnahmen gleichzeitig bezeichnet. Dies ist etwas Besonderes. Denn bevor über die Wiederholung jenseits musikalischer Notationssysteme nachgedacht werden konnte, musste eine Medientechnik entstehen, die die Performanz der Stimme und ihre Form speicherte. Aber welche Gattung ist es, wenn gesprochen wird? Wo taucht sie nochmal auf und wann stellt sich die Frage nach Form und Zugriff?

Erst durch die Möglichkeit der Reproduzierbarkeit ist eine medienkulturelle Ordnung entstanden, die jenseits des Originals operiert.[8] Die These der vorliegenden Arbeit lautet: Kulturelle Techniken der Speicherung und Übertragung haben eine neue Medienordnung ermöglicht, innerhalb derer sich neue Formen, Formate, Genres und Gattungen des Akustischen konstituiert haben.

Mit Speicherung ist zunächst die physikalisch-materielle Konservierung des akustischen Schalls gemeint. Dieser kann menschlich oder instrumental erzeugt werden. Übertragung ist ein komplexer Begriff, er bezeichnet zunächst die medientechnische Übermittlung von Schrift, Ton und Bild. Gleichzeitig bezeichnet Übertragung den Transfer von Wissen durch antike Scherbeneinschreibungen oder durch den Buchdruck. Schließlich schwingt im Begriff der Übertragung auch Freuds Konzept psychologisch-körperlicher Übertragungsprozesse mit. In jeder dieser drei Bedeutungen ist ein kultureller Prozess impliziert, der etwas Drittes entstehen lässt, das zuvor noch nicht da war.

Der Begriff des Speicherns wird genauso wie der Begriff der Übertragung als ein Komplex verstanden, der sowohl die medientechnische Wiederholbarkeit als auch die kulturelle Verfügbarkeit impliziert. Die Frage der vorliegenden Studie ist, wie Verfügbarkeit medienarchäologisch und geschichtlich wirkt und wie diese Verfügbarkeit der Medien eine Ordnung schafft. Die Forschungsfrage ist unweigerlich an den Kontext der Rezeption dieser Medien gebunden und damit an kulturelle Prozesse der Produktion und Verarbeitung.

Artefakte, Medien, Objekte erhalten durch kulturelle Mechanismen der Kodierung, Kontextualisierung, der Speicherung, Archivierung, Übertragung, Rezeption und Aneignung Bedeutung für eine Kultur. Die Medienträger, Artefakte,

---

8 Vgl. BENJAMIN, Walter (1974): „Das Kunstwerk im Zeitalter seiner technischen Reproduzierbarkeit", in: TIEDEMANN, Rolf/SCHWEPPENHÄUSER, Herman (Hg.): *Gesammelte Schriften*, I, 2. Frankfurt am Main, S. 471-508. Benjamin hat dies für die Fotographie zum ersten Mal deutlich herausgearbeitet.

Medien, Objekte, sind innerhalb einer Kultur materiell verfügbar. Aber nur, wenn sie rezipiert und genutzt werden, bleiben sie in Kultur lebendig – sonst landen sie im Archiv. Von hier aus gelten andere Gesetze der Produktion und kulturellen Verfügbarhaltung der Artefakte.

1.1 Vorgehensweise

Die vorliegende Studie beschäftigt die Frage, unter welchen epistemologischen Voraussetzungen akustische Medienordnungen des Wissens ausgebildet werden. Die akustische Mediengeschichte hat ihren archäologischen Anfang 1877 als Thomas Alva Edison den Phonographen patentieren ließ. Die Verbreitung des neuen Mediums in den folgenden Dekaden ließ das akustische Speichern zu einer kulturell bedeutsamen Medientechnik werden. Mit dem Phonographen war es möglich geworden, eine zuvor flüchtige Stimme in ihrem Vollzug akustisch zu speichern und wiederzugeben. Musik, Töne, Geräusche, Klänge und Stimmen vergangener Zeiten und Epochen müssen seither nicht mehr nur über den Umweg symbolischer Notationssysteme verschriftlicht werden, um sie zeit- und raumübergreifend rezipieren zu können, vielmehr ist Sinnlichkeit (wie Friedrich Kittler formulierte) in Form physikalischer Frequenzen von nun an reell speicherbar gewesen.[9]

Die Erfindung des Phonographen ermöglicht erstmals ein technisches Mediendispositiv des Akustischen. Neue, durch die Medientechnik erst hervorgebrachte Aussagensysteme lassen neue akustische Medienordnungen entstehen. Schall materialisiert sich medientechnisch. Akustische Schallobjekte sind nicht mehr flüchtig, sondern werden reproduzierbar und somit Teil (medien-) kultureller Verarbeitungsprozesse.

Wenn nun in der vorliegenden Arbeit von Ordnungsfragen ausgegangen wird, müssen unweigerlich die Mediendispositive in den Blick genommen werden. Dispositive produzieren diese Ordnungen, die Foucault als Wissens- und Aussagensysteme beschrieben hat; Friedrich Kittler ersetzte unter medialen Vorzeichen den Begriff der Aussagensysteme durch Aufschreibesysteme, um auf die Medialität epistemologischer Dispositive hinzuweisen und sprach von den Aufschreibesystemen 1800/1900. Bezeichnet sind damit Epistemologie und Diskurstheorie

9 Vgl.: KITTLER, Friedrich (1987): *Aufschreibesysteme 1800/1900*. München, S. 235. Die Reproduktion, die der Gegenstand selber beglaubigt, ist von „physikalischer Genauigkeit". Gemeint ist „das Reale von Körpern, wie sie mit Notwendigkeit durch alle symbolischen Gitter fallen." (S. 22). Daten sind u.a. via Grammophon und Phonograph im Aufschreibesystem 1900 aufgenommen worden, weshalb im Gegensatz zur Schrift Sinnlichkeit als Frequenzen „weit unter der […] Notationsschwelle" (S. 236) endlich mathematisch-physikalisch speicherbar geworden ist.

wissenschaftlichen Denkens, wie Foucault es in „Die Ordnung der Dinge" entwickelt hat. Kittler hat dieses Denken für das medientechnische Apriori fortgesetzt. Bisher nicht behandelt wurde eine medienarchäologische Beschreibung und Analyse epistemologischer Ordnungsstrukturen, die spezifisch auf die akustikgeschichtlichen Medienkulturen eingehen. Die medialen Ordnungen des akustischen Diskurses historisch und theoretisch aufzuarbeiten, heißt schließlich auch, unterschiedliche Mediendispositive in den Blick zu nehmen, die wissenschaftliche, aber auch öffentliche Medien- und Distributionsordnungen produzieren.

In der deutschsprachigen Wissenschaftsgeschichte ist „Ordnung" eng mit einem kulturellen Programm verbunden und zugleich ein Begriff der kulturwissenschaftlichen Volkskunde.[10] Als Wissenschaft vom „Leben in überlieferten Ordnungen"[11] bezeichnete sie der Volkskundler Leopold Schmidt im Jahre 1947. Schmidt, der die Volkskunde als Disziplin der alten deutschen Kulturwissenschaften begriff, verstand darunter vorrangig „traditionale Formen und Regelsysteme", die bis in den Alltag hinein diffundieren und diesen mitstrukturieren. Die Volkskundlerin Ina-Maria Greverus betonte im Jahre 1972, dass „kulturelle Ordnungen" nicht nur Teil überlieferter Prozesse seien, sondern der Mensch diese Ordnung mitproduziere und mitgestalte:[12] Und schon Goethe hat den Begriff der Ordnung als das „ordnen" und „geordnete" als die Ordnung im Archiv bezeichnet.[13]

Der Begriff der kulturellen Ordnung wird hier deshalb als Scharnierbegriff verstanden, der einerseits als heuristische Fragestellung eine Verbindung schaffen will und institutionshistorisch auf akustische Speicherprozesse angewendet wird und andererseits auf die Alltagspraktiken verweist. Damit ist dann bereits angedeutet, dass die kulturellen Mega-Ordnungsprinzipien, wie die des Alltagsmedialen an diese diskursive Ordnung nach Foucault und Kittler anschließen.

Angeregt durch den Ansatz Kittlers, nach dem mediale Gesetze existieren, die nicht vom Menschen gemacht werden und nur noch erkannt werden können, wurde in der vorliegenden Studie davon ausgegangen, dass technik-akustische Mediendispositive kulturelle Medien-Ordnungen hervorbringen. Diese

10 Vgl. BRÜCKNER, Wolfgang (1999): „Ordnungsdiskurse in den Kulturwissenschaften", in: *Österreichische Zeitschrift für Volkskunde*, Bd. 102, Heft 4/1999, S. 457-497.

11 SCHMIDT, Leopold (1948): „Volkskunde als Geisteswissenschaft", in: *Handbuch der Geisteswissenschaften*. Bd. 2, Heft 1. Wien, S. 7-30, hier: S. 14. Zitiert nach: KÖCK, Christoph (2001): „Bilderbuch-Natur und verrückte Natur. Strategien und Konsequenzen der kulturellen Gestaltung von Jahreszeiten", in: BREDNICH, Rolf Wilhelm/SCHNEIDER, Annette/WERNER, Ute (Hrsg.): *Natur-Kultur. Volkskundliche Perspektiven auf Mensch und Umwelt*. Münster, S. 91-106, hier: S. 93.

12 Vgl. GREVERUS, Ina-Maria (1972): „Kulturelle Ordnungen", in: BEITL, Klaus (Hg.): *Volkskunde. Fakten und Analysen. Festgabe für Leopold Schmidt zum 60. Geburtstag*. Wien, S. 6-13: S. 11. Zitiert nach: KÖCK (2001): Bilderbuch-Natur, S. 93.

13 „nach vollbrachter archivischer Ordnung der Dokumente": GOETHE 24, 40 nach Grimms Wörterbuch, Art. *Ordnung*. Vgl. dazu die Online-Ausgabe; verfügbar unter: http://woerterbuchnetz.de/DWB, zuletzt abgerufen am 3.6.2015.

geben vor, wie der Mensch in Kultur akustische Medien wahrnimmt und erinnert. Dies kann sowohl jenseits als auch diesseits kultureller bzw. institutionalisierter Archive geschehen. Medial vermittelte Erinnerungen sind dabei Teil eines historisch komplex gewachsenen kollektiven Gedächtnisses, das auch akustische Medien einschließt. Akustische Erinnerungsprozesse unter den Bedingungen ihrer medientechnischen und epistemologischen Entstehungszusammenhänge lassen sich systematisch nachvollziehen. Eine (medien-)kulturelle Ordnung des Akustischen kann auf diese Weise als medienarchäologisch sich entwickelnde und epistemologisch bedingte Distributions-, Speicher- und Übertragungskorrelation beschrieben und analysiert werden.

Medienarchäologisch hat sich auf der Basis der Möglichkeit des medientechnischen Übertragens und Speicherns ein System entwickelt, das bis heute gilt. Formate und Genres des akustisch bedingten Rezipierens sind von der medienarchäologischen Entwicklung der frühen Formen und Formate abhängig und bilden die Möglichkeit ihrer Rezeption.

Eine alltagsrelevante Bedeutung erfährt dieser Fragezusammenhang, wenn man sich die historisch gewordene medientechnologische Konstellation und Perspektive mit Blick auf die Gegenwart angesichts der universellen Präsenz heutiger Distributionsmedien (iTunes, Mp3- und CD-Player, YouTube, SoundCloud, Spotify etc.) vor Augen führt. Die „Allgegenwart“[14] musikalischer sowie sprachlicher Aufnahmen und Tonträger (darunter auch in Form von Collagen, von Montagen von O-Tönen aus dem Rundfunk, mittels Geräuschen in Hörspielen, Reportagen oder auch in popmusikalischen Montagen) zeigt, dass sich kulturelle Ordnungen des Akustischen einerseits medientechnisch entwickelt haben. Es hat sich jedoch andererseits auch eine in sich differenzierte Systematik der medialen Speicherung und Übertragung von akustischen Medieninhalten und -trägern etabliert. Die medienarchäologischen Ursprünge sind nicht nur in der Speicherung, sondern auch in der Übertragung akustischer Inhalte zu suchen.

Den wechselseitigen Zusammenhang von kultureller Speicherung des Akustischen und ihrer medialen Distribution und Übertragung zu analysieren, heißt forschungspraktisch, Zäsuren zu setzen, Abschnitte einzuteilen und das Material entsprechend zu sortieren.

So muss man sich vor Augen führen, dass die Patentierung der akustischen Medienspeicher erst im Jahre 1877 durch Thomas Alva Edisons Phonographen möglich geworden ist, der mit Tiefenschrift Schall in Wachswalzen einschreibt. Schall lässt sich zugleich aufnehmen, aber auch abspielen. 1888 folgte Emil Berliners Seitenschrift-Grammophon, das sich als kommerzielles Abspielgerät durchsetzte, u.a. weil die Klangqualität der Plattenaufnahmen deutlich besser war als die der Walzenaufnahmen des Phonographen.

14 RÖSING, Helmut (1998): „Musikgebrauch im täglichen Leben“, in: BRUHN, Herbert/RÖSING, Helmut (Hg.): *Musikwissenschaft. Ein Grundkurs.* Reinbek, S. 107-129, hier: S. 107.

Diese beiden Technologien werden in der vorliegenden Studie zum medientechnischen Ausgangspunkt und es wird von folgenden chronologisch gedachten Zäsuren ausgegangen: Zunächst wird die erste grammophonische Tonaufzeichnungspraxis, wie sie ungefähr ab 1890 in den ersten Produktionsstudios entwickelt wurde, in den Blick genommen. Im nächsten Abschnitt folgt ab 1899 und 1900 die Gründung erster phonographischer Archive in Wien und Berlin. Ab 1923 werden die akustischen Ordnungsstrukturen zur Zeit des Weimarer Rundfunks behandelt. Die Übertragungs- und Speicherordnungen des Nationalsozialismus seit 1933 werden in einem nächsten Schritt behandelt. Sie führen zu einem signifikanten kulturtechnischen Wechsel vom kulturellen Speichern hin zur Ästhetik der Übertragung, wie Wolfgang Ernst diesen Übergang in „Gesetz des Gedächtnisses“ beschrieb.

Der methodologische Zugang, medienkulturelle Ordnungen des akustischen Diskurses vom Material her zu denken, bedeutet, folgende Quellenbestände zu untersuchen und zu analysieren: Berücksichtigt wurden antiquarisch noch erhältliche Kataloge des Bestands der Grammophon und Telefunken, Gründungsurkunden, Richtlinien und Anleitungen für Platten- und Walzenaufnahmen, erhaltene Tonbestände aus dem Deutschen Rundfunk-Archiv (DRA) in Frankfurt a. M.; Darstellungen der Quellengeschichte wurden ergänzt durch zeitgenössische Programmzeitschriften und erhaltene Sendemanuskripte, Rundfunkverordnungen, Briefwechsel, Tagebucheintragungen und die Spitzelberichte der Wehrmacht und des Sicherheitsdienstes der SS bilden eine sehr gute Grundlage für die Thesenbildung.

1.2 Stand der Forschung

In den vergangenen 15 Jahren ist die kulturelle Bedeutung von medientechnisch gespeicherten Klängen, Tönen, Geräuschen und Stimmen mehr und mehr zum Thema gemacht geworden. Innerhalb der Kulturwissenschaften, die die Teildisziplinen der Mediengeschichte und der Medientheorie mit einbeziehen, sind neue spannende Forschungsfelder entstanden, die sich als Ergänzungen zu den Diskussionen zu den „Visual Cultures“[15] verstehen lassen und unter Begriffen wie „Sound Studies“[16] oder „Acoustic Studies“[17] firmieren.

---

15 Vgl. dazu exemplarisch: MIRZOEFF, Nicholas (2006): „What is Visual Culture?“, in: MORRA, Joanne/SMITH, Marquard (Hg.): *Visual Culture. Critical Concepts in Media and Cultural Studies.* Bd. 1: *What is Visual Cultural Studies.* London/New York, S. 120-129.

16 Vgl.: SCHULZE, Holger (Hg., 2008): *Sound Studies. Traditionen – Methoden – Desiderate. Eine Einführung.* Bielefeld.

17 Vgl.: MEYER, Petra Maria (Hg., 2008): Acoustic Turn. München; DOBNICK, Jim (2004): *Listening Awry: Music and Alterity in German Culture.* Toronto u.a.; PORCELLO, Thomas (2007):

Dabei gibt es eine Hauptgruppe, die vom medientechnischen Standpunkt aus arbeitet.[18] Zunächst bildete forschungsgeschichtlich die Wahrnehmung körperloser Stimmen den Ausgangspunkt, um die kulturgeschichtliche Medienästhetik des Akustischen zu analysieren. Die Arbeiten von Friedrich Kittler, der medienarchäologisch die Wissens- und Wissenschaftsgeschichte auf den Grundlagen der technischen Bedingungen von medialen Klangproduktionen und Soundstrukturen in ihrer genealogischen Entwicklung als erster betrachtet hat, sind für weitere Einzeluntersuchungen maßgebend gewesen.[19]

Grundsätzlich wird im akustischen Feld vor allem die Kulturgeschichte und -philosophie der Stimme erforscht, wobei in den vergangenen zehn Jahren auffallend viele Arbeiten zu stimmlichen Äußerungsformen entstanden sind. Für den deutschsprachigen Diskurs darf die kulturgeschichtlich ausgerichtete Monographie „Stimme und Sprechkünste im 20. Jahrhundert" von Reinhart Meyer-Kalkus als herausragend gelten.[20] Der Autor arbeitet darin die zentrale kulturgeschichtliche Stellung der Stimme in den Disziplinen der Physiologie, Sprachwissenschaft und Psychoanalyse heraus. Karl-Heinz Göttert geht in seiner „Geschichte der Stimme" ausführlich auf die Frage der kulturellen Bedeutung der gesprochenen Stimme ein, wie sie sich in Religion, Theater, Rhetorik, Politik und Radio manifestiert hat.[21]

In der jüngeren Vergangenheit werden schließlich körperlose (Medien-)Stimmen im kulturwissenschaftlichen Rahmen zumeist im Kontext ästhetischer Fragehorizonte behandelt.[22] Die Performativität stimmlicher Äußerungsformen

---

„Three Contributions to the ‚Sonic Turn'", in: *Current Musicology*, Nr. 83, S. 153-166; BULL, Michael/BACK, Les (Hg., 2003): *The Auditory Culture Reader. Sensory Formations Series.* New York; und MATEJOVSKI, Dirk (Hg., 2014): *Resonanzräume. Medienkulturen des Akustischen.* Düsseldorf.

18 Vgl.: KITTLER, Friedrich/MACHO, Thomas/WEIGEL, Sigrid (Hg., 2002): *Zwischen Rauschen und Offenbarung. Zur Medien- und Kulturgeschichte der Stimme*, Berlin; EPPING-JÄGER, Cornelia/LINZ, Erika (Hg., 2003): *Medien/Stimmen.* Köln; und FELDERER, Brigitte (Hg., 2004): *Phonorama. Eine Kulturgeschichte der Stimme als Medium.* Berlin.

19 Vgl. dazu die Darstellung von: WINTHROP-YOUNG, Goeffrey (2011): *Kittler and the Media.* Cambridge. Siehe ebenso: SCHRÖTER, Jens (2004): *Das Netz und die virtuelle Realität. Zur Selbstprogrammierung der Gesellschaft durch die universelle Maschine.* Bielefeld; und SPEHR, Georg (2009): *Funktionale Klänge. Hörbare Daten, klingende Geräte und gestaltete Hörerfahrungen.* Bielefeld. Dazu gehört sicherlich auch die Arbeit von POSCHARDT, Ulf (2001): *DJ-Culture. Diskjockeys und Popkultur.* Reinbek.

20 MEYER-KALKUS, Reinhart (2001): *Stimme und Sprechkünste im 20. Jahrhundert.* Berlin.

21 GÖTTERT, Karl-Heinz (1998): *Geschichte der Stimme.* München.

22 Vgl.: KOLESCH, Doris (2009): „Zwischenzonen. Leiblichkeit – Räumlichkeit – Aisthesis", in: KOLESCH, Doris/SCHRÖDL, Jenny/PINTO, Vito (Hg.): *Stimm-Welten. Philosophische, medientheoretische und ästhetische Perspektiven.* Bielefeld, S. 11-22; KOLESCH, Doris (2006): „Wer sehen will, muß hören. Stimmlichkeit und Visualität in der Gegenwartskunst", in: KOLESCH, Doris/KRÄMER, Sybille (Hg.): *Stimme. Annäherung an ein Phänomen.* Frankfurt am Main, S. 40-65; KOLESCH, Doris (2004): „Natürlich künstlich. Die Stimme im Medienzeitalter", in: KOLESCH, Doris/SCHRÖDL, Jenny (Hg.): *Kunst-Stimmen.* Berlin, S. 19-38; und KOLESCH, Doris (2004): „Szenen der Stimme. Zur stimmlich-auditiven Dimension des Gegenwartstheaters"

bildet dabei einen Kernpunkt der ästhetischen Betrachtungen. Die Stimme wird dabei jedoch nicht im Zusammenhang ihrer Speicherbarkeit und medialen Übertragungsprozesse betrachtet, sondern als ein performatives flüchtiges Phänomen. Geht es um die performative Stimme als „Nukleus dessen, worum sich die Geisteswissenschaften drehen", wie Doris Kolesch und Sybille Krämer im Vorwort zu dem von ihnen im Jahre 2006 herausgegebenen Band „Stimme. Annäherung an ein Phänomen" formulierten, werden dabei Überlegungen zur Stimme der Präsenz angestellt. Die Stimme als performatives Phänomen soll rehabilitiert werden, da sie lange Zeit aus dem kulturtheoretischen Blick geraten sei. Verantwortlich zeichne sich hierfür „die Erosion eines forcierten Medientechnizismus, für den nur als Medium gilt, was verschaltbar ist und damit eine Zeitachsenmanipulation zulässt". Dass die Stimme als performatives Phänomen ins Abseits der kulturwissenschaftlichen Forschungen geraten sei, habe außerdem Jacques Derridas „Phonologozentrismus-Diagnose" verursacht, „welche für eine nachhaltige Marginalisierung der Beschäftigung mit der Stimme im kulturkritischen Diskurs des ausgehenden 20. Jahrhunderts gesorgt hatte".[23]

Das Medium der Stimme als Präsenz behandelt neben Doris Kolesch auch Jenny Schrödl. Sie legte 2012 eine Dissertation zur „Ästhetik der Stimme im postdramatischen Theater" vor, in der sie auf die performative Inszenierung der Stimmpräsentationen in den Künsten eingeht.[24] Darüber hinaus beschäftigen sich auch die Theaterwissenschaften mit der Bedeutung des Akustischen in den darstellenden Künsten.[25] Auch in der Philosophie sind Untersuchungen zur Phänomenologie des Hörens[26] und der Stimme entstanden. Als besonders einflussreich in der interdisziplinären Auseinandersetzung mit dem Gegenstand des Hörens und der Stimme dürfen die Monographien von Jean-Luc Nancy,[27]

---

in: Arnold, Heinz Ludwig (Hg.): *Theater fürs 21. Jahrhundert* (Sonderband TEXT + KRITIK, XI). München, S. 156-165.

23 Kolesch, Doris/Krämer, Sybille (2006): „Stimmen im Konzert der Disziplinen", in: Kolesch, Doris/Krämer, Sybille (Hg.): *Stimme. Annäherung an ein Phänomen*. Frankfurt am Main, S. 7-15, hier: S. 9.

24 Schrödl, Jenny (2012): *Vokale Intensitäten. Zur Ästhetik der Stimme im postdramatischen Theater*. Bielefeld.

25 Vgl. dazu exemplarisch: Kolesch, Doris/Schrödl, Jenny (Hg., 2004): *Kunst-Stimmen*. Berlin; und Kolesch, Doris (2001): „Ästhetik der Präsenz. Theater-Stimmen", in: Früchtl, Josef/Zimmermann, Jörg (Hg.): *Ästhetik der Inszenierung*. Frankfurt am Main, S. 260-276.

26 Bendix, Regina (2003): *Über das (Zu-)Hören*. Göttingen; und: Howes, David (2004): „Sound Thinking", in: Drobnick, Jim (Hg.): *Aural Cultures*. Toronto, S. 240-251.

27 Nancy, Jean-Luc (2002): *Zum Gehör*. Zürich; und Ders. (2014): *Die Mit-Teilung der Stimmen*. Zürich.

Jean-Louis Chrétien,[28] Michel Poizat,[29] Mladen Dolar,[30] Don Ihde[31] und Veit Erlmann[32] gelten. Zur philosophischen Bedeutung der Stimme ist jüngst darüber hinaus die Arbeit von Sabine Till (mit dem Titel „Die Stimme zwischen Immanenz und Transzendenz") erschienen.[33] Darin behandelt sie die Stimme als Metapher und Phänomen bei den postmodernen Philosophen Emmanuel Lévinas, Jacques Lacan, Jacques Derrida und Gilles Deleuze.

Arbeiten, die sich den „Sounds" der Vergangenheit widmen, sind vor allem im größeren Zusammenhang einer sich langsam konstituierenden Popkulturgeschichtsschreibung entstanden.[34] Ausgehend von einer Musikwissenschaft, die sich von ihrer Werk- und Partiturfixierung nach und nach auch methodisch distanziert, werden indes Fragen nach der soziologischen und mediengeschichtlichen Bedeutung von Klängen aufgeworfen.[35] Vor allem aber die Popkulturforschung widmet sich den Fragen nach der Medialität musikalischer Soundstrukturen.

Popmusikalische Klänge werden dabei auf ihr intermediales Referenz- und Kodierungsverfahren hin befragt und popmusikgeschichtlich entfaltet. Forschungen aus dem größeren Zusammenhang der Geschichtlichkeit von Soundscapes und Geräuschen werden jedoch oft unter sozialwissenschaftlichen Gesichtspunkten betrieben. Die Lärmforschung ist ein Beispiel hierfür. Jedoch sind solche Gegenstände seit wenigen Jahren auch zu einem Gegenstand der kultur- und geschichtswissenschaftlichen Forschung geworden.[36] Geht man mit Jan-Friedrich Missfelder davon aus, „dass jede Geschichte des Klangs immer auch

---

28 Chrétien, Jean-Louis (1990): *La Voix nue: phénoménologie de la promesse*. Paris.

29 Poizat, Michel (2008): „Teuflisch oder göttlich. Der lyrische Genuß", in: Kittler, Friedrich/Macho, Thomas/Weigel, Sigrid (Hg.): *Zwischen Rauschen und Offenbarung*. Berlin, S. 215-232; und Ders. (1992): *The Angel's Cry: Beyond the Pleasure Principle in Opera*. New York.

30 Dolar, Mladen (2007): *His Master's voice. Eine Theorie der Stimme*. Frankfurt am Main.

31 Ihde, Don (2007): *Listening and Voice: Phenomenologies of Sound*. New York.

32 Erlmann, Veit (2004): *Hearing Cultures: Essays on Sound, Listing and Modernity*. New York.

33 Vgl.: Till, Sabine (2014): *Die Stimme zwischen Immanenz und Transzendenz. Zu einer Denkfigur bei Emmanuel Lévinas, Jacques Lacan, Jacques Derrida und Gilles Deleuze*. Bielefeld.

34 Vgl.: Reynolds, Simon (2012): *Retromania. Warum Pop nicht von seiner Vergangenheit lassen kann*. Mainz; Diederichsen, Dietrich (2014): *Über Pop-Musik*. Köln; und Jacke, Christoph (2008): „Pop – die vergessliche Erinnerungsmaschine", in: Ders./Zierold, Martin (Hg.): *Populäre Kultur und soziales Gedächtnis: theoretische und exemplarische Überlegungen zur dauervergesslichen Erinnerungsmaschine Pop*. Frankfurt am Main, S. 199-210.

35 Vgl. Cook, Nicholas (2001): „Between Process and Product. Music and / as Performance", in: *Music Theory Online. The Online Journal of the Society for Music Theory*, Jg. 7, Nr. 2. Online verfügbar unter: http://www.mtosmt.org/issues/mto.01.7.2/mto.01.7.2.cook.html#Beginning, zuletzt abgerufen am 10.9.2013.

36 Vgl. Stahl, Heiner (2014): „Vom Versprechen der Entlärmung. Geräuschkulissen im Sozialismus. Erfurt 1950-1975", in: *Historische Anthropologie*, Jg. 22, Nr. 3, S. 384-407; und Ders. (2014): „Stadt als Anordnung von Sound und Lärm. Das Auditorische als Ressource der Konstruktion und diskursiven Bewertung von städtischem Raum", in: Warnke, Ingo H./Busse, Beatrix (Hg.): *Place-Making in urbanen Diskursen*. Berlin/München/Boston, S. 191-207.

Mediengeschichte seiner Speicherung sein muss" und als „Kulturgeschichte komplexer Einschreibungsprozesse in unterschiedlichen Medien"[37] verstanden werden muss, kommt auch eine (Medien-)Geschichte akustischer Speicherung nicht ohne eine Berücksichtigung rezeptionsästhetischer Kodierungsprozesse aus. Der Zusammenhang von Stimme, Sound, Klang, kultureller Speicherung und Gedächtnisbildung gewinnt im Akustikdiskurs mehr und mehr an Bedeutung und Relevanz für das relativ junge Forschungsfeld. So widmete sich die 9. Blankensee-Konferenz des Berliner Wissenschaftskollegs im Sommer 2010 der Frage, wie auditive Kulturen des 19. und 20. Jahrhunderts geklungen haben könnten und mit welchen geisteswissenschaftlichen Methoden diese akustische Vergangenheit sich rekonstruieren lasse. Sowohl medienarchäologische (Wolfgang Ernst, Axel Volmar) und anthropologische (Holger Schulze) als auch geschichtswissenschaftliche Zugänge (Daniel Morat, Carolyn Birdsall) wurden dabei skizziert.[38]

Dass die Klanggeschichtsschreibung vor allem auch geschichtswissenschaftlich ein großes „Potential" hat, ist auf dem 49. Deutschen Historikertag 2012 in Mainz diskutiert worden.[39] Vor allem der Historiker Gerhard Paul stellte den medialen Umgang mit Tonquellen als erkenntnisleitendes Paradigma für eine akustische Gedächtnis- und Geschichtsbildung heraus. Seine Analyse popkultureller Aneignungsprozesse des „Ritt der Walküren" von Richard Wagner zeichnete er für das 20. und 21. Jahrhundert nach und führte auf diese Weise die Genese eines Mediums des kollektiven Gedächtnisses vor. In dem von Paul zusammen mit Ralph Schock herausgegebenen (und breit rezipierten) Sammelband „Sound des Jahrhunderts" versammelt er eine große Anzahl von Fallbeispielen zur akustischen Memorialkultur.[40]

In der Geschichtswissenschaft sind solche medienhistorischen Mediengeschichten vor allem durch die Analysen Alain Corbins inspiriert.[41] Seine dis-

---

37 MISSFELDER, Jan-Friedrich (2012): „Period Ear. Perspektiven einer Klanggeschichte der Neuzeit", in: *Geschichte und Gesellschaft*, Jg. 38, Heft 1, S. 21-47, hier: S. 33.

38 Vgl. o. V. (2010): Ankündigung des „9th Blankensee Colloquium – Hearing Modern History". Online verfügbar unter: http://www.geschkult.fu-berlin.de/e/fmi/arbeitsbereiche/ab_nolte/dokumente/Morat/blankensee.html, zuletzt abgerufen am 3.6.2015.

39 HILGERT, Christoph (2012): Tagungsbericht zum Historikertag 2012 mit dem Thema „Sound History", veranstaltet u.a. vom Verband der Historiker und Historikerinnen Deutschlands. Online verfügbar unter: http://www.hsozkult.de/conferencereport/id/tagungsberichte-4457, zuletzt abgerufen am 3.6.2015.

40 Vgl. PAUL, Gerhard/SCHOCK, Ralph (Hg., 2013): *Der Sound des Jahrhunderts. Ein akustisches Porträt des 20. und beginnenden 21. Jahrhunderts*. Bonn.

41 Vgl. STAHL, Heiner (2014): „‚Soundgenerationen' – eine Perspektive auf kulturelle, technische und soziale Formierungsprozesse am Schnittpunkt zu den Sound Studies", in: GROTHUSEN, Söhnke/MORAIS, Vânia/STÖCKMANN, Hagen (Hg.): *Generation und Raum – zur symbolischen Ortsbezogenheit generationeller Dynamiken*. Göttingen, S. 252-263; Ders. (2013): „Der Klang der postmodernen Großstadt", in: PAUL, Gerhard/SCHOCK, Ralph (Hg.): *Der Sound des Jahrhunderts. Ein akustisches Porträt des 20. und beginnenden 21. Jahrhunderts*. Bonn, S. 558-563;

kursleitende Studie über die „Sprache der Glocken“ im Frankreich des 19. Jahrhunderts[42] zeigt an, inwiefern Klang Raum- und Zeitwahrnehmung historisch strukturiert hat. Weitere Arbeiten aus einer neueren Perspektive der Geschichtswissenschaft, die auch die historische Bedeutung der Sinne behandelt, sind zum Beispiel von Mark M. Smith vorgelegt worden.[43]

So wird neben dem relativ jungen Forschungsfeld der „Sound Studies“ oder „Acoustic Studies“ in den Geisteswissenschaften vermehrt auch die Frage nach der geschichtlichen Bildung kultureller Identitäts- bzw. Gedächtnisprozesse behandelt, die durch medienästhetische und sinnesphysiologisch begründete Wahrnehmungsstrukturen geprägt sind.

Das Buch „Das akustische Gedächtnis im Zweiten Weltkrieg“, von Robert Maier herausgegeben und 2011 erschienen, behandelt die „während des Krieges gesungenen und gehörten Lieder – nicht selten auf das Kriegsgeschehen hin umgetextete Volkslieder“. In dem Buch wird zunächst davon ausgegangen, „dass [d]ie Ausstrahlung dieser Stimmen [...] sich auch auf das kulturelle Gedächtnis“[44] übertrug. In der Einführung formuliert der Herausgeber Maier ein ganzes Konvolut an Fragen, die der Fragestellung der vorliegenden Dissertation sehr ähnlich und zum Teil auch mit ihr identisch sind, so zum Beispiel:

> „Gibt es einen relativ einheitlichen Fundus an akustischen Erinnerungen in einer Bevölkerung, so dass man von einem kollektiven akustischen Gedächtnis sprechen kann? [...] Gibt es Ton-Ikonen, die jedem geläufig sind? Wie werden sie kanonisiert? Welche Rolle spielen sie für Identitätsfindungs- und Abgrenzungsprozesse? [...] Gibt es auch gruppenspezifische Prägungen des akustischen Gedächtnisses? [...] Wie wandelt sich dieses akustische Gedächtnis in der Generationenfolge? Wie wurde, wie wird akustische Erinnerung weitergegeben? [...] Sobald Lautliches dem kulturellen Gedächtnis einverleibt wird, ist es auf Wiedergabefähigkeit angewiesen.“[45]

Terminologisch werden unterschiedliche Gedächtnisformationen hierbei nicht deutlich voneinander geschieden und auch medienhistorisch nicht näher bestimmt und differenziert. Eine systematische Herangehensweise ist wohl in der Form oft sehr heterogener Aufsatzsammlungen grundsätzlich schwierig. So werden unter anderem die „Schlacht von Stalingrad“[46] sowie Erlebnisberichte

---

und Ders. (2010): „Mediascape and Soundscape in Cold War Berlin“, in: Broadbent, Philipp/Hake, Sabine (Hg.): *Berlin. Divided City, 1945-1989*. New York, S. 56-66.

42 Vgl. Corbin, Alain (1995): *„Die Sprache der Glocken“. Ländliche Gefühlskultur und symbolische Ordnung im Frankreich des 19. Jahrhunderts*. Frankfurt am Main.

43 Vgl. Smith, Mark M. (2007): *Sensing the past. Seeing, hearing, smelling, tasting, and touching in history*. Berkeley/Los Angeles.

44 Maier, Robert (2011): „Einführung“, in: ders. (Hg.): *Akustisches Gedächtnis und Zweiter Weltkrieg*. Göttingen, S. 11-20, hier: S. 12f.

45 Ebd., S. 13f.

46 Ritter, Rüdiger (2011): „Tönende Erinnerung: Überlegungen zur Funktionsstruktur des akustischen Gedächtnisses. Das Beispiel der Schlacht von Stalingrad“, in: Maier, Robert (Hg.):

russischer Zeitzeugen[47] und kaukasischer Wehrmachtsangehöriger[48] zum Thema einzelner Beiträge, ebenso wie in der russisch-sowjetischen Dichtung nach akustischen Reminiszenzen an den Zweiten Weltkrieg[49] gesucht wird. Besonders hervorzuheben ist allerdings der Beitrag von Thomas Jander, der sich den „Sprechenden Feldpostbriefe[n]" zuwendet.[50] Grammophonische Aufnahmen von Soldaten an der Front wurden im Zweiten Weltkrieg angefertigt, sodass das Schallplattenmedium hier zwischen privater Propaganda und einem akustischen Gedächtnis pendelt. Der Aufsatz ist ein herausragender Beitrag zur Geschichte akustischer Gedächtnisstrukturen, eine systematische Aufarbeitung akustischer Gedächtnismedien leistet der gesamte Band jedoch nicht.[51] Vielmehr gewinnt der Leser den Eindruck, dass die Auseinandersetzung wesentlich innerhalb des disziplinären Wirkungskreises des Herausgebers erfolgt. Als Geschichtsdidaktiker folgt dieser nämlich einem pädagogischen Impuls. Er fragt:

> „Welche akustischen Elemente können in der historischen Bildung eingesetzt werden, und was muss man dabei bedenken? Wie kann man die Lautsphäre des Zweiten Weltkriegs Nachgeborenen nahebringen?"[52]

Grundsätzlich gilt, dass die spezifische Medialität des akustischen Gedächtnismediums hier in weiten Teilen unberücksichtigt bleibt, sehr heterogene Methoden (Zeitzeugeninterviews, Lyrikinterpretation etc.) eingesetzt werden und „theoretisch unterkomplex" argumentiert wird.[53]

So zeigt sich, dass erste Arbeiten zu (akustischen) Medien des kollektiven Gedächtnisses vortheoretisch mit dem Begriff des kommunikativen und kollek-

---

Akustisches Gedächtnis und Zweiter Weltkrieg. Göttingen, S. 31-42.

47 Vgl. Santis, Ramona S. (2011): „Die Lautsphäre des Zweiten Weltkriegs in den Erinnerungsberichten russischer Zeitzeugen", in: Maier, Robert (Hg.): *Akustisches Gedächtnis und Zweiter Weltkrieg*. Göttingen, S. 43-52.

48 Vgl. Gasimov, Zaur (2011): „Lieder, Befehle und Sprüche: Zur Kriegserinnerung kaukasischer Wehrmachtsangehöriger", in: Maier, Robert (Hg.): *Akustisches Gedächtnis und Zweiter Weltkrieg*. Göttingen, S. 53-62.

49 Vgl. Sidikov, Bahodir (2011): „Erhörte Zeit: Akustische Reminiszenzen an den Zweiten Weltkrieg in der russisch-sowjetischen Dichtung", in: Maier, Robert (Hg.): *Akustisches Gedächtnis und Zweiter Weltkrieg*. Göttingen, S. 75-98.

50 Jander, Thomas (2011): „‚Sprechende Feldpostbriefe'. Private Propaganda und akustisches Gedächtnis", in: Maier, Robert (Hg.): *Akustisches Gedächtnis und Zweiter Weltkrieg*. Göttingen, S. 159-194.

51 Vgl. die Rezension von Daniel Morat, worin es heißt: „Insgesamt fällt die wechselnde Qualität der Beiträge des Bandes auf. Ihm ist anzumerken, dass sein Gegenstand noch wenig bearbeitet ist; verbindliche Leitbegriffe, Kategorien und Methoden fehlen bisher. Das zeigt sich nicht nur an den unterschiedlichen Herangehensweisen der Autorinnen und Autoren, sondern auch am zum Teil naiven Umgang mit den Zeitzeugnissen." Morat, Daniel (2011): Sammelrezension zu *Krieg und Akustik*. Online verfügbar unter: http://www.hsozkult.de/publicationreview/id/rezbuecher-15123, zuletzt abgerufen am 3.6.2015.

52 Maier (2011): Einführung, S. 15.

53 Vgl. Morat (2011): Rezension *Krieg und Akustik*.

tiven Gedächtnisses operieren und zeitlich in der Regel auf die Nachhaltigkeit der Medien aus dem Nationalsozialismus eingegangen wird. Der „Umgang mit dem restriktiven Erbe" steht dabei im Mittelpunkt, verknüpft mit der Frage, ob „[n]ationalsozialische Propaganda aus dem Verkehr gezogen werden" müsste,[54] da die Demokratie dadurch beschädigt werden könne.

Diese Debatten sind in der Regel mit der didaktischen Aufbereitung der NS-Medien verbunden, nämlich mit der Frage, welche Medien heute für den Schulunterricht verwendet werden können, bzw. welche Filme gezeigt und welche Lieder gesungen werden dürfen.[55] Es zeigt sich, dass der Umgang mit Medien zugleich die Reglementierung der Rezeption impliziert. Im Vorwort zu dem Buch „Akustisches Gedächtnis und Zweiter Weltkrieg" geht Aleida Assmann auf die Bedeutung des kommunikativen Gedächtnisses ein und macht deutlich, „dass historische Generationen nicht nur von dem geprägt sind, was sie gesehen, sondern auch, was sie gehört haben. Die unwillkürlich gespeicherten Töne und Geräusche sind ein unveräußerlicher Teil ihrer Identität."[56] Traumatische akustische Erlebnisse, die die Kriegsgeneration im Zweiten Weltkrieg machen musste, seien mit Emotionen verbunden, die durch abermaliges Hören der Töne wieder „notwendig mit aufgerufen"[57] werden. Thematisiert werden auf diese Weise vor allem Eindrücke eines individuellen akustischen Gedächtnisses, das mit individuellen, meist traumatischen Erfahrungen dann abrufbar wird, wenn vergleichbare Töne und Geräusche (dazu gehören sicherlich die Sirenen wie im Falle eines Bombenalarms oder herannahender Panzer) zwar individuell unterschiedlich abgespeichert, sie jedoch zugleich mit vielen anderen Menschen geteilt werden.[58] Dies betrifft Speicher- und Übertragungsmedien gleichermaßen.

---

54 KUCHLER, Christian (2014): „NS-Propaganda zwischen Verbot und öffentlicher Auseinandersetzung", in: ders. (Hg.): *NS-Propaganda im 21. Jahrhundert. Zwischen Verbot und öffentlicher Auseinandersetzung.* Köln/Weimar/Wien, S. 7-14, hier: S. 8.

55 Aktuell steht vor allem der „fachdidaktische Gehalt des wissenschaftlichen Konzeptes der NS-Volksgemeinschaft und seiner Implikationen für historische Lernprozesse zu Nationalsozialismus und Holocaust" im Blick neuerer historischer Forschungen. Vgl. hierzu die Konferenz „Vermittlungspotential der ‚NS-Volksgemeinschaft'. Der fachdidaktische Gehalt eines wissenschaftliche Analysekonzeptes" vom 28.5.2015 bis zum 29.5.2015. Veranstaltet wurde sie von Uwe Danker, Sebastian Lehmann und Astrid Schwabe vom Institut für Zeit- und Regionalgeschichte und Seminar für Geschichte und Geschichtsdidaktik der Europa-Universität Flensburg. Vgl.: DANKER, Uwe/SCHWABE, Astrid/LEHMANN-HIMMEL, Sebastian (2015): „Vermittlungspotenzial der ‚NS-Volksgemeinschaft'. Der fachdidaktische Gehalt eines wissenschaftlichen Analysekonzepts". Online verfügbar unter: http://www.hsozkult.de/event/id/termine-27758, zuletzt abgerufen am 3.6.2015.

56 ASSMANN, Aleida (2011): Vorwort, in: MAIER, Robert (Hg.): *Akustisches Gedächtnis und Zweiter Weltkrieg.* Göttingen, S. 7-9, hier: S. 8.

57 Ebd.

58 Vgl. hierzu das 24stündige „Dokuevent" zum Zweiten Weltkrieg vom 25. April 2015, gesendet beim Fernsehsender Vox: Vor allem Geräusche, Töne und Stimmen zum Ende des Krieges, vor und nach dem Bombardement der Alliierten, wurden hier mittels Zeitzeugeninterviews thematisiert. Ausschnitt aus der Dokumentation online verfügbar unter: http://www.spiegel.

Geht es um Fragen kollektiver Gedächtnisbildung, müssen Speichermedien jedoch grundsätzlich einer größeren Gruppe von Menschen zugänglich sein. Sie werden dann zu Übertragungsmedien. Eine breitenwirksame kulturelle Übertragung von akustischen Medien ist mit der Erfindung des Rundfunks überhaupt erst möglich geworden. Mit Wolfgang Ernst kann in diesem Sinne von einem wesentlichen „kulturtechnischen Wechsel"[59] ausgegangen werden. So ließe sich sagen, dass die „Obsession der Speicherung von Kultur" sich zu einer „Ästhetik der Übertragung"[60] hin verschiebt.

In dem bereits angesprochenen, von Gerhard Paul und Ralph Schock im Jahre 2013 herausgegebenen Buch „Sound des Jahrhunderts"[61] ist eine große Anzahl an Beiträgen zur Geschichte auditiver Gedächtnisbildung enthalten. Der Band bietet einen sehr guten Überblick über die unterschiedlichen Strukturen und Formen medienkultureller Erinnerung im Nationalsozialismus und in der Nachkriegszeit (1949 bis heute). Sehr unterschiedliche „Sound"-Phänomene werden behandelt,[62] die als Bestandteil eines akustischen Gedächtnisses betrachtet werden können. Beiträge zu „Ganz Deutschland hört den Führer", „Wagners Walkürenritt" und „Davon geht die Welt nicht unter" werden beispielsweise für die Zeit des Nationalsozialismus näher beleuchtet, zugleich aber auch Soundwahrnehmungen wie „Schienenklänge – Lokgesänge", Fliegeralarm und Luftschutzsirenen oder die Radioreportage vom Absturz des Zeppelins „Hindenburg" in Lakehurst. Dabei wird in den einzelnen Beiträgen akustischen Gedächtnisspuren nachgespürt, zugleich werden Beispiele für Medien eines kollektiven akustischen Gedächtnisses analysiert. Eine systematische Begriffs- und Theoriebildung findet jedoch nicht statt. Dennoch ist das Buch insgesamt ein sehr guter Beitrag für weiterführende Forschungen in dem Bereich und fließt in Teilen deshalb auch in die vorliegende Analyse mit ein.

Diese kurze Skizze der disziplinär und methodisch verschränkten Perspektiven auf das Phänomen der menschlichen Stimme und des Akustischen und der Frage nach seiner Positionierung im Feld multidisziplinärer Gedächtnistheorien zeigt, dass das Forschungsfeld in seinen disziplinären, methodologischen und forschungsstrategischen Konturen sehr stark interdisziplinär ausgerichtet ist und methodisch wie inhaltlich verschiedene Themenfelder bearbeitet hat, dabei jedoch in gewisser Weise methodisch und inhaltlich auch „noch unscharf"

---

de/video/1945-12-staedte-12-schicksale-koeln-jetzt-auf-vox-video-1571845.html, zuletzt abgerufen am 3.6.2015.

59 Ernst, Wolfgang (2007): *Das Gesetz des Gedächtnisses. Speichermedien als Übertrag des 20. Jahrhundert.* Berlin, S. 12.

60 Ebd., S. 19.

61 Paul/Schock (2013): Sound des Jahrhunderts.

62 Der Soundbegriff selbst wird jedoch nicht definiert. In dem Sinne schließt diese Auseinandersetzung begrifflich nicht an den Popkulturdiskurs der Sound-Forschung (Kittler, Scherer etc.) an, sondern behandelt alle akustischen Phänomene als „Sound"-Phänomen.

bleibt.[63] Dennoch hat sich gerade in den vergangenen Jahren herausgestellt, dass Ansätze zu einer interdisziplinären, kulturwissenschaftlich ausgerichteten Klang- und Akustikwissenschaft zu gemeinsamen Theorie- und Begriffsbildungen führen können, die sich unter dem Forschungsbereich „Acoustic Studies" bzw. „Sound Studies" zusammenfassen lassen.

Um eine systematische Begriffsbildung und eine medientheoretische Durchdringung akustischer Speicher- und Übertragungsmedien auf den Weg zu bringen, ist der Forschungsschwerpunkt der vorliegenden Arbeit auch auf die Frühgeschichte akustischer Speicherung gerichtet. Sie umfasst einerseits die Speichergeschichte erster Grammophonaufnahmen. Hierzu sind bisher vor allem medienhistorische Abläufe rekonstruiert worden. Einzelbeiträge von Wilfried Zahn oder Hermann Holzbauer zählen dazu.[64] Die Frage nach medientechnischen Dispositiven, die möglicherweise mit bis heute gültigen gedächtnismedialen Strukturmerkmalen verknüpft sind, ist darin jedoch nicht explizit behandelt worden. Vielmehr bildet die Entstehungsgeschichte des Schallplattenmediums das Zentrum wissenschaftlicher Abhandlungen. Sowohl für kommerzielle wie auch für wissenschaftliche Speicherträger wird der Schwerpunkt dieser Arbeit auf die Unternehmens- bzw. Institutionsgeschichte früher Schallspeicherverfahren gelegt. Für den Bereich der wissenschaftlichen Schallarchive entstanden aus dem größeren Umfeld einer musikwissenschaftlichen Ethnologie historische Darstellungen der Archivgeschichte rund um die Bestände in Berlin und Wien.[65]

Die ethnomusikgeschichtlichen Untersuchungen behandeln die historischen Quellen jedoch weniger in einem gedächtnistheoretischen Zusammenhang. Diese Mediengeschichten formulieren musikwissenschaftliche und archivgeschichtliche Perspektiven, die sich auf die Fragen des archivischen Überdauerns und Überlieferns der materialen Träger richten.[66] Medienwissenschaftliche Fragestellungen sind dagegen im Zusammenhang der Vorträge im Berliner Hornbostel-Kolloquium bereits im Dezember 1995 formuliert worden, aus dem auch

---

63 MORAT, Daniel (2011): „Zur Geschichte des Hörens. Ein Forschungsbericht", in: *Archiv für Sozialgeschichte*, Bd. 51, S. 695-716.

64 Vgl. exemplarisch dazu: HOLZBAUER, Hermann (Hg., 1999): *Geschichte der Tonträger. Von der Erfindung der Schallplatte zu den digitalen Medien. Begleitheft zur Ausstellung.* Bearbeitet von Christian Büchele. Tutzing; und ZAHN, Wilfried (1987): „Der Künstler auf der Platte", in: *100 Jahre Schallplatte. Von Hannover in die Welt.* Beiträge und Katalog zur Ausstellung vom 29. September 1987 bis 10. Januar 1988 im Historischen Museum Am Hohen Ufer, Hannover. Hamburg, S. 127-144.

65 Vor allem die Arbeiten der Musikwissenschaftlerin und Archivarin Susanne Ziegler machen einen adäquaten Umgang mit dem Thema möglich. Zahlreiche Einzelpublikationen sowie ihre Dissertation zu den Personen und Sammlungen des Berliner Phonogramm-Archivs sind dabei wegweisend.

66 Vgl.: MOHRMANN, Ruth (Hg., 2013): *Audioarchive: Tondokumente digitalisieren, erschließen und auswerten.* Münster.

eine Publikation hervorgegangen ist.[67] Gefragt wird dort nach der kulturellen Bedeutung der Verwendung akustischer Archivalien durch den Gestaltpsychologen, Archivar und Musikwissenschaftler Erich von Hornbostel. Einzelne Beiträge behandeln die wissenschaftsgeschichtliche Bedeutung der Arbeit Hornbostels und deren Konsequenzen bis zur Gegenwart. Inwieweit kollektive oder kulturelle Gedächtnisprozesse von der Arbeit Hornbostels beeinflusst sind, wird in dieser Publikation allerdings nicht behandelt.[68] Für das Wiener Phonogramm-Archiv sind in den vergangenen Jahren kulturwissenschaftliche Betrachtungen eines dezidiert musikgeschichtlichen und musikethnologischen Fundus von Gerda und Franz Lechleitner angeregt worden. Die gedächtnismediale Funktion der frühen Aufzeichnungsaktivität wird dabei mehr aus einer kulturwissenschaftlichen, weniger hingegen aus der Perspektive einer (gedächtnis-)medialen Theoriebildung in den Blick genommen.[69] Bedeutend ist jedoch die Sammlung der frühen Aufnahmen im Archiv, die in der CD-Box der Gesamtausgabe der Historischen Bestände 1899-1950 im Jahre 1999 zum 100jährigen

67 Vgl.: KLOTZ, Sebastian (1998): *Vom tönenden Wirbel menschlichen Tuns: Erich M. von Hornbostel als Gestaltpsychologe, Archivar und Musikwissenschaftler*. Berlin.

68 Die musikethnologischen Aufnahmen seit dem Jahre 1900 bis zur Gegenwart sind in einer Kollektion unter dem Titel „Music! The Berlin Phonogramm-Archiv 1900-2000"zusammengetragen worden. Vgl.: BERLIN, Gabriele/SIMON, Artur (Hg., 2002): *Music Archiving in the World. Papers Presented at the Conference on the Occasion of the 100th Anniversary of the Berlin Phonogramm-Archiv* (inklusive einer CD). Berlin; SIMON, Artur (Hg., 2000): *Das Berliner Phonogramm-Archiv. Sammlungen der traditionellen Musik der Welt/The Berlin Phonogramm-Archiv 1900-2000. Collections of Traditional Music of the World*. Berlin; o. V. (2003): *Berliner Phonogramm-Archiv – Historische Klangdokumente/Historical Sound Documents*, Nr. 1: *Walzenaufnahmen japanischer Musik (1901-1913)/Wax Cylinder Recordings of Japanese Music (1901-1913)*. Text: FRITSCH, Ingrid, Hg.: SIMON, Artur/ZIEGLER, Susanne. CD + 96-seitiges Booklet (dt./engl.), Transkripte, Fotos. Staatliche Museen zu Berlin – Preußischer Kulturbesitz, BPhA-WA 1 2003; *Preis der Deutschen Schallplattenkritik*, Nr. 2: *Walzenaufnahmen aus Peru 1910-1925/ Grabaciones en cilindro del Perú 1910-1925*. Texte: YEP, Virginia/SCHMELZ, Bernd. Hrsg.: ZIEGLER, Susanne. CD + 80-seitiges Booklet (dt./span.), Transkripte, Fotos. Staatliche Museen zu Berlin – Preußischer Kulturbesitz, BPhA-WA 2 2003.

69 Vgl. dazu: LECHLEITNER, Gerda/LOMIDZE, Nona (2012): „Some Considerations on the Interpretation of Multipart Music on Early Sound Documents", in: TSURTSUMIA, Rusudan/JORDANIA, Joseph (Hg.): *The Fifth International Symposium on Traditional Polyphony: Proceedings (The Fifth International Symposium on Traditional Polyphony, 4.-8. Oktober 2010)*. International Research Center for Traditional Polyphony, Tbilisi State Conservatoire. Tbilisi, S. 492-505; LECHLEITNER, Gerda (2009): „Von alten Quellen zu neuen Ufern: Reflexionen zur Edition historischer Tondokumente", in: KELLER-DRESCHER, Lioba/TSCHOFEN, Bernhard (Hg.): *Dialekt und regionale Kulturforschung. Traditionen und Perspektiven einer Alltagssprachforschung in Südwestdeutschland* (Tübinger kulturwissenschaftliche Gespräche, Bd. 5, zugleich: Studien und Materialien des Ludwig-Uhland-Instituts der Universität Tübingen, Bd. 35). Tübingen, S. 207-222; LECHLEITNER, Gerda (2009): „The Phonogrammarchiv, Cultural Policy, and the Safeguarding of the Audiovisual Heritage: Past and Present Studies", in: JURKOVÁ, Zuzana/BIDGOOD, Lee (Hg.): *Voices of the Weak. Music and Minorities*. Prag, S. 226-232.

Bestehen des Archivs zusammengestellt wurden.[70] Das Begleitheft beinhaltet einige Überlegungen zum heutigen Wert der historischen Aufnahmen.[71]

Eine kulturgeschichtliche Analyse der österreichisch-ungarischen Kriegsgefangenenaufnahmen leistete Britta Lange in ihrer Dissertation. Solche unter äußerst brisanten Umständen entstandenen Wachsplatten, so auch in Berlin (hier: Wachswalzen), sind bei ihr erstmals umfangreich und repräsentativ dargestellt worden.[72] Für die Aufnahmen der deutschen Kriegsgefangenenlager, wie sie im Lautarchiv Berlin archiviert sind, gilt, dass sie bisher kaum wissenschaftlich bearbeitet wurden. Jürgen Mahrenholz hat einige Primär- und Sekundärquellen zum Wirken des Englisch-Lehrers Wilhelm Doegen und zur Geschichte des Archivs auf der Internetseite der Berliner Sammlungen der Humboldt-Universität (HU) zu Berlin[73] zusammengetragen. Eine systematische Darstellung der geschichtlichen und epistemologischen Auseinandersetzung mit dem Mediendispositiv eines grammophonischen Aufnahmegerätes ist bisher nicht verfasst worden.

Ein weiterer Schwerpunkt der vorliegenden Arbeit ist der Fragenkomplex der akustischen Übertragungstechniken. Inwieweit akustische Medienformen und -genres sich durch öffentliche, genuin akustische Distributionstechniken herausgebildet haben und inwieweit dabei neue Wissensformen entstanden sind, ist für die Zeit des Weimarer Rundfunks in dem von Joachim-Felix Leonhard herausgegebenen zweibändigen Werk „Programmgeschichte des Hörfunks in der Weimarer Republik“[74] sehr gut untersucht worden. Das Autorenkollektiv hat dabei (leider fast unbemerkt) den Versuch unternommen, Voraussetzungen des Mediendispositivs Rundfunk auf eine Geschichte und Genese unterschiedlicher akustischer Mediengenres und -gattungen zu beziehen. Zwar blieb eine explizit medientheoretische Untersuchung aus, jedoch ist in dieser Publikation

---

70 Vgl.: SCHÜLLER, Dietrich (Hg., 1999-2009): *Gesamtausgabe der Historischen Bestände 1899-1950*. Serie 1-11. Wien. In Teilen auch online verfügbar: o. V.: „Tondokumente aus dem Phonogrammarchiv der Österreichischen Akademie der Wissenschaften“. Online verfügbar unter: http://www.phonogrammarchiv.at/wwwnew/edition_d.htm#Gesamtausgabe, zuletzt abgerufen am 3.6.2015.

71 Vgl.: HUBERT, Rainer (1999): „Mitglieder des Herrscherhauses. Politiker und Beamte“, in: SCHÜLLER, Dietrich (Hg.): *Tondokumente aus dem Phonogrammarchiv der Österreichischen Akademie der Wissenschaften. Gesamtausgabe der Historischen Bestände 1899-1950*. Serie 2: *Stimmporträts*. Wien, S. 24-35; vgl. auch: LECHLEITNER, Gerda (1999): „Zu den Stimmporträts“, in: *ebd.*, S. 19-23.

72 Vgl.: LANGE, Britta (2013): *Die Wiener Forschungen an Kriegsgefangenen 1915-1918. Anthropologische und ethnografische Verfahren im Lager*. Wien.

73 Vgl. o. V.: Beschreibung des Lautarchives am Herrmann von Helmholtz-Zentrum für Kulturtechnik. Online verfügbar unter: http://www.sammlungen.hu-berlin.de/sammlungen/78, zuletzt abgerufen am 3.6.2015.

74 LEONHARD, Joachim-Felix (Hg., 1997): *Programmgeschichte des Hörfunks in der Weimarer Republik*. Bd. 1 und Bd. 2. München.

das vorliegende Quellenmaterial erstmals umfassend ausgebreitet und dargestellt worden.

Für die Programmgeschichte des nationalsozialistischen Radios ist eine ebenso kenntnis- wie detailreiche Gesamtdarstellung bislang nicht gelungen. In einzelnen herausragenden Einzelpublikationen u.a. von Konrad Dussel,[75] Ansgar Diller,[76] Gerhard Eckert[77] oder Wolfram Wessels[78] sind Darstellungen einzelner Programmbereiche erarbeitet worden, wobei zum Teil Ansätze einer auf das Material hin bezogenen Medien- und Gedächtnistheorie entworfen werden. Eine sich auf die Gedächtnismedialität beziehende Arbeit, die eine durch das propagandistische Konzept der „Volksgemeinschaft" beeinflusste Thesenbildung für die unterschiedlichen Phasen der Rundfunkprogrammierung versucht, liegt aber nicht vor.

Gedächtnismediale Überlegungen spielen in diesen rundfunkhistorischen Arbeiten kaum eine Rolle, da medienkulturwissenschaftliche Fragestellungen, die das Material der Archive und der Rundfunkgeschichten einbeziehen, erst in den vergangenen Jahren diskutiert worden sind.[79] Monographien, die das Archivmaterial, die historiographische Aufarbeitung und aktuelle kultur- und medientheoretische Überlegungen miteinander verbinden, sind dazu bisher nicht erschienen. Jedoch gibt es eine Reihe von Arbeiten, die den Stimmdiskurs der vergangenen Jahre medientheoretisch behandelt haben. Dies betrifft insbesondere Arbeiten, die zum Nationalsozialismus verfasst worden sind.

Eine kulturwissenschaftliche und mediengeschichtliche Darstellung des Radios allgemein ist mit der Monographie „Das Radio" von Wolfgang Hagen vorgelegt worden.[80] Hagen beschreitet dabei zahlreiche methodische Wege, um die Untersuchung des frühen wie des nationalsozialistischen Radios mit Fragen nach der Medialität der Aufnahmen zu verbinden. Seine Radiogeschichte will vor allem das Medium im Sinne spiritistischer Deutungsdimensionen herausarbeiten. Den Blick auf die „Medienphantasien" seit Beginn des Radios in Deutschland und Amerika führt er am Beispiel der medientechnischen Entwicklungen des Radios aus. Eine systematische Darstellung unterschiedlicher Programmentwicklungen und -akzentuierungen unternimmt er allerdings nicht. In dem Kapitel „Zum Verhältnis von Medien- und Wissensgeschichte" blickt Hagen zwar auf die epistemologische Differenz beschreibbarer und selbstbeschreibba-

---

75 Vgl. DUSSEL, Konrad: (2004): Deutsche Rundfunkgeschichte. Konstanz; und ders. (2002): Hörfunk in Deutschland. *Politik, Programm Publikum 1923-1960*. Potsdam.

76 Vgl. DILLER, Ansgar (1980): *Rundfunkpolitik im Dritten Reich*. Frankfurt am Main.

77 Vgl. ECKERT, Gerhard (1941): Der Rundfunk als Führungsmittel. Heidelberg/Berlin/Magdeburg.

78 Vgl. WESSELS, Wolfram (1985): *Hörspiele im Dritten Reich. Zur Institutionen-, Theorie- und Literaturgeschichte*. Bonn.

79 Vgl. PAUL/SCHOCK (2013): Sound des Jahrhunderts.

80 Vgl. HAGEN, Wolfgang (2005): *Das Radio. Zur Geschichte und Theorie des Hörfunks – Deutschland/USA*. München.

rer Medien. Er reduziert die Beschreibungsmuster jedoch auf die Dimension der „para-okkultistische[n] Physik des Äthers, die epistemologisch auf Übersinnliches und gleichermaßen auf dominante Autoritätsmuster setzt".[81] Die Frage nach den Speicherlogiken der Goebbelsschen Rundfunkpolitik werden bei ihm nur am Rande thematisiert, beispielsweise in Bezug auf die medienpolitisch wirksamen Allmachtsphantasien Hitlers, das ganze Reich mit seiner Stimme rundfunkpolitisch gleichzuschalten, und stehen in einem Zusammenhang mit Jacques Lacans Entwürfen zum Begehren der Stimme. Der Begriff der Übertragung ist bei Hagen demgemäß eng verbunden mit dem Übertragungsprozess der psychoanalytischen Praxis, wie sie Lacan bezeichnet. Ein Beispiel hierfür bildet das dortige Kapitel „Die Übertragung der Gedanken".[82]

Die Reden-Propaganda im Radio endete bereits ein Jahr nach der Wahl von 1933. Daniel Gethmann hebt in „Die Übertragung der Stimme"[83] hervor, dass bereits kurz nach der Übernahme des Rundfunks durch die Nationalsozialisten der Musikanteil im Radio dominierte. Gethmann entwickelte deshalb die These, dass genuin Akustisches[84] erst gegen Ende des Kriegs im deutschen Hörfunk zentrale Bedeutung erlangte. Den wichtigsten Gegenstand seiner Untersuchung bilden die – mit tragbaren Aufnahmegeräten gemachten – Reportagen der Kriegsberichterstatter. Diese Aufnahmen würden „an eine lange Tradition der Geräuschkunst" anschließen.[85] Gethmann verortet hier einen ersten „Paradigmenwechsel vom ‚Wort' zum Sound als Stimmen- oder Geräusch-Klang".[86] Eine auf die Programmgeschichte und die Redenpropaganda des NS-Rundfunks hin bezogene mediale Gedächtnistheorie entwirft er nicht. Das für die mediale Wahrnehmung der Übertragungsmedien so zentrale Konzept der „Volksgemeinschaft" schließt er in seinen Analysen aus.

Cornelia Epping-Jäger thematisiert hingegen die medientechnische Übertragungssituation der Lautsprecherdispositive im Zusammenhang mit der medienästhetischen Wahrnehmung im Nationalsozialismus. Die Stimme aus dem „LAUT-Sprecher" ist bei ihr ein mediales Dispositiv, das durch die apparative Kopplung von Mikrophon, Verstärker, Lautsprecher und später auch dem Rundfunk Soundtechnologien einerseits als ein Mittel der (Hör)Raumkonstruktion behandelt. Andererseits wird die NS-Redenpropaganda laut Epping-Jäger in der Rundfunkübertragung so inszeniert, dass für den Hörer der Eindruck entsteht,

81 Ebd., S. 77.
82 Vgl. ebd., S. 115ff.
83 Vgl. GETHMANN, Daniel (2006): *Die Übertragung der Stimme: Vor- und Frühgeschichte des Sprechens im Radio.* Zürich/Berlin.
84 Damit sind Aufnahmen gemeint, die nicht unter Berücksichtigung einer schriftlich notierten Vorlage entstanden sind, sondern aus einem spontanen akustischen Redezusammenhang, wie dies zum Beispiel bei der Reportage der Fall ist.
85 GETHMANN (2006): Übertragung der Stimme, S. 174.
86 Ebd., S. 175.

er sei direkt angesprochen worden.[87] Damit seien vormoderne Kommunikationssituationen massenmedial reanimiert worden, die die direkte Ansprache des Hörers als eine vis-à-vis-Kommunikationssituation erscheinen lässt. Ihre Ausführungen haben für die vorliegende Arbeit einen zentralen Stellenwert, ihr Ansatz gilt jedoch für weiterführende Analysen der Rundfunkinszenierungen nur für die intensive Phase der NS-Redenpropaganda bis 1934. So hat sie ihre medienästhetischen Fragestellungen nicht auf das Material der Rundfunkprogrammgeschichte hin erweitert.

Bisher sind Arbeiten, die sowohl die medientechnischen Dispositive des NS-Rundfunks als auch seine medienästhetischen, also die ideologisch gesteuerten Rezeptionsstrategien behandeln, nicht erschienen. Dass bei rundfunkspezifischen Mediendispositiven, wie sie im Nationalsozialismus rezeptionsästhetisch gelenkt worden sind, mediale Kodierungsprozesse freigesetzt wurden, die auch heute noch medial präsent sind, ist für die Frage körperlicher Speicher im Zusammenhang mit der propagandistischen Konzeption einer inszenierten „Volksgemeinschaft“ bedeutsam. Dass bis heute mediale Formate und Inhalte aus der Zeit des NS-Rundfunks sich großer Beliebtheit erfreuen, darauf hat als erster Hans-Jörg Koch am Beispiel des „Wunschkonzertes“ im NS-Rundfunk aufmerksam gemacht.[88] Sowohl inhaltliche als auch formale Kontinuitäten lassen sich seit dem Weimarer Rundfunk bis zum NS-Radioprogramm für den medientechnischen Diskurs ableiten, und sie bestimmen und prägen bis heute die kulturelle Ordnung akustischer Übertragungs- und Speicherprozesse. Besonders sensibel hinsichtlich der Fragen nach Geschlechterstereotypen haben bereits 1998 Adelheid von Saldern, Inge Marßolek, Uta C. Schmidt, Monika Pater und Daniela Münkel auf NS-radiogeschichtliche, mediale Aneignungs- und Kodierungsprozesse reagiert. In dem Buch „Zuhören und Gehörtwerden“ leisteten sie im Kontext von Rundfunkangebot und medialer Aneignung unter genderspezifischen Fragestellungen eine medienhistorische Analyse der jeweiligen Inszenierungsstrategien. Bemerkenswert ist, dass sie 17 Jahre vor den historiographischen Methodendiskussionen um akustische Aneignungsprozesse vor dem Hintergrund des programmgeschichtlichen Materials die Beeinflussung medialer Inszenierung auf eine wahrnehmungsästhetische Medienpraxis beziehen. Dies geschieht in Einzelstudien zu ausgewählten Medienformaten und mit Blick auf Unterhaltungssendungen, die der „Ablenkung“ des Publikums dienen sollten.[89]

87 Vgl.: EPPING-JÄGER, Cornelia (2003): „Laut/Sprecher Hitler. Über ein Dispositiv der Massenkommunikation in der Zeit des Nationalsozialismus“, in: KOPPERSCHMIDT, JOSEF (Hg.): *Hitler der Redner.* München, S. 143-158; und dies. (2003): „‚Eine einzige jubelnde Stimme‘. Zur Etablierung des Dispositivs Laut/Sprecher in der politischen Kommunikation des Nationalsozialismus“, in: Epping-JÄGER, Cornelia/LINZ, Erika (Hg.): *Medien/Stimmen.* Köln, S. 100-123.

88 Vgl.: KOCH, Hans-Jörg (2003): *Das Wunschkonzert im NS-Rundfunk.* Köln/Weimar/Wien.

89 Vgl.: MARSSOLEK, Inge/SALDERN, Adelheid von (Hg., 1998): *Zuhören und Gehörtwerden.* Bd. I: *Radio im Nationalsozialismus. Zwischen Lenkung und Ablenkung.* Tübingen.

Die vorliegende Arbeit setzt diese skizzierten, disziplinär und methodisch sehr heterogenen Diskurse in Beziehung zueinander. Auf der Grundlage des Materials wird eine Gedächtnistheorie akustisch-medialer Speicher- und Übertragungsprozesse entworfen.

2 Zur Entwicklung der grammophonischen Tonträgertechnologie

Die Beschreibung von Gedächtnisstrukturen setzt grundsätzlich zunächst die Existenz von Speichermedien voraus. Jurij Lotman und Boris Uspenski betonen, dass alles, was gespeichert ist, schon Kultur ist, jedoch nur dasjenige erhalten bleibt, was gewissen Zuschreibungs- und Sinnprozessen unterliegt.[1] Mediale Träger bilden damit auch das Fundament einer jeden Kultur und ihres materialen Gedächtnisses aus. Die Pluralität und Ordnung der in Kultur gespeicherten Erfahrungs- und Wissenshorizonte ermöglichen Diskurs- und Wissenssysteme, die kulturelle Leit- und Strukturprozesse steuern. Inwieweit steuern jedoch schon medientechnische Entwicklungen und Produktionsprozesse die Ordnungsdiskurse, die diese Medien ausbilden? Bevor nun also überhaupt die kulturellen Steuerungsprozesse von akustischen Medienspeichern als Träger von kollektiven Wissensinhalten analysiert werden können, muss das grammophonische Mediendispositiv von seinem epistemologischen Entstehungszusammenhang her gedacht werden.

Entscheidend für die technische Entwicklung akustischer Speichermedien sind die ersten Versuche, die (unsichtbare) Übertragung akustischer Zeichen als Schallwellen sichtbar zu machen und damit den Beweis ihrer Materialität zu erbringen. Anhand von fünf Entwicklungssträngen lässt sich dies nachzeichnen. Bereits Anfang des 19. Jahrhunderts erkannte der Physiker Wilhelm Weber im Jahr 1830, dass Akustisches durch Schwingungen übertragen wird. Mittels einer Stimmgabel, die er auf eine mit Ruß bedeckte Glasplatte anlegte, machte er seine Theorie evident: Die über die Stimmgabel geleiteten Tonschwingungen ließen sich auf der Glasplatte visualisieren. Fünf Jahre später erfand Édouard Léon Scott de Martinville den so genannten Phonautographen. Er nutzte eine Membran, die an einen Trichter angeschlossen war und zeichnete mit Hilfe einer an der Membran befestigten Schweinsborste die Schwingungen auf einem rußgeschwärzten Zylinder, der von Hand angekurbelt wurde, graphisch auf. Be-

1 Vgl. Lotman, Jurij/Uspenski, Boris A. (Hg., 1989): „Zum semiotischen Mechanismus der Kultur", in: Eimermacher, Karl (Hg.): *Semiotica Sovietica. Sowjetische Arbeiten der Moskauer und Tartauer Schule zu sekundären modellbildenden Zeichensystemen (1962-1973)*. Bd. 2. Aachen, S. 853-880, hier: S. 859.

merkenswert ist, dass der Phonautograph den graphischen Amplitudenverlauf visualisierte und erst im Jahre 2008 die aufgezeichnete Spur mittels heutiger Wiedergabegeräte wieder hörbar gemacht werden konnte.[2]

Alexander Graham Bell baute einen Phonautographen, der inspiriert war von der Anatomie des menschlichen Ohres. Er visualisierte den Schall mithilfe einer der Anatomie des menschlichen Organs nachempfunden Membranvorrichtung und einem berußten Metallzylinder.[3]

Weitaus bekanntere Aufzeichnungsverfahren stammen vom Erfinder, Wissenschaftler und Dichter Charles Cros, der an die Theorien Scott de Martinvilles anschloss und ein Gerät entwickelte, „das Schwingungen mithilfe einer Walze und eines Stichels nicht nur aufzeichnen, sondern auch hörbar machen kann".[4] Zu seinem Unglück wurde seine innovative Erfindung jedoch verspätet von der Pariser Académie des Sciences öffentlich gemacht, sodass Edison statt Cros als der Vater erster Wiedergabegeräte in die Geschichte der Schallspeicherung und -wiedergabe einging.

Edison entdeckte eher per Zufall, dass ein zu schnell schreibender Telegraph Töne produzierte. Aufgrund dieser Beobachtung kam er zu dem Schluss, dass Schallwellen Schallspuren hinterlassen und sich in das Papier einschreiben. Nach dieser Erkenntnis beauftragte er seinen Mitarbeiter John Kruesi, nach seiner Skizze einen Phonographen zu bauen. Edisons Anleitung sah vor, für das Aufnahme- und Wiedergabeverfahren eine Stanniolwalze zu benutzen. Die über eine Membran mit einem Metallstift aufgezeichneten Schwingungen konnten schließlich über eine Nadel durch einen Trichter gehört werden. Bekanntermaßen sang Edison das Kinderlied „Mary had a little lamb" ein.

Am 22. Dezember 1877 publizierte Edison einen Artikel über seine neue Erfindung in der Zeitschrift „Scientific American", und bereits am 27.12.1877 meldete er sein Patent für den Phonographen an. Die Möglichkeiten, die neue Erfindung zu nutzen, beschrieb er wie folgt:

---

2 Dies belegen die Recherchen des französischen Audiohistorikers David Giovannoni. Demnach stammt die älteste Tonaufnahme mit dem Lied „Au Clair de la lune" aus dem Jahre 1860 von Scott de Martinville. Giovannoni forschte im März 2008 in den Archiven des Pariser Patentamtes und der Französischen Akademie der Wissenschaften, fand unter anderem eine zehn Sekunden dauernde Aufnahme aus dem Jahr 1860 und ließ sie scannen und digitalisieren. Dadurch war sie schließlich abspielfähig. Vgl. o. V.: „Sensationsfund: Forscher präsentieren älteste Tonaufnahme der Welt". Online verfügbar bei Spiegel Online: http://www.spiegel.de/wissenschaft/mensch/sensationsfund-forscher-praesentieren-aelteste-tonaufnahme-der-welt-a-543754.html, zuletzt abgerufen am 10.2.2015. Vgl. auch: Internetseite „First Sounds", die sich mit frühen Audioaufnahmen beschäftigt. Online verfügbar unter: http://www.firstsounds.org, zuletzt abgerufen am 10.2.2015.

3 MORTON, David L. (2005): *Sound Recording: The Life Story of A Technology.* Baltimore. S. 3f.

4 HIEBLER, Heinz (1999): „Akustische Medien", in: HIEBEL, Hans (Hg.): *Große Medienchronik.* München, S. 541-782, hier: S. 583.

> „The new phonograph is to be used for talking dictation, for taking testimony in court, for reporting speeches, for the reproduction of vocal music, for teaching languages, for correspondences, for civil and military orders, for reading to the sick in hospitals, and for various other purposes too numerous to mention. Imagine a lawyer dictating his brief to one of these little machines. [...] A very interesting and popular use of the phonograph will be the distribution of the songs of great singers, sermons, and speeches, the words of great men and women, music of many parts, the voices of animals etc., so that the owner of a phonograph may enjoy these things with little expense."[5]

Genauso visionär wie bemerkenswert sind auch seine Ausführungen ein Jahr später anlässlich der Weltausstellung 1878 in einem Interview für die Tageszeitung „Le Figaro". Auf die Frage, was er denn veröffentlichen wolle, antwortete Edison:

> „Musik, Romane, Literatur. Wir phonographieren Orchesterkonzerte mit Solisten und Stimmen und auch Chansons. Die Blätter, die diese Musik tragen, werden von einem Phonographen aufgenommen und dann durch ein elektrisches Verfahren reproduziert."[6]

Weiter imaginiert Edison gleich das Hörbuch:

> „Die Romane werden von einem Sprecher gelesen, und wir vervielfältigen die Blätter mit dem gleichen elektrischen Verfahren. In Ihrem Salon wird ein Phonograph stehen. Sie nehmen ein Blatt, legen es hinein und hören eine Sinfonie. Dazu müssen Sie nichts anderes tun als vorher ein Uhrwerk aufzuziehen. Dann wechseln Sie das Blatt und können ein oder zwei Kapitel eines Romans hören."[7]

Es lässt sich also für eine weitere kulturwissenschaftliche Thesenbildung belegen, dass der frühere Telegraphist und Unternehmer Edison sich der Bedeutung seiner Erfindung bewusst war. Selbst über die Distributionsleistungen, die erst mit dem Medium Radio aufkamen, äußerte sich der Visionär und Erfinder: ganz zu schweigen von den Möglichkeiten musikalischer Darbietungsformen und den „Ansprachen" berühmter Männer und Frauen oder die Aufbereitung der Literatur als Hörbuch.

Edison hatte die technischen Grundlagen für die Ausbildung eines neuen kulturellen Medienspeichers geschaffen. Mit „Mary had a little lamb" konnten fortan mündlich tradierte Kinderlieder bewahrt und Teil einer neuen Medienkultur werden. Nachdem die Möglichkeit der Schallspeicherung schließlich u. a. durch ihn bewiesen war, arbeiteten die frühen Pioniere aus Europa und den

---

5 o. V. (1887): „The New Phonograph", in: *Scientific American*, Heft 57, S. 422.

6 Abgedruckt in: Stock, Ulrich (2007): „Der Klangfotograph", in: *Die Zeit*, Nr. 12 vom 15.03.2007. Online abrufbar unter: http://www.zeit.de/2007/12/A-L-Scott/seite-6, zuletzt abgerufen am 5.1.2015.

7 Stock (2007): S. 102.

USA schließlich daran, die Kapazitäten des Speichervolumens zu erhöhen und die Wiedergabequalität zu verbessern.

Insbesondere Alexander Graham Bell, der drei Jahre nach der Patentierung Edisons zusammen mit Charles Sumner Tainter sich daran machte, den Phonographen zu optimieren, erwarb sich durch Neuerungen des Trägermaterials Verdienste. Anstelle des Stanniols setzten sie eine mit Wachs durchtränkte Papierrolle ein und ersetzten den Metallstift durch eine elastische Membran mit Saphir. Dieses Verfahren war ebenso auf Tiefenschrift hin ausgelegt und verursachte tiefere Einkerbungen, als es der Phonograph nach Edisons Verfahren vermochte. Der Durchmesser der Walzen und ebenso ihre Länge machten schließlich auch eine längere Spieldauer möglich, und zwar von bis zu vier Minuten. Im Jahre 1885 ließen sich Tainter und Bell ihr so genanntes Graphophon patentieren. Nach dessen Genehmigung ein Jahr später gründeten sie die Graphophone Company. Spezialisiert hatten sie sich zunächst auf den Gebrauch der Graphophone als Diktiergeräte.[8]

Zu diesem Zeitpunkt arbeitete bereits Emil Berliner weiter an einem neuen, vereinfachten Verfahren zur Aufzeichnung und Wiedergabe des Schalls. Im Gegensatz zu Edison hatte Berliner fortan alle Energien in die Weiterentwicklung der musikalischen Wiedergabe gesteckt. Er erkannte, dass dafür die Herstellung vereinfachter Vervielfältigungsverfahren von entscheidender Bedeutung war. Vor allem der aufwendigen und restriktiven Vervielfältigung des Walzenverfahrens Edisons wollte er etwas entgegensetzen und entwickelte ein neues Trägermedium und Aufzeichnungsverfahren: Neben der Entwicklung des Seitenschriftverfahrens verwendete er nicht länger eine Walze für die Aufnahme, sondern eine Scheibe.[9]

Trotz dieses neuen Einschreibungsverfahrens und des vielversprechenden neuen Mediums und Materials (ab 1897 erhob er anstelle des zuvor eingesetzten Hartgummis Schellack[10] zum Produktionsstandard) waren die Aufnahmen des

---

8 Vgl. RÜHR, Sandra (2008): *Tondokumente von der Walze zum Hörbuch. Geschichte – Medienspezifik – Rezeption.* Göttingen, S. 46; und OVERBECK, Peter (2006): „Die Entwicklung der Tonträgertechnologie", in: JACOBSHAGEN, Arnold/REINIGHAUS, Frieder (Hg.): *Musik und Kulturbetrieb. Medien, Märkte, Institutionen.* Köthen, S. 77-112, hier: S. 79.

9 Berliner reichte am 29. September 1887 sein Patent für sein Seitenschriftverfahren auf Platte (zunächst aus Zinkblech mit Wachsschicht und später aus Hartgummi) in Washington ein und meldete schließlich sein „Verfahren und Apparat für das Registrieren und Wiederhervorbringen von Tönen" beim Kaiserlichen Patentamt an. Vgl. OVERBECK (2006): Entwicklung der Tonträgertechnologie, S. 79. Ebenso bei: HOLZBAUER (1999): *Geschichte der Tonträger*, S. 11.

10 Schellack bestand zu diesem Zeitpunkt „aus einer Mischung aus Baryt, Schiefermehl, Baumwollflock, Ruß und Schellack, der Wachsausbildung der Lackschildlaus". RÜHR (2008): Tondokumente, S. 46. Rühr bezieht sich hier auf WONNEBERG, Frank (2000): *Vinyl-Lexikon – Wahrheit und Legende der Schallplatte.* Berlin, S. 348. Vgl. dazu auch: HAAS, Walter (1977): *Das Jahrhundert der Schallplatte – eine Geschichte der Phonographie.* Bielefeld.

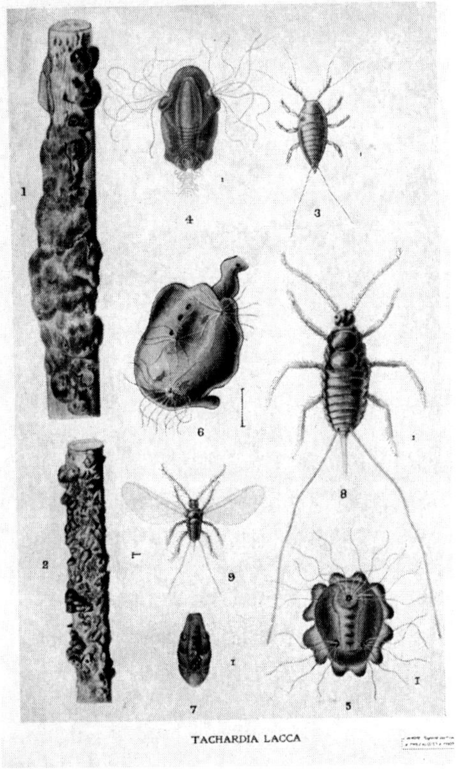

Abb.1: Zeichnung einer Lackschildlaus.

Grammophons Berliners zunächst weitaus störanfälliger als die des Phonographen.[11]

Dennoch hatte das grammophonische Verfahren in diesem Konkurrenzkampf letztlich die Nase vorn, da es den großen Vorteil besaß, „daß sich die Platten nicht so schnell abnutzten und vor allem mechanisch duplizieren ließen".[12]

Berliner sollte also mit seiner Vision recht behalten, indem er für die musikalische Wiedergabe auf effiziente Vervielfältigungsverfahren setzte: Die Schall-

11 Es setzte eine intensive Entwicklungsphase ein, die den Phonographen als konkurrenzlos gegenüber dem Grammophon erscheinen ließ. Denn bereits im Jahre 1888 baute Edison einen Phonographen, der die Stanniolfolie durch einen Wachszylinder ersetzte. Gleichzeitig setzte er darin einen Elektromotor ein, und schon im Jahre 1896 präsentierte er der Öffentlichkeit ein Gerät mit einem federgetriebenen Motor. Erst in diesem Jahr ersetzte Berliner den Handbetrieb durch einen Federmotor. Mit 150 Umdrehungen pro Minute war das Grammophon dem Edisonschen Apparat unterlegen, da dieser zu jenem Zeitpunkt bereits in der Lage war, drei Minuten zu speichern.

12 Overbeck (2006): Entwicklung der Tonträgertechnologie, S. 79f.; Vgl. dazu auch: Holzbauer (1999): Geschichte der Tonträger, S. 11; und Hiebler (1999): Akustische Medien, S. 545.

plattenpressungen der Deutschen Grammophon beispielsweise konnten von nur einer einzigen Aufnahme unzählige Kopien anfertigen. Die Walzen hingegen konnten nur sehr aufwendig per Hand dupliziert werden. Von einer Originalwalze wurde eine Matrize hergestellt, mit der sich zunächst nur fünf Kopien erstellen ließen. Das Abspielen der Walze selbst führte zudem bei jedem Spiel zu einem Informationsverlust. In der Folge mussten von dem beschränkten Repertoire an Negativen ständig neue Positive angefertigt werden, die, wie gesagt, nur etwa zehnmal gespielt werden konnten, bis die auf ihnen gespeicherten Informationen durch die Abspielnadel unlesbar geworden waren.

Der Aufnahmeprozess der Walzen war ebenso aufwendig wie der Herstellungsprozess der Originale. So gruppierten die Aufnahmeleiter für die Musikaufnahmen manchmal bis zu 20 Edisonwalzen um die spielenden Musiker, die ein Stück gleich mehrere Stunden hintereinander einzuspielen hatten, um so „einige hundert Masterwalzen als Tagesproduktion“[13] zu erzielen. Von diesen Masterwalzen war, wie gesagt, schließlich auch nur eine begrenzte Anzahl an Kopien möglich, da sich nach jeder Kopie die Qualität der Walze verschlechterte.

Dass schließlich das Grammophon in diesem Rennen den Sieg davontrug, lag also wesentlich an den unkomplizierten mechanischen Aufnahme- und Vervielfältigungsverfahren: Weitere „Ereignisse“ wie die „geringfügigen Verbesserungen hinsichtlich der Klangqualität […], Verlängerungen der Laufzeit […] und Bedienungskomfort […]“, die den „Sieg der Schallplatte (mit Seitenschrift) über die Walze (mit Tiefenschrift)“[14] ermöglicht haben, waren medientechnisch nicht so entscheidend wie die des ökonomischen Duplizierungsverfahrens.

2.1 Vom „Spielzeug“ zu den Anfängen einer akustischen Medienordnung: Technik und Produzent

Nachdem Berliner sein Grammophon im Jahre 1889 erfolgreich in Deutschland vorgestellt hatte, beauftragte er in Thüringen die Spielzeugfabrik Kämmerer & Reinhardt mit der Produktion des zu diesem Zeitpunkt noch handbetriebenen Grammophons. Der erste technische Aufnahmeleiter überhaupt und langjährige Mitarbeiters Berliners, Fred Gaisberg, stellte das Programm der Platten bei der „United States Grammophone Company“ zusammen, die 1893 gegründet wurde. Er war seitdem 50 Jahre lang bei Berliner angestellt und trug zum wachsenden Erfolg des Unternehmens bei. Gaisberg gilt schließlich als die Schlüssel-

13 Gauss, Stefan (2009): *Nadel, Rille, Trichter. Kulturgeschichte des Phonographen und des Grammophons in Deutschland (1900-1940)*. Köln/Weimar/Wien, S. 72.
14 Hiebler (1999): Akustische Medien, S. 545.

figur. Er etablierte das Grammophon als eine ernst zu nehmende neue Medientechnologie.

> „Die Schallplatte wurde [...] als Medium zur Musikkonservierung zunächst nicht richtig ernst genommen. Vorerst faszinierte nur die Technik, was dazu führte, daß Schallplatten vorwiegend in Spielzeuggeschäften verkauft wurden."[15]

Technisch waren die neuen Abspielgeräte bis dato noch sehr unausgereift. Mit der Hand musste das Grammophon zunächst angekurbelt werden, sodass „Gleichlaufschwankungen" auftraten und die Wiedergabe der Platten ein gleichmäßiges Spiel unmöglich machte. Unter musikalischen Gesichtspunkten waren diese auf die Kurbelbewegungen des Menschen angewiesenen Abspielgeschwindigkeiten unzumutbar. Naturgemäß konnten auch keine namhaften Musiker für Aufnahmen gewonnen werden. Im Jahre 1896 kamen jedoch federgetriebene Grammophone in den Verkauf, womit der Gleichlauf verbessert und die Wiedergabequalität auf ein akzeptables Niveau gebracht werden konnte. Ein Jahr später schließlich wurde die Zinkaufnahmeplatte durch eine Wachsplatte ersetzt. Auf diese Weise ließen sich auch die starken Nebengeräusche der Platten reduzieren.[16]

Im Jahre 1898 gründete sich schließlich die Londoner Grammophone Company, an der sich Emil Berliner finanziell beteiligte. Insgesamt verfügte die Firma über einen Gründungsetat in Höhe von 15.000 Pfund. Zum selben Zeitpunkt wurde in Hannover die Deutsche Grammophon Gesellschaft gegründet. Hier stand damals ein Budget in Höhe von 20.000 Reichsmark zur Verfügung. Emil Berliner und sein Bruder Joseph traten als Gesellschafter dieser GmbH auf.

Zwei Jahre später schließlich wurde die GmbH in eine Aktiengesellschaft umgewandelt; Emil Berliner und seinen Brüdern Joseph und Jakob gehörten gemeinsam mit der Leipziger Orpheus Musikwerke GmbH 40 Prozent der gesamten AG. Die Londoner Grammophone Company hielt hingegen 60 Prozent der Anteile. Mit einer Million Reichsmark war zu diesem Zeitpunkt der Wert des Unternehmens stark gestiegen, und zwar so sehr, dass es im Jahre 1903 zusammen mit der „Deutschen Grammophon AG" in der Lage war, die erst im Jahre 1901 durch Frank Seaman gegründete Firma „International Zonophone Company" aufzukaufen. Seaman gründete noch im selben Jahr die „International Talking Machine Co." in Berlin und produzierte als erster eine beidseitig bespielbare Wachsplatte, die so genannte Odeon-Platte.

Wie bereits erwähnt, hatte sich also nicht nur die finanzielle Situation dieser ersten Plattenfirmen in wenigen Jahren verbessert. Unter diesen Voraussetzungen war es möglich geworden, die Technik auf ein Niveau zu bringen, die es erlaubte, den musikalischen Ansprüchen berühmter Künstler jener Zeit zu genügen. So

---

15 Holzbauer (1999): Geschichte der Tonträger, S. 12.
16 Vgl. ebd., S. 12f.

kam im Jahre 1902 maßgeblich durch das Engagement Gaisbergs ein Vertrag zwischen dem russischen Bass Fjodor Schaljapin und der „Deutschen Grammophon AG“ zustande: „Er wurde der erste Plattenstar der Deutschen Grammophon.“[17] Noch im selben Jahr, am 13. März, folgte ein Vertrag mit Enrico Caruso.

Der Kampf um die Akzeptanz der musikalischen Wiedergabe und Konservierung von Musik war also durch Gaisbergs Engagement gewonnen.

> „Angeregt durch das Beispiel Carusos, Schaljapins, der Melba und der Patti, erkannte die musikalische Elite den künstlerischen Wert der Schallplatte, und bald pilgerte sie in Scharen in die Aufnahmestudios der Schallplattengesellschaften. Von den bedeutendsten Künstlern der Klassik bis hin zur leichten Muse – alle rissen sich darum, Schallplatten zu machen, zumal sich die schwarze Scheibe auch in finanzieller Hinsicht als äußerst lukrativ für die Interpreten erwies. Etwa 10 Prozent vom Verkaufspreis flossen den Künstlern an Tantiemen zu.“[18]

Die Künstler, die sich Gaisberg im weiteren Verlauf schließlich anboten, waren der „polnische Pianist Ignaz Jan Paderewski“, der Chopin einspielte, Star-Geiger wie „Joseph Joachim und Joseph Szigeti, Fritz Kreisler und der spanische Virtuose Pablo de Sarasate, der noch kurz vor seinem Tode seine Komposition ‚Tarantelle‘ in den Aufnahmetrichter spielte.“[19] Unter den Künstlern waren ebenso internationale Stars wie die „Holländerin Julia Culp, die Tschechin Emmi Destinn und die Italienerin Luisa Tetrazzini“.[20] Aufnahmen von der amerikanischen Sopranistin Geraldine Farrar oder der Deutschen Frieda Hempel waren sehr begehrt. „Als große Zugnummern“ wurden die Aufnahmen der „volkstümlichen Berliner Operetten-Komponisten Paul Lincke, Walter Kollo und Jean Gilbert“[21] gehandelt. „Weitere Aufnahmen mit großen Sängern der Zeit folgten schnell, und die Schallplatte entwickelte sich rasch zum Verkaufsschlager.“[22]

Die Entwicklungsgeschichte der musikalischen Schallplatte zeigt, dass der Gebrauch der neuen Technologie mit der flüchtigsten aller Künste, nämlich mit der Musik, hervorragend korrespondierte. Die Verwendung des neuen Mediums sorgte auch für die sukzessive Entwicklung einer ersten medientechnischen Ordnung, indem erste medientechnische Standards um 1903/04 festgelegt wurden. Dies betraf zunächst den Durchmesser und schließlich die Abspielgeschwindigkeit der Platten. Beide Parameter bedingten schließlich auch die Speicherkapazität der Aufnahmen. Die Schellackplatten hatten seit 1903 einen Durchmesser von 25 Zentimetern bzw. 10 Zoll. Zuerst noch mit einer Speicherkapazität von eineinhalb Minuten wurde dann durch diese Variante eine Ab-

---

17 Ebd., S. 14.
18 Zahn (1987): Der Künstler auf der Platte, S. 131.
19 Ebd., S. 131.
20 Ebd.
21 Ebd.
22 Holzbauer (1999): Geschichte der Tonträger, S. 14.

Abb.2: Hülle einer Grammophonplatte, 1910.

spielzeit von drei Minuten erreicht. Noch im selben Jahr erhöhte sich der Durchmesser noch einmal um fünf Zentimeter, sodass die Spieldauer auf fünf Minuten erhöht werden konnte. Die neue Schellackplatte spielte nun 78 Umdrehungen pro Minute, was zur „Standardeinheit“[23] der Deutschen Grammophon erklärt wurde und „es auch bis zum Ende der Schellackplattenära gegen Ende der fünfziger Jahre“[24] blieb.

Da das akustische Trägermedium jedoch, anders als das Kunstwerk oder das Buch, seine unmittelbaren Informationen bzw. Zeichen nicht auf der Oberfläche trägt, bildeten sich früh multi- und intermediale Bezüge und Strukturen zwischen Buch, Illustration, Kunst und Fotografie aus, indem versucht wurde, das Musikalische symbolisch auf der Platte zu visualisieren.

So wurden bezüglich der Optik der Platte neue Standards gesetzt, die bis heute Gültigkeit haben: „Das bedruckte Papieretikett in der Plattenmitte etablierte sich als wichtigster Informationsträger in Bezug auf den Platteninhalt.“[25] Verpackt wurden die Platten in Papierhüllen. Eine wesentliche Neuerung bestand darin, dass sie mit Plattenloch verkauft wurden, „um den Kunden freie Sicht auf die Informationen des Etiketts zu gewähren.“[26]

Bemerkenswert ist, dass bereits um 1904 mit anderen Speicherformaten experimentiert wurde, die in ihrer Handhabe an die neuere Single-Einspielung erinnern.[27] So wurden im Jahre 1904 zwar weiterhin 25-cm-Platten produziert, die mittlerweile beidseitig bespielbar waren, sie wurden aber oft nur einseitig bespielt verkauft. Dies geschah zunächst aus einem ökonomischen Zwang: Die

23 Ebd., S. 15.
24 Ebd.
25 Ebd.
26 Ebd., S. 14.
27 Mit 2 mal 3 Minuten war es möglich geworden, die Abspieldauer noch einmal um eine Minute zu erhöhen. Im Jahre 1907 erhöhte sich die Abspieldauer einer Platte erneut um vier Minuten. Die 30-cm-Platte wurde mit einer Abspieldauer von 2 mal 5 Minuten angeboten.

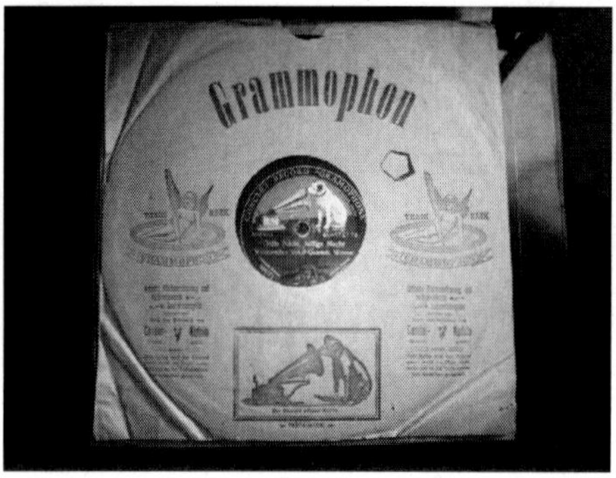

Abb.3: Hülle einer Grammophonplatte, 1909.

Platte mit wenig Speicher war kostengünstiger und deshalb ökonomisch notwendig für die Produktion komplexerer Werke, die auf mehreren Platten mit einer höheren Speicherkapazität überspielt wurden. So konnte im Jahre 1908 „die erste Operneinspielung der Deutschen Grammophon auf insgesamt 17 doppelseitig bespielten Platten" herausgegeben werden: und zwar das Œuvre „Faust" von Charles François Gounod mit kunstvoll gestalteten Plattenhüllen und zum Gesamtpreis von 90 Reichsmark.[28]

Die einseitig bespielbare Platte wurde also weiterhin produziert, denn sie war signifikant günstiger als die doppelt bespielbare Variante. Sie wurden meist mit leichter Unterhaltungsmusik und mit Aufnahmen unbekannter Künstler produziert, da diese nicht so teuer waren wie die der großen Stars der klassischen Musik. Die Interpreten waren meist anonyme Militärorchester ohne Gesang.

> „Die Preise für kostspielige Aufnahmen mit den großen Stars der damaligen Zeit wären sonst wohl nicht durchzusetzen gewesen. 1904 betrug der Preis für eine Grammophon-Platte 2,50 Mark. Zum Vergleich: 1 kg Rindfleisch kostete 1,42 Mark. Der durchschnittliche Monatsverdienst lag bei ca. 50 Mark."[29]

Die oben aufgeführten Kostenstrukturen erinnern an einen technischen Dualismus eines Musikbeschreibungssystems, das E- und U-Musikkategorien[30] musikalisch voneinander trennt. So werden für die spätere Popmusik der 1950er Jahre die Tonträger in die Form der „schnellen Single" und die der „langsamen LP für klassische Musik" unterschieden.[31]

Zwar setzten sich diese Standards für Schallplatten erst ab 1948 durch – Peter Goldmark entwickelte etwa für die US-amerikanische Firma die aus Vinyl beste-

---

28 HOLZBAUER (1999): Geschichte der Tonträger, S. 15.

29 Ebd.

30 Vgl. dazu: Kapitel 2.4.

31 Hörisch schreibt: „So technisch lassen sich E- und U-Musik unterscheiden." Siehe: HÖRISCH (2001): Der Sinn und die Sinne, S. 256.

hende Langspielplatte (LP) mit 33,3 Umdrehungen, dicht gefolgt von der 1949 von der Firma „RCA-Victor" entwickelten Single mit 45 Umdrehungen pro Minute. Doch entstanden durch den beschriebenen Dualismus bereits Anfang des 20. Jahrhunderts medienmusikalische Strukturen, die grundsätzlich auch für die massenmediale Rezeption einer sich erst in den 1950er Jahren ausbildenden Popkultur Gültigkeit haben.

Grundsätzlich lässt sich festhalten, dass technischen Eigenschaften des Mediums dafür entscheidend sind, *was* gesungen wird. Die Technik entscheidet schließlich auch über die Kosten. Und schließlich: Große klassische Kompositionen mussten für die mediale Aufzeichnung neu arrangiert und gekürzt werden.[32] Ihre Spieldauer von durchschnittlich dreieinhalb Minuten[33] betrifft exakt die Spieldauer heutiger Singleeinspielungen und weist somit auch Analogien zu der Standardspieldauer von dreieinhalb Minuten eines Popmusiksongs auf, waren jedoch im Vertrieb signifikant günstiger, insbesondere dann, wenn der Sänger populärer Melodien und Arien weniger bekannt war als zum Beispiel Enrico Caruso. Jedoch nicht nur die Wahl des Sängers, sondern auch die der Musikinstrumente prägte den Sound der Jahrhundertwende.

2.2 Der „Sound" macht die Musik: Fred Gaisberg und die Aufnahmetechnik der Jahrhundertwende

Der Medienphilosoph Friedrich Kittler hatte in seinem Aufsatz „Der Gott der Ohren" und in seiner späteren Monographie „Grammophon, Film, Typewriter" für die Geschichte der Popmusik einen Soundbegriff entwickelt, der sich aus der Potentialität des Ton- und Aufnahmestudios ableiten lässt. Anders als zum Beispiel symbolisch organisierte Schriftmedien lässt das akustische Medium die so genannte Zeitachsenmanipulation zu:

> „Die Zeitachsenumkehr, wie der Phonograph sie erlaubt, gibt den Ohren Unerhörtes: Das steile Einschwingungsverhalten von Instrumentenklängen oder Sprachsilben rückt ans Ende und das viel langsamere Ausschwingungsverhalten an den Beginn. […] Wie die Columbia Phonograph Company 1890 erkannte, ist der Phonograph eben auch als Musikkomponiermaschine verwendbar, einfach indem biedere Konsumenten ihre Lieblingsstücke rückwärts abspielen."[34]

32 Vgl. Ossowicz, Jan (2014): „‚Bitte oszillieren Sie' – Mediales Rauschen als Stilmittel in der (Pop-)Musik", in: Matejovski, Dirk (Hg.): *Resonanzräume. Medienkulturen des Akustischen.* Düsseldorf, S. 259-275, hier: S. 264.

33 Vgl. Overbeck (2006): Die Entwicklung der Tonträgertechnologie, S. 82.

34 Kittler (1986): Grammophon, Film, Typewriter, S. 58.

Fig. 1. — Appareil pour l'enregistrement par le phonographe d'un morceau de piano.

Abb.4: Illustration einer Phonographenaufzeichnung.

Demgemäß verfügt jedes akustische Medium über einen Sound, der bestimmt ist durch den Einsatz seiner Produktionsmittel. Somit beeinflussen umgekehrt die Grenzen eines Mediums immer auch den Sound bzw. die Musik, die es hervorbringt. Diese medientechnische Konstellation lässt sich auf den „Sound" der Instrumente der Jahrhundertwende übertragen, der eben auch ein ganz spezifischer war. Dabei folgt der Sound der Jahrhundertwende sechs durch das Medium bedingten Voraussetzungen: Erstens musste das einzuspielende Repertoire umgeschrieben und verkürzt werden, damit das Musikstück mit der Spieldauer der Tonträger übereinstimmte. Zweitens war bei dem neuen Arrangement jedoch nicht nur die Dauer des neu arrangierten Stückes von Bedeutung. „[U]m die notwendige Schallenergie und Klangfarbe zu erreichen",[35] waren weniger und andere Instrumente im Einsatz, als es die Partituren vorsahen. Auf diese Weise wurden überlieferte Partituren überhaupt erst „plattenfähig":[36] „Die Tuba ersetzte den Kontrabaß, Holzblock und Kuhschellen die Trommeln. Opernarien wurden bis 1906 nur mit Klavierbegleitung aufgenommen."[37] Der Grund für die geringe Schallenergie einiger Instrumente war, dass die Apparaturen selbst sehr starke Resonanzen erzeugten. Einige Töne waren auf der späteren Aufnahme sehr intensiv zu hören, andere hingegen wenig oder überhaupt nicht.

Die dritte durch das Medium bedingte Voraussetzung war, dass vor allem menschliche Stimmen im Vergleich zu anderen „Schallquellen" sehr gut auf den Aufnahmen zu hören waren, weshalb in der Anfangsphase der Aufnahmen vor allem menschlicher Gesang im Mittelpunkt der Produktionen stand.

Viertens wurde, da die „Durchschlagskraft" instrumenteller Begleitungen oft nicht ausreichte, die menschliche Stimme vorzugsweise in Begleitung von Kla-

---

35 OVERBECK (2006): Die Entwicklung der Tonträgertechnologie, S. 81.

36 „Um den gewünschten künstlerischen Effekt zu erreichen, mußte manches Werk umgeschrieben und neu instrumentiert werden, um überhaupt ‚plattenfähig' zu werden." ZAHN, Wilfried (1987): "Von der Zinkplatte zur Compact-Disc. 100 Jahre technische Entwicklung der Schallplatte", in: *100 Jahre Schallplatte*, S. 13-28, hier: S. 20.

37 Ebd.

vierspiel und Blasorchestermusik (in der Regel diejenige der Militärkapellen) aufgenommen.

Fünftens, und dies hängt mit dem obigen Punkt zusammen, mussten sogar die Musikinstrumente für die Aufnahmen umgebaut werden:

> „Für die Klavierbegleitung mußte das Instrument präpariert werden, indem alle Verkleidungen abgenommen und die Filze fast vollständig entfernt wurden. Außerdem mußte der arme Pianist sein Instrument heftig traktieren, um überhaupt auf der Platte gehört zu werden. Den Blasorchestern schien die Zukunft zu gehören, denn sie allein hatten die nötige ‚Durchschlagskraft'."[38]

Da Streichinstrumente grundsätzlich als schwer aufzunehmen galten, „entwickelte der Engländer J.M.A. Stroh eine Geige mit Schalltrichter anstelle des Korpus, die sogenannte ‚Stroh-Geige'".[39] Mittels dieser Apparatur wurden „die Saitenschwingungen auf eine an einen Schalltrichter mit Verstärkerwirkung gekoppelte Metallmembran geleitet".[40] Dadurch wurde „eine erhebliche Schallverstärkung" erzielt. Zugleich entstand jedoch ein ungewollter Nebeneffekt, nämlich ein spezifischer Sound, der als „Schallverfremdung" im Gesamtklang des aufzunehmenden Ensembles wahrzunehmen war.[41]

Sechstens war ein bestimmtes Arrangement der Musiker, die sich in unterschiedlichen Abständen vor dem Trichter positionieren mussten, eine entscheidende Bedingung, um überhaupt einen gelungenen Gesamtklang auf der späteren Aufnahme zu ermöglichen. Dies galt insbesondere für die Aufnahmen mit den speziell präparierten Instrumenten.

> „Bei den akustischen Aufnahmen mußten die Musiker so um den Trichter gruppiert werden, daß die maximale Schallenergie auf die Membran und damit auf das Speichermedium übertragen werden konnte. Die Wiedergabe erfolgte umgekehrt durch die Verstärkung mit einem Trichter."[42]

Somit war also auch der Sound zuletzt davon abhängig, wie die Musiker im Produktionsstudio um den Trichter herum platziert waren.

Außerdem bildet Gaisbergs Produktion schließlich die Matrix all dessen, was die Bedingungen der Aufnahmequalität erfüllt. Niemand geringeres als Fred Gaisberg war es, der die Voraussetzungen für einen adäquaten musikalischen Sound erkannte und umzusetzen trachtete: damit machte er das Grammophon überhaupt salonfähig. Namhafte Künstler waren für erste und frühe Aufnahmen und unter diesen medientechnischen Direktiven zu gewinnen.

---

38 Ebd., S. 20.
39 Overbeck (2006): Die Entwicklung der Tonträgertechnologie, S. 81.
40 Zahn (1987): Von der Zinkplatte zur Compact Disc, S. 21.
41 Ebd., S. 21.
42 Overbeck (2006): Die Entwicklung der Tonträgertechnologie, S. 80.

Abb.5: Der Tenor Carl Jörn mit Orchester am Aufnahmetrichter, ca. 1908.

Dass die Musiker sich den Gegebenheiten der Technik anpassen mussten, hatte anfangs jedoch die bekannten Musiker der Zeit davon abgehalten, sich auf das Experiment der Schallaufzeichnung einzulassen. Dies änderte sich schlagartig, als Gaisberg zuerst Schaljapin und ein Jahr später den italienischen Tenor Enrico Caruso vor den Trichter bekam. Die von Gaisberg durchgeführten Aufnahmen, an deren Gelingen er wesentlichen Anteil hatte, dürfen „als die ersten Hits der jungen Schallplattenindustrie zu Beginn des 20. Jahrhunderts"[43] bezeichnet werden. Erst durch diese populären Sänger hatte die Tonträgerindustrie schließlich zu ihrer Bestimmung gefunden, und es entstand ein gegenseitiges Abhängigkeitsverhältnis:

> „Diese unschätzbaren Tondokumente verhalfen dem neuen Industriezweig zur Popularität. Insbesondere die Aufnahmen mit Caruso (zwischen 1902 und 1921 insgesamt 234, auch für die Schallplattenfirmen Pathé, Zonofone und Victor) verkauften sich sehr gut und förderten umgekehrt dessen Ruhm und Karriere: das Bonmot ‚Caruso made the gramophone, and the gramophone made him' trifft wohl zu."[44]

So darf vor diesem Hintergrund Gaisberg selbst wohl als der erste Musikproduzent der Schallplattenindustrie gelten, der es verstanden hat, Repräsentanten des Musikgeschäftes zu gewinnen. Der Sound ist deshalb auch davon bestimmt, *wer* spielt. Die Soundindustrie bildet einen Signifikanten aus, der von nun an die musikalischen Aussagensysteme bestimmen sollte.

Die Bemühungen der Plattenindustrie trugen also bald Früchte: „Man begegnete der Schallplatte jetzt mit gebührendem Respekt, und seit ca. 1904 verkauften sich Platten auch in Musikgeschäften."[45]

43 Overbeck (2006): Entwicklung der Tonträgertechnologie, S. 81.
44 Ebd.
45 Holzbauer (1999): Geschichte der Tonträger, S. 14.

2.3 Das Grammophon und die ersten Medienstars

Die medientechnischen Bedingungen der Jahrhundertwende bildeten also ein technisches Mediendispositiv aus, das einerseits den Sound der Instrumente und den Klang der Wiedergabe bestimmte. Andererseits beeinflusste die spezifische Klangtechnik des Grammophons auch die Auswahl des Aufnahmerepertoires, vor allem die intensive Aufnahme der menschlichen Stimme war medientechnisch bedingt und gerade zu Beginn der Schallplattenära nicht selbstverständlich. Dem ersten Musikproduzenten der Musikgeschichte, Fred Gaisberg, gelang es, die populären Sänger der Zeit (Enrico Caruso, Fjodor Schaljapin) medientechnisch so überzeugend zu produzieren, dass sie bereit waren, ihre Musik überhaupt auf Platte speichern zu lassen. „Mit Caruso erscheint, noch vor dem Filmstar, der Typus des Kultstars mit Fangemeinde auf der Bühne der Mediengeschichte."[46]

Somit vermochte es Gaisberg das Grammophon überhaupt erst zu einem „Kulturträger ersten Ranges" zu etablieren, „indem es ihm gelang, die weltbesten Künstler seiner Epoche vor den Trichter zu bringen, um mit ihnen Aufnahmen zu machen, die heute noch das Herz manchen Kenners und Sammlers höher schlagen [...] lassen".[47]

Gaisbergs musikalische und medientechnische Kompetenz bestimmte also die Direktive sich konstituierender Musikmediendiskurse und schuf Strukturen, die zwischen ökonomischer Popularität und hochkultureller Verehrung oszillierten: Maßgebend für die Aufnahmeproduktion von Schellackplatten war dabei also zunächst das Kriterium der zeitgenössischen Popularität: und zwar sowohl die der Sänger als auch jene der Stücke und Melodien (zum Beispiel Märsche, Revueschlager, Volkslieder, Opernarien).

Welche Stücke innerhalb der unterschiedlichen E- und U-Musikgenres gespielt wurden, war dann auch in den ersten zehn bis 15 Jahren der Grammophonära vor allem von der Technik des Apparates abhängig:

> „Im Programm waren zunächst Märsche und Lieder. Da die mechanische Aufnahmetechnik Stimmen sehr viel besser erklingen ließ als Instrumente, bot man dem kulturbewußten Publikum große Opernstars; seit 1902 sang Caruso für das neue Medium, bald auch Schaljapin."[48]

So gilt für die Frühphase, dass das Repertoire hauptsächlich auf Gesangs- und Kammermusik-Aufnahmen begrenzt war. Hinzu kamen Aufnahmen, in denen „ein guter Teil des gängigen Orchesterrepertoires"[49] aufgenommen wurde. Hierzu gehörten Kompositionen etwa von Bizet, Rossini, Puccini, Händel, Mascagni,

46 Hörisch (2001): Der Sinn und die Sinne, S. 258.
47 Zahn (1987): Von der Zinkplatte zur Compact-Disc, S. 19.
48 Overbeck (2006): Die Entwicklung der Tonträgertechnologie, S. 93.
49 Ebd., S. 82.

Rubinstein, Meyerbeer, Verdi, Mozart, Tschaikowsky, Gounod, Wagner, Ponchielli, Offenbach, Donizetti und Massenet.[50] Die meisten der bekannten Arien[51] sind selbstverständlich auch von Caruso gesungen worden. Doch auch jungen Talenten bot sich schon spätestens ab 1907 die Möglichkeit, populäre Stücke einzusingen. Für die Deutsche Grammophon war dieses Vorgehen vor allem ökonomisch reizvoll, da das Honorar der sich noch in der Ausbildung befindlichen Künstler weitaus geringer war als dasjenige bekannter Sänger wie z.B. Caruso.

> „Er kassiert 1902 die unglaubliche Gage von hundert Pfund für zehn Arien, die er in einem Mailänder Hotel aufzeichnen läßt und die zu seinem Weltruhm erheblich beitragen."[52]

So gilt hier, dass vor allem die Popularität der Sänger den Preis der Platten bestimmte: Entsprechend fächerte sich das Preissegment auf. Die Aufnahmen Carusos kosteten üblicherweise 20 Reichsmark, die Produktionen von Melodien, Stücken und Arien weniger bekannter Künstler hingegen vier Reichsmark.[53]

---

50 Aus dem Verzeichnis „Die Stimme des Herrn" von 1924, zur Serie „Spezial- und Schwarzetikett" gehörend. Dieser lassen sich mehr als 50.000 unterschiedliche Titel entnehmen.

51 Zu den populären Arien aus Oper und Operette gehörten unter anderem Verdis „Aida", der „Troubadour", Verdis „Die Macht des Geschicks", die „Blumen-Arie" aus Bizets „Carmen", „Ihr Wangenpaar" aus Meyerbeers „Hugenotten", und aus „Bohème" von Leoncavallos sang Caruso „Nein! Bin Bajazzo nicht bloss!", selbstverständlich auf Italienisch, wie der Künstlerkatalog angibt. Und aus Verdis „Maskenball": „Doch heisst dich auch das Pflichtgebot, auf ewig von mir eilen" usw. Aus Massenets „Manon" sang Caruso „Ich schloss die Augen, Traum", die „Serenade des Don Juan" von Tschaikowsky, aus Puccinis „Tosca" „Wie sich die Bilder gleichen", aus „Manon Lescaut" die Arie „Wo lebte wohl ein Wesen", und auch Volkslieder waren Teil seines Repertoires: etwa „Mamma mia che vo sape", ein neapolitanisches Volkslied, und das englische Volkslied „Your eyes have told me".

52 Hörisch (2001): Der Sinn und die Sinne, S. 258.

53 Carl Clewing hatte der Grammophon seine Stimme zur Einspielung einiger „Lieder zur Laute" geliehen. Für vier Reichsmark waren „Von der Vogelhochzeit", „Vom jung-jungen Zimmergesellen" (18. Jahrhundert), der „Tod von Basel (Nach Merians Baseler Totentanz, anno 1657)", „Verstehst? Fränkisches Spinnstubenlied", das bayerische Soldatenlied „Muss mer i, muss mer a!" und das schwäbische Lied „Mädle ruck" (vgl. das Verzeichnis „Die Stimme des Herrn" von 1924, zur Serie „Spezial- und Schwarzetikett" S. 36) zu bekommen. Für denselben Preis waren vom Kammersänger Kurt Frederich Platten erhältlich, der aus dem „Kuhreigen" die „Abendstimmung, Lug, Dursel" sang und „Zu Strassburg auf der Schanz (mit Chor)" einspielen ließ. In derselben Preisklasse waren aber auch große Kompositionen vertreten, wie Lohengrins Abschied aus „Lohengrin" oder „Fanget an" aus „Die Meistersinger" – nur wurden sie nicht von Caruso, sondern von dem Kammersänger Alois Hadwiger gesungen. Im Gegensatz dazu sind die eingespielten Werke Schaljapins auf dem Preisniveau Carusos angesiedelt. Eine Einspielung des berühmten russischen Bass lag bei 20 Reichsmark – darunter die „Mephisto-Serenade" aus Gounods „Faust", Delibes Lakmé mit „Lakmé, es schweift dein Blick zur Ferne" auf Russisch, aus Bellinis „Norma" das Stück „Steig' auf den Hügel, Druidenschar mit Chor" auf Italienisch. Vertreten waren auch aus Meyerbeers „Robert der Teufel" das Stück „Le rovine son queste" auf Italienisch oder Rossinis „Verleumdungsarie" aus dem „Barbier von Sevilla", ebenfalls auf Italienisch, oder das russische Volkslied „Das Lied vom Floh", verfasst

2.4 Rezeption und Produktion der Unterhaltungsmusik

Eine neue Musikmedienkultur konstituiert sich also offenbar durch Ordnungsmuster der Popularität. Populär waren um die Jahrhundertwende sowohl musikalische Produktionen aus dem Bereich der E- als auch der U-Musikkultur.[54] Zuvor in der Regel live zur Aufführung gebracht, wurden sie Teil eines sich entwickelnden breit gefächerten Repertoires, das die kulturellen Vorlieben der Musik um 1900 widerspiegelt.

Die beiden Klassifizierungen der ernsten und der unterhaltenden Musik verweisen zunächst grundsätzlich dabei auf Phänomene unterschiedlicher musikgeschichtlicher Traditionen: So meint ersteres die hochkulturellen Musiktraditionen, darunter vor allem die Werke kulturell geschätzter Kompositionen von Meyerbeer, Delibes, Gounod oder Beethoven. Zum Genre der Unterhaltungsmusik zählt hingegen zweitens die so genannte leichte Muse aus dem Geiste der Volks- oder Popularkultur, die oft auch nicht einmal schriftlich notiert ist, demgemäß gibt es keine Schriftgeschichte wie dies für die klassische hochkulturelle Überlieferung der Partituren aus über 400 Jahren gilt. Unterhaltungsmusik hat als Volksliedkultur eine kürzere, erst durch die Liedersammlungen des 19. Jahrhunderts entstandene schriftliche Geschichte vorzuweisen. Dennoch ist die Volksliedkultur eine genuin mündliche Kultur, in der es keine fixe Text-Musik-Bindung gibt. Zu bekannten Melodien werden für eine Region typische Texte

von Mussorgsky. Als ebenso wertvoll erscheinen die Aufführungen Marcella Sembrichs. Ihre Soprandarbietung des „Frühlingsstimmen-Walzers" von Johann Strauss oder ihre Darbietung „Frag ich mein beklommen Herz" aus dem „Barbier von Sevilla" oder „Teurer Name" aus Verdis „Rigoletto" kosteten ebenfalls 20 Reichsmark. Der Wert ihrer Einspielungen wird im Programmheft genannt, indem eine kurze Einführung in ihr Œuvre als Fließtext den tabellarischen Darstellungen vorangestellt wird. Darunter werden vor allem als bekannt vorausgesetzte Darbietungen aus der Zeit vor der Grammophon-Ära erwähnt. Hierzu gehören ihre Fähigkeiten als Sängerin „als Elvira in Bellinis ‚Puritanern' 1877 am italienischen Sommertheater zu Athen" oder der Umstand, dass sie im Jahre 1880 „bei ihrem ersten Auftreten als Leonore im ‚Troubadoure' das Publikum der Londoner Coventgarden-Oper" zu entzücken vermochte. Weiter folgen biographische Angaben zu ihrem Wohnsitz und weiteren Rollen bekannter Opern wie „Traviata, Magarete, Don Juan, Rigoletto, Ernani, Lucia, Nachtwandlerin, Barbier, Martha, Figaros Hochzeit, Mignon, Norma, Puritaner, Semiramis, Linda". Ebenso werden ihre Fähigkeiten bei der Intonation von Kunstliedern hervorgehoben: „Aus dieser Zeit ihrer schönsten Blüte datiert eine Reihe von ‚Grammophon'-Aufnahmen, die uns das ungeheure Können dauernd im Plattenbilde erhalten haben" (ebd., S. 134).

54 Die Begriffe der E- und U-Musik gehen auf eine Unterteilung der Vorläufermodelle der Gema von 1902 zurück, als im Januar 1902 das „Gesetz betreffend das Urheberrecht an Werken der Literatur und Tonkunst" verabschiedet wurde und damit jede Publikation eines musikalischen Werkes vom Autor genehmigt werden musste. Mehr als ein Jahr später, am 1. Juli 1903, wurde, u.a. initiiert von Richard Strauss, von der Genossenschaft Deutscher Tonsetzer (GDT) die Anstalt für musikalisches Aufführungsrecht (AFMA) gegründet. Vgl. dazu: DÜMLING, Albrecht (2003): *Musik hat ihren Wert. 100 Jahre musikalische Verwertungsgesellschaft in Deutschland*. Regensburg.

mündlich verfasst, wodurch entstandene Lieder sehr heterogen sind und keinen festen Titel tragen. Einige klassische Melodien lassen sich zum Beispiel für das späte 18. Jahrhundert und verstärkt für den Beginn des 19. Jahrhunderts auch in digitaler Form finden. Dies betrifft das Repertoire von Melodien, die mittels mechanischer Musikinstrumente, Flötenuhren, Spielautomaten, Pianowalzen, Jahrmarktorgeln oder Orchestrions auf Stiftwalzen notiert und verbreitet waren.

Im Zuge der Urbanisierung hatte sich die Unterhaltungskultur jedoch musikalisch diversifiziert und auch viele neue Genres ausgebildet, die vor allem aus dem zeitgenössischen Musiktheater und der Oper hervorgegangen waren.[55]

> „Leichte Musik aller Genres hatte seit den späten 1880er Jahren Konjunktur. Revuen der Spitzenvarietés, musikalische Possen, Operetten und Musical Comedies lieferten die Schlager; zusammen mit Couplets, Comic Songs und Chansons wurden sie vom Tingeltangel bis zum Hinterhof verbreitet und waren ganz wörtlich in aller Munde."[56]

Schließlich war die Unterhaltungsmusik in den sozialen, urbanen Raum eingedrungen. Salonmusik und Militärmusik hatten sich als feste Aufführungspraxis in öffentlich-sozialen Räumen etabliert:

> „Militärorchester spielten bei unzähligen Auftritten und Paraden, auf Plätzen und in Parks nicht nur Marschmusik, sondern auch beliebte Melodien von Wagner bis zum ‚Tiger-Rag' – Kapellen gehörten einfach zu Ausflugsrestaurants und Vergnügungsparks. Jede bessere Wirtschaft hatte ihr Orchestrion oder mechanisches Klavier, und in vielen Cafés spielte eine kleine Formation Salonmusik."[57]

So ist es nicht verwunderlich, dass gerade auch in der Anfangszeit der Grammophonära bis zum Ersten Weltkrieg – trotz der vielen hochkulturellen Produktionen – nicht nur von „alle[n] bedeutenden Künstler[n] der ernsten und leichten Muse unzählige Schallplatten aufgenommen" wurden, sondern nebst der neuen Einflüsse, ausgehend zum Beispiel vom „skandalumwitterte[n] Tango" und den unzähligen Couplets, vor allem „die leichte Muse den weitaus breiteren Raum einnimmt":

> „Am Anfang ließ sich die menschliche Stimme mit Klavierbegleitung am besten aufnehmen. Man hörte Gassenhauer und Operettenlieder. Dann kamen leichtere Orchesterstücke, gespielt von Blasorchestern, zumeist Militärkapellen. [...] Man tanzte Walzer, Polka und Rheinländer nach Grammophonklängen. [...] Instru-

55 Vgl. MEYER-KALKUS (2001): Stimme und Sprechkünste, S. 213ff.

56 MAASE, Kaspar (1997): *Grenzenloses Vergnügen. Der Aufstieg der Massenkultur 1850-1970*. Frankfurt am Main, S. 93.

57 Ebd., S. 91f.

mental-Soli von Trompete, Xylophon, Glockenspiel oder Piccolo-Flöte, mit und ohne Begleitung, virtuos und sentimental, entsprachen dem Zeitgeschmack."[58]

Da diese Musikrichtungen seit dem 19. Jahrhundert überhaupt nicht den Anspruch besaßen, Kunst im Sinne klassischer Musik zu sein, sondern unterhaltend auf das Publikum zu wirken, kann grundsätzlich von zwei unterschiedlichen Musiktraditionen ausgegangen werden.

So lässt sich insbesondere die Unterhaltungsmusik jenseits des kulturellen Kanons und der Hochkultur verorten, obwohl sie gleichzeitig von ihr beeinflusst ist. Demgemäß lassen sie sich ja fast einer Sphäre alltagskultureller Objekte zuordnen. Ihre Geschichte ist nämlich anders als die Tradition der ernsten Musik nicht institutionell verortet.

Als Volksliedkultur sind 100 Jahre währende Lieder, Gesänge und Melodien hingegen fester Bestandteil ritueller Festpraktiken.[59] Auch, wenn sie nicht Teil einer Festtagskultur sind, haben sie sich zwar nicht institutionell, aber im Körpergedächtnis erhalten. Nur mündlich, nicht schriftlich ist ihr Inhalt oft überliefert. Wegen ihrer Popularität haben sie den Weg auf die Schellackplatten gefunden. In der Regel von Militär- und Blasorchestern eingespielt sind sie auf Platte erstmals akustisch festgehalten worden.

Auch Melodie und Text eines Gassenhauers oder eines Schlagers haben sich durch die neue Speicherpraxis erstmals erhalten. Gerade für die Jahrhundertwende gilt, dass es dabei völlig gleichgültig war, *wer* dieses Stück eingesungen hat. Es reicht völlig aus, *dass* die Melodie, der Revueschlager oder das Lied auf Platte erhältlich waren. Ganz anders jedoch verhält es sich im Bereich der traditionsreichen, hochkulturellen Schallplattenproduktionen. Der beste Sänger (z.B. Caruso) sang die berühmtesten Arien der im kulturhistorischen Vergleich zu anderen musikalischen Schöpfungen am meisten geschätzten Kompositionen und Komponisten.

Dass die Produktionsbedingungen so genannter E- und U-Musikgenres so unterschiedlich waren, hängt mit ihrer Rezeption zusammen. Hochkulturelle Produktionen waren schließlich teurer als unterhaltungsmusikalische Formate. Lieder, Schlager oder bekannte Arien und Melodien wurden auch auf Speicherformaten vertrieben, die in ihrer Handhabe an die neuere Single-Einspielung erinnern. Unter medienarchäologischen Gesichtspunkten sind popkulturelle Produktionsstrukturen bereits früh entwickelt. Die Single-Einspielung wurde medientechnisch um die Jahrhundertwende „erfunden", bedingt durch Länge

58 ZAHN (1987): Der Künstler auf der Platte, S. 132.

59 Zum inhaltlichen und thematischen Spektrum des Volksliedes gehören Liebes-, Hochzeits-, Trink-, Kinder- und Wiegenlieder, Arbeits-, Tanz-, Arbeiter-, Studenten-, Soldaten- und Seemannslieder; an religiösen Festen orientiert sind Heimat-, Fahrten- und Wanderlieder. Vgl. dazu: STEINITZ, Wolfgang (1953, 1956): *Deutsche Volkslieder demokratischen Charakters aus 6 Jahrhunderten.* Berlin; und PACHNIKE, Bernd (Hg., 1980): *All meine Gedanken – Deutsche Volkslieder*. Leipzig.

und Dauer einzelner Chansons, Lieder oder Schlager, die als einzelne Platte kostengünstig vertrieben werden konnte.

Jedoch tritt noch ein anderer Aspekt hervor: Hochkulturelle Musikformate stehen in einem Rezeptionszusammenhang, der strukturiert ist durch die Tradition einer Jahrhunderte alten Musikgeschichte, aus der auch eine intellektuelle Musikästhetik hervorgegangen ist. Entstehen neue Werke oder Kompositionen, müssen sie sich an den Wertmaßstäben dieser komplex gewachsenen Geschichte messen lassen. Die Parameter, unter denen eine kulturelle (Be-)Wertung vorgenommen wird, sind seit mehreren hundert Jahren gewachsen. Eine medienkulturelle Geschichte und Ordnung der Unterhaltungsmusik beginnt erst mit der Aufnahme ihrer Genres und Formate um die Jahrhundertwende.

2.5 „Über das Neue": Medienordnungen des Kulturellen

Die Ausbildung einer medienkulturellen Speicherordnung um die Jahrhundertwende hat unterschiedliche Speicherformate und -inhalte hervorgebracht. Heute noch bekannte Interpretationen wie Arthur Nikischs Beethovensymphonie aus dem Jahre 1913 gelten unter Kennern als eine kulturell wertvolle Aufnahme, die bis heute, zum Beispiel auf YouTube, aufrufbar ist. Solche historischen Aufnahmen haben den Weg in das kulturelle Gedächtnis einer Kultur gefunden, weil sie künstlerisch und musikalisch wertvoll erscheinen. Dies gilt für andere Aufnahmen, die zu dieser Zeit produziert wurden, nicht. Revueschlager, Gassenhauer oder Tangoeinspielungen gelten nicht als ernste Musik. Diese genannten Musikgenres zählen zur unterhaltenden, also weniger künstlerisch anspruchsvollen Musik. Die Klassifikation einer künstlerischen Produktion als der E-Musik zugehörig zeigt auch immer ihre Wertung als Teil hochkultureller Medienordnungen. Sie verfügen über Mechanismen und Strukturen, kulturelle Objekte in eine Tradition kultureller Heiligung einzuordnen. Sie werden Bestandteil eines musikästhetischen Theoriediskurses. Das Medienobjekt zirkuliert und bleibt aktuell. Es wird zitiert, imitiert oder kommentiert. Solche medien- und kulturgeschichtlichen Prozesse sind theoretisch schwer zu fassen und doch folgen sie meist Strukturen, die als kulturbildende Handlungen beschrieben werden können. Was geschieht jedoch, wenn eine neue Medienordnung sich ausbildet, die keine eigene musikgeschichtlich institutionalisierte Tradition besitzt, jedoch viele heterogene Produktionen unter dem Begriff der U-Musik subsumiert und damit nicht einem Hochkulturbegriff zugeordnet werden? Märsche, Lieder, Schlager, Melodien, Gassenhauer usw. sind Teil einer alltagskulturellen Wirklichkeit, sie sind im Alltag präsent, jedoch nicht im Archiv.

Boris Groys hat in seinem Buch „Über das Neue" die Grenzen des Spannungsfeldes zwischen profaner Wirklichkeit und kultureller Heiligung ausgelotet. Kultur zielt für Groys von vornherein auf eine durch Hochkultur bestimmte Werthierarchie.[60]

> „Von jeder Kultur läßt sich sagen, daß sie hierarchisch aufgebaut ist, so daß alles in ihr einen Wert hat, der durch die Stellung in der kulturellen Werthierarchie bestimmt wird. In erster Linie bildet das, was als organisiertes oder strukturiertes kulturelles Gedächtnis bezeichnet werden kann, eine solche Hierarchie. In der Kultur unserer Zeit sind das Bibliotheken, Museen und andere Archive."[61]

So sind in seiner Theorie auch Objekte einbezogen, die nicht in die (Hoch-)Kultur eingefasst sind, also weder im kulturellen Speicher-, noch im Funktionsgedächtnis eingelagert sind.[62]

Groys beschreibt den Weg und Wert eines kulturellen Objektes für eine Kultur und führt den Begriff des „profanen Raumes außerhalb des Archives" ein: Im Gegensatz zum „Archiv der kulturellen Werte" gehörten hierzu „alle anderen, unwichtigen, irrelevanten, wertlosen Dinge".[63] Der profane Raum ist dabei die außerkulturelle Wirklichkeit: „Die Wirklichkeit ist zur kulturellen Tradition komplementär: wirklich ist das, was nicht Kultur ist. Wirklichkeit ist profan, wenn die kulturelle Tradition normativ ist."[64] So ließe sich mit Groys an dieser Stelle entsprechend seiner Argumentation der Dualismus profan = U-Musik und geheiligt = E-Musik konstruieren. Diese Rezeption wäre an dieser Stelle jedoch etwas verkürzt. Groys fragt, unter welchen kulturellen Bedingungen ein Objekt der profanen Wirklichkeit überhaupt kulturell wertvoll sein kann. Dies beschreibt er anhand der Kategorie des kulturell Neuen und situiert es zwischen dem Archiv der profanen Wirklichkeit und dem Archiv der kulturellen Werte. So hat er u.a. in seinem Buch „Über das Neue" die „kulturelle Ökonomie" beschrieben, die er als eine Art Austauschprozess zwischen den Objekten (und Medien) eines profanen Raums außerhalb des Archivs und dem Archiv der kulturellen Werte versteht. In einem weiterführenden Aufsatz beschreibt er diesen kulturell-ökonomischen Austausch wie folgt: „Im Archiv werden Dinge gesammelt und aufbewahrt, die für eine bestimmte Kultur wichtig, relevant, wertvoll sind." Diesem Austausch wohnte eine archivische Logik inne, die einer ständigen Dy-

60 Damit ist der Kulturbegriff, wie ihn Geertz verwendet, von demjenigen von Groys strikt unterschieden. Vgl. Groys, Boris (1992): *Über das Neue. Versuch einer Kulturökonomie.* München, S. 37.

61 Ebd., S. 55.

62 Groys widmet sich selbstverständlich nicht dem Rituellen, jedoch wurde oben dieser Gedanke ja bereits diskutiert und ist für die weiterführende Frage unerheblich.

63 Groys, Boris (2009): „Der submediale Raum des Archivs", in: Günzel, Stephan/Ebeling, Knut (Hg.): *Archivologie. Theorien des Archivs in Philosophie, Medien und Künsten.* Berlin, S. 139-151, hier: S. 139.

64 Groys (1992): Über das Neue, S. 19.

namik unterliegt: „Einiges aus dem profanen Raum wird aufgenommen, während einiges aus dem Archivbestand als nicht mehr relevant aussortiert wird."[65]

Das Kriterium, das er für diesen selektiven Austauschprozess zwischen profanem Raum und kulturellem Archiv anführt, ist der kulturelle Wert des Objektes im Vergleich zur Geschichte der anderen Objekte im Archiv der kulturellen Werte. Darin enthalten ist demnach jedoch nur, was das „geschichtlich Neue, Aktuelle, Lebendige und Wirkliche" ausbildet „durch den Vergleich mit dem Archivierten, Alten".[66] Das kulturell wertvolle Objekt soll repräsentativ sein und eine Leistung darstellen, die neu und anders ist als das vorherige. „Jedes Neue wird letztlich danach bestimmt, inwieweit es sich im historischen Vergleich, der von den Archiven ermöglicht wird, vom Alten unterscheidet."[67] Die Schlussfolgerung, die Groys zieht, lautet, dass die Logik des Archivs darin besteht, Geschichte nicht nur abzubilden, sondern dass das Archiv die Vorrausetzung dafür ist, „dass so etwas wie Geschichte überhaupt stattfinden kann – denn nur wenn das Archiv immer schon vorhanden ist, kann der Vergleich des Neuen mit dem Alten vollzogen werden".[68] Ein kultureller Speicher, ja das Speichern und Bewahren selbst bildet also die Voraussetzung für die Entstehung von (Medien-)Geschichte.

Die archiveigene Logik bedeutet, dass all das archiviert wird, „was in ihnen noch nicht gesammelt wurde [...] und was für das Archiv selbst wichtig ist".[69] Laut Groys besteht die Aufgabe des Archivs darin, das, „was für das Leben, für die Geschichte, für die Menschen wichtig ist" aufzunehmen, mit dem Ziel, „das Leben außerhalb der Archivräume zu repräsentieren".[70]

Wo also sind Objekte, die keiner institutionellen Archivordnung folgen, aber dennoch einen möglichen künstlerischen, wenn auch unterhaltenden Wert besitzen, einzuordnen? Den meisten Speichermedien der Unterhaltungskultur ist weder eine Heiligung oder Ritualisierung als musikalisches Kunstwerk zuteilgeworden, noch verfügen sie über eine im Groysschen Sinne „wertvoll anerkannte künstlerische Tradition". Ihnen fehlt die Geschichte und intermediale Verweisstruktur, um „an bestimmte Kriterien angepaßt, nach bestimmten Vorbildern gestaltet [zu werden], um als wertvolles Kunstwerk gelten zu dürfen".[71]

---

65 Groys (2009): Der submediale Raum des Archivs, S. 139.

66 Ebd., S. 140.

67 Groys (1992): Über das Neue, S. 35.

68 Genau hier würde Assmann ansetzen und literatur- und geschichtswissenschaftliche Zuschreibungsprozesse für den Erhalt des kulturellen Objektes anführen. Die Zuschreibung oder der philologische oder kunstwissenschaftliche Kommentar erhält das kulturelle Objekt und macht es für eine Kultur anschlussfähig (Groys (2009): Der submediale Raum des Archivs, S. 140).

69 Groys (2009): Der submediale Raum des Archivs, S. 139.

70 Ebd., S. 139.

71 Groys (1992): Über das Neue. S. 16f.

Wie sind unter diesen Umständen die Unterhaltungskultur und ihre daraus entstandenen Medien zu bewerten? Und unter welchen intermedialen Bedingungen sind sie heute in unserem Gedächtnis erhalten geblieben? So darf gelten, dass die mediale Materialisierung der Unterhaltungsmusik der Jahrhundertwende und der Populärmusik oder Volksmusik einen historischen Anfang für deren Mediengeschichte bildet. Aufnahmen aus dem Bereich der Hochkultur sind in ihren Aufführungspraktiken komplex und lange gewachsen. Anders ist dies beispielsweise bei Äußerungsformen profanen Charakters. Sie sind zu diesem Zeitpunkt (noch) nicht ausgebildet. Entscheidende Strukturen, die zur Etablierung hochkultureller Produktionen beitragen, gelten zunächst nur innerhalb und für die Hochkultur.

Ein Beispiel hierfür ist ein Auszug aus dem Kapitel „Fülle des Wohllauts" aus Thomas Manns „Zauberberg". Mann beschreibt die Fülle des Repertoires der Grammophoneinspielungen: Es gab „die Serie Kammermusiken, der Quartette und Trios, der Instrumentalsolonummern für Violine, Cello, Flöte, die Konzertgesangsnummern mit obligater Violine oder Flöte, die rein pianistischen Nummern".[72] Von populären Interpreten ist die Rede, so zum Beispiel von „ein[em] italienische[n] Bariton berühmten Namens", der von dem „Geist eines Violinisten von Weltruf" ist. „Es waren da eine Menge Ouvertüren und Einzelsätze aus der Welt der erhabenen Symphonik, gespielt von berühmten Orchestern, deren Leiter namhaft gemacht waren."[73]

Die „erhabene Symphonik" bildet hier ab, was Groys als wertvoll „anerkannte künstlerische Tradition" bezeichnet und hier von Mann auch so aufgenommen wird. Die Popularität der Orchester und ihrer Dirigenten wird von Mann ebenso herausgestellt wie die verkannten Interpreten. Ihr künstlerischer Wert ist in einem Zusammenhang mit einer musikästhetisch orientierten Musiktradition zu sehen. Und obwohl diese Aufnahmen ohnedies als „künstlerisch wertvoll", kanonisch oder „geheiligt" betrachtet werden können, sind sie heute nicht mehr materiell vorhanden. Als eine der wenigen Aufnahmen, die auch heute öffentlich verfügbar sind, gelten die Aufnahme Arthur Nikischs aus dem Jahre 1913 oder die Aufnahmen des ersten Medienstars der Mediengeschichte: Enrico Carusos.[74] In diesem Sinne bestätigt sich die Groyssche Theorie, denn Nikischs musikalische und Carusos stimmlichen Interpretationen gelten als kulturell

72 MANN, Thomas (1952): *Der Zauberberg.* Frankfurt am Main, S. 678.

73 Mann schildert das bestehende Repertoire weitreichend und beschreibt es weiterhin wie folgt: „Eine lange Reihe von Liedern sodann, vorgetragen zum Klavier, von Mitgliedern großer Opernhäuser, – und zwar sowohl Lieder, die das hohe und bewußte Erzeugnis persönlicher Kunst waren, wie auch schlichte Volkslieder, wie dann endlich auch noch solche, die zwischen beiden Gattungen gleichsam die Mitte hielten, insofern sie zwar Produkte geistiger Kunst, aber im Sinn und Geist des Volkes tiefrecht und fromm empfunden und erfunden waren." Ebd., S. 677.

74 Nikischs Aufnahme darf als kulturell hochwertiges Erzeugnis der E-Musik gelten. Selbiges gilt für viele der Aufnahmen, die mit Caruso gemacht worden waren, dessen Popularität dar-

Neues. Dass sie heute noch erhalten sind und als einigermaßen bekannt vorausgesetzt werden können, ist insofern erstaunlich, als dass in der Schlussphase des Zweiten Weltkrieges das Presswerk in Hannover fast vollständig zerstört worden war.[75]

So sind derlei Aufnahmen zwar einerseits in keinem Archiv als das kulturell Neue gespeichert, da es kein solches Archiv gibt, aber sie kursieren auch heute noch als kulturelles Artefakt und haben einen kulturellen Wert, den andere profane, „nicht geheiligte Objekte" nicht besitzen. Institutionalisierte Wertmaßstäbe, die hochkulturelle Ansprüche im Rahmen traditioneller Werte erfüllen, sind also auch außerhalb des Archivs denkbar, jedoch nur diesseits eines komplexen hochkulturellen Denk- und Verweissystems. So geht auch Groys davon aus, dass das Neue immer einen Bestand an Ordnungsmustern voraussetzt, der sich erst historisch zu entwickeln hat:

> „Diese Unterscheidung muss dauern, damit sich die Ökonomie der kulturellen Innovation entfalten kann, und das heißt: damit diese Unterscheidung immer wieder unterwandert, dekonstruiert, ununterscheidbar gemacht werden kann. Die kulturelle Ökonomie braucht, wie jede andere Ökonomie, für ihre Operationen vor allem Zeit. Diese Zeit ist im Falle der kulturellen Ökonomie die Zeit des Archivs."[76]

Es lässt sich schlussfolgern, dass Kultur sich eben auch jenseits der institutionellen Archive, aber nicht jenseits der Speicherung produziert. Das mit der Zeit ausgebildete Denk- und Verweissystem ermöglicht eine Tradition (hier:) hochkultureller Kodierungsprozesse. Die Ökonomie des Archivs bildet dieses System aus und festigt es.

Dieses Prinzip ist konstitutiv für jede Art der Archivierungslogik: Die kulturgeschichtlichen Anfänge einer neuen Medienordnung schließt entweder an bestehende Denkdiskurse an, z.B. in der Art wie Thomas Mann in „Fülle des Wohllauts" die Musikproduktionen unterschiedlich beschreibt und einordnet. Oder es bildet sich eine neue Ordnung aus, die von der Grundlage zunächst „nur" gespeicherter Objekte ausgeht, die nicht archiviert sind. Zwar erhalten sich sowieso nur fünf Prozent der Wirklichkeit überhaupt in Archiven. „Da mindestens 95 Prozent dessen, was unser Leben und unsere Kultur ausmachen, unwiederbringlich verlorengeht, kommt es natürlich auf die Qualität des Restes an."[77]

---

in begründet lag, dass seine Tenorstimme eine neue Form musikalischer Interpretation ermöglichte. Hörisch bezeichnete ihn schließlich als ersten Medienstar der Musikgeschichte.

75 Vgl. dazu: TASCH, Dieter (1987): „Die ‚Grammophon' in Hannover – 100 Jahre Schallplattengeschichte", in: *100 Jahre Schallplatte. Von Hannover in die Welt.* Beiträge und Katalog zur Ausstellung vom 29. September 1987 bis 10. Januar 1988 im Historischen Museum Am Hohen Ufer, Hannover. Hamburg, S. 41-82, hier: S. 66ff.

76 GROYS (2009): Der submediale Raum des Archivs, S. 144.

77 ASSMANN, Aleida (2010): „Archive und Bibliotheken", in: GUDEHUS, Christian/EICHENBERG, Ariane/WELZER, Harald (Hg.): *Gedächtnis und Erinnerung. Ein interdisziplinäres Handbuch.* Stuttgart, S. 165-170, hier: S. 168.

Diese Qualität des Restes bemisst sich offenbar durch „heiligende" Wertzuschreibungen, wie sie Groys formuliert hat.

Eine neue mediale Verweisstruktur kündigt sich schließlich mit einem neuen Medium an. Nicht nur seine Materialität, sondern seine populären Inhalte ermöglichen sein Bestehen. So sind einige der früheren Tonträger der 1920er Jahre nicht vollständig verschollen, da wenige der frühen Revueschlager in frühen Tonfilmen auftauchen. Darüber hinaus sind in der Regel die Noten der Verlage noch vorhanden, auf deren Basis nachträglich musikalisch agiert wird, oder einige der Platten konnten in den Archiven des Weimarer Radios überleben. Für andere Medien, die eine bestimmte Musikkultur repräsentieren, entsteht jedoch ein schwarzes Loch. Traditionen der Wiederholung und die Ritualisierung der Tonträger existieren nicht. So ist die technische Reproduktionsfähigkeit nicht gebunden an kollektive Strukturen kultureller Gedächtnisbildung, sondern an den Stand ihrer historisch-kulturellen Vereinnahmung.

3 Phonographie in der Wissenschaft: Archiv, Dispositiv und Aussagesysteme

Der Phonograph gilt im Gegensatz zu den kommerziellen Nutzungsweisen des Grammophons als ein Medium der langfristigen Speicherung und Archivierung akustischer Schallphänomene. Während das Grammophon vor allem nach 1900 als kommerzielles Abspielgerät genutzt wurde, war der Phonograph – anfänglich als „Diktiergerät" gedacht – von vornherein eine Apparatur, die sich für Aufnahme und Wiedergabe gleichzeitig verwenden ließ.[1] Als ein „wissenschaftliches Messgerät" wurde das neue Medium deshalb genutzt, um wiederholbar gewordene akustische Schallereignisse miteinander zu vergleichen. Durch den Vergleich aufgezeichneter stimmlicher Äußerungen ermöglicht sich schließlich ein Zugriff auf die Stimme als historisches, sprach- und musiktheoretisches Phänomen. Die Wiederholbarkeit des Phänomens ermöglicht seine Zergliederung:

> „Man kann ihn nach Belieben schnell und langsam laufen lassen und kann so Musikstücke, deren Tempo im Original zu schnell war, um sie analysieren zu können, in ruhigem Zeitmaß, in entsprechender Transposition, zu Gehör bringen."[2]

Die Zeitachsenmanipulation, die einerseits die Ursprünge und Anfänge der ersten Musikproduktionsstudios begründet, wurde zu einem „Werkzeug wissenschaftlichen Arbeitens".[3] Mit dem Phonographen, dessen Regler[4] zum Zwecke der Wiederholung des aufgezeichneten akustischen Phänomens beliebig verstellt werden konnte, war es aus der Sicht der Wissenschaft möglich geworden,

---

1 Zwar war es durchaus möglich, auch das Grammophon, das qualitativ hochwertigere Aufnahmen abzuspielen in der Lage war, mit Aufzeichnungsmaschinen auszustatten, um das Aufzuzeichnende auf den für die Tonaufnahme qualitativ viel besser geeigneten Schellackplatten zu speichern. Solche technischen Prozeduren waren jedoch nicht nur sehr kostspielig, sondern auch sehr aufwendig: Man benötigte gleich mehrere Techniker. Darüber hinaus waren die Geräte in der Regel gewichtsgetrieben und ließen sich damit nur sehr schwer bzw. überhaupt nicht transportieren. Gleichzeitig wäre eine Reproduktion der Aufnahmen an Ort und Stelle nicht möglich gewesen.

2 Abraham, Otto/Hornbostel, Erich von (1904): „Über die Bedeutung des Phonographen für vergleichende Musikwissenschaften", in: *Zeitschrift für Ethnologie*, Jg. 36, Heft 2, S. 222-236, hier: S. 229.

3 Gauss (2009): Nadel, Rille, Trichter, S. 352.

4 Dieser Regler wird auch als „Reproducer" bezeichnet.

„Objektivität, Zeitunabhängigkeit und Überprüfbarkeit“[5] musikalischer und stimmlicher Äußerungsformen zu bestimmen.

Damit ist der Phonograph ein epistemologischer Sonderfall einer akustischen Mediengeschichte. Die mit ihm hergestellten Medienspeicher sind nicht produziert worden, um akustische Medieninhalte kommerziell zu vertreiben, sondern um das akustische Material zu zergliedern und wissenschaftlich auszuwerten. Die wissenschaftliche Arbeit mit dem Phonographen war von Beginn an auch darauf ausgelegt, ein real existierendes Archiv zu errichten, in dem die aufgenommenen Inhalte aufbewahrt werden sollten. Somit bildet sich ein medienspezifisches Dispositiv aus, das selbstverständlich auch durch seine Medientechnik konstituiert ist, jedoch auch ganz spezifische wissenschaftsgeschichtlich bedeutende Diskursformationen ausbildet, weil sein Gegenstand apriori wissenschaftlich bestimmt ist. Ebenso wichtig ist dabei die Tatsache, dass zu dem Zeitpunkt der Gründung erster Phonogrammarchive[6] kaum oder keine Archivalien vorhanden sind. In dem real existierenden Archiv schreibt sich also ein Aussagesystem ein, das von der Medientechnik erst einmal produziert werden muss. An dieser Stelle soll die Archivtheorie von Michel Foucault bemüht werden, da hier durch das (Medien-) Dispositiv Diskurse und Denksysteme überhaupt erst produziert werden und das, was er metaphorisch als Archiv bezeichnet real durch den medialen Produktionsprozess abgebildet wird.

Foucaults Archivbegriff meint (im Gegensatz zu Groys) weder konkrete Räume oder Gebäude, in denen Archivgut aufbewahrt und benutzbar gemacht wird, noch die „Summe aller Texte, die eine Kultur als Dokumente ihrer eigenen Vergangenheit oder als Zeugnis ihrer beibehaltenen Identität bewahrt hat“.[7] Letzteres bezeichnet er als eine Form des Positivismus. Das Archiv beinhalte vielmehr sämtliche Aussagen, die in der Vergangenheit gemacht wurden. Diese Aussagen sind dabei weniger vom Prozess des Denkens und der herrschenden Diskurse abhängig, sondern erscheinen „dank einem ganzen Spiel von Beziehungen [...], die die diskursive Ebene charakterisieren“.[8] Die Aussagen (bzw. Aussagesysteme) treten nach Foucault nicht „zufällig“ auf, sondern ihr Erscheinen unterliegt gewissen Regelmäßigkeiten, denen nachzugehen möglich ist: „Das Archiv ist zunächst das Gesetz dessen, was gesagt werden kann, das System, welches das Erscheinen der Aussagen als einzelne Ereignisse beherrscht.“[9] Dieses Diktum Foucaults gibt vor, dass es gleichsam Aussagemöglichkeiten gibt,

5 Ebd.

6 Gemeint sind vor allem die Phonogrammarchive in Berlin und Wien. Es existieren zwei Schreibweisen der jeweiligen Institutionen: das Wiener Phonogrammarchiv und das Berliner Phonogramm-Archiv.

7 Foucault, Michel (1969): *Die Archäologie des Wissens*. Frankfurt am Main, S. 187.

8 Ebd.

9 Ebd.

die schließlich das System der Aussagbarkeit definieren.[10] Das Archiv ist demnach das, was bewirkt und entscheidet, welche Diskurse sich im Verlauf der Geschichte auftun und wann sie wieder „verfließen“[11] und von anderen abgelöst werden. Dass dieser Begriff des Archivs wesentlich von seinem medialen Dispositiv abhängt, ist bei Foucault, der sich ausschließlich auf die Ordnungen der Bibliotheken bezog, unreflektiert geblieben. Das mediale Gesetz wird bei Foucault immer auf die Medialität des Schriftlichen begrenzt. In seiner Monographie „Das Rumoren der Archive“[12] ergänzt der Medientheoretiker Wolfgang Ernst Foucaults Archivbegriff um ein medial differenziertes, technisches Dispositiv.[13] Ernst schlägt vor, die von Foucault „offen gelassene Variabel“ durch „Medien“ zu ersetzen. Gemeint ist ein mediales Dispositiv, das die Ordnung der Aussagesysteme selbst mitbestimmt. „Das Mißverständnis liegt darin, daß Foucault Archiv schreibt und Bibliothek praktiziert. Foucault schreibt, buchstabenorientiert, von ‚(Ver)Streuung‘, nennt aber kaum deren Infrastruktur.“[14]

Der Phonograph bildet demgemäß als Medium eigene mediendispositive Gesetze aus, die die „Ordnung der Dinge in ihrer Produktion selbst“ steuern.[15]

Er bedingt also die „Totalität von manifesten, hinterlassenen Aussagen und das ‚Spiel der Regeln‘“, die – so könnte man sagen – „in einer Kultur das Auftreten und Verschwinden von Aussagen“ garantieren.

Foucaults Archivbegriff muss dabei um die Variable eines medial-dispositiven Produktionsgerätes erweitert werden, das am Archiv selbst mitschreibt. Vor diesem Hintergrund lassen sich mit dem Musikwissenschaftler Christian Hoffmann, der sich mit der Geschichte und Archivstruktur des Wiener Phono-

10 Vgl. ebd., S. 188.

11 Ebd., S. 187.

12 Ernst, Wolfgang (2002): *Das Rumoren der Archive*. Berlin.

13 In der „Archäologie des Wissens“ (1969) habe Foucault den (medien-)technischen Apparat, der selbst zur Ordnung des Archivs neuer Medien beiträgt und sie steuert, nicht „etwa den photographischen Apparatus für die Produktion von Bildern in Mengen“ in seine Analyse miteinbezogen: „Es sind solche technischen Medien, die Foucault zu verschweigen tendiert“, konstatiert Ernst. Foucaults Theorie verfügt demnach nicht über einen (technologischen) Medienbegriff, auch und vor allem in dem Sinne, dass er das technische Medium selbst als aussageleitendes, produktives Moment in seiner Theorie mitdenkt. Der Unterschied zwischen Foucaults metaphorischem Archivbegriff und dem real existierender Archive bestünde nun gerade darin, dass Foucault das Archiv nicht in seiner materialen Positivität denken würde. „So attraktiv Foucaults Formulierung als Befreiung des Begriffs aus seiner eng archivwissenschaftlichen Umklammerung erscheint, um so gegenstandsloser ist er auf den zweiten Blick. Denn selten gibt Foucault dieses Archiv in seiner Positivität an.“ Ebd., S. 18, und S. 19: „Auch wenn seine Fallstudien – Wahnsinn, Klinik, Gefängnis – die realen Speicher von Akten, Protokollen und Aufzeichnungen nutzen, spart seine Definition des Archivs die real existierenden Archive bemerkenswert konsequent aus und meint vielmehr ein transzendentales Dispositiv, das über die Möglichkeitsbedingungen bestimmter Redeformen *a priori* entscheidet.“ Ebd., S. 18.

14 Ebd., S. 18f.

15 Foucault, Michel (1969): *Die Archäologie des Wissens*. Frankfurt am Main, S. 285.

gramm-Archivs auseinandergesetzt hat, methodisch zwei strukturelle Voraussetzungen für die Analyse des Wiener Phonogrammarchivs benennen: Es finden sich dort akustische Medien wie „Musikstücke, Gesänge und Stimmen, die durch den Schalltrichter auf Membran und Schreibstift geleitet wurden, sowie die Vorrichtung selbst und alle anderen Bedingungen, die am Prozeß der Speicherung beteiligt sind."[16]

Der Phonograph als Apparatus[17] ist das mediale Dispositiv dessen, was in den Trichter gesagt werden kann. Von ihm ausgehend sind also auch die Aussagemöglichkeiten des Archivs zu denken.[18]

---

16 Hoffmann, Christoph (2004): „Vor dem Apparat. Das Wiener Phonogramm-Archiv", in: Spieker, Sven (Hg.): *Bürokratische Leidenschaften. Kultur- und Mediengeschichte im Archiv.* Berlin, S. 281-294, hier: S. 287f.

17 Sitzung der Phonogramm-Archiv-Commission vom 22. Juni 1900, zitiert nach: ebd., S. 282f. Gemeint sind also nicht die in den 1960er Jahren von Jean-Lois Comolli und Jean Louis Baudry entwickelten Apparatus-Theorien, wonach der „Realitätseffekt" im Kino auf der Unsichtbarkeit des Kino-Apparates gründet und von der psychischen Anordnung des Subjektes auf jene des Bildraums zentriert sei, vergleichbar mit derjenigen des Platonischen Höhlengleichnisses. Er verbindet philosophische Subjektproblematik mit Fragen nach Ich-Identität und -konstitution. Vielmehr wird der Apparatus als Apriori des Denkens begriffen, wie es später Friedrich Kittler und Norbert Bolz in Abkehr von anthropologisch orientierten Medientheorien entwickelt haben. Vgl. Winkler, Hartmut (1990): „Der Zuschauer und die filmische Technik. Apparatus-Theorien. Frankreich 1969-1975", in: Hickethier, Knut/Winkler, Hartmut (Hg.): *Filmwahrnehmung. Dokumentation der GFF-Tagung 1989.* Berlin, S. 19-25; Lauretis, Teresa de/Heath, Stephen (Hg., 1980): *The Cinematic Apparatus.* London; Riesinger, Robert (2003): *Der kinematographische Apparat. Geschichte und Gegenwart einer interdisziplinären Debatte.* Münster; Kittler (1986): Grammophon, Film, Typewriter; und Bolz, Norbert (1990): *Theorie der neuen Medien.* München.

18 Technisch handelt es sich bei dem Apparatus um einen umgebauten, eigens für die Belange des Wiener Schallarchivs in Auftrag gegebenen Edison-Phonographen; in Berlin wurden handelsübliche Geräte verwendet. Den Auftrag hatte Fritz Hauser, der Assistent des Gründervaters Exner, erhalten. Erst als nach „zahlreiche[n] und mühevolle[n] Versuche[n]" bezüglich der „technischen Methoden" ab November 1900 der so genannte „Archiv-Phonograph" entwickelt werden konnte, konnte das Wiener Archiv seine phonographische Arbeit aufnehmen und gleichermaßen Musik, Sprache und Stimmporträts produzieren. Die Gründe für den Bau eines eigenen Apparatus sind technischer Natur: Der qualitative Unterschied zwischen dem Edison-Modell und demjenigen des Ingenieurs Fritz Hauser lag darin, dass mittels der tiefenschriftlichen Aufzeichnung die Aufnahmen nicht auf Walze, sondern, wie beim Grammophon, auf Wachsplatten erfolgte. Obzwar die Aufnahmen im Vergleich zur Grammophontechnologie qualitativ weniger „sauber" und „Verbesserungen recht wünschenswert" waren, wurden die Aufnahmen des Phonographen für die Zwecke des Archivs als „genügend" eingestuft.. Exner, Sigmund (1900): „Bericht über die Arbeiten der von der kaiserl. Akademie der Wissenschaften eingesetzten Commission zur Gründung eines Phonogramm-Archives", in: *Almanach der mathematisch-naturwissenschaftlichen Classe der kaiserl. Akademie der Wissenschaften in Wien,* Nr. 37, Beilage, S. 1-6, hier: S. 3. Dass die Gründung des Wiener Archivs selbst an die Konstruktion eines neuen technischen Apparatus geknüpft war, hängt mit archivarischen Fragehorizonten nach der Haltbarkeit und Verfügbarhaltung der Datenträger zusammen. Von der Konstruktion eines neuen „technischen Apparates", so heißt es retrospektiv in einem Bericht der „Commission zur Gründung eines Phonogramm-Archives", hinge „die Möglichkeit einer Verwirklichung des dargelegten Planes" für die neuen

Der „Apparatus"[19] hat dabei eine dezidiert medienarchäologische Funktion, für die die Medientechnik des Phonographen selbst steht, denn: Transportabel, handhabbar und simpel zu bedienen, sollte das Gerät in ausreichender Qualität aufnehmen und zugleich für den Laien zu bedienen sein. Medienarchäologisch schreibt sich sein medientechnischer Anfang gleich in das ihn bedingte Aussagesystem ein. So steht in den Booklets der heute als CD-Aufnahmen im Handel frei erhältlichen CD-Kompilationen damaliger Aufnahmen:

> „Schallanalytisch interessierte Benutzer werden ausdrücklich darauf hingewiesen, daß akustische Schallaufzeichnungen, wie sie die Phonogramme darstellen, neben den nichtlinearen Verzerrungen auch erhebliche lineare Verzerrungen, also Frequenzgang-Abweichungen, aufweisen, die von den eingesetzten Aufnahmegeräten, insbesondere den individuell verwendeten Trichtern und Membranen abhängen."[20]

Auf diese Weise hat sich der technische Speicherungsprozess in die „Phonogramme" eingelagert. Jedoch sind nicht nur Frequenzschwankungen und andere Störungen Teil des phonographisch produzierten Aussagesystems. Das, was buchstäblich gesagt werden kann, ist schließlich auch vom technischen Medidispositiv abhängig. So sind auf den „Phono-Grammen" nur ganz bestimmte, also nach ihren akustischen Fertigkeiten ausgesuchte Personen zu hören:

> „Aufgenommen werden konnten entsprechend nur solche Personen, die sich zur Aufzeichnung bereit erklärten – und nur ihre Aufnahmen finden sich überhaupt im Archiv wieder. Aus dem Zwang, den zu Phonographierenden vor den Apparat zu bringen oder umgekehrt den Apparat vor ihn zu bringen, rührt ferner eine räumliche Einschränkung: nicht nur kann nicht jede beliebige Person in das Ar-

---

Archivare „an der wichtigen Frage, ob sich die Phonographenwalzen genau copieren und unversehrt aufbewahren lassen". Ausgehend von diesem technologischen Dispositiv wurde ein neues „Messgerät" für die Wissenschaft in Auftrag gegeben.

19 Statt auf Wachswalzen aufzunehmen, verwendeten die Wiener einen Phonographen, der auf Wachsplatten speicherte. Denn ein Matrizierungsverfahren für die Wachszylinder wurde erstens erst nach 1900 entwickelt, und zweitens war deren Nutzung sehr anfällig für Verschleiß- und Gebrauchsspuren, die in der Regel mit Datenverlust einhergingen. Entwickelt wurden also 15 Zentimeter große Wachsplatten, auf denen mittels Tiefenschrift aufgenommen wurde. Das Material konnte so dauerhaft verfügbar gehalten werden. Von den Aufnahmen auf den Wachsplatten wurde jeweils ein Negativ angefertigt, das „voraussichtlich Jahrhunderte aufbewahrt werden kann" und es zu jedem Zeitpunkt ermöglicht, „durch Abguß dieser Matrize in Wachsmasse" ein „Positiv" herauszupräparieren und so eine „Reproduktion" derselben zu ermöglichen. Vgl. dazu LECHLEITNER, Franz (2005): „Die Technik der wissenschaftlichen Schallaufnahme im Vergleich zu ihrem kommerziellen Umfeld", in: SEGEBERG, Hanno/SCHÄTZLEIN, Frank (Hg.): *Sound. Zur Technologie und Ästhetik des Akustischen in den Medien.* Marburg, S. 16-22. Diese Kriterien gelten jedoch auch für die Berliner Phonographie.

20 *Tondokumente aus dem Phonogramarchiv der Österreichischen Akademie der Wissenschaften, Gesamtausgabe der Historischen Bestände 1899-1950. Serie 2: Stimmportäts*, S. 12.

chiv eingehen, es kann auch nicht den ganzen denkbaren, potentiell mit jedem Winkel der Erde identischen Aufnahmeraum umspannen."[21]

Welche Konsequenzen diese epistemologischen Aufnahmedispositionen für kulturelle Ordnungs-, Archiv- und Speicherfragen haben und welche wissenschaftlichen Erkenntnisinteressen neue Diskurse aus ersten akustischen Archivspeichern entstehen lassen, wird vor dem Hintergrund der Wiener und später dann mit den Berliner Sammlungs- und Archivierungsstrategien diskutiert.

3.1 Das Wiener Phonogrammarchiv

Als das erste Schallarchiv der Welt hat sich das Wiener Phonogramm-Archiv der Österreichischen Akademie der Wissenschaften im Jahre 1899 per Dekret begründet. Unter Leitung von Sigmund Exner, zugleich Direktor des Physiologischen Instituts, wurde das Phonogramm-Archiv 1900 eröffnet, nachdem am 27. April 1899 auf der Sitzung der Kaiserlichen Akademie der Wissenschaften in Wien die Mitglieder der mathematisch-wissenschaftlichen Klasse (u.a. Friedrich Exner und Sigmund Exner) sowie die der philosophisch-historischen Klasse die „Einrichtung eines phonographischen Archivs" beantragten.[22] Mit den Zielen, die Sprachen Europas „in ihrem Zustande am Ende des 19. Jahrhunderts" zu konservieren, die „vergänglichste aller Kunstleistungen, die Musik", zu bewahren und die „Aussprüche, Sätze oder Reden berühmter Persönlichkeiten" für die Ewigkeit zu speichern, taten sich Sprach- und Naturwissenschaftler zusammen, um „die neu erschlossene Methode" der akustischen Vergleichspraxis für die „Nachkommenschaft zu verwerten".[23]

Mit einem zunächst dezidiert sprachphysiologischen Sammlungsinteresse wurden die Objektgruppen, die für das Archiv zu produzieren waren, charakterisiert. Die Reihenfolge gab vor, „erstens sämmtliche Sprachen und Dialecte" und die „nothwendigen Momente, der Rhythmus, die Betonung, und bis zu einem gewissen Grade auch die Klangfarbe der Sprache" zu speichern. Zweitens wurde äußerst ambitioniert angestrebt, „die europäischen Dialecte, und sodann im Verlauf weiterer Jahrzehnte die sämmtlichen Sprachen der Erde aufzunehmen".[24]

---

21 Hoffmann (2004): Vor dem Apparat, S. 286.

22 Exner (1900): Bericht über die Arbeiten der von der kaiserl. Akademie der Wissenschaften eingesetzten Commission zur Gründung eines Phonogramm-Archivs, S. 1f. (= 1. Mitteilung des Phonogrammarchivs-Kommission).Vgl. auch den kritischen Bericht: Pudor, H. (1901): *Phonographische Zeitschrift*, Jg. 2, Nr. 6, S. 59f.

23 Hoffmann bezieht sich hier auf: Exner (1900): Bericht der Phonogramm-Kommission, S. 1.

24 Exner (1900): Bericht über die Arbeiten der von der kaiserl. Akademie der Wissenschaften eingesetzten Commission zur Gründung eines Phonogramm-Archivs, S. 1f. (= 1. Mitteilung des Phonogrammarchivs-Kommission).

Hinter dem dritten und letzten Punkt verbirgt sich schließlich ein eher politischer Blick auf die Möglichkeiten der Aufnahmetätigkeit: Von der Aufzeichnung von „Aussprüchen, Sätze[n] oder Reden berühmter Persönlichkeiten"[25] erwarteten sich die Gründerväter des Archivs, dass die „historische Bedeutung" der Archivierung der für das Zeitgeschehen wichtigen Stimmen „nicht hoch genug angeschlagen werden kann". So sei „doch das große Interesse weiterer Kreise für derartige äußerliche Eigenschaften der Menschen nicht zu ignorieren."[26] Unter „äußerliche[n] Eigenschaften" verstanden sie solche, die vergleichbar seien mit Porträts, in denen offenbar etwas veräußerlicht würde, das so bedeutsam sei wie „Timbre und Tonfall der Stimme"[27], jedoch bisher keine „historische Bedeutung" besäße.[28]

So gilt grundsätzlich, dass zu diesem Zeitpunkt der Gründung einer ersten auf das akustische Erkenntnisinteresse ausgerichteten Institution, die „in den Rahmen eines wissenschaftlichen Museums oder einer Bibliothek zu passen"[29] schien, die „Durchführbarkeit des Unternehmens"[30] von der Perspektive eines physiologischen Erkenntnisinteresses geleitet war.

Herausragend an der Geschichte des Wiener Phonogrammarchivs ist die Tatsache, dass es zum Zeitpunkt seiner Gründung noch über keinerlei Archivalien verfügte: Erst nach dem Beschluss, das erste Schallarchiv ins Leben zu rufen, wurde die Frage nach der Ordnung einer solchen Sammlung gestellt. Dem Musikwissenschaftler Hoffmann zufolge wandte man sich „statt der Erschließung

25 Die Stimme wird hier scheinbar zu einem Teil eines Charakterverständnisses stilisiert, das mit der Äußerlichkeit eines bildlichen Porträts vergleichbar ist. Es wird im Wesentlichen das vorweggenommen, was man später mit dem Aufkommen der ersten Übertragungsmedien als das rhetorische und politische Profil betrachten könnte. Jedoch mit einem Unterschied: Der Wert der Aufnahmen wurde nicht daran bemessen, *was* gesagt wurde, sondern *wie* es gesagt wurde. Die Aufnahmen berühmter Persönlichkeiten fanden zum Zwecke der physiologischen Qualität der Aussprache statt. Ebd., S. 3.

26 Ebd.

27 Ebd.

28 Gemeint ist hier selbstverständlich eine historiographische Bedeutsamkeit, die die Porträts bereits um 1900 sicher hatten. Der Vergleich ist an dieser Stelle also nicht ganz richtig: Dass Aufnahmen dieser Art künftig so bedeutsam seien wie das Antlitz eines malerischen oder fotografischen Porträts einer berühmten Persönlichkeit, ist sicherlich von historiographischem Wert. Denn dies galt mit der Profilierung der Kunstgeschichte zur Bildwissenschaft bereits im 19. Jahrhundert. Auch (nicht-)künstlerische Bilder wurden mit dem methodischen Instrumentarium historisch eingeordnet und kulturhistorisch interpretiert: „Durch die nicht auf die Hochkunst beschränkte Mittelalterforschung, den Zuwachs des Kunstgewerbes und die Einbeziehung der Fotographie war die Kunstgeschichte im 19. Jh. der Sache nach zur Bildwissenschaft geworden, ohne dass sie als solche bezeichnet worden wäre." BREDEKAMP, Horst (2003): „Bildwissenschaft", in: *Metzlers Lexikon Kunstwissenschaft. Ideen, Methoden, Begriffe*. Stuttgart/Weimar, S. 56-58.

29 EXNER (1900): Bericht über die Arbeiten der von der kaiserl. Akademie der Wissenschaften eingesetzten Commission zur Gründung eines Phonogramm-Archivs, S. 3.

30 Ebd.

des Aufbewahrten“ primär der Aufgabe zu, „ein Aufzubewahrendes zu erschließen“.[31]

Erst die Geburt der Phonographie hat also die Wiederholbarkeit und Vergleichbarkeit eines zuvor flüchtigen akustischen Phänomens ermöglicht und in einem weiteren Schritt das Archivieren als Kulturtechnik akustischen Speicherns ausgebildet.[32]

3.1.1 Die Dialektaufnahmen: Klang- und sprachphysiologische Fragestellungen

Obgleich im Antrag zur Gründung „einer Art phonographischen Archivs“ im Jahre 1899 drei wichtige Objektgruppen genannt wurden, zielten die ersten phonographischen Bemühungen der Wiener Archivangehörigen in der Praxis vor allem auf die Aufnahme mündlicher Kulturzeugnisse, vorrangig aus dem eigenen Staatsgebiet und Europa.[33] Mündliche Kulturzeugnisse waren primär als Dialektsprachen definiert, denen sich die Archivgründer ab 1901 im eigenen Staatsgebiet zuwandten, darunter „deutsche Dialekte aus dem Attergau bzw. aus Schlesien“, ebenso wie

> „rumänische und wallonische Sprachproben stellvertretend für europäische Sprachen […]. Milan von Reŝetar, ein bedeutender Slawist der damaligen Zeit, wollte Dialektgrenzen im Gebiet zwischen Drau und Save erkunden.“[34]

Gerade in der Anfangszeit verstand sich das Archiv also als eines, das hauptsächlich auf Sprach- bzw. Dialektaufnahmen konzentriert war. „Diese Tatsache

31 HOFFMANN (2004): Vor dem Apparat, S. 290.

32 Vgl. ebd.

33 „An erster Stelle standen Sprachaufnahmen – ausgehend von den verschiedenen deutschen Dialekten über möglichst alle Sprachen, die in der österreichisch-ungarischen Monarchie und in Europa gesprochen wurden.“ LECHLEITNER, Gerda (o.J.): „Das Phonogrammarchiv als ‚Gedächtnisspeicher‘ – Dokumentationsmodelle im Wandel von ‚Text‘ zu ‚Kontext‘“, in: FISCHER, Erik (Hg.): *Das immaterielle Kulturgut Musik im Spannungsfeld von ‚Lebenswelt‘ und ‚Monument‘* (= Berichte des interkulturellen Forschungsprojektes „Deutsche Musikkultur im östlichen Europa“, Bd. 6), Stuttgart (Druck in Vorbereitung).

34 LECHLEITNER, Gerda (1999): „Zukunftsvisionen retrospektiv betrachtet: Die Frühzeit des Phonogrammarchivs“, in: *Das audiovisuelle Archiv*, Nr. 45, S. 7-15, hier: S. 8. Weitere Beispiele sind die Aufnahmen um 1904. In diesem Jahr wurde die deutsche Mundart von der Ebene Reichenau in Kärnten aufgenommen; auch von der „Mundart von Pernegg, Kärnten, 1903, von Unterberg, Glanhofen, aus der Umgebung von Feldkirchen sowie einen Jodler aus Rottenmann, Mundarten von Alhartsberg, Kröllendorf, Reitering, aus der Schweiz schließlich von Einsiedeln, Visperterminen usw.“ wurden Aufnahmen angefertigt. Siehe: EXNER, Sigmund (Hg., 1922): *Katalog I der Platten 1-2000 des Phonogramm-Archives der Akademie der Wissenschaften in Wien.* Wien, S. 14-17, hier: S. 12.

spiegelt sich auch bei den Beständen wider, wobei vor allem die große Zahl deutscher Dialektaufnahmen auffällt."[35]

Dialektforschung als ein dezidiert an der Aussprache der kulturell-regionalen Sprechformen interessiertes Forschungsgebiet demonstriert hier für die ersten Jahre der Aufnahmepraxis das strukturelle Interesse an Sprachgeschichte.[36] Das situative Sprechen als Aufführung eines nicht in Schrift übersetzten Kommunikationszusammenhangs ist damit Teil einer sprachphysiologisch interpretierten Sprachwissenschaft.[37]

Dass die Forscher auch von der neuen Aufnahmemöglichkeit, Dialektsprachen zu vergleichen, Gebrauch machten, ist Teil des medientechnischen Dispositivs, das eine neue Logik der Aussagensysteme in die Wissenschaft einführte. Mit Foucault gesprochen, erweiterte sich die Totalität der Aussagen, die *über* ein nun vergleichbar gewordenes Sprech- bzw. Sprach-Objekt anzuführen waren.[38] Dass rein akustische, performativ realisierte Sprachaufnahmen in den ersten Jahren das wissenschaftliche Interesse weckten, hat sicherlich mit der Person von Sigmund Exner zu tun.[39] Sein wissenschaftliches Forschungsinteresse prägte die ersten Sammlungsstrategien der Aufnehmenden bzw. Feldforscher. Exner, der zugleich als Gründervater der vergleichenden Physiologie gilt, analysierte physiologische Prozesse, indem er die Sprachproduktion wissenschaftlich miteinander verglich. Dabei ging es ihm darum, am dialektologischen Klang physiologische Signifikanzen festzustellen.[40]

3.1.2 Die Stimmen berühmter Männer und Frauen

Weniger Aufmerksamkeit als die Dialekt- und Sprachaufnahmen, die im Wiener Phonogrammarchiv getätigt worden waren, erfuhren die so genannten Stimmporträts. Ebenfalls im Gründungsdokument von Sigmund Exner als eine der drei Aufgaben des Phonogrammarchivs benannt, ging es ihm darum, „Aus-

---

35 Ebd., S. 12.

36 Eine teleologisch gedachte Sprachgeschichte oder Geschichte der Schrift, wie sie etwa im 17. und 18. Jahrhundert philosophisch bei Humboldt, Herder und anderen entworfen wurde, steht demnach nicht länger im Mittelpunkt der Analysen.

37 So wundert es nicht, dass gleichzeitig auch umfangreiche Forschungen zur Beschaffenheit und zum Sprachbau des Griechischen entstanden: „Paul Kretzschmer nützte im Rahmen seiner Arbeiten zu einer historischen Grammatik der griechischen Sprache die Möglichkeit der Tonaufzeichnung." Ebd., S. 12.

38 Vgl. ebd., S. 12. Siehe: Exner (1922): Katalog I des Phonogramm-Archives, S. 14-17.

39 Neben Volksliedaufnahmen im Salzkammergut nahm er auch einen Eselsruf und Revolverschüsse auf. Vgl. Lechleitner (1999): Zukunftsvisionen retrospektiv betrachtet, S. 12.

40 Exners wissenschaftlicher Fokus war dabei ein sozialdarwinistischer, er vermochte unterdessen psychologische Erscheinungen physiologisch zu erklären. Vgl. ebd., S. 31.

sprüche, Sätze oder Reden berühmter Persönlichkeiten“[41] aufzunehmen, die „der Zukunft aufbewahrt werden“ sollten. Schon im Gründungsantrag wird erwähnt, dass sich die Väter des Archivs von diesen Aufnahmen eine historische Bedeutung erwarteten. So wird einer solchen Stimmensammlung gleichsam doch das „große Interesse weiterer Kreise für derartige äußerliche Eigenschaften der Menschen“[42] zugeschrieben, da „Timbre und Tonfall der Stimme bedeutender Menschen stets interessieren“.[43]

Dass die Gründerväter aber vorrangig einen Interessentenkreis imaginierten, von dem sie selbst keine genaue Vorstellung hatten – deshalb der Vergleich der Stimmenaufnahmen mit denjenigen der malerischen Portraits[44] –, zeigt sich schon an der Anzahl der realisierten Aufnahmen: „von den insgesamt fast 4000 mechanischen Aufnahmen (das sind Phonogramm- und Grammophonplatten aus den Jahren 1899 bis 1951) zählen lediglich rund 150 zu den Stimmporträts.“[45]

Die meisten der Aufnahmeprozeduren sind „in den Jahren 1905 bis 1907 systematisch und intensiv betrieben worden“.[46] In dieser Zeit „entstanden 28 von 30 Aufnahmen bildender Künstler, 18 von 19 Musiker-Aufnahmen und 28 von 31 Schriftsteller-Aufnahmen“.[47] Die Wiener Phonogramm-Archivarin Gerda Lechleitner merkt an, dass insbesondere die Auswahl der berühmten Phonographierten in jedem Falle als „konservativ“ einzuschätzen sei; es handele sich nämlich um „eine Auswahl, in der sich möglicherweise die Persönlichkeit Sigmund Exners, des Gründers und ersten Leiters des Phonogrammarchivs bis 1925, sowie sein gesellschaftliches Umfeld spiegeln.“[48]

Doch auch noch danach gab es Bestrebungen, die Sammlung der „Aussprüche prominenter Persönlichkeiten aus allen Gebieten öffentlichen Wirkens“[49] für ein breiteres Publikum zu öffnen, wie es in einem Artikel von Leo Hajek, Leiter des Phonogrammarchivs von 1928 bis 1938, erschienen im „Schallplattenmagazin“, nachzulesen ist. Auch lassen sich in den Sitzungsprotokollen der Phonogrammarchiv-Kommission (PhAk) Bemerkungen zu den Aufnahmen feststellen, „unmittelbare Auswirkungen auf die Aufnahmestrategie sind daraus jedoch nicht abzulesen“.[50]

41 Exner (1900): Bericht über die Arbeiten der von der kaiserl. Akademie der Wissenschaften eingesetzten Commission zur Gründung eines Phonogramm-Archivs, S. 3.

42 Ebd., S. 3.

43 Ebd.

44 Vgl. ebd.

45 Lechleitner (1999): Zu den Stimmportraits, S. 19.

46 Ebd.

47 Ebd.

48 Ebd., S. 19.

49 Hajek, Leo (1931): „Für die Ewigkeit gesprochen …“, in: *Schallplattenmagazin. Zeitschrift für das gesamte Gebiet der Musik- und Sprechwiedergabe*, Nr. 7, S. 4-6.

50 Lechleitner (1999): Zu den Stimmportraits, S. 19.

Ähnlich gestaltete sich auch die Auswahl der Sprecher aus den Bereichen Wissenschaft und Kunst:

> „Zu Wort kamen offenbar nur solche Persönlichkeiten, die der Gesellschaft bildender Künstler (Künstlerhaus) angehörten oder ihr zumindest nahestanden, Repräsentanten rein secessionistischer oder noch modernerer Ideale blieben unberücksichtigt."[51]

Dass in dem Zeitraum zwischen 1899 und 1951 nicht mehr dieser Aufnahmen entstanden – aus Politik und Wissenschaft wurden in dieser Zeitspanne nur 60 Personen aufgenommen –, sieht die Archivarin vor allem auch in den „politischen Zeitumständen"[52] begründet: Die Kriegs- und Nachkriegsjahre hatten auch die Aufnahmetätigkeit in den anderen Gebieten gehemmt, gleichzeitig – so stellt Lechleitner fest – sei es aufgrund einer „quantitativ zwar geringen, aber doch merkbaren industriellen Sprechplattenproduktion sowie seit der Verfügbarkeit von Sprechaufnahmen der RAVAG ab etwa 1930" wenig motivierend gewesen, „unter den gegebenen wirtschaftlich schwierigen Umständen diesen Bereich seiner Tätigkeit weiterhin zu forcieren".[53] Erst in den 1960er Jahren wurden vornehmlich Schriftsteller aufgenommen, allerdings mit der Gründung der österreichischen Phonothek dieser Institution überlassen und nicht weiter verfolgt.

Auch wenn diesen Aufnahmen keine systematische Archivierungsstrategie zugrunde gelegt werden kann, so sind die Stimmporträts von ungemeiner medial-reflexiver Aussagekraft. Systematisch war zum Beispiel, dass festgelegt wurde, „daß die Nummern 1 bis 100 hervorragenden Persönlichkeiten vorbehalten sein sollten".[54] So wurden für Kaiser Franz Josef I. die Nummern eins bis drei reserviert. Neben dem Kaiser und dem Erzherzog Rainer, 1904 aufgenommen, wurde erst wieder Giacomo Puccini (1920) für so bedeutend gehalten, dass seine Stimme für die Ewigkeit bewahrt werden sollte.[55] 1921/22 folgten u.a. Albert Einstein und andere Wissenschaftler, der erste Bundespräsident Michael Hainisch 1923 und 1926 der Wiener Brückenbauingenieur Gustav Lindenthal[56] – eine ja doch weniger bekannte Persönlichkeit in dieser Reihung.

Warum gerade in den Anfangsjahren der Wert dieser Aufnahmen nicht von den Gründervätern selbst ermessen werden konnte, jedoch heute von großem kulturellen Wert sind, liegt möglicherweise an der erst später entwickelten Me-

---

51 KRAUSE, Walter (1999): „Bildende Künstler", in: SCHÜLLER, Dietrich (Hg.): *Tondokumente aus dem Phonogrammarchiv der Österreichischen Akademie der Wissenschaften, Gesamtausgabe der Historischen Bestände 1899-1950*, Serie 2: *Stimmporträts*. Wien, S. 166-218, hier: S. 166.

52 LECHLEITNER (1999): Zu den Stimmportraits, S. 20.

53 Ebd.

54 Ebd. S. 21.

55 Vgl. ebd.

56 Vgl. ebd.

dientechnologie des Radios: Das Genre des Live-Kommentars oder der Live-Übertragung einer politischen Rede, an dem heute an der Stimm-Performance des Redners Authentizität und politische Beredsamkeit bemessen wird, entsteht erst im Laufe erster öffentlicher Übertragungstechniken der 1920er und 1930er Jahre. Es wurde – auch wegen der geringen Speicherkapazität der Platten – nur dasjenige (oft in stark gekürzter Fassung) aufgenommen, das zuvor ausgesucht und aufgeschrieben worden war. Dennoch waren die „Stars des Archivs" frei in der Wahl der eingesprochenen Texte:

> „Die Persönlichkeiten, die man vor das Aufnahmegerät des Phonogrammarchivs bat, wurden offenbar aufgefordert, über ein Thema ihrer Wahl zu sprechen. Das hat dazu geführt, daß sich die Äußerungen in Länge, Form, Inhalt und Aussagekraft sehr stark unterscheiden. Von zwei Sätzen (Peez) bis zu einer Länge von mehreren Minuten, von freier Rede über die Rezitation eines Gedichts in Mundart (Hainisch) bis zum Nachsprechen von anderswo gehaltenen Reden (Kosel, Miklas)."[57]

Eine der bekanntesten Aufnahmen aus dem Fundus der Wiener Stimmen ist diejenige Kaiser Franz Josefs, die hier auch als ein Beispiel angeführt werden soll. Auch er hatte sich – wie etwa auch Albert Einstein und Arthur Schnitzler – auf die Aufnahme vorbereitet: „Bei dieser Aufnahme wurde der Text vorbereitet und dem Kaiser souffliert, wodurch eine sehr stockende Rezitation entstand."[58]

Kaiser Franz Josef sagte am 2. August 1903 in Bad Ischl, aufgenommen von dem Haustechniker Fritz Hauser, dem gemeinsam mit Sigmund Exner eine Audienz in der Kaiservilla in Bad Ischl gewährt wurde:

> „Ph1: Erfreulich ist es, die Fortschritte zu verfolgen, welche im Laufe der letzten Jahrzehnte das Ineinandergreifen von Wissenschaft und Technik erzielte. So war es unter anderem die Zeichensprache des Telegraphen durch die hörbare des Telephons ergänzt, und nun gelang es auch, im Phonographen gesprochene Worte bleibend festzuhalten und sie selbst nach vielen Jahren späteren Geschlechtern wieder vorzuführen. Wohl sind die Konstruktionsschwierigkeiten des letzterwähnten Apparates noch nicht vollständig überwunden."

Weiter heißt es:

> „Ph2: Doch wird es dessen ungeachtet von Interesse sein, auch in dieser nicht ganz vollkommenen Weise die Stimmen hervorragender Persönlichkeiten aus früheren Zeiten zu vernehmen und deren Klang und Tonfall, sowie die Art des Sprechens, gewissermaßen als historisches Dokument, aufbewahrt zu erhalten. Ähnlich wie in anderem Sinne Statuen und Porträte es bisher waren. Und wenn, wie ich höre, die Akademie der Wissenschaften jetzt daran geht, sämtliche Sprachen und Dia-

---

57 HUBERT (1999): Mitglieder des Herrscherhauses, hier: S. 29.
58 Ebd., S. 33.

lekte unseres Vaterlandes phonographisch zu fixieren, so ist das eine Arbeit, die sich in der Zukunft sicherlich lohnen wird."[59]

Deutlich wird hier, dass der Kaiser oder sein Referent mit den Gründungsdokumenten bzw. den Gründungszielen des Phonogrammarchivs vor der Aufnahme vertraut gemacht worden war:

> „Der von Exner vorbereitete, programmatisch-visionäre Text wurde dem Generaladjutanten Eduard Graf Paar auf dessen Wunsch hin im Voraus übermittelt und kam schließlich mit Kürzungen und kleineren Modifikationen zum Einsatz."[60]

In diesem Text thematisiert auch Exner den Vergleich der Stimmporträts mit denjenigen aus Malerei und bildender Kunst. Die Unsicherheit darüber, ob das akustische Stimmporträt einmal einen historiographischen Nutzen haben würde, sowie die Unzulänglichkeiten des technischen Geräts formuliert er ebenfalls auf der Platte.

Auffällig ist, dass Kaiser Franz Josef weder über seine Politik noch über seine Person spricht, sondern vielmehr die Fähigkeiten des Mediums ins Zentrum seiner Rede rückt.[61] Angesichts der historisch-politischen Fragen, die seine Person in der Zukunft hätten betreffen können, hätte er die Anfrage des Archivs mit einem Statement zu seinem „dominierenden Einfluss auf viele Bereiche der Politik, so etwa auf den Beamtenapparat, bei der Berufung und Entlassung von Kabinetten, auf Außenpolitik und Armee" verbinden oder „eines der zahlreichen ungelösten Probleme eines national heterogenen Reiches",[62] das der Kaiser repräsentierte, auf Platte ansprechen können.[63]

---

59 Transkription nach: Ebd., S. 33.

60 Zitiert nach: Liebl, Christian (2010): *„K.u.K. – Kaiserliche Stimmportraits und ihre Kontextualisierung"*, in: *Schall & Rauch*, Nr. 13. S. 31–34.

61 Kaiser Franz Josef thematisiert das Medium, formuliert bis auf die für die staatsmännische Rhetorik obligatorische Erwähnung des Bittstellers jedoch keinen Inhalt, der auf seine Politik oder seine politisch-moralische Einstellung verweist.

62 Hubert (1999): Mitglieder des Herrscherhauses, S. 34. An dieser Stelle wurde genau dieses Zitat gewählt, da offenbar die politikhistorische Einordnung Franz Josefs in dem „Stimmenkatalog" genau diese Frage aufwarf, warum er über das Medium und nicht über seine Politik auf Platte gesprochen hat.

63 An dieser Stelle ließe sich darüber nachdenken, ob Kaiser Franz Josef wirklich ein Interesse daran gehabt hätte, sich politisch oder persönlich auf Platte zu verewigen. Gegen diese Annahme spricht die Beschreibung seines Charakters als sehr konservativ: So wird er in der Geschichtsschreibung als ein „Mann aus einer anderen Zeit" bezeichnet, war er doch Reformen hin zu einer konstitutionellen Monarchie wenig aufgeschlossen. Demokratie und Föderalismus waren ihm zuwider, und er zeigte sich stets distanziert gegenüber der „neuen Zeit". Vgl. exemplarisch dazu: Mommsen, Wolfgang J. (2002): *War der Kaiser an allem schuld? Wilhelm II. und die preußisch-deutschen Machteliten.* Berlin. Dass er sich der Bedeutsamkeit seiner Aufnahme bewusst gewesen sein könnte, ist eher zweifelhaft. Zwar hatte er bei seiner 60-Jahr-Feier ein Sensorium für die Popularität der Film- und Fotoaufnahmen entwickelt, doch galt ihm offenbar das Bild (Ansichtskarten, Postkarten und Jubiläumsbilder) als die herausragende Medientechnologie mit politisch wertvollem Potenzial. Dennoch blieb sein me-

In diesem Kontext wird deutlich, dass nicht – um mit Ferdinand de Saussure zu sprechen – das Signifikat, sondern der Signifikant den Wert der Aufnahme prägt. *Wer* spricht und *wie* gesprochen wird, ist dabei wesentlich wichtiger als der Inhalt.

Bei dieser Aufnahme geht es Exner also darum, „his master's voice" einzufangen. Ihm liegt an einer physiologischen Materialität der Stimme und der ganzen Dimension von Klangmodulationen als das, was die menschliche Rede eines Herrensignifikanten überschreitet. Ein aufgenommener Kaiser Franz Josef, der das Faszinosum des medialen Aktes selbst verkörpert, bewegt sich durch den performativen, selbstreferentiellen Akt seines Sprechens jenseits von Rede und Sinn. Bemerkenswert ist, dass sich auch Kaiser Franz Josef an der Struktur eines vorgegebenen Textes orientiert. Gleichzeitig – indem er ausschließlich das Aufnahmemedium thematisiert – ist er derjenige, der über den gesprochenen Inhalt doch „nur" die Physiologie seiner Stimmlichkeit preisgibt. Der mediale Mehrwert ist die medientechnische Konservierung als eine Annäherung an seine Stimme[64] oder als die „gesamte extreme Vokalität außerhalb der Rede"[65], die „real" gespeichert ist.

Zusammenfassend kann also festgehalten werden, dass in Bezug auf die Stimmen-Aufnahmen die Auswahl der aufgezeichneten Stimmen das konservative Umfeld des Archivgründers[66] widerspiegelt. Die Parameter, nach denen ausgewählt wurde, galten als heterogen und wenig repräsentativ.[67] Gleichsam zeigt sich jedoch die Bedeutsamkeit der Aufnahme als ein Signifikant, der den Wert der Aufnahme prägt.

Eine archivarische Systematik der Stimmenaufzeichnungen anzulegen, war in keinem der frühgeschichtlichen Schallarchive zunächst das Ziel einer ersten Sammeltätigkeit gewesen. Die Bedeutung der Aufnahmen erklärte der Archivar Rainer Hubert mit der Entwicklung der „damaligen technischen Möglichkeiten": Der Quellenwert und die „Hauptbedeutung des Bestandes [der Wiener Stimmen-Aufnahmen, K.D.]" liege darin begründet, ein „Zeugnis für eine neue Medien- und Quellenform zu sein".[68]

---

dientechnologisches Interesse ambivalent: Im Zeitalter der Schreibmaschine bestand er auf dem handschriftlichen Verfassen der Akten.

64 Kritische Geister schildern die Aufnahmeprozesse so: Der der Generaladjutantur zugeteilte Albert Freiherr von Margutti schreibt in seinen Memoiren (Margutti 1924: S. 26): „„Ungemein gewinnend war die ruhige dialektfreie Sprache des Kaisers und ebenso der anheimelnde Tonfall seiner, allerdings eher leisen Stimme. Ich möchte hier gleich bemerken, daß sich diese im Grammophon gar nicht hat wiedergeben lassen; der Schalleindruck der Stimmplatte weist nicht einmal eine Ähnlichkeit mit des Monarchen lebender Stimme auf.'" Zitiert nach Liebl (2010): Kaiserliche Stimmportraits, S. 35.

65 Poizat (2008): Der lyrische Genuß, S. 230.

66 Vgl. Liebl (2010): Kaiserliche Stimmportraits, S. 35.

67 Vgl. Hubert (1999): Mitglieder des Herrscherhauses, S. 32.

68 Ebd.

> „Bei den Wiener Stimmaufnahmen ging es in der Tat offenbar um das, was Friedrich Kittler ‚Sound' und Walter Benjamin ‚Aura' genannt haben. Man könnte sagen, dass an einen uralten Topos der Literaturgeschichte angeknüpft wurde. In das Wachs eingeschrieben wurde die Realpräsenz der Stimme – jenseits von Semantik und Signifikat."[69]

Als „Quellenform" im klassischen historiographischen Sinne sind die Stimmaufnahmen heute aus physiologischer Sicht wichtig. So ist weniger der eingesprochene Inhalt von Bedeutung, sondern der „Sound" der Sprecher ist für einen geschichtswissenschaftlichen Stimmdiskurs von großem Wert.

3.2 Das Berliner Phonogramm-Archiv

Die Gründung des Berliner Phonogramm-Archivs wurde, anders als das Wiener Archiv, nicht per Dekret verordnet, sondern es entstand im September 1900 auf Initiative von Carl Stumpf, Psychologe an der Berliner Universität, und Otto Abraham, einem Berliner Frauenarzt. Eine erste Aufnahme stellten beide mit einer thailändischen Theatergruppe im Berliner Zoo her.[70]

Von diesem „Gründungsdokument" abgesehen, entstanden die meisten der Berliner Sammlungen im außereuropäischen Ausland. Auf diese erste Aufnahme folgten schließlich in den Jahren darauf vor allem Sammlungen, aufgenommen von Otto Abraham sowie von dem Arzt und Anthropologen Felix von Luschan. Das Phonogramm-Archiv in Berlin verfügte so bereits im Jahre 1902/03 über einige hundert Feldforschungsaufnahmen, die von so genannten Forschungsreisenden dort eingesandt worden waren. Unter diesen „freien Mitarbeiter[n]" des Archivs waren „musikinteressierte Wissenschaftler" wie „Ethnologen, Linguisten, Ärzte Psychologen, Geographen, Orientalisten usw., aber auch viele Missionare, Kolonialbeamte und Offiziere".[71] Sie wurden im Archiv in die Technik des Phonographierens eingeführt und bekamen dort einen Phonographen mit Zubehör und unbespielten Walzen ausgehändigt.[72] Anders als in Wien arbeitete das Berliner Phonogramm-Archiv mit einem Edisonphonographen, der herkömmlich auf Walze mit Tiefenschrift aufnahm. Nachdem die Aufnahmen gemacht worden waren, wurden die im Feld angefertigten Walzen in der Regel zunächst in das Phonogramm-Archiv geschickt, von wo aus so genannte Galvanos hergestellt werden konnten. Diese Galvanos dienten als Negative, von de-

69 DRECKMANN, Kathrin (2013): „Verba volant, scripta manet. Das kulturelle Gedächtnis und die Archivierung des Akustischen", in: MOHRMANN, Ruth (Hg.): *Audioarchive: Tondokumente digitalisieren, erschließen und auswerten.* Münster, S. 9-23, hier: S. 22.

70 Vgl. SIMON (2000): Das Berliner Phonogramm-Archiv, S. 25-46.

71 ZIEGLER, Susanne (2006): *Die Wachszylinder des Berliner Phonogramm-Archivs.* Berlin, S. 23.

72 Vgl. ebd.

nen sich unendlich viele Positive herstellen ließen. Originale wurden dabei in der Regel nicht abgehört, da die „Reproducer"-Nadel, die das Aufgenommene direkt vor Ort hätte wieder hörbar machen können, beim Abspielen die Rillen der trichterartigen Speicherung beschädigt hätte und dadurch Informationen verloren gegangen wären. Um die Aufnahmen auswerten zu können und die Informationen zu erhalten, war der Fabrikationsprozess der Matrizierung der Originale daher unerlässlich. Dass dabei überhaupt an den Phonographen als Speichergerät festgehalten wurde, lag ebenso wie in Wien daran, dass er als besonders transportabel für die Forschungen im Feld galt.

3.2.1 Netzwerk und Sammlungsinteressen des Berliner Phonogramm-Archivs

Hervorgegangen sind aus dieser frühesten Berliner Phonographiertätigkeit

> „die Sammlung von Felix von Luschan (Türkei 1902), die 90 Walzen umfassende Sammlung des Linguisten Carl Meinhof aus Ostafrika (1902/1903), die Sammlungen albanischer und tunesischer Musik von Paul Träger (1903) und eine Sammlung aus der Südsee von Marinestabsarzt Emil Stephan (1904)".[73]

Das Hauptaugenmerk der Sammlungsaktivität der frühen Berliner Jahre lag, anders als in Wien, auf der Aufnahme außereuropäischer Gesänge. Dennoch machten einige der an der Phonographie interessierten Linguisten auch Sprachaufnahmen, wie sie beispielsweise in der Sammlung von Carl Meinhof oder auch von Otto Dempwolff und Paul Berger (entstanden in Ostafrika) zu finden sind.[74] Europäische Lieder wurden in der Regel von christlichen Missionaren aufgezeichnet. Da diese Aufnahmen nicht dem dezidierten Sammlungsinteresse des Archivs entsprachen, wurden zunächst keine Galvanos von den Originalen angefertigt.[75]

Wie im Wiener Phonogrammarchiv verfügten auch Carl Stumpf und Erich von Hornbostel als die Initiatoren dieser Sammeltätigkeit nicht über einen repräsentativen Materialbestand. Auch in Berlin mussten die Archivalien erst einmal produziert werden. Allerdings waren die Wiener deutlich im Vorteil: Durch die Bewilligung ihres Gründungsantrags war das Archiv von Beginn an institutionalisiert und auch finanziell gut gepolstert. In Berlin hingegen kam es erst im

---

73 ZIEGLER, Susanne (2000): „Die akustischen Sammlungen. Historische Tondokumente im Phonogramm-Archiv und im Lautarchiv", in: BREDEKAMP, Horst/BRÜNING, Jochen/WEBER, Cornelia (Hg.): *Katalog der Ausstellung „Theatrum naturae et artis" – Wunderkammern des Wissens. Essays.* Berlin, S. 197-206, hier: S. 199f.

74 Vgl. ZIEGLER (2006): Wachszylinder, S. 21.

75 Dies war für die Verwertung der Walze notwendig, denn die Walzen mussten mehrfach abgehört werden, um ihre Informationen in Form von Notationen nachhaltig und schriftlich festzuhalten.

Jahre 1906 zu einer Angliederung des Archivs an die Berliner Universität, ohne dass es dabei zu einer vergleichbaren finanziellen Ausstattung gekommen wäre.

In diesem Sinne lässt sich für die ersten Jahre der phonographischen Einrichtung keine dezidierte Archivierungsstrategie feststellen, die per Dekret die Ordnungsstruktur festgelegt hätte. Vielmehr kennzeichnete ein ausgeprägtes Sammlungsinteresse an musikalischen Klängen aus der ganzen Welt die ersten Jahre des Archivs. Getragen wurde dieses Interesse von der Auswahl, welche die Forschungsreisenden vornahmen, sowie von der Einflussnahme Hornbostels. Seine Aufgabe war es nämlich, den „freien Mitarbeitern" die Belange des Archivs mitzuteilen, sie technisch einzuführen und die Aufnahmen zu koordinieren.

Auf diese Weise verfestigte sich erst nach und nach eine quasi deduktive Sammlungsstrategie, die sich aus dem wissenschaftlich-anthropologischen Interesse der Aufnehmenden und Hornbostels Auswertungen der Walzenaufnahmen entwickelte.

Das Bemerkenswerte daran war die besondere Fokussierung auf diejenigen Musikkulturen, denen ein baldiges „Aussterben" attestiert wurde. So schrieb Hornbostel im Jahre 1905: „Die Gefahr ist groß, daß die rapide Ausbreitung der europäischen Kultur auch die letzten Spuren fremden Singens und Sagens vertilgt. Wir müssen retten, was zu retten ist."[76]

Im Gegensatz zu den Wiener Kollegen, die sich vor allem für Sprach- und Volksliedaufnahmen sowie Stimmporträts aus dem eigenen Herrschaftsgebiet interessierten, konzentrierten sich die Berliner auf exotische Klänge aus aller Herren Länder und statteten Reisende mit passendem Feldforschungsgerät aus:

> „Jeder Reisende in einem noch wenig erforschten Gebiete sollte mit einem phonographischen Apparate ausgerüstet sein und möglichst viele typische Musikstücke (Einzelgesang, Orchester usw.) aufnehmen",[77]

so der Arzt und einer der Direktoren des Berliner Museums für Völkerkunde, Felix von Luschan, im Jahre 1904.

Die dabei vorherrschende Motivation ist aus den Anliegen der musikpsychologischen Forschung Carl Stumpfs heraus zu beurteilen. Dieser hegte den Anspruch, die Anfänge der Musik nicht vor dem Hintergrund gängiger kulturanthropologischer Prämissen zu bestimmen. Eindrücke von exotischen Gesängen waren für ihn nicht mehr durch das subjektive, eurozentrische Auge eines Forschungsgelehrten zu betrachten und „nur" in Reiseberichten nachzulesen. Erst mit der Erfindung des Phonographen war es auch für ihn und Hornbostel von großem wissenschaftlichen Interesse geworden, außereuropäische Musiken

76 Hornbostel, Erich Moritz von (1905): „Die Probleme der vergleichenden Musikwissenschaft", in: *Zeitschrift der internationalen Musikgesellschaft*, Jg. 7, Heft 3, S. 85-97, hier: S. 97.

77 Luschan, Felix von (1904): „Anleitung für ethnographische Beobachtungen und Sammlungen in Afrika und Ozeanien", in: *Zeitschrift für Ethnologie*, Jg. 36, Heft 2, S. 1-128, hier: S. 61.

auch in Berlin so zu hören, wie sie in Afrika oder Ozeanien aufgenommen worden waren. Stumpf schreibt dazu in seinem Aufsatz „Über das Berliner Phonogramm-Archiv" in der „Internationalen Wochenschrift für Wissenschaft, Kunst und Technik" im Jahre 1908:

> „Ganz ebenso wandeln sich nun seit dem Aufkommen der Phonographie unsere Vorstellungen von exotischer Musik. In den Handbüchern der Musikgeschichte fand man bis vor kurzem zahlreiche Notenbeispiele über die Musik der Naturvölker und die der Chinesen, Inder, Perser usw., Musikstücke die für unser Gehör recht eingängig waren und überdies von den Herausgebern durch eine ansprechende Klavierbegleitung noch eingänglicher gemacht wurden. [...] All dies ist heute für den Kundigen gänzlich abgetan und unmöglich."

Und weiter schreibt er zur allgemeinen Auffassung des europäischen Akkordsystems, dass es in den gängigen Musikgeschichtsschreibungen „ähnlich dem unsrigen, sich anderwärts" entwickelt habe. Er wandte sich hier vor allem auch gegen August Wilhelm Ambros' „Geschichte der Musik":

> „Durch Unterlegung einer Akkordbegleitung wird daher der Eindruck der exotischen Melodien notwendig in einer wissenschaftlich unstatthaften Weise europäisiert. Außerdem lassen sich diese Weisen vielfach nicht einmal genau in unserem Noten- und Taktsysteme wiedergeben. Nur der Phonograph ist imstande, die tonalen und rhythmischen Eigenschaften genau zu reproduzieren und unverändert aufzubewahren."[78]

Mit dem Phonographen war also ein „Messgerät" verfügbar, das das subjektive Spiel des Musikalischen zu „objektivieren" in der Lage war. Für zukünftige Musikgeschichtsschreibungen benötigte man daher keine durch den subjektiven Eindruck gefärbten Einzelschilderungen von Forschungsreisenden mehr, sondern konnte außereuropäische Musiksysteme von der Walze selbst so hören, wie sie in den fernen Regionen und Ländern eingespielt worden waren.

Stumpf konnte die frühen Sammlungen des Phonogrammarchivs vorantreiben, wobei ihm sein Mitarbeiter Erich von Hornbostel zur Seite stand. Mit ihm war er in der Lage, sein musikalisches Erkenntnisinteresse an außereuropäischen Äußerungsformen auf der Grundlage akustischer Aufnahmen auszuweiten. Insbesondere Hornbostel trug dazu bei, dass sich ein wissenschaftliches Netzwerk ausbildete, durch das der Nachschub an Positiven garantiert war. Der promovierte Chemiker Hornbostel, den Carl Stumpf vor allem wegen seiner interdisziplinären Ausbildung und manifesten Neugierde an technischen Neuerungen schätzte, wurde schließlich mit der Archivleitung betraut – er galt als

78 STUMPF, Carl (1908): „Das Berliner Phonogramm-Archiv", in: *Internationale Wochenschrift für Wissenschaft, Kunst und Technik*, vom 22. Februar 1908, S. 225-246. Zitiert nach: Ders.: „Das Berliner Phonogrammarchiv", in: SIMON, Arthur (Hg., 2000): *Das Berliner Phonogramm-Archiv 1900-2000. Sammlungen der traditionellen Musik der Welt.* Berlin, S. 65-84, hier: S. 66.

„musikalisch gebildet, psychologisch interessiert und aufgeschlossen für alles Neue".[79]

Hornbostel prägte mit seiner Person wesentlich das Sammlungsinteresse des Berliner Phonogramm-Archivs. Durch die Leitung des Archivs, die er bis zu seiner Emigration in die USA im Jahre 1933 inne hatte, verschaffte er diesem zunehmend Profil: Durch seine Tätigkeit im Archiv wurde das „lose" Sammeln und Speichern auf Walze, dass das Archiv gerade in seiner Frühgeschichte prägte, zu einer Archivstrategie transformiert, die das Bewahren von Zeitdokumenten vorsah: Hornbostels wie auch Stumpfs Ziel, die Gesänge der Welt aufzunehmen, lag vor allem in der Annahme begründet, dass die zunehmende Kolonialisierung der Welt die Heterogenität globaler Musiklandschaften zerstöre. Vermutlich auch deshalb konzentrierte sich Hornbostel darauf, dass möglichst viele Länder und Regionen der Welt musikalisch phonographiert wurden. Im Jahre 1908 resümierte Stumpf dazu in einem Aufsatz:

> „Es galt, die vor der alles nivellierenden Zivilisation rasch dahinschwindenden musikalischen Äußerungen aller Völker der Erde zu sammeln und für vergleichende Studien auf den Gebieten der Musikwissenschaften, Ethnologie, Anthropologie, Völkerpsychologie und Ästhetik bereitzustellen."[80]

Stumpf als (Musik-)Psychologe und Akustiker wollte mit seinen Analysen dem „Ursprung der Musik" beikommen. Dabei beschritt er nicht den Weg der musikevolutionistischen Lesart, sondern verfolgte diese Fragestellung auf musikpsychologische Weise.[81]

Dennoch galt der Phonograph in Berlin keineswegs selbstverständlich als ein wissenschaftliches Messgerät, und obendrein waren dessen Etablierung und die Finanzierung weiterer Forschungen aufwendig. Stumpf sah sich für diesen Teil der archivischen Aufgabenverteilung in der Pflicht: Er war nach eigener Ansicht verantwortlich für die „Grundlegung, die Propaganda und die Betreibung von Geldmitteln", Hornbostel hingegen sollte sich um die „Erweiterung der Sammlungen, [... die] Überwachung der technischen Arbeiten, [... die] Publikation der Bestände und [... die] eigentliche Initiative"[82] bemühen.

Hornbostel und Luschan waren zugleich Mitglieder der Berliner Gesellschaft für Anthropologie, Ethnologie und Urgeschichte.[83] Beide zeichnete also ein intrinsisches ethnologisch-anthropologisches Interesse an der Materie aus, was

---

79 ZIEGLER, Susanne (2009): „Felix von Luschan als Walzensammler und Förderer des Berliner Phonogramm-Archivs", in: RUGGENDORFER, Peter/SZEMETHY, Hubert D. (Hg.): *Felix von Luschan (1854-1924). Leben und Wirken eines Universalgelehrten.* Wien/Köln/Weimar, S. 113-140, hier: S. 114.

80 HORNBOSTEL, Erich von (1933): „Das Berliner Phonogramm-Archiv", in: *Zeitschrift für vergleichende Musikwissenschaft*, Jg. 1, Nr. 1, S. 40-45.

81 Vgl. ZIEGLER (2000): Die akustischen Sammlungen, S. 199.

82 Vgl. ZIEGLER (2006): Wachszylinder, S. 21.

83 Vgl. ZIEGLER (2009): Felix von Luschan, S. 115.

sich nicht zuletzt auch in der akribischen Arbeitsweise mit dem gewonnenen Material zeigte und ebenso daran, dass sie viele Mitglieder dieser Gesellschaft für die Arbeit mit dem Phonographen begeistern konnten.

Nicht zuletzt sorgte dieses wertvolle Netzwerk dafür, dass viele „freie Mitarbeiter" für das Archiv gewonnen werden konnten, darunter „Gelehrte aus den unterschiedlichsten Forschungsgebieten, aber auch Missionare, Kolonialbeamte und Forschungsreisende".[84]

Wie bereits erwähnt, wurden die Forschungsreisenden mit einem der Phonographen ausgestattet, eine begrenzte Zahl an Wachswalzen wurde ihnen auch mit auf den Weg gegeben, die sie dann mit den nötigen Informationen bespielt aus dem Ausland zurück nach Berlin verschickten. Horrende Reisekosten für die Gewinnung phonographischen „Materials" entstanden somit nicht. Ganz im Gegenteil kam es zu einer durchaus effizienten Arbeitsteilung: Die nach Berlin versandten Aufnahmen wurden nämlich hauptsächlich von Hornbostel ausgewertet, das heißt er transkribierte den Inhalt der Walzen in eigene, neue Notationssysteme und wertete sie aus. Das Aufnahmeprozedere hingegen verantworteten die „freien Mitarbeiter".[85] Diese Arbeitsweise brachte ihm jedoch später den Ruf eines Schreibtischethnologen[86] ein.[87]

Anthropologen wie der Mediziner Felix von Luschan, die selbst Aufnahmen im Feld anfertigten, hatten indes keinerlei Fachinteresse an der Transkription oder Analyse der außereuropäischen Musiken, sondern verstanden sich offenbar als „Zulieferer" Hornbostels.

Dass der Phonograph überhaupt als ein wissenschaftliches „Messinstrument" zum Einsatz kam, war aus mediengeschichtlicher und -technischer Sicht nicht vorhersehbar gewesen. Luschan reflektierte den medientechnischen Einsatz eines Gerätes, das zunächst als eine Art Jahrmarktattraktion bekannt wurde. So schrieb er im Jahre 1903 zu seinen türkischen Volksliedaufnahmen:

> „Vor jetzt 25 Jahren hörte ich im Theater des Palais Royal eine Posse, in der die phonographische Wiedergabe anscheinend unbelauschter Gespräche den ausgelassensten Jubel der Zuhörer erregte. Damals schon hatte ich die Vorstellung, dass der Phonograph einmal ein wichtiges Hilfsmittel der anthropologischen Forschungsarbeit werden müsste. Sieben Jahre später wollte ich hier am Museum zum ersten Male die praktische Brauchbarkeit eines Phonographen für unsere Zwecke erproben, aber der Apparat war damals noch technisch sehr unvollkommen, und ausserdem erklärte man mir in aller Form, solche Dinge gehörten auf einen Jahrmarkt und nicht ins Museum. [...] So hatte ich den Gedanken wieder

84 Vgl. ZIEGLER (2000): Die akustischen Sammlungen, S. 199.

85 „Im Gegensatz zu den Ethnologen und anderen Forschungsreisenden, die mit dem Phonographen Musik vor Ort aufnahmen, werteten Hornbostel und seine Kollegen die Tonaufnahmen aus, transkribierten und analysierten sie." Vgl. ZIEGLER (2009): Felix von Luschan, S. 114.

86 „armchair ethnomusicologist". Ebd., S. 116.

87 Ebd., S. 115.

fallen lassen und erst wieder aufgenommen, nachdem ich aus einem Vortrage der Herren Abraham und v. Hornbostel ersehen hatte, dass mindestens der musikwissenschaftliche Gewinn aus phonographischen Aufnahmen völlig einwandfrei sei.“[88]

Epistemologisch bemerkenswert sind die von Luschan skizzierten medientechnischen Möglichkeiten zwischen anthropologischer Forschung, Musealisierung und dem Abhören „anscheinend unbelauschter Gespräche“, ein Konnex, der sich im Laufe der Geschichte des Phonogrammarchivs in der praktischen Arbeit als durchaus evident erwies.

Nach den ersten Jahren des eifrigen Sammelns und Forschens sollte das Archiv institutionalisiert werden, vor allem auch um den Forschungen eine weitere finanzielle Grundlage zu verschaffen. Im Jahre 1905 wurde das Berliner Phonogramm-Archiv dem Psychologischen Institut der Friedrich-Wilhelms-Universität angeschlossen und so zu einem staatlichen bzw. dauerhaft institutionalisierten Archiv.[89]

Mit dieser Lösung waren die geistigen Gründerväter der Archividee jedoch nicht zufrieden, denn es bestand durch Hornbostel ein sehr guter Kontakt zum Museum für Völkerkunde in Berlin, an das das Archiv auf Wunsch von Stumpf und Hornbostel eigentlich angeschlossen werden sollte.[90]

Dies hatte auch personelle Gründe: Das Museum war stark geprägt von den Forschungen Luschans, er war seinerzeit Direktor des Museums für Völkerkunde und hätte wegen seiner ethnologisch-anthropologischen Ausrichtung sehr gut zum Sammlungsinteresse des Archivs gepasst. Wegen der von den Museumsmitarbeitern jedoch erwarteten „Lärmbelästigungen und eine[r] Beeinträchtigung des Etats“[91] blieb das Archiv bei der Universität. Finanziert wurde es „in bescheidenem Maße“[92] von der Rudolf-Virchow-Stiftung und der Samsonschen Stiftung sowie durch die privaten Zuwendungen Stumpfs und Hornbostels.

Dennoch brachte diese enge Vernetzung der Mitarbeiter auch einige Erfolge mit sich: Die Zusammenarbeit von Erich von Hornbostel und Felix von Luschan führte den Phonographen schließlich zielgerichtet als damals aktuellstes Forschungsgerät für die Sammlung und Dokumentation von außereuropäischer Musik ein. Die von Luschan im Auftrag des Königlichen Museums für Völkerkun-

88 Luschan, Felix von (1904): „Einige türkische Volkslieder aus Nordsyrien und die Bedeutung phonographischer Aufnahmen für die Völkerkunde“, in: *Zeitschrift für Ethnologie der Deutschen Gesellschaft für Völkerkunde und der Berliner Gesellschaft für Anthropologie, Ethnologie und Urgeschichte*, Jg. 36, Heft 2, S. 177-202, zitiert nach: Ziegler (2009): Felix von Luschan, S. 115.

89 Vgl. Ziegler (2009): Felix von Luschan, S. 113f.

90 Vgl. ebd., S. 115.

91 Ziegler (2000): Die akustischen Sammlungen, S. 200.

92 Ebd.

de verfasste und mehrfach aktualisierte „Anleitung für ethnographische Beobachtungen und Sammlungen" gibt darüber Auskunft. War in der ersten Auflage aus dem Jahre 1899 unter Punkt 56 noch ausschließlich von Musikinstrumenten die Rede, die fotografiert werden sollten, wurde in der dritten Auflage von 1904 bereits ein eigenes Kapitel zum Thema Musik (mit 24 Unterpunkten) eingerichtet. Der Titel lautete nun: „Anleitung für ethnografische Beobachtungen und Sammlungen in Afrika und Oceanien". Unter Punkt drei leitet Luschan (Hornbostels Einfluss ist dabei unübersehbar) in den korrekten Umgang mit dem Phonographen als Feldforschungsgerät ein: Die Ausstattung mit einem Phonographen verpflichtete zunächst dazu, „typische Musikstücke" aufzunehmen.

> „Dabei ist nach der folgenden Anweisung zu verfahren.
> A. Ausrüstung
> a) Phonograph oder Grammophon[93] mit Aufnahme- und Wiedergabemembran, Schalltrichter, Schlüssel
> b) Reservemembranen oder Reparaturausrüstung
> c) Ölkanne, Staubpinsel, Lederlappen, Schraubenzieher
> d) Walzen, tunlichst vor Erschütterung, grosser Hitze, Nässe schützen
> e) Stimmpfeife (Normal-a=435)
> B. Aufnahme
> mit den Unterpunkten a) bis l)
> C. Journal
> mit den Unterpunkten a) bis l)."[94]

„Journal" meint hier eine ausführliche Dokumentation der Aufnahmen unter Angabe derjenigen Daten, die für die Einordnung der Entstehungszusammenhänge der Walzenaufnahme notwendig waren. Verzeichnet sein sollte demnach, „was auf den Walzen zu hören ist und wer sie vorträgt. [...] Die Inventar- und Katalognummern des Phonogramm-Archivs wurden später eingetragen, sie sind längst nicht mehr gültig."[95]

3.2.2 Telos, Logos und Kultur: Carl Stumpf und der Ursprung der Musik

Als Carl Stumpf mit seiner „Tonpsychologie" in zwei Bänden (1883, 1890) im Jahre 1893 auf den 3. Lehrstuhl für Philosophie und zum Leiter des Seminars für experimentelle Psychologie am Psychologischen Institut der Friedrich-Wilhelms-Universität Berlin berufen wurde, etablierte er dort das Gebiet der „Tonempfindungen" als einen methodischen Zugang zur Psychophysiologie des Menschen. Hornbostel, der an diesen Forschungen maßgeblichen Anteil hatte,

93 Hier liegt ein Versehen vor. Gemeint ist ein Graphophon. Vgl. hierzu: ZIEGLER (2009): Felix von Luschan, S. 138 (Anm. 15).
94 LUSCHAN (o. J.): Anleitung für ethnographische Beobachtungen, S. 61f.
95 ZIEGLER (2009): Felix von Luschan, S. 121.

stellte sich in der Zusammenarbeit mit Stumpf als „idealer Mitarbeiter“ heraus. Seit dem Jahre 1905/06 war er schließlich als Assistent Stumpfs am Psychologischen Institut tätig und dort für die musikpraktische Verifizierung der tonpsychologischen Theorien Stumpfs zuständig. In „Die Anfänge der Musik“ (1911) schreibt Stumpf über Hornbostel: „Keine Zeile, die nicht mit ihm besprochen, keine Melodie, die nicht Note für Note von ihm nachgeprüft wäre.“[96]

Hornbostels musikpsychologische Erfahrung und wissenschaftliche Nähe zur Erforschung außereuropäischer Ethnien und Kulturen verhalf den durch Sammlungstätigkeit gewonnenen Aufnahmen zu wissenschaftlichen Weihen. In der Zusammenarbeit mit Stumpf ging es beiden noch um Fragen nach dem Zusammenhang von psychischen und physiologischen Prozessen („Prinzip der psychophysischen Isomorphie“[97]), um Fragen nach der Struktur und Konstitution von Erscheinungen, die durch psychologische Reize hervorgerufen werden („Primat der Phänomenanalyse gegenüber der Reizanalyse“[98]) oder um Fragen nach dem „Primat der Ganzheitlichkeit“ gegenüber einem Elementarismus.[99] Zunehmend gelang Hornbostel ein eigener Weg und Zugang zu den Aufnahmen. So lässt sich festhalten, dass die Analysen Hornbostels, die auf den von Stumpf eingeführten theoretischen Grundlagen der „Tonpsychologie“[100] basieren, die Disziplin einer praktisch gewordenen vergleichenden Musikwissenschaft bzw. die Disziplin der Musikethnologie begründeten.[101]

Stumpfs Suche nach den Ursprüngen der Musikgeschichte ist als ein Phänomen der Zeit zu werten und steht in einem Zusammenhang mit den großen anthropologisch-philosophischen Fragestellungen seit Wilhelm von Humboldt und Johann Gottfried Herder. An dieser Stelle sei kurz auf die philosophischen Ursprünge einer alten Frage hingewiesen, der sowohl Stumpf als auch Hornbostel mit neuen Denkansätzen begegneten.

---

96 STUMPF, Carl (1911): „Vorwort“, in: Ders.: *Die Anfänge der Musik.* Leipzig, zitiert nach: MÜLLER, Martin (1998): „Erich M. Hornbostel: Gestaltpsychologie und kulturvergleichende Forschung“, in: KLOTZ, Sebastian (Hg.): *„Vom tönenden Wirbel menschlichen Tuns“. Erich M. von Hornbostel als Gestaltpsychologe, Archivar und Musikwissenschaftler.* Berlin, S. 169-183, hier: S. 172.

97 SPRUNG, Helga/SPRUNG, Lothar (1995): „Carl Stumpf und die Anfänge der Gestaltpsychologie an der Berliner Universität“, in: JAEGER, Siegfried/STÄUBLE, Irmingard/SPRUNG, Lothar/BRAUNS, Hans-Peter (Hg.): *Psychologie im soziokulturellen Wandel – Kontinuitäten und Diskontinuitäten.* Frankfurt am Main, S. 259-268, hier: S. 264, zitiert nach: MÜLLER (1998): Erich M. von Hornbostel, S. 175.

98 Ebd., S. 265.

99 Ebd., S. 263.

100 Vgl. MÜLLER (1998): Erich M. von Hornbostel, S. 175. Vgl. auch die Ausarbeitungen dieses Zusammenhangs in DRECKMANN, Kathrin (2014): „‚Abhören und Strafen‘: Die Geburt der akustischen Überwachung aus dem Geiste der Phonographie“, in: MATEJOVSKI, Dirk (Hg.): *Resonanzräume. Medienkulturen des Akustischen.* Düsseldorf, S. 154f.

101 Vgl.: ZIEGLER (2009): Felix von Luschan, S. 114.

Das Paradigma des so genannten „Sprachursprungsdenkens"[102], das auch um die Jahrhundertwende als zeitgenössischer Diskurs gelten darf, war stets verbunden mit Fragen nach dem Verhältnis von Natur und Kultur. Ausgehend vom primitiven Naturmenschen wurde in alter teleologischer Manier am Ende einer zielgerichteten Kette von geschichtlichen Ereignisfolgen ein „Kulturmensch" antizipiert. Am Ende solcher Erzählungen, in denen stets linear mehrere Entwicklungsstufen hierarchisch konstruiert sind, stand und steht die europäische Hochkultur, innerhalb derer sich der Mensch zu einem kulturellen Wesen hin entwickelt hat.[103] Aufgrund ihrer Nähe zu physiologischen und psychologischen Fragestellungen waren Stumpf und Hornbostel jedoch mehr an strukturellen denn an teleologischen Fragestellungen interessiert. So lässt sich Stumpfs Frage nach den Ursprüngen eben nicht als eine teleologisch-philosophisch entworfene Metaphysik beschreiben, und auch Hornbostels Transkriptions- und Auswertungsverfahren zeichnen ein anderes Bild: Der psychologische Zugang Stumpfs und Hornbostels war differenziert und auf Fragen nach strukturellen Vergleichbarkeiten zwischen so genannten „primitiven" Musiken der Naturvölker und dem europäischen Musikverständnis hin angelegt. Den Wissenschaftlern ging es dabei nicht darum, den „Kulturmangel" so genannter primitiver Völker festzustellen, sondern nach denjenigen strukturellen Elementen zu su-

102 Im 18. Jahrhundert galt Sprache nicht mehr als ein „Geschenk Gottes", sondern als ein von Menschen gemachtes Werk. Die Sprache als Errungenschaft des Menschen sei demnach erst durch verschiedene anthropologische Entwicklungsstadien voll entwickelt worden. Als eines der ersten anthropologisch-philosophischen Konzepte, das die Sprache als eine von Menschen gemachte begreift, gilt Johann Gottfried Herders Theorie zum Ursprung menschlicher Sprach- und Sprechfähigkeit. Sein Beitrag ging aus dem berühmt gewordenen Wettbewerb von 1769 hervor, bei dem die „Königliche Akademie der Wissenschaften und schönen Künste" zu Berlin folgende Preisfrage für das Jahr 1771 ausschrieb: „Nimmt man an, dass die Menschen ihren natürlichen Fähigkeiten überlassen sind: sind sie dann fähig, sich eine Sprache zu erfinden? Und mit welchen Mitteln würden sie von selbst zu dieser Erfindung gelangen?" Gewonnen hat schließlich Johann Gottfried Herder, der seine Abhandlung mit der Feststellung beginnt: „Schon als Thier hat der Mensch Sprache".
Die großen Erzählungen vom Anfang menschlicher Sprachfähigkeit, wie sie Johann Gottfried Herder in der „Abhandlung über den Ursprung der Sprache" (1772) verfasst hat, beginnen in dieser Zeit und reichen bis weit in das 19. und 20. Jahrhundert hinein. So genannte Schriftgeschichten, die den Beginn und/oder die Struktur des europäischen Alphabetschriftsystems zu beschreiben suchen, folgten – so etwa Wilhelm Humboldts berühmter Text „Über die Buchstabenschrift und ihren Zusammenhang mit dem Sprachbau", der 1838 als Einleitung zu Humboldts ethnolinguistischen Studien zur javanischen Kawi-Sprache erschien. Hatte Humboldt schon erste Versuche einer grammatologischen Beschreibung der Sprachstrukturen unternommen, war für ihn jedoch das sprechende Subjekt noch Ausgangspunkt für seine systematischen Überlegungen zu einem schriftzentrierten Denken der Sprache. Anders sollte es mit dem Entstehen des Strukturalismus kommen.

103 Dass dieser Fragehorizont gerade um 1900 in der Auseinandersetzung um die Frage nach Kulturfähigkeit und der Unterscheidung von Zivilisation und Kultur einen Höhepunkt erreichte, davon legt die moderne deutsche Literatur, ganz besonders Thomas Mann, ein beredtes Zeugnis ab.

chen, mit denen sich die Musikkultur eines Volkes bestimmen ließ[104] – wobei Fragen nach der „Kulturfähigkeit" primitiver Völker Teil des philosophisch-psychologischen Diskurses waren.[105] Von diesem Diskurs u.a. so genannter „Kolonialpsychologie" erwarteten sich die Forscher:

> „1) Die Feststellung von Universalien und die Abschätzung des Variationsspielraumes von Phänomenen[106] [...]
> 2) Die Feststellung von Rasse und Kulturdifferenzen[107] [...]
> 3) die Hoffnung, auf der Basis des ungeheuer angewachsenen empirischen Materials eine ‚psychologische Entwicklungsgeschichte der Menschheit'[108] zu entwerfen."[109]

Vor diesem epistemologischen Fragehorizont wollte Stumpf gemeinsam mit Hornbostel den Ursprung der Musik hochkultureller Musiksysteme mit naturwissenschaftlichen Messverfahren neu bestimmen. Gerade wegen der phonographischen Möglichkeit, eine (zumindest angenommene) naturwissenschaftliche Exaktheit der Beschreibungs- und Vergleichsmittel zu erreichen, verlieren sich die Forscher offenbar nicht in metaphysisch-philosophischen Stufenmodellen europäischen Ursprungsdenkens. Exaktheit und Objektivität waren bei der Analyse der außereuropäischen Musik anders als durch die Speicherbarkeit und Wiederholbarkeit eines Tons oder musikalischen Phänomens nicht herzustellen. So schreibt Hornbostel in seinem Aufsatz „Über die Bedeutung des Phonographen für vergleichende Musikwissenschaften":

> „Der Phonograph hat noch besondere Vorzüge. Man kann ihn nach Belieben langsam und schnell laufen lassen und kann so Musikstücke, deren Tempo im Original zu schnell war, um sie zu analysieren zu können, in ruhigem Zeitmaß, in entsprechender Transkription, zu Gehör bringen. Weiterhin kann man das Musikstück in kleine Bruchstücke zerlegen, kann einzelne Takte, ja einzelne Töne allein erklingen lassen und genaue Notation und Messungen daran anschließen. Schließlich hat man in der Phonographenwalze ein dauerndes Dokument, immer bereit zur Vorführung und Vergleichung."[110]

---

104 Vgl.: Müller (1998): Erich M. von Hornbostel, S. 175.

105 Vertreter dieser Forschungsausrichtung waren u.a. Wilhelm Wundt (Völkerpsychologie), Richard Thurnwald und auch Sigmund Freud in „Totem und Tabu" und schließlich Max Wertheimer, der sehr gut mit Hornbostel befreundet war.

106 Vgl.: Stumpf, Carl (1886): „Lieder der Bellakula-Indianer", in: *Vierteljahresschrift für Musikwissenschaft*, Jg. 2, Heft 4, S. 405-426.

107 Vgl. Rivers, William H. R. (1905): „Oberservations on the sense of the Todas", in: *British Journal of Psychology*, Jg. 1, Heft 4, S. 321-396; Bruner, Frank G. (1908): „The hearing of primitive peoples", in: *Archives of Psychology*, Jg. 2, Nr. 11, S. 1-113; und Franke, Erich (1915): „Die geistige Entwicklung der Negerkinder", in: *Beiträge zur Kultur- und Universalgeschichte*, Heft 35.

108 Vgl. Wundt, Wilhelm (1912): *Elemente der Völkerpsychologie*. Leipzig.

109 Müller (1998): Erich M. von Hornbostel, S. 176.

110 Hornbostel (1904): Über die Bedeutung des Phonographen, S. 229.

Das Zergliedern der kleinsten Einheiten und das Freilegen der einzelnen Glieder nicht-schriftlich organisierter Musiksysteme ermöglichte schließlich eine an den Strukturen orientierte und weniger konstruierte, lineare Herstellung von Musikgeschichte. Stumpf und Hornbostel könnten in diesem Zusammenhang als geistige Wegbereiter für einen musikalischen Strukturalismus bezeichnet werden. Hornbostel wäre demnach ein Grammatologe oraler Musikstrukturen.

Die Abkehr von teleologischen Denk- und Geschichtsmodellen, wie sie Stumpfs und Hornbostels Arbeit kennzeichnet, darf wohl als eine der elementarsten Leistungen der Berliner Archivforschungen gelten.[111]

Dass dieser methodische Zugang von Anfang an zur epistemologischen Grundausstattung des Berliner Phonogramm-Archivs gehörte, lässt sich an einem Kommentar Stumpfs zur ersten Aufnahme des Archivs belegen: So sieht Stumpf beispielsweise einen strukturellen Zusammenhang zwischen der Aufnahme des thailändischen Hoforchesters, einer Gruppe von Siamesen, und der Musik der alten Griechen:

> „Es gibt bei den Siamesen und den Javanern, wie auch bei den Chinesen und Japanern, eine eigentümliche Art des Zusammenspielens vieler Instrumente [...]. Über diese Art von Polyphonie gibt eine siamesische Orchesterpartitur genaue Auskunft, die ich mit Dr. Abraham dadurch zustande brachte, daß wir jeden der Musiker seinen Part besonders spielen ließen und schließlich die einzelnen Stimmen untereinander setzten. So entstand die erste phonographisch aufgenommene exotische Partitur (die Siamesen selbst haben keine Aufzeichnungen). [...] Es will mir nach einer Schilderung Platons in der Tat wahrscheinlich dünken, daß Ähnliches in der altgriechischen Musik vorkam, und daß wir für die Lösung der vielumstrittenen Frage, ob die Griechen Harmonie und Mehrstimmigkeit besaßen, hier einen neuen, unerwarteten Anhaltspunkt gewinnen."[112]

Und wenig später erkennt er Parallelen zwischen alter griechischer Musik und jenen Rhythmusstrukturen, die mittels Transkription der aufgenommenen Wachswalzen sichtbar geworden waren:

> „Auch in diesem Punkte [derjenige der Taktvorgaben, K.D.] können die neuen Untersuchungen wieder nebenbei ein Licht auf die Musik der alten Griechen werfen, deren Rhythmik ja gleichfalls eine kompliziertere war als die unsrige."[113]

Die ethnologisch-anthropologische Methode der Phonographie gestattete den Einblick in die Anatomie oraler Musiken und ihrer performativen Formate auf objektive Weise, da das zuvor flüchtige Phänomen wiederholbar und damit strukturell „durchschaubar" wurde. Fragen nach der Struktur und Vergleichbar-

111 Vgl. Müller (1998): Erich M. von Hornbostel, S. 176.

112 Stumpf (1908): Berliner Phonogramm-Archiv, S. 225-246, zitiert nach: Stumpf (2000): Das Berliner Phonogrammarchiv, hier: S. 74.

113 Ebd., S. 76.

keit akustisch-musikalischer Daten wurden nunmehr nicht ausschließlich auf der Basis überlieferter Partituren europäischer Komponisten erörtert, wie dies zum Beispiel in den musikästhetischen Schriften des 17. und 18. Jahrhunderts der Fall war, die nach subjektiven Empfindungen bei musikalischen Aufführungen fragten. In derlei Abhandlungen wurde dem höheren Wert von Instrumental- oder Vokalmusik nachgespürt, der auf der Basis von Partituren[114] bemessen wurde. Solche Überlegungen wurden in den metaphysischen Schriften zu einer Musikästhetik allgemein bis weit ins 19. Jahrhundert verfasst.

Ganz anders konnte nun außereuropäische Musik beurteilt werden: Sie war in ihrer Umsetzung nicht mehr flüchtig, sondern durch die technische Möglichkeit der Aufzeichnung in Graphiken und Schemata notierbar und analysierbar geworden, so als sei ein vormals originär zeitliches Phänomen plötzlich so wie ein räumliches bzw. bildliches zu erfassen. So schreibt Stumpf:

> „In der Beurteilung der Herkunft von Melodien erwirbt man sich durch jahrelange Beschäftigung mit solchen Untersuchungen eine ähnliche Fertigkeit, wie sie der Ethnograph gegenüber Bildwerken besitzt. So kann es z.B. für den Kundigen nicht dem geringsten Zweifel unterliegen, daß zwei von den Melodien, die Wundt in seiner Völkerpsychologie als Produkte primitivster Musik anführt, in dieser Form modern-europäischen Ursprungs sind.“[115]

In diesem Zitat wird deutlich, dass sich Stumpf von der darwinistischen Völkerpsychologie Wilhelm Wundts distanziert und dessen Behauptungen falsifiziert. Außerdem – und dies soll etwas später noch einmal aufgegriffen werden – sieht er seine phonographische Methode, die Klänge der Welt nach Ursprüngen und Verwandtschaften zu durchforsten, als eine objektive an, die sich der Subjektivität der ästhetischen Beurteilung enthebt. So äußert er sich wenig später zur Frage, welche musikalischen Gesänge denn „primitiv“ seien:

> „Die Frage nach dem Ursprung der Musik läßt sich natürlich auf diesem Wege [der ästhetischen Beurteilung, K.D.] allein nicht lösen, aber wir lernen doch allmählich entwickeltere und primitivere Formen scheiden und uns ein Urteil darüber bilden, welche Faktoren bei der Geburt der Musik mitgewirkt haben mögen. [...] Was man hohe und tiefe Stufe nennt, darf dabei natürlich auch nicht auf bloßer subjektiver Schätzung beruhen, sondern muß nach bestimmten objektiven Eigenschaften, nach Reichtum und Einheitlichkeit der Gliederung, Gleichmäßigkeit der Intonation usw. beurteilt werden.“[116]

---

114 Vgl.: ROUSSEAU, Jean-Jacques (2011): „Essay über den Ursprung der Sprachen“; SCHUBART, Christian F. D. (2011): „Das eigentümliche innere Wesen der Tonkunst und die Seelenlehre der heutigen Instrumentalmusik“; und WACKENRODER, Wilhelm H. (2011): „Ideen zu einer Ästhetik der Tonkunst“, alle in: AMMON, Frieder von/BÖHM, Elisabeth (Hg., 2011): *Texte zur Musikästhetik*. Stuttgart, S. 93-132.

115 STUMPF (1908): Berliner Phonogramm-Archiv, S. 225-246, zitiert nach: STUMPF (2000): Das Berliner Phonogrammarchiv, S. 76.

116 Ebd.

Die Kriterien, wie sie Stumpf hier aufführt und die den Wert einer musikalischen Produktion zu bestimmen helfen sollen, orientieren sich an der strukturellen Komplexität eines Stückes, nicht an einem weit verbreiteten eurozentrisch- anthropologischem Gefüge der kulturellen Herkunft. Dies zeigt sich vor allem in der Auswertungspraxis aufgenommener Gesänge:

Als eine der frühesten und größten Sammlungen, die das Berliner Phonogramm-Archiv zusammengetragen hat, gelten die Aufnahmen türkischer Volksmusiken von Felix von Luschan. Die Sammlung „Luschan Vorderasien (1902)" gilt als eine der umfangreichsten, nicht zuletzt, da ihr Material sehr genau dokumentiert wurde. Im Kontext archäologischer Ausgrabungen in Senschirli (Südosttürkei) stellte Luschan 33 Walzen her. Die Aufnahmen waren im Rahmen von mehreren vom Berliner Orient-Komitee finanzierten Ausgrabungen angefertigt worden. Hervorgegangen sind aus den zusammen mit türkischen Archäologen durchgeführten Ausgrabungsarbeiten neben den phonographischen Aufnahmen vom 31. Mai und 9. und 11. Juni 1902 „archäologische Objekte, Archivalien" und „Fundfotos"[117] sowie schließlich „ethnologische Objekte und Fotos".[118]

Die Dokumentation, die heute noch im Phonogramm-Archiv Berlin vorliegt, enthält eine Liste, die vermutlich von Luschan vor Ort selbst erstellt wurde und auf der vorrangig türkische Lieder, gesungen von einem 12-jährigen armenischen Jungen, verzeichnet sind.[119] Von den 33 Walzen[120], die bespielt wurden, besang dieser Junge 21 Walzen. Im zweiten Teil der Walzensammlung befinden sich kurdische Lieder sowie weitere Interpretationen dieser von dem Jungen gesungenen Lieder – nicht zuletzt um eine Vergleichbarkeit der Lieder durch die unterschiedlichen Interpretationen herzustellen.

Dass die Auswahl der Gewährsleute immer auch große Relevanz für die Aufnahmearbeit mit dem phonographischen „Apparatus" hatte, zeigt sich in der ausführlichen Charakterisierung des Jungen, die Luschan in seiner Dokumentation vornahm:

> „Was ich hier an türkischen Texten mitteilen kann, stammt ausnahmslos von einem armenischen Jungen aus Aintaab, Avedis, Sohn des Avedis, der krankheitshalber zu mir nach Sendschirli gekommen war und bis zu seiner Heilung in unserem Lager zurückbehalten werden musste. Als Sohn eines kleinen Krämers in einer Provinzhauptstadt hatte er trotz seiner Jugend eine grosse Menge von Liedern gehört und dank seiner zweifellos nicht geringen musikalischen Begabung auch behalten. Seine ungewöhnliche Intelligenz, seine wirklich liebenswürdige

---

117 Sie befinden sich heute im Vorderasiatischen Museum in Berlin. Vgl.: ZIEGLER (2009): Felix von Luschan, S. 121.

118 Sie sind im Ethnologischen Museum Berlin untergebracht. Vgl. dazu: ZIEGLER (2009): Felix von Luschan, S. 121.

119 Vgl. ebd., S. 121.

120 „Heute sind von den ursprünglich 33 Walzen nur noch 31 erhalten, Walze 6 (Lied VIII) und Walze 33 (der georgische Text) fehlen." Siehe: ZIEGLER (2009): Felix von Luschan, S. 123.

> Gefälligkeit und seine unverwüstlich gute Laune liessen ihn für unsere phonographischen Aufnahmen besonders geeignet erscheinen, während wir vorher mit mehreren Erwachsenen nicht gerade sehr ermutigende Erfahrungen gemacht hatten.“[121]

Nachdem die Walzen erfolgreich aufgenommen und nach Berlin verschickt wurden, galt es – so die übliche Praxis – Negative bzw. Galvanos von den Originalen anzufertigen.

> „Die Walzen mit den türkischen Liedern sind bis auf wenige Ausnahmen galvanisiert, Wiederholungen und schlechte Walzen (W. 11, 12, 15) sind ebenso wie alle Walzen des zweiten Teils als Originale erhalten.“[122]

Luschan hatte bereits selbst eine Niederschrift der gesungenen Texte angefertigt, die ihm der Junge zuvor diktiert hatte – auf Türkisch und schließlich in der deutschen Übersetzung von einem Dolmetscher aufgeschrieben. Gleichzeitig hat er phonetisch transkribiert, allerdings ohne sich dabei an die wissenschaftlichen Konventionen zu halten. Luschan schrieb dazu:

> „Auf der anderen Seite hat meine roh phonetische ‚Privattranskription‘ den Vorteil allgemeiner Verständlichkeit und kann daher dem Laien leichter eine wenigstens ungefähre Vorstellung von dem wirklichen Klang des Textes vermitteln, als irgend eine Art von konventioneller wissenschaftlicher Transkription.“[123]

Susanne Ziegler, ethnologische Archivarin am Berliner Phonogramm-Archiv, weist auf die außerordentliche Genauigkeit der Dokumentationen Luschans hin. So habe Luschan neben der türkischen Transkription und der phonetischen „eine Fülle von Bemerkungen“ hinterlassen, die ihn in der handwerklichen Geschicklichkeit als einen „Philologen“ erscheinen lassen. So hat Luschan beispielsweise für einen Text von Lied Nr. XIV (Walze 10) nicht nur den türkischen (Schriftsprache und phonetische Schrift) und deutschen Text Satz für Satz nebeneinander gestellt, sondern auch gleich in einer angefügten Legende die Bedeutung unbekannter Ausdrücke und Begriffe angefügt. So heißt es in der ersten Zeile:

„Uskütara gider iken bir mendil(i) buldum [...] Mendilin itschine lochum doldurdum“. Übersetzt heißt das nach Luschan: „Als ich nach Skutari ging, fand ich ein Taschentuch. Rahat-lokum tat ich hinein ins Tuch.“[124]

„Rahat-lokum“ ist in der deutschen Übersetzung mit der Fußnote vier versehen, und in der Legende schreibt Luschan: „Rahat-lokum ist das unter dem Na-

121 LUSCHAN (1904): Einige türkische Volkslieder, S. 179, zitiert nach: ZIEGLER (2009): Felix von Luschan, S. 121ff.

122 Ebd., S. 124.

123 LUSCHAN (1904): Einige türkische Volkslieder, zitiert nach: ZIEGLER (2009): Felix von Luschan, S. 124.

124 ZIEGLER (2009): Felix von Luschan, Abb. 5, S. 125.

men Sultansbrot auch in Europa bekannte Zuckerwerk."[125] In Zeile neun des türkischen Volksliedes heißt es: „Kiatibime ssyrmaly tschebgen nede güsel jakyschyr". Die deutsche Übersetzung dazu: „Meines Kjâtib neuer Anzug, wie schön er ihm steht." Luschan gibt in der Legende unter sechstens Hinweise zur semantischen Einordnung des Anzuges: „6) Avedis hat syrmly tschebgen = die goldgestickte Uniform – also etwas, was für den kleinen Kjâtib nicht gut möglich ist. Hacki Tefik kennt dafür die Version setre ile pantol = Rock und (europäische Hose), oder einfach ‚europäischer Anzug'."[126]

Kjâtib ist, wie in der Legende unter Fußnote fünf zu finden ist, ein: „Schreiber, d.h. kleiner Beamter."[127]

Für die Interpretation dieses Passus ist diese Erläuterung von großer Bedeutung. Festhalten lässt sich in diesem Zusammenhang, dass einer, der schreibt, für den Staatsdienst tätig ist und so viel verdient, dass er sich einen europäischen Anzug leisten kann, der ja selbst in dem Volkslied Erwähnung findet und offenbar für „Luxus" steht, dem man nicht trauen sollte. So heißt die komplette deutsche Übersetzung:

> „Als ich nach Skutari ging, fand ich ein Taschentuch.
> Rahat-lokum tat ich hinein ins Tuch
> Als ich meinen Kjâtib suchte, fand ich ihn an meiner Brust
> Er gehört mir, ich gehöre ihm, was gehts die andern Leut an;
> Meines Kjâtib neuer Anzug, wie schön er ihm steht.
> Ich will nicht, ich will nicht,
> solchem Luxus trau ich nicht.
> Einen Wagen will ich nehmen, dich mein
> Schatz drin 'rumzufahren, Musikanten lass ich spielen, dich
> mein Schatz zu amüsieren."[128]

In diesem Teil des Liedes geht es offenbar um einen Konflikt des Sängers. Der Protagonist in der ersten Person Singular trägt einen teuren Anzug, den er sich als Beamter leisten kann. Kritisch beäugt von seinem sozialen Umfeld ignoriert er das Gerede um ihn („was gehts die andern Leut an"), weiß aber auch selbst nicht genau, wie er mit dem neuen „Luxus" so recht umgehen soll: „solchem Luxus trau ich nicht". Gleich danach folgt eine offenbar durch den Luxus ermöglichte Option, einen Wagen zu nehmen, um seinen „Schatz" darin herumzufahren, und auch Musik soll gespielt werden, vermutlich gegen Bezahlung. Die Sonderstellung des Schreibers, wie sie hier für den Beamten beschrieben ist, macht deutlich, dass die Fähigkeit zu schreiben, nicht weit verbreitet war, ja sogar so viel Geld damit zu verdienen sei, dass ihm gleich mehrere Optionen, das Geld

125 Ebd.
126 Ebd.
127 Ebd.
128 Ebd.

auszugeben, zur Verfügung stehen. So imaginiert der Ich-Erzähler verschiedene Möglichkeiten, findet jedoch eigentlich nur diejenige überzeugend, die seinen „Schatz" gut unterhalten könnte: einen (Pferde-) Wagen und Musik.

Gerade dieser Ausschnitt zeigt, wie genau Luschan die orale Philologie der Gesänge betrieb, um so einem deutschen Leser zu einer Interpretation des fremden Liedes zu verhelfen. Ziegler weist den Ethnologen vor diesem Hintergrund als einen Philologen aus.[129] Schließlich ist es aber auch der überlieferte Text, der alte Strukturen einer alten Zeit aus einem anderen Land dokumentiert. Die Volksliedkultur wird hier selbst zu einem Archiv alter Mentalitäten. Doch welchen wissenschaftlichen Wert haben solcherlei Auswertungen vor allem vor dem Hintergrund, dass diese oral geprägten Kulturen heute gar nicht mehr bestehen?

Mit seinen philologischen Bemühungen, die Luschan „nur" als „eine erste Anregung [...] zu weiteren Arbeiten"[130] verstand, machte er es Hornbostel und Abraham leicht, die von ihm aufgenommenen Volkslieder in Noten zu übersetzen und Kontexte fremder musikalischer Systeme nachzuvollziehen. Ergebnis dieser Arbeit ist ein von Otto Abraham und Erich von Hornbostel in der „Zeitschrift für Ethnologie"[131] publizierter Aufsatz, in dem nicht nur die Notation abgedruckt ist.

Ziegler fasst die Leistung der musikethnologischen Auswertung des Materials durch Abraham und Hornbostel zusammen:

> „Die Auswertung beinhaltet Messungen der Tonhöhen und Intervalle, an denen der Unterschied zu europäischen Skalen deutlich gemacht wird. Am auffälligsten ist dabei für O. Abraham und E. von Hornbostel die Häufigkeit von so genannten ‚neutralen Terzen' (355 Cent) und Dreivierteltönen, die keinen Vergleich mit europäischen Skalen zulassen und harmonische Deutungen im Sinne von Dur und Moll verbieten. Auffällige Übereinstimmungen mit alten arabisch-persischen Musiksystemen [wurden] zwar bemerkt, aber nicht weiter verfolgt [...] Weiterhin stellen Abraham und Hornbostel Untersuchungen zum Rhythmus und zum Verhältnis von Text und Musik an, dabei fallen den Forschern besonders die freirhythmischen, rezitativen Melodien auf [...] In dieser Studie wird die Musik vollkommen losgelöst von ihrem Kontext betrachtet, Hinweise auf Liedgattungen oder die Funktion der Lieder finden sich an keiner Stelle."[132]

Dass solche Kontextualisierungen fehlen, hätte seine Ursache darin, dass Luschan zu wenige Anmerkungen dazu verfasst habe, bemerkt Ziegler.

---

129 Vgl. ebd., S. 126.

130 LUSCHAN (1904): Einige türkische Volkslieder, S. 179; und ZIEGLER (2009): Felix von Luschan, S. 124.

131 Vgl. ABRAHAM, Otto/HORNBOSTEL, Erich von (1904): "Phonographierte türkische Melodien", in: *Zeitschrift für Ethnologie*, Jg. 36, Heft 2, S. 203-221.

132 ZIEGLER (2009): Felix von Luschan, S. 126. Ziegler bezieht sich dabei auf LUSCHAN (1904): Einige türkische Volkslieder, S. 208.

Im Jahre 1909 forderte Hornbostel in seinem Aufsatz „Wanyamwezi-Gesänge“[133] ganz eindeutig Angaben zur Situation und der Texte sowie zum Anlass des Gesanges bis hin zu Charakterisierungen der Sänger.[134]

Jenseits der Kontextualisierungen haben Hornbostels Notationsarbeiten jedoch einen anderen Wert: Primär interessierte sich Hornbostel nämlich für die Notierung der auf Walze gespeicherten Klänge. Wegen der mangelnden Kompatibilität des europäischen Notationssystems mit den türkischen Volksliedgesängen, mussten neue Notationsformen entwickelt werden. So musste das Notationssystem beispielsweise bezüglich der „Vortragsweise“ und „Klangfarbe“[135] türkischer Musikstile hin geändert werden.

Hornbostel entwickelte durch seine Transkriptionsarbeiten ein scharfes Gespür für kulturspezifische Musikstrukturen und -muster. Dabei ging er nicht von der Annahme aus, dass Musiken so genannter „Naturvölker“ von vornherein primitiveren Entwicklungsstufen zugerechnet werden können, sondern war sich der strukturellen Kulturunterschiede der phonographierten, außereuropäischen (Volkslied-)Kulturen durchaus bewusst, ja mehr noch: Er war davon überzeugt, dass auch sehr einfache, schriftlose Kulturen eine lange und kulturell komplexe Geschichte vorzuweisen haben. Eine Vergleichbarkeit westlicher und nicht-europäischer Kulturen sei nur unter bestimmten Gesichtspunkten zulässig, beispielsweise könnten einige Elemente unterschiedlicher Kulturen aus demselben „Kulturkreis“ entlehnt oder adaptiert worden sein.[136]

Während die zeitgenössische europäische Kulturanthropologie davon ausging, dass die Kultur der „Primitiven“ aus den „exotischen Ländern“ einem „primitiven“ Entwicklungsstand der europäischen Kultur entsprechen sollte, widersprach Hornbostel energisch:[137] Als mit Mitgliedern einzelner Stämme in der Klinik von Theodor Ziehen in Berlin Intelligenztests durchgeführt wurden und als Ergebnis deren Werte denjenigen von Sechsjährigen entsprechen sollten,[138] zweifelte Hornbostel die Zulässigkeit dieser Vorgehensweise an. Hornbostel sagte dazu im Jahre 1912:

> „Selbst wenn man [...] bei der Intelligenzprüfung nur die Fähigkeit prüfen will, sich an neue Umstände anzupassen, so würde bei der Prüfung sogenannter Primitiver mit europäischen Intelligenztests die Aufgabe für die Versuchsperson eine

133 Hornbostel, Erich von (1909): „Wanyamwezi-Gesänge“, in: *Anthropos. Internationale Zeitschrift für Völker- und Sprachkunde*, Bd. 4, Heft 3, S. 781-800 und Bd. 4, Heft 4, S. 1033-1052.

134 Vgl. ebd.

135 Abraham, Otto/Hornbostel, Erich von (1909/10): „Vorschläge für die Transkription exotischer Melodien“, in: *Sammelbände der Internationalen Musikgesellschaft*, S. 1-25.

136 Vgl. Hornbostel (1905): Die Probleme der vergleichenden Musikwissenschaft, S. 85-97.

137 Vgl. Hornbostel, Erich Moritz von (1911): „Arbeit und Musik“, in: *Zeitschrift der internationalen Musikgesellschaft*, Jg. 13, Heft 10/11, S. 341-350.

138 Vgl. den Vortrag von William Stern „Über die psychologischen Methoden der Intelligenzprüfung“ und dazu: Hornbostel, Erich Moritz von (1912): *Diskussion. Bericht über den 5. Kongreß für experimentelle Psychologie.* Leipzig, S. 107.

so ungeheure Erschwerung erfahren durch die einfache Tatsache des Kulturunterschieds, daß sie unsinnig wird."

Weiter fordert er für eine adäquate Beurteilung und Einschätzung solcher Tests:

> „Wie man aber schon für europäische Versuchspersonen je nach dem Individuum, seinem Stande, seiner Individualität einzelne Aufgaben wird modifizieren müssen, so muß man bei der Prüfung sogenannter Primitiver die Gesamtheit der Tests ändern."[139]

Er selbst führte seine Analysen am „Melodiengedächtnis" nicht unter Vorlage eines spezifisch europäisch gefärbten Fragenkatalogs durch. Die Sänger wurden aufgefordert, alle die von ihnen memorierbaren Lieder und Gesänge vorzutragen.[140]

Hornbostels interkultureller Zugang zur Musikpsychologie zeichnete sich dadurch aus, dass er immer darauf bedacht war, Gedächtnis- und musikalische Intelligenztests auf die kulturell gegebenen Umstände hin zu erarbeiten. Für seine Hörschwellenuntersuchungen im interkulturellen Vergleich forderte er beispielsweise den Einsatz „biologisch adäquater" Reize im Kulturvergleich. Gemeint waren Reize, die nicht aus dem europäischen Kulturkontext entnommen waren, sondern aus der Kultur der indigenen Völker selbst stammten.[141] Mit seiner Arbeitsweise zeichnet sich Hornbostel als Wissenschaftler aus, der sich nicht mit dem kulturphilosophisch konstruierten Oppositionspaar „Kultur vs. Natur", wie es für den eurozentrischen Kulturdiskurs um 1900 üblich war, begnügte, sondern in seinen Analysen genau nach den kulturell spezifischen Dispositionszusammenhängen musikalischer Ausdrucksmedien suchte.

Sowohl Hornbostel als auch Stumpf, dessen Forschungen ja auf den Transkriptionsarbeiten Hornbostels basierten, gingen davon aus, dass die psychologisch-kognitiven Anlagen der nicht in Europa lebenden Menschen dieselben waren wie diejenigen der Europäer selbst.

> „Die Urkeime der musikalischen Leiterbildungen müssen selbstständig entstanden sein, dann erst konnte das melodische mit dem rhythmischen Bedürfnis (das immerhin früher dagewesen sein mag) zusammenwirken."[142]

Spezifische melodische Strukturen hätten sich demgemäß erst kulturell entwickelt. So gehörte eine lautstarke bzw. verstärkte

139 Hornbostel (1912): Diskussion, S. 107.

140 Vgl. Müller (1998): Erich M. Hornbostel, S. 177; und Hornbostel, Erich von (1910): „Über vergleichende akustische und musikpsychologische Untersuchungen", in: *Zeitschrift für angewandte Psychologie und psychologische Sammelforschung*, Bd. 3, S. 465-487.

141 Vgl. ebd. und auch: Müller (1998): Erich M. Hornbostel, S. 169-183.

142 Stumpf (1911): Die Anfänge der Musik, S. 22.

„Anrufung der Götter bzw. der dämonischen Zauberkräfte in Luft und Wasser zu den Anlässen gemeinschaftlicher stärkster Stimmgebung […] Man kann so auch diese Seite der menschlichen Natur in Beziehung zu den Ursprüngen der Musik setzen."[143]

Demnach entstanden die weltweit sehr heterogenen Musiksysteme nicht, weil die so genannten „Wilden" oder „Primitiven" auf einer niedrigeren kulturellen Entwicklungsstufe musizierten, sondern weil sich ihr Musiksystem soziokulturell anders entwickelt hat.

So gehen Stumpf und Hornbostel davon aus, dass die eigentliche Fähigkeit für das Erkennen von Intervallen und Melodien durch die sinnesphysiologischen Reize bestimmt sei und sich durch eine im Menschen angelegte Abstraktionsfähigkeit manifestiere. Sie impliziert nicht nur ein bloßes Reagieren auf Umweltreize, sondern bedeutet

„auch Erkennen der Gleichheit oder Identität […]: bei den Naturvölkern ist diese Fähigkeit der Abstraktion schon in hohem Maße entwickelt, und beim Urmenschen müssen wir sie in gewissem Grade voraussetzen, wenn wir nicht vollständig auf das Begreifen der Entwicklung verzichten wollen."[144]

So sei der Unterschied zwischen Mensch und Tier derjenige einer Abstraktionsfähigkeit, die – wenn sie sprachlich entwickelt ist – der „Grund des geistigen Lebens"[145] sei.

Diese Fähigkeit habe schließlich dazu geführt, dass Intervalle nicht mehr identisch oder ähnlich klingend gebildet worden seien, sondern dass der „leere Zwischenraum"[146] zwischen den ähnlichen Klängen einer Oktave dazu angeregt habe, „Zwischentöne"[147] zu bilden:

„man sang eben – vielleicht nur dem Spieltriebe folgend oder wieder zu Signalzwecken – Töne, die deutlich genug voneinander verschieden waren, und erwarb sich in der Hervorbringung solcher Stufen, die dann auch absichtlich etwas größer oder kleiner genommen werden konnten, eine gewisse Übung; so daß dadurch schon Gesänge möglich wurden, die man von anderen Ausgangstönen aus wiederholen konnte."[148]

So gelten für ihn auch die Musikinstrumente der Stämme als Speicherinstrument einmal artikulierter und erinnerter Klänge: „Es war jetzt möglich, Tonwendungen, die der und jener beim Singen gebraucht und die andere nachge-

143 Ebd., S. 29.
144 Ebd., S. 25.
145 Ebd.
146 Ebd., S. 30.
147 Ebd.
148 Ebd., S. 31.

ahmt hatten, zu fixieren.“[149] Und weiter heißt es: „Die instrumentale Fixierung tritt zum Gesang in ähnlicher Weise unterstützend hinzu, wie später die Schrift zur Sprache.“[150]

An diesen Zitaten zeigt sich noch einmal, dass Carl Stumpf schon nicht mehr nur an den teleologischen „Anfänge[n] der Musik“ interessiert war, sondern sich grundsätzlich den Anfängen und Strukturen erster menschlicher Lautäußerungen zuwenden, ja, dass er zu den Ursprüngen der menschlichen Sprechfähigkeit vorrücken wollte. So sei in der Sprache schon immer auch Phrasierung und Intervallbildung als eine dem Menschen von Geburt an mitgegebene Fähigkeit vorausgesetzt. Sprache ist nach Stumpf anders strukturiert als der Gesang, und er begreift die Musik nicht als „Stütze“ der Sprache,[151] sondern geht vielmehr davon aus, dass die Sprache eher aus der Musik entstanden sei[152] oder ihre Entwicklungen sich zumindest gegenseitig beeinflusst hätten. Wichtig für das Wiederholen und Erkennen von Melodien ist für ihn die Rekonstruktion oder Erinnerung des Ausgangstones, von dem aus so genannte Leiterbildungen möglich seien:

> „Die Gesetzlichkeiten im rhythmischen Verlauf der Melodien werden sich teilweise in Verbindung mit der Metrik der natürlichen und künstlichen Rede entwickelt haben, teilweise aber auch unabhängig davon.“[153]

Er schlussfolgert:

> „[S]o ist die Sprache, in der wir gleichfalls nicht den Ursprung finden konnten, für die Entwicklung der Musik von großer Bedeutung geworden. Die musikalischen Intervalle wurden, nachdem sie einmal dem Bewußtsein aufgegangen waren, auch beim Sprechen vielfach verwendet.“[154]

Eine Art Bewusstsein also habe der Mensch ausgebildet, das ihn befähige, durch Phrasierungen und Variation eines Ausgangs- oder Ursprungstones Bedeutungen herzustellen. Dieses Bewusstsein beschreibt Stumpf mit den Begriffen der Abstraktionsfähigkeit und einer im Menschen angelegten Neugierde, die ein Spiel mit dem ihm gegebenen Material impliziert. Den Rhythmus schaltet er allen kognitiven Leistungen vor. Er ist das außersprachliche Moment, das das Sprachmaterial organisiert:

> „Vor aller Musik wurden durch Schlaginstrumente und inartikulierte Laute der Stimme bereits Arbeits- und Tanzrhythmen markiert. Aber als Element der Musik wurde der Rhythmus erst eingeführt, nachdem an die Stelle der Geräusche Töne,

149 Ebd., S. 39.
150 Ebd., S. 40.
151 Vgl. ebd., S. 51.
152 Vgl. ebd., S. 53.
153 Ebd., S. 55.
154 Ebd., S. 49.

und nicht nur Töne sondern Tonintervalle getreten waren. Zu Signalzwecken, auch aus bloßem Spielbedürfnis, wurden zuerst kleine Intervalle gebraucht, die man in annähernd gleicher Weise auch auf anderen absoluten Tonhöhen wiedererzeugen lernte."[155]

Dies gilt sowohl für musikalische als auch für sprachliche Lautäußerungen. Als entscheidend für kulturelle wie individuelle Bedeutungsproduktion gilt ihm offenbar das Prinzip oraler Differentialität. Ein Laut, ein Geräusch, eine Äußerung oder auch ein musikalisch erzeugter Klang sind niemals identisch. Sie sind vielmehr voneinander unterscheidbar und fließen niemals zusammen. Dies gilt für jedwede menschliche wie musikalische Lautäußerung.

Für den Zusammenhang von Sprache und Musik und die Frage, wie sie sich beeinflusst haben könnten, stellt Stumpf indes eine sich bedingende Ähnlichkeit zwischen den sprachlichen Tonfällen und ihrer musikalisch-instrumentellen Begleitung fest:

> „Beim liturgischen Gesang ist dies ja bekannt. Bei den Naturvölkern finden sich auch schon solche Übertragungen. So haben die Togo-Neger die Tonfälle ihrer Sprache (die für sie eine besondere Wichtigkeit haben, weil dasselbe Wort durch verschiedene Tonfälle eine ganze Anzahl von Bedeutungen enthält) auch auf die Trommelsprache übertragen, die durch abgestimmte Schlaginstrumente erfolgt. Daher sind deren akustische Zeichen den Eingeborenen leicht verständlich. Phonographische Aufnahmen setzen diesen Zusammenhang außer Zweifel."[156]

Hier wird einmal mehr deutlich, dass Stumpf eine strukturelle Analogie zwischen liturgischem Sprechgesang, einem Stimmengesang, dessen „Musik" an die Betonung der Sprache gebunden ist, und der „Trommelsprache" herstellt, die offenbar den Rhythmen, der Phrasierung und den Lautstärken der afrikanischen Sprache der Togos entnommen ist. Dass Stumpf nach Strukturen sucht, die einen anthropologischen Ursprung der menschlichen Sprach- und Musizierfähigkeit belegen, ist evident. Nur zeigt sich auch, dass das Prinzip einer stufenartigen Entwicklungslinie nach einer genauen phonographischen Analyse nicht mehr haltbar ist, da er in seinen Beschreibungen mehr ein strukturelles Interaktionsprinzip offenlegt, dass sich in die traditionellen anthropozentrischen „großen Erzählungen" nicht mehr so recht einfügen lässt. Auch an dieser Stelle wird besonders Stumpfs Streben nach dem Herauspräparieren der grammatologischen Strukturen deutlich, die sowohl auf das Sprechen als auch auf das Singen hin angelegt sind.

Verblüffend an Stumpfs Zugang zum Material ist also, dass er vorgibt, an die Ursprünge der Musik und der menschlichen Sprachfähigkeit zu gelangen, gleichzeitig allerdings unabhängig vom soziohistorischen Kontext einzelner

155 Ebd., S. 53.
156 Ebd., S. 50f.

Musiksysteme strukturelle Analogien in der Melodiebildung erkennt und beschreibt. Dabei ist er weit davon entfernt, Kategorisierungen wie die des Natur- oder Kulturvolks für die qualitative Auswertung der musikalischen Strukturanalyse als relevant zu erachten.

Offenbar ist es mit der Methode der Phonographie hier erst möglich geworden, Gesetzmäßigkeiten aufzustellen, die nicht mehr nach dem Ursprung menschlicher Fähigkeiten suchen, sondern, aus heutiger Sicht, die Anfänge einer strukturalistischen Methode aus dem Geiste einer physiologischen Musikpsychologie erkennen lassen. Stumpf betrachtet die Fähigkeit, ausgewählten Inhalten eine Form zu geben (Anrufung der Götter, Signalpfeifen), als eine allgemeine, unbewusste Tätigkeit des Geistes (Rhythmus, Spiel und Abstraktionsfähigkeit). Er beschreibt so das Spiel mit Tönen, das sich zu einer Melodie formt:

> „Eine Melodie bleibt die nämliche, mag sie vom Baß oder vom Sopran, mag sie in C oder in E gesungen werden. Diese Fähigkeit des Wiedererkennens und des Transponierens von Melodien finden wir unter den Naturvölkern, soweit unsere Kenntnisse reichen, allgemein.“[157]

Stumpf hatte seinen Überlegungen ein teleologisches Denkmodell vorangestellt, das er offenbar durch seine Analysen und Ergebnisse selbst widerlegt. Nicht ein Konzept von linearen Entwicklungsstufen habe das Natur- zu einem Kulturvolk werden lassen. Vielmehr bilde die unbewusste Struktur, auf der Bräuche, Riten und Institutionen basieren, ein Interaktionsprinzip aus, das offenbar universell gültig ist, unabhängig von der Dauer der Geschichte und der Kultur eines Volkes. So lässt sich laut Stumpf festhalten, dass

> „das meiste, was bei den Naturvölkern an Musik beobachtet wird […] keineswegs die allerprimitivsten Zustände [darstellt], sondern mindestens in Hinsicht der Rhythmik und des ganzen Aufbaus doch schon vielfach eine lange Geschichte hinter sich hat, so roh und barbarisch es für uns klingt. […] Da müssen wir die Neugierde, das Spielbedürfnis, die Freude am Experimentieren und an der fortschreitenden Fähigkeit zur Auffassung und Zusammenfassung verwickelter Gebilde, auch schon das Bedürfnis eines angemessenen Ausdrucks für die religiösen Vorstellungen und ritualen Zeremonien und für alles, was das Gemüt bewegte, – kurz, wir müssen immer mehr der höheren Natur des Menschen entspringende Motive wirksam denken.“[158]

Die physiologisch-psychologischen Rückschlüsse, die Carl Stumpf in diesem Aufsatz von 1911 auf der Basis der Transkriptionsarbeiten Hornbostels zog, weisen auf eine durch die Phonographentechnik evozierte Auseinandersetzung mit dem Zusammenhang von kognitiven Interaktionsprinzipien und Sprache respektive Musik hin, deren wechselseitiger Bezug für ihn evident ist. Stumpf

---

157 Vgl.: Stumpf, Carl (1911): *Die Anfänge der Musik.* Leipzig, S. 10.

158 Ebd., S. 49.

beschreibt analytisch die Physiologie von Rhythmen und Intervallen auf der Grundlage der von Hornbostel materialisierten oralen Gesänge, die nicht auf der Basis von Schriftsystemen entstanden sind. Eines der häufigsten Argumente für diese innovative, musikwissenschaftliche Arbeitsweise, die der Musikwissenschaft ja zu ihrer Institutionalisierung verhalf, ist die „Ent-Subjektivierung" des Materials durch die Speicherung mit dem Phonographen. Als ein „objektives Messinstrument" habe er Hornbostel gedient, um das vormals Ästhetische der Musik in eine symbolisch-mathematische Notationsschrift zu übersetzen. Es entstand ein Sensorium für die Vielfältigkeit kultureller Äußerungsformen, da sie nicht den literarisch-subjektiven Beschreibungen einzelner folgen. Bedeutsam ist dabei, dass durch ein solches, ja beinahe naturwissenschaftliches Instrumentarium vor allem die Struktur der außereuropäischen Musiken offengelegt wurde. Attribute wie „barbarisch", „primitiv" oder „wild" gehen – so zeigt sich besonders in seiner Auseinandersetzung mit den außermusikalischen Musiksystemen – am Gegenstand der untersuchten Kompositionsmodi vorbei.

An diese Gedanken von Stumpfs struktureller Formenanalysen knüpfte später auch Claude Lévi-Strauss in „Mythologica" und „Das wilde Denken" an, wenn er sich ethnosoziologisch den symbolischen Systemen von Sprache, Heiratsregeln, Wirtschaftsbeziehungen, Kunst und Wissenschaft zuwendet. So zeigt sich einmal mehr die Bedeutung von Stumpfs und Hornbostels Forschungen: Diese musikpsychologischen Strukturen und ihre allgemeine Gültigkeit festzustellen, ist offenbar erst durch die Vergleichbarkeit der von Hornbostel hergestellten Notationen außereuropäischer, vormals nur mündlich organisierter Musiken möglich geworden, indem ihre Ergebnisse überhaupt erst einen ethnomusikologischen Wissenschaftsdiskurs fern der klassischen Musikmetaphysik und -ästhetik ermöglichten.

Abschließend lässt sich feststellen, dass das Mediendispositiv Phonograph durch die Arbeit mit dem Medium im Berliner Phonogramm-Archiv eine neue Diskursordnung ermöglicht hat, die epistemologisch eine Objektivierung musikästhetischer Denkstrukturen herbeigeführt hat. Durch die Arbeit mit den Phonogrammen haben sich Untersuchungsmethoden ausdifferenziert, die ermöglichen, musikalische Äußerungsformen wissenschaftlich zu untersuchen. Es bildete sich ein Wissenschaftsdiskurs aus, der Sprache und Musik nicht vom Menschen aus betrachtete, sondern vom Sprech- und Singmaterial. Die Ausbildung einer vom Mediendispositiv ausgehenden neuen medialen Speicherordnung führt unter gedächtnistheoretischen Gesichtspunkten zu folgenden Beobachtungen:

Es handelt es sich bei diesen ersten akustischen Medien zunächst um einen Spezialfall der Wissenschaftsgeschichte, denn die kulturellen Wissensformen, die in fernen Ländern und vor allem in den deutschen Kolonialgebieten dokumentiert worden sind, waren bis zu dem Zeitpunkt ihrer phonographischen Aufnahme Teil eines in der Regel fest ritualisierten Zeremoniells meist schriftloser Kulturen weit außerhalb von Europa. Diese epistemologische Voraussetzung war dem Archivar Erich von Hornbostel sehr wohl bewusst, denn letztlich machte er selbst das Spannungsfeld seiner Archivarbeit deutlich, indem er beabsichtigte, außereuropäische mündliche Erinnerungsstrukturen sowie genuin musikalische Äußerungsformen zu erhalten, die durch eine zunehmende Kolonialisierung zu verschwinden drohten. Schließlich sei die von Hornbostel antizipierte „Ausrottung" durch die europäische Kolonialpolitik eine weitaus stärkere und unmittelbarere Bedrohung für diese Äußerungsformen als ihre naturgemäße Flüchtigkeit und Wandelbarkeit. Damit begründete Hornbostel grundsätzlich die Dringlichkeit seiner wissenschaftlichen Arbeit. Die Europäisierung afrikanischer Gebiete führe seiner Ansicht nach unweigerlich zum Verlust ihrer generativen Erinnerungsstrukturen, die er mittels der Forschungspraxis des Berliner Phonogramm-Archivars zu archivieren in der Lage war. Auf diese Weise ist der Phonograph zu einem medial mehrfach strukturierten „Hilfsmittel" der Erinnerungs- und Gedächtnisarbeit geworden. Die Ergebnisse, die im Zuge der Untersuchung dieser Aufnahmen gewonnen wurden, mündeten in einer sich neu konstituierenden Musikwissenschaft.[159] Die durch den Phonographen produzierten Aussagensysteme haben damit selbst zu einer Axiomatik dieser wissenschaftlichen Disziplin geführt, denn die musikwissenschaftliche Phonographie präsentiert sich als historische Hilfswissenschaft in Parallelaktion zum linguistisch geprägten Strukturalismus.

Die aus dem „objektivierten Vergleich" gezogenen Erkenntnisse und Schlüsse einer sich daraus entwickelnden Disziplin der vergleichenden Musikwissenschaft, die nicht mehr nach den musikästhetischen und kulturanthropologischen Ursprüngen der Sprache und der Musik aus einem teleologischen Erkenntnisinteresse heraus fragt und dabei an die philosophischen und metaphysischen Bewertungsgrundlagen und Paradigmen anschließt, werden in ein neues wissenschaftliches Denksystem eingespeist. Auf der Grundlage kleingliedriger Struktureinheiten werden vollkommen neue Fragehorizonte eröffnet, die eine Ausbildung und Ausdifferenzierung der europäischen (Musik-)Wissenschaft bedingen. Letztere kann erstens in einer metaphysischen Musikästhetik und philosophischen Anthropologie verortet werden und ist andererseits heute zu einem genealogischen Bestandteil einer musikwissenschaftlichen Wissens(chafts)geschichte geworden.

Außerdem muss der Fokus auf dasjenige gerichtet werden, was das Aufgenommene selbst betrifft und im Wesentlichen dasjenige berührt, was Aleida Assmann als das Funktionsgedächtnis einer Kultur beschrieben hat. Mit Rekurs auf Jan Assmanns Theorie der rituellen Kohärenz lässt sich nämlich davon aus-

159 Vgl. Hornbostel (1905): Die Probleme der vergleichenden Musikwissenschaft. In: Zeitschrift der internationalen Musikwissenschaft. 7. Jg., Heft 3, S. 86-97. Vgl. auch Dreckmann (2014): Abhören und Strafen, S. 149.

gehen, dass die aufgenommenen rituellen Gesänge und Erzählungen aus den kolonialisierten Gebieten einer fixen rituellen Zeremonienordnung verpflichtet waren. Funktions- und Speichergedächtnis fallen in dieser Hinsicht zusammen. Durch die Aufnahmeprozedur werden – nimmt man die Medialität der hier produzierten Aussagensysteme sehr ernst – neue mediale Formen des Wissens generiert, denn die Aufnahmen werden nicht ihrem Funktionszusammenhang gemäß produziert. So war die Aufnahmesituation vor dem Sprechapparat in Afrika oder Ozeanien immer auch eine inszenierte: Es wurden keine Live-Aufnahmen vom praktizierten Ritual angefertigt. Lieder und Gesänge wurden stets jenseits ihres „lebendigen Funktionszusammenhangs" auf Walze aufgenommen[160] und gelangten in das Speichergedächtnis europäischer Wissenssysteme.

So bildet die Aufnahmeprozedur im Felde selbst eine Inszenierungsstrategie der wissenschaftlichen Objektivierung ab, die das intrakulturelle Subjekt zu einem europäischen Wissensobjekt stilisiert. Ein Beispiel hierfür sind die bewussten Arrangements der Aufnahmesituation. Der Feldforscher Rudolf Pöch beispielsweise phonographierte nicht nur außerhalb des praktizierten Ritus, sondern auch gleich – aufgrund der schlechten technischen Gegebenheiten – in geschlossenen Räumen. Die performative und rituelle Praxis eines rituellen Gesanges ist dabei auch akustisch immer nur „gespielt" und bei den Aufnahmen nicht im Vollzug präsent. Für die Notierung der Klänge und Töne spielt dies vermutlich nur eine geringe Rolle, dennoch lässt sich an diesem Beispiel verdeutlichen, dass es ein epistemologisches Vorverständnis der Aufnehmenden gab, sich den mündlichen Erzeugnissen außereuropäischer Kulturen wissenschaftlich zu nähern. Diese wissenschaftliche Disponibilität ist nicht nur Teil der Aufnahmeprozedere, sondern auch der Archivierungspraxis geworden und hat dafür gesorgt, dass sich das Wissen über die Musik außereuropäischer Kulturen in einem deutschen Archiv wiederfindet.

Die Medientechnik der Phonographie hat diesen Spezialfall kulturell-medialer Wissenstransformationen überhaupt erst ermöglicht. Anders als Aleida Assmann formuliert hat, ist auf der Basis der Archivalien also eine Aufspaltung von Speicher- und Funktionsgedächtnis auch in rituellen, mündlichen Gesellschaften möglich, jedoch entsteht hierbei etwas Neues: Die Re-Inszenierung eines für eine Kultur exemplarischen Gesangsrepertoires ist Teil der Objektivierung und Materialisierung dieses Wissens. Wegen seines exotischen Status jenseits eines europäischen Notationssystems hat es den Weg in die europäische Wissenschaftsgeschichte gefunden. Der Klang der Lieder ist das signifikante Wissensobjekt und entscheidend für diesen deutsch-europäischen Wissenschaftsdiskurs. Nicht Fragen nach der Identität oder Aufführungspraxis wissensvermittelnder, nichteuropäischer Rituale standen im Vordergrund dieser Aufnahmeprozedere. Dem-

160 Vgl. ebd., S. 151.

nach ist hier von einem dem Kolonialwesen verwandten Aneignungsprozess auszugehen, der außerhalb der Frage ritueller Identitätsbildung liegt.

Unter diesen epistemologischen Voraussetzungen stellt sich nun die Frage, wie diese ja doch recht prekäre gedächtnismediale Situation phänomenologisch zu bewerten ist. Sind die Aufnahmen selbst ihrer Kultur und ihrer kulturell installierten körperlichen Speicherungslogik enthoben und längst an einem anderen Ort medial verfügbar geworden, offenbart sich ein Machtgefälle, das selbst kriminologisch als ein Abhören kulturell-ritueller Speicherungslogiken begriffen werden kann.

3.2.3 Kleiner Exkurs: das „Abhören" kulturell-ritueller Speicherungslogiken

Bedeutete „Abhören" nach Grimms Wörterbuch im 18. Jahrhundert noch „von einem hören" im Sinne von „du hast es mir abgehört, wie abgesehen, von mir erlernt" oder „märchenhafte geschichten, die ich droben im gebirge einem zigeuner abhörte" oder bei Lessing „den zeugen vor Gericht abhören; der vater hört sein kind ab, überhört es, läszt sich das gelernte von ihm aufsagen",[161] sind darin schon drei wesentliche Charakteristika des Begriffes „Abhören" enthalten: erstens die epistemologische Dimension („du hast es mir abgehört, wie abgesehen, von mir erlernt"), zweitens das Abhören mündlicher Kommunikationskanäle des Fremden („märchenhafte geschichten, die ich droben im gebirge einem zigeuner abhörte") und drittens die autoritäre oder machtpolitische Position desjenigen, der abhört („den zeugen vor Gericht abhören; der vater hört sein kind ab, überhört es, läszt sich das gelernte von ihm aufsagen").

Bemerkenswert ist, dass genau diese etymologischen Wortkonnotationen bis heute in dem Begriff enthalten sind, allerdings mit einem Unterschied: Mit Beginn des durch die Phonographie eingeleiteten akustischen Medienzeitalters ist die direkte, körperlich-affektive Beziehung des Abhörenden zum Abgehörten aufgesprengt. Der Abhörende kann von Platte oder Band etwas abhören, was ihm zu mehr Wissen verhilft. So muss er auch nicht mehr selbst im „Gebirge" zugegen sein, von wo aus einem „Zigeuner ein Märchen abgehört" wird; würde der „Zigeuner" per Mobiltelefon in Telekommunikationsnetze unbefangen im „Gebirge" kommunizieren, wären die Daten heute von allen Orten der Welt abrufbar. Die Zeugenschaft ist zwar heute ein Relikt performativ-pragmatischer Justiziarangelegenheiten, dennoch bleibt es eine hierarchische Machtkonstellation, in welcher der „Richter" über den Wert der mündlichen Aussage entscheidet und in der auch der Vater über die Korrektheit des mündlichen Vortragens seines „Filius" urteilt. Wissensproduktion über das Fremde von einem superio-

161 *Deutsches Wörterbuch von Jacob und Wilhelm Grimm.* 16 Bde. In 32 Teilbänden. Leipzig 1854-1961. Quellenverzeichnis Leipzig 1971. Online-Version vom 15.9.2013. www.Woerterbuchnetz.de/DWB/sigle=DWB&mode=Vernetzung&lemid=GA00654.

ren Standpunkt aus bedeutet „Abhören" auch seit Beginn der technischen Aufzeichnung der menschlichen Stimme. Mit anderen Worten: Der Mensch, der abhört, ist an dem Ort, von wo aus ein Märchen, ein Gerücht oder eine mündliche Lautäußerung kundgetan wird, nicht mehr zwingend anwesend.

Genau dies trifft auch auf das „Abhören" der fremden Kulturen zu. Die verwendete Methode akustischer „Messungen", wie sie von dem „Schreibtischethnologen" Hornbostel vorgenommen wurden, steht in einem Zusammenhang mit dem, was Foucault die „Genealogie der modernen Seele" genannt hat. Die ephemeren Inhalte ritueller Gedächtnisprozesse gehen mit Jan Assmann auf Fragen nach der kulturellen Identität zurück. Ihre kulturelle Identität ist Teil dieses Aufnahmeprozederes. Die Reduzierung auf die Tonalität der eingesungenen Inhalte selbst impliziert den Ausschluss des lebendigen Funktionszusammenhangs und ihrer kulturellen Kontexte, die oft nicht protokolliert wurden. Die „Seele" der Aufgenommenen, um in der Terminologie Foucaults zu sprechen, gilt hier als Referenz für eine Technologie, die sich in den Machtdiskurs der Wissenschaft eingliedert.

3.3 Das Berliner Lautarchiv und die Preußische Phonographische Kommission

Das Berliner Lautarchiv, das mit ersten Aufnahmen seit 1909 aufgewartet hatte, wurde im Jahre 1920 als „Lautabteilung" an der Preußischen Staatsbibliothek gegründet. Ganz anders als das Berliner Phonogramm-Archiv wurde hier ohne Ausnahme auf Platte aufgenommen.[162] Es handelte sich bei dem technischen Medienspeicher um ein umgebautes Grammophon, das in hoher Qualität die eingesprochenen Inhalte auf Platte speicherte. Das Lautarchiv unter Wilhelm Doegen hat eine ganz andere epistemologische Matrix als das Phonogramm-Archiv, obgleich seine Gründungsgeschichte eng mit dem Phonogramm-Archiv Berlin verflochten ist.

Die Entwicklung und institutionelle Anbindung des Lautarchives verlief in mehreren Schritten.

Das Berliner Phonogramm-Archiv war grundsätzlich von der epistemologischen Ausrichtung des späteren Lautarchives geschieden, jedoch auch stark von den ersten Aufnahmeprozessen inspiriert. Exotische Gesänge, Lieder, Erzählungen und Anekdoten standen weiterhin im Mittelpunkt des Sammlungsinteresses. Jedoch wurden sie fortan nicht mehr im Ausland, sondern in deutschen

162 Vgl. Mahrenholz, Jürgen-Kornelius (2003): *Zum Lautarchiv und seiner wissenschaftlichen Erschließung durch die Datenbank IMAGO*, S. 1. Online verfügbar unter: http://www.iasa-online.de/files/2003_Lautarchiv.pdf, zuletzt abgerufen am 10.6.2015.

Kriegsgefangenenlagern hergestellt. „Mit Beginn des Ersten Weltkrieges und dem Verlust der Kolonien war die Zeit des naiven Sammelns und Vergleichens vorbei, neue Perspektiven mussten gefunden werden",[163] schreibt die Archivarin der heutigen historischen Sammlung des Berliner Phonogramm-Archivs Susanne Ziegler.

Archiviert und gespeichert werden sollte fortan auch aus einem dezidiert sprachdidaktischen Grund mit dem Ziel, gewonnenes Material für den Sprachunterricht der Öffentlichkeit zugänglich zu machen. Zu diesem Zweck wurden vor allem Sprachproben angefertigt, während musikalische Aufnahmen dabei weniger im Blickpunkt standen. Die Sprachproben wurden mit dem Ziel produziert, Forschungs- und Öffentlichkeitsarbeit miteinander zu verbinden.

Die Sammlung, die dabei entstand, ist – ebenso wie die Geschichte ihrer Institutionalisierung – komplex. Dies lässt sich bereits an der Geschichte seiner unterschiedlichen institutionellen Bezeichnungen ablesen: Das Berliner Lautarchiv wurde ab 1921 umbenannt in die so genannte „Berliner Lautabteilung" und an die Preußische Staatsbibliothek angeschlossen. Ab 1934 wurde die Sammlung dann zum „Institut für Lautforschung" an der Berliner Universität, um nach 1947 unter der Bezeichnung „Institut für Vergleichende Phonetik" zu firmieren. Die unterschiedliche Fokussierung bei der Betitelung derselben Sammlung zeigt schon hier, dass der Umgang mit den Tonträgern zu unterschiedlichen Zeiten jeweils spezifischen Zielen unterworfen war.

Inhaltlich ist die Sammlung vor allem durch die Zeit ihrer Gründungsjahre geprägt. Archiviert wurden außereuropäische Erzählungen, Anekdoten, Gedichte und Lieder, die auf deutschem Boden aufgenommen wurden.

3.3.1 Die Gründerjahre: Wilhelm Doegen als Vater der Kriegsgefangenen-Sammlungen

Wie schon im Berliner Phonogramm-Archiv war auch das Lautarchiv von den Ambitionen, Visionen, Anstrengungen und dem Engagement ihrer Gründerväter abhängig. Die Schlüsselfigur dieses Institutes war der Englischlehrer Wilhelm Doegen, dessen ausgeprägtes Interesse an Tonquellen, das später durch seine Vehemenz und Empathie im Aufbau eines professionellen Lautarchives mündete, sich bereits in seinem Werdegang ablesen lässt.

Doegen, der nach einer abgeschlossenen Banklehre Nationalökonomie und Handelsrecht studierte, besuchte zeitweise als Gasthörer Vorlesungen in Anglistik an der Friedrich-Wilhelms-Universität Berlin bei dem österreichisch-deutschen Philologen für englische Literatur, Alois Brandl. Doegen begann daraufhin Neuphilologie zu studieren und verbrachte das Wintersemester 1899/1900

163 Ziegler (2000): Die akustischen Sammlungen, S. 200.

in Oxford, wo er einen der Begründer der Phonetik, Henry Sweet, kennenlernte. Sweet gilt als einer der Pioniere der modernen Phonetik, und für Doegen bildeten die Arbeiten Sweets zur phonetischen Umschrift sein bildungsbiographisches Schlüsselerlebnis. Sein Lehramtsstudium der Fächer Englisch, Französisch und Deutsch beendete er 1904 mit einer Abschlussarbeit, deren Thema „Die Verwendung der Phonetik im Englischen Anfangsunterricht" lautete.[164]

Doegens frühes Interesse an Phonetik und der Frage ihrer didaktischen Vermittlung führte ihn dahin, über Konzepte jenseits des klassischen Sprachunterrichts nachzudenken. Da er sich früh für die Aufnahme von Tonquellen interessierte, hatte er alsbald die Vision, den Sprachunterricht um das Material der Tonquellen zu erweitern. Während seiner Tätigkeit am Berliner Borsig-Gymnasium erarbeitete er zum Beispiel mit den Odeon-Schallplattenwerken in Berlin-Weißensee die mehrbändige Reihe „Doegens Unterrichtshefte für die selbstständige Erlernung fremder Sprachen und der Sprechmaschine". Gleichzeitig lancierte er die Herausgabe von englischen und französischen Literaturklassikern, die er professionell von muttersprachlichen Schauspielern einsprechen ließ und für den Schulunterricht verwendete.[165] Seine guten Verbindungen zum preußischen Kultusministerium führten schließlich dazu, dass er zur Weltausstellung 1910 nach Brüssel eingeladen und dort mit der silbernen Medaille für die Einführung der Schallplatte in Forschung und Lehre ausgezeichnet wurde.

Dieser biographische Kontext kontextualisiert Doegens eigenständige Initiative im Februar 1914, die Errichtung eines „Königlich Preußischen Phonetischen Instituts" zu beantragen. Dabei verfasste er ein Sammlungs- und Aufnahmekonzept für die akustische Speicherung der Sprachproben, die bei den in den deutschen Kriegsgefangenenlagern internierten ausländischen Soldaten gesammelt worden waren.

Folgende Aufnahmegebiete sah er für dieses Institut vor:

„1. Die Sprachen sämtlicher Völker der Erde;
2. Sämtliche deutsche Mundarten;
3. Musik und Gesang sämtlicher Völker der Erde;
4. Stimmen der großen Persönlichkeiten;
5. Verschiedenes".[166]

Der Vorstoß Doegens war, obwohl sich die Regierung mitten im Krieg befand, von Erfolg gekrönt. Im Jahre 1915 wurde vom Kultusministerium die sogenannte „Königliche Preußische Phonographische Kommission" eingesetzt, um

164 Vgl. Mahrenholz (2003): Zum Lautarchiv, S. 2.
165 Vgl. ebd., S. 3.
166 Doegen, Wilhelm (1925): *Unter fremden Völkern – Eine neue Völkerkunde*. Berlin, S. 9.

„die Sprachen, die Musik und die Laute aller in den deutschen Kriegsgefangenenlagern weilenden Völkerstämme nach methodischen Grundsätzen systematisch auf Lautplatten in Verbindung mit den dazugehörigen Texten festzulegen".[167]

Doegen ließ sich zum Kommissar der Phonographischen Kommission ernennen, Carl Stumpf hingegen saß der Kommission vor.[168]

Mit der Gründung der Phonographischen Kommission sollte eine Art Arbeitsgemeinschaft (als „Vorläufer"[169]-Modell) ins Leben gerufen werden, die eine Institutionalisierung des beantragten Lautarchivs[170] vorbereiten sollte,

„dem Preußischen Kultusministerium direkt unterstellt war und die Aufgabe hatte, besonders ausgewählte Stimmen von Angehörigen fremder Völker, die sich während des I. Weltkrieges in deutschen Kriegsgefangenenlagern befanden, aufzunehmen".[171]

Die Kommission hatte also offenbar die Aufgabe, Tonquellen während des Ersten Weltkrieges zu produzieren. Damit sollte ein Grundstock an Aufnahmen für das spätere Archiv gewonnen werden. Die weiterführende archivalische Verwaltungsarbeit mit den angefertigten Aufnahmen sollte das spätere Lautarchiv übernehmen. Auffällig ist, dass Doegen sich für die Beschreibung der Aufgaben der phonographischen Kommission sehr genau an den Interessen seiner Kommissionsmitglieder orientierte, die vor allem durch die Aufnahmeprozesse im Berliner Phonogramm-Archiv geprägt waren.

Für den Produktionsprozess sah Doegen vor allem Wissenschaftler vor, die bereits Erfahrung mit phonographischen Aufnahmen gemacht hatten und deren große Namen sicherlich für die Genehmigung des Antragsverfahrens nicht unerheblich gewesen waren. Aus diesem Grunde ähneln sich sicherlich die Aufgabengebiete der phonographischen Kommission und die der Aufnahmepraxis des Phonogramm-Archivs. Die Kommission bestand nämlich aus etwa 30 renommierten Wissenschaftlern der Anthropologie und der Sprach- und Musikwissenschaft, die bereits für das Berliner Phonogramm-Archiv gearbeitet hatten, darunter Wissenschaftler wie

167 Ebd., S. 9.

168 Vgl. HABERMANN, Alexandra/KLEMMT, Rainer/SIEFKES, Frauke (1985): *Lexikon deutscher wissenschaftlicher Bibliothekare 1925-1980*. Frankfurt am Main, S. 60 (Eintrag Wilhelm Doegen).

169 KOSSAK, Heinz (1971): *Findbuch Institut für Lautforschung (1920-1945)*. Berlin, S. 1, zitiert nach: SIMON, Gerd (unter Mitwirkung von Dagmar GUHR und Ulrich SCHERMAUL). Online verfügbar unter: http://homepages.uni-tuebingen.de/gerd.simon/ChrDoegen.pdf, zuletzt abgerufen am 10.6.2015.

170 Vgl. ebd.

171 Ebd., S. 7.

> „Felix von Luschan (Anthropologe), Friedrich Carl Andreas (Iranist), Alois Brandl (englische Dialekte), Otto Dempwolff (malaiisch), Adolf Dirr, Helmuth von Glasenapp (Sikh, Hindi) und Georg Schünemann (Musikwissenschaft)".[172]

Da es sich bei der Kommission um einen recht losen Verbund handelte, war es allen Beteiligten möglich, auch unabhängig voneinander Forschungen zu betreiben. Schünemann zum Beispiel, als Musikwissenschaftler Mitglied der Phonographischen Kommission, fertigte die Aufnahmen auf die Bitte Carl Stumpfs hin – er war Leiter der Fachgruppe Musik – weiterhin mit dem Phonographen an.[173] Die Musikaufnahmen auf Walze umfassen 1.022 Wachswalzen (Sammlung Schünemann), die vorrangig Musikaufnahmen enthalten und im Jahre 1921 auf Initiative von Doegen dem Phonogramm-Archiv übergeben wurden.[174]

Neben Schünemann und Doegen waren es zahlreiche Wissenschaftler, die mehr als 70 Kriegsgefangenenlager[175] „besuchten" und auf 1.650 grammophonischen Schellackplatten 250 Sprachen und/oder Dialekte sammelten und speicherten.[176]

Ein wesentlicher Unterschied zum Phonogramm-Archiv bestand in dem eigens für die Aufnahmen gebauten „Apparatus". Im Gegensatz zum Phonogramm-Archiv, in dessen Auftrag Wissenschaftler, Missionare und Feldforscher in den deutschen Kolonialgebieten exotische Gesänge, Lieder und Erzählungen auf Walze aufnahmen, ließ Doegen für die Aufnahmen in den deutschen Kriegsgefangenenlagern gemeinsam mit Fachvertretern und Technikern eine grammophonische Apparatur[177] bauen, die auf so genannten Lautplatten mit Seitenschrift aufzeichnete, deren Wiedergabequalität auf dem aufnahmetechnisch höchsten Niveau der grammophonischen Ära war. Anders als die Aufnahmen mit dem Edisonphonographen erreichten diese Tonquellen in der Tat die Qualität, um zum Verkauf angeboten werden zu können. Dies war unter anderem möglich, da die Apparatur schließlich auch nicht mehr transportabel sein musste. Das schwere Gerät musste lediglich innerhalb von Deutschland in die Lager gebracht werden.

Mit diesem Gerät fuhr Doegen in rund 70 Kriegsgefangenenlager und ließ die gefangenen Soldaten aus aller Herren Länder in den Trichter sprechen.

---

172 MAHRENHOLZ (2003): Zum Lautarchiv, S. 4, Anm. 6. Vgl. auch die vollständige Namensliste in: DOEGEN, Wilhelm (1921): „Die Lautabteilung", in: *Fünfzehn Jahre Königliche und Staatsbibliothek.* Berlin, S. 253-259, hier: S. 257.

173 Vgl. MAHRENHOLZ (2003): Zum Lautarchiv, S. 4.

174 Vgl. MAHRENHOLZ, Jürgen (2000): „‚Stimmen der Völker'. Das Berliner Lautarchiv", in: BREDEKAMP, Horst/WEBER, Cornelia (Hg.): *Theater der Natur und Kunst. Katalog.* Berlin, S. 117-128, hier: S. 118.

175 Mahrenholz spricht von 70 Gefangenenlagern, Ziegler von 135.

176 Vgl. DOEGEN, Wilhelm (1921): *Kriegsgefangene Völker.* Bd. 1: *Der Kriegsgefangenen Haltung und Schicksal in Deutschland.* Berlin, S. 3f.

177 Vgl. MAHRENHOLZ (2003): Zum Lautarchiv.

Abb. 6: Kriegsgefangene bei Phonogramm-Aufnahmen

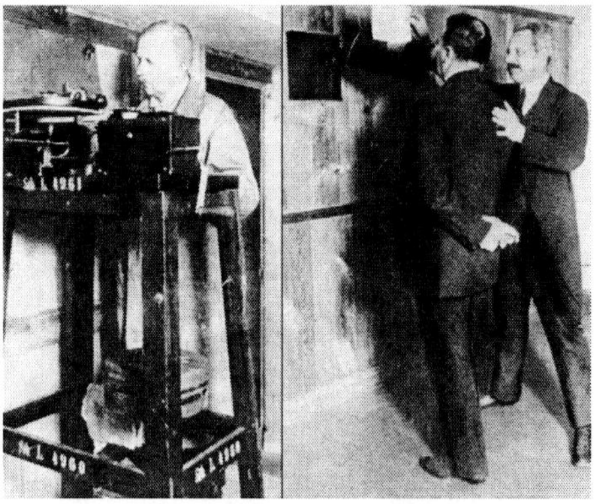

Dies zeigt, dass sowohl die technischen als auch die inhaltlichen Ansprüche Doegens ganz andere waren als diejenigen des Phonogramm-Archivs. Doegen verfolgte mit seinen Lautplatten andere Ziele, er wollte keine musikwissenschaftlichen Notationsarbeiten anfertigen, für die ja die phonographische Qualität vollkommen ausreichte. Ihm ging es vielmehr um die Nutzbarmachung seines gewonnenen Materials für die Wissenschaft und auch für die Öffentlichkeit.

3.3.2 Institutionsgeschichte und die Kolonial-Aufnahmen in deutschen Kriegsgefangenenlagern

Die Phonographische Kommission ging bei den Aufnahmen folgendermaßen vor: Sie ließen sich von den Lagerkommandanten die Listen geben, auf denen die Namen und auch die Sprachen der Inhaftierten verzeichnet waren.[178] Diese Listen waren nicht immer korrekt ausgefüllt. Nichtsdestotrotz wählten die Mitglieder aus den zum Teil falschen und unvollständigen Listen diejenigen Personen aus, die sie für eine Aufnahme geeignet hielten. Vor jeder Aufnahme mussten die neuen „Gewährsleute" einen Personalbogen ausfüllen. Er diente dazu, Informationen über die Herkunft, den sozialen Hintergrund des Sprechers oder Sängers sowie dessen „sprachliche Genese" zu erhalten.[179]

Wie schon in weiten Teilen in den Phonogramm-Archiven praktiziert, wurden auch bei den Aufnahmen in den Kriegsgefangenenlagern „Sprachtexte" vor jeder grammophonischen Aufnahme angefertigt:[180]

---

178 Eine genaue Darstellung dieses Prozederes ist den Quellen nicht zu entnehmen.

179 Vgl. MAHRENHOLZ (2000): Stimmen der Völker, S. 5.

180 Für die musikalische Abteilung galt, wie schon zuvor bei dem Aufnahmeprozedere des Berliner Phonogramm-Archivs, dass Transkriptionen erst nach der Pressung der Platten vorgenommen wurden. Vgl. ebd.

> „Ferner galt das Ideal, dass keine Aufnahme gemacht werden sollte, bevor nicht eine Transliteration in der in dem Heimatland üblichen Schriftsprache neben einer phonetischen Umschrift und einer deutschen Übersetzung vorlag."[181]

Die Aufnahmepraxis und der direkte Kontakt Doegens mit den Insassen der Kriegsgefangenenlager führten dazu, dass Doegen sein Interesse an den Dialekten europäischer, insbesondere englischer und französischer Provenienz weiterverfolgte:

> „Aufgenommen wurden:
> 1. Bei noch weitgehend unbekannten Sprachen Wortgruppen quasi als Wörterbücher und Wörter, die in der Sprache leicht zu verwechseln sind.
> 2. Märchen, Erzählungen und Anekdoten.
> 3. Insbesondere Kriegsgefangene aus Großbritannien und Frankreich, aber auch aus anderen europäischen Staaten sollten die Parabel vom verlorenen Sohn aus der Bibel (Lk XV, 11ff.) in ihrem Heimatidiom sprechen."[182]

Aus phonetischen und didaktischen Gründen nahm er auf diese Weise auch alle englischen Grafschaftsdialekte auf und dokumentierte seine Arbeit akribisch. Auf diese Weise war es ihm möglich, die unterschiedlichen Dialekte untereinander zu vergleichen.[183]

Für die Musikaufnahmen galt, dass Doegen bei der Mehrheit dieser ausschließlich Gesänge grammophonisch einfing, wohingegen nur wenige Ausnahmen rein instrumental sind:[184] „Der Anteil von Sprache und Musik beträgt bei den Platten zwei Drittel Sprach- zu einem Drittel Musikaufnahmen."[185]

Anhand der Beispiele lässt sich eindeutig Doegens explizites Interesse an den Sprachaufnahmen offenlegen. Aber nicht nur Aussprache und Lautschrift interessierten ihn, sondern auch der organische Stimmapparat. Er erweiterte seine „Sprechmessungen", indem er anatomische Studien hinzuzog. So erstellten die Kommissionsmitglieder Röntgenaufnahmen des Kehlkopfes, um die Anatomie der Sprechbewegungen nachzuvollziehen,[186] und fertigten darüber hinaus auch gleich Gaumenabdrücke an. Wilhelm Doegens Bruder Alfred war hauptsächlich für diese Tätigkeit verantwortlich. Mit Hilfe dieser Abdrücke sollte „die genaue Zungenstellung bei komplizierten Akzentverhältnissen" abgebildet werden. Felix von Luschan musste die Erweiterung des Forschungsfeldes begeistert haben. Nach dem von seiner Arbeitsweise bekannten ethnologischen Vorbild erstellte

---

181 Ebd., S. 5.

182 Diese Zusammenstellung stammt von dem wissenschaftlichen Mitarbeiter Jürgen-Kornelius Mahrenholz, der bis 1999 Angestellter des Archivs war und wohl als einer der sehr wenigen gelten darf, der die Bestände und den Zustand der Aufnahmen überblicken kann. Das Archiv ist nämlich seit 2005 geschlossen. Ebd., S. 6.

183 Ebd.

184 Vgl. ebd., S. 6.

185 Ebd., S. 6.

186 Vgl. ebd., S. 6.

Luschan zugleich auch Fotografien von den Gefangenen: einmal in Vorderansicht, einmal im Profil.[187]

Die Arbeit der Phonographischen Kommission endete im Dezember 1918, als eine letzte Platte im Kriegsgefangenenlager aufgezeichnet wurde. Offiziell stellte die Phonographische Kommission ihre Arbeit jedoch erst im Jahre 1920 ein. Den Sitzungsprotokollen der Phonographischen Kommission ist zu entnehmen, dass sowohl die Platten als auch die Edisonwalzen (aus der Sammlung Schünemann) als Eigentum des Kultusministeriums zusammengehalten und als geschlossene Sammlung in die Akademie der Wissenschaften oder in die Preußische Staatsbibliothek überführt werden sollten.

Doegen hatte jedoch andere Pläne: Ohne Absprache mit Stumpf oder den Mitgliedern der Kommission hatte er 1919 – inmitten der Wirren der Novemberrevolution[188] – „vom Kultusministerium die einstweilige Übertragung der Verwaltung der Lautplattensammlung auf seine Person“[189] genehmigt bekommen, sodass er ab 1920 allein über die Sammlung, die an die Preußische Staatsbibliothek angeschlossen wurde, waltete.

Mit der Lautabteilung, am 1. April 1920 gegründet als „Lautabteilung an der Preußischen Staatsbibliothek“, wurde allerdings gleich eine Lautarchiv-Kommission eingesetzt, der Doegen als Leiter der Lautabteilung unterstand. Die Mitglieder waren in weiten Teilen dieselben wie jene der Phonographischen Kommission. „Als Direktor der Sammlung war Doegen mit der technischen Realisierung, Konservierung, Verwertung und öffentlichen Bereitstellung der Plattensammlung betraut.“[190]

Dieser Schritt bedeute unweigerlich die Trennung der Sammlungen nach Aufnahmemedien: Die von Schünemann aufgenommenen Walzen gelangten in das Phonogramm-Archiv, die grammophonischen Aufnahmen landeten „als Grundstock“ am 1. April in der „Lautabteilung an der Preußischen Staatsbibliothek“.[191] Für Doegen hatten diese Aufnahmen keinen Wert, da Walzenaufnahmen für seine Zwecke eine unbrauchbare Qualität hatten.

---

187 Vgl. ebd.

188 Vgl. Mahrenholz (2000): Stimmen der Völker, S. 7.

189 o. V.: „Protokoll der 18. Sitzung der Kgl. Preußischen Phonographischen Kommission vom 3. Februar 1919“, in: *Nachlass Carl Stumpf im Phonogramm-Archiv*. Ethnologisches Museum Berlin.

190 Mahrenholz (2000): Stimmen der Völker, S. 8.

191 Vgl. ebd., S. 7. Als Basis für die Gründung gilt Doegens „Denkschrift über die Errichtung einer Lautabteilung in der Preußischen Staatsbibliothek“.

3.3.3 Die Lautbibliothek: erste Visionen öffentlich-akustischer Distributionsordnungen

Doegens Konzept zur Errichtung eines Lautarchives ist in der inhaltlichen und programmatischen Ausrichtung und Umsetzung des Archives von demjenigen Stumpfs und Hornbostels deutlich geschieden. Ging es im Phonogramm-Archiv darum, erst einmal Material unterschiedlichster Couleur zu sammeln und durch die Methode des Vergleichens universale musikalische Strukturen festzustellen, setzte Doegen bei der Einrichtung des Lautarchives bereits in der Gründungsphase auf eine öffentliche Diskursordnung kultureller Medienspeicher. Doegens Vision war schließlich eine vollständige Etablierung der Lautplatten in einem institutionellen Lern- und Lehrbetrieb. Dabei hatte er von Anfang an auch die Einsatzmöglichkeiten des gewonnenen Materials im Blick. So waren die grammophonischen Platten im Unterschied zu den phonographischen Walzen eher dem gesprochenen Wort als dem gesungenen Lied verpflichtet. Hieran werden die epistemologischen Produktionsstrategien des Lautarchives deutlich: Zwar werden diese Aufnahmen vorrangig von kulturellen Objekten angefertigt, die mündlichen Erzähl- und Sprechweisen zuzuordnen sind, jedoch ging es Doegen nicht um Gesänge, sondern dezidiert um phonetische Sprachformen, die für eine europäische Sprach- und Sprechwissenschaft mit einem didaktischen Vermittlungsinteresse fruchtbar gemacht werden sollten. Auch deshalb hatte er sich stets um eine hohe Qualität der Aufnahmen bemüht, sodass die Aussprache nicht durch ein unverständliches Rauschen[192] beeinträchtigt war.

> „Neben Liedern enthalten die Grammophonaufnahmen der Phonographischen Kommission aus den Lagern Gedichte, Gebete, Prosatexte, Rätsel und Scherze, Fabeln und Märchen, Anekdoten und persönliche Texte sowie in weiten Teilen Wortlisten und Zahlen."[193]

1957 heißt es retrospektiv zu Doegens Tätigkeit im Lautarchiv in der Zeitschrift „Muttersprache" anlässlich seines 80. Geburtstages:

> „Gründer des Lautarchivs [...] das der Berliner Staatsbibliothek angegliedert ist. Es enthält heute Sprachen und Mundarten von 270 Völkern der Welt."[194]

---

192 Bei den Wachswalzenaufnahmen wurde ein Rauschen, das durch die Verwendung der Trichter Nebengeräusche und Frequenzschwankungen bei der Einstellung der Aufnahmen, mitproduziert und sind bis heute auf den Aufnahmen zu hören.

193 LANGE, Britta (2012): „Was wir hören: Aus dem Berliner Lautarchiv", in: HOFFMANN, Anette/LANGE, Britta/SARREITER, Regina (Hg.): *Was wir sehen. Bilder, Stimmen, Rauschen. Zur Kritik anthropometrischen Sammelns*. Berlin, S. 61-78, hier: S. 64.

194 Vgl. Simon, Gerd: Chronologie Doegen, Wilhelm. (http://homepages.uni-tuebingen.de//gerd.simon/ChrDoegen.pdf) S. 5.

Bemerkenswert für die Fragestellung seiner Tätigkeit auf dem Gebiet der Lautforschung ist der Umstand, dass Doegen ganz anders als Exner und Hornbostel seit der Gründung des Archives daran arbeitete, die von den Mitarbeitern der Lautabteilung unternommenen Aufnahmen öffentlich zugänglich zu machen und dabei eine der Bibliotheksordnung ähnliche, auf Abrufbarkeit und Verfügbarkeit hin ausgerichtete Wissens- und Speicherungsformation zu installieren. Für Doegen bieten sich solche Überlegungen zu möglichen Distributionsordnungen seines gewonnenen Lautmaterials offenbar gerade dann an, als das von ihm gerade beantragte und genehmigte Institut für Lautforschung an die Staatsbibliothek angebunden werden sollte.

So hat er von Beginn an eine mediale Präsenz für die Lautplatten angestrebt, im Sinne eines frühen, ausdifferenzierten Systems der bibliothekarischen Speicherung und funktionellen Verfügbarhaltung.

In einem 1921 publizierten Aufsatz zur Arbeit der Lautabteilung beschreibt er die „wissenschaftlichen, pädagogischen und praktischen Arbeitsaufgaben" der Lautabteilung, die er in vier Punkten zusammenfasst: Der erste Punkt umfasst das Sammeln und „Verwalten" des Materials, unter Punkt zwei fordert er: „Das gesamte Lautmaterial wird allen deutschen Forschungs- und Bildungsanstalten des In- und Auslandes zugängig gemacht."[195] Die Lautabteilung solle drittens als „Zentralstelle [sogar] der Mittelpunkt werden, von dem aus alle Bildungs- und Forschungsstätten der Welt ihr Lautmaterial erhalten".[196] Und sie solle viertens gleichsam „eine Auskunftsstelle sein für das lautliche Forschungs- und Unterrichtswesen überhaupt".[197]

Doegen hatte ein explizites und ausdifferenziertes System akustischer Speicherung entworfen, das darauf ausgerichtet war, eine wissenschaftliche und öffentliche Verfügbarkeit der Tonquellen zu garantieren. So formulierte er nicht nur, wie oben beschrieben, die klassischen Arbeitsaufgaben eines wissenschaftlichen Archivs, sondern obendrein auch eine genaue institutionelle Infrastruktur für die Anbindung der Lautabteilung an die Preußischen Staatsbibliothek als eine „Lautbücherei aller Sprach- und Musikaufnahmen zum Zwecke des lebenden Sprach- und Musikstudiums"[198] und fasste darin die Organisation der Lautabteilung in neun Unterabteilungen zusammen, wobei einige der Unterpunkte explizit auf die öffentliche Verfügbarkeit und Nutzbarkeit der Quellen eingehen. An erster Stelle geht er sogleich von einer „Zentral- und Auskunftsstelle für wissenschaftliche Sprachaufnahmen aus", zweitens soll das Lautarchiv auch eine „Musik- und Auskunftsstelle für die gesamte Musikphonographie" darstellen sowie unter Punkt vier „Zentral- und Auskunftsstelle für das gesamte

195 DOEGEN (1921): Die Lautabteilung, S. 257f.
196 Ebd.
197 Ebd.
198 Ebd., S. 258.

Unterrichtswesen“ sein. Unter Punkt fünf führt er die „Stimmensammlung führender Persönlichkeiten“ an.

Auch phonetische Forschungen sollten eine Einheit im Organigramm der Lautabteilung erhalten: So beschreibt Doegen die sechste Unterabteilung als eine „Aufnahmeleitung und Versuchsanstalt mit Forschungsanstalt für Lautaufnahmen mit Laboratorium, Werkstatt, photographischer bzw. kinematographischer Abteilung“. Seine „multimediale Aufgeschlossenheit“ im Dienste der akustischen Lautforschung zeigte sich auch an dem Umstand, dass er medizinische Bildquellen und Analysemethoden heranzog; so sah er auch die Begründung einer achten Unterabteilung vor, die palätographisch und röntgenologisch „sprachliche Lautbildungsstellen“ erforschen wollte. Unter Punkt sieben führt er schließlich die „Lautbücherei mit Bibliothek der Fachliteratur und Gesamtkatalog für die Benutzer der Staatsbibliothek“[199] an, unter Punkt neun die „Verwaltung“ als eine von der inhaltlichen Arbeit gesonderte Abteilung.

Doegen sah vor, dass neben den Plattenaufnahmen, die in den dafür vorgesehenen Einzelräumen abgehört werden konnten, auch ein öffentlicher Zugang zur Primär- und Sekundärliteratur sowie zu den Quellen der Lautobjekte systematisch organisiert sein sollte.

Seine „Lautbücherei“,[200] in der Benutzern der Staatsbibliothek in Einzelräumen nicht nur der Gebrauch der Lautplatten angeboten, sondern auch der Zugang zu begleitenden Texten und einschlägiger Literatur anempfohlen werden sollte, um die „etwa 215 Sprachen umfassenden Sprech- und Musikplatten mit den dazugehörigen Texten“[201] zu studieren, bezieht akustische Quellen und Archivalien in die Struktur kultureller Wissensordnungen diskursiv mit ein.

Gleichsam sollte für alle diejenigen, die an den Lautaufnahmen aus didaktischen Gründen interessiert waren, eine universale Auskunftsstelle für die Belange des phonetischen Forschens und Lehrens installiert werden. Anders als im Phonogramm-Archiv konnten also die akustischen Archivalien und Quellen medial in Umlauf gebracht werden und sollten konstitutiver Bestandteil eines Lehr- und Bildungsplans werden. Sogar der kommerzielle Vertrieb wurde angestrebt. Doegen ging es vor allem auch um einen die Lautplatte berücksichtigenden Lehr- und Schulplan:

> „Die Abteilung dient nicht nur der Forschung; sie bedeutet zugleich, da sie von den Originalplatten nach Belieben Kopien anfertigen kann, ein unschätzbares Hilfsmittel für den Hochschul- und Sprachunterricht an Anstalten […] für den Sprachunterricht an allen höheren und mittleren Bildungsanstalten des In- und Auslandes.“[202]

199 Ebd., S. 258.
200 Ebd., S. 258.
201 Ebd., S. 258.
202 Ebd., S. 254.

Außerdem, so Doegen, würde die Abteilung „für das Inland wichtiges lautliches und bildliches Anschauungsmaterial" liefern, „das in der deutschen Heimat Interesse und Verständnis für das Ausland und Auslandsstudium wecken und fördern"[203] sollte. So sind unter seinem Direktorat nicht nur „die Musik und Laute der verschiedenartigsten Erdenvölker festzuhalten",[204] die dem musikwissenschaftlichen Studium zur Verfügung gestellt werden sollten, sondern auch aus „zunächst rein wissenschaftlichen Zwecken"[205] europäische wie außereuropäische Sprachaufnahmen zu tätigen, die dem Sprachstudium an den Universitäten und allgemein im Sprachunterricht dienen sollten. Als Unterrichtsmaterial verwendet, würde schließlich eine neue Generation mit dem „Hilfsmittel" der Wissenschaft Sprachen und Aussprachen lernen können.

Doegens Pläne für eine Schallplatten-„Mediathek" waren zu diesem Zeitpunkt einmalig. Die Einrichtung einer an die Ordnung der Bibliothek angelehnte Mediennutzung der Schallträger ermöglicht ja die Grundlage für eine mediale Zirkulation der Spracherwerbslehrinhalte. Die medialen Wissensträger sind gespeichert und abrufbereit.

Die Aufnahmen Doegens sind jedoch jenseits didaktischer Fragezusammenhänge nicht Teil kollektiv-kultureller Erfahrungswelten. Ganz im Gegenteil. Es darf davon ausgegangen werden, dass sie ausschließlich den an das Institut assoziierten Sprachforschern bekannt waren. Über die Nutzungsdaten der Plattenaufnahmen ist nichts weiter bekannt.

Für eine öffentliche Nutzung der Datenträger – so muss geschlussfolgert werden – war ihr Inhalt viel zu speziell und schließlich auch ein Produkt anderer Kulturen und Regionen. Sie sind also ihrem eigenen kulturellen Mechanismus und den Prozessen der Wiederholbarkeit entrissen, indem die Erzählungen, Anekdoten oder Gedichte ihrem kulturellen und rituellen Kontext enthoben sind. Dieser Zusammenhang ist bereits oben am Beispiel der Aufnahmen des Berliner Phonogramm-Archivs beschrieben worden. Im Falle von Doegens Entwurf kommt noch ein anderer Aspekt für die Diskussion um den Wert seiner Tonquellen für eine sich konstituierende Medienordnung des Akustischen hinzu. Doegens konkrete Planungen zum Aufbau eines institutionell an die Bibliothek angeschlossenen Lautarchivs verfügten über die klassischen Parameter eines akustischen Speichergedächtnisses, indem in ihm ein Grundstock an erschlossenen Quellen verfügbar gehalten wird. Auch Assmanns Konzept eines Funktionsgedächtnisses ließe sich grundsätzlich auf diese Struktur übertragen, denn die akustischen Tonquellen beabsichtigte Doegen in einen sowohl wissenschaftlichen als auch schulischen Kontext zu stellen. Sofern Doegens Vision, die Aufnahmen im Schulunterricht als festen Bestandteil des Curriculums aufzunehmen,

203 Ebd.
204 Ebd., S. 253.
205 Ebd., S. 253.

Realität geworden wäre, wäre das akustische Sprachlernspiel als didaktisches Konzept sicherlich bekannter geworden.

Dasjenige, was Doegen hier in eine Archivordnung überführt, liegt jedoch außerhalb eines spezifisch gebildeten Bedeutungszusammenhangs kultureller Gedächtnisordnungen. Vielmehr handelt es sich hierbei um ein implizites Wissen, das sich formal über das akustische Medium vermittelt. Der Einsatz der Platte für Bildungsprozesse kann dabei als ein Urmuster einer frühen Mediathek interpretiert werden. So handelt es sich bei seiner Institution um eine „Lautbibliothek" (oder Mediathek), die einen Fundus für Bildung und Forschung bereithält, auf das innerhalb der Bildungsinstitutionen (auch käuflich)[206] zugegriffen werden kann.

Aus einer Beilage zur Publikation „Lieder der Völker" von Fritz Bose aus dem Jahre 1935, die als einzige eine Bestandsliste der Musikplatten des Lautarchives enthält und auch die einzige Publikation dieser Art geblieben ist, gehen die Bedingungen für die Benutzung der Lautplatten hervor:

> „Die Schallplattensammlung des Instituts für Lautforschung steht zur Benutzung in den Räumen des Institutes jedermann zur Verfügung. Eine Ausleihung von Schallplatten findet auf keinen Fall statt. Dagegen sind die in diesem Katalog verzeichneten Schallplatten käuflich erhältlich."[207]

An dieser Verkaufspolitik zeigt sich, dass Doegen selbst die Verbreitung seines mühsam gewonnenen Materials grundsätzlich nicht den Plattenfirmen überlassen wollte und als Käufer vorrangig Bildungsinstitutionen im Sinn hatte. „Die Abgabe der Platten erfolgt nur für Forschungs- und Sammlungszwecke."[208] Außerdem wollte er offenbar in Kenntnis darüber sein, wer zu welchem Zwecke seine Aufnahmen verwendete. So setzte er nicht nur auf die Benutzung der Platten in Forschung und Lehre, sondern sah auch einer möglichen Verwendung im Rundfunk entgegen. Wurden die Platten „zu gewerblichen Zwecken, ihre Vorführung in öffentlichen Vorträgen und im Rundfunk und die Veröffentlichung der von den Platten aufgezeichneten Melodien und Texte" benutzt, musste eine solche Anfrage schriftlich beantragt und vom Institut für Lautforschung genehmigt werden.[209]

Obwohl Doegens Verbreitungskonzepte für diese Zeit als besonders innovativ gelten dürfen, kam es nicht zu dem gewünschten Erfolg. Nachdem er von dem Afrikanisten Diedrich Westermann im Jahre 1932 als Direktor abgelöst worden war, kam es zu einer inhaltlichen Neuausrichtung des Lautarchivs. Von nun

---

206 Vgl. Ziegler (2000): Die akustischen Sammlungen, S. 205.

207 Bose, Fritz (1935): *Lieder der Völker – die Musikplatten des Institutes für Lautforschung an der Universität Berlin.* Staatliche Museen zu Berlin – Preußischer Kulturbesitz, Ethnologisches Museum. Berlin, zitiert nach: Ziegler (2000): Die akustischen Sammlungen, S. 205.

208 Ebd.

209 Vgl. ebd.

an sollte aus der Lautbibliothek eine Forschungsinstitution werden. Doegens Pläne, seine Aufnahmen gleichermaßen in Bildung, Forschung und Öffentlichkeit bekannt zu machen, konnte er nicht weiter verfolgen. Das Archiv wurde durch Westermann vollständig neu aufgestellt und sollte sich von nun an insgesamt von der geistigen und inhaltlichen Nähe zur Programmatik des Phonogramm-Archivs abgrenzen.

Die Diskussionen darüber, wie das Archiv zukünftig ausgerichtet werden sollte, wurden sogar öffentlich geführt. Anlass dafür war u.a. die Publikation eines von Fritz Bose (der bei Hornbostel und Stumpf zum Thema der Walzenaufnahmen in Südafrika promoviert[210] hatte) im Jahre 1935 herausgegebenen Katalogs. Darin wurden alle im Institut vorhandenen Lautplatten veröffentlicht.[211] Eine Rezension des Kataloges führte anschließend zu der Kontroverse. Bose und auch Schünemann beteiligten sich an dieser Diskussion und gaben vor, unter dem neuen Direktorat das „Institut für Lautforschung" vom Phonogramm-Archiv programmatisch abgrenzen zu müssen. Bose, der im Jahre 1933 das neue Institut für Lautforschung nicht als Archiv, sondern als „Lehr- und Forschungsstätte" [212] beschrieb, forderte wie Schünemann, dass es in den Archiven nicht zur „Doppelarbeit"[213] kommen sollte. Hatte sich das Archiv auch bereits in den 1920er Jahren in der Praxis der akustischen und phonetischen Erforschung der europäischen Volkskultur gewidmet, sollte dies nach Meinung von Westermann und Bose auch zum inhaltlich-thematischen Distinktionsmerkmal des Lautarchives erhoben werden. Doegens Visionen, eine Mediathek der Platten zu etablieren, waren damit vom Tisch. Doegen wurden in der Folge Unregelmäßigkeiten in der Buchführung vorgeworfen.[214]

Wegen eines angeblichen Disziplinarverfahrens wurde er schließlich als Direktor und Leiter der Sammlung entlassen. Zunächst beurlaubt, nahm er am 1. Oktober 1931 seine Arbeit wieder auf, jedoch übernahm der Verwaltungsdirektor der Universität die Bewirtschaftung des Lautarchiv-Haushalts. Das vom NS-Regime erlassene Gesetz zur „Wiederherstellung des Berufsbeamtentums" führte zu seiner endgültigen Entlassung.

Westermann berichtete über Doegens Tätigkeit bis zum Jahre 1933 in einem Brief an den Ministerialrat (und späteren SA-Sturmbannführer) Joachim Haupt vom Reichsministerium für Wissenschaft, Kunst und Volksbildung: „[A]uf Einladung fremder Regierungen oder wissenschaftlicher Institute" hin seien im Aus-

---

210 Vgl. BOSE, Fritz (1934): „Musik der Uitoto", in: *Zeitschrift für Vergleichende Musikwissenschaft*, Jg. 2, Nr. 1, S. I 1-14; II 25-50. Vgl. dazu: ZIEGLER (2000): Die akustischen Sammlungen, S. 204.

211 Vgl. BOSE (1935): Lieder der Völker. Vgl. dazu: ZIEGLER (2000): Die akustischen Sammlungen, S. 204.

212 BOSE, Fritz (1936): „Systematische Musikwissenschaft. Musikwissenschaft im Institut für Lautforschung", in: *Archiv für Musikforschung*, Jg. 18, S. 487-490, hier: S. 488.

213 Ebd., S. 490.

214 Vgl.: KOSSAK (1971): Findbuch Institut für Lautforschung, S. 13.

land Aufnahmen gemacht worden und zwar in Irland, Schweiz, Italien, Tschechoslowakei, Lettland und Finnland. Gegenwärtig arbeite die Abteilung zudem an folgenden Sprachen: Georgisch, Russisch, Wendisch, oberschlesische Mundarten, Mecklenburgisch, Pommersch, Holländisch, Ossetisch, Türkisch, Berber und Ukrainisch. Außerdem gebe es eine „schon eingeleitete Arbeitsgemeinschaft mit dem Deutschen Sprachatlas (Marburg) und der Schweizer Gruppe für Dialektforschung".[215] Diese Berichterstattung diente dazu, die Arbeit im Archiv auch politisch zu legitimieren und in der Weise weiterzuführen.

Schließlich beantragte Westermann, die ehemalige Lautabteilung in ein „Institut für Lautforschung" an der Universität Berlin umzuwandeln.[216] Ab 1935 entstanden Abteilungen für Linguistik, Musik und ein Phonetisches Laboratorium, denen ein Fachwissenschaftler zugeordnet war. „In dieser Form bestand das Archiv bis 1944."[217]

Nach dem Abgang Doegens übernahm der Afrikanist und Phonetiker Diedrich Westermann die Leitung der Lautabteilung. Das phonetische Interesse Westermanns führte dazu, dass das Lautarchiv schließlich zur Lehr- und Forschungsstätte für Phonetik ausgebaut wurde.

In der DDR-Zeit kam es später zu „Umstrukturierungen", währenddessen das Lautarchiv im Kontext der II. Hochschulreform 1969 seine Selbständigkeit verlor und als „Abteilung Phonetik/Sprechwissenschaft" in die Sektion „Rehabilitationspädagogik und Kommunikationswissenschaft" eingegliedert wurde. In den 1970er Jahren sorgte der Musikethnologe Jürgen Elsner dafür, dass die Sammlung im Ost-Berliner Musikwissenschaftlichen Institut (im Gebäude Am Kupfergraben 5) „in abschließbaren Räumen sicher verwahrt werden konnte".[218] Erst im Jahre 1996 wurde von Dieter Mehnert zusammenfassend über die Aktivitäten im Lautarchiv berichtet.[219]

3.3.4 Die Darmstädter Stimmensammlung

Besonders bemerkenswert in der Sammlung der Lautabteilung ist die so genannte „Darmstädter Stimmensammlung", an der Doegen bereits seit 1917 arbeitete. Finanziell vom Chemiker und Wissenschaftsmäzen Ludwig Darmstädter getragen, der sich mit der Sammlung zahlreicher Autographen bekannter

215 Ebd.

216 Vgl. dazu die Quelle UA HUB 903, Bl. 33-6 K.

217 Mahrenholz (2000): Stimmen der Völker, S. 9.

218 Ebd., S. 10.

219 Mehnert, Dieter (1996): „Historische Schallaufnahmen – Das Lautarchiv an der Humboldt-Universität zu Berlin", in ders. (Hg.): *Elektronische Sprachsignalverarbeitung*. Tagungsband der 7. Konferenz, Berlin, 25.-27. November 1996, HU Berlin, S. 28-45.

Persönlichkeiten an der Berliner Universität einen Namen gemacht hatte, war der Zweck der Stimmensammlung laut Schenkungsvertrag:

„Stimmen von solchen Persönlichkeiten aufzubewahren, an deren Erhaltung für die Nachwelt ein historisches Interesse vorliegt."[220] Ebenso wie schon im Wiener Phonogramm-Archiv sollten Aufnahmen von Personen wie Politikern, Wissenschaftlern und Künstlern entstehen.[221]

Doegen war bereits vor der Gründung des Archivs mit einem Teil der Sammlung betraut gewesen, nämlich als Darmstädter 1907 die Sammlung der „Königlichen Bibliothek zu Berlin" geschenkt hatte. Zu diesem Zeitpunkt verfügte seine Sammlung über einen Bestand von 23.000 Schriftstücken und 9.000 Namen vom ausgehenden 15. Jahrhundert bis zum Jahre 1900. Bemerkenswert ist, dass Doegen schließlich diese Sammlung von Autographen, Manuskripten, Tagebüchern und Kollegheften um eine akustische Sammlung ergänzte.

Als die Sammlung, die er zunächst relativ frei anlegen konnte, an die Lautabteilung übertragen wurde, musste Doegen von nun an die Aufnahmetätigkeit mit der Kommission abstimmen. Versehen mit der Signatur „Aut" (= Autophon) wurde als erste Aufnahme die Rede Kaiser Wilhelm II. im Schloss Bellevue nachträglich am 10. August 1918 aufgenommen, die er Jahre zuvor zu Beginn des Ersten Weltkrieges im August 1914 gehalten hatte.

> „Hier wird bereits ein Kennzeichen der Stimmporträts deutlich, denn bei diesen Aufnahmen handelt es sich ausnahmslos um nachgesprochene Passagen aus Reden und Vorträgen. Die zeitliche Differenz zwischen gehaltener Rede und Aufnahme reichte von nur wenigen Tagen bis zu 4 Jahren."[222]

Wie schon im Phonogramm-Archiv in Wien waren auch in Berlin viele Jahre später die Sprechtexte für die Protagonisten der Stimmenaufnahmen vorgegeben. Ein signifikanter Unterschied bildet dabei allerdings das Interesse Doegens an bereits öffentlich gehaltenen Reden, die in einem Zeitraum von vier Jahren nach dem Ereignis des öffentlichen Vortrags noch einmal ohne Publikum (bis auf die Aufnehmenden und einige wenige Vertraute) eingesprochen wurden. Während man in Wien beispielsweise Kaiser Franz Josef einen Text sprechen ließ, der auf das Einsprechen in den Phonographen hin verfasst war, war für Doegen das historische Ereignis mindestens ebenso wichtig wie die stimmliche Performance der „hervorragenden Persönlichkeiten".[223] So war Doegen davon überzeugt, dass das für die Geschichtsschreibung wichtige Ereignis auch von phonetischem und inhaltlichem Interesse sei, also der Sound des Ereignis-Textes in der Zukunft relevant werden würde. Die Reden, die Doegen einsprechen

220 Geheimes Staatsarchiv – Preußischer Kulturbesitz, Aktennummer 250, Bd. 1, Dokumente 3 und 4, Vertrag vom 17.3.1917, zitiert nach: MAHRENHOLZ (2000): Stimmen der Völker, S. 7.

221 Vgl. ebd.

222 Ebd., S. 8.

223 LECHLEITNER (1999): Zu den Stimmportraits, S. 21.

ließ, sind an ein mehr oder weniger historisch bedeutsam gewordenes Ereignis geknüpft oder sind selbst Ereignis im Kontext seiner historischen Strukturen.

Die Dankesrede an die Nationalversammlung (nach der Vereidigung zum Reichspräsidenten) von Friedrich Ebert zum Beispiel gehörte dazu. Gehalten am 21. August 1919 (Aut. 39), wurde die Rede von Ebert am 5. Dezember 1920 noch einmal in den Trichter gesprochen.[224] Dies gilt auch für die Dankesrede des preußischen Generalfeldmarschalls (seit 1914) und Reichspräsidenten (seit 1925) Paul von Hindenburg (Aut 4), gerichtet an die Truppen nach der Schlacht bei Tannenberg und aufgenommen von Doegen im Großen Hauptquartier am 17.10.1917.[225]

Herausragend an dieser Aufnahmetätigkeit ist der Umstand, dass Doegen eine so umfangreiche und akribisch aufgebaute Sammlung, die zunächst die persönliche Signatur in der Schrift zum Gegenstand hatte, um eine akustische Dimension ergänzte. Auch die menschliche Stimme wurde durch diese ergänzende Aufnahmetätigkeit Doegens, die von Darmstädter finanziell mitgetragen wurde, in den Rang einer Sammeltätigkeit erhoben, die nach selbst geschriebenen „Unterschriften" unter einem von einem berühmten Autor oder Komponisten verfassten Werk sucht. Der selbstgesprochene Text erscheint in diesem epistemologischen Sammlungsinteresse dem Charakter einer Signatur zu entsprechen, die dem „Sound" der Rede nachspürt.

Grundsätzlich ist es so, dass die Autographen in Archiven und Bibliotheken unterschiedlich verwahrt werden. In Archiven werden eigenhändige Schriftstücke wie Briefe, Anordnungen (etwa von Staatsverwaltungen und Königen) innerhalb des angelegten Aktenzusammenhangs aufbewahrt. Sie werden nicht aus diesem Zusammenhang gelöst und gesondert erschlossen. Die Bibliotheken gelten hingegen als Nachlassverwalter und behandeln Autographen auch entsprechend von Verwaltungsangelegenheiten getrennt, nicht zuletzt, da ihnen diese Akten gar nicht zur Verfügung stehen. Diese, so könnte man sagen, Phono-Autogramme sind von Doegen eben nicht als Teil eines archivarischen Zusammenhangs betrachtet worden, sondern die gesprochene Rede selbst ist die überlieferte Rede-Komposition, die ihren Wert durch das gesprochene Wort erfährt, als eine akustische Unterschrift des Sprechers: als seine akustische Signatur.

---

224 Vgl.: Ebert, Friedrich (1919): „Rede in der Nationalversammlung zu Weimar am 21.8.1919", Datenkarte online verfügbar auf der Website der Sammlungen an der HU Berlin: http://www.sammlungen.hu-berlin.de/dokumente/225, zuletzt abgerufen am 5.1.2015.

225 Weitere Beispiele für solche nachträglich aufgezeichneten Reden sind zum Beispiel die von Adolf von Harnack (Aut 2), Alexander von Linsingen (Aut 31/1), Alexander Wulff (Aut 43), Alfred P. von Tirpitz (Aut 13), Bernhard von Bülow (Aut 14), Carl Linde (Aut 28), Carl Severing (Aut 74) und Wilhelm Wundt (Aut 22) gehaltenen Reden; siehe Redenverzeichnis auf der Internetseite der Sammlungen an der der HU Berlin, http://www.sammlungen.hu-berlin.de/schlagworte/10828/dokumente, zuletzt abgerufen am 5.1.2015.

Dass Doegen den Wert seiner Platten offenbar selbst sehr hoch einschätzte, lässt sich an der Tatsache ablesen, dass ein großer Teil der Platten heute nicht mehr im Bestand des Lautarchives auffindbar ist. Es wird davon ausgegangen, dass Doegen bei seiner Entlassung einige Platten entwendet hat. Betrachtet man heute die historisch wertvolle Sammlung, fällt auf, dass gerade die Reden, die auch noch heute von kulturellem Wert wären, als Verlust gemeldet sind.[226] Dieser Tatbestand erinnert an die seit dem 16. Jahrhundert übliche Praxis, Autographen berühmter Persönlichkeiten aus ihrem ursprünglichen Verwendungszusammenhang herauszulösen, indem einzelne Blätter entfernt oder herausgeschnitten wurden.[227]

Doegens Sammel- und Aufnahmetätigkeit war demnach auch im Umgang mit der Phono-Autogramm-Sammlung durchaus immer auch an die Bibliothekspraxis genealogisch angeschlossen. Grundsätzlich dachte er akustische Aufnahmen im Zusammenhang mit bibliothekarischer Nutzung. Die akustische Verlautbarung eines Sprechers hatte je nach hierarchischem Stand innerhalb des europäischen Denksystems offenbar für ihn den Wert eines Signifikanten. Für die Aufnahmen mit den Kriegsgefangenen wird die Verlautbarung in ein System der europäischen Signifikanzen hineingedacht und dafür benutzt.

3.4 Kulturelles Gedächtnis und die Ordnung der akustischen Aufnahmen im Lautarchiv

So lassen sich vor dem Hintergrund der obigen Beschreibungen drei wesentliche Sammlungsstrategien feststellen.

Erstens wurden die Stimmen Kriegsgefangener aufgenommen. Da neben den Soldaten aus Kolonialgebieten zum Teil auch Gegner aus Europa in den Gefangenenlagern einsaßen, wurden auch europäische Dialekte und Sprachen mittels der von Doegen entwickelten Grammophonapparatur in den Bestand mit aufgenommen und sollten einer öffentlichen Ordnung und Nutzung zugeführt werden, indem sie beispielsweise für den Sprachunterricht verwendet werden sollten.

Zweitens ist eine historisch wertvolle Sammlung berühmter Stimmen angefertigt worden, deren Bestand bis heute jedoch wegen etlicher Verlustmeldungen nicht mehr vollständig ist, und drittens hatte sich das Lautarchiv zu einer Forschungsstätte an der Berliner Universität weiterentwickelt. Doegens phone-

226 So auch MAHRENHOLZ (2000): Stimmen der Völker, S. 10.

227 Vgl. KÖNIG, Christoph/SEIFERT, Siegfried (Hg., 1992): *Literaturarchiv und Literaturforschung*. München; und CORRÊA DO LAGO, Pedro (2005): *Schriftstücke – Autographen aus sieben Jahrhunderten*. Hildesheim.

tische Forschungen legten dabei den Grundstein für die Herausbildung und Operationalisierung eines dezidiert phonetischen Interesses an den Sprachen.

Es lassen sich also gleich mehrere medientechnische Beobachtungen machen: Wie auch der Phonograph ist die von Doegen verwendete Grammaphonapparatur als ein Mediendispositiv zu betrachten, das ganz bestimmte Aussagesysteme hervorbringt. Der medientechnische Apparat hat eine medienarchäologische Funktion, die das Archiv und mit ihm seine Aussagesysteme produziert.

Für das Berliner Phonogramm-Archiv gilt: Die örtliche Präsenz der Aufnahme- und Speicherapparatur entscheidet über den Zeitpunkt der Aufnahme, nicht jedoch über das Auftreten eines Ereignisses, das – sofern es sich um rituelle Handlungskontexte handelt – zu einem vorgegebenen Zeitpunkt stattfindet. Ist der Phonograph an einen „exotischen“ Ort gelangt, wurden die Gewährsmänner sorgsam ausgewählt, um sie Auszüge aus für sie kulturell bedeutsamen „Inhalten“ sprechen zu lassen. Diese Inhalte sind in der Regel Teil eines größeren zeremoniellen Zusammenhanges, aus dem ein typisches, einem Funktions- bzw. Gebrauchskontext entsprungenes Musikstück herausgelöst wurde.

Im Falle der Aufnahmen in den Kriegsgefangenenlagern kam noch ein weiterer inszenatorischer Aspekt hinzu, nämlich nicht nur die Verschiebung der an den Ritus oder Gebrauchskontext gebundenen Zeitdimension, sondern die Aufhebung der Raumgebundenheit einer rituellen oder kommunikativen Handlung.

Wie schon im Wiener und auch im Berliner Phonogramm-Archiv sind Aufnahmen produziert worden, ohne dass eine Möglichkeit bestand das Material zu schneiden. Die Speicherkapazität sowohl der Grammophonplatten als auch der Wachswalzen war beschränkt. Aus diesem Grunde wurden die einzusprechenden Inhalte vor der Aufnahme niedergeschrieben und anschließend in den Trichter gesprochen. Auch die Aufnahmen auf Platte in den Gefangenenlagern und im Lautarchiv in Berlin wurden auf diese Weise realisiert. „Bevor der Vortragende auf die Platte sprach, wurde das zu Sagende niedergeschrieben, geprobt und dann vom Sprecher auswendig in den Aufnahmetrichter gesprochen oder davor abgelesen“,[228] schreibt Lange über die Aufnahmepraxis der Berliner Phonographischen Kommission. Dieses Verfahren sollte die Identität des vorgegebenen Textes und dessen akustische Realisierung sichern.

> „Während der eigentlichen Tonaufnahme notierten die beteiligten Wissenschaftler eventuelle Abweichungen vom geschriebenen Text, registrierten Pausen, Versprecher, Auslassungen und ungeplante Ausrufe, Sätze und Informationen. Waren die Sprecher des Lesens nicht mächtig, sagten die Wissenschaftler die zu sprechenden Worte oder Sätze im Hintergrund vor. Ihre Stimmen sind in einigen

228 LANGE (2012): Was wir hören, S. 64.

> Aufnahmen zwischen den laut nachgesprochenen Worten der Gefangenen zu hören."[229]

Der Wissenschaftler gab z.B. unter Berücksichtigung eines zuvor verfassten Textes vor, was ein der deutschen Schrift und Sprache nicht mächtiger Inder oder Afrikaner akustisch hinterlassen sollte und musste. Der Feldforscher soufflierte also seinem „Objekt" den zu sprechenden Inhalt. So ist der Wissenschaftler also nicht nur Autor, sondern auch Regisseur dieser Wissensinszenierungen.[230] Das, was den nicht-europäischen Kriegsgefangenen an sprachlichen und musikalischen Äußerungen entlockt wurde, ist von der europäisch-deutschen Sprach- und Sprechwirklichkeit entkoppelt. Die menschliche Stimme wurde ihrer (für die deutschen Wissenschaftler fremden) Kultur entrissen und zu einem Exponat deutscher Wissensgeschichte objektiviert.

Der Wissenschaftler als Souffleur und Regisseur zugleich[231] bildet aus dem, was der jeweilige Kriegsgefangene sagt, eine kulturelle Realität, die er selbst abgebildet wissen will. Der Wissenschaftler ist so der Konstrukteur dessen, was pars pro toto als Abbild für die fremde Kultur mit dem europäischen System als Maßstab überliefert sein soll. Er trifft die Auswahl nach seinen Kriterien, und so werden sicherlich – dies müsste in einer anderen Abhandlung noch zu klären sein – Stereotype hergestellt oder zumindest aus dem Forschungskontext für wichtig erachtete Sichtweisen und Fragehorizonte als Matrix des Sagbaren im wahrsten Sinne des Wortes konstruiert. Die Menschen, die in den Gefangenenlagern oder auch in den Kolonien und Schutzgebieten aufgenommen wurden, hatten keine eigene Stimme, keine Sprache, um sich der Wirklichkeit der Wissenschaft mitzuteilen. Das „Fremde" wird hier nicht als Subjekt, sondern als Objekt außerhalb sozialer Objektivationen der deutschen Wissenschaft aufgebaut. Das fremde Objekt hat zwar eine Stimme seiner Subjektivität, die aber objektiv nicht anerkannt ist und deshalb nicht gehört werden kann.[232] Wie paradox dies vor dem Hintergrund der akustischen Speicherung dieser Stimmen wirkt, zeigt sich vor allem in der Aufarbeitung der Archivbestände, im Zuge derer heute im Phonogramm-Archiv beispielsweise einige Aufnahmen erstmals in den Status einer Übersetzung überführt wurden.[233]

Dazu ein Beispiel: Sadak Ber-resid, vermutlich ein Soldat aus den nordafrikanischen Truppen der französischen Kolonien, die aus Algerien, Tunesien und Marokko rekrutiert wurden, sang in die Lautplatte PK 257 ein „dreistufiges tunesisches Kriegslied" in „tunesischem Arabisch aus Monastir". Die von Doegen später distribuierte Platte enthält keinen Kommentar zu seinem Aufenthalt im

229 Ebd., S. 65.
230 Vgl. ebd.
231 Vgl. ebd.
232 Vgl. ebd.
233 Vgl. ebd.

Kriegsgefangenenlager Wünsdorf. Am 30. Mai 1916 um „1 Uhr 15 Min." sang Sadak Ber-resid in den Trichter:

> „1. Eine sonderbare Kunde kam zu uns im Ramadan
> Und mit ihrem Gerede machten sie uns wirr.
> Sie zogen Papiere und Schreibrohre hervor
> Und riefen und nahmen auf.
> Sie schleppten uns bis zu den Deutschen,
> Und ließen uns durch deren Blei verwundet werden.
> Wenn Gott uns Kraft geben wollte,
> Fragten wir nicht nach der Regierung.
> 2. Ich wurde zwischen zwei Bergen verwundet
> Und begann zu weinen und zu klagen.
> Mein Blut floß in Strömen,
> Mein ganzer Körper war besudelt.
> Ich freute mich, daß mich die Deutschen fortholten,
> Und ich dachte, ich käme nun nach Hause.
> Sie schlossen mich aber mit Schlössern ein, -
> Nun sitze ich verlassen hier!
> 3. In Belgien haben sie mich gequält,
> Und die Ärzte haben mir bös zugesetzt.
> Sie wollten mir den Fuß amputieren, -
> Sogar der Arzt gab mich auf.
> Mein Blut fließt in Strömen, -
> O mein Gott, hilf mir!"[234]

Die Platte wurde veröffentlicht, obwohl sie kritische Äußerungen zur deutschen Kriegführung enthielt. Da die Angabe über seinen Aufenthalt im Kriegsgefangenenlager fehlt, galt das von Sadak Ber-resid erst gesungene, dann gesprochene dreistrophige „Kriegslied", das er – wie im Protokoll angegeben „selber gedichtet"[235] hat – offenbar als unproblematisch.

So stellt Lange fest, dass es eben diese Spannung zwischen Subjektivität und Objektivation sei, die aus diesen Aufnahmen ein „vielfach reproduziertes und kommerzialisiertes Sprachlernspiel" gemacht habe und als solches deklariert und verkauft wurde.[236]

Ein zweites Beispiel, aufgenommen von Hans Stumme,[237] der maßgeblich an der Begründung und Etablierung der Afrikanistik beteiligt war und als „sehr be-

234 Ebd., S. 72f.

235 Ebd.

236 Ebd.

237 Hans Stumme (1864-1936) war maßgeblich an der Etablierung und Begründung der Afrikanistik beteiligt. So steht im Jahre 1979 in der „Wissenschaftlichen Zeitschrift der Karl-Marx-Universität Leipzig" über Stumme geschrieben, dass er als „gutgestellter Bürgermeistersohn aus Mittweida" gegolten habe, der „durch sein sympathisches und gütiges Wesen beeindruckte". Zu Stumme heißt es weiter: „Seine wissenschaftliche Stärke lag in der phonetisch getreuen Niederschrift gehörter Texte und in deren Auswertung für die deskriptive Gramma-

gabter Orientalist" galt, zeigt den Umgang mit Kriegsgefangenen wie Jámafádas, dessen Aussprache „[v]on ausgezeichneter Deutlichkeit" gewesen sei, so Hans Stumme über die Aufnahme PK 257 mit Jámafádas.

Im Falle des Jámafádas, dessen Aufnahme mit großer Wahrscheinlichkeit nur Carl Meinhof und diejenigen, die an der Aufnahme beteiligt waren, hörten,[238] wurde das Gesprochene schriftlich festgehalten. Jámafádas klagt in der Aufnahme einerseits über seine Kriegserfahrungen mit den Deutschen. Jámafádas sprach in den Grammophontrichter: „Sie schleppten uns bis zu den Deutschen/ Und ließen uns durch deren Blei verwundet werden."[239] Andererseits sprach er Vokabeln und Satzbauformen seiner Muttersprache in den Trichter. Weniger interessierten Stumme und Meinhof dabei seine Schilderungen inhaltlicher Art, als dass sie sich vielmehr für seine klare Aussprache begeisterten. Aus dem Kontext herausgelöst, wurden seine „Sprachbeispiele" als Sprachlernspiele publiziert und als exemplarisches Beispiel für „tunesisches Arabisch"[240] herausgegeben.

Die Objektivationen der Sprachwissenschaft beschneiden den Sprechenden darin, seiner Stimme Persönlichkeit zu verleihen, nämlich diejenige des geschundenen und kolonisierten Kriegsgefangenen. Phonetische Forschung wird hier zu einer Wissenschaftsauffassung, die Sprachzeugnisse unter ihre Begriffe subsumiert und einer neuen wissenschaftlichen Lernmethode untergeordnet wird, deren Hilfsmittel beim Erlernen der Sprache akustische sind.

Die akustische Aufnahme, wie sie in den Wissenschaften produziert und bei Doegen das erste Mal kulturell verfügbar und kommerziell verbreitet wurde, arbeitet mit strukturellen Stereotypen und Typisierungen, die nicht aus der Sprache des Sprechers selbst generiert sind. Sie bilden den Ausgangspunkt einer neuen Wissenschaft, die sich in gewisser Weise selbst produziert.

Eingesetzt für einen multimedialen Sprachunterricht, herausgegeben von der Lautabteilung der Berliner Staatsbibliothek, zeigen diese neuen Befunde, die aus den erneuten Übersetzungen der Platten hervorgegangen sind, den Afrikanisten als Kolonialherren auf dem deutschen Boden, der für die Begründung einer neuen Wissenschaft der Afrikanistik seinen Gegenstand der Alterität sich selbst stereotyp souffliert.

---

tik. Neben der Beschäftigung mit subsaharischen afrikanischen Sprachen und dem Türkischen machte sich der Weitgereiste besonders mit seinen Arbeiten zu den arabischen Dialekten und dem Berberischen verdient. [...] Neuartig war auch Stummes Bemühen, nichtorientalische Kreise unter den Philologen anzusprechen, indem er mehrfach über die arabischen, persischen und türkischen Fremdwörter im Deutschen und in den romanischen Sprachen las." Siehe: Brauner, Siegmund (1979): „Die Entwicklung der Afrikanistik an der Universität Leipzig. Progressive Traditionen der Orientalistik in Leipzig", in: *Wissenschaftliche Zeitschrift der Karl-Marx-Universität Leipzig*, Jg. 28, Heft 1, S. 131-144, S. 131ff.

238 Vgl. Lange (2012): Was wir hören, S. 73.

239 Ebd.

240 Vgl. ebd., S. 73.

4 Das Weimarer Radio: Vom Speichern zum Übertragen

Mit der Erfindung akustischer Übertragungstechniken ist nicht mehr, wie Jan Assmann in seiner Gedächtnisschrift voraussetzt, der Mensch das Medium, von dem ausgehend mündlich oder schriftlich kulturelles Wissen übertragen wird. In seiner Theorie bildete noch der Mensch die Scharnierstelle von kultureller Wissenssicherung und -tradierung.[1] Einerseits sind bei ihm Übertragungstechniken in Ritual, Gesang und Tanz durch den menschlichen Körper vermittelt, andererseits bilden sich curriculare, philologische, religiöse, also institutionelle Überlieferungstechniken, deren Repräsentanten kulturelles Wissen aus oralen Strukturen in die Schriftlichkeit übertragen.[2] Raum- und Zeitprozesse verschieben sich, indem mündliches Wissen (in Schrift übersetzt) kulturell materialisiert und externalisiert wird.

Die Parameter für eine anthropozentrisch gedachte Erinnerungsarbeit verschieben sich, wenn kulturelles Wissen medientechnisch gespeichert wird. Dieser Medienwechsel markiert einen signifikanten, medialen Umbruch. Erstens gilt dies für Speicherprozesse und Kulturtechniken des phonographischen und grammophonen Archivierens, zweitens bildet das medientechnische Übertragen eine wichtige Zäsur kultureller Erinnerungsarbeit. Mit dem neuen Medium Radio verschoben sich mediale Raum- und Zeitstrukturen nochmals von einem Speichern hin zum technischen Übertragen,[3] das jedoch selbst auch ein Tradie-

1 Tradition und Gedächtnis fallen bei Jan Assmann begrifflich zusammen, im Zusammenhang mit einer Kohärenzerfahrung, die Vergangenheit und Gegenwart aufeinander bezieht. „Gruppen ‚bewohnen' ihre Vergangenheit ebenso wie Individuen und formen daraus Elemente ihres Selbstbildes. Pokale, Urkunden und Medaillen schmücken die Clubräume eines Sportvereins ebenso wie das Vertico des einzelnen Sportlers, und es hat wenig Sinn, das eine ‚Tradition', das andere ‚Gedächtnis' zu nennen." Assmann (2007): Kulturelles Gedächtnis, S. 47. Vergangenheit ist dabei nicht „naturwüchsig", sondern immer eine „kulturelle Schöpfung". Vergangenheit wird aus der Perspektive der Gegenwart hergestellt und dient der Herstellung kultureller Identität. Vgl. ebd., S. 48.

2 Vgl. ebd., S. 99.

3 Mit Friedrich Kittler, der in „Grammophon – Film – Typewriter" für die technischen Medien und Archive des 20. Jahrhunderts proklamierte, sie kreuzten „einander in der Zeit, die keine Geschichte mehr ist", stellt Ernst fest, dass nun nicht mehr der Kalender die Wendepunkte der Geschichte einleite. Vgl. Ernst (2007): Das Gesetz des Gedächtnisses, S. 127.

ren ist. Dies gilt ganz besonders für die Frühgeschichte des Radios in Deutschland. Das Radio entwickelte einerseits eine neue Übertragungstechnik. Diese neue Technik konstituierte zugleich eine Medialität, die Wissen anders vermittelte als der menschliche Körper, die Stimme oder das Buch. Gleichsam knüpfte das Radio der Weimarer Republik jedoch dezidiert an alte Traditionen der Schriftlichkeit an. Da das Radio in Deutschland als „Kulturinstrument" eingeführt wurde und einem humanistischem Bildungsideal folgte, wurden gerade zu Beginn der Radiogeschichte repräsentative hochkulturelle Äußerungsformen aus Literatur, Kunst, Musik und Kultur verarbeitet und gesendet. Vor diesem Hintergrund wird also kulturelles Wissen tradiert, ohne zu speichern.

Wolfgang Ernst, der diesen Zusammenhang des speicherlosen Übertragens medientechnisch, medienarchäologisch begründet wissen will, geht unter technischen Kriterien davon aus, dass die Übertragung ein elektromagnetisches „Zwischenarchiv" aufbaut:

> „Als das im medienarchäologischen Sinne erste technische Medium, das auf trägerloser Elektrizität basiert, steht [das Radio] auch zunächst jenseits der Speicher-, also Trägermedien. Es wandelt und überträgt Ton und Klang, aber es speichert nicht; der medientechnische Kanal, die elektromagnetischen Wellen selbst sind damit das Zwischenarchiv."[4]

Ernst beschreibt das Tradieren als die Umwandlung symbolischen, musikalischen Wissens in einen elektromagnetischen Code, ein „Date", als ein neues „Gedächtnis", das sich nur technizistisch ereignet und beschreiben lässt.

Wenn nun mit Ernst nicht mehr die „speichergestützte Repräsentation von Kultur"[5] vorherrscht, sondern vielmehr das Übertragen und Berechnen von Signalen den körperlichen Speichervorgang ablöst, sind es nicht mehr die metaphorischen Archivlogiken der Bibliothek, des Museums oder des Staatsarchivs, sondern schaltungstechnische Logiken bzw. „operative Archäologien", die einer medienarchäologischen Datenpflege bedürfen.

Und weil die Inhalte der Übertragungsmedien aber eben nur „zwischengespeichert" seien, ließe sich von diesem Zwischenspeicher aus keine Historiographie mehr anstreben.[6] Vielmehr müsse eine Medienkultur, die sich zur „Übertragung" hin verschoben hat, von der Seite der „Ästhetik und Praxis der Übertragung"[7] her betrachtet werden.[8]

---

4 Ernst (2007): Das Gesetz des Gedächtnisses, S. 127.

5 Ebd.

6 Vgl. ebd.

7 Ebd.

8 Mit Rekurs auf den Historiker Pierre Nora, der in „Les lieux de mémoire" (1982ff.) vom „Transfer des Gedächtnisses" ausgeht, hebt Wolfgang Ernst hervor, dass „[a]n die Stelle von speichergestützter Repräsentation von Kultur [...] der Zug zur (Tele-)Kommunikation" und damit der Prozess des Übertragens tritt. Ebd., S. 12.

Ernst plädiert demnach eben nicht für historiographische Konzepte, auch nicht für das der „Posthistoire", sondern für die medienarchäologische Perspektive auf die Verschaltung der Aktivitäten Speichern, Berechnen und Übertragen, die „sich in einer optimierten Signalkodierung zugleich erschöpfen".[9] Auf diese Weise geht es ihm nicht um Erinnerungskonzepte, die sozial- und kulturanthropologisch ausgelegt sind, sondern um die „Gedächtnismacht auf der mikrophysischen Ebene der technischen Artefakte selbst".

Gerade für den Beginn des Rundfunks gilt, so wird angenommen, dass sich unter medienkulturgeschichtlichen Gesichtspunkten für die frühe Rundfunktechnik ein Zwischenarchiv ausbildet, das den Wechsel hin zu einer Ästhetik der medientechnischen Übertragung vorbereitet und konstituiert. Gemeint ist dabei jedoch nicht die „mikrophysische Ebene der technischen Artefakte", die es zu rekonstruieren gilt, sondern die Entstehung einer medienspezifischen Medialität und Ästhetik der Gattungen und Genres des Rundfunks, die sich überhaupt erst entwickeln und ausdifferenzieren. Daraus folgt eine neue Ordnung, die ein Gefüge der Speicherung und Übertragung und damit auch seiner medienkulturellen Erinnerung ermöglicht.

Ein so interpretiertes Zwischenarchiv der Übertragung bedingt selbst einen kulturellen und konzeptionellen Prozess, dem ganz im Gegensatz zu klassischen Archiven die Funktion zukommt, zum Beispiel schriftlich überlieferte Medieninhalte für die akustische Übertragung nutzbar zu machen. Die Inhalte, die sich intermedial verschieben, verschwinden dabei nicht einfach, werden unsichtbar oder gar gelöscht.

Kulturelles Wissen wird unter anderen (inter-)medialen Vorzeichen verfügbar gehalten und übermittelt, es zirkuliert in Kultur und unterliegt neuen Kodierungsprozessen, die von der Epistemologie des neuen Mediums Rundfunk ausgehen. Die Medialität ist folglich eine andere als die des Buches, des Theaters, der Oper oder des Tanzorchesters. Es entsteht jedoch auch neues.

Es schreiben sich in der Folge dieses Prozesses neue Formen und Inhalte vielmehr in kulturelle Ordnungsgefüge und -muster als gattungs- und genreformale Funktion programmatischer Operationen ein, wodurch eine neue medienkulturelle Ordnung akustischer Wissensformate generiert wird. Das Übertragen ist damit auch ein Tradieren, während neues hinzukommt.

Aus dem frühen medienkulturellen Übertragungsprozess sind Aussagensysteme entstanden, die die kulturelle Genese erster Radiogenres diskursiv bedingen. Unter einem Radiogenre wird eine sich entwickelnde Gruppe von Radiobeiträgen verstanden, die unter einem spezifischen Aspekt Gemeinsamkeiten aufweisen. Diese Gemeinsamkeiten zeigen sich in einer bestimmten Erzählform, einer spezifischen Atmosphäre oder durch ein spezifisches Handlungssujet, das verwendet wird. Üblich sind dabei auch die Rückbezüge auf bestimmte

9 Ebd.

historische und kulturelle Kontexte.[10] Geprägt sind die frühen Radiogenres von einem bildungsbürgerlichen Kulturdiskurs, von dem per se die Epistemologie des deutschen Rundfunkdispositivs stark geprägt worden ist. Für die Differenzierung früher Radiogenres spielte gerade der etablierte Kulturdiskurs eine zentrale Rolle.

So sind die neuen akustischen Medieninhalte verschaltet mit den arrivierten medienkulturellen Prozessen der Narration, der Codierung, der Speicherung und der Zirkulation der alten (Notations-)Medien. Das Radio aktiviert gleichzeitig die überlieferten „Daten" und überträgt sie medienspezifisch. Dieser Prozess ist medienkulturell also an „alte" Speicherinhalte und -praktiken gebunden. Gleichzeitig entsteht durch diesen Prozess etwas Neues. Dies gilt, so wird angenommen, insbesondere für das Weimarer Radio, das seit seiner Gründung als „Kulturinstrument" beschrieben worden ist und immer auch im Zusammenhang eines zeitgenössischen bildungsbürgerlich geprägten Kulturbegriffes betrachtet werden muss.

So lautet die zu überprüfende These, dass das Zwischenarchiv zweifach strukturiert ist: Erstens werden in ihm Inhalte aus der Kulturtradition des Bildungsbürgertums medienspezifisch übersetzt und übertragen. Zweitens entstehen durch die intermedialen Austauschprozesse Formate und Genres, die für das Radio stilbildend sind und weit über die Epoche der Weimarer Republik hinaus das Radio nachhaltig prägen sollten.

Es wird der Frage nachgegangen, wo und wie das „Übertragungswissen" jenseits der klassischen Speichertechnologien kulturelle Wissenshorizonte und Ordnungsmuster repräsentiert und neue Formen und Genres hervorgebracht hat, die genuinen akustischen Gattungsformen und -fragen folgen.

4.1 Die ersten Experimente mit der Übertragung: Hans Bredow als Radiopionier

Technik, Medium und Wissen sind konstitutiv aneinander gebunden und bilden neue epistemologische Wissensordnungen aus. Dieser Zusammenhang lässt sich durch die frühen telekommunikativen Experimente belegen, die schließlich die Entwicklung des Radios ermöglichten.

Als eine der Schlüsselfiguren für die Entwicklung des Radios gilt der Physiker Guglielmo Marconi. Er erfand mithilfe von Augusto Righi, mit dem er gemeinsam Hertz'sche Experimente nachbaute und der über ein Kurzwellen-Labor verfügte, die drahtlose Übertragung elektrischer Impulse und entdeckte die Mittel- und

10 Vgl. dazu: HICKETHIER, Knut (2002): *Genretheorie und Genreanalyse.* In: FELIX, Jürgen (Hg.): *Moderne Filmtheorien*, Mainz, S. 62-96.

Langwellen.[11] Mithilfe von Marconis Experimenten waren erste interkontinentale „Funksprüche" zu empfangen. Im Dezember 1901 erfolgte

> „das legendäre erste interkontinentale Funk-‚S', ein Did-Did-Did, ein dreimaliges entsetzlich verrauschtes Zwitschern aus Poldhu, Neufundland, das so schwach war, dass nicht einmal Marconis Kohärer ansprach und Marconi sich und ein paar Presseleuten zum Beweis die Kopfhörer aufsetzen musste. [...] So beginnt, ab 1901, über kilometerlange Langwellen mit interkontinentalen Reichweiten der Radioruf."[12]

Das Rauschen bei der Übermittlung war allerdings so schwerwiegend, dass bis 1914 von Marconi ein „Heer von Spezial-Telegrafisten" dafür ausgebildet wurde, die übermittelten Informationen aus dem Rauschen herauszufiltern und „die ab 1914 zunächst allen Kriegsparteien auf allen Seiten dienen durften".[13] 1904 wurde „Edisons Effekt-Birne als Diode und Gleichrichter"[14] in das Marconi-System eingebaut. Sie war die erste Radioröhre, die verwendet wurde. Etwas später wurde die Gleichrichterröhre durch eine Verstärkerröhre (die Audion-Röhre) ersetzt, so dass fortan Sprache und Musik ohne die interpretative Leistung der Telegrafisten physikalisch übertragen werden konnten.

> „Die Röhre setzt an die Stelle vom Knallen und Rattern der Impulsfunkensender so etwas wie ein Boot ins Radio, das lautlos, in langsamer Fahrt, auf dem spiegelglatten See seine Wellenkreise hinterlässt. Sprache und Musik sind auf solchen periodisch schwingenden Trägern bekanntlich gut aufgehoben."[15]

Angefangen hatte das Radiomachen mit dem damaligen Oberingenieur bei der Firma Telefunken und späteren Begründer des Deutschen Rundfunks, Hans Bredow. Bis 1908 bei Telefunken angestellt, wechselte Bredow im selben Jahr in das Reichspostamt. 1919 wurde er in der mittlerweile zum Reichspostministerium erhobenen Reichsbehörde zum Ministerialdirektor befördert und 1921 zum Staatssekretär ernannt. 1926 wurde Bredow schließlich Rundfunkkommissar des Reichspostministeriums und Vorstandsvorsitzender der Reichsrundfunkgesellschaft.[16]

Die ersten Experimente zur Übertragung von Grammophonplatten, Sprech- und Hörproben wurden nicht von Physikern durchgeführt, sondern von Amateuren: Neben Bredow waren es in Deutschland vor allem die Ingenieure von

---

11 Vgl.: HAGEN (2005): Das Radio, S. 56ff.

12 Ebd., S. 59.

13 Ebd.

14 Ebd., S. 62.

15 Ebd., S. 63.

16 Vgl.: Art. „Bredow, Hans", in: KILLY, Walther (Hg., 1995): *Deutsche Biographische Enzyklopädie.* Bd. 2. München/London/Paris, S. 96; und MARCHAL, Peter (2004): *Kultur- und Programmgeschichte des öffentlich-rechtlichen Hörfunks in der Bundesrepublik Deutschland. Ein Handbuch.* Bd. 1: *Grundlegung und Vorgeschichte.* München, S. 227f.

AEG, Adolf Slaby und Georg Graf von Arco, die an der Verbesserung der Radiotechnik arbeiteten.

Ihre Kenntnisse erwarben und vermittelten sich die Radiopioniere autodidaktisch. Bredow zum Beispiel ließ bereits 1906 sämtliche Schriftquellen, die über das Marconi-System erschienen waren, vervielfältigen und baute das System nach. Technische Fehlkonstruktionen ersetzte er durch eigene Erfindungen. Im Jahre 1909 – als er Marconis System modifiziert übernommen und ausgebaut hatte – führte er erste Hörproben sogar der Kaiserin und dem Kaiser vor. Auf der Gegenseite des Empfangsgeräts wurde Graf Georg von Arco aufgefordert, ins Mikrophon zu „singen", ließ jedoch zum Entzücken der Kaiserin und zur Verärgerung des Kaisers eine Caruso-Schellackplatte laufen.[17]

Als Bredow schließlich während des Ersten Weltkriegs seine Stellung bei Telefunken aufgab, um als Kriegsfreiwilliger im Heer zu dienen, war seine Faszination für die neue Radiotechnik ungeteilt. Auf den Schlachtfeldern in der Champagne experimentierte er mit einer kleinen Einheit und ließ mit Hilfe des Berliners Alexander Meissner und dessen Erfindung eines „neuesten Röhrenrückkopplungssenders" „Wort, Musik, Grammophon und Geige auf abgestimmtesten Frequenzen" senden und empfangen.[18]

Für besagte Experimentierfreude auf diesem Felde wurde Bredow vor einem Kriegsgericht angeklagt, wobei ihm eigenmächtiges und befehlswidriges Handeln angelastet wurde. Er wurde schließlich freigesprochen.[19] Diese Szenerie wird von Friedrich Kittler als Schlüsselszene für den „Mißbrauch von Heeresgerät" bezeichnet, der nach dessen Ansicht als Voraussetzung für jede Art von Entwicklung der Massenmedien notwendig ist: „Aber so läuft es. Unterhaltungsindustrie ist in jedem Wortsinn Mißbrauch von Heeresgerät."[20]

4.2 „Funkerspuk"

Eben dieser Missbrauch war es jedoch, der die weitere Entwicklung des Radios im Deutschen Reich bestimmte. Wie bereits vor dem Ersten Weltkrieg mussten sich – anders als in den USA – die Ingenieure im Deutschen Reich im Bereich des Telefonwesens und der Telegraphie der militärisch-hoheitlichen Staatsaufsicht unterziehen.[21] Die neue Situation führte dazu, dass nach dem Ende des

17 Vgl. HAGEN (2005): Das Radio, S. 64.

18 Vgl. ebd., S. 65.

19 Vgl.: BREDOW, Hans (1954): *Im Banne der Ätherwellen. Bd. 2: Funk im Ersten Weltkriege, Entstehung des Rundfunks*, Festschrift zum 75. Geburtstag des Verfassers am 26. November 1954. Stuttgart, S. 49ff.

20 KITTLER (1986): Grammophon, Film, Typewriter, S. 149.

21 Vgl. HAGEN (2005): Das Radio, S. 64.

Ersten Weltkrieges 190.000 Funker des deutschen Heeres entlassen worden waren.[22] Die Soldatenräte der Funkertruppen schlossen sich kurzerhand zu einer „Zentralfunkleitung“ (ZFL) zusammen, mit der Absicht, eine „von der Regierung unabhängige Telegraphenorganisation“ zu gründen. Ihr Ziel war es, in Lohn und Brot zu kommen. Eine Möglichkeit hierfür sahen sie darin, das Radio als ein Medium für die Massen einzuführen. Die ZFL erkannte offenbar das Potential dieser mehr oder weniger unentdeckten Technologie und strebte nach einer „Neuorganisation des deutschen Funkwesens“.[23]

Die ZFL – vom Vorstand der USPD mit breiter Unterstützung gelenkt – erhielt „am 25. November vom Vollzugsrat der Arbeiter- und Soldatenräte in Berlin auch Funkerlaubnis“.[24] Diese nicht-staatliche Initiative erschreckte offenbar Teile der Heeresleitung, Regierung und Bürokratie. Hatten sich das Militär und auch Staatsbeamte der Reichspost bisher nur geringfügig oder gar überhaupt nicht für das neue Medium interessiert, sah dies bei den Revolutionären von 1918 anders aus. Diesem „Spuk“ wurde dann alsbald ein Ende gesetzt. Hans Bredow hielt im Jahre 1918 eine Rede vor den alten Führungsriegen, um das Radio als ein ziviles Medium einzuführen. Worum dabei gerungen wurde, schreibt Bredow in seiner Autobiographie:

> „Der Initiator der ‚Zentralfunkleitung‘, Ingenieur Meyenburg, ein Zivilangestellter der ‚Technischen Abteilung der Funkertruppen‘, versuchte die Notwendigkeit der Übernahme des Funkverkehrs durch die Funkertruppen mit der Unfähigkeit der Telegraphenverwaltung zu begründen. Die Verwaltung habe bisher nichts für den Funk geleistet, und von den verkalkten Beamten sei auch nicht zu erwarten, dass sie das modernste Nachrichtenmittel entwickeln könnten. Eine Lostrennung des Funkverkehrs vom Drahtverkehr der Reichspost läge deshalb unbedingt im deutschen Interesse.“[25]

Bredow hatte Meyenburg bereits als Angestellter der „verkehrstechnischen Prüfungskommission“ kennengelernt und „wusste, wie wenig hinter seinen Worten stand.“[26] So setzte Bredow selbstbewusst zum „Gegenangriff“ an und hielt ein Plädoyer für die Leistungen der Reichspost, die in Kooperation mit der Industrie und dem Funk erbracht worden seien, und für die „hervorragenden Kräfte von Wissenschaftlern, Technikern und Verwaltungsbeamten, [die] in der Telegraphenverwaltung vorhanden seien“. Ganz im Gegensatz zum Personal der ZFL, denn diese verfüge neben Meyenburg

22 Vgl. Kittler (1986): Grammophon, Film, Typewriter, S. 150.
23 Hagen (2005): Das Radio, S. 68.
24 Ebd., S. 150.
25 Bredow (1954): Im Banne der Ätherwellen, Bd. 2, S. 90.
26 Ebd., S. 91.

> „fast ausschließlich über Leute, die, aus allen möglichen Berufen stammend, ohne einschlägige Fachausbildung weiter nichts gelernt hätten, als beim Militär eine Morsetaste zu bedienen und Telegramme aufzunehmen".[27]

Die ZFL böte deshalb keinerlei „Voraussetzung dafür, einen modernen Funkverkehr aufbauen zu können".[28] Bredows Ansprache hatte Wirkung gezeigt, so dass innerhalb des Reichspostministeriums eine Betriebsabteilung für das Funkwesen installiert wurde, später unter der Leitung Bredows. Zudem sollte die ZFL „als besondere ‚Funkbetriebsverwaltung'" eine neue Abteilung bilden, mit der Zusage, die Revolutionäre in den Beamtendienst zu hieven.[29] Dazu kam es nicht, denn den „anarchischen Mißbrauch von Heeresfunkgerät"[30] wussten die Vertreter von Reichspost und Innenministerium[31] zu verhindern.

So stärkte man im Jahre 1919 nochmals die Zuständigkeit der Reichspost als Zentralbehörde für das Funkwesen unter dem Eindruck des „Funkerspuks" im Jahre 1919,[32] mit weitreichenden Konsequenzen: Da die Reichspost die Legitimität ihrer Zuständigkeit für den Rundfunk von der Telegraphenverordnung von 1897 ableitete, war das neue Medium damit als ein „staatstragendes"[33] und obrigkeitsstaatliches festgelegt und die Möglichkeiten einer freien Nachrichtenproduktion und -distribution erheblich eingeschränkt.[34] Mit Bredow als Rundfunkkommissar des Reichspostministeriums galt es von nun an, Radio unter dem prinzipiellen Diktum einer „strengen Objektivität" und „Überparteilichkeit"[35] zu machen, ganz im Sinne des neuen, demokratisch verfassten Staatswesens. Dies zu realisieren war nicht schwierig, denn

> „die Reichspost [hielt] an der Berliner Funkstunde AG wie an den übrigen Rundfunksendern die Aktienmehrheit – und damit [erlangte] die jeweilige Reichsregierung einen maßgeblichen Einfluss auf die Deutsche Stunde in Bayern, die Norddeutsche Rundfunk AG, die Mitteldeutsche Rundfunk AG, die Westdeutsche Rundfunk AG und weitere regionale Sendegesellschaften."[36]

---

27 Ebd.

28 Ebd.

29 Vgl. HAGEN (2005): Das Radio, S. 68.

30 KITTLER (1986): Grammophon, Film, Typewriter, S. 150.

31 Vgl. HAGEN (2005): Das Radio, S. 68.

32 Vgl.: MARCHAL (2004): Kultur- und Programmgeschichte des öffentlich-rechtlichen Hörfunks, S. 228.

33 MARSSOLEK, Inge/SALDERN, Adelheit (1998): *Das Radio als historisches und historiographisches Medium*. Tübingen, S. 23; und MARCHAL (2004): Kultur- und Programmgeschichte des öffentlich-rechtlichen Hörfunks, S. 228.

34 Vgl. DUSSEL, Konrad (2001): *„Deutsches Radio, deutsche Kultur"*, in: *Archiv für Sozialgeschichte*, Bd. 41, S. 119-144; und MARCHAL (2004): Kultur- und Programmgeschichte des öffentlich-rechtlichen Hörfunks, S. 228f.

35 BREDOW, Hans (1950): Vier Jahre deutscher Rundfunk, S. 45. Zitiert nach: MARCHAL (2004): Kultur- und Programmgeschichte des öffentlich-rechtlichen Hörfunks, S. 228.

36 MARCHAL (2004): Kultur- und Programmgeschichte des öffentlich-rechtlichen Hörfunks, S. 228; und LERSCH, Edgar (1999): „Rundfunkintendanten als Medienunternehmer", in:

Die Reichspost bzw. der Staat war als Eigner des Rundfunks in unternehmenspolitischen Fragen finanziell und parteipolitisch neutral eingestellt.[37] So betrachtete Bredow als Diener des Staates den Rundfunk als ein Medium, das weniger eine Programmkonzeption im Blick hatte, als vielmehr vom „Nachrichtenstoff" ausging, das keines politischen Kommentars oder einer weiteren soziopolitischen oder -kulturellen Kontextualisierung bedurfte.[38] Vor diesem epistemologischen Hintergrund entwickelte sich das Weimarer Radio, das demnach von Staats wegen anstelle von Politik Kultur im neuen „Unterhaltungsrundfunk" machen musste. Eine Alternative zum staatlich verordneten „Radio-Experiment" gab es in der Weimarer Republik nicht.

Nicht-staatliche und private bzw. amateurhafte Experimente mit den neuen Techniken blieben in Deutschland verboten, wohingegen solche Versuche in Amerika und anderen Staaten zur Etablierung des öffentlichen Rundfunks geführt hatten.[39]

4.3 Gründerzeit: Finanzen und Konzepte des neuen „Unterhaltungsrundfunks"

In seinen Anfangsjahren wurde das Weimarer Radio von Bredow als ein „Kulturinstrument" aufgefasst, das einem dezidierten Bildungsauftrag verpflichtet war. Hörspiele, Theaterstücke und Konzerte[40] sollten übertragen werden. Der Rundfunk stand damit in der Tradition des bürgerlichen Bildungsbetriebs, und Sendungen wurden „nach den Vorbildern von Konzert- und Vortragssaal organisiert".[41]

In seinen Memoiren schreibt Hans Bredow über die Anfangszeit des Radios im Jahre 1923:

> „Ein freudloses Volk wird arbeitsunlustig. Hier setzt die Aufgabe des Rundfunks ein, und wenn es auf diese Weise gelingen sollte, allen Schichten der Bevölkerung künstlerisch und geistig hochstehende Vorträge aller Art zu Gehör zu bringen, wenn gleichzeitig der Industrie ein neues Tätigkeitsfeld eröffnet und damit neue

---

Günther Schulz (Hg.): *Geschäfte mit Wort und Meinung. Medienunternehmer seit dem 18. Jahrhundert* (Büdinger Forschungen zur Sozialgeschichte – Deutsche Führungsschichten der Neuzeit, Bd. 22). München, S. 218.

37 Vgl. Marchal (2004): Kultur- und Programmgeschichte des öffentlich-rechtlichen Hörfunks, S. 229.

38 Vgl. Marchal (2004): Kultur- und Programmgeschichte des öffentlich-rechtlichen Hörfunks, S. 230.

39 Vgl. Hagen (2005): Das Radio, S. 69f.

40 Vgl. ebd., S. 71.

41 Ebd., S. 78.

> Arbeitsmöglichkeiten geschaffen werden, dann wirkt der Rundfunk aufbauend, und das deutsche Volk hat ein Recht auf ihn."[42]

Die Finanzierung des Radios sicherte Bredow über Initiativen, die sich an „Investoren im Bereich des Mittelstands" richteten, „die Rundfunkbetriebe auf privater Basis gründeten": „Schallplattenfirmen, Photoartikel-Hersteller, Kunsthändler oder Besitzer publizistischer Unternehmen waren die bevorzugten Kandidaten, die Bredow zur Gründung von Rundfunkgesellschaften in Betracht zog."[43] Von selbigem mit einer Postlizenz ausgestattet, trugen sie die Rundfunkbetriebe finanziell, während der Staat weiterhin über das Radio verfügte.

Die neben Bredow wohl „wichtigste Schlüsselfigur in den Anfängen des deutschen Rundfunks", Kurt Magnus, spricht vom „Kunststück Bredows". Magnus, der 1922 Direktor beim Schallplattenkonzern Vox, ab 1925 Aufsichtsratsvorsitzender der Funkstunde AG Berlin sowie Mitglied der Aufsichtsräte aller Regionalgesellschaften und – gemeinsam mit Bredow – Begründer und geschäftsführender Direktor der Reichsrundfunkgesellschaft bis 1933 und seit 1930 Vorsitzender des Vorstandes war,[44] berichtet in seinen Erinnerungen, dass private Investitionen in den Rundfunk getätigt werden sollten. Die Kosten, die mit der Gründung einzelner Sendeanstalten zu erwarten waren, seien nicht absehbar gewesen.[45] Er schreibt:

> „Die Rundfunkindustrie wäre wohl bereit gewesen, Rundfunkstationen zu errichten, aber nur gegen Gewährung von Monopolen und weitgehenden Rechten. Bredow kam auf den zunächst überraschend anmutenden Gedanken, Privatkapital für die Begründung von Programmgesellschaften zu interessieren. [...] Den Zwang zur Werbung beseitigte er durch die Erhebung von Gebühren. Gleichzeitig erleichterte er die Gründung dadurch, daß er die Errichtung und Bedienung der Sender der Reichspost übertrug, also eine völlig neuartige und allen Schwierigkeiten gerecht werdende Gesamtform schuf."[46]

Wolfgang Hagen berichtet, dass eine „anfangs viel zu hohe [...] Empfangs-Gebühr von Staats wegen angeordnet [wurde], die zu sechzig Prozent an diese privaten Unternehmungen weitergereicht wurde".[47] Dazu gehörten offenbar auch

---

42 Bredow (1956): Im Banne der Ätherwellen. Bd. 2, S. 217. Zitiert nach: Hagen (2005): Das Radio, S. 71.

43 Ebd., S. 78.

44 Vgl. Art. „Magnus, Kurt", in: Killy, Walther (Hg.): *Deutsche Biographische Enzyklopädie*. Bd. 2. München/London/Paris, S. 675f.; Marchal (2004): Kultur- und Programmgeschichte des öffentlich-rechtlichen Hörfunks, S. 229; sowie Magnus, Kurt (1959): „Erinnerungen an Hans Bredow", in: *Rundfunk und Fernsehen*, Bd. 7, Heft 3/4, S. 260-265.

45 Vgl.: Marchal (2004): Kultur- und Programmgeschichte des öffentlich-rechtlichen Hörfunks, S. 229; und Magnus, Kurt (1953/54): „Gedenken an Hans Flesch und seine Freunde", in: *Rufer und Hörer*, Jg. 8, S. 409-415, hier: S. 410.

46 Magnus (1959): Erinnerungen an Hans Bredow, S. 262.

47 Hagen (2005): Das Radio, S. 78.

die „zwei Reichsmark Gebühr pro Monat", die zu zahlen waren, nachdem diejenigen, die Radio hören wollten, eine entsprechende Genehmigung beantragt und erhalten hatten.[48] Da zu Beginn jedoch kaum Empfangsgeräte in den Privathaushalten zur Verfügung standen, veranstalteten die ersten Radiounternehmer wie Ernst Ludwig „Saalfunk gegen Eintrittsgeld".[49]

Innerhalb dieser finanzpolitischen Machtkonstellation besaß Bredows neue, „allen Schwierigkeiten gerecht werdende Gesamtform" Hagen zufolge vor allem auch den Vorteil, dass nun nicht mehr das Reichsinnenministerium für den Rundfunk zuständig war – noch im September 1923 hatte eben diese Behörde versucht, den Rundfunk als ein zentralstaatliches Organ zu etablieren[50] –, sondern die Kultusministerien der deutschen Länder. Somit „gab es überhaupt keine zuständige Reichsstelle, da die Kulturfragen zum Bereich der Kultusministerien der einzelnen Länder gehörten",[51] schreibt Bredow rückblickend. Verwaltet wurde das Weimarer Radio vom Postministerium aus, das die Möglichkeiten des neuen Kommunikationsmittels „zu öffentlichen Diensten erklärt[e] und ihre Leistungsverwaltung mit hoheitlichen Rechten"[52] ausstattete. Wäre hingegen das Reichsinnenministerium für das Radioprogramm zuständig gewesen, wäre es sicherlich politisch ausgerichtet worden, beschreibt Hagen diese politische Machtkonstellation. Damit wäre das Unternehmen jedoch ein regierungsabhängiges und so für Privatinvestoren unattraktives Projekt[53] geworden, weshalb Bredow den Rundfunk im Zuständigkeitsbereich der Kultusministerien gut untergebracht sah.

Der Rundfunkhistoriker Peter Marchal vertritt dagegen einen Ansatz, der die Frage nach der Zuständigkeit mit den Möglichkeiten der technischen Verbreitungskompetenz verbindet: Er geht mit Heinz-Werner Stuiber[54] auch von entscheidenden technischen Problemen der Sendekapazitäten aus, „das ganze Reichsgebiet von der Berliner Zentrale aus mit einem einzigen Programm zu versorgen".[55] Aus diesem Grunde sei es auch „zur Gründung regionaler Rundfunkgesellschaften mit Monopolstatus gleich zu Beginn des ersten regulären Programms aus dem Berliner Vox-Haus"[56] gekommen.

---

48 Vgl. MARCHAL (2004): Kultur- und Programmgeschichte des öffentlich-rechtlichen Hörfunks, S. 229.

49 HAGEN (2005): Das Radio, S. 79.

50 Vgl. ebd., S. 71.

51 BREDOW (1956): Im Banne der Ätherwellen. Bd. 2, S. 172.

52 LERG, Winfried B. (1970): *Die Entstehung des Rundfunks in Deutschland: Herkunft und Entwicklung eines publizistischen Mittels*. Frankfurt am Main, S. 307.

53 Vgl. ebd.

54 Vgl.: STUIBER, Heinz-Werner/SCHNEIDERBAUER, Christian/WICH, Andrea (1998): *Medien in Deutschland*. Bd. 2: *Rundfunk*. Konstanz, S. 145.

55 MARCHAL (2004): Kultur- und Programmgeschichte des öffentlich-rechtlichen Hörfunks, S. 230.

56 Ebd.

Die Reichsrundfunkgesellschaft und das Reichspostministerium waren allein schon durch die Figur Bredow eng aneinander gebunden, der den Auftrag verfolgte, ein überparteiliches, neutrales, also unpolitisches Sendeprofil herzustellen. Diese Aufgabe lag jedoch bei den Sendegesellschaften. So wurden in der Folge, u.a. auf das Betreiben von Bredow, zudem Untersuchungsausschüsse eingerichtet, um Unparteilichkeit und Politikfreiheit zu garantieren. Dennoch sei nach Hagen vor allem Bredow maßgeblich für Konzeption und Realisierung des unpolitischen Radios verantwortlich, da er alle politisch und sozial relevanten Fragen der Zeit in seinem Konzept von Radio ausschloss. Hagen, wie auch Marchal und Winfried Lerg,[57] sehen die inhaltlichen Beweggründe für Bredows Idee vom neuen Medium im Wesentlichen in Bredows Staatsverständnis begründet. Bredow und das gesamte Postministerium, dem das Radio unterstellt war, waren durch und durch bürokratisch und staatstreu eingestellt: Ihnen sei ein überhöhtes absolutistisches Staatsverständnis gemeinsam, unterstellt der Radiohistoriker Hagen. Dahinter scheint eine Auffassung von einem staatlichen Machtapparat auf, der über allen Parteien stünde. Als leitender Regierungsdirektor und Staatssekretär im Postministerium habe Bredows politische Einstellung und Loyalität gegenüber einem „mythisch überhöhten Staat"[58] offenbar schon biographisch für den Ausschluss des Politischen aus dem Radio gesorgt, was geradezu verheerende Konsequenzen haben sollte. Hagen geht davon aus, dass das Potential für das Volk, Radio zu machen, nicht genutzt wurde. Was dem Volk gut zu Ohren käme, sei ihm regelrecht verordnet worden. Vor dem Hintergrund, Radio als ein überparteiliches und obrigkeitsstaatlich organisiertes und konzipiertes Medium zu verstehen, sei, wie Hagen formuliert, Kultur im Radio „im besten Sinn, mit schlechtesten Folgen – instrumentalisiert"[59] worden.

Was für Bredow zum guten autoritären Radio-Ton gehörte, wurde schließlich Gesetz. In der ersten Rundfunkverordnung von 1926 hieß es in den „Richtlinien über die Regelung des Rundfunks": „Der Rundfunk dient keiner Partei. Sein gesamter Nachrichten- und Vortragsdienst ist daher streng überparteilich zu gestalten."[60] Hagen fügt hinzu, dass das Reichsinnenministerium unter Überparteilichkeit „politische Neutralität" verstand. Mit Verweis auf Felix Leonhard[61] schreibt er: „Parteipolitische Auseinandersetzungen sollten ‚unter allen Um-

---

57 Vgl.: LERG, Winfried B. (1965): *Die Entstehung des Rundfunks in Deutschland.* Herkunft und Entwicklung eines publizistischen Mittels (= Beiträge zur Geschichte des deutschen Rundfunks. Bd. 1. Frankfurt am Main.

58 HAGEN (2005): Das Radio, S. 72.

59 Vgl. ebd., S. 71.

60 Zitiert nach ebd., S. 80.

61 Vgl. HALEFELDT, Horst O. (1997): „Sendegesellschaften und Rundfunkordnungen" in: LEONHARD, Joachim-Felix (Hg.): *Programmgeschichte des Hörfunks in der Weimarer Republik.* Bd. 2. München, S. 23-245, hier: S. 175.

ständen' von dem Medium ferngehalten werden."[62] Dieses Gesetz eröffnete den Untersuchungsausschüssen schließlich auch eine rechtliche Handhabe.[63]

Durch einen autoritären Staatsbegriff seien die Politik und eine politische Öffentlichkeit im Radio erst gar nicht denkbar gewesen, betont Hagen und geht noch weiter: Durch eine solche epistemologische Ausgangssituation habe sich das Radio nicht als ein Massenmedium entwickeln können. Das publizistische Potential des Radios, nämlich die Fähigkeit, die Gesellschaft zu beobachten und über das Erschließen von Kontexten und das Verfassen von Kommentaren politische Themen zu allgemeinen sozialen Themen zu erheben, sei von Beginn an von Bredow und seinen Leuten verhindert worden.[64] Diese radiopolitische Machtkonstellation rund um Bredow bezeichnet Hagen als die „doppelt ausgeschlossene Sozialdimension des Radios".[65] Die epistemologische Ausgangssituation habe dafür gesorgt, dass keine Öffentlichkeit für das neue Medium hergestellt werden konnte und es deshalb auch nicht die Massen erreichte. Hagens Schlussfolgerung dazu lautet, dass das Radio wohl eher zu einem Massenmedium geworden wäre, wenn soziale und politische Alltagsrealitäten in die Sendeprogramme mit aufgenommen worden wären. Nicht ein einziges Mal sei das Radio Gegenstand parlamentarischer Debatten gewesen, sondern immer Teil der Administration des Innenministeriums geblieben.[66]

In den ersten Jahren der Weimarer Republik waren Nachrichten und politische Sendungen demnach „Mangelware": „Ab 11 Uhr brachten die Sende-Gesellschaften in der Regel ganze drei Nachrichtensendungen bis Mitternacht."[67] Der Radiohistoriker Konrad Dussel konkretisiert diese Beobachtung: Das „Programmgerüst wurde durchweg von einer Reihe von Konzerten gebildet".[68] Morgens seien bis zu zwei Konzerte zu hören gewesen, mittags und nachmittags jeweils eines, und beendet wurde der Tag schließlich mit einem Nachtkonzert. Marchal äußert dazu: „[E]rst nach und nach gab man dem Hörerwunsch nach mehr Unterhaltung und Tagesaktualität nach."[69]

Der Radiohistoriker Lerg fasst die zögerliche Entwicklung neuer Sendekonzeptionen der Gründerjahre so zusammen: „Musik, Vorträge und Nachrichten, – das waren die Elemente der frühen Programme. Nur zögernd wurden pu-

62 Hagen (2005): Das Radio, S. 80.
63 Vgl.: Schumacher, Renate (1997): „Radio als Vermittlung von Gegensätzen: ein Resümee", in: Leonhard, Joachim-Felix (Hg.): *Programmgeschichte des Hörfunks in der Weimarer Republik*. Bd. 2. München, S. 1196-1208, hier: S. 1197.
64 Vgl. Hagen (2005): Das Radio, S. 75.
65 Vgl. ebd., S. 81.
66 Vgl. ebd., S. 80 und S. 114.
67 Ebd., S. 79.
68 Dussel (2001): Deutsches Radio, deutsche Kultur, S. 123f.
69 Marchal (2004): Kultur- und Programmgeschichte des öffentlich-rechtlichen Hörfunks, S. 233.

blizistische Formen der Presse für das neue Medium zugerichtet, der Bericht (Reportage) und das Interview (Gespräch).“[70]

Eine entscheidende technische Neuerung für die konzeptionelle Etablierung von „Alltagsrealitäten“ in den Sendeanstalten war schließlich das tragbare Mikrophon.[71] Radioredakteure wie Bernhard Ernst und Paul Laven gelten Lerg zufolge als die Pioniere dieser neuen technischen Fähigkeit. Zunächst unternahmen sie Übertragungen vom Sportplatz, so dass sich eine ganz neue medienrevolutionäre Erfahrung von Unmittelbarkeit und Authentizität beim Publikum einstellen konnte:

> „Die Aktualität verdichtete sich zur Unmittelbarkeit der Ereignisse: ‚live‘, lebendig sollte man viel später diese neue Darbietungsform nennen. Nur langsam und mit der Verbesserung und Verbilligung der technischen Möglichkeiten lernten die Rundfunkjournalisten die Verwendungsweisen der Übertragung.“[72]

Im Jahre 1926 wurde dann schließlich der bildungspädagogische Auftrag der Rundfunkpolitik, bei dem es um „Volksbildung“ ging, ergänzt, und zwar durch „Belehrung[en] in Form der Übertragung von Vorträgen, Opern, Symphonien und öffentlichen Veranstaltungen“.[73] Auf diese Weise begründete sich der neue Unterhaltungsrundfunk als „eine Alternative zu den Börsennachrichten, die mit Wirtschaftsfunkdiensten verbreitet wurden“.[74] Denn es seien im frühen Radio, laut Horst Halefeld und Renate Schumacher, zunächst mehr wirtschaftliche als politische Themen an der Tagesordnung gewesen. Beide gehen auch davon aus, dass – primär aus technischen Gründen – wenig über das aktuelle Tagesgeschehen berichtet wurde, da dieses kaum oder überhaupt nicht aufgezeichnet werden konnte. Erst die zunehmende Beschäftigung mit dem neuen Medium, seine Spezialisierung und Ausdifferenzierung – „einhergehend mit der Entwicklung sendegerechter Medienformen wie Kurzbeiträge [...] oder Reportagen“ – seien für neue Programmgebilde entscheidend gewesen. Lag der Anteil an Vorträgen zunächst bei etwa 20 Prozent, habe sich dieser im Laufe der nächsten zehn Jahre halbiert. Unterhaltungssendungen seien in der gleichen Zeit auf ungefähr ein Drittel angestiegen. Dagegen sei das „künstlerische Bildungsprogramm“ auf ein Zehntel heruntergeschraubt worden.[75]

---

70 Lerg, Winfried B. (1972): „Das Magazin-Konzept“, in: *Rundfunk und Fernsehen*, Jg. 20, Heft 2, S. 169-177, hier: S. 169.

71 Vgl. Marchal (2004): Kultur- und Programmgeschichte des öffentlich-rechtlichen Hörfunks, S. 232.

72 Lerg (1972): Das Magazin-Konzept, S. 169.

73 Marchal (2004): Kultur- und Programmgeschichte des öffentlich-rechtlichen Hörfunks, S. 231.

74 Hoffmann-Riem, Wolfgang/Ross, Dieter (Hg, 1980): *Strukturfragen des Rundfunks in Geschichte und Gegenwart.* Hamburg, S. 18.

75 Vgl.: Schumacher, Renate/ Halefeldt, Horst (2001): „Die Programmstruktur des Hörfunks in ihrer Entwicklung“, in: Leonhard, Joachim-Felix (Hg.): *Medienwissenschaft: ein Handbuch zur Entwicklung der Medien und Kommunikationsformen.* Bd. 2. Basel, S. 1431f.

4.4 „Live is live“ oder: Die Technik macht die Musik

Bevor der Rundfunk 1927 finanziell stark genug war, um die Möglichkeit der Klangaufzeichnung zu erproben, galten alle Radioproduktionen nach ihrer Übertragung für immer verloren. Durch seinen Live-Charakter wurde das Radio als unmittelbar und authentisch in seiner Produktionsweise wahrgenommen, und doch stellte es seine Macher vor große Herausforderungen. Denn abgesehen vom „besonderen Streß“ der Live-Sendungen konnten derartige Produktionen nicht mehrfach verwendet werden. Zwar waren die zu sprechenden Texte immer vorher schriftlich fixiert worden und sind deshalb bis heute überliefert, aber die eigentliche akustische „Performance“ des radiophonen Textes blieb undokumentiert.[76]

Als einziges Speichermedium kamen im Rundfunk die Grammophonaufnahmen der Schallplattenindustrie zum Einsatz, die seit Beginn des frühen Radios von den Sendegesellschaften massiv genutzt wurden:

> „Der größte Vorteil der Schallplatte war eben die Verfügbarkeit über ein für den Rundfunk sonst unerschwingliches oder unzugängliches künstlerisch-unterhaltendes Repertoire: die großen Stimmen, Aufnahmen verstorbener Künstler, Jazz-Orchester von Weltruf, mondäne Tanzmusik, Raritäten.“[77]

So war das Musikangebot im Radio in den Anfangsjahren zunächst von den Produktionen der Plattenindustrie geprägt. Beispielsweise war die Berliner Funk-Stunde fest an die Produktionen der Vox-Schallplattenindustrie gebunden und brachte in der Regel diejenigen Aufnahmen zu Gehör, die die Industrie aktuell produziert hatte. Die Auswahl blieb weitgehend auf die Vox-Produktionen beschränkt – nicht zuletzt, weil die Bindung an die Vox-Industrie konkurrierende Schallplattenhersteller vertraglich ausschloss.[78] Die Abhängigkeit des frühen Radios von den Schallplattensendungen kann deshalb nicht stark genug betont werden, denn der Einsatz der Tonträger hat in weiten Teilen überhaupt erst dazu beigetragen, dass das Radio-Programm zu finanzieren war.

---

76 Vgl.: Führer, Karl-Christian (1997): „Aufzeichnungstechnik: Wachs- und Schwarzplatten“, in: Leonhard, Joachim-Felix (Hg.): *Programmgeschichte des Hörfunks in der Weimarer Republik.* Bd. 2. München, S. 710f., hier: S. 711.

77 Stoffels, Ludwig (1997): „Kunst und Technik“, in: Leonhard, Joachim-Felix (Hg.): *Programmgeschichte des Hörfunks in der Weimarer Republik.* Bd. 2. München, S. 682-724, hier: S. 713.

78 Vgl. Stoffels (1997): Kunst und Technik, S. 713.

4.4.1 Übertragung von Musik

Die Gründe für den hohen Anteil an Schallplatten im Programm des Weimarer Rundfunks sind jedoch nicht nur finanzieller, sondern auch technischer Natur. Insbesondere für die Live-Übertragung von Opernstimmen aus dem Opernhaus gab es kaum Equipment. Die Live-Übertragung der Stimmen im Bereich der Unterhaltungsmusik aus dem Sendesaal der Rundfunkstationen war nicht weniger schwierig.

So wurden zunächst im Bereich der Unterhaltungsmusik Tonträger verwendet. Ihr Einsatz war am meisten „vom Stand der elektroakustischen Verfahren abhängig".[79] Anders hingegen verlief die Entwicklung für die „E-Musik". Als eine „besonders abgeschirmte Exklave" beschreibt Ludwig Stoffels den Einsatz von Schallplatten „in der gehobenen Musiksphäre".[80]

Die Gründe hierfür sind vielschichtig: Durch die Verschaltung von Technik, Sängerstimme und Empfängerohr wurden im Radio bald die Grenzen und Möglichkeiten unterschiedlich professionell gelagerter Stimmtypen – auch der einzelnen Instrumententypen – hörbar. So stellte bereits Kittler für die Einführung des Grammophons fest:

> „Das ist der ganze Unterschied zwischen Künsten und Medien. Lieder, Arien und Opern laufen ohne Neurophysiologie. Noch bei technischer Übertragung, wenn Sänger nicht wie unter Konzertsaalbedingungen sichtbar und damit unterscheidbar sind, implodieren ihre Stimmen schwerlich im Gehör."[81]

Unter den Bedingungen von radiophonen Übertragungsqualitäten war eine solche neurophysiologische Transformation anfangs recht schwer herzustellen. Dies betraf nicht nur die „großen Stimmen",[82] die dafür trainiert waren, „Abstände und Räume mit ihrer Stimmkraft zu überbrücken",[83] was ja nun obsolet war. Zugleich waren bestimmte Instrumente der Orchester für die Übertragung ihres spezifischen Klanges nicht geeignet.

> „Neben den ernüchternden Produktionsbedingungen war die Akustik und Elektroakustik der frühen Studioproduktionen noch so unvollkommen, daß sie die Klangfarbe einzelner Instrumente teilweise bis zur Unkenntlichkeit verzerrte."[84]

Der Unterschied dieser beiden Medientypen liegt darin, dass die mechanische Aufnahme der Grammophonplatte viel weniger komplex war als die elektromagnetische Produktion von Radiosendungen. Bei den Rundfunkübertragungen

---

79 Stoffels (1997): Kunst und Technik, S. 684.
80 Ebd., S. 686.
81 Kittler (1986): Grammophon, Film, Typewriter, S. 60.
82 Stoffels (1997): Kunst und Technik, S. 688.
83 Kittler (1986): Grammophon, Film, Typewriter, S. 60.
84 Stoffels (1997): Kunst und Technik, S. 688.

wird einem Schalldruck eine Information zugeordnet. Durch die Modulation der Trägerwelle und die Veränderung der Amplitude oder der Frequenz entsteht das Signal. Das Mikrophon ist ein Schallwandler. Spannungsänderungen werden in Mikrophonsignale umgewandelt. Im Gegensatz zu mechanischen Tonabnehmern werden keine Festkörperspannungen, sondern Spannungsänderungen durch eine Membran in elektromagnetische Impulse umgesetzt. Die mit Membran und Kohlegranulat gebaute Modulation[85], die die Gleichspannung durch Lageänderung der Kohlepartikel verändert, ermöglichte die elektromagnetische Signalgewinnung. Eine Verbesserung der Mikrophontechnik vom vormaligen Kontaktmikrophon hin zum Kohlemikrophon, aber auch die sukzessive architektonische Professionalisierung der Aufnahmestudios, die das Mikrophon vom Verstärker trennte, ermöglichte schließlich die Eindämmung unerwünschter Nebengeräusche und Halleffekte. Zahlreiche Experimente mit Material und Technik sorgten am Ende der 1920er Jahre für eine ausgereifte Studiotechnik. Im Jahre 1930 verfügte das von der Reichsrundfunkgesellschaft (RRG) und der Funkstunde in Auftrag gegebene Haus des Rundfunks über

> „zwei Studiobauten mit drei mittelgroßen Aufnahmeräumen und einem riesigen Sendesaal von rund 1.570 m² Grundfläche. Inklusive der kleinen Studios für reine Wortsendungen und Schallplattenkonzerte besaß das Haus insgesamt 15 Aufnahmeräume."[86]

Geeignet für die akustischen „Radio-Performances" waren deshalb zunächst ausschließlich Instrumente, deren Klangerzeugnisse sich mit den übertragbaren Frequenzsignalen vereinbaren ließen. Dies waren im Bereich der Instrumentalmusik zunächst Holzblasinstrumente, „vor allem in kammermusikalischen Besetzungen", und Harmonium- und Harmonikainstrumente sowie Orgeln. Bei der Übertragung von Klaviermusik mit viel Einsatz des Pedals wurde dagegen mehr ein „ungenießbarer Klangbrei" übermittelt. Ähnlich verhielt es sich bei Paukenschlägen, die in der akustischen Übertragung entsprechend „katastrophale Folgen" hatten. Der Einsatz von Blechinstrumenten verursachte zudem starke Nebengeräusche.[87]

So wird offenbar, dass das „Kulturinstrument" Radio, wie es Bredow bezeichnete, immer auch auf den Fort- oder Rückschritt der Technik angewiesen war. „Was für Konsumenten bestimmt ist, bestimmt aber neben der Staatssicherheit

---

85 Vgl.: SCHWARZE, Dietrich (2001): *Technische Grundlagen der Medien*, in: LEONHARD, Joachim-Felix, LUDWIG, Hans-Werner, SCHWARZE, Dietrich (Hg. u.a.): *Medienwissenschaft. Ein Handbuch zur Entwicklung der Medien und Kommunikationsformen.* Bd. 2. Berlin. S. 1246-1271, hier: S. 1255ff.

86 Ebd., S. 741.

87 Vgl.: SZENDREI, Alfred (1924): „Das akustische Problem des deutschen Rundfunks", in: *Der deutsche Rundfunk*, Jg. 2, Nr. 45, S. 2655f., und Nr. 46, S. 2735f., und Nr. 47, S. 2811f. Zitiert nach: STOFFELS (1997): Kunst und Technik, S. 688.

die Technologie",[88] fasst Kittler die Entwicklung des Rundfunks nach dem legendären „Funkerspuk" zusammen. Damit dürfen nun aber nicht nur die technischen Entwicklungen und Tüfteleien der Rundfunkpioniere charakterisiert sein, sondern vor allem die technische Entwicklung der Sende- und Übertragungskapazitäten in den frühen Sende- und Produktionsstudios der Sendegesellschaften. Solange nicht vom Sendebetrieb aus aufgenommen werden konnte, gab es zweifelsohne auch keine Möglichkeit des „objektiven" Vergleichs einzelner Übertragungen. Eine gute und damit auf die Radioübertragung hin abgestimmte akustische Übertragung konnte kaum bis gar nicht erprobt werden.

Mit der Einführung des Radios entstanden nun ganz neue Wahrnehmungskonkurrenzen: Waren bisher Institutionen wie das Theater, die Oper oder das öffentliche wie private Konzert die Kunst- und Kulturstätten, die kulturelle Artefakte zur Aufführung brachten, übermittelte nun auch das Radio, unabhängig von Zeit, Ort und Körper, Hochkultur – mit dem einzigen Unterschied, dass diese nun unsichtbar geworden war.

Dies machte Anpassungen an das neue Medium erforderlich: Alles, was einst sichtbar war, musste für eine „Aufführung" im Radio ausschließlich auditiv wahrnehmbar werden. „Der Wegfall des Körperlichen und Gestischen mußte nicht nur den sprachlichen, sondern auch den musikalischen Vortragsstil tiefgreifend beeinflussen."[89] So fehlte nicht nur das „auratische Moment" eines live auftretenden Orchesters in den öffentlichen Konzertsälen oder auf den Theater- und Opernbühnen, das in der Lage war, Fehler im Spiel elegant zu übergehen. Die neue radiophone „Konzertsituation" beeinflusste auch das Spiel wesentlich. Den Künstlern wurde „höchste Genauigkeit und eine an den technischen Rahmen angepasste ‚sachgemäße' Spiel- und Sprechtechnik"[90] abverlangt. Da es vielen professionellen Sängern nicht gelang, sich den Resonanz- und Störsequenzen einer akustischen Übertragungssituation anzupassen, glänzten in den Anfangsjahren vor allem weniger bekannte Sänger, „unter denen oft genug mittelmäßige Talente mit größerer Wirkung im Radio auftraten als die großen Stimmen".[91]

Um den richtigen Klang der Übertragung zu erzeugen, wären viele Experimente vonnöten gewesen, für die laut Stoffels im Tagesgeschäft wohl keine Zeit blieb. Stattdessen wurde gerade in den Anfangsjahren dasjenige gesendet, das sich als kompatibel mit den Übertragungsrealitäten des Rundfunks erwies.[92] Darunter fallen vor allem Werke aus dem Barock und Spätbarock, die nur über eine kleine Instrumentierung verfügen. So sind neben Bach beispielsweise aber auch bestimmte Kompositionen der Wiener Klassik, wie die von Mozart und

88 Kittler (1986): Grammophon, Film, Typewriter, S. 151.
89 Stoffels (1997): Kunst und Technik, S. 687.
90 Ebd.
91 Stoffels (1997): Kunst und Technik, S. 689.
92 Vgl. ebd.

Haydn gerade deshalb ausgewählt und gesendet worden, weil man sie als „geeignete Rundfunkmusik"[93] einstufte.[94] Von den technischen Übertragungsbedingungen ausgeschlossen wurden neben den Werken von Brahms hingegen „die monumentalen Werke von Wagner, Bruckner, Strauss".[95] Die Gründe sind ebenso musikgeschichtlicher Natur, denn eine unglaubliche Klangvielfalt, wie sie symphonische Orchester produzieren, ist mit einer primitiven Mikrophontechnik nicht zu steuern.

Diese an die Komplexität musikgeschichtlicher Kompositionen gebundenen technischen Dispositionen gaben den Stil sogar noch bis 1930 vor. Weniger komplex komponierte Werke meint wohl auch Max Butting, wenn er einen Stil für den Rundfunk einforderte, „den man als einen primitiven, vorwiegend primitivepischen Stil bezeichnen könnte".[96]

Jedoch wurde bereits seit 1926 emsig daran gearbeitet, diese „primitiven" technischen Mittel abzulösen, um auch hochkulturelle, orchestrale Kompositionen mit verbesserter Technik zu übertragen. So wurde mit den Positionen der Mikrophone und den Raumakustiken in den Produktionsräumen der Sendegesellschaften experimentiert, wobei man sich im Wesentlichen an den Aufnahmestudios der ersten Schallplattenfirmen orientierte. Hauptsächlich versuchten die Konstrukteure die unsaubere Übertragung des Klanges durch den Nachhall einzudämmen. In der Regel wurde hier mit Textilien gearbeitet („Seidenpapier, Filzdecken, Watte, Holzwolle oder Seegras" und Teppichen), wodurch schließlich ein recht dumpfer Klang erzeugt wurde.[97]

Bei all den Bemühungen, die Übertragungsqualitäten zu verbessern, wurde auf gleiche Weise nach neuen Formen, Textsorten und Genres gesucht, die das Radio nebst den Konzertübertragungsleistungen als ein autonomes Kulturinstrument etablieren sollten.

> „Sicher aber wird [ein] schöpferischer Geist nicht ruhen, bis er ihn nicht zu einem autonomen Instrument eigener musikalischer und schließlich überhaupt eigener schöpferischer Form gemacht hat."[98]

---

93 Ebd.

94 Wie sich dies mir romantischer Kammermusik verhielt, die ja ebenso wenig monumental instrumentiert ist, darüber sind leider keine Angaben zu finden.

95 Ebd.

96 BUTTING, Max (1930): „Das Verhältnis des schaffenden Musikers zum Rundfunk", in: KESTENBERG, Leo: *Kunst und Technik*. Berlin, S. 279-298. S. 280.

97 Vgl. FÜHRER, Karl Christian (1997): „Aufnahmestudis und Sendesäle", in: LEONHARD, Joachim-Felix (Hg.): *Programmgeschichte des Hörfunks in der Weimarer Republik*. Bd. 2. München, S. 740f., hier: S. 740.

98 SCHOEN, Ernst (1924): „Zukunftsmusik", in: *Der deutsche Rundfunk*, Jg. 2, Nr. 36, S. 2020. Zitiert nach: GROSSMANN-VENDREY, Susanna (1997): „Rundfunk und etabliertes Musikleben", in: LEONHARD, Joachim-Felix (Hg.): *Programmgeschichte des Hörfunks in der Weimarer Republik*. Bd. 2. München, S. 725-729, hier: S. 728f.

Weiter heißt es:

> „[M]it anderen Worten: zum Rundfunk als unabhängiges, von allen besonderen Klangerzeugern befreites Instrument autonomer musikalischer Komposition und Improvisation. Und das wäre dann nun wirklich Zukunftsmusik.“[99]

Allerdings war diese Äußerung Ernst Schoens wohl weniger mit dem kulturpädagogischen Bildungsauftrag des Reichpostministeriums zu vereinbaren. So waren die Vorstellungen des Reichspostministers Karl Stingl 1925 ganz andere: Das Radio wurde als „Kulturfaktor“ verstanden, der aus einem vorhandenen Repertoire kultureller und wissenschaftlicher Errungenschaften Potentiale mobilisieren sollte, die der „Volksseele“ aufhelfen würden:

> „[D]er deutsche Rundfunk soll ein Kulturfaktor sein; oder er soll es werden! Ein treuer Helfer bei der schweren Aufgabe dem armen deutschen Volke den Glauben zurückzugeben an sich selbst, es zurückführen an die unerschöpflichen Quellen seiner hohen Kultur, ihm den Weg zu zeigen zu den Schätzen seiner künstlerischen und wissenschaftlichen Vergangenheit.“[100]

Die Verwirklichung dieses Wunsches hing jedoch einerseits von den technischen Übertragungsleistungen und andererseits von der zeitgenössischen Beliebtheit bestimmter Musikgenres und -stücke ab. Nicht nur die übertragungstechnische Kompatibilität beliebter Kompositionen war also entscheidend bei der Auswahl der spielbaren Stücke, sondern – so von Susanna Großmann-Vendrey implizit nahegelegt – auch die zeitgenössische Musikrezeption der bedeutendsten Komponisten wurde offenbar in allen Sendegesellschaften berücksichtigt. Nach eigenen Erhebungen kommt sie zu folgendem Schluss: „Die Liste der meistgespielten Komponisten bei den verschiedenen Sendern fiel aber nahezu identisch aus.“[101] Das klassische Sinfonie-Konzert bildete dabei das Kernstück aller musikalischen Programmplanungen. Erst nach und nach sei auch moderne Musik von den sendereigenen Orchestern einbezogen worden. Dies betraf vor allem die Berliner Funkstunde und die MIRAG, die von dem Komponisten und Musikchef der MIRAG, Alfred Szendrei, geleitet wurde.[102]

Bemerkenswert ist die Tatsache, dass sich das Programm wesentlich an einem „national bestimmten Kulturbegriff“ orientierte. Entsprechend selten oder gar nicht wurde internationale Musik berücksichtigt. „Erst Ende der 20er Jahre tauchten sporadisch, beispielsweise bei der SÜRAG, Zyklen mit einem breiteren kulturellen Horizont auf“,[103] schlussfolgert Großmann-Vendrey u.a. aus dem

99 Ebd., S. 728f.

100 STINGL, Karl (1925): „Die höhere Sendung des Rundfunks“, in: *Funk*, Heft 7, S. 77. Zitiert nach: GROSSMANN-VENDREY (1997): Rundfunk und etabliertes Musikleben, S. 729.

101 Ebd.

102 Vgl. ebd., S. 742.

103 Ebd.

SÜRAG-Geschäftsbericht von 1927. Grundsätzlich seien Sendungen, die auf die Verbreitung internationaler Musik setzten, aber nach wie vor „äußerst rar"[104] geblieben.

Dennoch war der frühe Rundfunk auch neuen Formen der Präsentation aufgeschlossen. So wurden beispielsweise stundenlang gesendete Zyklen oder Reihen verschiedener musikalischer Werke einer Zeit abgelöst durch so genannte Themensendungen, bei denen dann auch „Neuentdeckungen" ihren Platz hatten: „Vergessene Werke arrivierter Klassiker etwa oder ‚echte' Entdeckungen, beispielsweise im Œuvre komponierender Frauen oder in der Literatur Alter Musik."[105] Selbstverständlich im Programm waren und blieben hingegen Jubiläen großer, als kanonisch geltender Komponisten. Dazu gehörten „das Beethoven-Jahr 1927, das Schubert-Jahr 1929 und das Haydn-Jahr 1931/32".[106] Gleichsam galt das Gesetz der Popularität zeitgenössischer Künstler wie „Richard Strauss und große[r] Sinfoniker der Jahrhundertwende wie Anton Bruckner und Gustav Mahler".[107] Als eine der „geglücktesten Sendereihen des Weimarer Rundfunks" gelten laut Großmann-Vendrey „jene Musikgattungen, die sich auf literarische Texte oder auf spezifische Sujets bezogen" – darunter fallen ihr zufolge „Lied, sinfonische Dichtung und Oper". Das Konzept sah eine Gegenüberstellung von „Original und musikalischer Umsetzung"[108] vor. Gleichsam wurden so in Form von „Vortrag, Lesung und Sendespiel" sowie der entsprechenden musikalischen Realisierung nun auch kulturhistorische Kontexte und Verbindungen innerhalb dieser Sendekonzepte präsentiert.

Die neuen Programmzusammenstellungen von Wort- und Musik-Komponenten führten zu neuen redaktionellen Formaten, die inhaltliche Formexperimente zuließen. So leitete nun u.a. eine übergreifende Idee durch die Sendung. Ein Beispiel hierfür ist das „Komponistenkonzert". Innerhalb dieses Programmteils erhielten die Komponisten, die in den Weimarer Jahren große Popularität genossen, eine musikalische Bühne – darunter die „zahlreichen Beethoven-, Mozart-, Wagner- und Puccini-Abende".[109] Neben den großen Kompositionen gab es zunehmend auch Übertragungen, in denen der Komponist sein eigenes Werk dirigierte. Dies verdient besonderes Augenmerk, denn dass Stardirigenten ihre eigenen Werke interpretierten, wie es beispielsweise noch von Richard Strauss, Franz Schreker oder Hans Pfitzner betrieben wurde, war schon zu dieser Zeit keine Selbstverständlichkeit mehr.

---

104 Ebd.
105 Vgl. ebd., S. 747.
106 Ebd.
107 Ebd., S. 748. Für Komponisten zeitgenössischer Musik aus der Region wurden diese Reihen ebenfalls genutzt, um deren Werk bekannt zu machen.
108 Ebd.
109 Ebd., S. 751.

„[So] ‚rettete' der Rundfunk durch die Pflege der Eigeninterpretation die alte Praxis und stellte sie zugleich in den Dienst der radikalen Moderne, bei der es um die Schaffung einer eigenen authentischen Aufführungspraxis ging. [...] Viele der Komponisten – Béla Bartók, Paul Hindemith, Darius Milhaud, Igor Strawinsky und Anton Webern beispielsweise –, die im Programm der SWR [...] auftraten, haben Musikgeschichte gemacht."[110]

Auch sogenannte Komponistenkonzerte wurden eingeführt, die vor allem in der Berliner Funkstunde prominent besetzt waren. Ihren Zenit hatte diese Sendereihe in den Jahren 1930/31 erreicht:

„[N]eben den Prominenten der deutschen Musikszene – Max von Schillings, Paul Hindemith, Franz Schreker, Hans Pfitzner, Philipp Jarnach, Karol Rathaus, Arnold Schönberg und Anton Webern, um nur die Vertreter der ernsten Muse zu nennen –, dirigierten und spielten die Briten Albert Coates und William Walton, der Schweizer Arthur Honegger, der Franzose Darius Milhaud, der Österreicher Franz Schmidt, der Ungar Béla Bartók und der Italiener Alfredo Casella im Studio der Funkstunde, teilweise sogar mehrfach. Als größte Sensationen konnte die Funk-Stunde die Auftritte von Sergej Prokofjew (15.10.1930) und Igor Strawinsky (26.1.1929) vor dem Mikrophon mit eigenen Werken verbuchen."[111]

Hinzu kam, dass zum Ende der 1920er Jahre nicht mehr nur aus den Konzertsälen übertragen wurde, sondern sich die neu gegründeten Rundfunksender ein eigenes Profil zulegten. Anfangs galt die Live-Übertragung aus den Konzertsälen zwar noch als die bessere akustische Alternative, denn die beengten Studio-Räumlichkeiten und die dadurch beschränkten akustischen Möglichkeiten sorgten für schlechten Klang, so dass noch „in den späteren Programmjahren [...] einige Sendegesellschaften, beispielsweise die NORAG und die MIRAG, auf fremde Konzertsäle als Produktionsstätten aus[wichen]".[112] Als die Sendegesellschaften Mitte der 1920er Jahre allmählich eigene Klangkörper gründeten und in weiten Teilen auch öffentlich präsentierten, fand jedoch eine eigene Profilierung des Rundfunks gegenüber dem klassischen Konzertbetrieb statt. Erst allmählich sorgte die Experimentierfreudigkeit mit Raum und Klang also für ein gleichberechtigtes Nebeneinander von Übertragung und Eigenproduktion.[113]

Das frühe Rundfunkprogramm orientierte sich demnach schon früh am Wertekanon einer musikalischen Bildungstradition der Hochkultur. Traditionelle Darstellungsformen wie Konzert, Oper und Operette wurden von Beginn an in den Rundfunk integriert, und zwar auf zwei Wegen: Entweder wurden Produktionen aus dem hauseigenen Studio gesendet (Sendespiel), oder es wurden – wie

110 Ebd., S. 752.

111 Ebd., S. 752f.

112 o. V. (1931): „Verhandlungen mit dem Gewandhaus abgeschlossen", in: *Funk*, Heft 38, S. 302. Zitiert nach: GROSSMANN-VENDREY (1997): Rundfunk und etabliertes Musikleben, S. 738.

113 Vgl. GROSSMANN-VENDREY (1997): Rundfunk und etabliertes Musikleben, S. 738.

oben beschrieben – Kabelleitungen zu den etablierten Spielstätten verlegt und die Aufführungen direkt von dort aus über den Äther geschickt.[114] Die Entscheidung, welche der beiden Produktionsweisen für die Übertragung besser geeignet sei, war von Anbeginn auch an technische Fragen geknüpft.

Erst als die Technik auf beiden Übertragungswegen dasselbe qualitative Niveau ermöglichte, wurden beide Formate auch in der Programmplanung gleichwertig eingesetzt: „Übertragung wie Eigenproduktion expandierten nebeneinander im Programm und ergänzten sich gegenseitig."[115]

4.4.2 Zwischen Schaubude und Musentempel: Der Kulturauftrag im Lichte der Hörenden

Die Gestaltungsmöglichkeiten des frühen Radioprogramms waren also von dem Entwicklungsstand der Technik abhängig. Die Gestaltungsmaxime lautete, „die Vielfalt musikkultureller Äußerungen, wie sie sich auf den diversen Ebenen zwischen Hochkultur und Laienkultur, zwischen Sinfonie-Konzert und Gitarrentreff darboten", auch im Radioprogramm abzubilden. Dass man sich also bei dem Versuch, den kulturpolitischen Auftrag zu erfüllen, zunächst an den etablierten Kultur- und Musikprogramminstitutionen orientierte, scheint im Zusammenhang mit dem Kulturauftrag, den sich die Pioniere auf die Fahne schrieben, nicht verwunderlich. Übertragen wurde auch deshalb „im städtischen und regionalen Bereich der Sender" aus den Institutionen, die zu den „traditionsreichen"[116] zählten:

> „Schon in den ersten Sendemonaten, sobald die technischen Voraussetzungen geschaffen waren, bildeten Übertragungen aus den Spielstätten der Hochkultur, vor allem aus Opernhäusern, Glanzlichter des Programms."[117]

Der Auftrag, die Wertehierarchie der alten, bürgerlichen Bildungstradition hochzuhalten, verband die ersten und frühen Rundfunkmacher so mit den alten Institutionen der Hochkultur und prägte demnach wesentlich die Programmgestaltung.

So wird deutlich, dass der Rundfunk zunächst den Konzertbetrieb der Hochkultur abbildete. Auch die Sendegesellschaften der Provinz und Region partizipierten zunehmend am städtischen Konzertbetrieb. In seiner frühen Phase spiegelt der Rundfunk das zeitgenössische musikalische Verständnis von Kultur wider, weshalb sich aus seiner Programmatik gleichzeitig auch der Kulturbegriff der Zeit ableiten lässt: „Es ist keine Übertreibung zu behaupten, daß die kultu-

114 Vgl. ebd., S. 752.
115 Ebd., S. 738.
116 Vgl. ebd., S. 725.
117 Ebd.

relle Umgebung dem Rundfunk anfangs geradezu als Substrat gedient hat, auf dem er parasitär gedieh."[118]

Dass der Bildungsauftrag den frühen Rundfunk grundsätzlich prägte, hat schließlich auch mit seiner personalpolitischen und organisatorischen Zusammensetzung zu tun. In personeller Hinsicht orientierte sich der Rundfunk teilweise stark an den Strukturen des gängigen Kulturbetriebs, emanzipierte sich jedoch ebenso von ihnen. So wurde in den Anfängen des Rundfunks das Programm in der Logik und Dramaturgie von Theater und Konzert gestaltet. Demgemäß lässt sich davon ausgehen, dass zwar die Möglichkeit der technischen (transmedialen) Übertragung gegeben war, jedoch die Programmacher sich erst nach und nach die Fähigkeiten des Umgangs, also die mediale Kompetenz, aneigneten.

> „Ein über die bloße Reproduktion hinausgehendes musikalisches Kulturprogramm war ohne erfahrene ‚Leute vom Fach' nicht zu organisieren: Auffallend viele Programmacher der ersten Stunde kamen deshalb aus dem Theater- und Konzertleben der näheren städtischen Umgebung und brachten ihre Erfahrungen (zum Teil auch aus der Schallplattenindustrie) in das neue elektronische Medium mit."[119]

Darunter waren ausgebildete Operettensänger wie Joseph Christean oder Regisseure der Stadttheater und Dirigenten sowie Kapellmeister oder Liedbegleiter:[120]

> „Die Sänger und Schauspieler städtischer Theater und Opernhäuser, die Instrumentalisten ortsansässiger Orchester und Ensembles, Komponisten und Arrangeure ‚vor Ort' gehörten daher zu den ersten ständigen Mitarbeitern des Rundfunks."[121]

Gleichsam bildeten sich durch die institutionelle Vielfalt heterogener Konzert- und Spielbetriebe unterschiedliche Programmauffassungen und damit auch eine an die Volkskultur angelehnte Übertragungspolitik. So wurden neben den Programmen der Hochkultur zunehmend auch Konzertangebote gemacht, die durch städtische Musikvereine oder durch „die Übertragung traditioneller, regionaler Chorfeste und Festspielaufführungen (Salzburg und München)"[122] bestritten wurden. Auf diese Weise wurde kulturpolitisch ein Kompromiss in der Streitfrage gefunden, ob das Radio „Unterhaltungsrundfunk" oder „Bildungsinstitut" sein wolle. Die Dichotomie zwischen „Schaubude" und „Tempel der Musen",[123] zwi-

118 Ebd., S. 731.
119 Ebd.
120 Vgl. ebd.
121 Ebd., S. 732.
122 Vgl. ebd., S. 726.
123 KAPELLER, Ludwig (1925): „Krise im Rundfunk", in: Funk, Heft 46, S. 549f. Zitiert nach: GROSSMANN-VENDREY (1997): Rundfunk und etabliertes Musikleben, S. 725.

schen „Kunst und Volkstümlichkeit“[124] schien auf diese Weise aufgelöst. Dessen ungeachtet blieb das Übergewicht der Unterhaltung im Musikprogramm bis zum Ende des Weimarer Rundfunks bestehen. Als Gegenpol dazu sollte „der Rundfunk auf breiter und anspruchsvoller Basis arbeiten und die Hörer mit gehobenen, wenn nicht gar mit hochkarätigen Kulturgütern versorg[en]“. Demnach wurde der zunehmenden Einbeziehung populärer Musik eher ein Riegel vorgeschoben. Die Interpretation populärer Musikstücke begrenzte sich auf „die kulturelle Praxis von Regional- und Laienvereinigungen [...], deren Interessen sich wiederum auf die städtische Hochkultur richteten“.[125]

Nur sehr langsam wurden also auch Produktionen aus der Provinz im Radioprogramm berücksichtigt. Sender, deren Sendegebiet insgesamt stark regional geprägt war, darunter die NORAG und SÜRAG, nahmen auch Konzerte aus „Bremen, Kiel, Lüneburg und Flensburg“ bzw. aus „Heilbronn und Freiburg“ in ihr Programm auf, und schließlich wurden auch „die Akademie-Konzerte aus Mannheim und die Badische[n] Landesorchester[-Konzerte] aus Karlsruhe“ gesendet. Auch der SWR übertrug bis 1928 aus „Wiesbaden, Würzburg, Kassel und Aschaffenburg“.[126] Die Sendegesellschaften, die wie die WERAG oder die Berliner Funkstunde ein hohes Niveau bei der Ausstattung ihrer eigenen Produktionsstudios erreicht hatten, übertrugen kaum oder zuletzt überhaupt nicht mehr direkt aus dem städtischen Konzertleben.[127]

In Berlin gab es hingegen Widerstände gegen die Übertragungspolitik. Erst im Jahre 1932, als der Komponist und Dirigent Wilhelm Furtwängler einem Vertrag mit der Berliner Funkstunde und den Berliner Philharmonikern zustimmte, übertrug auch der Berliner Sender aus der Philharmonie. Aus dem Kooperationsvertrag gingen nicht nur die Übertragungsrechte des „Furtwänglerzyklus“ hervor, sondern auch 20 Studioproduktionen des Senders. Auch die MIRAG, die bis Silvester 1929 nur Selbstproduziertes sendete, öffnete sich unter dem Intendanten Ludwig Neubeck für den Ausbau der Übertragungsleitungen. So konnten auch städtische „Konzertereignisse aus Dresden, Chemnitz, Halle, Gera, Erfurt und Eisenach“[128] über den Äther gehen.

Mit diesem Ausbau des Programms ging das Entstehen eines erweiterten Musikkulturbegriffs einher, jedoch nicht nur im Sinne Kurt Weills. Zwar sorgte die Verbreitung städtischen und regionalen Musikkulturlebens im Rundfunk für eine erweiterte Wahrnehmung kultureller Musikproduktionen. Jedoch ist den Sende- und Programmplänen des frühen Rundfunks ein neues programmplanerisches

124 WEILL, Kurt (1927): „Vorweihnachten auf allen Wellen“, *Der deutsche Rundfunk*, Jg. 5, Nr. 51, S. 3511f. Zitiert nach: GROSSMANN-VENDREY (1997): Rundfunk und etabliertes Musikleben, S. 725.
125 Ebd., S. 727.
126 Ebd., S. 767.
127 Vgl. ebd., S. 768.
128 Ebd., S. 770.

Kriterium zu entnehmen, innerhalb dessen sich die Binnenstruktur der Übertragungspraxis zeitlich neu ordnete. Die Übertragungspraxis selbst ermöglichte überhaupt erst die Ausbildung eines Sensoriums für das medial Ereignishafte, das sich von nun an räumlich getrennt und zeitlich synchron vom Empfangsapparat aus wahrnehmen ließ. Live bedeutete daher, nicht mehr an Ort und Stelle als Hörer und Ensemble physisch präsent zu sein. Von nun an war es möglich, an einem musikalischen Ereignis medientechnisch teilnehmen zu können. Zugleich machten die Hörer eine Erfahrung, die auch alle andere teilten, die ein Radioempfangsgerät besaßen. Dadurch war die mediale Hörerfahrung mitteilbar geworden, ohne dass dabei eine physische Präsenz der Teilnehmer notwendig war. Diese Form einer frühen, in der Gemeinschaft geteilten Erfahrungswelt unter vielen war zunächst auf die Übertragung musikalischer Ereignisse beschränkt. Die kollektiv erfahrene Musikproduktion hatte insofern einen bedeutenden, ereignishaften Wert, da oft auch überregional bekannte Künstler im Programm des Rundfunks präsent waren. So verweist Weill darauf, dass neben

> „den Künstlern der ‚ortsüblichen' Musik- und Theaterkultur [...] der Rundfunk auch ‚fremde' Künstler in sein Produktionsfeld hinein[zog] und [...] damit am überregionalen Angebot des musikalischen Marktes mit seinen reisenden Virtuosen, internationalen Stars und Ensembles [teilhatte]. Ihr Einsatz signalisierte besondere Ereignisse, festliche Momente im Programm und spiegelte damit getreu jene Differenz wider, die im Kulturleben im Zuge der zunehmenden Kommerzialisierung entstand: den Unterschied zwischen musikalischer und theatralischer Alltagskultur (mit Repertoirebetrieb und Abonnementskonzert) und Kulturfest (mit Galavorstellungen und Star-Gastspielen)."[129]

Das Medienereignis als konstitutives Element der Übertragungspraxis definierte sich damit aus der partizipatorischen Unmittelbarkeit der „Live"-Performance, für die der Rezipient weder „Schall-Platte, Grammophon, Geld"[130] benötigte, noch vor die Tür gehen musste, um an einem Ereignis der Hochkultur teilzuhaben. So wirkte das neue Medium nicht nur demokratisierend auf die neuen kulturellen Ausdrucks- und Rezeptionsformen, sondern etablierte zugleich auch eine neue Zeitlichkeit kultureller Alltagserfahrung:

> „Der Rundfunk schuf hier nicht nur in einer Beziehung neue Verhältnisse. Abgekoppelt vom Schutzraum des Konzertsaals, durchdrangen die musikalischen Bildungsgüter plötzlich die Sphäre des Alltäglichen."[131]

---

129 Ebd., S. 733.

130 Kittler mit Rekurs auf Arnolt Bronnens Roman „Kampf im Äther" in ders. : Grammophon, Film, Typewriter, S. 151.

131 LENK, Carsten (1999): „Medium der Privatheit? Über Rundfunk, Freizeit und Konsum in der Weimarer Republik", in: MARSSOLEK, Inge/SALDERN, Adelheid von (Hg.): *Radiozeiten. Herrschaft, Alltag, Gesellschaft (1924-1960)*. Potsdam, S. 206-217, hier: S. 214.

Das Radio wurde also von einem Medium als „Mitteilungsform" in den Rang einer „Erlebnisform"[132] erhoben.

Die Partizipation an herausragenden kulturellen Erzeugnissen und Aufführungen war bis zur Rundfunkübertragung nur beschränkt möglich. Durch die Übertragung besonderer musikalischer Darbietungen entstand nun eine demokratisierende Korrelation von Zeit, Ereignis und Öffentlichkeit. Durch die sukzessive Herstellung einer breiten Öffentlichkeit war nun eine gemeinsame Erfahrung möglich, die dadurch an neuer intersubjektiver Bedeutung gewann. Die Erschütterung des traditionellen kulturellen Wertesystems, die Walter Benjamin in seinem Aufsatz „Das Kunstwerk im Zeitalter seiner technischen Reproduzierbarkeit" verfolgt, hatte im Sendekonzept der Übertragung noch etwas von der „Aura" des performativen Aktes übrig gelassen, die durch die Schallplattenindustrie zunehmend verloren zu gehen drohte. Benjamin schreibt:

> „Die Dinge sich räumlich und menschlich ‚näherzubringen' ist ein genau so leidenschaftliches Anliegen der gegenwärtigen Massen wie es ihre Tendenz einer Überwindung des Einmaligen jeder Gelegenheit durch die Aufnahme von deren Reproduktion ist."[133]

Auch aufgrund der Unmittelbarkeit der Übertragung werden die Klänge dem „Bereich der Tradition" entrissen,[134] wie Benjamin besonders für den Film feststellt. Dies gilt auch für die Übertragungen aus den etablierten Spiel- und Konzertstätten, bei denen vor allem das Spiel „bloß" rein akustisch wahrgenommen und in die „jeweilige [...] Situation"[135] des Hörers hineingetragen wurde. Die Tatsache jedoch, „bei einem repräsentativen Kunstereignis dabei zu sein, löste zudem beim Hörer eine größere Aufnahmebereitschaft aus, da es ihm den Gewinn tieferer Gemütswerte versprach. Aktualität und Unmittelbarkeit, die der Übertragung als solcher zukamen, verliehen dem medialen Ereignis ‚Festcharakter' und damit etwas von jener Aura, die ursprünglich dem Kunstwerk und dessen theatralischer Darbietung zu eigen war",[136] konstatiert Großmann-Vendrey, ohne dabei jedoch auf den Benjaminschen Begriff der „Aura" näher einzugehen.

132 SCHOEN, Ernst (1924): „Festina lente!", in: *Der deutsche Rundfunk*, Jg. 2, Nr. 48, S. 2895. Zitiert nach: GROSSMANN-VENDREY (1997): Rundfunk und etabliertes Musikleben, S. 795.

133 BENJAMIN, Walter (1974): „Das Kunstwerk im Zeitalter seiner technischen Reproduzierbarkeit", in: TIEDEMANN, Rolf/SCHWEPPENHÄUSER, Herman (Hg.): *Gesammelte Schriften*, I, 2. Frankfurt am Main, S. 471-508, hier: S. 479.

134 Vgl. ebd., S. 477.

135 Ebd.

136 GROSSMANN-VENDREY (1997): Rundfunk und etabliertes Musikleben, S. 795.

4.4.3 Sendespiel

Die Produktion des Sendespiels in den Studios der Sendegesellschaften bildete einen „ernstzunehmenden Gegenpart zur Übertragung".[137] Während schon die Qualität einer Übertragung aus den etablierten Spielstätten wesentlich von der Wertigkeit der eingesetzten Kabel und Leitungen vor Ort abhing, so war auch das Sendespiel an die Qualität der Raumakustik und Mikrophontechnik in den frühen Produktionsstudios gebunden. Gerade die großen finanzstarken Sender wie die WERAG und die Berliner Funkstunde besaßen dank vieler Experimente und der Erfahrungen langjähriger Mitarbeiter der Deutschen Grammophon recht zügig ein repräsentatives und gut ausgestattetes Produktionsstudio. Dass vor allem bei der Frage „Sendespiel oder Übertragung" gerade die Berliner Funkstunde auf die Produktionen aus dem Studio setzte, ist vor diesem Hintergrund wenig verwunderlich.

Nicht nur finanziell, sondern auch inhaltlich war die Arbeit im Produktionsstudio umfangreicher, als es für Übertragungen der Fall war: Im Unterschied zur Übertragung, die wesentlich von der Reputation der Programmplanung traditioneller Institutionen lebte, war das Sendespiel von vornherein ein Konzept, um rundfunkeigene Formen aus genuinen Bühnenformaten herauszuarbeiten. Zwar wurde bei den Übertragungen auch der „Opernfunk" als beliebtes Genre etabliert, die Funkoper hingegen ging andere, neue Wege.[138] Voraussetzung war, dass eine akustische Übersetzung audiovisueller, theatraler Bühnenpraxis tatsächlich möglich war:

> „Das galt besonders für das orchestral-musikalisch geprägte Opernmodell des späten 19. Jahrhunderts und der Moderne, bei dem sich die Handlung aus der szenischen Aktion auf ein inneres Drama, auf ein imaginäres Theater oder auf Ideendarstellung zurückzog."[139]

Großmann-Vendrey hebt in ihrer Darstellung mit Verweis auf einen Bericht in der Zeitschrift „Süddeutscher Rundfunk"[140] hervor, dass selbst eingefleischte Wagnerianer, die einen multimedialen Gesamtkunstwerkbegriff verteidigten, feststellten, dass der

> „‚optische Effekt nicht unbedingt zur Wirksamkeit der Oper' gehöre, daß vielmehr der Rundfunk ein ‚bildloses, inneres Theater', eine ‚wirkungsgerechte, dramati-

137 Ebd.

138 Als eine Form, die sich aus dem Hörspiel ableiten lässt, kann die Funkoper als ein Hörspiel mit Musik betrachtet werden. Vgl. dazu: Jeschke, Lydia (2004): „Von überallher aus der Welt. Technik und Fortschritt in der Funkoper", in: Grosch, Nils (Hg.): *Aspekte des modernen Musiktheaters in der Weimarer Republik.* Münster, S. 193-207.

139 Grossmann-Vendrey (1997): Rundfunk und etabliertes Musikleben, S. 787f.

140 Sch., V. (1927): „Bildloses Theater – klingendes Buch", in: *Süddeutscher Rundfunk*, Nr. 9, S. 4. Zitiert nach: Ebd., S. 788.

sche Funkkunst' gewährleiste, durch die sich eine Oper oder das Musikdrama ‚lese[n]' lasse wie ein ‚klingendes Buch'."[141]

Hinzu kam eine konstituierende Erfahrung der ersten Rundfunkjahre: Aufgrund der schlechten technischen Produktionsmöglichkeiten sendete die Berliner Funkstunde Wagners „Parsifal", Glucks „Iphigenie auf Tauris" und Bellinis „Norma" konzertant.[142] Zudem ging man wegen der Länge einzelner Opern dazu über – in Anlehnung an die Vorbilder des Theaters –, beispielsweise Wagner aktweise zu spielen.

Dieser durchaus umstrittene, aber bei den Zeitgenossen überraschend akzeptierte[143] Transformationsprozess audiovisueller Bühnenpraxis in die ausschließlich akustische Radioproduktion führte so zu einer beflügelten redaktionellen Aufbereitung musikdramatischer Werke:

> „Die häufig umstrittene, jedoch gleichwohl kreative Praxis, eine Oper dramaturgisch gewissermaßen zum Sendespiel umzuarbeiten, erwuchs aus einer Programmstrategie, die aus dem Bedürfnis, es richtigen Opernhäusern gleichzutun, auf stilistischer Vielfalt des Sendespielrepertoires insistierte."[144]

Die „sperrige" Übersetzungsarbeit „populäre[r] Werke der ‚großen' Literatur (Verdi, Wagner)" verdankte sich dem „Bewußtsein der Programmmacher durch den Bildungsauftrag des Rundfunks".[145] Dabei waren „Kürzungen, Umstellungen, neue Texte, kommentierende Zusatzpersonen u.a.m. zum Verständnis des Handlungsablauf notwendig".[146]

Die Rolle des Sendespiels für die durch den Rundfunk initiierte und realisierte Verbreiterung des kulturellen Angebots kann demnach nicht hoch genug eingeschätzt werden. Das Sendespiel half, den Rundfunk nicht nur als bloßen „Kulturfaktor" zu verstehen, sondern emanzipierte sich von den Angeboten arrivierter Bühnenpraxis und erfand neue Formen der kulturellen Repräsentation. Diesen Vorteil sahen auch die Sendegesellschaften, weshalb sie zur Profilierung des eigenen Senders eine Erweiterung des Opernrepertoires forcierten. Das Sendespiel als Alternative zur „bloßen" Übertragung hatte sich dann alsbald zügig durchgesetzt:

> „[Z]wischen 1924 und 1925 [stieg] der zeitliche Umfang der Opernsendespiele von 50 auf 570 (!) Sendestunden [...], um sich 1926 nochmals auf 7856 Stunden zu steigern. Das Sendespiel überflügelte damit eindeutig die Übertragung."[147]

---

141 Grossmann-Vendrey (1997): Rundfunk und etabliertes Musikleben, S. 789.
142 Vgl. ebd.
143 Umfrage der Zeitschrift *Der deutsche Rundfunk* 1925, Nr. 28, S. 1753ff.
144 Vgl. Grossmann-Vendrey (1997): Rundfunk und etabliertes Musikleben, S. 796.
145 Ebd., S. 797.
146 Ebd., S. 796.
147 Ebd., S. 800.

Ab 1928 änderte sich die Situation, als sich ein „Gleichgewicht zwischen den beiden Produktionsweisen einpendelte".[148]

Im Repertoire des Sendespiels waren wegen seiner großen Beliebtheit in der Regel ausschließlich deutsche Werke zu finden. Lediglich Verdi und Puccini fanden den Weg in die Sendegesellschaften, wo die Werke in eine rundfunktaugliche Fassung überführt wurden. Allerdings wurde bei der Auswahl der Opern, die sich von den Spielplänen der Oper- bzw. Theaterhäuser stark unterschieden, vor allen Dingen Spielopern und Singspiele berücksichtigt. Sie zeichneten sich dadurch aus, dass sie durch eine „knappe Handlung, kürzere Sequenzen, durchsichtigere Besetzung und durch den häufigeren Wechsel zwischen Sprache und Musik besonders gut für die akustische Vermittlung"[149] geeignet waren. Erweitert wurde das Repertoire der deutschen Opern schließlich durch „ältere" Literatur. So wurden zunehmend auch Opern gespielt, die als vergessen galten und schließlich wiederentdeckt wurden:

> „Ihre Wiederaufnahme fand zunächst in langatmigen, gelehrsamen Reihen wie im ersten Stuttgarter Mozart-Zyklus (1925/26) ihren Platz, so beispielsweise die Einstudierung des von Kurt Weill [...] erwähnten, fast unbekannten ‚Idomeneo' Mozarts."[150]

So trug das Opern-Sendespiel ganz entscheidend zur Emanzipierung des Rundfunks von den Programmplanungen der Spielstätten bei. Und auch die Sendespiel-„Redakteure" halfen dabei, Wiederentdeckungen als Teil eines neuen kanonischen Spielrepertoires in die kulturellen Ordnungen von Theater und Oper einzuführen. Eines der wichtigsten Beispiele ist zudem der „Offenbach-" und „Verdi-Zyklus", den die Berliner Funkstunde im Jahre 1930/31 zur Aufführung brachte:

> „Intentional nach außen gerichtet waren beispielsweise der Offenbach- und Verdi-Zyklus der Berliner Funkstunde (1930/31), die mit ihrem Erfolg gewissermaßen die Anregung für die Offenbach- und Verdi-Renaissance außerhalb des Rundfunks gaben und sie auch mitprägten."[151]

Ende der 1920er und Anfang der 1930er Jahre hatte sich schließlich zunehmend eine „neue Editions- und Bearbeitungspraxis" etabliert, sodass zu den Jubiläumsfeiern von Komponisten auch

> „vernachlässigte singuläre Werke wie Robert Schumanns ‚Genoveva' (Berlin 12.10.1927, Stuttgart 2.4.1930), Peter Cornelius' ‚Barbier von Bagdad', Herman Goetz'

148 Ebd.
149 Ebd., S. 803f.
150 Ebd., S. 803.
151 Ebd., S. 804, und auch o. V.: *Funk-Stunde-Geschäftsbericht* 1931, S. 42f.

‚Der Widerspenstigen Zähmung' (u.a. Berlin 3.12.1926) sowie Hugo Wolfs ‚Corregidor' (München 1.9.1932) und ‚Manuel Venegas' (Leipzig 14.3.1930) geboten"[152]

wurden.

Die kulturellen Leistungen des Sendespiels – so lässt sich rekapitulieren – ergaben sich aus der Übersetzung audiovisuell angelegter Kunstformen in das rein Akustische. Demgemäß wurde kein eigener dramaturgischer Anspruch entwickelt, ein Regisseur eingesetzt oder Umschreibungen neu entwickelt. Klassische Werke der traditionellen Theater- und Opernbühnen wurden medientauglich gestaltet, jedoch wurde nicht in das Werk selbst eingegriffen. Die besondere Leistung besteht vielmehr darin, dass neben den etablierten Opernwerken vor allem auch vergessene Komponisten und Opern wiederentdeckt und verbreitet wurden. Das Sendespiel bildete kanonisch geltende Opernspiele der großen Bühnen ab und ergänzte es durch Neubearbeitungen oder Uraufführungen maßgeblich als kulturelles Supplement. So versteht sich das Genre des Sendespiels als ein „Sammelsurium ‚musikalischer Vorträge' der Anfangszeit über Opernkonzerte und Teilaufführungen einzelner Szenen und Akte bis hin zur ‚abendfüllenden', (nahezu) kompletten Studioaufführung eines Werkes".[153]

Mit Verweis auf Kurt Weill, der die damalige programmpolitische Entwicklung in den zeitgenössischen Rundfunkzeitschriften beobachtete und reflektierte, fasst Großmann-Vendrey die Leistungen des Opern-Sendespiels wie folgt zusammen:

> „In einer Zeit, als die großen tragischen Opern mehr und mehr aus den Spielplänen verschwanden, war ihre Aufführung im Studio – trotz Bearbeitungen, Retouchen und unumgänglichen Kürzungen – eine programmpolitische Sonderleistung, ganz zu schweigen von echten Entdeckungen wie beispielsweise den Opern von Berlioz oder von Rossini."[154]

Diese wurden fortan im Rundfunk gespielt und hatten am 17. Juni 1932 mit der Produktion von Rossinis „Seramis" als Sendespiel ihren Höhepunkt.

4.5 Der Schlager im „Klüngel" mit Verlagen und der Schallplattenindustrie

Wie nun mehrfach deutlich wurde, dienten in den ersten Jahren des deutschen Rundfunks in der Regel arrivierte Kunstformen und -traditionen als Vorlage für die Entwicklung neuer akustischer Medienformate. Dies galt nicht nur für die

152 Ebd., S. 805.
153 Ebd., S. 799.
154 Ebd., S. 810.

Hochkultur, sondern vor allem auch für die Etablierung „einer im Kern von Massenästhetik bestimmten Breitenkultur".[155] Einen Medienverbund bildeten dabei schon vor Einführung des Rundfunks „Glanzrevuen, Operetten-, Schallplatten- und Filmschlager".[156]

Der Schlager, der bereits im 19. Jahrhundert aus Gassenhauer und Oper entstand, fand ein neues Publikum im Kontext der Operette, der Revue und des Kabaretts. Kunstformen des Schlagers waren also zunächst Vermittlungsformen der Optik, bis dieser ‚auf Platte' den Weg in die Wohnzimmer und Cafés fand. So sollte es mit dem Aufkommen des Radios auch eine von der optischen Performance losgelöste Form des Schlagers geben. Die bei den Massen beliebte Revue oder Operette als Unterhaltungsbühne verschaffte dem Schlager in den 1920er Jahren einen zusätzlichen Kanal der Popularisierung.[157] Für die Operettenschlager galt, dass sie „einen unverzichtbaren Standard im U-Musik-Repertoire"[158] bildeten.

So wurde der Schlager fester Bestandteil des Rundfunkprogramms:

> „Die typische Plazierung für Schlagermusik in der ersten Phase des Rundfunks lag in den Nachmittagskonzerten und – vorzugsweise samstags – in (Spät-)Abendveranstaltungen, und die übliche Darbietung war live."[159]

Im Zusammenspiel mit einem Hausensemble oder in Jahresrückblickprogrammteilen wurden die „Schlager der Saison"[160] über den Äther geschickt, wofür professionelle Sänger und Sängerinnen bemüht wurden. Um jedoch mit dem hauseigenen Orchester spielen zu können, wurden die aktuellsten Notationen benötigt. Aus diesem Bedürfnis heraus entstand eine Abhängigkeit zwischen Rundfunk und Musikverlag, ohne dessen Noten und Texte die neuesten Schlager nicht gespielt werden konnten. Den neu entstandenen Medienverbund wussten die Verlage für ihre Zwecke zu nutzen. Sie spekulierten dabei auf die Verbreitung mittels Radio, indem sie die neuesten Schlager gleich in der aktuellsten Rundfunk-Zeitschrift publizieren ließen, die dann schließlich auch in der abgedruckten Reihenfolge gespielt wurden. Stoffels berichtet von einem Fall aus dem Jahre 1927: Am 15. November wurden in den Nachmittagskonzerten des SWR die jüngst erschienenen Schlagertexte eines der größten U-Musik-Verlage, dem Bohême-Verlag, in der dort aufgelisteten Reihenfolge im Rundfunk intoniert. Die mediale Verschränkung von Verlagspublikationen und

---

155 Stoffels, Ludwig (1997): „Rundfunk und die Kultur der Gegenwart", in: Leonhard, Joachim-Felix (Hg.): *Programmgeschichte des Hörfunks in der Weimarer Republik*. Bd. 2. München, S. 948-995, hier: S. 976.

156 Ebd.

157 Vgl. ebd., S. 985.

158 Ebd., S. 986.

159 Ebd., S. 988.

160 Ebd.

Sendeprogramm schadete dem Image des frühen Rundfunks: Ausgehend von der Publikation der Noten und Texte neuester Revue- oder Operettenproduktionen wurde das Radioprogramm zu einem „bloße[n] Multiplikator“[161] etablierter Unterhaltungskünste degradiert, der zu einer eigenen Dramaturgie als rundfunkeigene Leistung nicht in der Lage zu sein schien. So schrieb ein Journalist im Jahre 1930 in der „Funk“:

> „Bis heute fehlt hier jegliche eigene Initiative in der Auswahl des wirklich Guten – ohne Rücksicht auf den an sich unentbehrlichen Saison-Gassenhauer fehlt jeglicher Kampf gegen die oft unmöglichen Texte. Statt dessen Reklame-Autorenabende und als Notbehelf verlagsparitätische Abende unter der Devise ‚neue Tänze‘.“[162]

Abhilfe erhofften sich die Programmmacher von einem „Funkschlager“, der in München z.B. als fester Bestandteil der Musikplanung galt. Gemeint war damit, dass jeden Monat ein Schlager präsentiert wurde, und zwar mit „neuer Melodie“, „neuem Refrain“, und „an jedem Samstag im Abendprogramm drei Verse Text“.[163] Zu einer Uraufführung eines solchen Schlagers kam es schließlich, als Alfred Braun drei neue und sehr erfolgreiche Schlager von Walter Kollo präsentierte: „Mein Papagei frißt keine harten Eier“, „So lang‘ nicht die Hose im Kronleuchter hängt“ und „Tante Paula sitzt im Bett und ißt Tomaten“.[164] Der Funkschlager ermöglichte zwar keine Emanzipierung von den Verlagspublikationen, jedoch etablierte sich ein neues Genre, die dem Rundfunk ein gewisses Maß an Eigenständigkeit gestattete.

Ebenso bestand eine Abhängigkeit des Rundfunks von der Schallplattenindustrie, die sich jedoch als ausgewogener erwies. Die Verbindung von Rundfunk und Schallplattenindustrie hatte sich recht früh, spätestens aber Mitte der 1920 Jahre herauskristallisiert. Insbesondere für den Schlager galt: Je häufiger er gespielt wurde, umso populärer war er bei den Hörern. Ein Beispiel dafür ist der in der Berliner Funkstunde präsentierte Schlager „Ich suche dich, Titine“. Populär wurde dieser Song nur wegen seiner „unzähligen“[165] Wiederholungen im Rundfunk.

Diese medientechnische Konkurrenzsituation machte sich die Plattenindustrie zunutze. Bevor sie die neuesten Produktionen an die Händler gab, ließ sie die Platten von nun an von den Sendern zuerst ausstrahlen. Tonträgerindustrie und Radio waren auf diese Weise aufs Engste miteinander verbunden:

161 Ebd., S. 989.

162 Wolfgang, Siegbert (1930): „Das Gesicht des Unterhaltungsrundfunks“, in: *Funk*, Heft 22, S. 116. Zitiert nach: Stoffels (1997): Rundfunk und die Kultur der Gegenwart, S. 989.

163 Richartz: „Der Funkschlager“, in: *Bayerische Radio-Zeitung*, Nr. 23, S. 13; und Stoffels (1997): Rundfunk und die Kultur der Gegenwart, S. 989.

164 Ebd., S. 990.

165 Fitze, Walter (1932): „Der leidige Schallplattenkrieg“, in: *Der deutsche Rundfunk*, Jg. 10, Nr. 7, S. 3. Zitiert nach: Stoffels (1997): Rundfunk und die Kultur der Gegenwart, S. 990.

> „Die Tonträgerindustrie konnte ohne das Werbe- und Multiplikationsinstrument Rundfunk kaum prosperieren, der Rundfunk wiederum konnte kein Programm ohne Rückgriff auf industrielle Produkte machen",

schlussfolgert Stoffels auch und vor allem für den Schlager, der „einerseits erst durch das Verbreitungsmedium zu einer teilweise lenkbaren Massenware wurde", andererseits an den Zeitgeist angeschlossen war. So vermittelte der „moderne" Schlager im Radio „den Flair des Modischen, Zeit- und Volksnahen".[166] Aufgrund seiner Beliebtheit bildeten sich für den Schlager allmählich Strukturen heraus, die den Rundfunk als Werbeplattform der Plattenindustrie vereinnahmten.

Um sich aus solchen Strukturen zu lösen, entstanden im Rundfunk schließlich Darstellungsformen zur Präsentation frisch hergestellter Platten. Diese neuen Sendeformate folgten in der Vorführtechnik einer Dramaturgie der historisierenden Einordnung. Als etabliert galt die Mottosendung, „die der Aneinanderreihung von Schlagertiteln einen Schein von Zusammenhang geben sollte".[167] Die neuesten Schlager-Produktionen wurden in Mittags- oder Abendkonzerten präsentiert, entsprechende Sendungen hießen „Die neuesten Schlager des Monats", „Schlagerrevue 1929-30" oder „Neueste Schlager".[168] Es wurde live oder von Platte gespielt.

Bereits früh entwickelten sich daraus mediale Distributionswege, die Platte, Zeitschrift und Rundfunk miteinander verknüpften. So wurden die Mottoabende in den entsprechenden Rundfunkzeitschriften kommentiert und bewertet.[169]

4.6 Das Mikrophon auf „Alltagswanderung"

Live-Reportagen waren in den Anfängen des Weimarer Radios aus technischen Gründen nicht umsetzbar. Zunächst wurden lediglich – wie oben bereits beschrieben – kulturelle Institutionen wie auch Sportstätten, von wo aus regelmäßig „live" berichtet und übertragen wurde, mit Kabelleitungen ausgestattet. Diese Übertragungsmöglichkeit wurde jedoch erst mit neuen, speziellen und von der Post finanzierten Leitungen in den Jahren 1925/26 wirklich leistungsfähig. Zuvor wurde für die zwischen Übertragungsort und Sender verwendeten Kabel Telefonleitungen benutzt, die als besonders „störanfällig" galten, sodass lange Zeit Übertragungen aus der Philharmonie und der Berliner Staatsoper als akustisch unzulänglich betrachtet wurden.[170]

---

166 Stoffels (1997): Rundfunk und die Kultur der Gegenwart, S. 990.

167 Ebd., S. 993.

168 Vgl. ebd., S. 994f.

169 Vgl. ebd., S. 992.

170 Vgl.: Führer, Karl Christian (1997): „Übertragungen und Reportagen", in: Leonhard, Joachim-Felix (Hg.): *Programmgeschichte des Hörfunks in der Weimarer Republik*. Bd. 2. München, S. 784f., hier: S. 784.

Als Fortschritt erweis sich dabei die Mikrophontechnologie. Bereits die frühe Mikrophonvariante des „Kathodophons“ sorgte für eine Qualitätssteigerung, besaß jedoch den Nachteil, dass es in einem vom Zuschauerraum getrennten Raum untergebracht werden musste. Erst das „Reisz-Mikrophon“ war in der Lage, auch in der Nähe der Bühne montiert zu werden. Für die Übertragungen wurden schließlich mehrere Mikrophone unterschiedlich positioniert. Dennoch konnten nicht immer alle Instrumentengruppen gleichzeitig berücksichtigt werden. Oft kam es zu Ausfällen, insbesondere bei Blechbläsern und Schlagzeugern. Erst 1931 wurden Mikrophone über den Plätzen der ersten Parkettreihen aufgehängt.

Im Jahre 1928/29 erfand die WERAG als erster Sender ein tragbares Mikrophon,[171] das mithilfe eines „Gerüstes“ vor der Brust befestigt wurde. Mit diesem gewann der Reporter an motorischem Spielraum. Für unvorhersehbare Ereignisse oder für solche, die regelmäßig an unterschiedlichen Orten stattfanden, waren jedoch nach wie vor kaum technische Möglichkeiten vorhanden. Zwar war es auch vor 1929 möglich, Reportagen vor Ort anzufertigen, der Aufwand war jedoch immens: „Die Mikrophone, Misch- und Meßgeräte, Abhörlautsprecher und ein transportabler Verstärker in Kofferform mußten aufgebaut, verkabelt und mit dem Telefonnetz verbunden werden.“[172]

Auch hier erwies sich schließlich die WERAG als technisch innovativ: Sie konstruierte noch im selben Jahr ein „Rundfunk-Reportage-Auto“. Die Technik des ersten Übertragungswagens war dabei fest installiert. Mittels des mobilen Technik-Repertoires war es schließlich möglich, ohne längerfristige Planungen und Aufbauten direkt zu übertragen. Da jedoch kaum Reportagen dieser Art und Materialien zu deren Realisierung überliefert sind, darf man mit Karl-Christian Führer aber offenbar davon ausgehen, dass „auch andere Sendegesellschaften in den letzten Jahren der Republik solche Übertragungswagen besessen haben“.[173]

Das Bemerkenswerte an der in der Entwicklung begriffenen technologischen Phänomenologie des „wandernden“ Mikrophons ist jedoch das „Medienereignis“, das durch die Präsenz des Sprechers vor Ort, aber auch durch die Unmittelbarkeit der Übertragung in die Privathaushalte das Versprechen höchster Aktualität einlöste. Hatten sich bei den Übertragungen aus etablierten Opern- und Spielstätten Anfang der 1920er Jahre bereits medientechnische Strukturen einer Live-Berichterstattung etabliert, waren aktuelle Berichterstattungen vom Sportplatz jedoch das erste Genre, an dem aktuelle Live-Übertragungen mit Reportage-Charakter erprobt wurden. Daraus folgten später medial inszenierte Ereignisse wie „Ozeanüberquerungen, Zeppelinfahrten, aber auch beispielsweise

171 Vgl. ebd., S. 785.
172 Ebd.
173 Ebd.

Stresemanns Rede vor dem Völkerbund".[174] Die aktuelle Teilhabe an Ereignissen mit weltpolitischer Relevanz verband das Radio schließlich mit der Gattung der „Illustrierten" und der „Kinowochenschau".[175] Zugleich emanzipierte sich das Radio aber auch von den genannten Vermittlungsformen, da die unmittelbare akustische Hörerfahrung Authentizität vermittelte. Die Reportage gilt im Kulturradio der späten 1920er Jahre zudem als dasjenige Genre, das formal und inhaltlich am ehesten das publizistische Potential des noch relativ neuen Mediums antizipierte und entfaltete. Carsten Lenk beschreibt die Reportage des Weimarer Rundfunks als konstitutives Moment für die Integration der neuen Nutzungsweisen in den Alltag:

> „Nicht mehr das Andere zu Alltag und Leben verspricht der Rundfunk zu geben, sondern er schwingt sich zum Berichterstatter über Alltag und Leben auf, gibt damit vor, die menschliche Wahrnehmungsfähigkeit als stellvertretender Ohrenzeuge raumüberwindend zu erweitern."[176]

4.7 „Programmlieferant" Literatur. Die Entwicklung des Hörspiels

Wie die Kunstformen der Oper, der Operette und der Revue Eingang in den Rundfunk fanden, diente auch die Literatur – sei es „Gedicht oder Dramenmonologe, sei es Märchen, Erzählung oder Anekdote" – als „Programmlieferant".[177]

In den ersten Monaten der Rundfunkgeschichte wurde Literatur ins Programm eingebunden, indem sie schlicht und einfach vorgelesen wurde. Ganz anders verhielt es sich mit dem Hörspiel, das sich durch eine eigene dramaturgische Leistung auszeichnete. Neben den erwähnten Textsorten fanden aber auch epische Kurztexte, Märchen, Legenden, Sagen und Fabeln Verwendung und waren fest in den Programmalltag eingebaut.[178] Die Auswahl der Autoren folgte offenbar nach Epochenzugehörigkeit:

> „Als Autoren wurden – vor allem in den ersten Sendejahren – Romantiker und Realisten des 19. Jahrhunderts bevorzugt, besonders Joseph von Eichendorff, Theodor Fontane, Gottfried Keller, Wilhelm Raabe, Theodor Storm und von den ausländischen Schriftstellern Mark Twain. […] Novellen zeitgenössischer Auto-

174 LENK (1999): Medium der Privatheit, S. 214f.
175 Ebd., S. 215.
176 Ebd., S. 217.
177 WITTENBRINK, Theresia (1997): „Rundfunk und literarische Tradition", in: LEONHARD, Joachim-Felix (Hrsg.): *Programmgeschichte des Hörfunks in der Weimarer Republik*. Bd. 2. München, S. 996-1097, hier: S. 996.
178 Vgl. ebd., S. 997.

ren wie Herbert Eulenberg, Maxim Gorki, Heinrich und Thomas Mann oder Arthur Schnitzler finden sich ebenfalls im Programm des Jahres 1924."[179]

So wie sich die Auswahl der Musikstücke am Kanon orientierte, so galt dies auch für die der Schriftsteller und Dichter, die nun auf neuem Wege einem breiteren Publikum zugänglich gemacht wurden. Aber nicht nur kulturell etablierte Autoren wurden in das Repertoire der Literaturabteilungen aufgenommen. Sechs Jahre später waren auch zeitgenössische Autoren fester Bestandteil des radiophonen Literaturbetriebs. Darunter fallen Autoren wie „Joseph Roth, John Galsworthy, Anna Seghers, Leonhard Frank, Wilhelm Speyer, Friedrich Schnack, Raoul Auernheimer, Ödön von Horváth, Joseph Conrad und Friedrich Griese".[180]

Das Konzept bloßer Reproduktionen und Aneinanderreihungen arrivierter Lese- und Vortragsformen hatte sich jedoch bald abgenutzt, weshalb neue Präsentationsformen am Mikrophon erprobt wurden. Wie schon bei Schlager und Oper wurden auch hier thematische Motti gefunden – in der Regel nach literarischen Genres geordnet –, um einer Sendeeinheit einen inhaltlich strukturierten Rahmen zu geben. Die Sendungen waren dabei einem „Dichter oder einer Epoche"[181] gewidmet. Musikalische und literarische Beiträge wurden auf diese Weise miteinander verwoben. So wurde ab 1926 unter der Überschrift „Deutsche Erzählkunst" zunächst auf realistische und romantische Erzähler zurückgegriffen und schließlich der Schwerpunkt auf zeitgenössische Literatur gelegt. Vorgetragen haben hier u.a. „Alfred Döblin, Herman Hesse, Ricarda Huch und die Gebrüder Mann".[182] Auch für ausländische Literatur war Raum, sodass ausgewählte Werke Aufnahme in die Lesestunden-Reihe fanden:

> „Die vom Kölner Intendanten Ernst Hardt selbst zusammengestellten und vorgetragenen Folgen ‚Kleine Kostbarkeiten der Weltliteratur' brachten anfangs mit Gustave Flaubert, Honoré de Balzac, Oscar Wilde und Leo Tolstoi die berühmtesten europäischen Erzähler des 19. Jahrhunderts."[183]

Aus den reinen Lesungen entstanden schließlich neue Radioformate, darunter „Dichterportraits, Plaudereien und eine sogenannte ‚Literarische Umschau'".[184] Der „Lesefunk" wurde ein wichtiger Teil der Funkwerbung und in einigen Sendegesellschaften noch intensiver betrieben. Der SWR hatte seit dem 30. September 1924 gar mehrere Sendeplätze eingerichtet, um eine feste „Lesestunde" einzuplanen.

179 Ebd.
180 Ebd., S. 998.
181 Ebd.
182 Ebd.
183 Ebd., S. 1001.
184 Ebd.

Mit der zunehmenden Überzeugung, dass die Aufnahmekapazitäten der Zuhörer bei einer Länge von eineinhalb bis zwei Stunden längst überschritten waren, begannen die Sendegesellschaften damit, die vorliegende Literatur auf ihre Rundfunktauglichkeit hin zu überprüfen und neue Erzählkonzepte zu entwickeln.

> „Um Epik rundfunkgerecht, also ohne ermüdende Dauerrezitationen anzubieten, griffen die Literarischen Abteilungen gerade bei längeren Werken neben den Fortsetzungslesungen vor allem zum Mittel der Bearbeitung, sei es durch Kürzen oder auch durch Dramatisieren."[185]

Im Laufe der Jahre hatte sich auch die Erfahrung eingestellt, dass sich gerade Prosa dazu eignete, um für den Rundfunk in Dramaturgie und angebrachter Länge aufbereitet zu werden. Gegenteilige Beobachtungen hatte man hinsichtlich Lyrik gemacht, obgleich man meinen könnte, sie eignete sich ganz besonders, um im Rundfunk rezitiert zu werden. Lyrik wurde beispielsweise „eingestreut zwischen Musikbeiträge[n] einer abendlichen Vortragsfolge, etwa wenn in Berlin Goethe und Heine von der Schauspielerin Doris Rackwitz"[186] gesprochen wurden. Im Mittelpunkt des Programms stand jedoch die vorgestellte Musik. So setzten sich die reinen Lyrikrezitationen bis Ende der 1920er Jahre nicht durch. Bemerkenswert ist, dass Lyrik weniger in literarischen als in musikalischen Rundfunkformaten Verwendung fand. Ausschlaggebend dafür waren Erfahrungen mit den neuen Hörgewohnheiten: Diese

> „hatte[n] die Rundfunkverantwortlichen gelehrt, welche Anstrengung die ununterbrochene Konzentration auf komplexe lyrische Werke für die Hörer bedeutete und sie daraufhin immer stärker Abstand von Gedichtfolgen nehmen lassen. So bekam die Lyrik im Gegensatz zur Prosa lange Jahre auch kaum eigene Sendereihen eingeräumt."[187]

Eine weitere Herausforderung stellte die Präsentation dar. Da meistens Schauspieler und professionelle Rezitatoren gebeten wurden, entsprechende Literatur vorzutragen, stellte sich bald auch ein gewisser Anspruch an das richtige Sprechen im neuen Medium ein: „Vor allem das Pathos alter Schauspielschule schadete der intimen Übertragungssituation über das Mikrophon."[188]

Aus den genannten „Störfällen" entwickelten sich zunehmend andere Formen der radiophonen Literaturvermittlung, die auch einer neuen Sprechkunst den Weg bereiteten. Als eine „Zwischenform" des Melodramas wurden daraufhin Balladen für rundfunkgeeignet betrachtet, weil sie „aufgrund ihrer spannungsvollen Erzählhandlung und ihres volkstümlichen, oft moritatenhaften

---

185 Ebd.
186 Ebd., S. 1006.
187 Ebd., S. 1007.
188 Ebd., S. 1010.

Charakters“[189] am ehesten auf die Hörerbedürfnisse, wie die direkte Anrede des Publikums, der Behandlung eines aktuellen oder wahren Geschehens oder die regelmäßige Strophenform, eingingen.

Eigens für den Rundfunk entwickelte Formen dieser Art waren hingegen selten.[190]

So wurde vornehmlich mit Wort-Musik-Folgen experimentiert. Aus diesem „erprobten lockeren Verbund kurzer literarischer Beiträge mit Musikstücken“ entstanden „zwei rundfunkspezifische Sendeformen [...]: der Bunte Abend im Unterhaltungsprogramm und die Hörfolge im anspruchsvolleren Bereich.“[191]

4.8 „Chansons von abgrundtiefer Dämlichkeit“: Neue Mischformate und das Kabarett

Der „Bunte Abend“ ist ein Genre, das aus dem zeitgenössischen Kabarett hervorging und deshalb vor allem humoristisch-satirisch angelegt war. Es setzte sich in seinem Wort-Musik-Sendekonzept aus Bearbeitungen der humoristischen Literatur sowie Chanson und Lied zusammen und galt somit als das erste Kabarett im Rundfunk. In den Anfängen wurden die „Bunten Abende“ von Rundfunkangestellten bestritten, deren mangelnde Professionalität jedoch schnell die Forderung nach Gastspielen bekannter Kabarettisten laut werden ließ. Vielen Kritikern waren diese Abende wegen ihrer „Langeweile und fehlende[n] Aktualität“ zuwider. Die Kluft zwischen „Rundfunkunterhaltung und zeitgenössische[r] Kabarettavantgarde“[192] war offenbar zu groß. Ein zeitgenössischer Journalist schreibt über die Praxis der „Bunten Abende“:

> „Abgestandener Vorkriegsulk, Witze alt wie Methusalem und Chansons von abgrundtiefer Dämlichkeit und unerträglicher Süßlichkeit! Das ist alles! Dazwischen lärmt noch eine höchst mittelmäßige Salon-Jazzband, und dieses Kabarettprogramm, unwürdig des kleinsten Dörfchens, wagt die künstlerische Leitung der Berliner Funkstunde zu senden.“[193]

Ab 1929 wurden schließlich zunehmend Kabarettisten der neu entstandenen Kleinkunstbühnen und ihrer Gastensembles für den Rundfunk engagiert. Selbst dies war nicht optimal, da die Profis – wie viele Schauspieler der Zeit – Schwie-

---

189 Ebd.

190 Vgl. ebd., S. 1011.

191 Ebd., S. 1012.

192 Ebd., S. 1015.

193 Tasiemka, Hans (1928): „Gegen den Kabarettkitsch – für Jack Smith“, in: *Der deutsche Rundfunk*, Jg. 6, Nr. 33, S. 2185. Zitiert nach: Wittenbrink (1997): Rundfunk und literarische Tradition, S. 1015.

rigkeiten hatten, ihre Texte so zu sprechen, dass ihr „Vortrag" mit der spezifischen Akustik des Rundfunks kompatibel war. So urteilte derselbe Journalist über die „Unterhaltungsexperimente der letzten Zeit" erbarmungslos: „Es war schauerlich. Wir haben es erlebt, wie versierte Feuilletonisten, bekannte Tagesschriftsteller als Mikrophonkabarettisten versagten."[194]

Es gab jedoch auch Ausnahmen. Geübten Bühnendarstellern gab man nun ein geeignetes Forum, schließlich waren sie auch im akustischen Ausdruck geübt. In der Folge wurden auch professionelle Kabarettisten mit ihrem aktuellen Programm in die Sendestudios eingeladen, wodurch das Kabarett – und dies war eine entscheidende Neuerung – Einzug in den Rundfunk erhielt. Da sich der Rundfunk nun aber wieder der gängigen Kunstformen, hier des Kabaretts, bediente, entstand schließlich erneut eine Abhängigkeit des Sendeprogramms, auch wenn die Verfügbarkeit von Schauspielern und Kabarettisten aufgrund der Eingebundenheit in die Spielpläne deutscher Bühnen begrenzt war. So ging man in Berlin dazu über, Auftragsarbeiten zu vergeben. Dem Geschäftsbericht von 1931 zufolge wurden „Hörfolgen in Auftrag gegeben, die in einem geschlossenen Rahmen dramatisch verbundene Szenen und Chansons brachten".[195]

Eine Alternative dazu boten schließlich auch jüngste Schallplattenproduktionen, die den Rundfunk vom Terminkalender der Schauspieler unabhängig machte.[196] Die dadurch entstandene Herausforderung für den Rundfunksprecher, nicht nur Schallplatten aneinander zu reihen, sondern auch die Künstler in ein abendfüllendes Konzept zu integrieren, führte im Frühjahr 1929 in Frankfurt zu dem Versuch, „dem bunten Abend eine hörspielmäßige und künstlerisch annehmbare Form zu geben".[197]

4.9 Bunter Wirbel – Dialektabende, Nordpolexpedition und Rokkoko: Die Emanzipation neuer Erzählformate

Die an den „Bunten Abend" angelehnte Struktur von Musik-Wort-Darstellungsformen wurde in der Folge auch für die anspruchsvollere Unterhaltung in Form von Länderabenden und Hörfolgen genutzt. Beiden ist die frühe Form einer literarischen-künstlerischen Hörfunksendung gemein, bei der musikalische und literarische Werke dargeboten werden. Diese Sendungen waren eigene Wort-

194 Tasiemka, Hans (1930): „Krise des Unterhaltungsrundfunks", in: *Der deutsche Rundfunk*, Jg. 8, Nr. 5, S. 3. Zitiert nach: Wittenbrink (1997): Rundfunk und literarische Tradition, S. 1017.

195 *Funk-Stunde-Geschäftsbericht* 1931, S. 45.

196 Vgl. Wittenbrink (1997): Rundfunk und literarische Tradition, S. 1018.

197 o. V. (1929): *Programmbericht Hans Flesch, Protokoll SWR-Kulturbeirats-Sitzung am 20.3.1929*, S. 6. GStA Berlin Rep. 76 V. Sekt. I. Abt. VII Nr. 80. Zitiert nach: Wittenbrink (1997): Rundfunk und literarische Tradition, S. 1019.

Musikproduktionen, die eine Kenntnis des jeweiligen Themas voraussetzten und es sprachlich und musikalisch entlang eines Mottos organisierten:

> „Es gab literatur- und musikgeschichtlich aufgebaute Sendungen zu einzelnen Autoren, Komponisten, Epochen oder Gattungen, regional bestimmte Folgen zu Landschaften, Städten oder Ländern und solche, die sich am Jahres- und Lebenszyklus orientierten."[198]

Solche Sendekonzepte hatten zum Teil kanonisierende Effekte. Dabei speiste sich der Inhalt der Sendungen einerseits aus dem (literarischen) Kanon. So spiegelte sich andererseits der Kanon der Zeit im Rundfunkprogramm wider und wurde in aktualisierter Form dem Publikum vorgetragen. Aus den Schwerpunkten der Themensetzungen lassen sich demnach die Affinitäten der Zeit zu einer vergangenen Epoche ablesen – in der Weimarer Zeit ganz offenbar zur Romantik, zum Rokoko und Biedermeier sowie zur Renaissance:

> „Unter den einer Epoche gewidmeten Mottosendungen waren die zur Romantik am häufigsten, so beispielsweise 1924 im Mai in Berlin, im Juni in Frankfurt und Stuttgart. Auch Rokoko und Biedermeier galten als besonders publikumswirksam. Diese Schwerpunkte lassen sich mit Unterbrechungen bis in das Jahr 1932 verfolgen."[199]

Nicht nur das bildungsbürgerliche Publikum wurde bei solchen themenorientierten Sendungskonzepten bedient. Auch regionale Hörerinteressen wurden zunehmend im Radio repräsentiert. Besondere Berücksichtigung erfuhr die deutsche Volkskultur in dem neuen Sendekonzept des Länderabends. So wurden Motti gewählt, die sprachliche und kulturelle Gruppenidentitäten evozierten und versorgten:

> „Den größten Teil der Mottosendungen bestritten die Sendegesellschaften mit regionalen und nationalen Themen. An erster Stelle standen heimatbezogene Abfolgen, so zuerst die ‚Oberbayrischen Heimatklänge' der Deutschen Stunde München (23.4.1924), der ‚Schwäbische Abend' unter Leitung Alfred Auerbachs in Frankfurt (5.5.1924) und der ‚Alt-Berliner Abend' in Berlin (10.2.1924) [...]. Regionalliteratur, vor allem auch Mundart und Zeitgenössisches, hatte bald Hochkonjunktur – von den niederdeutschen Seemannsabenden der NORAG bis zur bayrischen Volkskunst. Erste Reihen entstanden bereits 1924: ‚Altes und Neues aus der süddeutschen Heimat' in Stuttgart (ab 7.10.) und ‚Die Lokaldichtung' in Frankfurt (ab 15.10.)."[200]

Theresia Wittenbrink sieht die Tendenz hin zu nationaler Verbundenheit in dem „allgemein wieder erstarkten Bekenntnis zu Volkstum und Heimatge-

198 Wittenbrink (1997): Rundfunk und literarische Tradition, S. 1023.
199 Ebd., S. 1024.
200 Ebd., S. 1025.

danken"[201] begründet. So offerierte das neue Medium augenscheinlich einen regionalen Gruppenbezug und unterstrich damit die Bedeutsamkeit regionaler (Volks-)Kultur, inklusive ihrer Wertvorstellungen und Sinnzusammenhänge. Auf diese Weise war das Medium von nun an in der Lage, einem großen Publikum Volkskultur zugänglich zu machen. Gewissermaßen wird dabei einer Aktualisierung eines regionalen Funktions- oder Gebrauchsgedächtnisses Vorschub geleistet im Angesicht präsenter, pluralistisch-regionaler Gruppengedächtnisse.

> „Die SÜRAG sendete neben schwäbischer auch badische, alemannische und elsässische Mundart. Die WERAG brachte außer häufigeren rheinischen und westfälischen Beiträgen auch einen ‚Bergischen Abend' (20.11.1928), eine Sendung zum ‚Sauerland-Siegerland' (1.5.1929) und in ihrer Reihe ‚Volk und Heimat' beispielsweise Folgen über ‚Ruhrland' (8.7.1929) und ‚Eifel' (15.7.1929). Oder die Sendegesellschaften versuchten, die disparaten Regionen ihres Sendegebietes in Städteportraits aus Musik, Literatur, Vortrag und Reportage vorzustellen, so etwa die SWR (Trier 16.6.1930), die WERAG in ihrer Reihe ‚Unsere Städte in Rheinland und Westfalen' (Start 25.1.1931) und die MIRAG mit ganzen ‚Städtetagen'."[202]

Bemerkenswert ist hierbei, dass diese Abende, die regionalen Dialekten gewidmet waren, nicht im Sendegebiet übertragen wurden. In Zusammenarbeit mit der SÜRAG wurden ab 1927 die regionalen Sendungen zwischen anderen Sendern ausgetauscht. So kam es auch zu Austauschprozessen zwischen den Volkskulturen: von sogenannten „Dialektaustauschabenden" bis hin zu „einem Bunten Abend des Jahres 1932 unter dem Motto ‚Hinüber-Herüber' (14.5.)". So waren im gesamten Sendebetrieb Dialektabende besonders aus dem Rheinland gefragt: „Überall beliebt waren vom ersten Sendejahr an Rheinische Abende, getragen von Werken der Romantik und nicht frei von nationalem Pathos."[203]

Hier wird deutlich, dass Funktionsgedächtnisse diesseits von klassischen Kanonbildungen und materiellen Trägern Gruppengedächtnisse von Volkskulturen abbilden. Gerade die Volkskultur als eine primär mündliche Kultur stand fortan in Zusammenhang mit dem „kulturellen Erbe", wie Wittenbrink betont. Ein pluralistisches Nebeneinander von Dialektsprache, Volkskultur und kanonischer Dichtung, das sich in seiner Herkunft immer auf die Region bezog, impliziert eine Aufwertung oder auch Relativierung eines gerade in den Anfangsjahren bildungsbürgerlich interpretierten Kulturbegriffes. Die mediale Inszenierung eines bis dahin vor allem kommunikativ vermittelten (Volks-)Kulturgutes gewinnt durch die radiophone Übertragung an Wert und zeigt schon hier, obwohl die Länderabende bis heute nicht als lebendige (mediale) Datenträger im kollektiven Gedächtnis zirkulieren, eine Verschiebung und Vermischung etablierter kultureller Ordnungsmuster an. Neue narratologische Konzepte fern von Erzählun-

201 Ebd., S. 1026.
202 Ebd., S. 1025.
203 Ebd.

gen gattungsgeschichtlicher oder musikhistorischer Entwicklungen ermöglichten erst die experimentellen Wort-Musik-Verbindungen im Rundfunk, die geographische Parameter für die Zusammenstellung der Themen bereithielten. Das neue kulturelle Ordnungsgefüge gab vor allem auch der Volkskultur und mündlichen Kulturformen Raum, wodurch – trotz des bildungsbürgerlichen Anspruchs des Postministeriums – eine Gleichwertigkeit des kulturellen Ausdrucks auch mündlicher, volkstümlicher Formen suggeriert wurde.

Nicht nur die deutschen Regionen waren dabei von großem Interesse, sondern ab 1927 auch „Länder und Völker", eine Reihe der Deutschen Stunde München von Joachim von Delbrück, der eine große Zahl an Motto-Sendungen ebensolcher Art betreute.[204] So gab es Abende, die thematisch Länder wie die Tschechoslowakei, Polen, Italien oder Belgien behandelten. Gesendet wurde Musik und Literatur, die aus dem jeweiligen Land kam: „Die Programme konzentrierten sich zumeist auf das anerkannte ‚kulturelle Erbe'."[205] Als besonders beliebt galten Abende über Länder wie Russland und Amerika.

In der Zeitschrift „Aus München" berichtet der Journalist Richard Zoellner über Gerhart von Westermans „Funkexpreß", das als „unterhaltsames Pendant" der Reihe „Länder und Völker" gilt, über einen Länderabend Nordamerikas: „Jazz, Anekdoten, große Star-Arien und Schilderungen des amerikanischen Lebens folgten einander in buntem Wirbel. Das Ganze war ‚funkgemäß' im besten Sinne aufgezogen."[206]

Auf der Suche nach der verlorenen Bildlichkeit, wie sie die Oper, das Theater, die Operette oder die Revue bereithielten, war dem Radio nach dem stetigen Versuch, arrivierte Kunstformen ins rein Akustische zu übersetzen, schließlich eine Hinwendung zu genuin akustischen Vermittlungsformen gelungen, die nicht mehr mit den Erzeugnissen der Hochkultur konkurrierten: Paradigmatische Formen dafür sind der „Jazz" als ein von der schriftlichen Notation losgelöstes musikalisches Genre, „Anekdoten" als biographische Erlebnisberichte und „Star-Arien" als musikalisch-performativer Akt, die nun jenseits des Aufschreibesystems der Jahrhundertwende um 1900 stehen.

Das „Hörbild", das in Anlehnung an etablierte Künste ausschließlich akustisch zu vermitteln suchte, was audiovisuell schnell zu begreifen war, changierte innerhalb des Formats des Länderabends zwischen dem „anerkannten kulturellen Erbe" bildungsbürgerlicher Provenienz und einer mündlich organisierten Volkskultur. Das „Bild" wurde durch genuine Formen mündlicher Traditionsbildungen akustisch mitteilbar.

---

204 Vgl. ebd., S. 1027.

205 Ebd., S. 1027.

206 ZOELLNER, Richard (1927): „Aus München", in: *Der Deutsche Rundfunk*, Jg. 5, Nr. 18, S. 1234. Zitiert nach: WITTENBRINK (1997): Rundfunk und literarische Tradition, S. 1027.

Aus dieser Epistemologie, bestehend aus der Suche nach neuen Programmrezepten, die zwischen Musik- und Wortbeiträgen wechselten, entwickelte sich sukzessive das „Hörbild“ als eine Form, die zunehmend auch Geräusche als dramaturgisches Element einsetzte. Eines der ersten „Hörbilder“ verfasste und produzierte Franz Konrad Hoefert. Dabei stellte er das Geräusch einer Rotationsmaschine seiner Hörfolge voran und setzte auch Musik – wie bereits aus dem Film bekannt – als untermalendes Mittel ein: „12 Hörbilder wie ein spannender Film am Mikrophon vorbei: Urteil im Metallunterschlagungsprozeß! Eine neue Nordpolexpedition! Schreckliche Eisenbahnkatastrophe“,[207] urteilte ein Journalist über die neue Form des Hörbildes. Ein Kollege Hoeferts experimentierte auf ähnliche Weise mit den verschiedenen „Medien“ und „entwarf ähnlich funkspezifische Abfolgen aus Dichtung, Sachtexten, Musik, Originalschallplatten und Geräuschen“.[208]

Aus dem Hörbild entstand schließlich die Hörfolge. Sie setzte sich als Genre durch, sodass es bald zu einer „Hochflut der Produktionen“ kam. Die programmatisch-heterogene Vielheit der neuen themen- und mottozentrierten Wort-Musik-Montagen zeigte sich in einem chaotischen Nebeneinander der Verwendungsweisen der Begriffe „Hörspiel, Hörbild, Hörfolge und Querschnitt“.[209] Abseits der für den Rundfunk aufgearbeiteten Prosa setzten sich Erzählformen der Collage und Montage durch. So wurde auch in der Zeit des Nationalsozialismus die Hörfolge erfolgreich weiter produziert. In einer Dissertation von 1945 beschreibt die Verfasserin Gisela Elven die Situation für den Schlesischen Rundfunk: Die Hörfolgen

> „wurden mit den Jahren ein sehr beliebtes Gebiet, auf dem man dem Hörer ungefähr alles sagen konnte; man brauchte keine Dichter, die man noch nicht hatte, zu ihrer Zusammenstellung, sondern Philologen oder Angehörige der Abteilung Wort übernahmen diese Arbeit.“[210]

Das, was Elven 1945 für die Entwicklung des Weimarer Rundfunks betont, zeigt deutlich, dass sich neue mediale Verarbeitungsstrategien etablierten, die sich nicht nur darauf beschränkten, kanonische Dichtung auf ihre Rundfunktauglichkeit zu prüfen, redaktionell umzuarbeiten und mit einem professionellen, philologischen Kommentar zu begleiten. Neue Formen, wie die der Hörfolge oder des Features, entwickelten sich, indem literarische, theatrale oder kabarettistische Texte intermedial im Rundfunk vermittelt wurden. Eine neue Form der (radiophonen) Textarbeit leitete sich daraus ab, die nicht mehr durch einen Dichter oder Philologen im Rundfunk, sondern durch einen Rundfunkmitarbeiter in Szene gesetzt wurde. Mit anderen Worten: Das Genre des philologischen Kommentars wird laut Elven im Radio durch die redaktionelle Arbeit abgelöst

207 Ebd., S. 1031.
208 Ebd., S. 1032.
209 Ebd., S. 1037.
210 Ebd., S. 1039.

und auch neue Textsorten etablieren sich, die zwar kommentieren, dies aber eben nicht mehr im Rahmen einer Editionspraxis Jahrzehnte nach Erscheinen des Werkes tun, sondern als Live-Kommentar, Feature oder als Ankündigung von Länderabenden oder Plattensendungen. So etablierten sich neue Formen kultureller Wissensrepräsentation, die bis heute verwendet werden. Aus dem Format „Hörfolge" entstand sodann im Nachkriegsradio das „Feature".[211]

4.10 „Zauberei auf dem Sender": Das Hörspiel

Aus dieser epistemologischen Dispositionshaltung heraus, die ausgehend von der Literatur nach neuen rundfunkgeeigneten Formen suchte, entwickelte sich schließlich auch das Hörspiel als eigenes Genre. Diese war für die Übertragung geeignet und verfügte über eine Spielhandlung, die den Hörer nicht über mehrere Stunden an das Empfangsgerät band und ihn damit schließlich überforderte. Damit entschieden die kognitiv und zeitlich begrenzten Aufnahmekapazitäten der Hörer über Umfang und Horizont der ersten und neuen Hörspiele als (literarisches) Genre.

In den Anfängen wurden Mitarbeiter der Sendegesellschaften mit der Konzeption erster Hörspiele beauftragt. Als erstes Hörspiel gilt „Zauberei auf dem Sender" von Ernst Schoen, der 1924 noch künstlerischer Assistent von Hans Flesch war, ausgestrahlt im SWR am 24.10.1924. Der Anspruch an das Stück war kein künstlerischer, vielmehr sollte die „Darstellung der wesentlichen akustischen Arbeitsfaktoren und Arbeitsmittel der Kunst durch Rundfunk" als „das materielle Schema eines Kunstwerkes"[212] behandelt werden. Die Festlegung der radiophonen Form war für die Entwicklung des Hörspiels also zunächst zentral. Das narratologische Material und Potential schöpften die ersten Autoren dieser neuen Spielart des „Unterhaltungsrundfunks" offenbar aus den durch mündliches Erzählen geprägten Schriftformen. Experimente dieser Art hatten nämlich oft die volkstümliche Dichtung und Lieder zur Vorlage,[213] oder es wurden Märchen neu verfasst und in „Hörbilder" übersetzt.

Mit der Zeit wurden schließlich Auftragsarbeiten an Schriftsteller und an die sich sukzessive etablierenden Rundfunkautoren vergeben. Viele der damaligen Schriftsteller und Autoren in den ersten Jahren des Weimarer Rundfunks konnten sich mit der neuen Form eines Schreibens für die Mündlichkeit jedoch nicht

---

211 Ebd., S. 1039. Vgl. hierzu auch: AUER-KRAFKA, Tamara (1980): *Die Entwicklungsgeschichte des westdeutschen Rundfunkfeatures von den Anfängen bis zur Gegenwart.* Wien.

212 SCHOEN, Ernst (1924): „Vom Sendespiel, Drama, der Oper und dem Briefkasten", in: *Der deutsche Rundfunk*, Jg. 2, Nr. 42, S. 2425f. Zitiert nach: WITTENBRINK (1997): Rundfunk und literarische Tradition, S. 1160.

213 Vgl. ebd., S. 1161.

anfreunden. Die intermedialen Übersetzungsprozesse von Schrift in Ton und (Hör-) Bild riefen nach einer anderen Erzählform, als es das literarische Erzählen erforderte. Wittenbrink sieht die Ursache für die Zurückhaltung vieler zeitgenössischer Schriftsteller in der stärkeren Orientierung des Hörspieles am Film, der ja eine auf Bildlichkeit hin ausgerichtete Dramaturgie verfolgte. Auch traditionelle Literaturformen seien dem Hörspiel eher fremd, weshalb das Genre Hörspiel auf viele Autoren der Zeit „verunsichernd" gewirkt habe.[214]

Der Film als eine Gattung bildlichen Erzählens hatte in seiner Verfasstheit als medialer Vermittlungsform dennoch einen wesentlichen Einfluss auf die Entwicklung des Hörspiels.

> „Auch der Leiter der Schauspiel-Abteilung bei der Berliner Funkstunde, Alfred Braun, versuchte in sogenannten ‚Hörbildern', eine dem Film entsprechende Abfolge von Momentaufnahmen zu präsentieren. Dem Gemisch an Rezitations- und Musikbeiträgen in den frühen Bunten Abenden fügte er reportagehafte Elemente wie Geräuschaufnahmen hinzu und entwickelte mittels verbindender Obertitel eine Art ‚Funkrevue'."[215]

Der stete, um nicht zu sagen intermediale Bezug der ersten Radiomacher, -redakteure und -theoretiker nicht nur auf Erzählformen der arrivierten (ob nun literarischen oder musikalischen) Künste, sondern auch auf das noch recht neue Medium Film eröffnete den Pionieren experimentelle Horizonte der Übersetzbarkeit von Bild in Ton, Stimme, Geräusch und Klang, die diesseits literarischer und filmischer Erzählformen nicht Eingang in die kulturelle Ordnung gefunden hätten. So wurde nicht nur zunehmend theoretisch in Funkzeitschriften diskutiert,[216] was das Hörspiel formal und inhaltlich zu vermitteln habe, sondern auch Wettbewerbe und Preisausschreiben (wie 1927 von der RRG) initiiert. Erste Hörspielaufträge ab dem Jahre 1928 ermöglichten darüber hinaus schließlich „anspruchsvollere Hörspielproduktionen",[217] die in Konzeption und Ausrichtung beispielhaft auf das Nachkriegshörspiel wirkten.

4.11 „bis zur Peinlichkeit unzulänglich": Archiv, Übertragung und „Medienereignis"

Schallplattenaufnahmen hatten für den Rundfunk gerade zu Beginn seiner Entwicklung einen großen Wert. Ohne die Schallplatte wäre – wie oben bereits gezeigt wurde – der Rundfunk finanziell und personell nicht in der Lage gewesen,

---

214 Ebd., S. 1162.

215 Ebd., S. 1161f.

216 Vgl. Hörburger, Christian (1975): *Das Hörspiel der Weimarer Republik.* Stuttgart.

217 Wittenbrink (1997): Rundfunk und literarische Tradition, S. 1167.

ein umfangreiches Unterhaltungsprogramm anzubieten. Nebst den Schallplatten der Musikindustrie begannen die Rundfunkmacher aber auch zunehmend eigene Aufnahmen in die verschiedenen neuen Genres des Weimarer Radios einzubetten. Bei besagten Städte-, Länder- und Heimatquerschnitten war es durchaus üblich, auch Eigenaufnahmen, die neben Live-Reportagen auch Gespräche enthielten, zu verwenden. Die SÜRAG hatte in dieser Rundfunkphase sogar begonnen, „einen stattlichen Kranz von Städtemedaillons" zu sammeln, die „durch ihre Fixierung auf Schallplatte auch für spätere Zeiten ganz wissenswertes Material bewahren" könne, schrieb die „Südwestdeutsche Rundfunk-Zeitung" im Jahre 1932.[218] Als die ersten im Rundfunk gespeicherten Klänge gelten schließlich die „Geräusch- und Musikanteile in Hörfolgen und Hörspielen".[219]

Hatten sich die Hörspielautoren und -regisseure bei der Produktion ihrer Werke ebenfalls auf bereits erprobte und bewährte Organisationsmodelle, wie die Verwendung der beim Theater bewährten Geräuschkulissen, gestützt, so blieb doch die Realisierung bei der Live-Einblendung „bis zur Peinlichkeit unzulänglich".[220] Als die „von der Industrie gelieferten Geräuschplatten die ständig neuen Ansprüche nicht decken konnten", begannen die Autoren, eigene Schallarchive anzulegen und zu verwenden. Gespeichert wurde dabei zunächst auf Wachsplatten, die mehrfach abgeschliffen wurden und somit mehrmals verwendet werden konnten. Alternativ griffen die Rundfunkpioniere auf aufwendig aus Wachsplatten hergestellte Schellackplatten zurück.[221] Bereits im Jahre 1926 hielten es Zeitgenossen wie der Journalist Arthur Silbergleit angesichts der Sachlage für notwendig, dass „der Rundfunk eine Art Archiv für alle Klänge und Geräusche vom leisen Summen einer Hummel bis zum D-Zug-Donner einrichten"[222] müsse.

Aus dem Ungenügen heraus, dass ein Hörspiel immer wieder live in Szene gesetzt werden musste und an den entsprechenden Stellen die Platten einzuspielen waren, „hat sich schließlich auch die Vorstellung etabliert, das Hörspiel als eine ganze Produktion auf Platte zu fixieren. Denn nur so sei es möglich, den Willen des Regisseurs bis ins Letzte auszuführen", referierte Hans Flesch in seinem Vortrag „Hörspiel – Film – Schallplatte" bei der ersten Tagung des Programmrats in Wiesbaden am 5. und 6. Juni 1928.[223]

---

218 Vgl. o. V. (1932): „Das Programm der Woche", in: *Südwestdeutsche Rundfunk-Zeitung*, Nr. 25, S. 2. Zitiert nach: Stoffels, Ludwig (1997): „Schallplatte und Rundfunk: Symbiose mit Hindernissen", in: Leonhard, Joachim-Felix (Hrsg.): *Programmgeschichte des Hörfunks in der Weimarer Republik*. Bd. 2. München, S. 712-725, hier: S. 718.

219 Ebd.

220 Ebd.

221 Vgl. Führer (1997): Aufzeichnungstechnik, S. 710f.

222 Silbergleit, Arthur (1926): „Neue akustische und geistige Wege des Rundfunks", in: *Die Sendung*, Nr. 17, S. 3. Zitiert nach: Stoffels (1997): Schallplatte und Rundfunk, S. 719.

223 Vgl. Stoffels (1997): Schallplatte und Rundfunk, S. 719.

Das Hörspiel scheint als eine medienspezifische Form somit prädestiniert für die Einrichtung eines vormodernen Medienproduktionsarchives. Darüber hinaus waren aber auch alle anderen Formen, die einer ausgeklügelten Montagetechnik bedurften, für die Schallplattenkonservierung geeignet. Ein herausragendes Beispiel hierfür ist eine erstmals im Jahre 1930 entstandene Schallplattenkomposition, die live nicht umsetzbar gewesen wäre. Dabei wurden „durch Uebereinanderkopieren verschiedener Plattenaufnahmen, durch Mischen von Aufnahme und realem Spiel und durch Verwendung von Schnelligkeitsgraden, Tonhöhen und Klangfarben“[224] komplett neue Verarbeitungs- und Produktionstechniken der Montage erprobt.

Die Anwendbarkeit dieser neuen formal-technischen Verfahren hatte jedoch auch ihre technische Umsetzungsfähigkeit zur Voraussetzung. So wurde der Wachsplattenschneidetisch mit elektromagnetischem Aufnahmeverfahren ab dem Jahre 1929 rundfunktauglich in Serie hergestellt und an alle Sendegesellschaften weitergereicht. Das Verfahren war zwar günstig und konkurrenzlos, es konnten mit ihm jedoch „nur die für wenige Abspielungen gedachten Wachsplatten geschnitten werden, die für Probeaufnahmen, zeitversetzte Sendungen, Rückblicke usw. ihre Aufgabe“[225] erfüllten. Auf diese Weise wurden auch die oben erwähnten Schallplatten-Rückblicke, die erstmals von der Berliner Funkstunde Silvester 1929 gesendet wurden, möglich, ebenso wie die Schallplattenvorstellungen und -umschauen, in die auch die eigene Rundfunkarbeit einfließen konnte.[226]

Für langfristige Speicherungen mussten Schellack-Platten von einer externen Firma hergestellt werden. Diese Firma wurde verpflichtet, je zwei Kopien der Platte an den „Programmausschuß für zentrale Archivierungs- und Austauschzwecke“ weiterzugeben.[227] Da das Speichern von Sendungen aller Art (also eben nicht nur der Schallplatten und deren Besprechungen) nun möglich war, konnten nun ganz andere Produktionsweisen erprobt werden. Zudem ließen sich die Sendungen vor der Übertragung der Produktionen nun korrigieren und redigieren.[228]

Vorab produzierte Sendungen, meist Reportagen, machten einen Großteil der ersten Eigenaufnahmen aus. Insbesondere Hans Flesch erwartete von den neuen Aufzeichnungsmöglichkeiten für die Performance musikalischer und künstlerischer Kompositionen eine Professionalisierung der rundfunkeigenen Sendebei-

---

224 Band, Lothar (1930): „Rundfunk im Rahmen der ‚Neuen Musik‘“, in: *Funk*, Heft 26, S. 133. Zitiert nach: Stoffels (1997): Schallplatte und Rundfunk, S. 723.

225 Stoffels (1997): Schallplatte und Rundfunk, S. 721.

226 Vgl. ebd., S. 724.

227 Entnommen aus ebd., S. 721: *Protokoll Leiterbesprechung am 16.5.1930*, S. 2ff. Bundesarchiv Koblenz, R 78/893.

228 Vgl.: Favre, Muriel (2007): „Goebbels‘ ‚phantastische Vorstellung‘. Sinn und Zweck des O-Tons im Nationalsozialismus“, in: Maye, Harun/Reiber, Cornelius/Wegmann, Nikolaus (Hg.): *Original / Ton. Zur Medien-Geschichte des O-Tons*. Konstanz, S. 91-101, hier: S. 92.

träge, die bei der reinen Übertragung aus den Kulturstätten, bei der die Sendegesellschaften keinen Einfluss auf das Spiel der Künstler und deren Kompatibilität mit den technischen Gegebenheiten hatten, nicht möglich gewesen sei:

> „[B]ringt aber der Rundfunk selbst etwas, Musik oder Hörspiel, dann kann dem Hörer ein künstlerischer Eindruck nur aus vollkommenster technischer Präzision erwachsen. Und dies ist nur zu erreichen, wenn die Vorbereitung bis zur Festlegung, zur Fixation der Darbietung auf irgendein Medium, sei es Platte, Film oder Stillesches Band getrieben wird."[229]

Flesch war allerdings einer der wenigen, die so „radikal" Speicherungstechniken zu erproben bereit waren. Eine Tonaufzeichnung dafür zu nutzen, Künstlern, Sprechern und Sängern eine Präzision des Spiels zu ermöglichen, indem sie im Anschluss an ihr Spiel gleich die Aufnahme zu Gehör bekamen, galt allgemein als akzeptiert. Auch deren Verwendung zu Zwecken der Archivierung stellte kein Problem dar. Aber schon „vorproduzierte" Platten über den Äther zu schicken, galt offenbar als Verlust der Aura, die das Live-Medium charakterisierte. Stoffels interpretiert die „damals verbreitete, scheinbar irrationale Ablehnung einer konsequenten Technisierung des Mediums" als eine „Ahnung vom Verlust des unwiderruflich vergänglichen, glücklich gelingenden Augenblicks und des Auratischen in den perfektionierten Reproduktionsmedien".[230]

Nichtsdestotrotz entstand ab 1930 zunehmend auch ein Bewusstsein für die Vorteile systematisch aufgebauter Plattensammlungen, nicht zuletzt, weil das Genre der Rückschauen, Umschauen und Querschnitte erst durch sie möglich wurde. Kurzum: Ein Lautarchiv, das heute wohl eher als ein Medien- oder Produktionsarchiv bezeichnet werden würde, wurde aufgebaut und mit ihm erschlossen sich neue Produktions- und Verarbeitungsformen, die auf die neuen Speichermedien setzten. Der Rundfunk verfügte von nun an über ein „Gedächtnis": „Durch sein Lautarchiv wird der Rundfunk erst mächtig über die vierte Koordinate, Herrscher über Raum und Zeit."[231]

---

229 Flesch, Hans (1930): „Zukünftige Entwicklung des Rundfunkprogramms", in: *Niederschrift der Sitzungen des Programmausschusses der deutschen Rundfunkgesellschaften am 22. und 23. September 1930 im großen Sitzungssaal der Handelskammer in Wien.* Berlin, S. 60-65, hier: S. 62; und *Niederschrift der Sitzung des Programmrats in Bremen am 22. und 23.5.1929*, S. 50f. Zitiert nach: Stoffels (1997): Schallplatte und Rundfunk, S. 722.

230 Ebd., S. 723.

231 Schreiber, Wilfrid (1932): „Des Rundfunks vierte Dimension", in: *Werag*, Nr. 46, S. 5.

4.12 Fazit: Kulturelle Ordnung und mediales Gedächtnis des frühen Rundfunks

> „Mit der Beherrschung von Raum und Zeit korrespondierten neuartige Erfahrungen, die als weitere Anzeichen eines tiefgreifenden kulturellen Wandels gelten können: die Ästhetisierung von Geschwindigkeit, punktueller Wahrnehmung, technischer Funktionalität und medialer Scheinwelten, das zeitliche wie räumliche Nebeneinander kultureller Produkte aus den unterschiedlichsten Epochen und Kulturen in einem diffusen Totalrepertoire usw.“[232]

Daraus schließt der Autor, dass diese „Merkmale eines veränderten kulturellen Bewußtseins“ technisch und massenmedial bestimmt waren und „mit nie dagewesener Eindringlichkeit gerade am Rundfunk der 20er Jahre zum Ausdruck kam[en]“.[233]

Stoffels' Schlussfolgerung verweist in seiner Einschätzung der kulturellen Bedeutsamkeit des technischen Mediums Radio auf zentrale Elemente kommunikativer, sozialer und medialer Dispositive kollektiver Gedächtnisbildung im Rahmen eines „kulturellen Wandels“: Die maßgeblichen, weil kulturell voll etablierten Medien(-gattungen) der Schriftlichkeit bildeten, wie gezeigt werden konnte, die Grundlage für die Konzeption und Errichtung des Weimarer Radios mit dezidiertem Bildungsauftrag. Der bildungspädagogische Impetus der Radiomacher konzentrierte sich dabei vorrangig auf etablierte Medienformen und Gattungen aus dem Bereich der Hochkultur. Dasjenige, das schließlich (zumindest bis 1924) gesendet worden ist, kann auch als Kanonik von Texten und Noten begriffen werden. Dabei hat sich – wie geschildert – das Radiomachen der frühen Jahre als ein Abbildungsprozess vorrangig hochkultureller Erinnerungsformationen erwiesen. Dadurch, dass Bredow und andere sich bei der Programmplanung auf in weiten Teilen kanonisierte Kulturprodukte beziehen und diese zunächst eben auch in bereits etablierten Formen (Vortrag, Konzert, Oper) präsentiert werden, konstruieren sie Wirklichkeitsmodelle. Gleichzeitig haben sie damit Teil an der Konstruktion des kollektiven Gedächtnisses, indem der mediale Wechsel zunächst einen Rekurs auf die technologischen Grundlagen eines alten Aufschreibesystems vollzieht.

So wurden im Bereich der Musikplanung zunächst Brahms, Bruckner, Mozart oder Strauss gespielt, vor allem Werke aus der Romantik und dem Realismus galten als beliebt. Die performative Realisierung der vorliegenden (schriftlichen) Notationen erfolgte entweder mittels der Übertragungswege des Konzert- und Opernsaales, oder es wurden – wie im Falle der Berliner Funkstunde oder der NORAG – die Kompositionen aus den Produktionsstudios der Sendegesellschaften heraus über den Äther in die Privathaushalte, Hörsäle oder Cafés hin-

232 Stoffels (1997): Kunst und Technik, S. 684.
233 Ebd.

eingetragen. Die Teilhabe an der Hochkultur war nun nicht mehr vom Portemonnaie und dem kulturellen Habitus bestimmt und nicht mehr an den jeweiligen Raum gebunden, sondern lediglich vom Zugang zu einem Empfangsgerät abhängig. Zeitlich war dieses neue Kommunikationsinstrument an die Programmplanungen der etablierten Spielbetriebe gebunden, die für das Übertragungsmedium Konzertradio übernommen wurden, oder eben an die Produktionszeit der hauseigenen Produktionsstudios. Zu Beginn des Weimarer Radios wurden auch die Klassiker der Literatur gelesen, bevor bald zunehmend nach der gattungsbezogenen Rundfunktauglichkeit gefragt und nur spezifische Formen, nämlich zum Beispiel die der Ballade und die des Epos, verwendet und vorgelesen wurden.

Es zeigt sich, dass die Adaptionen hochkultureller Medienformate, die noch dazu schriftlich vorliegen und ganz eindeutig dem Kanon des Bildungsbürgertums angehören, bereits von vornherein auf die alte kulturelle Gedächtnisordnung eines Aufschreibesystems um 1800 rekurrieren. Hier wurde auf schriftlich materialisierte Traditionsgüter des Bildungsbürgertums zurückgegriffen und diese wurden quasi zur Aufführung gebracht. Ihre formale und inhaltliche Gestaltung ist an Kriterien der kulturellen Objektivation gebunden. Formal eingebettet in Textsorten wie Ballade, Gedicht, Novelle und Erzählung schließen die Medienangebote an klassische Erzählformen und -weisen narrativer Verfahren an. Somit werden die Medienangebote, die im frühen Weimarer Radio gemacht werden, in einer Form präsentiert, die als bevorzugte Formen der Inhalte des kulturellen Gedächtnisses aufzufassen sind, weil sie als Produkte der Hochkultur bereits kulturell kodiert worden waren.

Dass dem so ist, darf selbstverständlich angesichts des Bildungsauftrags des frühen Rundfunks nicht verwundern. Schließlich wurde der Rundfunk als „treuer Helfer“ definiert, der aus „unerschöpflichen Quellen seiner hohen Kultur“ die Allgemeinheit bzw. das Volk aus dem Repertoire der Vergangenheit kulturell zu erziehen versuchte.

Zudem galt bis 1926/27 für das musikalische Programm, dass die ausgewählten klassischen Stücke in nicht kommentierten oder eingeordneten Zyklen aneinandergereiht wurden und oft ein Konzert ohne klare Linie auf das andere folgte.[234] Erst die ab 1928 verstärkt entwickelten spezifischen Motti und Leitideen griffen in die kulturelle Ordnung ein, indem sie die Stücke neu ordneten und den Blick auf „vergessene Werke arrivierter Klassiker“ lenkten. Auch Frauen und insbesondere die „Alte Musik“ wurden dabei neu „entdeckt“, während kanonisch rezipierte, „populäre“ Sinfoniker wie Bruckner und Strauss im Programm weiterhin ihren festen Platz hatten. Auf diese Weise übten die Programmma-

234 Gemeint sind die in der Literatur häufig bemängelten Zyklen von klassischer Musik, die nicht eingeordnet oder kommentiert wurden und bei denen ein Konzert an das andere gereiht war; dies galt bis 1926/27 und besonders ab 1928.

cher auf eine etablierte Ordnung der kanonischen Rezeption offenbar einen gewissen Einfluss aus, indem sie sich an das Speichergedächtnis der nationalen Kulturarchive wandten, um Vergessenes wieder aus dem Archiv in den Kanon klassischer Musik zu überführen. Die vergessenen Kompositionen wurden auf diese Weise zu „lebendigen Träger[n]" des kulturellen Gedächtnisses.[235]

Stoffels merkte in der oben zitierten Aussage an, dass „[m]it der Beherrschung von Raum und Zeit" neue kulturelle Erfahrungen gemacht worden sind, die einen kulturellen Wandel eingeleitet haben. Welche Art von kulturellem Wandel lässt sich beschreiben? Und wie sind genuin akustische Formen mit Blick auf die der Schriftlichkeit verhafteten Aneignung arrivierter Textformate medienspezifisch zu übertragen?

Grundsätzlich gilt, dass für das kollektive Gedächtnis auditive und emotionale Aspekte eine zentrale Rolle spielen. Dies zeigt sich ganz besonders im Hörfunk: Erst als zunehmend literarische Texte auf ihre Rundfunktauglichkeit hin geprüft und umgearbeitet wurden, entstanden neue Textsorten, die für das Hören verfasst wurden. Damit entstand im sozialen Rahmen des kulturellen Gedächtnisses plötzlich eine neue Dimension der Materialität der Texte, welche nicht mehr nur intertextuell, sondern zugleich der Sphäre einer Intermedialität zuzuordnen sind. Denn Intermedialität erlaubt im Gegensatz zur Intertextualität einen Materialitätswechsel von schriftlicher Repräsentation hin zu Gattungen des genuin Mündlichen. Kultureller Sinn ist darin sprachlich anders vermittelt. Die Intermedialitätsforscherin Irina O. Rajewsky definiert Intermedialität als einen „produktionsästhetisch orientierten, genetischen Begriff", der „die Transformation eines medienspezifisch fixierten Produkts bzw. Produktsubstrats in ein anderes, konventionell als distinkt wahrgenommenes Medium" bezeichnet. Weiter heißt es: „[N]ur letzteres ist materiell präsent."[236]

Astrid Erll hatte in ihrer Einleitung des Bandes „Medien des kollektiven Gedächtnisses" darauf hingewiesen, dass nicht nur die Materialität eines Mediums sowie das technische Mediendispositiv im Zeitalter technologischer Massenmedien über seine Funktionalisierung als Medium des kollektiven Gedächtnisses entscheidet, sondern auch die sozialsystemische Komponente der gesicherten, das heißt institutionalisierten Überlieferungszusammenhänge und der ästhetischen und kulturellen Kontextualisierung des betreffenden Mediums.

Erll stellt darüber hinaus für das kulturelle Gedächtnis nach Jan Assmann fest, dass es die „stärkste Ausformung" der sozialsystemischen Komponente bildet.[237] Im Falle der Produktionsstrategien des frühen Weimarer Radios konnte dies deutlich gezeigt werden, da hier innerhalb einer Hochkultur entwickelte

---

235 Vgl. ASSMANN, Aleida (2003): *Erinnerungsräume: Formen und Wandlungen des kulturellen Gedächtnisses.* München, S. 134.

236 RAJEWSKY, Irina O. (2002): *Intermedialität.* Tübingen/Basel, S. 201.

237 Vgl. ERLL (2004): Medien des kollektiven Gedächtnisses, S. 17.

Rezeptionsformen auch für den Rundfunk übernommen wurden. Ganz explizit war dies etwa der Fall, wenn Leseabende nach Epochenzugehörigkeit hin ausgerichtet waren und dabei Dichtung und Dichter des Realismus und der Romantik wiederverwertet und rezipiert wurden, darunter Joseph von Eichendorff, Theodor Fontane, Gottfried Keller, Wilhelm Raabe und Theodor Storm.

„Der tatsächliche Übergang von einem medialen Phänomen zu einem Gedächtnismedium erfolgt allerdings stets im Rahmen der sozialsystemischen Komponente."[238] Jan Assmann beschreibt die Institutionalisierung des Gedächtnisses als ein „institutionalisiertes Erinnern". Es setzt also voraus, dass kulturelle Mechanismen der „Organisiertheit" greifen, wie beispielsweise „Kanonisierung, Einrichtung von Archiven, Gestaltung von Lehrplänen usw.".[239] Genau auf diese Organisiertheit greift der Rundfunk mit seinem zunächst kanonischen Bildungsgut zurück und erweitert den Rezipientenkreis durch seinen expliziten Bildungsauftrag, das „Volk" zu erziehen. Da der Rundfunk zunächst „lediglich" überträgt und sich dabei auch auf sozialsystemische Komponenten im Rahmen kulturell überlieferter Gedächtnisstrukturen beruft, sind in diesem System die Medienformate, die sich vorrangig literatur- und gattungsgeschichtlich entwickelt haben, noch Teil einer medialen Ordnung, die mit Kittler oder auch Foucault als konstitutiv für das Aufschreibesystem um 1800 gelten kann. So sind die verwendeten „Mediengattungen" hier schon Teil einer „erinnerungskulturelle[n] Funktionalisierung"[240] gewesen und haben ihren Ort dort, wo Wissenschaft, Musik und Kunst institutionalisiert sind.

Wenn mit dem Anspruch, nicht nur „Kulturfaktor" zu sein, sondern ein autonomes Medium zu werden, neue radiophone Formate entstanden sind, haben sich genau jene Mediengenres bis heute durchgesetzt, die den Status „erinnerungskultureller Funktionalisierung"[241] nur formal erfüllen – darunter das „Feature", das aus der Hörfolge entstanden ist, die sich wiederum als Versuch entwickelte, Wort-Musik-Konstellationen nach Themen und Motti wie Epochenzugehörigkeit oder Werkcharakter zuzuordnen. Der bildungspädagogische Auftrag des Weimarer Rundfunks hat eine solche epistemologische und dispositive Konstellation, verbunden mit dem Versuch, sich von den Produktionen der etablierten Kultur- und Bildungsstätten zu emanzipieren, überhaupt erst möglich gemacht. Hinzu kommt, dass die einseitige Adaption bereits erinnerungskultureller Gedächtnismedien, wie die Partituren von Bruckner und Schönberg oder die Literatur der Grimms, von Schnitzler, den Manns oder anderen, in der „Lesestunde" im Radio offenbar die Aufnahmekapazitäten der Hörer überstrapazierte. Diese Sendungen dauerten zum Teil weit über zwei Stunden und die Rezeptionsform des Mediums Buch be-

238 Erll (2004): Medien des kollektiven Gedächtnisses, S. 16.
239 Ebd., S. 17.
240 Ebd.
241 Ebd.

weist im Kontext des Mediums Radio eine andere Rezeptionsweise, die eben auf das Hören und nicht auf das Sehen bzw. Lesen hin ausgerichtet ist. Zwar sind die kulturellen Produktionen der Hochkultur als solche auch zum Einsatz gekommen, dennoch wirft die neuartige Rezeption der intermedialen Überführung vom Buch zum Radio Probleme auf, weil die mediendispositive Spezifik des neuen Mediums den Machern erst durch eine zunehmende Erfahrung der „Redakteure" mit dem Medium deutlich wurde. In der Folge ist deshalb immer wieder nach neuen Wegen und Formen gesucht worden, ein vielfältiges und genuines Radioprogramm zu gestalten.

> „Es gab [...] kein Rundfunkprogramm in der Weimarer Republik, in dem sich ausschließlich eine einzige Position niederschlug. Insofern stellte jedes Programm, wenn auch partiell nur im Nebeneinander unvereinbarer Standpunkte, für den Hörer, der sich dem ganzen aussetzte, im Kern deren Vermittlung dar. Der Rundfunk selbst konnte die Vermittlung nicht leisten, er bot aber das akustische Forum, auf dem sich die getrennten gesellschaftlichen Klassen und Milieus mit ihrer unterschiedlichen kulturellen Ausprägung begegnen konnten. Die Aufweichung allzu starrer Programmvorstellungen lag nicht zuletzt an der dem Medium innewohnenden Tendenz, sich neue Gegenstände anzueignen und neue Formen quasi zu erzwingen. Vor allem die unausweichliche Aktualisierung der Programme und die Suche nach immer neuem Sendematerial bei sich ausweitender Sendezeit zogen selbst konservative Senderleitungen in den Strudel ständiger Erneuerung."[242]

Diese Erneuerungen im Zuge fortwährender „Aktualisierung" sind es nun schließlich, die den Rundfunk zu sich selbst führten. Erneuerungen werden schließlich dort nötig und möglich, wo Probleme und Störfälle auftreten. So sind neben den technischen Problemen – vom Einsatz eines neuen Übertragungskabels, über den Einbau neuer technischer Geräte in den rundfunkeigenen Produktionsstudios oder die Entwicklung eines mobilen Mikrophons bis hin zur Aufnahmetechnik der im Rundfunk „live" verbreiteten Inhalte im Jahre 1929 – auch mediale „Störungen" bei den Pionieren nicht unerkannt geblieben: Mit der Erkenntnis, dass stundenlange Rezitationen und Übertragungen die Aufnahmekapazitäten der Hörer übersteigen, stellte sich gleichzeitig heraus, dass Textsorten wie das Märchen, die Lyrik oder auch Prosa nicht vollständig vom Medium Buch auf das Medium Radio übertragbar sind. Die Rezeptionskontexte sind schließlich andere, und die Spezifität des neuen Mediums erforderte neue mediale Formen kultureller Repräsentation.

Mit den ersten Versuchen, das Programm des neuen Mediums Radio überhaupt erst einmal zu füllen, wurde also zunächst auf etablierte Medien des kul-

---

242 MARCHAL, Peter (2004): *Kultur- und Programmgeschichte des öffentlich-rechtlichen Hörfunks in der Bundesrepublik Deutschland. Ein Handbuch.* Bd. 1: *Grundlegung und Vorgeschichte.* München, S. 239

turellen Gedächtnisses zurückgegriffen und sie einer neuen kollektiven sozialsystemischen Ordnung zugeführt, jedoch das technische Mediendispositiv dabei zunächst außer Acht gelassen.

Auf diese Weise hat das sehr frühe Weimarer Radio zu einer Aktualisierung des etablierten medialen Angebots kultureller Gedächtnisinhalte beigetragen und dabei im Zuge ständiger Erneuerung zugleich eine Struktur geschaffen, die überhaupt erst ein größeres Medienangebot für unterschiedliche Gruppengedächtnisse offerierte. Dazu gehören sicherlich auch die Übertragungen regionaler Musik- und Chorfeste, die plötzlich *nicht nur* innerhalb einer Region präsent waren, sondern als Genre der Unterhaltungsmusik ein viel größeres Publikum erreichten und den Anteil an ernster Musik überstiegen. Im Rahmen sozialsystemischer Funktionalisierungsstrategien medialer Kollektivgedächtnisse korrespondierte dann früh der Fundus radiophoner Medienangebote mit den Vorlieben der Rezipienten. Auf diese Weise wird der Unterhaltungsmusik – gemeint sind aus dem Bereich der leichten Unterhaltung „Schlager, Platz-, Zither-, Mandolinen- und Akkordeonkonzerte; Operetten, Kabarett, Burlesken, Possen und Schwänke“[243] – mehr Raum gegeben.

Von Seiten der Rezipienten wird also hier durch die Beliebtheit eines Genres Struktur und Raum geschaffen, unterschiedliche Medienangebote eines anderen musikalischen Genres anzubieten, das zumindest zunächst nicht Teil eines bürgerlichen Bildungsbegriffs war, wie ihn Bredow und seine Kollegen für sich in Anspruch nahmen, für die der Bereich der musikalischen oder literarischen Bildung im Mittelpunkt stand. Für die Musik hieß dies dort:

> „Sendungen mit anspruchsvoller Musik und bildender Funktion sowie Sendungen mit Unterhaltungsmusik, die unter didaktischen Gesichtspunkten aufbereitet sind: Sinfoniekonzerte, Kammermusik, Opern, Oratorien u. ä., aber auch Sendungen, welche etwa die historische Genese von unterhaltender Musik thematisieren.“[244]

Für den Bereich der literarischen Bildung galt es,

> „Wort- und Wort-Musik-Sendungen, die unabhängig vom Rundfunk vorhandene oder für ihn geschaffene Literatur (im Sinne von künstlerisch ambitioniertem Wort) in Lesungen oder in Spielform dar[zu]bieten: Prosa- und Lyriklesungen ebenso wie an den Rundfunk adaptierte Schauspiele und genuine Hörspiele, aber auch Wort-Musik-Sendungen unter sachlichen Sendungsideen.“[245]

Durch diese mediale Konstellation, aus „alten“ Speichermedien neue Formen für das Radio abzuleiten, bestand ein heterogenes und vielfältiges Nebeneinander unterschiedlicher Medienangebote, die einerseits auf eine alte Ordnung so-

243 Halefeldt (1997): Sendergesellschaften und Rundfunkverordnungen, S. 352.
244 Ebd.
245 Ebd.

zialsystemischer Funktionalisierung rekurrierten und andererseits eine neue Ordnung vorbereiteten und sie auch konstituierten.

Eine besondere Leistung der Radiomacher in den späteren 1920er Jahren war es dann auch, aus dem Archiv kultureller Gedächtnisse vergessene Werke ans Licht zu holen und zur Aufführung zu bringen. Als dezidierte Neuentdeckungen identifiziert Großmann-Vendrey schließlich die Opern von Berlioz und Rossini. Ein anderes Beispiel betrifft die Verbreitung der Werke von Verdi und Offenbach. Laut Großmann-Vendrey haben sie dezidiert zu einer Offenbach- und Verdi-Renaissance beigetragen, die auch außerhalb des Rundfunks die Rezeption der Werke beeinflusste.[246] So hat das Radio einerseits einem musikalischen Bildungsbegriff der Zeit gefrönt und andererseits neue Formen der Repräsentation erprobt, die selbst mit Entwicklungen der Zeit korrespondierten. Der Starkult um die Dirigenten, wie er sich Anfang bis Mitte des 19. Jahrhunderts herausgebildet hatte, fand im Radio durch das Genre des „Komponistenkonzerts" mit Protagonisten wie Paul Hindemith und Arnold Schönberg (und später auch Wilhelm Furtwängler) seinen Platz. Live-Einspielungen dieser Art sind, sofern sie technisch erhalten werden konnten, bis heute geblieben und haben von ihrer Popularität nichts eingebüßt.

In diesem Sinne, so lässt sich hier als Zwischenfazit formulieren, sind Medienangebote des kulturellen Gedächtnisses verwendet und aktualisiert worden, die so zu einer Aktualisierung der Konstruktion von Wirklichkeits- und Vergangenheitsversionen beitragen.

Die Materialität des Mediums, die Partitur und ihre Aufführung im Radio durch den Stardirigenten ermöglichten eine neue sozialsystemische Dimension. Nicht zuletzt die Aufnahmemöglichkeiten nach 1929 und deren Weiterentwicklung während des Nationalsozialismus haben dafür gesorgt, dass diese Aufnahmen noch heute – nicht nur für die Musikwissenschaft – einen erheblichen Wert besitzen, sondern beispielsweise durch die Neuauflage aller großen Dirigenten der Berliner Philharmoniker im Jahre 2006 durch den Verlag „Die Welt" und „Welt am Sonntag" in Zusammenarbeit mit dem Rundfunk Berlin-Brandenburg (rbb) und dem Deutschen Rundfunk-Archiv (DRA) bis heute unvergessen sind und letztlich die in der Weimarer Zeit populären Werke umfassen: die Sinfonien von Bruckner und Hindemith oder die Klavierkonzerte von Prokofjew und Beethoven.[247]

Angesichts der bisherigen Ergebnisse kann davon ausgegangen werden, dass die frühe Programmgestaltung des Weimarer Radios mitsamt seiner „trans-medialen" Phänomene mit Blick auf einen spezifischen Bildungs- und Kulturbegriff der u.a. von Bredow eingesetzten Radiopioniere und -intendanten entstan-

246 Vgl. GROSSMANN-VENDREY (1997): Rundfunk und etabliertes Musikleben, S. 804.

247 Vgl. CD-Box-Set (2006): „Berliner Philharmoniker – im Takt der Zeit", hg. von der *Welt am Sonntag*. 12 Audio-CDs und Beibuch. Poing.

den sind. Seine Kriterien bei der „Auswahl der für die Programmgestaltung verantwortlichen Persönlichkeiten" legte Bredow in einem Vortrag bei einer Rundfunk-Tagung in Wien dar; das Thema seines Vortrages lautete: „Wie soll ein Rundfunkintendant aussehen?". Den Rundfunkleiter beschreibt er darin als einen gebildeten Kenner der Kultur:

> „Nach meiner Auffassung muss er vor allen Dingen eine umfassende Geistesbildung und eine so universelle Allgemeinbildung besitzen, dass er die Verbindung mit den übrigen Kultureinrichtungen aufrecht erhalten und sie zur fruchtbaren Mitwirkung heranziehen kann. Er muss künstlerisch empfinden und Zeiterscheinungen richtig erkennen und auswerten können."[248]

Personen mit diesen Eigenschaften, „die sich durch ihre Pionierarbeit ein Denkmal in der Rundfunkgeschichte gesetzt haben", waren Bredow zufolge der „Dichter Friedrich Bischoff in Breslau", der „Schriftsteller Hans Bodenstedt in Hamburg", der „Wissenschaftler Dr. Kurt von Boeckmann in München", der Schriftsteller „Dr. A. Bofinger in Stuttgart", der „Theater- und Musikwissenschaftler Dr. Hans Flesch in Frankfurt, später in Berlin", der Theaterintendant „Dr. Carl Hagemann in Berlin" sowie der „Schillerpreisträger und Theaterintendant Ernst Hardt in Köln", der „Opern-Intendant [...] Professor Neubeck in Leipzig", der „Intendant der Deutschen Welle, Professor Dr. Schubotz, und die Intendanten des Ostmarken-Rundfunks Königsberg Friedrich Odenthal und Joseph Christean."[249]

Diese Rundfunkleiter, die Bredow als „modern denkende und musisch veranlagte Menschen mit sehr grosser Allgemeinbildung, viel Takt und grossem Idealismus"[250] beschreibt, waren schließlich diejenigen, die er mit ihren Erfahrungen aus den etablierten großen Kulturinstitutionen dazu bewog, den Rundfunk zu erfinden, „denn der Rundfunk war völliges Neuland".[251]

Vor diesem Hintergrund erscheint es nur logisch, dass die Radiopioniere sich bei der Ausarbeitung der neuen radiophonen Formen auf ein kulturelles System verließen, für das sie zunächst ausgebildet und qualifiziert waren, und dass dieses System Strukturen bereithielt, die für den Rundfunk von Nutzen sein würden. Das Personal einer alten Ordnung, wie Dichter, Schriftsteller, Wissenschaftler, Theater- und Musikwissenschaftler, Theater- und Opern-Intendanten, wurde zu Rundfunkleitern, die, wie Bredow in seinen Memoiren festhält, „nach einigen Jahren der Bewährung die Bezeichnung ‚Rundfunkintendant' erhielten".[252]

Dieses Personal war es schließlich auch, das seine Kenntnisse aus den etablierten Kulturinstitutionen mitbrachte, um neue, genuine Medienangebote zu erproben. Die Kenntnis der kulturellen Bedeutung von Formen wie musikali-

248 Bredow (1956): Im Banne der Ätherwellen. Bd. 2, S. 236.
249 Ebd., S. 235.
250 Ebd.
251 Ebd.
252 Ebd.

sche oder literarische Metaphorik und narrativer Verfahren darf bei diesem Personal wohl vorausgesetzt werden. In dieser Tradition stehen dann auch – im Geiste zunehmender Erfahrungen mit den Hörkapazitäten des neuen Radiopublikums – die ersten Versuche, Motti und Themen zu erfinden, die es erlaubten, Wort- und Musikbeiträge miteinander zu verbinden. Besonders hervorzuheben für diese Entwicklung ist die Beschäftigung mit der Literatur. Da die Klassiker des Realismus und der Romantik als beliebt galten, wurden zunächst zwei bis drei Stunden lange Lesestunden abgehalten, doch schon bald neue Wort-Musik-Präsentationstechniken erprobt, die schließlich zwei neue Radio-Genres entstehen ließen: den Bunten Abend und die Hörfolge.

Aus der mediendispositiven Notwendigkeit heraus, neue Formate statt endlose Zyklen musikalischer Darbietungen anzukündigen und inhaltliche Leitideen durch nach Epoche und Textsorte gegliederte Zusammenstellungen anzubieten, ergaben sich (wie oben ausgeführt) Mischformen der kulturellen Repräsentation arrivierter Kunstformen, wie Oper, sinfonische Dichtung, Lied und Vortrag, kurzum: Wort-Musik-Konstellationen. Sie ermöglichten es den neuen Radioformen, Wissen zu vermitteln.

Diese Musik-Wort-Beiträge waren auch für den Bereich der anspruchsvollen Hörfolge von zentraler Bedeutung: Mottosendungen zu Epochen und Ländern füllten das Programm und waren auf diese Weise an die Volks- bzw. Regionalkultur und die Hochkultur gleichermaßen gerichtet. Dialektspezifika der jeweiligen Sendegebiete wurden gesendet, wie eben auch Werke von typischen rheinischen Künstlern wie Heinrich Heine – eine Melange aus Dialektsprache, Volkskultur und Dichtung soweit kanonischer Literatur sorgte für eine Durchmischung des Publikums und seiner formalen Grenzen. Auf diese Weise wurden insbesondere bei den so genannten Länderabenden neue mündliche Erzählformen und Ausdrucksweisen repräsentiert, die zuvor nicht möglich waren. Volkskultur und Hochkultur konkurrierten nicht unmittelbar miteinander bzw. schlossen sich nicht aus, und ihre Verbreitung war in den jeweiligen Sendungen gewiss. Auch die nationalen Grenzen der Kultur wurden zunehmend durchlässig, sodass auch ausländische Kulturerzeugnisse in diesem Sendeformat Gehör fanden. Aus diesem Format entwickelte sich schnell die Hörfolge als erstes Genre der montagehaften Repräsentation von Themen.

Vor diesem Hintergrund mag es nicht verwundern, wenn Elven für eine neue, sich konstituierende sozialsystemische Komponente einen kulturgeschichtlichen Wechsel der alten „intellektuellen Eliten“[253], wie Jan Assmann die prädestinierten Bewahrer von Kultur bezeichnet, für die Entwicklung der Hörfolgen im Schlesischen Rundfunk feststellt: für die Hörfolgen wurden „keine Dichter“ benötigt, „sondern Philologen oder Angehörige der Abteilung Wort übernah-

253 ASSMANN (2007): Kulturelles Gedächtnis, S. 95.

men diese Arbeit."[254] In dem Sinne ist der Philologe, wie ihn Elven hier fordert, nicht der Bewahrer einer alten, sondern der Produzent einer neuen Ordnung, da er einen Kontext herstellt, der alt und neu zugleich ist. Motto- und Themensendungen oder Wort-Musik-Produktionen, ob in Hörfolge, Schallplattenkonzert oder im Bereich der Reportage, erforderten eine Einordnung, einen Kommentar. Der philologische Kommentar galt ihr als Vorlage für den redaktionellen Kommentar, und aus diesem Konnex wurde schließlich auch das Radio-Feature geboren.

Eine vollständige neue Ordnung ist schließlich der Umgang mit im Radio produzierten Inhalten und Medien, die zwar einerseits schriftlich verbreitet werden, andererseits jedoch auch mit den Originalaufnahmen arbeiten, die in eine neue Konstellation gebracht werden.

So entstehen neue Medienformen, die selbst die sozialsystemische Komponente neu strukturieren und sie überhaupt erst möglich machen. Mit sozialsystemisch sind hier auch „soziale Institutionen und Organisationen wie Schulen, Verlage" gemeint, die die „gesellschaftliche Durchsetzung eines Kommunikationsmittels" und den obligatorischen „Aufbau einer Medientechnologie"[255] ermöglichen. Für den Rundfunk sind dies vor allem die Musikverlage, die neue Partituren vertreiben, die im Rundfunk gespielt werden. Dass sich diese Struktur auch noch am Ende der Weimarer Republik im Aufbau befand und schließlich ein abruptes Ende erfuhr, zeigt sich vor allem unter nationalsozialistischen Vorzeichen.

Schließlich ist es auch dieses jähe Ende, das einen Prozess der technischen Weiterentwicklung speichergestützter Medien unterband und damit eine sich abzeichnende neue Ordnungsstruktur sozialsystemischer Institutionalisierungen der Radioproduktionen verhinderte. Zwar waren nach Bekanntwerden der Möglichkeit, akustisch zu speichern, viele der Radiomacher wie auch die Rundfunkpresse dagegen, „Tonkonserven" im Radio einzusetzen. Allein die aktuelle Übertragung aus den Sendestudios galt als wirklich bzw. authentisch.

> „Für die Rundfunkkritik zeichnete ihn [den Rundfunk, K. D.] gerade diese Unmittelbarkeit vor allen anderen mechanischen Reproduktionsmitteln aus, sie war die Garantie für die Wahrhaftigkeit dessen, was gesendet wurde. Deswegen wurde die Einführung für die Tonaufzeichnung als eine Entwicklung verstanden, durch die das Medium seine Authentizität verlieren würde."[256]

Dennoch: Zunächst wurde für unmittelbare Produktionszwecke archiviert, im Sinne eines Produktionsarchivs, mit dem aktuell gearbeitet werden sollte:[257]

254 ELVEN, Gisela (1945): *Der Schlesische Rundfunk 1924-1939*. Leipzig, S. 147.

255 Vgl. SCHMIDT, Siegfried J. (2000): *Kalte Faszination. Medien, Kultur, Wissenschaft in der Mediengesellschaft*. Velbrück, S. 93f.

256 FAVRE (2007): Goebbels' phantastische Vorstellung, S. 92.

257 Vgl. Kapitel 5.

„Von Anfang an war der Bedarf an Originaltönen vorhanden." Muriel Favre spricht hier auch von dem so genannten Schallplatten-Rückblick, „der in einem gewissen Rhythmus die bedeutendsten Ereignisse der jüngsten Vergangenheit in Form von O-Tönen Revue passieren ließ".[258] So seien „im ersten Rückblick der Berliner Sendegesellschaft im Dezember 1929 Ausschnitte aus den Reportagen von den Trauerfeierlichkeiten für Gustav Stresemann, der Grundsteinlegung der Kölner Universität und dem Sechstagerennen"[259] gesendet worden. Am Beispiel dieses Zusammenhangs wird deutlich, dass sich hier frühe Formen medialer Erinnerung innerhalb des Rundfunksystems abzeichnen. Spezifische Ereignisse, die zunächst „nur" über den Rundfunk *übertragen* wurden, werden hier mit Bezug auf die jüngste Vergangenheit *noch einmal* vermittelt und dieses Medienangebot verfügt über das mediale Funktionspotential, „im Rahmen des kommunikativen Gedächtnisses die spezifische Alltagserfahrung einer nahen Vergangenheit [zu] vermitteln".[260]

Während also bei den reinen Übertragungen des Radios die „toten" Manuskripte als Texte stets innerhalb einer Latenz bis zu ihrer radiophonen Wiederaufführung verharren, bildet die Möglichkeit des radiophonen Verweises auf den performativen Akt des Ereignisses im Radio selbst einen medialen Akt, indem das Medium seine eigene genuine und performative Geschichtlichkeit thematisieren kann.

> „Durch sie [die Plattenaufzeichnung, K.D.] fand der Rundfunk zu einem Gedächtnis. Als erste Sendegesellschaft legte die Berliner Funkstunde ihr Schallplattenarchiv am 1. Januar 1930 an, die anderen folgten ihr rasch nach. Alle Ereignisse politischer oder kultureller Art, die für wichtig gehalten wurden, wie die Trauerfeierlichkeiten für den Reichsaußenminister Gustav Stresemann im Oktober 1929 [...] oder die Verleihung des Literatur-Nobelpreises an Thomas Mann im Dezember desselben Jahres [...] wurden parallel zur Ausstrahlung mitgeschnitten."[261]

Beide Reportagen, von dem Reporter Alfred Braun aufbereitet und kommentiert, sind auch heute noch erhalten[262] und dürfen wohl als eine der ersten Aufnahmen mit dem Potential kollektiver Gedächtnismedien des Rundfunks gelten.

Hatten sich also zunächst neue mediale Formen und Funktionen für eine neue medienkulturelle Ordnung des Rundfunks erproben lassen, kam es auf diese Weise zu einer Institutionalisierung des Gedächtnisses und der Spezialisierung seiner Trägerschaft, durch die Medienangebote potentiell erinnerungskulturell funktionalisiert werden können, indem diese in der Praxis der Erinne-

258 FAVRE (2007): Goebbels' phantastische Vorstellung, S. 93.
259 Ebd., S. 93.
260 ERLL (2004): Medien des kollektiven Gedächtnisses, S. 15.
261 FAVRE (2007): Goebbels' phantastische Vorstellung, S. 93.
262 Vgl. ebd, S. 99.

rungskultur durch entsprechende Zuschreibungen zu Medien des kollektiv-akustischen Gedächtnisses werden.[263] Die Rundfunkkritik war sich „des historischen Wertes der Tonaufnahmen bewusst", schlussfolgert Favre. „Sie erkannte in diesen eine Art nationales Kulturerbe, das es für die nachfolgenden Generationen zu hinterlassen galt."[264] Ein Bericht aus der Rundfunkzeitschrift „Der Deutsche Rundfunk" aus dem Jahre 1932 spiegelt diese Einschätzung Favres wider: „Es wird möglich sein einmal unseren Kindern zu zeigen, wie der Nobel-Preis verteilt wurde, was Sylvester 1930 geschah, wie die großen Dichter sprachen und die großen Dirigenten ihre Orchester leiteten."[265] Mit Aleida Assmanns Begriff des Speichergedächtnis lässt sich sagen, dass sich ein Archiv ausbildet, auf das spätere Generationen zugreifen können und es schließlich aus seiner Potentialität heraustreten kann, um synchronisiert zu werden mit der Aktualität einer Gesellschaft, die sich erst viel später für die Ursprünge dieses neuen Übertragungsmediums interessieren könnte. Die Hinterlassenschaft des Rundfunks erstreckt sich wesentlich auf die Sendemanuskripte, dabei sind zugleich die Ursprünge medienarchäologischen Denkens akustischer Medienspeicher im Weimarer Funkarchiv zu finden.

263 Vgl. Erll (2004): Medien des kollektiven Gedächtnisses, S. 15.
264 Favre (2007): Goebbels phantastische Vorstellung, S. 93.
265 o. V. (1930): „Ein Funkarchiv für die Ewigkeit", in: *Der deutsche Rundfunk*, Jg. 8, Nr. 30, S. 4.

5 Speicher- und Übertragungsprozesse im NS-Rundfunk: eine Annäherung

Eigenständige akustische Radioformate und -genres sind, erstmals im Weimarer Rundfunk entwickelt worden. Das „Feature", der „Bunte Abend", das Hörspiel, die Live-Übertragungen als unterschiedliche akustische Formen der Wissensrepräsentation gehören demnach zum Erbe des Weimarer Rundfunks. Sendemanuskripte, die die Sendeinhalte dokumentierten, wurden mit der Übernahme des Rundfunks durch die NSDAP schließlich weiter verwendet, um sie künftig in den Dienst der NS-Propaganda zu stellen. Dabei sind jedoch nicht die Inhalte, sondern die Formen und Strukturen der neuen Formate und Genres angeeignet worden, um sie politisch-ideologisch zu „durchtränken". Die Zensurmaßnahmen der Nationalsozialisten hatten das Erbe des Weimarer Rundfunks stark beschnitten, so durfte Musik von jüdischen, russischen oder avantgardistischen Komponisten nicht mehr gespielt werden: In der Zeit des NS-Rundfunks wurden hauptsächlich neue, völkisch indoktrinierte Sendeinhalte konzipiert und auch neu produziert. Hierfür wurden die in den Jahren des Weimarer Rundfunks entwickelten Formen und Genres bemüht, in denen von nun an die ideologischen Inhalte präsentiert wurden. Diese neuen Sendeinhalte wurden nicht in ihrer akustischen Realisierungsform gespeichert. Wie schon im Weimarer Rundfunk wurden sie auf der Basis von schriftlichen Manuskripten live gesendet. Dies ist insofern bemerkenswert, da die Möglichkeit zur Speicherung zu diesem Zeitpunkt bereits technisch möglich gewesen wäre. Bereits ab 1927 wurde im Weimarer Rundfunk mit Tonaufzeichnungstechnik experimentiert, bevor sie Ende Mai 1929 in den Rundfunkstudios eingeführt wurde. Mitgeschnitten wurde dann „[z]um einen auf Wachsplatten, die mehrmals abgeschliffen und neu verwendet werden konnten, zum anderen auf lange haltbare, nach einem aufwendigen Verfahren aus dem Wachsplatten hergestellten Schellackplatten".[1] Der Rundfunk fand auf diese Weise zu einem Gedächtnis,[2] so dass auch die Zeitachsenmanipulation im Rundfunk möglich wurde. Das Archiv konnte sich jetzt selbst produzieren. So war es möglich geworden, auch die Stimmen verstorbener Persönlichkeiten noch einmal im Rundfunk ertönen zu lassen. Außerdem

1 Favre (2007): Goebbels' phantastische Vorstellung, S. 92.
2 Vgl. ebd.

entwickelte sich aus diesem medientechnischen Dispositiv schon früh ein neues Rundfunkgenre: Der Schallplattenrückblick etablierte sich,[3] und selbstreferentielle Bezüge zur jüngsten Vergangenheit waren von nun an auch innerhalb verschiedener Genres denkbar geworden.

Mit Beginn der Ära des nationalsozialistisch indoktrinierten Rundfunkprogramms ab 1932 wurde diese Errungenschaft jedoch schnell zu einem Mittel der Zensur: So war die akustische Speicherung für die Nationalsozialisten vor allem eine Möglichkeit, Einfluss auf zuvor produzierte Sendeinhalte zu nehmen und sie vor dem eigentlichen Ausstrahlungstermin noch einmal zu bearbeiten. Das Propagandaministerium konnte auf diese Weise auf die Berichterstattung einwirken:

> „Abgesehen davon, dass auf Anweisung des Propagandaministeriums die Wirklichkeit oft verfälscht wurde, führte das neue Aufnahmeverfahren eher dazu, dass nichts Unerwartetes bzw. Zweideutiges in den Äther ging. Es kam damit den Kontrollansprüchen des Regimes entgegen."[4]

Jedoch lässt sich bereits an dieser Stelle festhalten, dass Goebbels sich weniger für die Speicherung von Sendeinhalten interessierte, also kein systematisch angelegtes Produktionsarchiv aufgebaut wurde. Zudem kam es auch nicht zu einer Weiterentwicklung des in der Weimarer Zeit durch große Experimentierfreude der Programmpioniere entstandenen Repertoires an Formen, Formaten und Genres. Eine Fortsetzung dieses Prozesses hätte vor allem wegen der technischen Errungenschaft des Mitschneideverfahrens durchaus denkbar sein können.

Stattdessen, wurde während der Zeit der NS-Rundfunkprogrammierung im Wesentlichen auf das bestehende Rundfunkprogramm des Weimarer Rundfunks zurückgegriffen, wobei deren Inhalte ideologisch gefärbt und aufgeladen wurden. Außerdem hatte das Reichsministerium für Volksaufklärung und Propaganda (RMVP) grundsätzlich ein sehr geringes Interesse daran, das Programmrepertoire zu erweitern. Das Bestehende sollte behutsam ausgebaut werden, um die Rundfunkhörer unmittelbar zu erreichen und zu mobilisieren. Unmittelbarkeit war im Rundfunk zu diesem Zeitpunkt zu erreichen, indem live gesendet wurde. Dies war zeitgenössisch mit Begriffen der „Aura" und des „Ereignishaften" verknüpft. Auf diesen Zeitdiskurs griffen die Nationalsozialisten

---

3 Vgl. FAVRE (2007): Goebbels' phantastische Vorstellung, S. 92f. Durch die neue Technik der Schallfolienaufzeichnung war es möglich geworden, in den Übertragungswagen Berichte und Interviews direkt zu schneiden. Zuvor waren die Reporter auf Kabelleitungen zwischen dem Ort der Aufnahme und dem Funkhaus angewiesen. Mittels der Schallfolie musste nun aber das Gesagte nicht mehr in das Funkhaus übertragen werden, sondern die Aufnahme konnte auf der Schallfolie im Ü-Wagen bearbeitet werden. Vgl. FAVRE (2007): Goebbels' phantastische Vorstellung, S. 94.

4 Ebd., S. 94.

zurück; auch bauten sie während ihrer Herrschaft die Übertragungstechnik weiter aus, um mittels der direkten Ansprache über das neue Leitmedium die Hörer live zu erreichen.

Live-Übertragungen bildeten eine wichtige Säule der Propagandapolitik im Rundfunk. So wird den Hitlerreden, aber auch anderen nationalsozialistischen Kundgebungen, die live vom Veranstaltungsort übertragen wurden, zeitgenössisch sogar eine geschichtsbildende Kraft zugeschrieben. Dies lässt sich bemerkenswerterweise an der Speicherpolitik des RMVP ablesen. Eine Äußerung des Leiters des Zentralarchivs des Rundfunks in Berlin, Konrad von Brauchitsch, beschreibt im Jahre 1934 zwei Sammlungsstrategien des Rundfunkarchivs bezüglich der

> „[…] Aufnahmen, die aus historischen und politischen Gründen gesammelt werden, ferner die Aufnahmen, die die Anforderungen der Sendepraxis befriedigen sollten. […] Wir finden daher in unserem Archiv seit der Machtübernahme wohl alles, was auf diesem [historischen, K. D.] Gebiete wichtig ist. Wir finden den Tag der Machtübernahme, den Tag von Potsdam […] und alle großen und unerhört wirksamen Reden unseres Führers im Reichstag […] und bei anderen Ereignissen, der 1. Mai beider Jahre ist lückenlos vorhanden, ebenso die Parteitage in Nürnberg. Auch die wichtigen Veranstaltungen der SA, der SS, des Stahlhelms und der Hitlerjugend fehlen nicht.“[5]

Diese Aufnahmen wurden demnach nicht für den Produktionsbedarf des Rundfunks archiviert, vielmehr ging „die Aufbewahrung von O-Tönen weit über die Bedürfnisse des Rundfunks hinaus“.[6] Goebbels' Speicherpolitik nahm im Gegensatz zu den Speicherpraktiken des Weimarer Radios „weniger […] den Gebrauchs- als […] den historischen Wert der Mitschnitte“[7] in den Blick. Das RMVP speicherte aus der Überzeugung heraus, eine Archivierung der historischen Zeit vorzunehmen.[8]

So sind vor allem Mitschnitte der RRG angefertigt worden, „die die Übertragung von offiziellen Veranstaltungen betreffen“.[9] Jedoch ist ein Gedanke in dem von Brauchitsch formulierten Beitrag auch für die Übertragungspraxis bedeutsam: nämlich der Ausbau des Geräuscharchivs, den er als „zweite Aufgabe“ für die „Anforderungen des praktischen Sendebetriebs beschreibt: Nicht nur „Tiergeräusche jeder Art“ sind darin enthalten, sondern auch „einschlagende Granaten und Maschinengewehre“.[10] Mittels dieser Geräusche konnten Hörräume al-

---

5 Brauchitsch, Konrad von (1934): „Schallaufnahme und Schallarchiv der Reichs-Rundfunk-Gesellschaft“, in: *Rufer und Hörer*, Jg. 3, Nr. 6/7, S. 296f.

6 Favre (2007): Goebbels' phantastische Vorstellung, S. 95.

7 Ebd.

8 Vgl. ebd., S. 97.

9 Ebd., S. 94.

10 Brauchitsch (1934): Schallaufnahme und Schallarchiv, S. 297.

ler Art hergestellt und akustisch gestaltet werden, ohne dass dabei live gesendet werden musste.

Goebbels hatte hierzu am 29. Juni 1937 eine „Kommission zur Bewahrung von Zeitdokumenten“ ernannt. Der Erhalt solcher bedeutenden „Zeitdokumente“ betraf dabei alle Medien, also sowohl Film, Schallplatte, Zeitung und Fotografie. So wollte Goebbels die Zeit des Nationalsozialismus wie folgt dokumentiert wissen:

> „Sich vorzustellen, dass eine Rede Cäsars an seine Legionen im Tonfilm aufgenommen worden wäre und dass wir heute die Möglichkeit hätten, sie wieder mitzuerleben – das ist eine phantastische Vorstellung. Trotzdem hat diese phantastische Vorstellung einen Haken. Wenn wir nämlich glauben, dass in 100 oder 200 Jahren unsere Nachfahren ein so plastisches wie unmittelbares Bild von unserer Zeit haben würden, so ist das ein ganz großer Irrtum! In 100 oder 200 Jahren werden alle diese Dokumente, wenn wir weiter so leichtsinnig mit ihnen umgehen wie bisher in Rauch und Asche übergegangen sein.“[11]

Die Kommission war zusammengestellt worden, um Zeitdokumente zu erfassen. Schließlich wurde im März 1939 das – aus der Arbeit dieser Kommission hervorgegangene – Reichskulturarchiv gegründet, das dem Propagandaministerium direkt unterstellt war. Auch wenn Goebbels dessen Gründung initiiert hatte, war dem Reichskulturarchiv weder eigenes Personal noch Räume zur Verfügung gestellt worden. Außerdem verfügte es nicht

> „über einen eigenen Bestand und wurde sogar 1942 wieder vom Zentralarchiv getrennt. Alles in allem scheint sich seine Tätigkeit darauf beschränkt zu haben, Teilbestände (z.B. die Hitler-Reden) separat zu erfassen bzw. von ihnen Sicherheitskopien herzustellen.“[12]

Ebenfalls wird in der oben erwähnten Rede die restriktive Speicherpolitik von Goebbels und der Grund hierfür deutlich: So seien vor allem die Führerreden zu dokumentieren, da

> „es für die nationalsozialistische Lehre einen originellen Ursprung überhaupt im Führer gibt. Wenn der Führer einmal nicht mehr lebte, so würde diese originelle Ursprungsquelle versiegt sein. Die nachkommenden Geschlechter werden dann immer nur Ausdeuter sein können, Kirchenväter, die nicht selbst eine Lehre erfinden, sondern sie höchstens nur zu kommentieren in der Lage sind. [...] Je weniger nun an greifbarem Material vorhanden ist, umso mehr ist dann auch den späteren

11 „Rede des Reichsministers für Volksaufklärung und Propaganda Dr. Goebbels, gehalten anläßlich der Gründung der Kommission zur Bewahrung von Zeitdokumenten am 29. Juni 1937“. Archiviert im Bundesarchiv (BArch), R 55/1241, Bl. 124. Zitiert nach: FAVRE (2007): Goebbels' phantastische Vorstellung, S. 96.

12 FAVRE (2007): Goebbels' phantastische Vorstellung, S. 96.

Kommentatoren die Möglichkeit gegeben, das nach eigenem Geschmack auszulegen."[13]

Die Annahme von Goebbels, die Tonquellen der Hitlerschen Reden würden für nachfolgende Historikergenerationen Rückschlüsse auf die „wahre" Bedeutung des Nationalsozialismus zulassen, spiegelt seine propagandistische Weltsicht wider. Goebbels geht offenbar davon aus, dass durch die Medialität der Live-Übertragung die Rezeption der Hörer zu steuern wäre. So könne er mittels der Reden die Geschichte insofern beeinflussen, als dass die Auswahl nur weniger überlieferter Reden das spätere Geschichtsbild bestimmen würde. So ist es wirklich erstaunlich, „dass die Nationalsozialisten Tondokumente für archivierungswürdig hielten in der Annahme, dass es sich dabei um die exakte Abbildung der Realität handele".[14]

Goebbels nahm offenbar an, dass durch die akustische Übertragung der Reden Wirkung und Rezeption zusammenfallen. So dachte er auf Platte wiederzufinden, „wie es eigentlich gewesen" sei. So lässt sich mit Favre daraus schließen: „Sinn und Zweck des O-Tons im Nationalsozialismus war es, die kommenden Historiker auf eine Geschichte des Dritten Reiches, die als einzig mögliche betrachtet wurde, zu verpflichten."[15]

Genauso wie Goebbels über die mediale Vermittlung von akustischer Geschichte dachte, lassen sich auch seine medialen Steuerungsprozesse beschreiben. Die Vermittlung von Sendeinhalten sollte den Hörer in seiner medialen Rezeption direkt lenken und ihn ideologisch einnehmen. Die technische Live-Übertragung war, wie auch bereits im Weimarer Rundfunk, mit Unmittelbarkeit, Glaubwürdigkeit und Ereignishaftigkeit verknüpft. Diese Zuschreibung der Medientechnik wurde auch von Goebbels in Szene gesetzt. In den Jahren des Nationalsozialismus hatte sich das gemeinschaftliche Live-Erleben eines übertragenen Ereignisses jedoch nur noch an eine „arische Hörgemeinschaft" zu richten. Zu diesem Zweck wurde das ideologisch-propagandistische Konzept der „Volksgemeinschaft" instrumentalisiert und ausgebaut.

Vor dem Hintergrund dieser Annahmen erweist sich das propagandistische Konzept der „Volksgemeinschaft" als diskursleitend für die Auseinandersetzung mit den Mediendispositiven der nationalsozialistischen Speicher- und Übertragungsapparaturen. Das Mediendispositiv des Rundfunks erlebte hier eine entscheidende Zäsur: Durch die Verbreitung des sogenannten „Volksempfängers" wurde erstmals eine massenmediale „Wirklichkeit" konstituiert, die auf ein tota-

---

13 „Rede des Reichsministers für Volksaufklärung und Propaganda Dr. Goebbels, gehalten anläßlich der Gründung der Kommission zur Bewahrung von Zeitdokumenten am 29. Juni 1937". BArch, R 55/1241, Bl. 125. Zitiert nach: Favre (2007): Goebbels' phantastische Vorstellung, S. 97.

14 Favre (2007): Goebbels' phantastische Vorstellung, S. 98.

15 Ebd.

litäres, nationalsozialistisch grundiertes Gemeinschaftserleben gerichtet war. Auf die Hörer wird so eine totalitäre Macht auszuüben versucht. Solche medientechnischen Steuerungsprozesse, welche die Wahrnehmung der Rezipienten zu beeinflussen suchen, müssen für die Analyse und Bewertung akustischer Speicher- und Übertragungsprozesse berücksichtigt werden. Sie bestimmen die akustische Ordnung, in deren Kontext sich akustische Massenmedialität und ebenso akustische Medien der Erinnerung und des Gedächtnisses ausbilden.

Der propagandistische Begriff der „Volksgemeinschaft" wird in der vorliegenden Analyse als der Versuch zur Beeinflussung und Politisierung der medienästhetischen Wahrnehmung eingestuft.[16] Dies geschieht in drei Schritten. Erstens werden Massenereignisse und Kundgebungen live übertragen: Sie sollen den Hörer der „Volksgemeinschaft" durch die Gleichzeitigkeit von Raum und Zeit an dem Ereignis teilhaben lassen. Zweitens erfährt diese Übertragungsstrategie eine medientechnische Verstärkung, indem ein „totaler Gemeinschaftsempfang" installiert wird. Dies meint sowohl die Gleichschaltung aller Sender, wenn Hitler oder ein anderer Parteiführer sprach, als auch die Verbreitung technischer Geräte, die für den Gemeinschaftsempfang ausgestattet werden sollten. Übertragungen in Gemeindesäle, Betriebe und Schulen sollten dadurch eine Erweiterung des Publikums herbeiführen und es zu einer faschistischen Hörgemeinschaft verschalten. Drittens sollte die nationalsozialistische Programmpolitik im Rundfunk so gesteuert sein, dass die Inhalte den Vorlieben der breiten Masse der Hörer entsprachen. So verschob sich das Programm immer mehr zu einem Unterhaltungsrundfunk. Im Rahmen dieser Strategie wurden Konzepte erprobt, die vorgaben, den Hörer an der Programmgestaltung partizipieren zu lassen. Die „Bunte Stunde" oder das „Wunschkonzert" sind hierfür zwei Beispiele.

Der Historiker Clemens Zimmermann betont in seiner Monographie über die „Medien des Nationalsozialismus", dass das angekündigte Programm des „Volksrundfunks" auf zwei Arten erfüllt worden sei: „einerseits als Anpassung an den populären Geschmack und andererseits als verstärkte Interaktion mit den Hörern".[17] Auch spricht Zimmermann von „interaktive[n] Momente[n] in den gesendeten Programmen", jedoch interpretiert er diese als „vorgetäuschte Interaktivität".[18]

„Vorgetäuschte Interaktivität" ist in diesem Sinne nichts anderes als eine Strategie, die Hörgemeinschaft als „Volksgemeinschaft" im Rundfunk zu inszenieren, weshalb die Inszenierung der „Volksgemeinschaft" auch immer auf den Hörer angewiesen ist. Dazu – und dies ist für die vorliegende Analyse zentral – wird davon ausgegangen, dass sich während der Zeit des Nationalsozialismus vor al-

---

16 Vgl. hierzu Kap. 5.4

17 ZIMMERMANN, Clemens (2007): *Medien im Nationalsozialismus. Deutschland, Italien und Spanien in den 1930er und 1940er Jahren.* Wien/Köln/Weimar, S. 131.

18 Ebd.

lem eine mediale Ordnung des Akustischen konstituierte, die durch den gezielten Einsatz von Übertragungsmedien die Gemeinschaftsideologie zu verbreiten suchte (z.B. durch die Reden Hitlers sowie gleichermaßen durch Unterhaltungsprogramme). Die Übertragungsstrategien im Nationalsozialismus sind deshalb als eine zentrale propagandistische Maßnahme zu betrachten, weil sie darauf abzielten, einzelne Radiorezipienten zu einer Hörgemeinschaft zusammenzuschließen. Der einzelne Hörer sollte, wenn er dem NS-Rundfunk lauschte, nicht vereinzelt rezipieren, sondern sich durch die Imagination eines gemeinsamen virtuellen Hörerfahrungsraums dem Machtraum der Nationalsozialisten zugehörig fühlen.[19]

Ein erster Beleg für diese Annahme lässt sich in dem Umgang der Nationalsozialisten mit der Schallplattenindustrie finden. Im Gegensatz zur Möglichkeit der Indienstnahme des Rundfunks als einem totalen Gemeinschaftsempfang,[20] der immer wieder auch das Live-Erleben der Übertragungssituation inszeniert, ist die Schallplatte als ein Medium der Vereinzelung zu betrachten. Abwertend wurde sie auch als „Tonkonserve" im Vergleich mit den Live-Sendungen des NS-Rundfunks bezeichnet.

> „Die NS-Ideologie betonte das Feierliche, das auf den besonderen, verordneten Augenblick hin Ausgerichtete. Der Rundfunk, den die Nazis ja gebührend nutzten, vermittelte noch etwas vom Massenerlebnis, denn er ist mehr als Reporter, ‚live', denn als Musikkonserve eingesetzt worden."[21]

Die Schallplatte ist also anders als der Live-Empfang mit ihrer „objektivierende[n] Tendenz" nicht auf das subjektive Gefühl der gemeinschaftlichen Hörerfahrung gerichtet. Ganz im Gegenteil sorge sie für den „Verlust des Auratischen" und erzeuge zugleich die „nicht direkt zu steuernde private Rezeptionssituation, die Anonymität der Interpretation, [die] sie als wenig brauchbares Instrument der Massenbeeinflussung erscheinen [ließ]."[22]

Der Musikpolitiker Peter Raabe, der seit dem Jahre 1935 das Amt des Präsidenten der Reichsmusikkammer (RMK) inne hatte, bekundete sein „Misstrauen" gegenüber dem vermeintlich neuen Speichermedium der Musik-Schallplatte wie folgt: „Die technischen Neuerungen, das Radio und die Schallplatte [...]

19 Vgl. dazu LUHMANN, Niklas (2002): *Das Erziehungssystem der Gesellschaft.* Frankfurt am Main, S. 102ff. Medien sind Interaktionskoordinatoren, wobei der oben skizzierte Zusammenhang ein Paradebeispiel dafür ist, dass sie aber auch die Synchronisierung von Emotionen ermöglichen. So ist die Annahme in der Medientheorie zutreffenderweise als eine neue Qualität zu beschreiben, die auch die Emotionen mit einbezieht. Somit sind Medien nicht nur Interaktionskoordinatoren, sondern auch Synchronisationskoordinatoren.

20 Vgl. Kap. 5.3.1.

21 ELSTE, Martin (1984): Zwischen Privatheit und Politik. Die Schallplatten-Industrie im NS-Staat, in: HEISTER, Hanns-Werner/KLEIN, Hans-Günter (Hg.): *Musik und Musikpolitik im faschistischen Deutschland.* Frankfurt am Main 1984, S. 107-125, hier: S. 112.

22 Ebd.

sind ungeeignet, namentlich den Heranwachsenden zum musikalischen Ereignis zu führen."[23]

An diesem Zitat wird schließlich deutlich, dass noch im Jahre 1935 in Musikerkreisen (Furtwängler ist in diesem Sinne eines der besten Beispiele) die Schallplatte (wie aber auch hier das Radio) als Konkurrenzmedium zum auratischen Live-Spiel aufgefasst wurde.

Das Propagandaministerium ging davon aus, dass die Schallplatte, die als Alternative zu der vom Rundfunk verordneten Musikrezeption nicht nur die Privatheit der Rezeption beförderte, sondern über „objektivierende Tendenzen"[24] eher auf eine musikgeschichtliche Tradition denn auf eine sich selbst historisierende, ideologisch-politische Gegenwart verwies, soweit wie möglich reglementiert oder sogar ganz verhindert werden müsste.

Reglementiert war vor allem das Angebot der Plattenfirmen. Sie mussten sich auch musikalisch vollständig auf die Musikpolitik der Propaganda-Institutionen einstellen. So wurden zum Beispiel im Mai 1933 sieben mit Marschliedern bespielte Platten von der Electrola herausgegeben.[25] Das Genre der Marschmusik, das im NS-Rundfunk eine prominente Stellung besaß, war auch ein beständiger Teil der neuen Plattenproduktionen geworden. „So zählt man ca. 580 Märsche und Marschlieder im 1939/40-Katalog der *Deutschen Grammophon*."[26] Ebenfalls in Anlehnung an die Programmpolitik des Rundfunks erschienen

> „weiterhin Arien und Duette aus Opern, die ja seit der Jahrhundertwende neben den zahlreichen Aufnahmen der leichten Muse den größten Anteil am aufgenommenen Repertoire hatten".[27]

Zum Ende der 1930er Jahre wurden schließlich aus dem „Medienverbund zwischen Tonfilm und Schallplatte" Tonfilmschlager in das Programm aufgenommen, und „[a]llein die Telefunken-Platte hatte Melodien von 150 Filmen in ihrem Hauptverzeichnis für 1939".[28]

An den gezeigten Beispielen lässt sich verdeutlichen, dass jedoch ein geringes politisches Interesse der Nationalsozialisten an der Schallplatte bestand und sich dies auf verschiedenen Ebenen manifestierte. Sie setzten auf den Rundfunk und orientierten sich politisch auch an durch den Rundfunk vorgegebenen Maßnahmen. So sind weder systematisch kommerzielle Platten mit Hitlers Reden vertrieben worden, noch hatte das Propagandaministerium ein Interesse an einer Verstaatlichung der Firmen. Zudem galt für die Plattenfirmen ein ebenso

23 Raabe, Peter (1936): „Wege zur Belebung der Hausmusik", in: Ders.: *Kulturwille im deutschen Musikleben. Kulturpolitische Reden und Aufsätze.* Bd. 2. Regensburg, S. 42-49, hier: S. 44.
24 Elste (1984): Zwischen Privatheit und Politik, S. 112.
25 Vgl. ebd.
26 Ebd., S. 108.
27 Ebd.
28 Ebd.

restriktives musikalisches Angebot, wie es im Rundfunk mittels der Zensur umgesetzt wurde. Das Repertoire war einerseits sehr an der Musik der Rundfunkprogramme orientiert, andererseits wurden jedoch auch weitere Verbote erlassen, die die radiophonen Übertragungsstrategien des unmittelbar Ereignishaften gewährleisten sollten. So sollte die Erhältlichkeit derjenigen Platten, die den Kult der Inszenierung der Reden Hitlers und ihrer Übertragung im Rundfunk sicherten, begrenzt werden. Der Zweck, einige ausgewählte Musikstücke im Rundfunk zu spielen, diente der Inszenierung des Heroisch-Feierlichen. Der offene Verkauf der im Radio und bei den Massenveranstaltungen zum Zweck der religiös-kultischen Heiligung des Führers gespielten Stücke vermindere, so die Ansicht der Verantwortlichen, ihren Wert als allein für das Ereignis bestimmte Musik.

> „Zu der Palette der Reglementierungen im Sinne der NS-Ideologie zählten auch Verbote, gewisse Musikstücke ohne einen genau prädeterminierten Anlaß zu spielen. Wenn also die Plattenfirmen den *Badenweiler Marsch*, Hitlers Lieblingsmarsch, gleich mehrfach im Katalog führten (*Electrola* allein hatte davon fünf Platten), verstieß diese Popularisierung des Marsches gegen das Ziel der Nazis, das Feierliche, Erhabene der Musik immer wieder zu demonstrieren. So durfte der *Nibelungenmarsch*, ebenfalls mehrfach auf Platten zu haben, ab Juli 1937 nur noch bei Veranstaltungen auf dem Parteitag gespielt werden."[29]

Die schallplattenindustrielle Verfügbarkeit dieser auf das Ereignis bezogenen, ausgewählten Musikstücke unterwanderte deren Beschränkung auf das Einmalige, „indem die Musik für jedermann zu jeder Zeit abrufbar [blieb]. Das Feierliche wird von der Schallplatte enttabuisiert."[30] Nach einer amtlichen Mitteilung der Reichsmusikkammer im Jahre 1937 war dann auch der Nibelungenmarsch für „alltägliche und profane Anlässe"[31] verboten worden.

Für den Nationalsozialismus hatte die Schallplatte nur eine geringe politische Bedeutung. Eine völlige Ritualisierung der NS-Musikästhetik erfolgte durch den Rundfunk. Die Schallplatte und ihr massenhafter Vertrieb wäre der Sakralisierung und dem Kult um Hitler, wie er bei den Redenübertragungen inszeniert worden war, entgegengelaufen.

> „Nicht etwa die ‚bolschewistische' oder ‚jüdische', sondern die konforme ‚arische' Schallplatte verhinderte die völlige Ritualisierung der Musik, sorgte stattdessen für deren Profanisierung. Daß Schallplatten von daher als notwendiges Übel angesehen wurden und innerhalb der offiziellen Kulturpolitik lediglich an der Peripherie standen, überrascht kaum noch."[32]

---

29 Ebd., S. 112.

30 Ebd.

31 o. V. (1937): *Amtliche Mitteilungen der Reichsmusikkammer*. Jg. 4, Nr. 10, S. 51. Zitiert nach: ELSTE (1984): Zwischen Privatheit und Politik, S. 112.

32 ELSTE (1984): Zwischen Privatheit und Politik, S. 112.

Der Musikhistoriker Martin Elste hat daraus den Schluss gezogen, dass die Nazis nicht das „Fundament zu der Idee einer auf den jeweiligen Ort genau bezogenen Musik" erfunden hätten, sondern die Musikrezeption „lediglich angeordnet und reglementiert"[33] haben.

Demnach ist die Medienwirklichkeit des NS-Rundfunks unter akustischen Gesichtspunkten im Spannungsfeld zwischen Fragen nach dem Wert der akustischen Speicherlogiken sowie den Übertragungsstrategien und Verbreitungs- und Herrschaftsmechanismen von Medieninhalten im NS-System zu verorten.

Speichermedien spielten nur eine geringe Rolle im Nationalsozialismus. Es wird also zunächst angenommen, dass sich zwar ein akustisches Gedächtnis ausbildete, das jedoch zu jenem Zeitpunkt nicht durch seine medialen Träger vermittelt ist, sondern durch das körperliche Live-Erleben der Inszenierungen der „Volksgemeinschaft" im NS-Rundfunk.

Es ist davon auszugehen, dass zur Inszenierung der „Volksgemeinschaft" im Rundfunk als Hörgemeinschaft zunächst mittels Inklusion und Exklusion ein geschlossener Raum der Rezeption und Wahrnehmung künstlich hergestellt wurde. Dies betraf vor allem die Inhalte, die zunächst durch Zensur begrenzt wurden und schließlich durch systematische Umkodierungsprozesse eigene ästhetische Symbole und Codes ausbildeten, die selbstreferentiell auf eine Zugehörigkeit zur Gemeinschaft verwiesen.

Auf diese Weise ragte das propagandistische Konzept der „Volksgemeinschaft" in die Alltagserfahrung der Menschen hinein und wirkte auf sie als eine (offenbar von den Medien beeinflusste) „soziale Praxis".[34] Dabei ist es wichtig zu betonen, dass der Handelnde kein fanatischer Ideologe sein musste, um den Gemeinschaftsgedanken als einen im Alltag präsenten zu betrachten.

> „Germans thus took part in all sorts of ‚communities' in their everyday lives. Whether or not they actually felt the feeling of ‚belonging' that Nazi propaganda insisted on, anticipations of Volksgemeinschaft became a part of their everyday experience. ‚Community' was a central theme, a kind of constant refrain, not only in Nazi Party propaganda, but also in a range of entertainments, the mass media, cultural productions, and advertisements."[35]

So lässt sich für die jüngsten Arbeiten der Geschichtswissenschaft feststellen, dass sie die Präsenz der medialen Inszenierung der „Volksgemeinschaft" im medialen Alltag der Rezipienten berücksichtigt. Ästhetische Formen und Medien,

---

33 Ebd.

34 Ebd.; besonders deutlich tritt diese Forschungsperspektive hervor in: KERSHAW, Ian (2011): „‚Volksgemeinschaft'. Potenzial und Grenzen eines neuen Forschungskonzeptes", in: *Vierteljahreshefte für Zeitgeschichte*, Jg. 59, Heft 1, S. 1-18.

35 STEBER, Martina/GOTTO, Bernhard (2014): „Volksgemeinschaft: Writing the Social History of the Nazi Regime", in: STEBER, Martina/GOTTO, Bernhard (Hg.): *Visions of Community in Nazi Germany. Social Engineering and Private Living.* Oxford, S. 1-28, hier: S. 9.

die im Nationalsozialismus medial verbreitet, also übertragen wurden, folgten dabei festen ideologischen Kodierungsmustern.

Dass diese medientechnische Verschaltung eine zentrale Rolle auch für die Herrschaftsstrategien des Nationalsozialismus spielte, lässt sich ebenso an dem Umstand ablesen, dass die Nationalsozialisten ein Jahr lang den Ätherraum als Hörraum besetzten, nämlich in der Zeit von 1933 bis 1934. Immerhin waren im Jahr 1933 allein 50 Hitlerreden ausgestrahlt worden,[36] und beim Mitteldeutschen Rundfunk gingen allein in den ersten drei Monaten des Jahres 1933, wie Ansgar Diller herausfand, 77 Sendungen der Reichsregierung über den Äther.[37]

Aber nicht nur die Reden Hitlers trugen wesentlich dazu bei, die Idee der „Volksgemeinschaft" im Rundfunk praktisch werden zu lassen. Vor allem auch die eingesetzten Medien waren im Rundfunkprogramm der Nazis Teil dieses propagandistischen Konzeptes.

5.1 Hörerforschung und Quellenlage

Dass solchen Überlegungen methodisch überhaupt nachzugehen ist, hat vor allem medienhistorische Gründe. So muss von folgenden zeitlich und inhaltlich begründeten Zäsuren ausgegangen werden: Als das Interesse des Publikums an unzähligen Übertragungen der Rundfunkreden Hitlers ab etwa 1934 verebbte, wurde nach Konzepten jenseits der politischen Direktübertragungen gesucht, die „Volksgemeinschaft" im neuen „Volksfunk" zu inszenieren.

Dies geschah vor allem durch eine nationalsozialistisch-ideologische Programmpolitik, die die Medienwirkung und -rezeption zu steuern suchte. Ob diese propagandistischen Manipulationsstrategien jedoch wirklich bei einem Großteil der Hörer wirksam waren, ist in der Forschung umstritten, nicht zuletzt, weil nur sehr wenig erhaltene Quellen über eine direkte Medienwirkung Aufschluss geben können. Moniert wird in der Forschung vor allem das Defizit empirischer Medienanalysen.[38]

Zur Perspektive der Hörer existieren jedoch zwei Quellen: die Hörerpost und die Berichte des Sicherheitsdienstes (SD) der SS, die so genannten SD-Berichte.

Die Hörerbriefe, die Lilian-Dorette Rimmele für ihre Studie über den Rundfunk in Norddeutschland ausgewertet hat, sind vor allem von Frauen vom Land, Landbauern, Kleinbauern und Handwerkern verfasst worden. Laut Rimmele

36 Vgl. dazu: POHLE (1955): Rundfunk als Instrument der Politik, S. 290 und S. 327.
37 Vgl. DILLER, Ansgar/MÜHL-BENNIGHAUS, Wolfgang (1991): „Rundfunk unter zwei Regimen", in: *ARD-Jahrbuch '91*. Hamburg, S. 33.
38 Vgl. ZIMMERMANN (2007): Medien im Nationalsozialismus.

handelte es sich bei den Hörerbriefen um eine darin festgehaltene „naive emotionale Kritik“[39] der Landbevölkerung.

Die SD-Berichte hingegen, die vom Winter 1939/40 bis Sommer 1943 angefertigt wurden und deren Wirkung auf die Programmgestaltung in der Forschung unterschiedlich beurteilt wird,[40] entwickelten sich „mit Hilfe einer personalstarken, reichsweiten Organisation, die Heydrich noch 1934/35 aufgebaut hatte“, und fand „ganz allmählich auf der ständigen Suche nach neuen Betätigungsfeldern zu seiner endgültigen Bestimmung: Meinungsforschungsinstanz des Dritten Reiches zu sein.“[41] Zunächst noch als Konkurrenzorganisation der Gestapo erweiterte der SD sein Aufgabengebiet hin „zur Meinungsforschung, zur umfassenden Ermittlung der Stimmung der Bevölkerung überhaupt und ihrer Reaktion auf politische Ereignisse und Maßnahmen der Organe von Partei und Staat. Diese Wandlung vollzog sich in den Jahren 1935/36 sehr allmählich.“[42]

Seit dem 4.1.1937 wurde auf Himmlers Befehl eine „allgemeine Berichterstattung angeordnet und ab 15.2.1937 in Halbmonats- und Vierteljahresberichten durchgeführt“.[43] Damit verschob sich der Charakter der Tätigkeit des SD von der „sicherheitsdienstlichen zur nachrichtendienstlichen Tätigkeit“[44].

Im Mai 1945 formulierte der SS-Gruppenführer Otto Ohlendorf seine Aufgabe als Chef des Inlandsnachrichtendienstes des Sicherheitsdienstes der SS im Reichsicherheitshauptamt so: „An Stelle einer öffentlichen Kritik die Staatsführung in die Lage versetzen, die im Volke vorhandenen oder entstehenden Auffassungen kennenzulernen und zu berücksichtigen“, weiter heißt es: „[A]us zahllosen Einzelmeldungen“ seien sie „1938 bis in die letzten Kriegswochen“ montiert und von Dezember 1939 bis Juni 1943 als „Meldungen aus dem Reich“[45] formuliert worden. Neben den „Berichten der Behörden der allgemeinen Verwaltung und Justiz“[46] stehen sie „als Ersatz für die in demokratischen Staaten erhältlichen Informationen mittels demoskopischer Umfragen“, um so eine „genaue Kenntnis des Meinungsklimas und der Meinungskonstellation“[47] zu erlangen. Durch „Manipulation der öffentlichen Meinung die Zustimmung des be-

39 Rimmele, Lilian-Dorette (1977): *Rundfunk in Norddeutschland 1933-1945. Ein Beitrag zur nationalsozialistischen Organisations-, Personal- und Kulturpolitik.* Hamburg, S. 223.

40 Vgl. Boberach, Heinz (1984): *Meldungen aus dem Reich 1938-1945. Die geheimen Lageberichte des Sicherheitsdienstes der SS.* Bd. 1: *Einführung und systematische Übersicht der behandelten Themen.* Herrsching. Zum Wert der SD-Berichte als Quellen vgl. Bohse, Jörg (1988): *Inszenierte Kriegsbegeisterung und ohnmächtiger Friedenswille. Meinungsbildung und Propaganda im Nationalsozialismus.* Stuttgart, S. 16ff.; und Dröge, Franz (1970): *Der zerredete Widerstand. Soziologie und Publizistik des Gerüchts im 2. Weltkrieg.* Düsseldorf, S. 45ff.

41 Dröge (1970): Der zerredete Widerstand, S. 50.

42 Boberach (1984): Meldungen aus dem Reich 1938-1945, S. 13.

43 Dröge (1970): Der zerredete Widerstand, S. 51.

44 Ebd.

45 Boberach (1984): Meldungen aus dem Reich 1938-1945, S. 11.

46 Ebd.

47 Ebd. und vgl. auch: Steinert, Marlis (1985): *Hitlers Krieg und die Deutschen.* München, S. 17ff.

herrschten Volkes zu erreichen",[48] war die Funktion dieser Organisation, wie Heinz Boberach formuliert. Dennoch seien die Berichte als historische Quellen „kritisch zu prüfen", da nicht immer ein „ungeschminktes Bild" vermittelt würde, wie er dem SS- Brigadeführer und Generalmajor der Polizei Otto Ohlendorf aus einem Gespräch mit Himmlers Masseur Felix Kersten im September 1943 zitiert.[49]

Felix Moeller bewertet in seiner Untersuchung zur Filmpropaganda des Nationalsozialismus die SD-Berichte und die darin „ermittelten Publikumsreaktionen" als nur „bis zu einem gewissen Grade objektiv".[50] Weil der Sicherheitsdienst (SD) der SS die Hörer bespitzelte, sind die Meldungen laut Möller nur „in ausgewählter Form präsentiert" und hätten deshalb „tendenziell einen völkisch-orthodoxen Standpunkt".[51]

Laut Heinz Boberach, dem Herausgeber der „Meldungen aus dem Reich", wurde regelmäßig, also bis zu dreimal die Woche (ab Mai 1940 zweimal), umfassend Bericht darüber erstattet, wie einerseits die „Aufnahme und Auswirkung der allgemeinen Propaganda-, Presse- und Rundfunklenkung" einzuschätzen sei und andererseits konkrete „Stimmen zum Rundfunk" in Erfahrung zu bringen seien.[52] Der Rundfunkhistoriker Konrad Dussel beschreibt den Wert der SD-Berichte so, dass sie zwar „keine repräsentativen quantitativen Reichweitedaten zu einzelnen Rundfunksendungen oder -sendereihen" liefern würden, den einzelnen Aussagen jedoch im „Kontext mehr oder minder geschlossener Reihen" eine „beachtliche Aussagekraft" zukäme[53]. Er sieht in den Berichten eine „relativ unverzerrte Wiedergabe der Volksmeinungen". Diese „Offenheit" wurde den Berichterstattern zum „Verhängnis, als nicht mehr nur die Aufnahme von Siegesmeldungen der Wehrmacht zu feiern war". Die Bevölkerung verlor spätestens nach dem verheerenden Russlandfeldzug ab Mitte Dezember 1942 zunehmend das Vertrauen in die Reichsführung, was sich als „Defaitismus" in den Berichten niederschlug. Durch Interventionen von Goebbels, der vor allem über die negativen Reaktionen der Bevölkerung auf seine Sportpalast-Rede „Wollt ihr den totalen Krieg?" verärgert war,[54] wurden von Himmler, mittlerweile Chef des Inlandsgeheimdienstes, die „Meldungen aus dem Reich" in die „SD-Berichte zu

48 BOBERACH (1984): Meldungen aus dem Reich 1938-1945, S. 11.

49 Ebd.

50 MOELLER, Felix (1998): *Der Filmminister. Goebbels und der Film im Dritten Reich*. Berlin, S. 29.

51 Ebd.

52 BOBERACH (1984): Meldungen aus dem Reich 1938-1945, S. 11.

53 DUSSEL, Konrad (2002): *Hörfunk in Deutschland. Politik, Programm, Publikum 1923-1960*. Potsdam, S. 202.

54 „Nur der SD-Bericht sticht von der allgemeinen Meinung ab. [...] Ich wende mich schärfstens gegen diese Methoden des SD, die mir in letzter Zeit schon einige Sorgen bereitet haben. Im SD haben die verantwortlichen Leute, die diese Berichte verfassen, etwas die Nerven verloren." GOEBBELS, Joseph (1992): *Tagebücher*. Bd. 5: *1943-1945*. Hg. von Ralf Georg Reuth. München/Zürich, S. 1901, Eintrag vom 21. Februar 1943.

Inlandsfragen" umbenannt. Die Reaktionen der Bevölkerung auf den Rundfunk fanden darin kaum noch Erwähnung. Durch weitere Initiativen von Martin Bormann (Leiter der Führerkanzlei) und Robert Ley (Chef der Deutschen Arbeits-Front) wurden die Berichte ab Sommer 1944 schließlich ganz eingestellt.[55]

Da insbesondere für den Rundfunk auf nur sehr wenige alternative Quellenbestände zurückgegriffen werden kann,[56] wird in dieser Untersuchung mit Boberach und Dussel davon ausgegangen, dass dennoch einige Tendenzen festzustellen sind, die durchaus mit den Quellen über die Programmgeschichte übereinstimmen. Darunter fällt zum Beispiel auch, dass die Hörer verstärkt den Wunsch nach noch mehr Unterhaltungssendungen äußerten und dieser Wunsch von der Propagandaleitung auch ernst genommen wurde. Dies lässt sich mit ausgewählten Programmänderungen in dieser Phase belegen.

Grundsätzlich lässt sich festhalten: Eine systematische Programmgeschichte präzise zu rekonstruieren, ist bis heute nicht gelungen, vor allem weil die Akten für den NS-Rundfunk „nur punktuell"[57] überliefert sind und die Programmzeitschriften in weiten Teilen nicht aktuell das wirklich gesendete Programm ankündigten. Ab 1941 wurden sie schließlich sogar eingestellt. Zwar sind heute noch sehr viele Tondokumente erhalten, „aber doch nicht in dem Ausmaß, daß damit das Programm in seiner ganzen Breite hinlänglich dokumentiert wäre".[58]

Die Gründe hierfür liegen u.a. in der Propagandapolitik des Nazi-Rundfunks selbst. Insbesondere die Übergangsphase vom Weimarer Radio hin zum NS-Rundfunk, die auf das Frühjahr/Sommer 1933 datiert werden kann, war von Schwierigkeiten geprägt, „die es auch dem Rundfunk unmöglich machten, geregelte Programmabläufe zu garantieren".[59] Als ein Beispiel für die Ineffizienz der Radiopropaganda sind die unzähligen Programmänderungen zu nennen, die von den Nationalsozialisten vorgenommen wurden und zwar so, dass „zu jeder geraden Stunde die jeweiligen Programmänderungen und Terminverschiebungen des laufenden Tages"[60] publik gemacht wurden. Das tatsächlich gesendete Programm ist deshalb nicht oder nur unzureichend den Programmheften zu entnehmen.[61]

---

55 Ebd. und BOBERACH (1984): Meldungen aus dem Reich 1938-1945, S. 36f.

56 Kompetenzgerangel zwischen der Rundfunkabteilung des RMVP und der Publizistikwissenschaft hatten Ende der 1930er Jahre schließlich verhindert, dass eine repräsentative Studie zur Wirkung der Rundfunkpropaganda angefertigt wurde. Vgl. KUTSCH, Arnulf (1985): *Rundfunkwissenschaft im Dritten Reich. Geschichte des Instituts für Rundfunkwissenschaft der Universität Freiburg.* München, S. 51-57.

57 DUSSEL (2002): Hörfunk in Deutschland, S. 178.

58 Ebd., S. 178.

59 Ebd., S. 181.

60 Ebd., und auch: POHLE, Heinz (1955): *Der Rundfunk als Instrument der Politik.* Hamburg, S. 277.

61 Vgl. DUSSEL (2002): Hörfunk in Deutschland, S. 181.

Um überhaupt die Rundfunk- bzw. die Programmgeschichte in seiner historischen Entwicklung systematisch betrachten zu können, hat der Programmhistoriker Dussel vor dem Hintergrund der desolaten Quellenlage ein Vier-Phasen-Modell des NS-Rundfunks entworfen.[62] Eine Frühphase datiert er demnach auf die Jahre 1933 bis 1934. In dieser Phase bildeten vor allem die Redenübertragungen und Kundgebungen im Radio das Kernstück des Radioprogramms. Von 1934 bis 1935 habe sich der NS-Rundfunk dann von dem Programmkonzept der Weimarer Jahre abzugrenzen und gleichzeitig eine eigene kulturelle Ästhetik zu entwerfen versucht, während das Radio in der Zeit von 1936 bis 1939 „von der Maxime eines nationalsozialistischen Unterhaltungsrundfunks“ geprägt gewesen sei. Die Zeit zwischen 1939 bis 1945 sei getrieben worden von „erneuten Auseinandersetzungen eines nationalsozialistischen Unterhaltungsrundfunks“, die „gravierende Umstrukturierungen“ zur Folge hatten.[63] Der Musikanteil in dieser Phase stieg von 57,4 Prozent im Jahre 1933 auf 69,4 Prozent im Jahre 1938 und erfuhr damit eine weitere Aufwertung im Programm.

Inwieweit akustische Medien des Nationalsozialismus im Rundfunk jenseits der Redenpropaganda überhaupt auf Rundfunkhörer wirkten, ist empirisch schwer nachzuweisen.

Dass die Nationalsozialisten die Wirkung ihrer medialen Steuerungspolitik viel höher einschätzten, als dies wirklich der Fall gewesen ist, wird heute mittlerweile von der Geschichtswissenschaft untersucht.[64] Als Argument gilt grundsätzlich zunächst die publizistische Forschungsmaxime, dass Medienbotschaft und -inhalt stark voneinander abweichen können.[65] In einem neueren Band, der die Medien des Nationalsozialismus behandelt, heißt es demnach:

> „Im ‚Dritten Reich‘ verlief die Interpretation der Medieninhalte nicht immer so, wie es sich Goebbels vorgestellt hatte. So wurde die politische Berichterstattung der NS-Medien aufgrund der thematischen und inhaltlichen Gleichschaltung immer unbeliebter.“[66]

Daraufhin habe das Propagandaministerium das Unterhaltungsangebot gesteigert, so dass die Rezipienten an die Medien gebunden und gleichzeitig sicherge-

62 Gefolgt wird hier der Unterteilung in vier Phasen in DUSSEL, Konrad (2004): *Deutsche Rundfunkgeschichte.* Konstanz, S. 81ff. In seiner Monographie „Hörfunk in Deutschland. Politik, Programm, Publikum (1923-1960)“ aus dem Jahre 2002 fasste er die hier vorgenommene Einteilung einer ersten und zweiten Phase zu einer Frühphase zusammen. Vgl. DUSSEL (2002): Hörfunk in Deutschland, S. 181.

63 Vgl. ebd.

64 HEIDENREICH, Bernd/NEITZEL, Sönke (2010): „Vorwort“, in: Dies. (Hg.): *Medien im Nationalsozialismus.* Paderborn, S. 7-12, hier: S. 7.

65 Vgl. hierzu die Studien von FRÜH, Werner (1991): *Medienwirkungen: Das Dynamisch-Transaktionale Modell.* Opladen; und als Forschungsüberblick SCHENK, Michael (2007): *Medienwirkungsforschung.* Tübingen, S. 49.

66 HEIDENREICH/NEITZEL (2010): Vorwort, S. 7.

stellt worden sei, „dass die politisch-inhaltlichen Sendeformate überhaupt das Publikum erreichten".[67] Aber auch für diese Auffassung gilt (was von den Autoren selbst eingeräumt wird), dass die „Wirkungen der Medien auf die Zuschauer [...] für die NS-Zeit mangels zeitgenössischer empirischer Forschungen freilich nur schwer fassbar"[68] seien.

Aber obgleich nur sehr wenige Quellen Rückschlüsse auf die zeitgenössische Medienwirkung der Hörer zulassen, zeichnen sich dennoch einige grundlegende Tendenzen und Strukturen ab, die einen Hinweis darauf geben, dass die Inszenierungsstrategien im Radioprogramm eben keine soziale, sondern eine mediale „Wirklichkeit" widerspiegeln, die mit einer sozialen Wirklichkeit der Hörer korrespondiert.

5.2 Der „Volksempfänger": ein ideologisch geschlossener Hörraum

Als Joseph Goebbels am 25. März 1933 im Berliner „Haus des Rundfunks" eine Ansprache an die Intendanten und Direktoren der Rundfunkgesellschaften hielt, ließ sich bereits anhand seiner Ausführungen die totale Indoktrination und Sanktionierung des NS-Hörraums erahnen. So machte er in seiner Rede deutlich, dass der Rundfunk mit der Übernahme der Nazis „gereinigt"[69] würde und als Instrument der Propaganda die Massen „mit den Ideen der Propaganda zu durchtränken" beabsichtigte, „ohne daß er [der Empfänger von Propaganda, K. D.] überhaupt merkt, daß er durchtränkt wird".[70] Außerdem erklärte er darin, dass er den Rundfunk „für das allermodernste und für das allerwichtigste Massenbeeinflussungsinstrument" halte, „das es überhaupt gibt". Sein Ziel war es, der Regierung die fehlenden 48 Prozent bzw.

> „hundert Prozent zusammenzutrommeln. Und *haben* wir sie einmal, muß der Rundfunk uns diese hundert Prozent *halten*, muß sie verteidigen, muß sie so innerlich durchtränken mit dem geistigen Inhalt unserer Zeit, daß überhaupt niemand mehr ausbrechen *kann*."[71]

Der Rundfunk ist ihm ein Mittel

67 Ebd.

68 Ebd.

69 GOEBBELS, Joseph (o.J.): „Die zukünftige Arbeit und Gestaltung des deutschen Rundfunks", in: *BR-Schallarchiv, DK 28306-07*, transkribiert in: HEIBER, Helmut (Hg., 1971/72): *Goebbels' Reden 1932-1945*. Düsseldorf, S. 103.

70 Ebd., S. 95.

71 Ebd., S. 93. (Hervorhebung im Original)

„zur Vereinheitlichung des deutschen Volkes in Nord und West und Süd und Ost, zwischen Katholiken und Protestanten, zwischen Proletariern und Bürgern und Bauern".

So müsse den Intendanten bewusst sein, dass sie niemals einzelne durch den Rundfunk ansprechen können, sondern sie dürften „auch immer nur zum Volk sprechen, zum Volk in seiner Gesamtheit".[72]

Dass Goebbels das „*Volk* am Lautsprecher"[73] als einheitliche Hörerschaft zusammenfassen wollte und dies mit propagandistischen Mitteln schon sehr früh umzusetzen beabsichtigte, hob er noch einmal hervor. Ihm ging es dabei nicht so sehr darum, *was* man mache, sondern „wie man es macht". Er appellierte an die Intendanten:

> „Nur nicht langweilig werden. [...] Nur keine Öde, nur nicht die Gesinnung auf den Präsentierteller legen, nur nicht glauben, man könne nun im Dienste der nationalen Regierung am besten sich betätigen, indem man Abend für Abend schmetternde Märsche ertönen läßt. [...] Gesinnung muß sein, aber Gesinnung braucht nicht Langeweile zu bedeuten. [...] Das muß nun die Phantasie machen, – die Phantasie, die sich nun auf diesem Boden bewegt und nun all die Mittel und Methoden in Anspruch nimmt, um die neue Gesinnung modern und aktuell und interessant und ansprechend den breiten Massen zu Gehör zu bringen: interessant, lehrreich, aber nicht belehrend. Der Rundfunk soll niemals an dem Wort kranken, man merkt die Absicht und wird verstimmt."[74]

Goebbels spricht in dieser Rede die drei wesentlichen Bedingungen zur Formierung des Rundfunks als gleichgeschalteter „Volksrundfunk" an. Die Erreichbarkeit und Ansprache nicht einzelner, sondern des gesamten Volkes „bis zum letzten Bauerndorf",[75] sowie die Besetzung aller Stellen mit der NSDAP ergebenem Personal. Goebbels verlangte von diesem Personal, dass es „sich auf demselben weltanschaulichen Boden beweg[t]".[76] Dies implizierte selbstverständlich zugleich, den Rundfunk ideologisch und personalpolitisch zu „reinigen". Die Zensurmaßnahmen formulierte er in Abgrenzung zu der Programmgestaltung der Weimarer Republik: So bezeichnete er den Weimarer Rundfunk als „ein Tummelfeld dieser geistigen Asphaltexperimente" und forderte, „daß jüdisch-marxistische Schriftsteller im Rundfunk nicht mehr zu Worte kommen, um dort die Abfallprodukte ihres kranken Gehirns abladen zu können".[77] Von den Rundfunkmitarbeitern der Weimarer Republik spricht er als „deutsche geistige Arbeiter" und von einem „Nomadentum", das „frech", „arrogant" und „anmaßend"

72 Ebd., S. 92f.
73 Ebd., S. 93 (Hervorhebung vom Verfasser).
74 Ebd., S. 94f.
75 Ebd., S. 96.
76 Ebd., S. 98.
77 Ebd., S. 95.

sei. Die Deutschen hätten sich von diesen Mitarbeitern „einfach an die Wand quetschen und drücken"[78] lassen. Goebbels deutet im Folgenden sein Geschichts- und Vermittlungsverständnis an: „wirklichkeitliche Ausdrücke der wirklichen Zeit" sollten zu Wort kommen. Auch eine „gute Vergangenheit oder eine kühne Zukunft, vermischt und vermählt mit dem wirklichen heroischen Ausdruck unserer Zeit" verlangt er im Programm zu gestalten und „geistig zu vergegenwärtigen".[79]

Was sich hier kurz skizzieren lässt, ist die Grundlage aller Inszenierungsstrategien, die im NS-Rundfunk bei der Gestaltung der Programme berücksichtigt werden sollten. Um die Aufgabe des Rundfunks als „geistige Vereinheitlichung des deutschen Volkes zu vollziehen", wollte Goebbels jedoch zunächst die medientechnischen Voraussetzungen dafür schaffen. So rief Goebbels während einer Auseinandersetzung mit Richard Strauss, als er sich von der Ernsten Musik harsch distanzierte: „Was will denn dieser Furtwängler mit seinen lächerlichen zweitausend Zuhörern in der Philharmonie? Was wir brauchen sind Millionen und die haben wir mit dem Rundfunk."[80]

Diese „Millionen" Rundfunkhörer erreichte Goebbels durch drei Maßnahmen der staatlichen Rundfunkförderung. Bis 1933 besaßen nur etwa vier Millionen Haushalte ein Rundfunkgerät. Mit dem Verkauf des kostengünstigen Volksempfängers VE301, der für 76 Reichsmark[81] zu erwerben war, und dem Deutschen Kleinempfänger (DKE) schaffte es Goebbels, bis 1938 die Zahl der Rundfunkhörer auf neun Millionen zu erhöhen. So erreichte der Volksempfänger zwischen 1933 und 1937 eine Gesamtproduktionszahl von 2.314.000 – dies entsprach einem Anteil von 35,75 Prozent aller produzierten Geräte.[82] Außerdem wurden intensive Werbekampagnen für den Rundfunk geschaltet, die von der Reichsrundfunkkammer (RRK) zusammen mit der RRG, dem RNST sowie Industrie und Handel vorangetrieben worden waren. Zudem wurden parteiamtliche Gemeinderundfunk-Vereine auf Gauebene gegründet, durch die vor allem ländliche Ortschaften mit den Gemeinschaftsgeräten versorgt werden konnten.[83]

Nach der Funkausstellung im Jahre 1938 kam schließlich der Deutsche Kleinempfänger (DKE) auf den Markt, der für 35 Reichsmark mit der Option auf Ra-

78 Ebd., S. 96.

79 Ebd.

80 Zitiert nach: EGK, Werner (1981): *Die Zeit wartet nicht.* München, S. 318.

81 Ab 1937 wurden die verbliebenen Volksempfänger aus der ersten Produktionsserie für 59 Reichsmark verkauft, die Version VE 301 Wn für 65 Reichsmark. Vgl. dazu: KRIEGLER, H. (1938): „Rundfunk 1937/38", in: *Rundfunkarchiv*, Nr. 11, S. 1-5, hier: S. 2.

82 Vgl. dazu: WEINBRENNER, Hans-Joachim (Hg., 1938): *Handbuch des deutschen Rundfunks 1938.* Heidelberg/Berlin, S. 307.

83 Vgl. dazu: o. V. (1934): „Der Volksempfänger auf dem Lande. Ratschläge für Installation und Betrieb", in: *Funk*, Heft 5, S. 89-91; und CEBULLA, Florian (2004): *Rundfunk und ländliche Gesellschaft 1924-1945. Eine Sozialgeschichte des Agrarsektors am Beispiel des Rundfunks.* Göttingen, S. 210.

tenkauf[84] angeboten wurde. Die Zahl der Rundfunkteilnehmer erhöhte sich nun von rund 9,5 Millionen 1938 auf über 13 Millionen im Jahre 1941.[85]

Der Historiker Wolfram Wessels hat bereits 1985 festgestellt, dass Redakteure bzw. Intendanten sich besonders in der frühen Phase des Rundfunks an die Konzeption eines „Gemeinschaftsrundfunks" hielten: „Es ist insgesamt auffallend, wie stark sich die Intendanten und Sendeleiter in ihren ersten meist programmatischen Reden an Goebbels' Äußerungen vom März 1933 orientierten."[86] Programmpraktisch war mit den von Goebbels geforderten Veränderungen des Rundfunks mehr oder weniger die Live-Übertragung der Hitler-Reden gemeint. Das andere „Grundprinzip",[87] so betonte es auch bereits Wessels, bestand darin, unterhaltende Programme einzuführen und zu gestalten.[88] Der Komponist Werner Egk berichtete über eine Auseinandersetzung 1938 zwischen Richard Strauss und Goebbels, in der der Reichsminister gesagt haben soll: „Léhar hat die Massen, Sie nicht! Hören Sie endlich auf mit dem Geschwätz von der Bedeutung der Ernsten Musik! Damit werden Sie sie nicht aufwerten. Die Kultur von morgen ist eine andere als die von gestern! Sie, Herr Strauss, sind von gestern!"[89]

So vehement Goebbels' Verdikt hier auch klingen mag, gerade zu Beginn der NS-Rundfunkära gelang es ihm nicht, einen vermehrten Anteil an Unterhaltungssendungen bei den jeweiligen Intendanten durchzusetzen. Hinzu kam, dass er die Anteile der Unterhaltungsmusik und -sendungen im Vergleich zu den eher ernsten nicht „richtig" zu dosieren wusste.[90] Eine Entwicklung ist da-

84 Weitere Finanzierungshilfen wurden angeboten, wie zum Beispiel ab Juni 1933 ein günstiges Ehestandsdarlehen von 1.000 Reichsmark, das auch einen „Vorteilsschein für Radiogeräte einschloss". Ab 1934 ließ sich im Rahmen des neuen Einkommenssteuergesetzes das Radio steuerlich absetzen. Zudem wurden im Jahr 1937 die Ratenzahlungskonditionen geändert: Betrug die Anzahlung bis dahin noch 20 Prozent, die auf zehn Monatsraten gezahlt wurden, wurden ab diesem Zeitpunkt nur noch zehn Prozent auf 18 Monate eingefordert. Eingezogen wurden Anzahlung und Rate mit der ersten Stromrechnung über die Elektrizitätswerke. Der Finanzierungsaufschlag lag bei 10,45 Reichsmark. Davon wurden die Vertriebskosten gezahlt. Zudem ermöglichte es den Werken eine verstärkte „Elektrifizierung und Erhöhung des Stromumsatzes" insbesondere ländlicher Regionen. Vgl. CEBULLA (2004): Rundfunk und ländliche Gesellschaft, S. 211. Zudem gab es ab 1935 ausgehend vom RMVP Gebührenbefreiungen für finanzschwache Personenhaushalte. Im Jahre 1938 waren von 9.356.888 Rundfunkbesitzern 621.261 von der Zahlung der Gebühren befreit worden. Die Zahl der sozial Bedürftigen lag bei 611.596. Ab 1939 wurden schließlich Richtsätze erhoben, die nach Ortsklasse und Haushaltsgröße differenziert waren. Ländliche Regionen wurden bei dieser Klassifizierung besonders berücksichtigt. Vgl. CEBULLA (2004): Rundfunk und ländliche Gesellschaft, S. 212.

85 Vgl. DILLER, Ansgar (1983): „Der Volksempfänger, Propaganda- und Wirtschaftsfaktor", in: *Rundfunk und Geschichte*, Jg. 9, Heft 3, S. 140-157, hier: S. 149f.

86 WESSELS (1985): Hörspiele im Dritten Reich, S. 149.

87 Ebd.

88 Vgl. ebd.

89 EGK (1981): Die Zeit wartet nicht, S. 318.

90 Vgl. WESSELS (1985): Hörspiele im Dritten Reich, S. 149.

mit angesprochen, die sich im Verlauf der Programmgeschichte recht gut verdeutlichen lässt.

5.2.1 Die politischen Voraussetzungen für den totalitären Hörraum im Rundfunk

Die NSDAP hatte schon vor dem 30. Januar 1933 die von ihr angestrebte Einflussnahme durch den Rundfunk vorbereitet. Bereits seit den 1920er Jahren agitierte die NSDAP gegen den „Systemrundfunk" der Weimarer Republik in den Parlamenten und in der Presse.[91] Auch versuchte sie beispielsweise Gaufunkwarte zur Unterstützung der Gaupropagandaleitungen zu berufen, unterwanderte den Hugenberg-Pressekonzern und übte auf den Reichsverband Deutscher Rundfunkteilnehmer durch die Deutschnationale Volkspartei (DNVP) Druck aus, wie sie dies auch bei den Aufsichtsgremien des Weimarer Rundfunks getan hatte.[92]

Die Verstaatlichung des Rundfunks hatte jedoch – anders als erwartet – ohne die NSDAP stattgefunden. Der Übergang vom Weimarer Radio als „Kulturinstrument" hin zum, wie man später sagen würde, „Unterhaltungsrundfunk" der Nationalsozialisten wurde im Jahre 1932 durch eine Rundfunkreform unter dem Reichskanzler Franz von Papen vorbereitet; sie ist laut dem Programmhistoriker Horst O. Halefeldt unter anderem auch als Antwort auf die Reform von 1926 zu verstehen. Die RRG wurde darin mit einem von dem Reichsinnenministerium benannten Programmbeirat ausgestattet; außerdem wurde ihr jeweils ein Staatskommissar aus dem Reichspost- und dem Reichsinnenministerium zur Seite gestellt, die beide über „umfangreiche Programmvollmachten"[93] verfügten.

Die Gründe für eine Reform wurden offenbar von langer Hand geschaffen. So hatte der deutschnationale Rundfunkreferent im Reichsinnenministerium, Erich Scholz, als Zensor von Funkstunde und Deutsche Welle GmbH (DW) nur begrenzten Einfluss auf das Rundfunkprogramm, „wenn seine preußischen Kollegen nicht mitspielten".[94] Dem entgegenwirkend unternahm er gleich mehrere Versuche, „de[n] politische[n] Einfluß der Reichsregierung auf das seit 1926 mehrheitlich in Staatsbesitz befindliche Medium" zu erhöhen. So heißt es bei Peter Marchal:

91 Vgl. dazu die von Goebbels herausgegebene Zeitschrift *Angriff* oder sein rundfunkpolitisches Kampfblatt *Deutsch der Rundfunk* (*Brecht den roten Rundfunkterror!*).

92 Vgl. ebd.

93 Marchal (2004): Kultur- und Programmgeschichte des öffentlich-rechtlichen Hörfunks, S. 238.

94 Ebd.

> „Die internen Überlegungen, die Radioprogramme vermehrt zu nutzen, um die Politik der Regierung zu propagieren, boten Scholz im März 1931 einen willkommenen Aufhänger, seinem Minister eine Rundfunkreform zu empfehlen."[95]

Der Vorschlag von Scholz beinhaltete eine Kritik an einer „nach außen hin unklare[n] Verantwortungsstruktur"; gleichsam störten ihn das „Privatkapital" sowie der

> „wachsende [...] Einfluß des Programmrats an Überwachungsgremien und RMI [...] die Minderheitsposition der Reichsregierung in Überwachungssauschüssen und Kulturbeiräten und [...] die besondere Lage der Dradag mit ihrem überdimensionierten Aufsichtsrat."[96]

Scholz wandte sich schließlich an den Innenminister Wirth und später an dessen Nachfolger Groener, allerdings ohne Erfolg.

> „Zum Zuge kam Erich Scholz erst, als die Republik am Boden lag. Der deutschnationale Innenminister des Kabinetts von Papen, Wilhelm von Gayl, öffnete den Rundfunk nicht nur der NSDAP und führte kurz darauf eine Stunde der Reichsregierung ein, sondern peitschte Ende Juli innerhalb von 14 Tagen obendrein ‚Leitsätze für die Neuregelung des Rundfunks' durch."[97]

Es waren zunächst drei wesentliche Ziele, die verfolgt werden sollten: erstens „die Organisation des Rundfunks zu vereinfachen", zweitens „die noch in Privathand befindlichen Geschäftsteile der Rundfunkgesellschaften in die öffentl. Hand [...] zu überführen" und drittens „in Bezug auf die Programmgestaltung die Durchführung einheitlicher Richtlinien [...] zu gewährleisten".[98]

Im Mittelpunkt der Verhandlungen, die mit den Rundfunkländern Preußen, Bayern, Württemberg, Baden, Sachsen und Hamburg folgten, stand das in dem Papier formulierte Ziel, dass „der Rundfunk von parteipolitischen Darbietungen freigehalten wird".[99]

So kam es, dass die Länder ihr Mitspracherecht geltend machten und so die Pläne des RMI sabotierten, politische Sendungen auf den Deutschlandsender zu konzentrieren, um die damit bezweckte „Entpolitisierung der örtlichen Rundfunkgesellschaften"[100] zu erreichen. Das Ergebnis der Verhandlungen war, dass sie „sich 49 Prozent der Anteile an der RRG wie an den Regionalgesellschaf-

---

95 Ebd.

96 Halefeldt, Horst O. (1997): „Sendegesellschaften und Rundfunkordnungen", in: Leonhard, Joachim-Felix (Hg.): *Programmgeschichte des Hörfunks in der Weimarer Republik*. Bd. 2. München. S. 23-352, hier: S. 330. Original abgedruckt in: Bausch, Hans (1956): *Der Rundfunk im politischen Kräftespiel der Weimarer Republik*. Tübingen, S. 202ff.

97 Halefeldt (1997): Sendergesellschaften und Rundfunkverordnungen, S. 331.

98 Abgedruckt in Bausch (1956): Der Rundfunk im politischen Kräftespiel, S. 205f.

99 Abgedruckt in ebd.

100 Ebd., S. 206.

ten" sichern konnten und „sich das Recht vor[behielten], die bei diesen Sendegesellschaften einzusetzenden Staatskommissare selbst zu ernennen".[101] Bei weiteren Verhandlungen sicherten sich die Länder zusätzlich ihre Position. Nicht nur Privataktionäre, „die sich im Falle der Frankfurter Schleussner-Gruppe mit eigenen Plänen zu Wort meldete[n]",[102] waren von den weiteren Verhandlungen ausgeschlossen. Auch der Rundfunkkommissar Bredow und die Intendanten der Sendegesellschaften wurden bei den Reformierungsplänen übergangen. Das Ergebnis „der übereilten, selbst vonseiten der NSDAP heftig bekämpften Reform der Bürokraten"[103] bedeutete schlussendlich für das nationalsozialistische Radio folgende Weichenstellung: Die RRG sicherte sich 51 Prozent der Anteile, während 49 Prozent an die Rundfunkländer ging. Mit zehn Reichs- und neun Ländervertretern stellte die RRG die Mehrheit im Verwaltungsrat. Der Deutschlandsender wurde als Reichssender zu einem Teil der RRG ernannt, und die Dradag, die als Aktiengesellschaft „liquidiert" worden war, und die „Zentralstelle für Schulfunk" wurden ebenfalls der RRG zugeordnet. Außerdem wurden die Regionalgesellschaften „in gemeinnützige Gesellschaften mit beschränkter Haftung umgewandelt. […] Das Privatkapital wurde ausgeschaltet."[104] Der Rundfunk war damit vollständig verstaatlicht und erhielt zusätzlich staatliche Aufsichtsorgane, die dem Rundfunk vorstanden, und Beratungsgremien, die ihm beigeordnet waren: Zugeordnet wurde „der RRG je ein Staatskommissar des RPM und des RMI sowie ein Programmbeirat mit 15 vom RMI ernannten Mitgliedern."[105] Jeder Regionalgesellschaft saßen schließlich ein Staatskommissar des zuständigen Landes sowie ein Programmbeirat vor, „der praktisch die Aufgaben des jeweiligen Kulturbeirats weiterführte". Die Überwachungsausschüsse wurden durch regionale Staatskommissare ersetzt, jedoch nicht vollständig aufgelöst, da sie fortan als „Arbeitsausschüsse" fungierten. Den Vorsitz hatte der Staatskommissar inne. Die Macht des Rundfunkkommissars des RMI wurde neben den bestehenden Kompetenzen noch erweitert: Er

> „erhielt weitgehende Durchgriffsrechte bis hinein in Einzelsendungen der Regionalgesellschaften. Die personellen Kompetenzen der Kommissare erstreckten sich nunmehr auch auf die Anstellung oder Entlassung von Abteilungsleitern."[106]

Neben diesen Veränderungen wurden für die künftige Struktur der Programme fünfseitige „Richtlinien für die Sendungen des deutschen Rundfunks"[107] herausgegeben. Die Umsetzung der Rundfunkreformen sollte zunächst auf sich war-

101 Halefeldt (1997): Sendergesellschaften und Rundfunkverordnungen, S. 332.
102 Ebd.
103 Ebd.
104 Ebd.
105 Ebd.
106 Ebd.
107 Ebd., S. 333.

ten lassen, was schwerwiegende Konsequenzen hatte: Es sollte Monate dauern, bis die Programmbeiräte gewählt wurden, weshalb auch die Gremien bis 1933 ihre Arbeit nicht aufnehmen konnten. Auch die Ausgliederung des Privatkapitals konnte trotz der vom Reichspostminister gesetzten Frist für die Sendekonzessionen erst vollständig zum 30. September unter Hitler erreicht werden. Der deutschnationale Rundfunkreferent Scholz setzte schließlich zum 10. August 1932 durch, zum Rundfunkkommissar des RMI ernannt zu werden; er „bezog kurz darauf ein Büro im Haus des Rundfunks an der Masurenallee und begann mit einer ‚nationalen Erneuerung'", wie er sie begriff. Vor allem orientierte sich seine „Erneuerung" an der Schmach, die er während der langjährigen Auseinandersetzungen erfahren musste, und so begann der völlig überforderte Beamte in seiner neuen Position „einen personalpolitischen Rundumschlag, der etwas von einem Rachefeldzug an sich hatte". Seine Personalpolitik richtete sich gegen seine einstigen persönlichen Gegner:

> „Sein erstes und prominentestes Opfer wurde der Funk-Stunde-Intendant Hans Flesch, dessen Abberufung aus ‚kulturpolitischen Erwägungen' er schon am 12. August verlangte. [...] Weitere Mitarbeiter wie Arthur Kürschner, Sachbearbeiter für Aktuelles, und Walter Gronostay, Sachbearbeiter für U-Musik, mußten gehen."[108]

Dies bildete schließlich den Beginn einer umfassenden politischen Säuberung auf allen Personalebenen. Rundfunkmitarbeiter, die den Aufbau des neuen akustischen Mediums wesentlich mitgestaltet hatten, wurden hauptsächlich durch Nationalsozialisten ersetzt.

> „Die neuen Männer, die nun kamen – Harald Braun, Fritz Laukisch, Franz Mariaux – wurden eindeutig ihrer politischen Herkunft wegen und nicht aufgrund erwiesener Rundfunkkenntnisse verpflichtet."

Diejenigen, die blieben, waren von vorneherein auf der „richtigen" politischen Seite:

> „Der zum Sendeleiter der Funkstunde berufene Richard Kolb verfügte zwar als Hörspieltheoretiker über gewisse Erfahrungen mit dem Medium und hatte sich gerade mit eigenen Vorschlägen zur Rundfunkreform profiliert, aber er war auch ein Propagandist der Nationalsozialisten."[109]

Die neue nationalsozialistische Personalpolitik des Rundfunks betraf auch die leitenden Positionen der Programmabteilungen, die zum Teil umbenannt oder neu strukturiert wurden: Seit dem 1. Oktober 1932 wurde die Nachrichtenzentrale als „Der Drahtlose Dienst" (DDD) bezeichnet und mit dem deutschnationalen Journalisten Walter Beumelburg besetzt. Neuer Nachrichtenchef wurde der

108 HALEFELDT (1997): Sendergesellschaften und Rundfunkverordnungen, S. 333f.
109 Ebd.

spätere NS-Propagandist Hans Fritzsche. Auch der Leiter der RRG-Programmabteilung Kurt Stapelfeld war Deutschnationaler (und schon zuvor Direktor der NORAG). Halefeldt vermutet, dass unter dem „Einfluß des RRG-Direktors Kurt Magnus" schließlich „professionelle Kriterien gegenüber politischen wieder in den Vordergrund gerückt worden" seien: „Jedenfalls stellte Stapelfeldt Ende September als Leiter der einzelnen Ressorts ausschließlich erfahrene Rundfunkmitarbeiter vor."[110]

Dies sollte sich aber bald ändern. Die oben thematisierten „Richtlinien für den Rundfunk",[111] die in der Abteilung Kulturpolitik des RMI erarbeitet[112] und mit den Ländern mehrfach verhandelt und modifiziert worden waren, wurden „peinlich genau"[113] realisiert und vom Propagandaministerium so uminterpretiert, dass sie ganz in das ideologische Konzept der Nationalsozialisten passten. Sie gelten als die „ersten ausführlichen Programmgrundsätze der deutschen Rundfunkgeschichte" und sahen vor, die „landsmannschaftlichen Besonderheiten ihres Sendebereichs" zu berücksichtigen und „auch das reiche Eigenleben der deutschen Stämme und Landschaften" bei der Gestaltung der Programme einzubeziehen. In den „allgemeinen Zielsetzungen [...] für die Sendungen" galt es, „die deutsche Sprache als unmittelbare Lebensäußerung des Volkes und als Ausdruck des deutschen Wesens richtig und rein, würdig und klar" auszusprechen. Literatur und „gute Musik" sollten weiterhin im Rundfunk gepflegt werden. Der Rundfunk „sendet solche Werke, die wegen ihres künstlerischen Gehalts der Verbreitung würdig sind".[114] Außerdem sollen Hörer teilhaben „am Gesamtleben unsers Volkes", Vorträge sollten „ihnen helfen, ihre Berufs- und Standespflichten als verantwortliche Mitarbeit am Wohl des Ganzen aufzufassen". Weiterhin sollten die „Berichte über das geistige Leben [...] keine volksfremde Geistigkeit und nicht nur Wissen an sich vermitteln. Durch „Darstellung anderer Arbeits- und Lebenskreise" solle die „Zusammengehörigkeit aller Deutschen" bewusst gemacht werden. Außerdem habe Unterhaltung als „Erholung" zu dienen, weshalb sie „im Rundfunk mit Recht einen breiten Raum" einnehmen würde.

So wirken diese Programmrichtlinien wie der Entwurf einer Rundfunkpolitik, die wie für das NS-Rundfunkprogramm gemacht schien. Unterhaltung und Volkstum waren dabei die weiterhin geforderten Maßstäbe: „Hierbei sollen Hei-

110 Ebd., S. 335.

111 Entnommen aus der endgültigen Fassung der Richtlinien. Abgedruckt in: Bausch, Hans (1956): *Der Rundfunk im politischen Kräftespiel der Weimarer Republik.* Tübingen, S. 212-214, hier: S. 212.

112 Vgl. Halefeldt (1997): Sendergesellschaften und Rundfunkverordnungen, S. 337.

113 Ebd.

114 Entnommen aus der endgültigen Fassung der Richtlinien. Abgedruckt in Bausch (1956): Der Rundfunk im politischen Kräftespiel, S. 212f.

terkeit, Humor, Witz zur Geltung kommen. Das Volkstümliche in Musik, Spiel, Brauch, Fest und Feier ist zu bevorzugen."[115]

Bemerkenswert sind die implizit formulierten Voraussetzungen, die sich „längst in Programm- und Zensurpraxis herausgebildet hatten".[116] So solle „die Achtung vor der ehrlichen Überzeugung Andersdenkender" bewahrt und „Rücksicht auf die Familie" genommen werden; ferner galt das „Verbot verletzender oder herabsetzender Äußerungen über andere Völker oder Staaten".[117]

Dass es den Nationalsozialisten an vielen Stellen recht leicht gemacht wurde, die Richtlinien in ihrem Sinne ideologisch umzudeuten, zeigt eine Passage, die auch als Paraphrase für den Volksgemeinschaftsgedanken zu verstehen ist:

> „Der Rundfunk stellt die Hörer in sachlicher Weise vor die politische Wirklichkeit und sucht ihnen aus der Fülle der Spannungen in unserem Volke das Große und Einigende deutlich zu machen. Die Fragen der Zeit werden so behandelt, daß das Wohl des Ganzen bewahrt bleibt."[118]

Einigkeit und Ganzheit stehen hier für das Gemeinschaftliche und die sachliche Darbietung der Inhalte; gleichwertige Präsentation von unterschiedlichen Positionen wurde schließlich durch folgenden Zusatz ausgehebelt: „Werbung von Parteien und Bekämpfung von Parteien sind nicht zugelassen. Bestrebungen, die den Bestand des Staates gefährden können, sind vom Rundfunk ausgeschlossen."[119]

Nach Halefeldt ist es unter anderem diese Leitlinie gewesen, die der Propaganda-Politik der Nationalsozialisten gute Voraussetzungen bot, um bei der Vorbereitung der Reichstagswahlen am 5. März 1933 die politische Opposition bei den Vorwahlsendungen „rigoros"[120] auszuschließen.

Nachdem schließlich die Nationalsozialisten die Macht übernommen hatten, setzte die

> „große personelle Säuberung [...] unter der Ägide des neugeschaffenen Reichsministeriums für Volksaufklärung und Propaganda und seines Chefs Joseph Goebbels [ein]. Sie wurde mühsam und zum Teil nachträglich als legal kaschiert durch das Gesetz zur Wiederherstellung des Berufsbeamtentums vom 11. April 1933."[121]

Bei diesen weiteren, systematischen „Säuberungen" seien 20 Prozent der Mitarbeiter aus den Sendern entfernt und mehr als 50 Prozent der Mitarbeiter aus

---

115 Ebd., S. 213.

116 Halefeldt (1997): Sendergesellschaften und Rundfunkverordnungen, S. 337.

117 Entnommen aus der endgültigen Fassung der Richtlinien. Abgedruckt in Bausch (1956): Der Rundfunk im politischen Kräftespiel, S. 212.

118 Ebd., S. 214.

119 Entnommen aus der endgültigen Fassung der Richtlinien. Abgedruckt in ebd., S. 212ff. Vgl. auch Halefeldt (1997): Sendergesellschaften und Rundfunkverordnungen, S. 338.

120 Ebd.

121 Ebd.

dem Bereich der Intendanz und der Leitung bis Ende 1933 aus dem Amt „gejagt" worden.

> „Die meisten Intendanten und Direktoren waren den Nationalsozialisten schlicht als führende Repräsentanten des ‚Systemrundfunks' verhaßt."

Dies betraf dann vor allem Mitarbeiter, die „avantgardistische, liberale oder gar linke"[122] Strömungen bei der Programmgestaltung mitberücksichtigt hatten. Die Einzelschicksale der Betroffenen endeten schließlich tragisch:

> „Die Betroffenen mußten zumindest ihren Dienst quittieren, manche wurden verhaftet, einige wie Ludwig Neubeck und Friedrich Georg Knöpfke begingen Selbstmord, andere wie Ernst Heilmann endeten im KZ, wieder andere wie Ernst Schoen und Karl Mayer emigrierten und kamen auf diese Weise mit dem Leben davon."[123]

Bredow, der bereits am 30. Januar 1933 zurückgetreten war, wurde im Jahre 1934/35 ein „Schauprozeß" gemacht. Bei diesem sogenannten „Rundfunkprozess" wurde leitenden Vertretern „Korruption" und „Mißbrauch von Hörergelder[n]" vorgeworfen. Aus Mangel an Beweisen wurde das Verfahren im Jahre 1935 eingestellt. Die Angeklagten, unter anderem Bredow und der WERAG-Intendant Ernst Hardt, kamen mit Haftstrafen und Geldbußen davon. Anders verlief es hingegen in den Fällen von Hans Magnus, Hans Flesch, der bis 1932 Intendant der Berliner Funkstunde blieb, und dem Regisseur und Reporter der Berliner Funkstunde, Alfred Braun. Sie wurden in das KZ Oranienburg gebracht.[124]

Magnus, Flesch und Braun wurden nach einigen Monaten in ein Untersuchungsgefängnis verlegt und bekamen ein Strafverfahren. Jüdische SPD-Politiker wie Ernst Heilmann, der eines der Mitglieder des „Politischen Überwachungsausschusses" des Rundfunks war, wurden laut Bredow „von Lager zu Lager geschleppt und, den Berichten nach, unmenschlichen Behandlungen ausgesetzt". Weiter heißt es bei Bredow zu Heilmann: „Schließlich gab er auf, trat eines Morgens beim Appell aus dem Glied und ging seelenruhig auf den Ausgang zu. Die Wachen schossen auf ihn, trafen ihn aber nicht tödlich." Was weiter geschah, ist nicht eindeutig geklärt, vermutlich wurde er wenig später ermordet. Bredow schreibt: „Erst später starb er unter unaufgeklärten Umständen." Auch einen Mitarbeiter von Heilmann sollte es treffen: „Dr. Haentzschel gelang es, nach Brasilien auszuwandern. Aber dort erreichte auch ihn das Schicksal. Er wurde von unbekannten Tätern ermordet."[125]

---

122 Ebd.
123 Ebd., S. 339.
124 Vgl. DILLER (1980): Rundfunkpolitik im Dritten Reich, S. 93-96.
125 BREDOW (1956): Im Banne der Ätherwellen. Bd. 2, S. 248f.

Abb.7: SPD-Politiker und Rundfunkmitarbeiter als Häftlinge im KZ Oranienburg

5.2.2 Die politischen Konsequenzen der Rundfunkreform von 1932

Die Rundfunkreform von 1932 hatte unter dem Rundfunkkommissar Scholz sowie unter dem deutschnationalen Innenminister des Kabinetts von Papen, Wilhelm von Gayl, die Weichen für die Rundfunkpolitik der Nationalsozialisten gestellt. Die Leitsätze für die Neuregelung des Rundfunks und deren genaue Einhaltung schloss bereits eine politische Repräsentation anderer Parteien bei den Vorwahlen aus, so dass sich der Rundfunk nach 1932 schließlich vollständig in der Hand des Staates befand. Obwohl die Rundfunkreform den Nationalsozialisten die Machtübernahme im Rundfunk ohne Zweifel erleichtert habe, gibt Halefeldt zu bedenken, dass „trotz der Reste von Privatkapital in den Sendegesellschaften und der Versuche zur politischen Öffnung in den Programmen" der Rundfunk schon „seit 1926 in letzter Konsequenz ein Staatsrundfunk" gewesen sei und dies politisch für die wesentlichen Entscheidungsträger nie „wirklich in Frage gestellt"[126] worden wäre. Ein unabhängiger Rundfunk sei auch laut Marchal vor 1932 niemals wirklich vorstellbar gewesen: „[D]as entzog sich dem Vorstellungsvermögen selbst solcher Politiker, die die Republik mittrugen."[127] Von Marchal und Jürgen Seifert wird hervorgehoben, dass die Reformen von 1932 es den neuen Machthabern leicht machten, „den Rundfunk ohne merklichen Einschnitt als Staatsrundfunk"[128] zu übernehmen.

Im Jahre 1932 wurde die NSDAP schließlich stärkste Fraktion im Reichstag; und als Hitler am 30. Januar 1933 zum Reichskanzler durch den Reichspräsidenten von Hindenburg zusammen mit den Deutschnationalen unter Reichswirtschaftsminister Alfred Hugenberg benannt wurde, „bemächtigten sie sich auch

126 HALEFELDT (1997): Sendergesellschaften und Rundfunkverordnungen, S. 339.

127 MARCHAL (2004): Kultur- und Programmgeschichte des öffentlich-rechtlichen Hörfunks, S. 238.

128 SEIFERT, Jürgen (1971): „Probleme der Parteien- und Verbandskontrolle von Rundfunk- und Fernsehanstalten", in: ZOLL, Ralf (Hg.): *Kritik 4: Manipulation der Meinungsbildung.* Opladen, S. 124-152, hier: S. 129.

des Rundfunks; schließlich galt es für sie, die Reichstagswahlen am 5. März 1933 zu bestehen."[129] Nachdem dies gelungen war, beschloss die absolute Mehrheit der beiden Parteien im Reichstag am 24. März das Ermächtigungsgesetz: Dem zum Opfer fiel auch die Kulturhoheit der Länder, weshalb die „legislativen Aufgaben an die neue Reichsregierung übergingen".[130]

Ein Tag zuvor wurde das „Reichsministerium für Volksaufklärung und Propaganda" unter Goebbels eingerichtet. Ein Erlass von Reichspräsident Hindenburg war dem vorausgegangen. Am 30. Juni 1933 wurden schließlich „[a]uf den Rundfunk bezogene Kompetenzen des Reichsinnen- und Reichspostministeriums [...] per Verordnung auf das neue Goebbels-Ministerium verlagert".[131]

Der Einsatz von Staatskommissaren, wie es die Rundfunkreform von 1932 vorsah, innerhalb des RPM und des RMI sowie in jeder Regionalgesellschaft wurde beendet. Mit der Auflösung der Kulturhoheit der Länder verloren diese auch ihre Gesellschafteranteile an der RRG sowie an den regionalen Sendern;

> „an die Stelle der bisherigen Sendegesellschaften in Königsberg, Breslau, Berlin, Leipzig, Hamburg, Köln, Frankfurt am Main, Stuttgart und München traten zum 1.4.[19]34 [...] ‚Reichssender'."[132]

Durch diesen Schachzug hatten die Sendegesellschaften jede Selbstständigkeit verloren. Der Rundfunkabteilung im Propagandaministerium, die als „Befehlszentrale des deutschen Rundfunks" galt, saß nun bis 1937 Horst Dreßler-Andreß vor, der auch Amtsleiter der NS-Gemeinschaft „Kraft durch Freude" war. Reichssendeleiter war Eugen Hadamovsky und in dieser Funktion für die Verwaltung zuständig. Der Reichsrundfunkkammer unterstand als Körperschaft des öffentlichen Rechts die korporative Vereinigung der gesamten „Funkschaffenden und Hörerkreise".[133]

Auch wurde schließlich der Versuch unternommen, eine Zentralisierung des Rundfunks vorzunehmen, indem programmspezifische Sendergruppen konzipiert werden sollten. Zum Beispiel sollte der Kölner Reichssender für ein Programm mit dem Schwerpunkt auf orchestraler und chorischer E-Musik in die Pflicht genommen werden; Stuttgart wiederum sollte Kammermusik spielen und Frankfurt U-Musik. Nach zahlreichen Auseinandersetzungen widmeten sich die Gauleiter vor allem dem Ausbau des Deutschen Kurzwellensenders, dem Deutschlandsender, der als „Instrument nationaler Repräsentation"[134] zunächst eine intrakulturelle Brücke zwischen im Ausland lebenden Deutschen

---

129 MARCHAL (2004): Kultur- und Programmgeschichte des öffentlich-rechtlichen Hörfunks, S. 242.
130 Ebd.
131 Ebd.
132 Ebd.
133 DILLER (1980): *Rundfunkpolitik im Dritten Reich,* S. 179.
134 Ebd.

und den „Freunden" der deutschen Kultur im Ausland schlagen sollte.[135] Heinz Pohle betont, dass ab 1933 die Sendungen „über die Grenzen Deutschlands hinaus das Wollen und Schaffen des Nationalsozialismus der ganzen Welt"[136] mitzuteilen beabsichtigte.

5.2.3 Mediengeschichte des Nationalsozialismus und das Konzept der „Volksgemeinschaft"

Aus der kaum noch zu überblickenden aktuellen Forschungsliteratur zur Medienpolitik des Nationalsozialismus stechen zwei sich berührende Aspekte als diskursleitend hervor: Einerseits geht es um die medialen Aspekte der NS-Herrschaft, andererseits werden Fragen nach der Konstitution nationaler Identität behandelt.

Ein Leitbegriff für die Auseinandersetzung mit Fragen nach der Medieninszenierung des Nationalsozialismus bildet derjenige der Propaganda. Dass die Propaganda im Nationalsozialismus eine zentrale Stellung einnehmen würde, lässt sich bereits in Hitlers Schrift „Mein Kampf" nachlesen. Insbesondere an die Emotionen der Menschen sollen sich propagandistische Maßnahmen richten, schreibt er darin. Propaganda habe an das Gefühl der Menschen zu appellieren und nicht an ihren Verstand. Um die Masse zu erreichen, sah Hitler für eine gezielte Propaganda vor, „volkstümlich zu sein und ihr geistiges Niveau einzustellen auf die Aufnahmefähigkeit der Beschränktesten unter denen, an die sie sich zu richten gedenkt".[137] Es sei „falsch, der Propaganda die Vielseitigkeit etwa des wissenschaftlichen Unterrichts geben zu wollen".[138] Sie habe „nicht objektiv auch die Wahrheit, soweit sie den anderen günstig ist, zu erforschen, um sie dann der Masse in doktrinärer Aufrichtigkeit vorzusetzen, sondern ununterbrochen der eigenen zu dienen".[139] Zentral für die Propaganda sei die Reduzierung auf wenige Inhalte und Themen sowie ihre permanente Wiederholung und Verwendung für die breite Masse:[140] „Jede Abwechslung darf nie den Inhalt des durch die Propaganda zu Bringenden verändern, sondern muß stets zum Schlusse das gleiche sagen."[141] Weiter heißt es: Propaganda hat sich „auf wenig zu beschränken und dieses ewig zu wiederholen. Die Beharrlichkeit ist hier [...] die erste und wichtigste Voraussetzung zum Erfolg."[142]

135 Vgl. Reichel, Peter (2006): *Der schöne Schein des Dritten Reiches*. Hamburg, S. 162.

136 Pohle (1955): Der Rundfunk als Instrument der Politik, S. 424.

137 Hitler, Adolf (1939): Kapitel „Kriegspropaganda", in: Ders.: *Mein Kampf*. Bd. I. München, S. 193-204, hier: S. 197.

138 Ebd., S. 198.

139 Ebd., S. 200.

140 Vgl. ebd., S. 203.

141 Ebd.

142 Ebd., S. 202.

Als Goebbels am 13. März 1933 zum Reichsminister für Volksaufklärung und Propaganda ernannt wurde, hatte er bereits seit dem 27. April 1930 in seiner Funktion als Berliner NSDAP-Gauleiter Erfahrungen mit der Parteipropaganda, den Wahlkämpfen und den Großveranstaltungen sammeln können. Den Rundfunk nutzte er bereits seit 1932, den Film zunächst nur kurzzeitig ab Juli 1931, bevor dann ab dem 13. März 1933 für jedes der genannten Medien eine eigene Abteilung eingerichtet wurde: Presse, Rundfunk, Film, Theater, Schrifttum, Bildende Kunst, Musik.

In seinen Tagebüchern beschreibt Goebbels 1933 seine Auffassung erfolgreicher Propaganda:

> „Das ist das Geheimnis der Propaganda: den, den die Propaganda fassen will, ganz mit den Ideen der Propaganda zu durchtränken, ohne daß er überhaupt merkt, dass er durchtränkt wird. [...] Wenn die anderen Armeen organisieren und Heere aufstellen, dann wollen wir das Heer der öffentlichen Meinung mobilisieren, das Heer der geistigen Vereinheitlichung, dann sind wir wirklich die Weichensteller der Zeit."[143]

Zu erreichen war eine Manipulation der „öffentlichen Meinung" zunächst vor allem durch die mediale Beeinflussung durch das Radio, bevor dies mit dem Kauf der Babelsberger Filmstudios noch einmal verstärkt durch den nationalsozialistischen Film geschah.[144]

In der NS-Propaganda-Forschung, insbesondere der vergangenen fünf Jahre, werden jedoch nicht mehr die politischen und sozialen Strategeme der propagandistischen Maßnahmen, wie sie insbesondere durch Goebbels in Musik,[145] Presse,[146] Bildender Kunst,[147] Literatur,[148] Film,[149] Radio und Postkarten[150] ver-

143 *Ansprache an die Intendanten und Direktoren der Rundfunkgesellschaften,* Rede vom 25. März 1933. In: HEIBER, Helmut (Hg., 1971/72): *Goebbels' Reden 1932-1945.* Düsseldorf, S. 95 und S. 106.

144 Im März 1937 schreibt Goebbels in sein Tagebuch: „Wenn wir heute die UFA kaufen, sind wir der größte Film-, Presse-, Theater- und Rundfunkkonzern der Welt. Damit werde ich arbeiten für das Wohl des deutschen Volkes. Welch eine Aufgabe!"

145 Vgl.: HEISTER, Hanns-Werner/KLEIN, Hans-Günter (Hg., 1984): *Musik und Musikpolitik im faschistischen Deutschland.* Frankfurt am Main.

146 Vgl. LONGERICH, Peter (1987): *Propagandisten im Krieg. Die Presseabteilung des Auswärtigen Amtes unter Ribbentrop.* München.

147 Vgl.: SCHMIDTKE, Adrian (2007): *Körperformationen. Fotoanalysen zur Formierung und Disziplinierung des Körpers in der Erziehung des Nationalsozialismus.* Münster; und: SCHMIDT, Wolfgang (2003): „,Maler an der Front'. Die Kriegsmaler der Wehrmacht und deren Bilder von Kampf und Tod", in: Arbeitskreis Historische Bildforschung (Hg.): *Der Krieg im Bild – Bilder vom Krieg.* Frankfurt am Main/New York.

148 Vgl. PAUSEWANG, Gudrun (2005): *Die Kinder- und Jugendliteratur des Nationalsozialismus als Instrument ideologischer Beeinflussung.* Frankfurt am Main.

149 GIESEN, Rolf (2003): *Nazi propaganda films: a history and filmography.* Jefferson; und O'BRIEN, Mary-Elizabeth (2006): *Nazi cinema as enchantment. The politics of entertainment in the Third Reich.* Columbia.

150 Vgl. MAY, Otto (2003): *Inszenierung der Verführung: die Ansichtskarte als Zeuge einer autoritären Erziehung im III. Reich.* Hildesheim.

anlasst worden sind, in Einzelstudien untersucht. In der deutschen und gerade auch internationalen Geschichtswissenschaft ist eine Debatte darüber entflammt, ob der propagandistische Begriff der „Volksgemeinschaft" für Analysen über nationale Identität, gesellschaftspolitische Mobilisierung und die Binde- und Integrationskräfte einer ideologisch-politischen Gemeinschaft fruchtbar gemacht werden könne. Die massenmediale Inszenierung der „Volksgemeinschaft" bilde demnach das ab, was sowohl Hitler als auch Goebbels als Ziel öffentlicher Meinungsbildung verstanden.

1937 definierte „Meyers Konversations-Lexikon" den Begriff noch wie folgt: „Volksgemeinschaft ist der Zentralbegriff des nationalsozialistischen Denken[s]."[151]

Dies, so darf angenommen werden, gilt auch noch heute.[152] Das Konzept der „Volksgemeinschaft" als heuristisch verwendeter Leitbegriff wird in der Geschichtsforschung jedoch erst seit wenigen Jahren hinsichtlich seiner produktiven Nutzungsweisen diskutiert.[153]

Unter Historikern galt der Begriff nämlich lange als „bloße Propagandaformel, deren angebliche Schlagkraft vornehmlich durch nationalsozialistische Selbstzeugnisse belegt wurde".[154]

Die „Volksgemeinschaft" galt demnach nicht als „soziale Wirklichkeit" und sei „mit „sozial-statistischen Parametern als realitätsfernes Propagandakonstrukt zu entlarven, um damit nicht zuletzt einer möglichen Beschönigung des Nationalsozialismus zu begegnen".[155] Der Historiker Hans Mommsen hatte noch im Jahre 2007 angesichts der historiographisch differenziert dargelegten Forschungen über politische Wahrnehmungen in Regionen wie Württemberg festgehalten, dass „[i]n kirchlichen Angelegenheiten, nicht zuletzt im Religionsunterricht, aber auch im Hinblick auf die Agrarpolitik des Regimes [...] eine eindeutige Op-

151 o. V. (1937): *Meyers Konversationslexikon.* Bd. 2, Sp. 1279, zitiert nach: KAMMER, Hilde/BARTSCH, Elisabeth (1992): *Jugendlexikon Nationalsozialismus. Begriffe aus der Zeit der Gewaltherrschaft 1933–1945.* Reinbek bei Hamburg, S. 222.

152 Vgl. ebd.

153 Vgl. Steuwer, Janosch (2010): Review of , *German Society in the Nazi Era. "Volksgemeinschaft" between Ideological Projection and Social Practice.* H-Soz-u-Kult, H-Net Reviews. May, 2010. Online verfügbar unter: http://www.h-net.org/reviews/showrev.php?id=30423, zuletzt abgerufen am 28.5.2010; und STEBER, Martina/GOTTO, Bernhard (Hg., 2014): *Visions of community in Nazi Germany. Social engineering and private lives.* Oxford. Vgl. auch: KERSHAW (2011): Volksgemeinschaft.

154 WILDT, Michael (2007): *Volksgemeinschaft als Selbstermächtigung. Gewalt gegen Juden in der deutschen Provinz 1919 bis 1939.* Hamburg, S.4.

155 Ebd., S. 5 und S. 4. Insbesondere Hans Mommsen forderte, sich von dem propagandistisch eingefärbten Begriff der „Volksgemeinschaft" zu distanzieren, da er analytisch unbrauchbar sei. Vgl. dazu: Ebd., S. 4, und MOMMSEN, Hans (2007): „Forschungskontroversen zum Nationalsozialismus", in: *Aus Politik und Zeitgeschichte,* Jg. 57, Heft 14-15, S. 14-21. Online verfügbar unter: http://www.bpb.de/apuz/30541/forschungskontroversen-zum-nationalsozialismus?p=all, zuletzt abgerufen am 23.6.2015.

position bestand".[156] Er bezweifelt also einen „innenpolitischen Konsens" der „Volksgenossen" und empfiehlt aufgrund dieser „Teildistanzierung" auch in anderen deutschen Regionen, die sich in vielen Lokalstudien belegen ließen, auf „den Begriff der ‚Volksgemeinschaft', der ja durch die Goebbels'sche Propaganda eingefärbt wurde, im analytischen Kontext zu verzichten".[157]

Andere wie Detlef Schmiechen-Ackermann sehen hingegen mit „dieser Forschungsstrategie", den „heuristisch verwendeten Leitbegriff der ‚Volksgemeinschaft' vorübergehend in den Mittelpunkt neuer Forschungen rücken zu wollen", die Möglichkeit, „einen bislang vernachlässigten Bereich der NS-Forschung voranzutreiben".[158]

So könne es in der aktuellen geschichtswissenschaftlichen Debatte nicht darum gehen, eine soziale Ordnung zu beschreiben, die „dem Begriff der ‚Gemeinschaft' von Anfang an inhärent" gewesen sei, schreibt Michael Wildt. Es ginge demnach nicht um „die Feststellung eines sozialen Ist-Zustandes, sondern vielmehr um die Verheißung, in der Mobilisierung lag die politische Kraft der Rede von der ‚Volksgemeinschaft'".[159]

Ginge es also darum, den realen Ist-Zustand einer „Gemeinschaft" zu beschreiben, ein Begriff, der in Anlehnung an die soziologische Schrift „Gemeinschaft und Gesellschaft" (1887) von Ferdinand Tönnies ja selbst von den Nationalsozialisten instrumentalisiert worden ist, müssten in der Tat traditionale, selbstzweckhafte, organische Gruppierungen von Menschen untersucht werden, die in Bezug auf ihren gemeinschaftlichen Kontextes des Blutes, also der Verwandtschaft, des Ortes und des Geistes aufeinander bezogen sind.[160] Gerade die Instrumentalisierung dieses theoretischen Konzeptes bedeutet ja nicht nur die Indienstnahme einer soziologischen, sondern als völkisch-rassistische Idee ist sie als Positivfolie medial in Szene gesetzt, um als mediale Wirklichkeit Ideologie erfahrbar zu machen. „Gemeinschaft" wird hier als politische Kampfvokabel und politische Utopie nationalsozialistisch vereinnahmt und auf Gleichschaltung hin programmiert. Dem Gemeinschaftsbegriff inhärent ist seine abstrakte Idee der Kohärenz, also eines Zusammenschlusses gegen äußere Kräfte, der nationalistisch und rassistisch begründet ist.[161] Dass nur Rezipienten „arischer Herkunft" Zugang zum Volksempfänger hatten, dass das personalpoli-

---

156 Hans Mommsen bezieht sich dabei vor allem auf die Studie von STEVENSON, Jill (2006): *Hitler's Home Front. Württemberg under the Nazis*. London.

157 MOMMSEN (2007): Forschungskontroversen.

158 SCHMIECHEN-ACKERMANN, Detlef (2012): „Einführung", in: Ders.: *„Volksgemeinschaft": Mythos, wirkungsmächtige soziale Verheißung oder soziale Realität im „Dritten Reich"? Zwischenbilanz einer kontroversen Debatte.* Paderborn, S. 13-53, hier: S. 35. Zitiert nach: WILDT (2007): Volksgemeinschaft, S. 4f.

159 WILDT (2007): Volksgemeinschaft, S. 4.

160 Vgl. TÖNNIES, Ferdinand (2005): *Gemeinschaft und Gesellschaft: Grundbegriffe der reinen Soziologie*. Darmstadt, S. 3-70.

161 Vgl. ROSA, Hartmut (2010): *Theorien der Gemeinschaft. Zur Einführung*. Hamburg.

tische Tableau mit Nationalsozialisten besetzt war und die Zensurpolitik nur noch „arische" oder „arisierte" Inhalte erlaubte, zeigt hier die Ebene der Indienstnahme eines Abstraktums, das medial besetzt wurde. Die Vereinnahmung zeigt den Wert der „Volksgemeinschaft" als mediale Folie an, innerhalb derer sich der Nationalsozialismus vermitteln ließ.

Deutlich wird an der kurzen Skizze des Forschungsstandes zu dem propagandistischen Begriff, dass sich die Historiker zunehmend der medialen Wirkungsmacht und -kraft dieses propagandistischen Konzepts zuwenden – einem Konzept, das weniger auf Realität verweist, sondern stattdessen die Wirkungsmechanismen medialer Manipulation zwischen „Ablenkung und Lenkung"[162] beschreibt, die mit dem medialen Alltag der Hörer korrespondierten.

Der Historiker Wolfram Pyta meinte anlässlich des im Jahr 2014 erschienenen Tagungsbandes „Visions of Community in Nazi Germany" von Martina Steber und Bernhard Gotto jedoch, dass die Adaption kulturwissenschaftlicher Fragestellungen bei der historiographischen Beschäftigung mit dem Konzept der „Volksgemeinschaft" „auf halbem Wege stehen geblieben" sei, „weil sie Anregungen der Kulturwissenschaften nur sporadisch aufgenommen"[163] hätten.

Es ginge bei einem historiographisch zu etablierenden Konzept der „Volksgemeinschaft" offenbar darum, die ästhetisch-mediale Produktions- und Rezeptionskraft dieses medial vermittelten Konzepts zu begreifen. Pyta betont: „Insofern ist die Produktion von ‚Volksgemeinschaft' ein Exempel für die von Walter Benjamin konstatierte Ästhetisierung des Politischen als Spezifikum nationalsozialistischer Herrschaft."[164]

In dem von Pyta rezensierten Buch sind Ansätze hierzu unternommen worden. Es wird in der Geschichtswissenschaft also die Handlungsrelevanz und die handlungsorientierte Sinnkonfiguration des Volksgemeinschaftsbegriffes untersucht, um zu beschreiben, wie auf der funktionalen Ebene medial-ästhetische Rezeption mit der Alltagserfahrung und -ordnung im NS-Herrschaftssystem korrelierte.

Die massenmediale Inszenierung der „Volksgemeinschaft" ist damit als sozial-mediale und ästhetische Praxis ausgewiesen, eine Überlegung, die auch bereits in der Geschichtswissenschaft diskutiert worden ist. Vor dem Hintergrund, dass „Menschen [...] nicht bloß den Codes und Repräsentationen von Bedeutungen und der Wirklichkeit, die sie vorfinden" folgen, wird davon ausgegangen, dass sie zu ihrer Orientierung „Bilder, Worte, Praktiken" nutzen; „sie variieren

---

162 Vgl. dazu Marssolek/Saldern (1998): Zuhören und Gehörtwerden.

163 Pyta, Wolfram (2014): „Sinn geben und Opfer fordern", in: *Frankfurter Allgemeine Zeitung* vom 30.9.2014. Online verfügbar unter: http://www.faz.net/aktuell/politik/politische-buecher/martina-steber-bernhard-gotto-herausgeber-visions-of-community-in-nazi-germany-sinn-geben-und-opfer-fordern-13182152.html, zuletzt abgerufen am 23.6.2015.

164 Ebd.

sie, reiben sich an der Sprödigkeit, Unwillfährigkeit der Dinge und der Menschen und verändern damit die Dinge wie die sozialen Verhältnisse."[165]

5.2.4 Die Medialität der „Volksgemeinschaft" als imaginierter „Hör-Raum" im Rundfunk

Die Inszenierung der „Volksgemeinschaft" wird in der Geschichtswissenschaft als medial-ästhetisches Konstrukt verstanden und untersucht. Als mit ihr verbundenes propagandistisches Konzept gilt die politische Gleichschaltung als medienästhetisch kommuniziert und vermittelt. Dies konnte ganz besonders im Rundfunk geschehen, da der Rundfunk als rein akustisches Medium per se die Vorstellungskraft seiner Hörer stimuliert. Wie genau lässt sich jedoch Medialität für den NS-Rundfunk beschreiben?

Die Raumwahrnehmung im Radio hat grundsätzlich eine doppelte Struktur: Der Raum des Empfangs wie auch der Raum, von dem aus übertragen wird, sind dem Zuhörer präsent. Der Raum des Empfangs wird von der akustischen Übertragungssituation eines tatsächlich existierenden Raumes bestimmt, von dem aus gesendet wird. Als ein allgemeiner Grundsatz des Radiohörens wurde er in der Zeit des Nationalsozialismus genauso instrumentalisiert wie das kulturelle Erbe des Rundfunks in der Weimarer Zeit.

Für die Phase des Übergangs vom Weimarer Rundfunk hin zum NS-Rundfunk hebt Andreas Fickers in einem Aufsatz diese Struktur der Hörwahrnehmung als ein virtuelles Imaginieren vor und nach 1933 hervor. So habe besonders der Weimarer Rundfunk durch das virtuelle Reisen in ferne Städte einen kollektiven Hörraum geschaffen. Auch er stellt die imaginäre Kraft beim Hören von Radiosendungen grundsätzlich ins Zentrum des Übergangs des Rundfunks vom „Bastler- hin zu einem massenkulturellen Hörmedium". Fickers betrachtet in seiner Untersuchung den Radioapparat „als Schnittstelle zwischen häuslichem bzw. städtischem Raum und dem imaginärem Raum – dem Äther",[166] um ihn „als Sachquelle für eine Kulturgeschichte der Technik"[167] zu nutzen. Seine Ausführungen sind insofern hilfreich, als dass er von einer symbolischen „Aneignung des imaginären Ätherraumes"[168] ausgeht. Er beschreibt dies wie folgt:

Die Einführung der „geeichten Sender- und Stationsskala" in der technischen Radiogeschichte habe „nicht nur den praktischen Umgang mit dem Empfangsgerät" modifiziert, sondern mit den Skalen sei auch eine „sinnliche Wende in der

165 Wildt (2007): Volksgemeinschaft, S. 10.

166 Fickers, Andreas (2006): „Sichtbar hörbar! Radioapparat und Stadt: Knoten im vernetzten Kommunikationsraum", in: Zimmermann, Clemens (Hg.): *Zentralität und Raumgefüge der Großstädte im 20. Jahrhundert*. Stuttgart, S. 83-103, hier: S. 83.

167 Ebd.

168 Ebd.

Wahrnehmung des Radios“ realisiert worden. Diese „sinnliche Wende“ beschreibt Fickers als „Visualisierung der Hörerfahrung“.[169]

Das Radio habe vor allem zum Ende der 1920er Jahre die „rasant gestiegenen Transport- und Verkehrsmöglichkeiten“ vervollständigt und „lud ein zum Reisen in Gedanken“.[170] Weiter heißt es: „Ohrenzeugenschaft und Simultaneität waren zentrale Eigenschaften des Rundfunks.“[171] Durch Radiohören sei eine „Entdeckung und Aufwertung des Hörens und des Hörsinns als kulturellen Sinnproduzenten“ ermöglicht worden. Zudem stimuliere es „die positive Kraft der Imagination“.[172] Kein anderes Medium sei zu dieser akustisch inspirierten gedanklichen Vorstellungskraft fähig.[173]

Die imaginäre Kraft des Radios ist gerade in den 1920er Jahren – so seine weiteren Ausführungen – nicht durch „das Programm“ erzeugt worden, „sondern der Apparat stand im Vordergrund des Interesses“.[174] Als die Anzahl der Reglerknöpfe im Rundfunk reduziert wurde und dadurch die Bedienung einfacher wurde, ist der für Fickers „entscheidende Übergang des Radios vom Bastler- zum Massenmedium“ erreicht worden. Die Herstellung einer „Benutzerillusion“[175] ermöglichte das Bedienen der wenigen Regler, die auf die „erfolgreiche Diffusion der Stationsskalen“ abgestimmt waren. Die „zunehmende Visualisierung der Hörerfahrung“[176] wurde zu einem „Schaudenken“,[177] indem „die Stationsskala Städte aus aller Welt in die Wohnstube“ holte und diese Städtenamen auf der „tube map“ des Radioapparates „die Hörer zu virtuellen Reisen im Ätherraum ein[lud]“.[178] Auf diese Weise sei „durch zusätzliche visuelle Hilfsmittel zur Senderfeineinstellung“ die „Illusion der visuellen Hörerfahrung [...] komplett“[179] geworden.[180] So sei eine „imaginäre Weltkarte“[181] entstanden:

> „Die Stadtnamen auf den Senderskalen erzeugen beim Hörer eine ‚mental map‘, die als symbolische Aneignung der Welt verstanden werden kann. Senderskalen waren in diesem Sinne ein früher Atlas der Globalisierung, sie waren symbolische Repräsentation der Internationalität der modernen Kommunikationslandschaft und zugleich Zeugen der sich überlagernden lokalen, regionalen, nationalen und internationalen Öffentlichkeiten des Rundfunks in den 1930er Jahren.“[182]

---

169 Ebd., S. 84.
170 Ebd., S. 85.
171 Ebd.
172 Ebd., S. 87.
173 Vgl. ebd.
174 Ebd., S. 88.
175 Ebd., S. 92.
176 Ebd., S. 93.
177 Ebd.
178 Ebd., S. 95.
179 Ebd., S. 98.
180 Gemeint ist die Einführung der Glimmröhren im Jahre 1937.
181 Ebd., S. 99.
182 Ebd.

Abb.8: Telefunken-Mehrkreis-Empfänger

Diese „hörbare Vernetzung der Welt" kulminierte „mit einer erhöhten Sensibilität für den Hörsinn als kulturellen Sinnproduzenten".[183] Sinn wird nach Fickers also innerhalb eines imaginären Hörraums mittels der technischen Apparatur der Skalenregler produziert, der Hörsinn wird für die „Welt im Ohr" sensibilisiert, es wird „entfernten Signalen" nachgehorcht, und Nebengeräusche und Störungen versteht er mit Ulrich Raulff als eine zu hörende Tiefe, die dem Raum des Radios seine „akustische Aura" gibt.[184] Nicht das Rundfunkprogramm, sondern der Radio-Apparat ermöglicht solche akustisch imaginierten Reisen durch die Welt. Dies mag für den Beginn der Radiokultur gelten, radikalisiert sich jedoch mit der Ausschöpfung akustischer Mittel im Radioprogramm der Nationalsozialisten, auf das Fickers nicht zu sprechen kommt.

Fickers' Ausführungen vernachlässigen die Kraft der Imagination, die eben auch von dem Programm ausgeht. So ist die „Volksgemeinschaft" im Rundfunk mittels imaginativer, sensibilisierter Hörfähigkeit im Radio inszeniert worden. 1933 war in der Zeitschrift „Rufer und Hörer" in einem Beitrag über die „Kunst des Rundfunkhörens" zu lesen, dass der Rundfunk die (metaphysische) Möglichkeit biete, „sich als Glied einer geistigen unsichtbaren Gemeinschaft der in allen Landen hörenden zu fühlen".[185] Weiter heißt es in einem Beitrag von Wolfgang Koeppen:

> „So kommt über weiteste Entfernungen hinweg eine direkte Verbindung von Mensch zu Mensch auf der geistigen Ebene der Sprache, des Rufens und Verstehens, des Hörens zustande und darüber hinaus läßt sich ein ganzes Volk einschließlich der Volksteile, die in der Welt verstreut zu leben gezwungen sind, im konkreten Erlebnis der Volksgemeinschaft zusammenschließen."[186]

183 Ebd., S. 98.

184 Vgl. Raulff, Ulrich (2001): „Ich höre Radio. Eine Liebeserklärung", in: *Neue Rundschau*, Jg. 112, Heft 4, S. 12.

185 Verweyen, J. M. (1933/34): „Die Kunst des Rundfunkhörens", in: *Rufer und Hörer*, Jg. 3, Heft 1, S. 1-7, hier: S. 2.

186 Koeppen, Wolfgang K. (1935): „Die innere Vormachtstellung des Rundfunks", in: *Rufer und Hörer*, Jg. 4, Heft 5, S. 207-210, hier: S. 207. Zitiert nach: Wessels (1985): Hörspiele im Dritten Reich, S. 128.

Dass sich dieses „Erlebnis" gerade in den ersten Jahren des NS-Radios angesichts der bald einsetzenden Vorbereitung auf einen kommenden Krieg beim Hören politisch-propagandistischer Sendungen einstellte, zeigt ein zeitgenössischer Beitrag von Hans-Joachim Weinbrenner: „Gut vorbereitete politische Sendungen des Rundfunks können eine derartige mentale Strömung erzielen, die eine Gemeinschaft, ein Volk, ja sogar Völkergruppen zu einem einheitlichen bewußten Handeln zwingen."[187]

„Volksgemeinschaft" wurde somit in einem „Raum der wechselseitigen Wahrnehmung"[188] zu einem „Erlebnis" der Massen:

> „Das Faszinierende an den Nazis, das, was sie von den unzähligen anderen Parteien mit nationalistischen und antisemitischen Programmen unterschied, war ihr Erlebnisangebot: das Versprechen psychischer Intensität."[189]

Dieses Angebot, so glaubten die Nationalsozialisten, erfüllten sie mit der Übertragung gerade auch der Massenveranstaltungen im Rundfunk. „Psychische Intensität" erfuhren sie in der Wahrnehmung ihrer selbst im großen Zusammenhang der faschistischen Massenformation. Dies ließ sich durch die Inszenierung des imaginativen Hörraums erzeugen.

Gerade in der Frühphase war die Vorstellung eines „imaginären Raums" zwischen Hörer und Sender verbreitet. Dies zeigt ein Beitrag aus dem Jahre 1934: In diesem Raum seien Menschen zusammengekommen, „die sich in „einem gemeinsamen geistigen Raum" versammelten, „wie das Publikum im Theatersaal; allerdings dort ein Publikum in viel höherem und weiterem Sinne."[190] Der „ungeheure imaginäre Raum"[191], habe im Rundfunk eine „volksverbindende Macht".[192] Dass dieser Raum im Äther zwar zeitgenössisch metaphysisch gedacht war, lässt sich darüber hinaus an Richard Kolbs[193] Ausführungen seit Beginn der 1930er Jahre ablesen und ist auch von Wolfgang Hagen als metaphysische „Übertragung der Gedanken" interpretiert worden.[194] Zeitgenössisch wurde nach 1934 zum Bei-

---

187 WEINBRENNER, Hans-Joachim (1938): „Grenzenloser Rundfunk", in: *Handbuch des Deutschen Rundfunks 1938.* Heidelberg, S. 22. Zitiert nach: WESSELS (1985): Hörspiele im Dritten Reich, S. 128.

188 Vgl. Kap. 5.3.

189 BROCKHAUS, Gudrun (1997): *Schauder und Idylle. Faschismus als Erlebnisangebot.* München, S. 58.

190 HITLER, Adolf (1934): „Funk und Volk", in: *BRZ*, Heft 6, vom 4.2.1934, S. 4. Zitiert nach: WESSELS (1985): Hörspiele im Dritten Reich, S. 128.

191 o. V. (1934): „Der Tag des Rundfunks", in: *BRZ*, Heft 5, vom 11.2.1934, S. 2-3, hier: S. 3. Zitiert nach: WESSELS (1985): Hörspiele im Dritten Reich, S. 128.

192 Ebd.

193 Vgl. KOLB, Richard (1932): *Das Horoskop des Hörspiels.* Berlin; und KOLB, Richard (1931): „Die Entwicklung des künstlerischen Hörspiels aus dem Wesen des Funks", in: *Rufer und Hörer*, Jg. 1, Heft 5, S. 211-215.

194 Vgl. HAGEN (2005): Das Radio, S. 117ff.; und Ders (2002): *Die Stimme als körperlose Wesenheit. Medienepistemologische Skizzen zur europäischen Radioentwicklung.* Online verfügbar unter:

spiel von dem Sendeleiter Eugen Hadamovsky sogar der metaphysische Raum religiös überhöht. So hat Hadamovsky 1934 auch den Rundfunk kultisch-religiös verstanden und die Sendung nicht nur „im physikalisch-technischen, sondern im geistigen Sinne ‚Sendung'" genannt. „Jeder Funkschaffende ist Träger nationalsozialistischer Sendungen, ein Propagandist und Apostel der Idee",[195] forderte er. In einem Aufsatz „Im Rundfunk: Kult des neuen Staates", erschienen in der Zeitschrift „Rufer und Hörer", heißt es: „Was das Gebäude der Kirche für die Religion, das wird der Rundfunk für den Kult des neuen Staates sein."[196]

In der Zeitschrift „Funk" wurde 1933 ein akusmatisch-religiös überhöhtes Ideal postuliert: „Die handelnden Personen sind nicht mehr individuelle Schicksale, sie sind Ideen, gemeinschaftsbewegende Kräfte, die einen Mund sprechen lassen, was viele bewegt."[197] Der Hörraum ist damit nicht nur als ein heiliger ausgewiesen, sondern zugleich als ein mythisch-akusmatischer, dessen Zugang durch Zuge-hör-igkeit konstituiert ist. In Anlehnung an Ausführungen des Germanisten Hermann Pongs zum Hörspiel aus dem Jahre 1930 kann dazu noch festgehalten werden, dass Film und Funk sogar „als Organe des modernen Kollektivgeistes"[198] betrachtet wurden.

Der Medienwissenschaftler Daniel Gethmann schließt daraus, dass „das akustische Verbreitungsmedium Rundfunk daher seinerzeit als eine gigantische Konsensmaschine"[199] gewirkt habe, dieser Konsens jedoch „innerlich", also in der Vorstellung hergestellt worden sein müsse. Bemerkenswert ist Pongs Hinweis, der Rundfunk führe „den Hörer, im echten Sinne einer einzigartigen Hörwerk-Wirkung, auf ein inneres seelisches Stimmenerlebnis, er zwingt ihn, sich von der Seele her den sprechenden Menschen vorzustellen".[200] Für Pongs bedeutet dies, dass die Masse sich durch die Fähigkeit des Rundfunks zur „Seelenkommunikation" konstituiere, denn es

> „erschließen sich den Kollektivproblemen die produktiven Möglichkeiten des Rundfunks als Zugänge zur Seele des Einzelnen und zur Seele aller durchs Ohr: das Es des Geschehens, die Stimme der Dinge kann sprechen."[201]

---

http://www.whagen.de/get.php?page=publications/StimmeAlsKoerperloseWesenheit/Stimme_ultvers.pdf, zuletzt abgerufen am 25.1.2015.

195 HADAMOVSKY, Eugen (1934): *Der Rundfunk im Dienste der Volksführung.* Leipzig, S. 16f.

196 ECKHARDT, Ferdinand (1933/34): „Im Rundfunk: Kult des neuen Staates", in: *Rufer und Hörer*, Jg. 3, Heft 11, S. 503-505, hier: S. 504.

197 LEERS, Peter W. (1933): „Auf dem Weg zum Gemeinschaftserlebnis", in: *Funk*, Heft 16. S. 61f. Vgl. auch: HAY, Gerhard (1976): „Rundfunk und Hörspiel als Führungsmittel des Nationalsozialismus", in: DENKLER, Horst/PRÜMM, Karl (Hg.): *Die deutsche Literatur im Dritten Reich. Themen, Traditionen, Wirkungen.* Stuttgart, S. 366-381, hier: S. 366ff.

198 PONGS, Hermann (1930): *Das Hörspiel.* Stuttgart, S. 4.

199 GETHMANN (2006): Übertragung der Stimme, S. 175.

200 PONGS (1930): Das Hörspiel, S. 8.

201 Ebd., S. 14.

Gemeint ist damit vor allem die Tatsache, dass eine Identität des gesprochenen Wortes mit dem Gegenstand als das „Einswerden des Wortes mit seinem Gegenstand"[202] angenommen wird. Er geht noch weiter, wenn er annimmt, „dass vor dem inneren Zwiegespräch zwischen Gegenstand und Hörer nicht nur der Dichter vergessen wird, sondern auch der Rundfunkapparat".[203] Gethmann hat daraus den Schluss gezogen: „Insofern bedeutet also Radiohören bereits Anfang der 30er Jahre, sich an eine vermutete Masse und ihre Vorlieben anschließen zu können."[204]

Der Hörraum im NS-Rundfunk war also in gewisser Weise auf Masse und Innerlichkeit hin erprobt, der Hörraum des Rundfunks selbst auf eine abstrakte Vorstellung hin konditioniert, die technischen Mittel zur Verstärkung dieses Raumes vorhanden. Dass zum Beispiel sogar das technische Signalrauschen die Wahrnehmung eines „imaginären Raums" im Rundfunk begünstigt hat, lässt sich an der Tatsache ablesen, dass der Empfang der Gemeinschaftssender selbst eingestellt werden musste. Lorenz Engell hebt hervor, dass durch Rauschen ein aus „unsichtbarer Ferne und auf rätselhafte Weise schallend[er]" [205] Klang entstand, der die Welt konstituiert.[206] Ulrich Raulff betont ebenso den Wert von „Nebengeräuschen" und „kleinen Störungen" beim Hören von Radiomusik: Sie „kommt aus der Ferne, über eine Distanz hinweg, einen Raum, einen See, eine Zeit, und diese Ferne muss irgendwie noch hörbar sein."[207] Was gehört wird, ist die „überwundene Distanz"[208] aus der Tiefe des akustischen „Bildes". Diese Störungen ermöglichen nach Raulff die „akustische Aura".[209]

Die Rundfunkhistorikerin Monika Pater weist darauf hin, dass eine explizite Verortung der Übertragungsräume für Reportagen oder auch im Hörspiel durch den Einsatz spezifischer Soundscapes geschah, so zum Beispiel durch „Vogelgezwitscher" oder „Straßenlärm". Andererseits ist die Möglichkeit der Verortung, die zugleich ein Imaginieren ist, auch durch die direkte Ansprache des Reporters möglich, der den Raum für den Hörer beschreibt: „Wir befinden uns hier ... Zu einem Gespräch ist Gast im Studio ...".[210] Auch gäbe es Möglichkeiten sozialer Verortung, beispielsweise durch „Dialekt und Wortwahl"[211], sowie durch die

---

202 Ebd., S. 13.

203 Ebd., S. 13.

204 GETHMANN (2006): Übertragung der Stimme, S. 175.

205 ENGELL, Lorenz (2001): „Radio als Welt. Über das Vernehmen", in: *Neue Rundschau*, Jg. 112, Heft 4, S. 55-64, hier: S. 57.

206 Vgl. ebd.

207 RAULFF (2001): Ich höre Radio, S. 12.

208 Ebd.

209 Ebd.

210 PATER, Monika (1998): „Rundfunkangebote", in: SALDERN, Adelheid von/MARSSOLEK, Inge (Hg.): *Zuhören und Gehörtwerden. Bd. 1: Radio im Nationalsozialismus zwischen Lenkung und Ablenkung*. Tübingen, S. 129-241, hier: S. 137.

211 Ebd.

Einbeziehung von Hintergrundgeräuschen und Soundscapes. Pater sieht die räumliche und soziale Verortung als Möglichkeit an, „daß dieser gedachte Raum als natürlich erscheint" und „ein ungehindertes Gefühl von Dabei-Sein und Authentizität des Geschehens entstehen kann".[212]

Da sich in diesen „gedachten Raum" gleich mehrere Rezipienten hineindenken, also imaginär Teil der Gemeinschaft sind, geht Pater davon aus, dass genau diese imaginierte Präsenz Vieler zur Konstituierung einer Hörgemeinschaft beiträgt als „eine vorgestellte Gemeinschaft, ein imaginiertes Gebilde, das im Nationalsozialismus als ‚Volksgemeinschaft' diskursiv hergestellt wird".[213]

Akustisch wird schließlich der Schall und Hall der Live-Übertragung als auratisches und ereignishaftes Erleben konnotiert, bei dem die Teilhabe der Massen an der jeweiligen Massenveranstaltung akustisch mitübertragen wird. Das ist auch für die Radiohörer wahrnehmbar und verbindet die Hörenden vor Ort mit denen, die vor dem „Volksempfänger" lauschen, weil das „Live-Spiel" als gemeinsame Hörerfahrung inszeniert wird.

Dies meint wohl auch Pater, wenn sie von einer Inszenierung der „Volksgemeinschaft" als Hörgemeinschaft ausgeht. Diese vermittelt sich akustisch-medial zu einem hörbaren Ereignisraum. Nur aufgrund der imaginativ vorgestellten, gemeinsamen Hörwelten habe der Rundfunk zum „Verkündigungsmittel" der nationalsozialistischen Ideologie und zur Institution werden können, in der die „Volksgemeinschaft" sich medial verwirklicht habe, schreibt Pater.

> „Da es sich bei der ‚Volksgemeinschaft' um eine bewußt inszenierte Gemeinschaft gehandelt hat, spielte der Rundfunk bei der ‚Verwirklichung' eine große Rolle. In dem vom Radio hergestellten virtuellen Raum wurde eine zumindest zeitweilige Verwirklichung der ‚Volksgemeinschaft' glaubhaft präsentiert."[214]

Die mediale Wirklichkeit der Volks- und Hörgemeinschaft ist omnipräsent und wird in einen konstitutiven, virtuellen, medialisierten gemeinsamen Hör- und Erfahrungsraum transponiert.[215]

Der Historiker Florian Cebulla argumentiert in seiner repräsentativen Analyse des Rundfunks in der ländlichen Gesellschaft, dass Arbeiter und Bauern „als Hörer besonders umworben" wurden und „gleichzeitig eine zusätzliche symbo-

212 Ebd., S. 138.
213 Ebd., S. 138f.
214 Ebd., S. 140f.
215 Insbesondere betont dies Horst Wenzel, der in seiner Monographie „Hören und Sehen. Schrift und Bild: Kultur und Gedächtnis im Mittelalter" das Verschwinden des Körpers als Medium der Kommunikation in mittelalterlichen Texten kenntlich macht. So sind visuelle und auditive Wahrnehmungserfahrungen der höfischen Gesellschaft im skriptographischen Medium und im Übergang und der Gleichzeitigkeit von Mündlichkeit und Schriftlichkeit (Manuskriptkultur) im Mittelalter feststellbar. Wenzel erblickt in der höfischen Literatur einen reflexiven Raum, in Anlehnung an Luhmann einen „Raum der wechselseitigen Wahrnehmung".

lische Gratifikation" erhielten, da sie im Programm mit besonderer Aufmerksamkeit bedacht wurden.[216] Die „Ambivalenz und Vieldeutigkeit nationalsozialistischer Medienpolitik und Alltagsrealität", die einem Changieren zwischen den „traditionellen bäuerlichen Werte[n]" der ländlichen Bevölkerung und einer „modernen massengesellschaftlichen Konsumentenkultur" des NS-Radios entsprang, bildeten einen „krassen Gegensatz". Dennoch gelang es den Nationalsozialisten durch „Sendungen zur ländlichen Brauchtumspflege und genealogischen Forschung" (so Cebulla) „die Rassenideologie zu festigen und die vom Regime hochgehaltenen ‚bäuerlichen Traditionswerte' – Bodenständigkeit, Disziplin und dörfliches Gemeinschaftsdenken – in den Kanon kollektiver Bewusstseinswerte zu überführen".[217] Insbesondere die jüngere Generation habe an der propagierten „Leistungs-Volksgemeinschaft" insofern partizipiert, als dass sie den „attraktiven Verheißungen des Regimes" Glauben schenkte. Das Modell der „Volksgemeinschaft" „kanalisierte die Aufbruchstimmung einer leistungsorientierten Jugend in ein neues Gemeinschaftsbewusstsein, das alte Strukturen zu überwinden schien".[218] Insofern lässt sich ein „schneller Übergang von der traditionellen Öffentlichkeitsarbeit hin zur massenkulturellen Öffentlichkeit"[219] konstatieren, resümiert Cebulla. So gibt es trotz regionaler Unterschiede einen gemeinsamen, totalitären Hörerfahrungsraum, der sich zwischen simultanem Senden und Empfangen auf das gemeinschaftliche Zuhören richtet. Diese Imagination eines gemeinsamen Hörerfahrungsraumes, der ideologisch bestimmt und sanktioniert war, verbindet die Hörer untereinander.

Die Kulturhistorikerin Uta C. Schmidt spricht in diesem Kontext von der Virtualität eines Hörraumes und hat dies inhaltlich herausgearbeitet, indem sie das bewusste Hören einer Sendung als „zeitbegleitende Tätigkeit" ausweist. Im Alltag habe das Radio als zeitstrukturierendes Medium durch die „Gleichzeitigkeit von Senden und Empfangen" als mediale Inszenierung einer virtuell hergestellten „Volksgemeinschaft" gewirkt.[220]

Angesichts dieser Überlegungen lässt sich für die akustischen Medien des Nationalsozialismus im Rundfunk festhalten, dass die Übertragungsstrategien zur Inszenierung der „Volksgemeinschaft" mehrdimensional organisiert waren. Außerdem war die „Volksgemeinschaft" im Programm der Nationalsozialisten durch die Herstellung eines gemeinsamen Hörerfahrungsraumes wesentlich geprägt. Dass sich dies nicht allein technisch durch den Einsatz und die Bemühun-

216 CEBULLA (2004): Rundfunk und ländliche Gesellschaft, S. 209f.
217 Ebd., S. 223.
218 Ebd., S. 297.
219 Ebd.
220 SCHMIDT, Uta C. (1998): „Radioaneignung. Radio in der Nachkriegszeit und in den 50er Jahren", in: MARSSOLEK, Inge/SALDERN, Adelheid von (Hg.): Zuhören und Gehörtwerden. Bd. I: *Radio im Nationalsozialismus. Zwischen Lenkung und Ablenkung.* Tübingen, S. 305-337, hier: S. 337.

gen des Gemeinschaftsempfangs erklären lässt, wie es in der Forschung in der Regel geschieht, hebt auch Wessels hervor. Die Vorstellung vom gemeinschaftlichen Zuhören am Gemeinschaftsrundfunkgerät, bei denen sich „das Volk zur Nation versammeln konnte",[221] sei argumentativ zu kurz gegriffen:

> „In diesem Punkt hat sich die bisherige Rundfunkgeschichtsschreibung stets an dem Bild des Gemeinschaftsempfangs, der gemeinsamen Rezeption des Programms in Schulen, Betrieben, Gaststätten und Plätzen orientiert, und zielte damit am Kern der Funktion des Rundfunks vorbei."[222]

Weniger „äußerlich" als „eine rein technische Maßnahme zur Verbreiterung der Hörerbasis" sei die „Vorstellung einer ‚Volksbildung'" zu verstehen, „als vielmehr metaphysisch, philosophisch verbrämt und einem Innerlichkeits-Ideal verpflichtet".[223]

Damit zeigt sich nochmals das Desiderat einer NS-rundfunkspezifischen Wirkungsästhetik, die auf das Gemeinschaftliche hin ausgelegt ist und dabei auf die Imagination des gemeinschaftlichen Zuhörens als sinnbildender Akt der gemeinsamen, also kollektiven Identitätsbildung verweist. Das Individuum erfährt sich beim Zuhören eben nicht nur selbst, sondern gleichzeitig auch als Teil der Gruppenidentität des Volkes und vergewissert sich so seiner selbst.

> „Radiohören bedeutet nun, den anderen beim Zuhören zuzuhören. Das war die Zeit der Masse. Das Zuhören verband die Zuhörer untereinander zu einer Gemeinschaft, nicht obwohl, sondern weil sie einander nicht kannten und nicht wahrnehmen konnten."[224]

Auf diese Weise wird die „Volksgemeinschaft" als mediales Konzept zur Folie sozialen Handelns.

> „Folglich wandert die Zugehörigkeit zur Masse ins Individuum ein, das sich nur mehr im Hinblick auf die Masse selbst vernimmt. [...] Denn dass der synchronisierende Klang – das berühmte Pausenzeichen oder das Gebrüll des Redners – nicht nur für sich selbst steht, sondern etwas zu sagen habe, womöglich Bedeutung besitze, die Unterstellung wird plausibel, sobald wir nicht mehr allein in die Weite hinein hören. Wir vernehmen jetzt – wie immer indirekt – durch den Klang hindurch die anderen und hören auf sie. Und plötzlich vernehmen wir eine Botschaft, die Nachricht, von der wir mit Gründen annehmen, eben sie sei es, der auch die anderen lauschten."[225]

---

221 Er bezieht sich hier u.a. offenbar auf Darstellungen von POHLE (1955): Der Rundfunk als Instrument der Politik, S. 268ff.; und auch auf DILLER (1980): Rundfunkpolitik im Dritten Reich, S. 63.

222 WESSELS (1985): Hörspiele im Dritten Reich, S. 127.

223 Ebd.

224 ENGELL (2001): Radio als Welt, S. 59.

225 Ebd., S. 59.

So ist mit Rekurs auf den anderen, von dem gedacht wird, er glaubte das, was im Radio gesagt wird, genau das plötzlich „eine Nachricht, dann ist jeder bereit, es ebenfalls zu glauben – zumindest in dem Sinne, dass man es als selbstverständliche Vorausnahme generalisiert und sein eigenes Verhalten darauf einzustellen hat."[226] Nach Engell ist diese „Logik" nicht anders zu denken, als dass „Radio-Klang zur sprachlichen Nachricht"[227] wird.

Klang wird zu Sprache, zur Nachricht und schreibt sich damit in die Wahrnehmung von Wirklichkeit ein. Die Medialität des NS-Radios wird zur Botschaft und steuert demnach die Weltwahrnehmung aus der Perspektive der „Volksgemeinschaft".[228] Sie bildet die Matrix der Hörwahrnehmung im Äther und schreibt sich ihr ein. Gemeinschaftliches Zuhören im arisierten Ätherraum bildet die kulturelle Kontextualisierung des in ihm Vernommenen aus. Alles Radiohören ist ein imaginatives Gemeinschaftserleben: Umso unterhaltsamer, moderner und erheiternder es ist, umso leichter und zugänglicher begreift der Zuhörer sich als Teil der Zuhörerschaft in Gemeinschaft.

Um das Volk konsequent im Hörraum zu versammeln und „ideologisch zu durchtränken", musste die zunehmende Kritik der Hörer an der direkten Redenpropaganda des ersten Rundfunkjahres sich immer mehr in Wohlgefallen auflösen. Der „imaginäre Hörraum" sollte viele Identifikationsmomente unter einer Ideologie vereinen und dabei ein angenehmes Gefühl der Unterhaltung und Erholung vermitteln. Dies geschah mittels des verstärkten Einsatzes von Unterhaltungsprogrammen. Als die Übertragung der Hitler-Reden Ende der 1930er Jahre deutlich abnahm, und er sich zuletzt gar nicht mehr im Rundfunk zu Wort melden wollte,[229] verlangte Goebbels immer stärker nach weiteren Steuerungsmaßnahmen, die die Hörer an den Rundfunk binden sollten. Dies betrifft so-

226 Ebd.

227 Ebd.

228 Dieser Zusammenhang zeigt sich am deutlichsten anhand der Zensurpraxis des NS-Rundfunks.

229 Zu den letzten im Rundfunk übertragenen Reden Hitlers gehört seine Rundfunkansprache zum Attentat am 20. Juli 1944, die am 21. Juli gesendet wurde. Die Gründe, warum er sich zu Wort meldete, formulierte er gleich zu Beginn seiner Rede:
„1. Damit Sie meine Stimme hören und wissen, daß ich selbst unverletzt und gesund bin.
2. Damit Sie aber auch das Nähere erfahren über ein Verbrechen, das in der deutschen Geschichte seinesgleichen sucht." Vgl. HITLER, Adolf (1944): „Rundfunkansprache zum Attentat vom 20. Juli 1944", 21. Juli 1944, 1.00 Uhr, Originalaufnahme, Auszug, Deutsches Rundfunkarchiv Frankfurt am Main (DRA), Nr. 2623118; Deutsches Nachrichtenbüro, Text vom 21.7.1944, verbessert nach der Schallplattenaufnahme, Aufzeichnung im Deutschen Rundfunkarchiv Frankfurt am Main (DRA), Nr. 2623118, abgedruckt in: DOMARUS, Max (1965): *Hitler. Reden und Proklamationen 1932-1945. Kommentiert von einem Deutschen Zeitgenossen.* Bd. 2, Zweiter Halbband: *1941-1945*. München, S. 2127-2129. Dezidiert gegen eine Rundfunkrede entschied sich Hitler im Juli 1943, als nach der „Operation Gomorrha" gegen Hamburg 30.000 Menschen im „Feuersturm" gefallen waren. Vgl.: KERSHAW, Ian (2000): *Hitler. 1936-1945*. Stuttgart, S. 777f. Das letzte Mal sprach Hitler im Rundfunk zwölf Jahre nach seiner Ernennung zum Reichkanzler, am 30. Januar 1945, in der er an den Widerstandgeist der Deutschen appellier-

wohl die Wort- als auch die Musikprogramme. An diesem Zusammenhang lässt sich vor allem ablesen, dass insbesondere die Unterhaltungsprogramme ideologisch gefärbt zu sein hatten.[230] So lässt sich einerseits feststellen, dass nicht nur der ideologisch festgelegte Zuhörerkreis und mit ihm sein Äther a priori nationalsozialistisch bestimmt war, sondern andererseits eine Verstärkung oder Selbstvergewisserung ideologischer Praktiken medial vollzogen wird.

Es wurden somit kompensative Strategien zur Inszenierung der „Volksgemeinschaft" als Hörgemeinschaft verwirklicht. Von nun an war die Masse nicht mehr in der Rednerstimme Hitlers präsent, sondern im Akt des Zuhörens auf die Gemeinschaft im Wort- und Unterhaltungsprogramm aufeinander bezogen.

5.2.5 Zensurpolitik als eine Strategie des Einschlusses und Ausschlusses im Äther

Die Zensurpolitik hatte bereits nach der Rede von Goebbels vor den Rundfunkintendanten vom 25. März 1933 die Ausschlusskriterien für zukünftige Inhalte festgelegt. Die Zensurmaßnahmen der Nationalsozialisten lassen sich im Prinzip mit zwei diskursiven Leitideen umschreiben: Einerseits wurde anhand der Maxime des rassisch und biologisch begründeten musikalischen *Ausschlusses* eine nationalsozialistische Kultur- und Musikpolitik entwickelt. Andererseits bildet der Leitdiskurs des *Einschlusses* bestehender kultureller und musikalischer Traditionen die Grundlage für die Entwicklung einer nationalsozialistischen Rezeptionssteuerung musikalischer Medienwahrnehmung.

Bereits im Jahre 1924 hatte Goebbels sein Verständnis deutscher Musik in der Zeitschrift „Funk" kundgetan und darin die Ausschlusskriterien formuliert: „Nichts Neues, keine Fremdeinflüsse, keinen Swing, keine lateinamerikanischen Tänze, keine Hottentottenrhythmen der Nigger."[231]

Aussortiert wurden zunächst Werke, die von jüdischen Komponisten geschrieben worden waren; diese Werke wurden gemäß der nationalsozialistischen Rassentheorie als „semitisch" gebrandmarkt.

> „Damit meinten sie – ohne jede Ausnahme – alle E-Musik-Werke von Komponisten jüdischer Herkunft, also nicht nur die ‚volksfremden Machwerke' anspruchsvoller Gegenwartskomponisten vom Schlage eines Walter Braunfels, Hanns Eisler, Erich Wolfgang Korngold, Arnold Schönberg, Franz Schreker, Ernst Toch, Kurt Weill und Stefan Wolpe sowie ‚Jugendoperetten' von Paul Abraham, Leo Fall,

te, nachdem am 26. Januar 1945 25 deutsche Divisionen in Ostpreußen eingekesselt worden waren und am 28. Januar das KZ Auschwitz befreit worden war.

230 In gewisser Weise lässt sich auch in diesem Zusammenhang von einer „Gefälligkeitsdiktatur" sprechen. Vgl.: Aly, Götz (2005): *Hitlers Volksstaat. Raub, Rassenkrieg und nationaler Sozialismus.* Frankfurt am Main.

231 *Funk*, Heft 6 (1924), S. 103.

> Emmerich Kálmán und Oscar Strauss, sondern auch die angeblich ‚pseudoromantischen' Werke älterer jüdischer Komponisten wie die von Felix Mendelssohn-Bartholdy, Giacomo Meyerbeer, Max Bruch und Gustav Mahler."[232]

Aber nicht nur das „Semitische" als vermeintlich national-völkische Kategorie war dabei von der rigiden Zensur betroffen.

> „Vielfach genügte es auch nur, die komplexen und ambivalenten Erfahrungen des Individuums in der Moderne dazustellen, die im Gegensatz zum geschlossenen Bild des ‚deutschen Menschen' standen. Derartige Formen der kulturellen und ästhetischen Moderne wurden pauschal mit dem Begriff ‚Kulturbolschewismus' belegt und als ‚zersetzend' denunziert. Ihre Repräsentanten sollten in der Folge der ‚nationalen Revolution' als angebliche Urheber des ‚Verfalls' ausgeschaltet werden."[233]

An dieser Stelle wird deutlich, dass die nationalsozialistische Zensur unter dem Diktum „arischer" Kulturproduktionen zunächst dasjenige ausschloss, was als „jüdisch", „avantgardistisch" und „marxistisch" zu gelten habe. Jenseits der Herkunft der Komponisten betraf dies vor allem Werke, die nicht in das tonale System der Harmonik passten und dadurch offenbar als nicht traditionell im Sinne einer klassisch-musikalischen Klanglichkeit und eines daraus abgeleiteten Musikkanons begriffen wurden. Bei den Reichsmusiktagen 1938 in Düsseldorf fasste dies Staatsrat und Generalintendant des Deutschen Nationaltheaters zu Weimar Hans Serverus Ziegler in seiner Eröffnungsrede wie folgt zusammen:

> „Da die Atonalität [...] ihre Grundlage in der Harmonielehre des Juden Arnold Schönberg hat, so erkläre ich sie für das Produkt jüdischen Geistes. Wer von ihm ißt, stirbt daran. Wer in die Schule Beethovens geht, kann unmöglich über die Schwelle der Werkstatt Schönbergs finden, wer sich aber länger in dieser Werkstatt Schönbergs aufgehalten hat, verliert notwendigerweise das Gefühl für die Reinheit des deutschen Genies Beethoven."[234]

Einerseits argumentiert Ziegler gegen alles, was nicht einer traditionellen Auffassung von Tonalität entspricht, und schließt Schönberg mittels dieses Maßstabes aus, verbindet und vergleicht sogar die Rezeption Schönbergscher Musik mit der biologischen Speisemetaphorik der Vergiftung. Andererseits charakterisiert er die Rezeption selbst als eine nicht verstandesmäßige, sondern als eine, die das Gefühl für die Musik berühmter deutscher Komponisten beeinflusse. Dieses Zitat belegt nicht nur den anti-aufklärerischen Charakter der Propagan-

---

232 Ebd.

233 Ruppert, Wolfgang (2006): „Nationalsozialistische Kulturpolitik", in: *Das ‚Dritte Reich' und die Musik.* Hg. von der Stiftung Schloss Neuhardenberg in Verbindung mit der Cité de la musique. Paris/Berlin, S. 87-92, hier: S. 87.

234 Zieglers Rede „Entartete Musik. Eine Abrechnung". Zitiert nach: Dümling, Albrecht (2006): „Norm und Diskriminierung: Die Reichsmusiktage 1938 in Düsseldorf und die Ausstellung „Entartete Musik", in: *Das ‚Dritte Reich' und die Musik*, S. 105-111, hier: S. 111.

da der NSDAP, sondern zeigt zugleich an, dass nach der „Arisierung" der Kultur nicht mehr musikwissenschaftliche Kategorien der Tonalität bzw. Atonalität über die „Reinheit" eines Werkes, also dessen Zugehörigkeit zur „Volksgemeinschaft", entscheiden, sondern offenbar ein anerzogenes „Gefühl" negativ beeinflusst werden könne, das aufgrund von Rassenzugehörigkeit für alle Mitglieder der „Volksgemeinschaft" angenommen wurde.

> „Ein Ziel der nationalsozialistischen Kulturpolitik war die Lenkung der künstlerischen Arbeit gemäß dem Konzept der programmatischen Nähe von Künstler und Volk. Mithilfe der medialen, kulturellen und künstlerischen Kommunikation sollte die ‚arische Volksgemeinschaft' und ihre ‚deutsche Kultur' für den einzelnen Volksgenossen *emotional* erfahrbar werden. Dieser integrativen Funktion für alle im ‚arischen' Sinne ‚wertvollen' Menschen stand in der nationalsozialistisch beherrschten öffentlichen Kommunikation eine fortgesetzte Stigmatisierung gegenüber: Sie richtete sich gegen ‚nichtarische' oder auch so genannte ‚gemeinschaftsfremde' Menschen und behauptete deren ‚Minderwertigkeit'."[235]

In diesem Sinne ist es nur „logisch", dass avantgardistische oder atonale Kompositionen ausgeschlossen wurden und stattdessen vor allem eine harmonische und einfach gestaltete musikalische Melodiösität Teil des nationalsozialistischen Kulturprogramms wurde. „Die weltanschaulichen Inhalte sollten, als *Mainstream* der öffentlichen Kommunikation, alle Teile der deutschen Gesellschaft erreichen."[236]

Schon ab 1933 beabsichtigten NS-Rundfunkpolitiker mit ihrem Verständnis vom „deutschen Volkscharakter" auf die „deutsche Seele"[237] und das „deutsche Herz"[238] zu wirken. Im Dienste der Gemeinschaftsbildung sollte mittels der antiintellektualistischen und ästhetizistischen Einstellungen das Gefühl auch im Gefühl geeint werden.[239] Um dieses Ziel zu erreichen, spielte bei der Zensurpraxis vor allem die Vereinnahmung musikalischer Traditionen auch im Rundfunk eine große Rolle. So wurde der Versuch einer Konstruktion „deutsch-arischer" Identitätsbildung bei gleichzeitiger Ausgrenzung „undeutscher Musik" unternommen, und zwar mittels einer totalitären Indienstnahme der „Definition des deutschen Nationalstaats über und durch die Musik", wie sie „seit dem 19. Jahrhundert [als ein] immanenter Bestandteil der Entwicklung und Konstruktion eines exklusiv deutschen Nationalgefühls, einer deutschen Identität" galt.

235 Ruppert (2006): Nationalsozialistische Kulturpolitik, S. 91. (Hervorhebung im Original).
236 Ebd. (Hervorhebung im Original).
237 Wessels (1985): Hörspiele im Dritten Reich, S. 114.
238 Ebd.
239 Vgl. ebd., S. 115.

> „Deutsche Eliten definierten sich unter anderem über die Musik der Romantik, und der Triumphzug Richard Wagners war einer der vielen Mosaiksteine dieser Identitätsbildung."[240]

Dies meint jedoch auch den Versuch, die ästhetischen Rezeptionsweisen von Musik im Sinne der Konstruktion von „Volksgemeinschaft" in totalitärer Form gleichzuschalten und sich dabei auf das Gefühl beim Musikhören zu konzentrieren, wobei weniger auf mögliche heterogene Rezeptionsweisen und -formen abgezielt wurde. Wie Ziegler betonten nämlich auch Goebbels und schließlich Hitler selbst immer nur die *emotionale* Wirkung der Musik.

Sollten „die ‚arische Volksgemeinschaft' und ihre ‚deutsche Kultur' für den einzelnen Volksgenossen *emotional* erfahrbar werden", wie Wolfgang Ruppert formuliert, steht dahinter der Versuch, ein totales Gefühl zu konstruieren, das gemäß der propagandistischen Rassentheorie „nur" dem deutschen Volke zugänglich war. Goebbels betonte die Bedeutung des melodisch-harmonischen Gefühlserlebens für eine deutsch-nationale Musikrezeption vor allem in seiner Rede zum Abschluss der Reichsmusiktage am 28. Mai 1938 und formuliert dieses für die Musikpolitik der Nazis in seinen so genannten „Zehn Grundsätzen deutschen Musikschaffens" aus. Er fasste zusammen, was die Maßstäbe „entarteter" Musik sein sollten. Sein erster Grundsatz lautet:

> „Nicht das Programm und nicht die Theorie, nicht Experiment und nicht Konstruktion machen das Wesen der Musik aus. Ihr Wesen ist die Melodie. Die Melodie als solche erhebt die Herzen und erquickt die Gemüter; sie ist nicht deshalb kitschig oder verwerflich, weil sie ihrer Einprägsamkeit wegen vom Volke gesungen wird."[241]

Und weiter heißt es in seinem dritten „Grundsatz":

> „Wie jede andere Kunst, so entspringt die Musik geheimnisvollen und tiefen Kräften, die im Volkstum verwurzelt sind. Sie kann deshalb auch nur von den Kindern des Volkstums dem Bedürfnis und dem unbändigen Musizierbetrieb eines Volkes entsprechend gestaltet und verwaltet werden. Judentum und deutsche Musik, das sind Gegensätze, die ihrer Natur nach im schroffsten Widerspruch zueinander stehen."[242]

Mit dem zitierten Goebbelsschen dritten Grundsatz deutschen Musikschaffens hat sich offenbar nach 1938 eine Haltung entwickelt, die nicht „nur" auf Ausschluss setzte, sondern an einer gleichförmigen Rezeptionshaltung der „ari-

---

240 Ebd.

241 Goebbels' Rede „Zehn Grundsätze deutschen Musikschaffens" erschien in den *Amtlichen Mitteilungen der Reichsmusikkammer*, Jg. 5, Nr. 11. Zitiert nach: DÜMLING (2006): Norm und Diskriminierung, S. 105.

242 Ebd., S. 105f.

schen Rasse“ interessiert war. So interpretiert der Musikwissenschaftler Albrecht Dümling diesen Passus wie folgt:

> „Das angeblich primär gefühlhafte Element der Musik wurde damit durch das Naturhafte und Triebhafte, den ‚unbändigen Musizierbetrieb‘, ergänzt. Das Gefühlsleben und die Triebnatur des Menschen waren für den Minister zwangsläufig in seiner Rasse begründet.“[243]

Ähnlich auf das musikalische Gefühl hin bezogen, akzentuierte Hitler auf dem Nürnberger Reichsparteitag 1938 das „Gefühlsmäßige“ der Musik: „Nicht der intellektuelle Verstand hat bei den Musikern Pate zu stehen, sondern ein überquellendes musikalisches Gemüt.“[244] Nicht begriffliches Denken sollte die „Volksgemeinschaft“ in der Musik einen, sondern ein rassisch begründetes, durch Musik hervorgerufenen, metaphysisch überhöhtes, fast religiöses Gefühl. Dümling fasst dies wie folgt zusammen:

> „Die Mitglieder der ‚Volksgemeinschaft‘ sollten künstlerische wie politische Fragen nicht diskutieren, sondern – mithilfe des Ministeriums für Volksaufklärung und Propaganda – an die nationalsozialistische Ideologie glauben. Große Musik, nicht zuletzt die von Wagner und Bruckner, diente dazu, diese gläubige Haltung zu stimulieren.“[245]

Die durch die Zensurpolitik definierte deutsch-arische Musik wurde auf diese Weise metaphysisch-religiös überhöht, indem die Existenz großer, „deutscher“ Musikkompositionen rassisch „legitimiert“ und Zugehörigkeit durch Ausschluss garantiert schien. Sollte eine begriffliche, musikästhetische Durchdringung der Werke verhindert werden, weil sie sicherlich nur wenigen (bürgerlichen) Eliten vorbehalten war? An dieses Gefühl zu appellieren, bedeutete sich an *alle* wenden zu können, also auch an diejenigen, die keinen Zugang zur E-Musik hatten. Dass die Fähigkeit zu solchen „Gefühlen“ gleichsam schon völkisch-rassisch bedingt ist, scheint innerhalb der nationalsozialistischen Ideologie nur konsequent.

Innerhalb dieses Hörraumes wurden die Medien des Nationalsozialismus Teil dieses Verkündigungssystems und so kontextualisiert. Dies geschah zwar einerseits durch Zensur, andererseits stellte die Vereinnahmung eines am Weimarer Radio orientierten kulturellen Erbes einen Versuch dar, Musik und Medien ideologisch in den Dienst des Nationalsozialismus zu stellen. Dies besorgte die Musikwissenschaft, die nach Kriterien suchte, um das „Harmonische“ und

---

243 Ebd., S. 106.

244 Aus Hitlers Rede auf der Kulturtagung des Parteitags Großdeutschland 1938. Zitiert nach: DÜMLING (2006): Norm und Diskriminierung, S. 105.

245 DÜMLING (2006): Norm und Diskriminierung, S. 105.

„Tonale" der Musik als „arisch" auszuzeichnen,[246] aber auch der Rundfunk, indem diese Musik in den gemeinschaftskonstituierten Hörraum des Äthers gesendet wird. Damit versicherten sich die Hörer im Akt des Zuhörens ihrer Zugehörigkeit zum „Volkskörper", während die gesendeten Medieninhalte durch diesen Kontext zugleich kodiert werden. In Bezug auf die „dankbarsten Hörerinnen", der Arbeiterinnen, formuliert Herta Kuhlmann in ihrer an Gerhard Eckert[247] angelehnten Dissertationsschrift: „Der Rundfunk wird hier als etwas lebendiges empfunden, etwas, das persönlich zu der Hörerin spricht."[248] Die Rundfunkteilnehmerin vernehme das Gesendete „in Beziehung zu ‚irgend jemand anderen', nicht zu ‚irgend etwas anderes'",[249] womit sie den Akt des Zuhörens der Einzelnen mit vielen anderen herausstellt. Dieses in Beziehung sein mit anderen gewinnt jedoch durch die Umfunktionalisierungsstrategien des Nationalsozialismus noch einmal an Schärfe. Nicht nur die Zugehörigkeit durch den Akt der Imagination ist damit angesprochen, sondern zum Hörer und dem Hörraum gehörten nun auch die im Weimarer Rundfunk entwickelten radiophonen Genres des Hörspiels oder etwa die Schmiedelieder Richard Wagners. Vereinnahmt wird das arrivierte kulturelle Erbe zunächst von den Nationalsozialisten, es wird gesendet und schließlich auch von den Hörerinnen und Hörern „eingemeindet". Die arisierte Musik gilt dem arischen Hörer und er eignet sie sich an und verinnerlicht sie, so dass sie Teil seiner musikalischen und emotionalen Realität wird. Persönlich-individuelle Hörerfahrungen, ob nebenbei vernommen oder vor

246 Bei den Versuchen, musiktheoretische Kategorien zu finden und eine stringent begründbare Ästhetik zu formen, sind NS-Kulturprogrammatiker sich selbst uneinig gewesen, wodurch nicht zuletzt die Willkürlichkeit der ästhetisch-kulturellen Zuschreibung deutlich wird: „Weil die Juden, wie sie [die nationalsozialistischen Rassentheoretiker, K.D.] erklärten, außer ihren ‚synagogalen Mißtönen' nie eine eigene Musik besessen hätten – je nach Zeitmode – mal romantisch, mal atonal, mal neusachlich, mal agitpropmäßig, mal kommerzorientiert komponiert und dass das spezifisch ‚Deutsche' ins Internationalistische oder Profitgierige verballhornt." HERMAND, Jost (2010): *Kultur in finsteren Zeiten. Nazifaschismus – Innere Emigration – Exil.* Köln/Weimar/Wien, S. 93f. Und: „Auch alles andere, was in der Musik dem ‚abendländischen' diatonischen System mit seinem klaren Fortschreiten in ganzen und halben Stufen sowie seiner auf ‚Harmonie bedachten Tonalität und Melodie' widerspreche, wurde nach 1933 staatlicherseits zusehends beargwöhnt oder abgelehnt. Allerdings war es in diesem Bereich wesentlich schwieriger, allgemein-verbindliche Regeln oder Kriterien aufzustellen. So schwankten einige NS-Musikkritiker zeitweilig unschlüssig hin und her, ob sie beispielsweise die halbmodernen Werke von Boris Blacher, Werner Egk, Paul Höffer, Carl Orff, Herman Reuter, Heinrich Sutermeister, Heinz Tiessen, Rudolf Wagner-Régeny und Winfried Zillig wegen gewisser ‚Entgleisungen' ins Atonale als ‚verdammenswert' oder als ‚deutschbewußt' charakterisieren sollten. Auch als Wilhelm Furtwängler, der Dirigent der Berliner Philharmoniker, relativ ‚modern' klingende Werke von Béla Bartók, Arthur Honegger, Maurice Ravel und Igor Strawinsky in seine Konzertprogramme aufnahm, verhielt sich die NS-Musikkritik weitgehend hilflos." Ebd., S. 95.

247 Vgl. ECKERT (1941): Der Rundfunk als Führungsmittel. Heidelberg/Berlin/Magdeburg.

248 KUHLMANN, Herta (1942): *Die Frau und der Rundfunk unter besonderer Berücksichtigung des Frauenfunks*. Tübingen, S. 176.

249 Ebd.

dem Apparat mit der Familie, sind dabei immer auch politisch bezogen. Das Gefühl ist ideologisch „durchtränkt“ und politisch vereinnahmt.

Die Verbindung von ideologischer Umfunktionalisierung, die auch über den Rundfunk vermittelt ist, und das innere Gefühl, das beim Hören von Musik besonders angesprochen wird, führt zu einer Formung der Rezeptionshaltung und -wirkung beim Zuhören.

> „Da sich Goebbels als Propagandaminister nicht primär für die Qualität von Kunst, sondern vor allem für ihre Wirkung interessierte, besaß eine so ‚durchschlagende‘ Kunst wie die Musik für ihn besondere Attraktivität. Nach der Gleichschaltung der musikalischen Organisationen blieb als wichtige Aufgabe noch die Gleichschaltung der Gefühle.“[250]

Bei dem Philosophen Jean-Luc Nancy wird die Wahrnehmung der durch Zensur und Vereinnahmung festgelegten NS-Musik gelenkt, indem das Gefühl beim Hören nicht mehr als formlos „empfunden“ wird. Das „Gefühl“ beim Hören wird geformt und mit nur noch einem Sinn ausgestattet. Dieser Sinn ist die Gemeinschaft als das „Arische“ selbst.

> „Das Unsagbare ist beschickt zu sprechen. Um auf der Ebene der Worte zu bleiben, könnte man sagen, dass die unbestimmten ‚Freunde‘ Beethovens und Schillers ihre Formung als Volksgenossen erhielten. Und ebenso ließe sich sagen, dass die *Neunte Sinfonie* ihren Sinn – *salva musica*, alles in allem und auch wenn die Ausführung und Interpretation nicht gleichgültig sind – in der Tatsache findet, dass sie in einer Panzerfabrik gespielt wird, in Gegenwart von tüchtigen Arbeitern, die jenen modernen Figuren des teutonischen Rittertums Gestalt geben. Und darüber hinaus müsste man, mittels, das ist wahr, einiger zusätzlicher Komplikationen, die ich vernachlässigen werde, auch noch sagen, dass der *Ring* oder *Parsifal* ihren Sinn aus der Tatsache gewinnen, dass sie im Kontext und im Geist des ‚Reichs‘ aufgeführt werden.“[251]

Nancy bemüht das „Reich“ als räumliche Kontextualisierung, die Wagners Œuvre mit einem Sinn ausstattet. Ebenso die Panzerfabrik, in der Beethovens berühmte Sinfonie durch den Ort be-deutet wird, der durch die Übertragung im Rundfunkstudio ist und zugleich dort ist, wo der Empfänger seine Hörer erreicht.

Beethoven wird ideologisch in den Dienst dieser gesteuerten Hörwirkung gestellt, was ihn für Nancy im Akt des Hörens zum „Volksgenossen“ macht. In der Rezeption erfährt die Musik Beethovens und Wagners demnach eine übersignifikante Aufladung, sie wird „transponiert“, „transfiguriert“ und „defiguriert“,

---

250 Ebd., S. 107.

251 NANCY, Jean-Luc (2006): „Marschier'n im Geist in unseren Reihen mit …“, in: *Das ‚Dritte Reich‘ und die Musik*, S. 129-134, hier: S. 133.

> „da kein Platz mehr ist für etwas anderes als das Hervorstoßen und die Überzeugung eines *Sinns* vermittels einer *Form*, von der man annimmt, sie sei der angemessene Ausdruck dieses selbst als *Grund* (*fond*) gedachten Sinns. So gelingt dem Gefühl, sich zugleich als Signifikat und Signifikant von Wirklichkeiten, Bildern oder Begriffen wie ‚Volk', ‚Gemeinschaft', ‚Schicksal', ‚Auftrag' und so weiter zu identifizieren."[252]

Weiter betont Nancy: „Nichtsdestoweniger ist die Nazi-Musik durch die auf [...] massive Weise signifikante und übersignifikante Aufladung gekennzeichnet."[253]

So lässt sich die Aussage treffen, dass es durch die mediale Wahrnehmung musikalischer Darbietungsformen zu einer Gleichschaltung der Gefühle kommt, indem die Musik ganz allgemein mit *einem* „Sinn" unterlegt wird, ein Sinn, der der Musik eine Form verleiht als eine „Finalität, die sie selbst nicht besitzt".[254] Die Distanz zwischen Klang und Sinn ist aufgehoben, erstickt wird „eine Distanz, ohne welche die Klangfülle aufhören würde, das zu sein, was sie ist".[255] Als letzter Grund eines musikalischen Ausdrucks ist das „Arische" schließlich selbst als ein Gefühl deklariert worden, das auf Zugehörigkeit hin angelegt ist.

Die Folge dieser Aufhebung ist eine Gleichschaltung der Gefühle als Ziel einer gesteuerten Rezeption.

5.3 Die akustische „Gleichschaltung" der „Volksgemeinschaft"

5.3.1 Hitlerreden und „totaler Gemeinschaftsempfang" als eine *erste Übertragungsstrategie* im NS-Rundfunk

Hitlers Reden sind gerade in der ersten Phase des NS-Rundfunks fast ausschließlich live übertragen worden. Wie schon in der Weimarer Zeit wurde im Rundfunk die Live-Übertragung aus den Sendesälen mit einer wirkmächtigeren Rezeption verbunden, die mit Unmittelbarkeit und Glaubwürdigkeit assoziiert war. Jedoch hatte die Übertragung der Hitlerreden auch einen anderen Anlass. Seit einigen Jahren hat sich in der historischen Forschung die These verdichtet[256], dass Hitler ohne die Resonanz der Massen sein rhetorisches Geschick nicht voll hätte entfalten können.

Der Grund dafür ist zunächst, dass kaum Studioaufnahmen von Hitler vorliegen. Anders als die Kommunisten und Sozialdemokraten, die die Schallplatte

252 Ebd., S. 133.
253 Ebd.
254 Ebd.
255 Ebd., S. 134.
256 Vgl. dazu exemplarisch HAGEN (2005): Das Radio, S. 113; und GETHMANN (2006): Übertragung der Stimme, S. 169.

im Rahmen ihrer Agitationspolitik als Werbemedium begriffen hatten[257], sind während der gesamten NS-Herrschaft nur zwei kommerzielle Schallplatten mit Hitler-Reden vertrieben worden.[258]

In der Forschungsliteratur ist in der Regel sogar von lediglich einer kommerziellen Aufnahme die Rede: So schreibt Martin Elste, dass „nur eine einzige Rede Hitlers auf einer kommerziellen Schallplatte" vertrieben worden sei. „Es war seine erste Rundfunkrede nach der ‚Machtergreifung'."[259]

Beide Behauptungen sind nicht richtig: Weder wurde nur eine kommerzielle Schallplatte aufgenommen, noch handelt es sich bei der Aufnahme um besagte Rundfunkrede. Die Propagandaschallplatte „Appell an die Nation", die erstmals am 15. Juli 1932 angekündigt wurde, wurde kommerziell vertrieben. Die Aufnahme fand (das lässt sich daraus schließen) nicht in einem Rundfunkstudio, sondern im Studio der Schallplattenfirma statt.[260]

Die erste Rundfunkansprache (und eine weitere Studioaufnahme) Hitlers hingegen war der „Aufruf an das Deutsche Volk", eine Rede, die Hitler am 1. Februar 1933 von der Reichskanzlei aus hielt und die parallel zur Ausstrahlung mitgeschnitten wurde.[261] Sie war ein „Debakel" und sollte den Führer für immer

257 Vgl. Elste (1984): Zwischen Privatheit und Politik, S. 107.

258 Andererseits stellt sich die Frage, wer an solchen Platten Interesse gehabt hätte bis auf „einige politische Vereine, […] Fachorganisationen, Berufsgruppen", fragt auch Konrad von Brauchitsch. Erschwerend kam hinzu, dass „[w]enn die Rede des Führers vielleicht eine Stunde dauert, so bedeutet das das Herstellen von mindestens 15 Platten. Der Preis würde demnach so hoch liegen, daß ein Verkauf" nur für die oben genannten Gruppen „in Frage käme, also nie für die große Masse, die die Rentabilität einer solchen Aufnahme sicher stellen könnte." In: Brauchitsch, Konrad von (1934): „Schallaufnahme und Schallarchiv der Reichs-Rundfunk-Gesellschaft", in: *Rufer und Hörer*, Jg. 3, Nr. 6/7, S. 296f.

259 Elste (1984): Zwischen Privatheit und Politik, S. 107.

260 Vgl. Domarus (1962): Hitler, S. 115. Aus diesem Zusammenhang kann geschlossen werden, dass mindestens zwei Reden Hitlers kommerziell vertrieben worden sind. So sind Elstes Angaben nicht zutreffend, wenn er sagt, dass „[w]ährend der ganzen zwölf Jahre Nazi-Diktatur […] nur eine einzige Rede Hitlers auf einer kommerziellen Schallplatte" erschienen sei. Gemeint ist die Platte „Aufruf an das Deutsche Volk" vom 1. bzw. 2. Februar 1933. Weiter heißt es: „Alle übrigen Tondokumente, die nachträglich auf LP erschienen sind, stammen von rundfunkinternen Mitschnitten, den sogenannten RRG-Platten." Gemeint sind Aufnahmen, die als Radio-Übertragungen der Reden Hitlers von der RRG mitgeschnitten wurden. Drei Kundgebungen der NSDAP in Göttingen am 21.7.1932, im Grunewald-Stadion in Berlin am 27.7.1932 und im Berliner Sportpalast am 1.9.1932 sind von der NSDAP – und nicht von der RRG – mitgeschnitten worden, zu welchem Zweck, ist jedoch unklar. Sie liegen im DRA und werden als „Privataufnahme" oder „NSDAP-Aufnahme" verzeichnet. Nur die Rede „Appell an die Nation" ist als reine Studioaufnahme als Propagandaschallplatte kommerziell vertrieben worden, wobei es sich bei der Aufnahme eben um offenbar die einzige Studioaufnahme handelt, die nicht aus dem Bestand der RRG stammt. Bemerkenswert ist jedoch, dass eine der beiden Fassungen, noch im Jahr 1933, einem Buch beigelegt wurde und während der ersten Wochen des Dritten Reichs vertrieben worden ist. Vgl. Czech-Jochberg, Erich (1933): *Vom 30. Januar bis zum 21. März. Die Tage der nationalen Erhebung.* Leipzig.

261 Nr. 264 im RRG-Katalog.

traumatisieren, indem er „[s]ein gestörtes Verhältnis zu abgekapselten Radiomikrophonen [...] bis zum Ende"[262] behielt. Der Rechtsanwalt Carl Haensel hatte 1950 in seinen Tagebüchern diese Situation ausführlich beschrieben:

> „Der Rundfunkintendant Beumelburg, der Berliner Intendant war, als Hitler zur Macht kam, hatte für die erste Rundfunkansprache, die Hitler nach dem 30. Januar halten wollte, den kleinen behaglichen Sprechraum mit einem Blumenstrauß und einem Lehnsessel verziert. Der Raum war an und für sich klein, wie alle diese Aufnahmeräume, um akustische Störungen zu vermeiden. Von diesem Sessel aus hatten Hindenburg und Brüning gesprochen. Hitler hatte bisher Rundfunkverbot. Er wollte zum ersten Mal über den Äther reden. Hitler setzte sich auf den Sessel – und schwieg. Er starrte vor sich hin, wie ein Mensch, dem es die Sprache verschlagen hat. Plötzlich sprang er auf, riß die Tür auf und ließ sein ganzes Gefolge in den Raum fluten. Zu diesen Männern hat er dann vor dem Mikrophon gesprochen, er hat sie angeredet, er sah sie, die ‚Parteigenossen und Parteigenossinnen, deutsche Männer und Frauen', vor sich stehen, geriet in Kontakt, in Trance, und die Worte formten sich, die die Masse hören wollte, und das dumpfe Brodeln ihres Beifalls übersteigerte ihn."[263]

Am 2. Februar 1933 wurde diese Rede jedoch wiederholt. Wieder sprach er in der Reichskanzlei und wurde auf Schallplatte aufgenommen, welche dann später – wenngleich am selben Tag – ausgestrahlt wurde und schließlich, wie auch die erste, von der RRG mitgeschnitten wurde.[264] Die Historikern und Archivarin des Deutschen Rundfunk-Archivs (Frankfurt am Main), Muriel Favre, geht davon aus, dass es sich auch bei der archivierten Aufnahme dieser Rede um die zweite, in der Reichskanzlei unter Studiobedingungen eingesprochene Rede handelt.[265]

Die Reaktionen der Hörer auf Hitlers Rede waren wie in der Forschung rezipiert äußerst negativ: Ansgar Diller hat auf eine Bemerkung in der sozialdemokratischen Rundfunkzeitschrift „Volksfunk" aufmerksam gemacht. In der ist

262 HAGEN (2005): Das Radio, S. 113.

263 HAENSEL, Carl (1950): *Das Gericht vertagt sich.* Hamburg, S. 78.

264 Nr. 265 im RRG-Katalog.

265 Diesen Hinweis verdanke ich Muriel Favre. Sie teilte mit, dass es sich bei den Aufnahmen um zwei beidseitig gepresste Schallplatten handelt, die mit dem Eintrag „Aufruf an das deutsche Volk. Ansprache des Reichskanzlers Adolf Hitler bei der Übernahme der nationalen Regierung am 31. Januar 1933" allerdings falsch datiert worden sind. Die Platten liegen dem DRA vor, sind jedoch noch nicht digitalisiert worden. Dementsprechend konnte bisher noch nicht festgestellt werden, um welche der beiden Fassungen des Aufrufs es sich handelt. Favre nimmt an, dass die zweite, langsamere und bessere für den Vertrieb ausgewählt wurde. Dennoch dürfen sowohl der „Appell an die Nation" von 1932 als auch der „Aufruf an das deutsche Volk" von 1933 als Studioaufnahmen gelten, da beide Aufnahmesituationen mit einer Studioaufnahme zu vergleichen sind. Der „Aufruf an das deutsche Volk" vom 2. Februar 1933 wurde nämlich zunächst aufgenommen und erst dann ausgestrahlt. Insofern irrt Hagen, wenn er behauptet: „Es gibt keine Studioaufnahme seiner Stimme." HAGEN (2005): Das Radio, S. 113.

nachzulesen, dass der Aufruf „kasernenhofartig, unsympathisch und gar nicht deutsch geklungen“[266] habe.

Es ist heute nicht mehr eindeutig zu klären, ob dies die einzige Studiorede Hitlers war, allerdings steht fest, dass nach dem Austritts Deutschlands aus dem Völkerbund am 14. Oktober 1933[267] die Reden Hitlers nur noch mittels Übertragungen von öffentlichen Auftritten über den Äther gegangen sind:[268]

> „Seit der Begründung des Austritts Deutschlands aus dem Völkerbund im Oktober 1933 hat Adolf Hitler nicht mehr im Senderaum allein für die nicht sichtbaren Rundfunkhörer gesprochen, sondern alle seine Reden gingen als Übertragungen von Kundgebungen und Versammlungen über den Rundfunk. Das läßt nur ahnen, daß für den Redner die Bedingungen anders sind, wenn er vor der Versammlung oder im Sendesaal ins Mikrophon spricht, sondern daß auch die Wirkung auf den Hörer eine andere ist.“[269]

Diese Redeerfahrung Hitlers führte schließlich dazu, dass Goebbels eine eigene Übertragungsstrategie entwickelte,

> „denn für das Radio zu sprechen, gelang Hitler zeitlebens nicht, allein die Übertragung aus einem Saal mit der Einleitung Goebbels' wurde immer weiter perfektioniert. Dass sein Name zu jener Zeit synonym mit Radio werden konnte, hatte seinen Grund gerade in der fast völligen Vermeidung weiterer Studioauftritte und der Übertragung der Reden für die rasenden Parteigenossen im Saal übers Radio, für das zu einem solchen Anlass am 22. März 1933 erstmals Gemeinschaftsempfang verordnet wurde.“[270]

Ohne den Rückhalt, den Zuspruch und die Resonanz der Massen habe Hitler demnach als Redner im Rundfunk versagt.

> „Der Führer, dessen Name für das nun kommende Radio stand, kann dort nicht sprechen, wo das Radio Radio ist, nämlich dort, wo es seine eigenen, publikumslosen Schallräume hat.“[271]

Daraus entwickelte sich laut Diller, Hagen, Gethmann, Hans Sarkowicz, Koch und anderen eine erste Übertragungsstrategie der Nationalsozialisten im Rundfunk. Hitlers Reden wurden nur noch als Live-Übertragung der Massenevents

266 *Volksfunk*, Nr. 7 (1933), S. 35; und DILLER (1980): *Rundfunkpolitik im Dritten Reich*, S. 63.

267 *AD*, 14.10.1933, DRA Frankfurt am Main, Nr. B004891414; 34'59".

268 ECKERT (1941): Der Rundfunk als Führungsmittel. Diese Information deckt sich auch mit der Archivarbeit des DRA Frankfurt am Main. Bis 1944 sind alle Rundfunkreden digitalisiert und angehört worden, darunter befindet sich laut Muriel Favre keine genuine Rundfunkansprache. Auch der Rundfunkhistoriker Heinz Pohle ist der Auffassung, dass Hitler seine letzte Rede im Studio am 14. Oktober 1933 hielt. Vgl. POHLE (1955): Der Rundfunk als Instrument der Politik, S. 270 und 282.

269 ECKERT (1941): Der Rundfunk als Führungsmittel, S. 81.

270 GETHMANN (2006): Übertragung der Stimme, S. 163.

271 HAGEN (2005): Das Radio, S. 113.

übertragen, indem die Sendestationen miteinander verschaltet wurden, um einen „totalen Gemeinschaftsempfang" zu ermöglichen. Die Dramaturgie sah nun vor, dass Goebbels aus dem „off" Hitlers Auftreten im Radio ankündigte und der Führer nach seiner Ankündigung zugeschaltet wurde. Dabei folgen die Übertragungen immer auch einer Dramaturgie, einer festen Ordnung, die rituell und dramaturgisch strukturiert war.

Es ist auch auf die Wirkung der Anmoderationen Goebbels hinzuweisen, die jeder live übertragenen Massenansprache Hitlers vorgeschaltet waren: Goebbels nahm in seinen Ansprachen eine Kontextualisierung vor und bereitete den Zuhörer auf das zu erwartende Hörereignis vor. Der Radiohistoriker Wolfgang Hagen beschreibt dieses Szenario am Beispiel der Berliner Sportpalast-Rede vom 10. Februar 1933:

> „Goebbels im ‚off', [...] beschreibt die Szene in und um den Sportpalast in nicht enden wollenden Einleitungsformeln, pathetischen Ritardandi und Hinhaltefloskeln, die nur den simplen, aber äußerst effektiven Zweck erfüllen, die Spannung zu steigern."[272]

So wird aus dem „off"-Kontext ein ganz anderer akustischer Effekt übertragen, wenn live übertragen wird.

Goebbels schreibt im Februar 1933 in sein Tagebuch: „Nachmittags nach Cöln. Dort Hitler. Ich Reportage."[273]

Durch diese akustische „Raum"-teilung wird eine doppelte Funktion für die mediale Hörgemeinschaft im Rundfunk erreicht. Einerseits werden NS-Redeereignisse als mediales Ereignis inszeniert. Der Hörraum wird zu einem Ereignisraum mit Ankündigung. Andererseits ist das Medienereignis hier Ereignis, da das „Feierliche" als ein „[a]uf ein[en] Zeitpunkt datierbares, momenthaftes Vorkommnis" inszeniert wird, das aus einem „Horizont gleichförmiger Vorkommnisse" durch die Ansage unmissverständlich herausgehoben wird. So wird immer auch das Einmalige des Ereignisses betont, das „weder als Zustand stabilisierbar noch reproduzierbar"[274] ist, indem auch durch die akustische Wirkung im Wechsel von einem „Raum der Ankündigung" zum Live-Raum das Ereignishafte für den Hörer deutlicher als einmaliges „Erlebnis" erfahrbar wird.

Genau diese Informationen liefert Goebbels, wenn er die Bedeutung der Ansprache Hitlers in einer 20-minütigen Ankündigungsrede aus dem „off"-Raum hervorhebt. Inhaltlich be-deutet er das Redeereignis und kodiert es als eine massenmediale Gemeinschaftserfahrung des nun zu erwartenden Redeereignisses. Dabei wird nicht nur „[e]ine meist heisere, überschriene, erregte Stim-

272 HAGEN (2005): Das Radio, S. 114.
273 Ebd.
274 ENGELL, Lorenz (2001): „Ereignis", in PETHES, Nicolas/RUCHATZ, Jens (Hg.): *Gedächtnis und Erinnerung. Ein interdisziplinäres Lexikon*. Hamburg, S. 149f., hier: S. 149.

me, weite Passagen im weinerlichen Ton des predigenden Sektierers"[275] übertragen, wie Victor Klemperer die Rundfunkreden Hitlers in seinen Tagebüchern charakterisierte.

Goebbels ermöglicht auf diese Weise eine räumliche und soziale Verortung. Seine direkte Ansprache als Reporter („Wir befinden uns hier ... Zu einem Gespräch ist Gast ..."[276]) und seine Stimme („Dialekt und Wortwahl"[277]) bilden die akustischen Koordinaten der Raumwahrnehmung. Im Gegensatz dazu wirkt der Raum der Live-Schalte mit seinen Nebengeräuschen und Störungen so, „daß dieser gedachte Raum als natürlich erscheint" und dabei „ein ungehindertes Gefühl von Dabei-Sein und Authentizität des Geschehens entstehen kann".[278]

Gleichsam werden jedoch auch die Soundscapes der Hintergrundgeräusche, als Ort der Übertragung des Hitlerrede-Ereignisses, zu einer Koordinate, die den „gedachten" Raum als eine imaginierte Präsenz von vielen erscheinen lässt. Pater hatte in diesem Zusammenhang Beispiele wie „Vogelgezwitscher" oder „Straßenlärm" angeführt, die den Charakter einer Live-Übertragung hervorheben können. Konrad von Brauchitsch bringt die möglichen Störungen bei Massenveranstaltungen auf den Punkt:

> „Denken wir an Aufnahmen in großen Hallen mit den Einwirkungen des Publikumsgeräusches oder an Aufnahmen im Freien bei strömendem Regen, wo lange Übertragungskabel notwendig sind; denken wir an einen Redner, der in seinem Temperament plötzlich einige Schritte neben das Mikrophon springt, oder an solche Redner, die nicht wollen, daß man ihre Stimme festhält, denen man also vorher das Mikrophon versteckt einbauen muß. Denken wir an die nun endgültig erledigten Saalschlachten politischer Gegner, – an Reichstagsaufnahmen vor der Machtübernahme in ihrem disziplinlosen Durcheinander."[279]

All dies ist hörbar und zwar nicht nur, wie Brauchitsch zu seinem Bedauern feststellt, auf den „Aufnahmen des Rundfunks", sondern auch bei den Übertragungen in den Hörraum der Empfänger hinein. In diesem Falle ist das räumliche Dispositiv durch die Akustik des durch Lautsprecher verstärkten Rederaumes im Rundfunk zu hören. Nicht zuletzt produziert die zuhörende „Volksgemeinschaft" durch zustimmendes Schreien „Laute",[280] die zur Selbstvergewisserung der Hörergemeinschaft beitragen. Für den 8. April 1933 im Live-Spiel ist zudem zu hören,

---

275 KLEMPERER, Victor (1995): *Ich will Zeugnis ablegen bis zum letzten. Tagebücher 1933-1941*. Berlin, S. 67. Zitiert nach: ATZE, Marcel (2003): *Unser Hitler. Der Hitler-Mythos im Spiegel der deutschsprachigen Literatur nach 1945*. Göttingen, S. 315.

276 PATER (1998): Rundfunkangebote, S. 137.

277 Ebd.

278 Ebd., S. 138.

279 BRAUCHITSCH (1934): Schallaufnahme und Schallarchiv, S. 295.

280 Zur Begrüßung des Führers wurde in der Regel mehrfaches „Heil" oder „Sieg Heil" gerufen, nachdem seine „Ankunft" von einem hochrangigen Parteifunktionär angekündigt wurde.

> „wie zögerlich und noch unbeholfen sich dieser seltsame Kreis schließt, der sich damals geschlossen hat. […] Man hört die Pannen, die unfreiwilligen Pausen. Die Aufregung der beteiligten Stimmen ist zu spüren und selbst die Tirade Hitlers ist offenbar improvisiert."[281]

Die Raumwahrnehmung im Radio hat somit eine doppelte Struktur. Einmal ist der Raum des Empfangs wie auch der Raum der Übertragung dem Zuhörer vor dem medientechnischen Übertragungsapparat präsent. Zugleich aber kann er sich den tatsächlich existierenden Raum, der übertragen wird, durch den Akt der Live-Übertragung vorstellen. Unter diesen Bedingungen zeigt sich, dass die akustische Ordnung zunächst von den Übertragungsgenres und -formaten der Reportage in Kombination mit der Live-Übertragung geprägt war – also durch das Ziel, mittels der technischen Rundfunkübertragung auf den Alltag der Hörenden, ihre Wahrnehmung als Gemeinschaft und „Einheit" und auf die dadurch bestimmte Raumwahrnehmung (der Hörraum ist das gesamte Reich) einzuwirken.

Von nun an wurden nicht mehr nur die Reden Hitlers, sondern auch der Raum, die Atmosphäre der Massenversammlungen jeder Art – von den Festspielen, über die Filmvorstellungen, Konzerte, Aufmärsche bis hin zu Feiertagsveranstaltungen vom 1. Mai und zum Geburtstag des Führers – live im Radio gesendet. Der totale Gemeinschaftsempfang war jedoch nicht nur akustisch auf die Stimme Hitlers beschränkt. Als eine Erweiterung dieses Prinzips lassen sich die unzähligen musikalischen Ringschaltungen der Beethoven- und Wagner-Übertragungen verstehen.[282]

Verstärkt wurde dieser Eindruck durch die medientechnische Verschaltung aller Reichssender auf eine Frequenz. In der Forschung wird der „Gemeinschaftsempfang" immer wieder als wichtiges Konstituens für die Inszenierung der „Volksgemeinschaft" zu einer geschlossenen Hörgemeinschaft angeführt. Im „totalen Gemeinschaftsempfang" sollten die Rundfunkhörer „physisch wie psychisch den Bedingungen und Gesetzen der Massensituation" gehorchen, so der Rundfunkhistoriker Heinz Pohle im Jahre 1955.[283] Der Literaturwissenschaftler Marcel Atze schreibt: „Der Mensch wird als homo audiens pures Objekt der direkten Beeinflussung durch den Rundfunk."[284]

Die Reden Hitlers stehen also in einem Zusammenhang mit der Konstitution und Vereinnahmung eines Hörraumes, der durch den Rundfunk beliebig verbreitet werden kann und der aus einer losen Masse von Zuhörern eine Hör- und „Volksgemeinschaft" erzeugt, die sich durch das Wort des Führers „führen" lässt.

---

281 Hagen (2005): Das Radio, S. 117.

282 Vgl. Kap. 5.5.

283 Pohle (1955): Der Rundfunk als Instrument der Politik, S. 271, auch in Atze (2003): Unser Hitler, S. 311.

284 Atze (2003): Unser Hitler, S. 311.

Dies gilt ganz besonders für das Jahr 1933. So heißt es im Rückblick des Jahres 1942 bei Wolfgang Metzger:

> „Nicht zufällig spricht der Führer fast ausnahmslos mitten im Volk […], und niemals einfach durchs Mikrophon ins ‚Leere'. […] Außer der Einheit der politischen Ausrichtung […] ermöglicht der Rundfunk ferner die Einheit des Erlebens über alle bisherigen räumlichen Schranken hinaus."[285]

Ähnlich klingt es bei Paul Laven, der im Jahre 1941 die Wirkung der Reden Hitlers im Rundfunk retrospektiv so beschrieb:

> „Die großen richtungsweisenden Ansprachen der nationalsozialistischen Staatsmänner wurden jetzt sofort vom ganzen Volk aufgenommen. Der Rundfunk hatte seine arteigene Bestimmung gefunden. Das Wort mit allem Fluidum der Unmittelbarkeit ging durch den weiten Raum des Reiches, die Idee des neuen Reiches lebte in den faszinierend mitreißenden Reden und Übertragungen. Das große Gemeinschaftserlebnis Volk und Reich umfasste von den jeweiligen Zentren der Tat aus mit ungeheurer Gewalt selbst die weit in der Stille des Landes wohnenden Volksgenossen."[286]

Zeitgenössisch ist von Gerhard Eckert über „die Wirkung der Rede, die man über den Lautsprecher hört", als „Bedeutung der Rede als Führungsmittel" geschrieben worden:

> „Der Hörer fühlt sich als Teil der Gemeinschaft, die optisch und akustisch mit dem Redner unmittelbar verbunden ist und sich ihm immer wieder bemerkbar macht. Diese Einbeziehung der nur durch den Lautsprecher erreichten Hörer in den Kreis der unmittelbar beim Redner Anwesenden wird besonders stark, wenn die Rede im Gemeinschaftsempfang aufgenommen wird. Hier kommt zu dem aus dem Lautsprecher wirkenden lebendigen Einfluß noch die gegenseitige Fühlungnahme, das Bewußtsein der gemeinsamen Zustimmung und die mitreißende Kraft, die ohnehin durch das Aufgehen des einzelnen in der gleichgerichteten Gemeinschaft vorhanden ist."[287]

Diese Wirkung des Gemeinschaftsrundfunks auf die Rundfunkhörer habe wesentlich zum Ergebnis der Märzwahl 1933 beigetragen, heißt es bei Hagen. Er bezeichnet diese als „erste Medienwahl der Geschichte".[288] Die Probe aufs Exempel für den „totalen Gemeinschaftsempfang" fand jedoch laut Gethmann einen Tag vor der so genannten „berühmten ‚Siemens-Rede' Hitlers" statt.[289] Anlass war die Ansprache Hitlers vor den Arbeitern in den Siemens-Schuckert-Werken

285 METZGER, Wolfgang (1942): *Das Räumliche der Hör- und Sehwelt bei der Rundfunkübertragung.* Berlin, S. 11. Zitiert nach: GETHMANN (2006): Übertragung der Stimme, S. 164.

286 LAVEN, Paul (1941): *Der Weg zum Rundfunkwerk.* Heidelberg, S. 71. Zitiert nach: GETHMANN (2006): Übertragung der Stimme, S. 165.

287 ECKERT (1941): Der Rundfunk als Führungsmittel, S. 80f.

288 HAGEN (2005): Das Radio, S. 114.

289 GETHMANN (2006): Übertragung der Stimme, S. 165.

in Berlin-Spandau. Die Arbeiter wurden symbolisch als die gesamte deutsche Produktivkraft betrachtet, die vereint für die auf den 12. November angesetzte Volksabstimmung und die damit verbundenen Neuwahlen für den Reichstag zu gewinnen waren. Die Bedeutung dieser Rede, die den Siemens-Schuckert-Werken am 10. November 1933 stattfand, lässt sich schon daran erkennen, dass der „Deutsche-Arbeitsfront-Empfänger DAF 1011" nach diesem Datum benannt wurde. Dieses Gerät war insbesondere für den Gemeinschaftsempfang in Betrieben, Firmen und Gemeinden konstruiert worden, allerdings ohne einen größeren akustischen Erfolg:

> „Leider klappte das Ganze nicht so wie beabsichtigt, da die in den meisten Betrieben vorhandenen Empfänger nicht die benötigte Empfangs- und Verstärkerleistung brachten, d.h. ein Großteil der Volksgenossen Hitlers ohnehin schnarrende Stimme noch verzerrter oder gar nicht vernahmen. Auf dieses Debakel forderte die ‚Deutsche Arbeitsfront' (DAF), die Zwangsorganisation für Arbeitgeber und -nehmer, die Entwicklung und Fertigung eines speziell für Betriebe bestimmten Empfängers."[290]

Vom Propagandaministerium wurde dieser Tag jedoch als gelingende Allmachtsphantasie[291] inszeniert und wahrgenommen, die ganz dezidiert religiös-kultische Inszenierungsstrategien akustisch umzusetzen vermochte:

> „Statt Glocken zu läuten, heulten zur Einstimmung auf die Sendung und als Ruf an die Empfangsgeräte im ganzen Land die Fabriksirenen, deren Lärm eine Schweigeminute folgte. Zu Beginn der Sendung selbst wurde minutenlang das Betriebsgeräusch der Maschinen im Werk übertragen, bis diese verstummten und wiederum Fabriksirenen heulten, die denjenigen, die nicht in einer Fabrik zuhörten, diesmal übers Radio gesendet wurden. Dem Lärm der Sirenen folgte ein von Goebbels für das Radio gesprochener Bericht über die Situation und Stimmung in der Maschinenhalle, an den sich die Übertragung der Rede Adolf Hitlers anschloss."[292]

Dass sich auf diese Weise der Rundfunk als eine die Wirklichkeit deutende und konstituierende Verbreitungs- und Deutungsmaschine durchsetzte, die die lose Masse der Rundfunkhörer zu einer geschlossenen Hörgemeinschaft verschaltete, formulierte der überzeugte Nationalsozialist und neue Präsident der Reichsrundfunkkammer, Horst Dreßler-Andreß, im Jahre 1934 retrospektiv mit den Worten, „daß Nationalsozialismus und der Rundfunk als dessen Verkündigungsmittel eine unlösbare Einheit sind". Mit Bezug auf die Hitlersche „Siemensrede" habe das bei der Volksabstimmung erzielte Wahlergebnis „unter Beweis gestellt",

---

290 http://www.dra.de/rundfunkgeschichte/75jahreradio/nszeit/total/inhalt_daf.html. (Zuletzt abgerufen am 07.06.2015).

291 Vgl. hierzu HAGEN (2005): Das Radio, S. 113ff. Hagen bezieht sich auf Jacques Lacans Interviewtext *Radiophonie*. Darin heißt es: „Die Allmacht ist nicht; eben deshalb denkt sie sich." LACAN, Jacques (1988): *Radiophonie Television.* Berlin/ Weinheim, S. 41.

292 GETHMANN (2006): Übertragung der Stimme, S. 165f.

Abb. 9: Broschüre zum „Arbeitsfront-Empfänger“

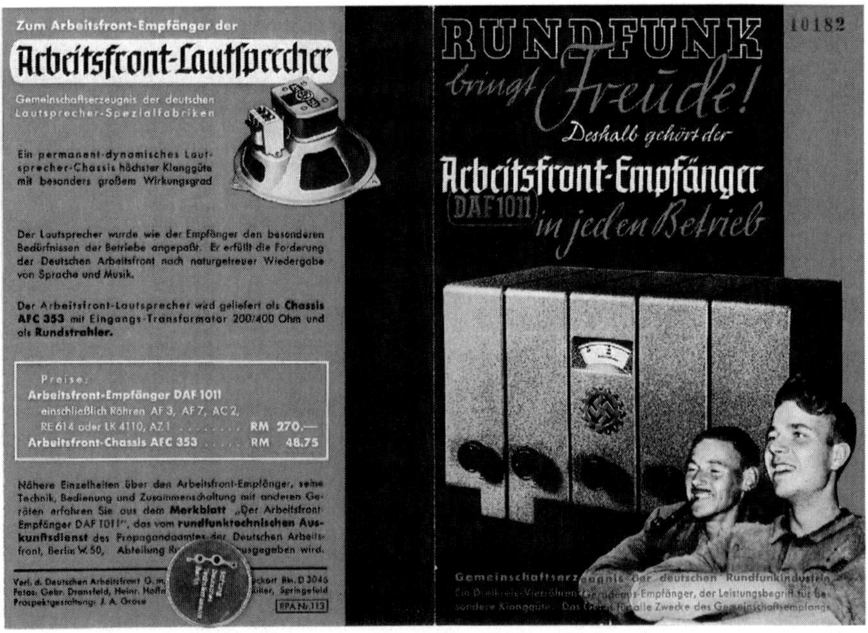

Abb. 10: Titelblatt der Broschüre zum „Arbeitsfront-Empfänger“

dass beim Gemeinschaftsempfang „das Volk vom Führer zu einer Willens- und Erlebniseinheit zusammengeschmiedet wurde“.[293]

Wie genau ist jedoch eine solche „Erlebniseinheit“ zu beschreiben? Wie lässt sich das Gemeinschaftserleben im Radio medientechnisch formulieren? Wie lässt sich die Wahrnehmung des Zuhörers als Teil einer großen zuhörenden Masse beschreiben?

5.3.2 Der „Raum der wechselseitigen Wahrnehmung“: Hitlerreden zwischen performativer Selbstvergewisserung und imaginativer Partizipation

„[D]er Lautsprecher macht den freien Himmel zum Versammlungszelt“:[294] Der Begriff des Raumes hatte im Nationalsozialismus eine zentrale Bedeutung. Abgesehen von propagandistisch verwendeten geographisch-kämpferischen Losungen vom „Volk ohne Raum“ oder vom „Lebensraum“ tauchte gerade auch der „mythische Raum“ in Hitlers „Mein Kampf“ häufig auf. Bemerkenswert sind Hitlers Erinnerungen an den Münchener Hofbräuhausfestsaal, dem er eine „weihevolle Bedeutung“ beimisst. „Jede Woche eine Versammlung, fast immer in diesem Raum, und jedesmal der Saal besser gefüllt und die Menschen andächtiger!“[295]

Der Raum, in dem Hitler spricht, hat für ihn selbst eine religiös-mythische Bedeutung, wie der Literaturwissenschaftler Marcel Atze herausstellt: „Das galt besonders für den Reichsparteitag. Hier erhielt der Redner eine feste Orts- und Zeitstruktur, da Hitler immerhin bis zu 17 Auftritte absolvierte.“[296] Wenn Hitler sprach, wurde der Raum zur Kultstätte, und durch ihn ergab sich die „Erfüllung des geheiligten Raums“, so Atze. Auch Siegfried Zehlnhefer hob 1992 die religiös inszenierte Bedeutung des Rederaumes hervor: „Er war der absolute omnipräsente Star. Es ging um die Erhöhung des politischen Messias, seine Selbstdarstellung stand im Mittelpunkt des Geschehens.“[297]

Die religiös-mythische Inszenierung des Redners geschieht hier offenbar mittels der Heiligung des Rederaumes, die zweifach strukturiert ist: Erstens wird,

293 DRESSLER-ANDRESS, Horst (1934): „Der Rundfunk – das Verkündigungsmittel der nationalsozialistischen Weltanschauungseinheit“, in: DREYER, Ernst Adolf: *Deutsche Kultur im Neuen Reich.* Berlin, S. 101-103, hier: S. 102. Zitiert nach: GETHMANN (2006): Übertragung der Stimme, S. 166.

294 DOVIFAT, Emil (1937): *Rede und Redner; ihr Wesen und ihre politische Macht.* Leipzig, S. 15. Zitiert nach: ATZE (2003): Unser Hitler, S. 301.

295 HITLER (1939): Mein Kampf, S. 518.

296 ATZE (2003): Unser Hitler, S. 264.

297 ZELNHEFER, Siegfried (1992): „Die Reichsparteitage der NSDAP“, in: OGAN, Bernd/WEISS, Wolfgang W. (Hg.): *Faszination und Gewalt. Zur politischen Ästhetik des Nationalsozialismus.* Nürnberg, S. 79-94, hier: S. 92. Zitiert nach: ATZE (2003): Unser Hitler, S. 264.

indem der „Führer“ spricht, der Rederaum durch den Vollzug seiner Stimme „geheiligt“. Zweitens wird durch das anwesende Publikum überhaupt die Bedeutsamkeit des Hitlerschen Sprechaktes erzeugt und bezeugt. In diesem Sinne ist der mythische Raum zugleich ein performativer, der erst durch den Vollzug der Stimme und ihre Resonanz im Raum der gegenseitigen Wahrnehmung eine religiös-mythische Bedeutung erfährt.

Laut der Theaterwissenschaftlerin Jenny Schrödl geht es im Moment der Wahrnehmbarkeit der Stimme jenseits ihrer verkündigenden Botschaft grundsätzlich „um das momentane sinnliche Gegebensein der Stimme im Augenblick der Perzeption, um die Art und Weise ihres Erklingens und Wirkens im Hier und Jetzt. Wenn wir von Stimmen eingenommen und betroffen sind, richten wir unsere Aufmerksamkeit auf die sinnlich wahrnehmbaren Aspekte der stimmlichen Erscheinung.“ Sie beschreibt solche stimmlichen Erscheinungen, die „weder als etwas Stabiles oder Festes noch als reine Physiologie“ der Stimme zu verstehen sind, als ein „Zusammenspiel heterogener Faktoren, wie beispielsweise Rhythmus, Lautstärke, körperliche Prozesse oder räumliche Ausbreitung der stimmlichen Verlautbarung“.[298]

Die Redesituation Hitlers, zum Beispiel im Hofbräuhausfestsaal, war unter diesen theoretischen Voraussetzungen allgemein dadurch charakterisiert, dass der Klang der Stimme, wie in jeder anderen Redesituation auch, eine „körperliche und räumliche Form“ annimmt. So sei der Klang der Stimme grundsätzlich „im Moment seines Erscheinens, in seiner Phänomenalität dezidiert ein (Klang-) Körper, welcher sich ebenso zeitlich wie räumlich entfaltet“.[299] Stimme bewegt sich durch den Raum „und mithin ihre Abstandslosigkeit und Eindringlichkeit“.[300] Das Sprechen vor einer großen Gruppe, wie hier beschrieben, konstituiert demnach auch eben einen Sprecher- und Resonanzraum, in dem sowohl Sprecher

298 SCHRÖDL (2012): Vokale Intensitäten, S. 38.

299 Mit Gernot Böhmes Atmosphäre-Begriff wird deutlich, dass die sinnliche Wahrnehmung der Sprecher- oder Singstimme nichts anderes darstelle als „die gemeinsame Wirklichkeit des Wahrnehmenden und Wahrgenommenen“. SCHRÖDL (2012): Vokale Intensitäten, S. 43. Schrödl wie auch Böhme gehen also von einem intersubjektiven Raum zwischen Menschen aus, den sie als Atmosphäre beschreiben und der entsteht, wenn jemand seine Stimme benutzt. Schrödl verknüpft dieses Raumkonzept noch mit einer weiteren Kategorie. Sie führt den Begriff der Ausstrahlung ein, „die mit dem Atmosphärenkonzept nicht gegeben ist“. Dazu: „Bei der jeweiligen Ausstrahlung, die von der Person ausgeht, die spricht oder artikuliert, handelt es sich allerdings nicht um ein ‚wahres Wesen‘ der stimmlich erscheinenden Person, sondern nur um eine (immer auch soziokulturell bedingte) spezielle Erscheinung oder Gestalt der Person im Moment ihrer Artikulation und Verlautbarung.“ SCHRÖDL (2012): Vokale Intensitäten, S. 45. Auch damit sei ein Raum bezeichnet, der eine „Interdependenz von Wahrgenommenen und Wahrnehmenden“ bedingt. „Die Ausstrahlung entspringt aus dem Zusammenspiel von einer spezifischen materiellen Erscheinung der Stimme einerseits und den subjektiven Wahrnehmungen und Empfindungen des Wahrnehmenden andererseits.“ Ebd., S. 45.

300 LUHMANN, Niklas (1997): *Soziale Systeme.* München, S. 813f.

als auch Hörer gleichsam zugegen sind. Mit Niklas Luhmann kann dieser als ein „Raum der wechselseitigen Wahrnehmung" beschrieben werden, indem die vis-à-vis-Kommunikation als die strukturelle Koppelung von Kommunikation und Bewusstsein – hier innerhalb eines Wahrnehmungsraumes – präsent ist:[301] Der Redner nimmt sein Publikum wahr und umgekehrt.

Der 1933 erschienenen Schrift „Propaganda und nationale Macht", verfasst von dem Reichssendeleiter Eugen Hadamovsky, lässt sich das Bewusstsein der Nazis für die wechselseitige Wahrnehmung entnehmen:

> „Die Massenkundgebungen können den persönlichen Anblick eines Redners entbehren, wie die Riesenkundgebungen des Nationalsozialismus bewiesen haben [...]. An einer Stelle jedoch muß der Kontakt zwischen Redner und Masse unmittelbar hergestellt werden. Nur wenn das der Fall ist, liest der Redner in den Gesichtern derer, zu denen er spricht, fühlt er den anfänglich kalten Rhythmus der Masse heraus, lebt mit ihm, vermag ihn zu steigern, in Erregung und Begeisterung umzusetzen und zu lösen. Es gibt keine großen politischen Aktionen, die heutzutage ohne den unmittelbaren, persönlichen Einsatz des Redners in den Massen Widerhall finden können. Hierin haben sich unsere Regierenden seit 1918 und unsere große Presse so grundlegend getäuscht, daß sie glaubten, ihr System durch kalte Rundfunkansprachen und langatmige Presseartikel gegen den stürmischen nationalen Angriff, der aus der Masse heraus erfolgte, verteidigen zu können."[302]

Diese Macht der Stimme, wie sie die politische Rede offenbar grundsätzlich ausbildet, wurde von den Nationalsozialisten erkannt, inszeniert und systematisch ausgebaut. Darauf hat die Literaturwissenschaftlerin Cornelia Epping-Jäger in mehreren Aufsätzen hingewiesen. Demnach weiteten sich die Rede- und Resonanzräume auf zweifachem Wege grundsätzlich: Erstens setzte die NSDAP seit ihrer Gründung professionelle Redner ein, wodurch die Reden Hitlers durch viele Redner als Katalysatoren wirkten, die die Distribution der politischen Ideologie beförderten. Zweitens nutzten die Nationalsozialisten schon sehr früh Lautsprechersysteme, damit die Reden, vor allem diejenigen Hitlers, eine medientechnische Verstärkung erfahren konnten.

Epping-Jäger betont ferner, dass die NSDAP bereits nach ihrer Neugründung im Jahre 1925 von Beginn an eine „phono-zentrisch [konstituierte], d.h. [...] eine um den Wirkungsraum von Stimmen organisierte ‚Rednerpartei'",[303] war. Die NSDAP hatte zunächst durch die Ausbildung und den systematischen Einsatz

---

301 Vgl. ebd.

302 Hadamovsky, Eugen (1933): *Propaganda und nationale Macht. Die Organisation der öffentlichen Meinung für die nationale Politik.* Oldenburg, S. 43. Zitiert nach: Epping-Jäger, Cornelia (2005): „Stimmräume. Die phonozentrische Organisation der Macht im NS", in: Gethmann, Daniel/Stauff, Markus (Hg.): *Politiken der Medien.* Zürich/Berlin, S. 341-358, hier: S. 355.

303 Epping-Jäger, Cornelia (2013): „LautSprecher Hitler. Über eine Form der Massenkommunikation im Nationalsozialismus", in: Gerhard, Paul/Schock, Ralph (Hg.): *Sound des Jahrhunderts. Geräusche, Töne, Stimmen 1889 bis heute.* Bonn, S. 180-191, hier: S. 180.

vieler Tausender Redner die Massenansprache zu ihrem Verbreitungskonzept gemacht. Insbesondere der Umstand, dass Hitler der Zugang zum unpolitischen Weimarer Radio verwehrt geblieben war, machte es möglich, zunächst auch ohne elektrische Verschaltung die Massen erreichen zu können.

> „Deswegen steigerte die Partei die Zahl und den Einsatz ihrer Redner massiv: 1926 verfügte sie über ca. 70 Redner, 1932 über annähernd 1.000, die auf mehr als 30.000 Kundgebungen sprachen. Diesem Rede-Ansturm stand jedoch ein Publikum gegenüber, das sich nicht beliebig vergrößern ließ, war der Vernehmbarkeit der Redner in Zeiten unverstärkter Rede doch eine natürliche Grenze gesetzt."[304]

Die Entwicklung der NSDAP zu einer Rednerpartei folgte strukturell schließlich den technischen Neuerungen in den 1920er Jahren. Im Jahre ihrer erneuten Gründung – darin sieht Epping-Jäger eine „Koinzidenz der Ereignisse" – wurden bei der Eröffnung des Deutschen Museums in München von Technikern der Firma Siemens

> „erstmals durch Lautsprecher Reden und Musik in den Räumen des Museums verstärkt und auf den einige Kilometer entfernten Königsplatz übertragen. Die Lautsprecher erwiesen sich als Erfolgsmedium: Von nun an testete man in Kirchen, Industriehallen und auf öffentlichen Festplätzen, wie sich die, so der Telefunken-Chefkonstrukteur, riesigen Dimensionen eines Saales vollkommen durch eine einzige menschliche Stimme beherrschen lassen."[305]

Diese Apparatur machte sich die NSDAP zunutze: Es wurde ihr fortan durch den professionellen Einsatz der in München erfolgreich durchgeführten Lautsprecher-Anordnung bereits in der Weimarer Republik möglich, einen über die Reichweite des Schalls hinausgehenden Hör- und Resonanzraum herzustellen. Die Körperlichkeit, Stimmlichkeit und Rhythmik sowie der akustische Ausdruck der Rede Hitlers okkupierten demnach den öffentlichen Raum, der durch das Lautsprechersystem vollständig durchdrungen zu sein schien. Das technische Arrangement der Lautsprecher und deren Mobilwerdung durch den Einsatz unzähliger Lastwagenkarawanen und Übertragungswagen mit eingebauten Schnittplätzen haben nicht nur den Resonanzraum des Redners verstärkt und verbreitet, so Epping-Jäger, sondern der medientechnische Einsatz führte auch und zugleich dazu, den politisch-öffentlichen Raum neu zu strukturieren, und zwar

> „durch die Lautsprecher-Verkabelung von ganzen Städten und Landschaften für die Wahlkampfauftritte von NS-Rednern; durch die akustische Erschließung von Stadtregionen etwa durch Lautsprecherwagen oder lautsprecherbestückte Zeppeline; durch die 1935 beginnenden Planungen, den öffentlichen Raum flächendeckend durch ein Netz stationärer ‚Reichslautsprechersäulen' zu erschließen".[306]

---

304 Ebd.
305 Ebd.
306 Ebd., S. 157.

Es bildete sich also eine ideologisch-propagandistisch strukturierte Übertragungsstrategie heraus, die wirkungsästhetisch eine Kommunikationssituation im Auge hatte, die Kommunikationsgemeinschaften durch gemeinsame virtuelle Erfahrungs- und Hörräume inszeniert. Am 16. November 1928, also zwei Jahre nach dem erstmaligen Einsatz von Lautsprechern durch die NSDAP, sprach Hitler „im Berliner Sportpalast ‚zum ersten Mal [...] [mit Hilfe, K.D.] einer Lautsprecheranlage, sodass die Worte des Führers in jedem Winkel des Riesenraums klar und deutlich zu verstehen waren', wie der *Illustrierte Beobachter* berichtete."[307]

Die Massenansprache per Lautsprecher, wie sie sich vor 1933 als eine erfolgreiche mediale Strategie der NSDAP erwiesen hat, schätzt Epping-Jäger als eine Erfahrung ein, die auch „nach der Erringung der staatlichen Macht" konstitutiv für die propagandistischen Machtapparate war, so dass

> „der durch das Dispositiv Lautsprecher generierte *Phono-Zentrismus der politischen Kommunikation des NS* nicht nur eine Kategorie der theoretischen Selbstbeschreibung, sondern tatsächlich auch ein Merkmal der praktischen medialen Performanz darstellt".[308]

Die performative Selbstvergewisserung der „Volksgemeinschaft" ist nach Epping-Jäger demnach akustisch inszeniert und obgleich in den hintersten Reihen des bei den Massenansprachen anwesenden Publikums Hitler nicht mehr zu sehen war, spricht Epping-Jäger von einem „Raum der wechselseitigen Wahrnehmung", der grundsätzlich durch die unmittelbare Anwesenheit von Körper und Stimme bestimmt ist. Mit Schrödl ließe sich schlussfolgern, dass der Klangkörper im Moment seines Erscheinens in seiner Phänomenalität zu einem Volkskörper durch die gehörte Stimme Hitlers wird.

Epping-Jäger beschreibt, dass die Konstituierung einer losen Gruppe zur „Volksgemeinschaft" durch das Lautsprechersystem möglich geworden ist, indem sich jeder einzelne Hörer durch die Verstärkung der Stimme Hitlers „persönlich" angesprochen fühlen konnte.[309] Und weiter heißt es, dass die Masse sich schließlich selbst in die Stimme Hitlers einschrieb:

> „Das Dispositiv *LautSprecher* nämlich ermöglicht, dass der Redner seine eigene Stimme technisch leicht verzögert wieder vernimmt, nun aber aufgeladen mit der emotionalen Resonanz eines Massenpublikums. Da das Lautsprechersignal den Redner mit einer gewissen zeitlichen Verzögerung wieder erreicht, wird die Stimme des Redners in seiner Selbstwahrnehmung durch die Stimme, die alle gehört haben, überschrieben. Sie wird durch die Mikrofon-Lautsprecher-Konfiguration in einem paradoxen Zugleich von Nähe und Ferne inszeniert, sie ist Massenkommunikation und doch auch intime Kommunikation im Raum wechselseitiger Wahrnehmung."[310]

307 Ebd., S. 180.
308 EPPING-JÄGER (2005): Stimmräume, S. 354.
309 Vgl. EPPING-JÄGER (2013): LautSprecher Hitler, S. 180.
310 Ebd., S. 182. (Hervorhebung im Original).

Wie aber genau ist dieser Raum der wechselseitigen Wahrnehmung bestimmt? Epping-Jägers These lässt sich in Anlehnung an die Körperperformanztheorie Erika Fischer-Lichtes so verstehen, dass der „Volkskörper" sich über die gehörte Stimme Hitlers vernimmt, die medientechnisch verstärkt ist. Es existiert also ein imaginierter Hörraum, in dem die Präsenz der Zuhörer in der Stimme Hitlers selbst gegenwärtig ist. Nur ist dieser Raum direkter und unmittelbarer geschaltet, als es die Distanz zwischen Sender und Empfänger unter unverstärkten Bedingungen zulässt. Durch die medientechnische Verstärkung wirkt der Raum der Rede Hitlers auf die Zuhörer so, als würde Hitler direkt zu ihnen sprechen, als entstünde der Raum der Wahrnehmung unmittelbar zwischen ihnen: Die Stimme ist auf diese Weise wahrnehmbar, als gäbe es eine direkte Kommunikation zwischen Sprecher und Hörer. Genau dies meint wohl auch Epping-Jäger, wenn sie die Engführung der Stimme durch die mangelnde „visuelle Präsenz des Redners", „der nur bis in die Tiefe von ca. 100 Reihen wahrnehmbar blieb", durch „kompensative Strategien der Sichtbarmachung"[311] ausgeglichen sieht.

Dies geschieht technisch-medial als eine akustische Selbstvergewisserung von Redner und Publikum, die in einem Resonanz- und Zwischenraum „aus dem Spannungsfeld von Feedback-Verarbeitung und Selbstaffizierung des Redners sowie aus der Logik vorgetäuschter direkter Interaktion"[312] entsteht. Dieser so wahrnehmbare Raum tritt an die Stelle der Sichtbarkeit des Führers:

> „Die ideologische Faszination der neuen Technologie lag dabei insbesondere in dem Umstand, dass die durch die elektro-akustische Wandlung vom Leib des Redners getrennte Stimme in den performativen Szenarien der Massenrede die Aufgabe übernehmen konnte, Massenkommunikation gleichwohl als leibanwesende Kommunikation in Szene zu setzen."[313]

Das Kollektiv wird dadurch auf scheinbar vergleichbare Weise erreicht bzw. angesprochen:

> „Die durch Mikrophon/Lautsprecher-Konfiguration medial vom Leib getrennte Stimme schreibt sich als kollektiv ratifizierte erneut in den Körper des Redners ein."[314]

Bemerkenswert ist nun Epping-Jägers Hinwendung vom Lautsprecherdispositiv zum Rundfunk. Vor dem Hintergrund der erfolgreich vorangetriebenen Massenrede, die die vom Leib getrennte Stimme durch medientechnische Verstärkung zu kompensieren weiß, sei nämlich mit den kompensativen Strategien mangelnder Visualität im Radio Hitler auch dort leibanwesend, wo ausschließ-

---

311 Epping-Jäger (2005): Stimmräume, S. 353.
312 Epping-Jäger (2013): LautSprecher Hitler, S. 182.
313 Epping-Jäger (2005): Stimmräume, S. 355.
314 Ebd., S. 354.

lich seine Stimme zu hören ist. Und auch dabei sei seine Stimm-Performance auf die Resonanz der Massen hin bezogen. Die Konsequenzen, die Goebbels und Hitler aus dem erfolgreich entwickelten Lautsprecherdispositiv zogen, sieht Epping-Jäger „als Exempel einer zuvor gelungenen Adressierung im Rahmen einer Massenveranstaltung an das Rundfunkpublikum gerichtet".[315]

In einer Tradition erfolgreicher Masseninszenierungen, die das Lautsprechersystem versprachen, „setzten Goebbels und Hitler also nicht auf die gleiche Wirkungsmächtigkeit von Rundfunk- und Massenrede, sondern auf den Rundfunk als globales Distributionsmedium gelungener lokaler Massenkommunikation".[316] Auf diese Weise sei die Stimme des Führers wirkungsmächtig in Szene gesetzt worden. So wurde dem Rundfunk „nur noch zugemutet, erfolgreiche und erfolgte Inszenierungen zu verbreiten. Der Rundfunk ist in diesem Sinne kein Inszenierungsmedium der politischen Stimme, sondern ein Verbreitungsmedium der gelungenen Stimminszenierung."[317]

Von hier aus ist es nur noch ein kleiner Schritt zu den Wirkungsmechanismen der Verstärkung und Übertragung der Stimme Hitlers im Rundfunk, dessen Stimme omnipräsent im ganzen Deutschen Reich zu hören gewesen ist: nicht als eine vom Körper fragmentierte Stimme, sondern als eine in der Interaktion mit der Masse imaginierte Präsenzchoreographie.[318]

Auf diese Weise

> „konstituierte es [das Radio, K. D.] zugleich einen Wahrnehmungsraum, der die räumliche Zerdehnung zwischen leib-anwesender Stimme und massenhaft Adressierten gleichsam aufhob und so die technischen Leistungen des Massenmediums mit der Form einer ‚Kommunikation im Raum wechselseitiger Wahrnehmung' verknüpfte."[319]

Für Epping-Jäger spielt die Raumkategorie eine ganz zentrale Rolle, weil sie von einer vormodernen,[320] also einer vis-à-vis-Kommunikationssituation ausgeht, die einen privaten Rederaum impliziert, wobei dieser jedoch mit der Massenansprache im Radio trotz der vom Körper fragmentierten Stimme im Rundfunk erhalten bleibt. Die unmittelbare Raum- und Zeitwahrnehmung treten sowohl bei der Massenrede als auch bei der Übertragung im Rundfunk synchron auf und sind miteinander verschaltet. Die „Mikrophon/Lautsprecher-Konfigurati-

315 EPPING-JÄGER (2013): LautSprecher Hitler, S. 182.
316 Ebd.
317 Ebd.
318 Vgl. EPPING-JÄGER (2005): Stimmräume, S. 354.
319 Ebd.
320 So begreift sie mit dem Soziologen Ulrich Beck „[d]as Vormoderne und das Moderne [...] im Gegensatz zur traditionellen Modernisierungstheorie nicht als zeitlich entgegengesetzte Pole eines Entwicklungskontinuums [...], sondern als gleichzeitig existierende, die in der kulturellen Praxis der Menschen gemeinsam reproduzierte". Vgl. EPPING-JÄGER (2005): Stimmräume, S. 354.

on" sei nach Epping-Jäger demnach „weniger im Kontext des Rundfunks" „als in dem des Dispositivs Massenrede vorangetrieben"[321] worden.

Es entsteht ein Resonanzraum, der durch den akustischen Ausdruck geprägt ist und über den gesprochenen Inhalt und die Rhetorik hinausweist. Er verweist auf den unmittelbaren Resonanzraum zum Zeitpunkt der Rede und ist mit der Resonanz der hörenden „Menschenmassen" verbunden. Diese Menschenmassen sind schließlich auch im Rundfunk zu hören, da direkt vom Ort des Geschehens übertragen wird.

Die Ausweitung der Kampf- und Resonanzräume durch eine medientechnische Vergrößerung der Teilnehmer, die *gleichzeitig* an dem Ereignis partizipieren, konstituiert schließlich einen gemeinsamen, massenmedial verschalteten Erfahrungsraum, der soziale und kulturelle Kodierungspraktiken und -dynamiken ermöglicht. Dabei

> „vereinigt das ‚Dispositiv Laut/Sprecher' in Massenveranstaltungen die massenhafte Distribuierung von Information mit den rednerseitigen Steuerungspotentialen hinsichtlich der Adressaten in einer ‚Kommunikation im Raum wechselseitiger Wahrnehmung'".[322]

Wechselseitig ist jedoch nicht nur die Stimme Hitlers, deren Widerhall durch den Lautsprecher an die Präsenz der Massen gerichtet ist. Umgekehrt ließe sich auch sagen, dass der einzelne Hörer sich selbst im Gehörten imaginiert. Denn durch das Zuhören der Stimme Hitlers hört man nicht nur – mit Roland Barthes und Jacques Lacan[323] gesprochen – dem anderen zu, sondern auch einem selbst. Die Theaterwissenschaftlerin Doris Kolesch formuliert diesen Zusammenhang so:

> „Es stellen sich Bilder und Assoziationen ein, ich werde auf meinen eigenen Körper und mein eigenes Imaginäres verwiesen. Kein Hören also ohne Visualität; als konkretes, das Hören begleitendes Sehen oder als Imaginieren."[324]

Gemeint ist für die „Verbindung von Stimmlichkeit und Visualität", dass sich beim Hörer eine Vorstellung durch die akustische Ansprache einstellt. Diese Vorstellung ist gleichzeitig präsent, repräsentativ und bestimmt von dem „Verhältnis von Anwesenheit und Abwesenheit", und zwar indem in „der Repräsentation [das] Repräsentierte, also das Abwesende den Fokus bildet".[325]

Der Zuhörer imaginiert demnach eine Vorstellung von dem in der Radio-Rede Abwesenden. Epping-Jäger hat dieses Moment aus der Perspektive der Nati-

321 Ebd., S. 352.
322 Ebd., S. 351.
323 Barthes, Roland (1990): „Die Musik, die Stimme, die Sprache", in: Ders.: *Der entgegenkommende und der stumpfe Sinn*. Frankfurt am Main, S. 279-285; und Lacan, Jacques (1996): *Seminar XI. Die vier Grundbegriffe der Psychoanalyse*. Berlin/Weinheim.
324 Kolesch (2001): Ästhetik der Präsenz, S. 265.
325 Ebd.

onalsozialisten als eine intendierte, kompensative und medientechnisch durch das System Lautsprecher erprobte Gegenstrategie zur mangelnden Sichtbarkeit des Führers beschrieben. Demgemäß erschafft die Stimme Hitlers den Körper der Masse, in den die Masse sich selbst einschreibt. Die Stimme wird jedoch im Rundfunk wie auch in der Massenansprache von ihrem Stimmgeber entkoppelt und erfährt eine Aufwertung, so dass sie ästhetisch eigenständig wird. Außerdem löst sie selbst mittels der Resonanz der Hörer einen Rückkopplungseffekt aus. Dies ist eine Perspektive, die Epping-Jäger zwar mit einbezieht, jedoch nur, indem sie den Hörer als Resonator der Stimme Hitlers versteht. Die Performanz-Theoretikerin Fischer-Lichte beschreibt die wechselseitige Beziehung zwischen Stimme, ihrem Körper und dem Rezipienten auch aus der Perspektive des Zuhörens. So seien alle drei Arten der Materialität der Stimme – Körperlichkeit, Räumlichkeit und Lautlichkeit – nicht nur für den Sprechenden, sondern zugleich für den Hörenden wahrnehmbar. Der, der den Schrei oder andere lautliche Äußerungen eines Menschen vernimmt,

> „wird somit den Betreffenden in seinem leiblichen In-der-Welt-Sein wahrnehmen, wodurch auf sein eigenes In-der-Welt-Sein unmittelbar eingewirkt wird, denn indem er den Schrei, das Schluchzen oder Lachen vernimmt, dringt die schreiende, schluchzende oder lachende Stimme in seinen Körper ein, re-soniert in ihm, wird von ihm aufgenommen".[326]

Bemerkenswert ist aus dieser Perspektive, dass der Hörer mittels der Schwingungen physisch auf seinen eigenen Körper zurückgeworfen wird. Dass zuerst die Stimme im Körper des Rezipienten vernommen und daraufhin erst der Körper des Sprechenden wahrgenommen wird, darauf hat Christian Jooß-Bernau hingewiesen:[327]

> „Denn zuerst re-soniert die Stimme doch im Körper des Rezipienten, und daraufhin erst erfolgt die Wahrnehmung des Körpers des Sprechenden oder Singenden. Die Wahrnehmung des Körpers des Sprechenden oder Singenden wird also über dessen Stimme initiiert, gesteuert und kann somit auch extrem modifiziert werden. Die Stimme ist in der Lage, eine Körperwahrnehmung komplett zu verändern."[328]

Es wird in diesem Zitat eine Position aufgegriffen, die bisher in den Performanz-Theorien zu Hitlers Massenansprachen außer Acht gelassen wurde: die Wahrnehmung nicht nur des massenhaften Volkskörpers in der Stimme Hitlers, sondern die Wahrnehmung des eigenen Körpers durch den Zuhörer. Impliziert ist in Epping-Jägers Ausführungen, dass der „Volkskörper", also die Masse, sich durch die Stimme Hitlers als „Volksgemeinschaft" wahrnehmen kann. Damit ist jedoch noch nicht thematisiert, dass der eigene Körper des einzelnen Zuhörers

326 FISCHER-LICHTE, ERIKA (2004): *Ästhetik des Performativen*. Berlin, S. 219.
327 Vgl. JOOSS-BERNAU, Christian (2010): *Das Pop-Konzert als para-theatrale Form*. Bielefeld, S. 73.
328 Ebd.

als ein Teil des „Volkskörpers" begriffen werden muss. Gemeint ist damit also die Auflösung der individuellen Körperwahrnehmung hin zum massenhaften „Volkskörper". Die Frage, die sich stellt, lautet daher: Kann die Anwesenheit des eigenen Körpers gar losgelöst von der Masse gedacht werden? Vergewissert sich der Zuhörer nicht seiner selbst, indem er in ihm die Stimme des anderen resoniert? Oder anders gefragt: Wenn Epping-Jäger davon spricht, dass der Lautsprecher den Anschein einer direkten Ansprache des Einzelnen ermöglicht, ist damit nicht auch die Vergewisserung des eigenen Körpers angesprochen? Suggeriert wird, dass die individuelle Körpererfahrung von der Wahrnehmung eines großen Volkskörpers abgelöst wird. Allerdings ist doch gerade die individuelle Körpererfahrung durch die Schwingungen der Stimme des anderen bestimmt, die die Zugehörigkeit als eigenes Körpergefühl konstituiert. Gleichzeitig resoniert doch auch das Gebrüll der anderen Zuhörer im Körper des Einzelnen.

Es lässt sich also schlussfolgern, dass keineswegs die individuelle Körperwahrnehmung zugunsten eines allumfassenden „Volkskörpers" aufgehoben wird. Vielmehr ist der „Raum der wechselseitigen Wahrnehmung" bestimmt durch einen Prozess der Teilhabe, indem nicht nur die Stimme Hitlers, sondern auch die der Massen im Körper des Einzelnen resoniert. Diese Konstellation lenkt den Blick auf die Perspektive der Zuhörer, die durchaus auch den „Raum der wechselseitigen Wahrnehmung" bestimmt. Denn der Zuhörer nimmt sich selbst auch in Relation zum anderen Zuhörer wahr, als ein Zuhören in Gemeinschaft, an der er partizipiert. Somit entsteht eine doppelte Perspektive: Einerseits fühlt sich der Zuhörer dem Volkskörper zugehörig, der die Stimme Hitlers selbst mitkonstituiert; zugleich nimmt er sich jedoch selbst in Relation zu den anderen Zuhörern wahr. Die Wahrnehmung des eigenen Körpers ist dabei nicht nur auf das Akustische begrenzt, sondern als ein mehrfach strukturiertes synästhetisches Wahrnehmungsgeflecht des Körpers benannt. So ist das Hörereignis in der Masse auch durch den Kontakt zu den anderen, durch die Berührung bestimmt, die den akustischen Wahrnehmungsakt prägt. Jean-Luc Nancy unterscheidet zwischen Zuhören, dem Hören auf, dem Horchen und Lauschen und nennt die Abhängigkeit des Hörereignisses von Selbstbezug, Bezug zum anderen und vom Raum.[329]

329 Vgl. NANCY, Jean-Luc (2014): *À l'écoute*; dt: Zum Gehör, aus dem Französischen übersetzt von Esther von der Osten. Berlin/Zürich, S. 15f. und S. 38f. Nancys Argumentation bezieht, wenn er über das Zuhören spricht, alle Sinne mit ein und unterscheidet beim Kontakt und der Berührung zwischen Innerem und Äußerem.

Auch mit Edmund Husserl,[330] Maurice Merleau-Ponty[331] oder Bernhard Waldenfels[332] ließe sich darauf hinweisen, dass körperliche Raum-Zeit-Erfahrungen gerade im Hör-Klang-Raum eine andere, „besondere Gestalt"[333] annehmen, die sich auch als kinästhetisch beschreiben ließe.

> „Durch den räumlich-ausbreitenden Charakter von stimmlich-akustischen Phänomenen sowie durch die Eigenschaft des Ohres, nicht wie das Auge verschließbar, sondern prinzipiell offen und durchlässig zu sein, erscheinen stimmlich-akustische Phänomene besonders geeignet, wechselseitige körperliche Verbindungen oder Spannungen auszulösen."[334]

Damit ist die Wahrnehmung des „Volkskörpers" auf die eigene körperliche Erfahrung gerichtet, die sich dem Zuhörer einprägt und sich zugleich als Verweis auf die Masse versteht, die sich aus anderen Zuhörern zusammensetzt. Dies ist eine Perspektive, die deutlich über den Hörraum, wie ihn Epping-Jäger beschreibt, hinausweist und nicht mehr nur an die Stimme Hitlers gebunden ist, sondern sich als Gemeinschaftserfahrung des Zuhörens in die Wahrnehmung von Gemeinschaft einschreibt. Sie ist zwar auch, wie Epping-Jäger annimmt, in der Stimme Hitlers enthalten, lässt sich jedoch als eine eher äußerliche Berührung beschreiben, die an das innere Erleben geknüpft ist. Die Erfahrung des Zuhörens bindet die Hörer und macht diese Erfahrung zu einer des unmittelbar in körperlichem Kontakt seienden, also zu einer synästhetisch körperlichen Erfahrung innerhalb einer Hörgemeinschaft, die im Rundfunk imaginiert werden kann. Die körperliche Resonanz der anwesenden „Masse" *schwingt* daher mit. Bei Hagen heißt es: „Das Radio ermöglicht, dass Hunderttausende tatsächlich vor einem blödsinnigen Blechding namens Lautsprecher strammstehen, aus denen Hitlers Stimme tönt." Er bezieht sich auf den Radioappell im April 1933: „Diese extreme Probe auf Exempel musste gemacht werden, um beweisen zu können, dass das Radio im sozial Symbolischen seine verlässliche Wirkung zeigt."[335]

Hagen hat wie Epping-Jäger zu erklären versucht, eine Form der imaginären Partizipation in der Gemeinschaft durch die Verschaltung von medialer und so-

330 Vgl. HUSSERL, Edmund (2012): *Cartesianische Meditationen.* Hamburg.

331 Vgl. MERLEAU-PONTY, Maurice (1986): *Das Sichtbare und das Unsichtbare.* München.

332 Vgl. WALDENFELS, Bernhard (2004): *Phänomenologie der Aufmerksamkeit.* Frankfurt am Main, S. 199; und Ders. (1999): *Sinnesschwellen. Studien zur Phänomenologie des Fremden.* Frankfurt am Main.

333 Darauf weist Gabriele Brandstetter hin. Vgl. BRANDSTETTER, Gabriele (2012): „‚Listening' – Kinaesthetic Awareness im zeitgenössischen Tanz", in: SCHROEDTER, Stephanie (Hg.): *Bewegungen zwischen Hören und Sehen. Denkbewegungen über Bewegungskünste.* Würzburg, S. 113-127, hier: S. 123.

334 SCHRÖDL, Jenny (2013): „Die Energie der Theaterstimme. Einem Phänomen auf der Spur", in: GRONAU, Barbara (Hg.): *Szenarien der Energie. Zur Ästhetik und Wissenschaft der Immateriellen.* Bielefeld, S. 131-153, hier: S. 148.

335 HAGEN (2005): Das Radio, S. 116.

zialer Realität zu beschreiben. Auf die individuelle Körperwahrnehmung des Hörers geht er nicht weiter ein. Ihm geht es vielmehr um den Umstand, dass die „Farce des sozialen Rituals" real möglich geworden war. Bei ihm sind die Massen im Rundfunk „parasozial verschaltet", wenn der Führer im Rundfunk zu den Massen spricht. „Die Parasozialität, die das Radio hervorbringt, hat eine ungeahnte und unvordenkliche Mächtigkeit."[336] Hagen führt in seiner Radio-Untersuchung den soziologischen Begriff der Parasozialität ein, ohne ihn jedoch näher zu bestimmen.[337] Parasozialität ist jedoch auch immer eine Form der Partizipation. Der Rezipient geht eine Bindung ein mit dem, der spricht und prominent ist.

Primär ist Parasozialität[338] jedoch ein genuin soziologisches Konzept, das aus dem Umfeld der Fernseh- und Alltagsforschung stammt. Darin wird zunächst die Interaktion zwischen einem (Fernseh-)Zuschauer und dem Medienakteur in den Blick genommen. Der Akteur als „Persona" ist dabei weder als Star noch als Schauspieler oder als Sänger kategorisiert. Je nach Auffassung ist die medienwirksame Persona „in einem dreipoligen Kräftefeld von Schauspieler, medialer Rolle und sozialem Typus konstituiert".[339] Zentral für eine Beziehungsentwicklung zwischen Akteur und Zuschauer ist seine wiederholte, mediale Präsenz.[340] Durch den alltäglichen oder routinierten Auftritt des medialen Akteurs im All-

336 Ebd., S. 116.

337 „Parasozialität" ist ein Begriff, der zuerst 1956 von den Soziologen Donald Horton und R. Richard Wohl in der amerikanischen Zeitschrift „Psychiatry" unter dem Titel „Mass Communication and Para-Social Interaction" veröffentlicht wurde. Vor dem Hintergrund einer als pathologisch diagnostizierten Fanbindung an im Fernsehprogramm repräsentierten Personen werden unterschiedliche Modelle und Formen der Fernsehkommunikation diskutiert. Einem besonderen Raum nehmen dabei Fernsehkonzepte ein, die sich mit nicht-fiktionalen Sendeformaten beschäftigen. Die Grundthese dieses Aufsatzes wurde später in dem von Donald Horton und Anselm Strauss publizierten Aufsatz „Interaction in Audience-Participation Shows" (erschienen im „American Journal of Sociology") weiterverfolgt, indem sie die Interaktion zwischen Medienakteuren und Zuschauern in Beziehung setzen. Demnach entsteht durch die Rezeption der Massenmedien Radio, Fernsehen und Film die Illusion einer Face-to-face-Beziehung zu der „nur" medial präsenten Fernsehfigur. Es entsteht also eine Kommunikationsstruktur zwischen Individuen im Alltag und den Medienakteuren. Darin gilt, dass der Zuschauer Teil der Fernsehinszenierung ist, indem eine Bühne aufgebaut wird, in der er als Zuschauer mitgedacht wird. Das Publikum sei „subtly insinuated into the program's action and internal social relationships and, by dint of this kind of staging, is ambiguously transformed into a group which observes and participates in the show by turns". Vgl.: HORTON, Donald/STRAUSS, Anselm (1957): „Interaction in audience-interaction shows", in: *American Journal of Sociology*, Nr. 62, S. 579-587; und HORTON, Donald/WOHL, R. Richard (1956): „Mass communication and para-social interaction", in: *Psychiatry*, Nr. 19, S. 215-229, hier: S. 215. Einen guten Überblick über die Gebrauchsweisen der assoziierten Begriffe gibt: WULFF, Hans J. (1996): „Parasozialität und Fernsehkommunikation", in: *Medienpsychologie*, Jg. 8, Nr. 2, S. 163-181.

338 Vgl. dazu ebd., S. 166ff.

339 Ebd., S. 167.

340 Vgl. ebd.

tag des Rezipienten bildet sich eine einseitige Beziehung zwischen dem Medienakteur und dem Zuhörer und Zuschauer aus, die jedoch in die Alltagsordnung diffundiert. Grundsätzlich geht der Soziologe Hans J. Wulff davon aus, dass „die Rezeption von Fernsehsendungen mit dem Alltagsleben von Rezipienten einen *produktiven* Zusammenhang bildet".[341]

Ausgehend von der medialen Präsenz der Figur und Stimme Hitlers, beschreibt Hagen, wie Goebbels und Richard Kolb am 8. April 1933 das erste Mal „SA-Horden" und „Millionen von Hörern" im „parasozialen Raum" medientechnisch zu verschalten versuchten. Für Hagen ist der (Hör-)Raum also ein „parasozialer", der sich in der Übertragung der Massenveranstaltungen im Radio als eine gelungene mediale Verschaltung mit dem Sozialen erweist. Den Nationalsozialisten gelang die Herstellung eines Raumes, der auf der einen Seite im Sozialen, also in der Gesellschaft, „reale Terrorgruppen" bereithielt und auf der anderen Seite eine medial hervorgebrachte „parasoziale Bereitschaft des Volkes" radiotauglich und massenmedial verschaltete.

> „Es ging um den Versuch, für Millionen von Hörern eine medientechnisch induzierte Verschaltung im parasozialen Raum in Szene zu setzen, um die reale Verschaltung, nämlich die faschistische Reorganisation der Gesellschaft als Volksgemeinschaft, in Gang zu setzen."[342]

Die Inszenierung der „Volksgemeinschaft" im Radio ist bei Hagen räumlich festgelegt und impliziert eine Teilhabe der Hörer, die zum Gelingen der „parasozialen Verschaltung" beitragen. Anders als Epping-Jäger, die die Hörergemeinschaft in der Stimme Hitlers resonieren sieht, verzichtet Hagen auf weitere Erklärungen. Bei ihm partizipiert der Hörer, indem er die mediale Wirklichkeit in der realen der Nazifizierung zulässt. Möglich ist dies eben durch das Radio, das zunächst eingeschaltet ist und schließlich Gemeinschaft im Akt des Zuhörens „verschaltet". Die Nazifizierung der Gesellschaft ist ein Akt, der sich dem anschließt.[343] Das Zuhören und Hören auf den Zuhörer bildet hier jedoch die Grundlage für eine Annahme der partizipativen Struktur. Parasozial ist das soziale als ein Akt medialer Wahrnehmung die nur durch das akustische bestimmt ist.

Zusammenfassend lässt sich festhalten: Durch den Einsatz der Redner, die medientechnische Verstärkung der Lautsprecher und die Übertragung des Radios entstand ein Sound der Sprecherstimmen und vor allem der Stimme Hitlers, der sich auch jenseits der propagandistischen Inhalte akustisch fassen lässt:

---

341 Ebd., S. 180.

342 HAGEN (2005): Das Radio, S. 116f.

343 Von der Faschisierung der Gefühle aus ästhetischer Perspektive spricht vor allem Georg Seeßlen. Vgl. hierzu: SEESSLEN, Georg (2010): *Quentin Tarantino gegen die Nazis. Alles über Inglorious Basterds. Kleine Schriften zum Film: 1.* Berlin; Und: THEWELEIT, Klaus (2000): *Männerphantasien 1+2: Bd 1: Frauen, Fluten, Körper, Geschichte.* München.

Einerseits ist damit die klangkörperliche, phänomenale Erscheinung der ästhetischen Stimme im Moment ihrer Produktion und Wahrnehmung gemeint. Andererseits stehen in der Interaktion auch sinnlich wahrnehmbare Aspekte der Inszenierung der Masse im Vordergrund, die die reale und mediale Wirklichkeit miteinander „verschalten". Das Parasoziale wird zu einem medialen Erleben in Gedanken und die Vorstellung gemeinschaftlichen Zuhörens konstituiert sich in der akustischen Ansprache. Dabei ist es gleichgültig, ob dieser „Raum der wechselseitigen Wahrnehmung" im Rundfunk oder per Lautsprecher vermittelt ist, denn in beiden Fällen wird eine Vorstellung eines gemeinschaftlichen, medialen Hörraums evoziert.

Somit ist einerseits der wechselseitige Hörraum der Wahrnehmung durch die Resonanz der Massen in der Stimme Hitlers bestimmt, die auch im Radio akustisch wahrnehmbar ist. Andererseits ist das Hören bei Massenveranstaltungen unabhängig von der Sprecherstimme als eine Wahrnehmungserfahrung gedacht, die konstitutiv an die Imagination der körperlichen Zuhörer-Zuhörer-Relation gebunden ist. Letzteres wird als eine neue, massenmedial bestimmte Perspektive der Selbstwahrnehmung in Bezug auf andere Zuhörer in Gemeinschaft verstanden. Mit und gegen Epping-Jäger kann angenommen werden, dass die gelungene Masseninszenierung nur noch auf das Radio angewendet werden musste, jedoch die direkte Ansprache durch die Sprecherstimme auch die Ansprache der Zuhörer untereinander ermöglicht hat.

Diese Perspektive auf die Rundfunkrezeption wird für die folgende Argumentation bedeutsam, als die Stimme Hitlers mit Beginn des Krieges kaum oder gar nicht mehr im Radio ausgestrahlt wurde. Die Hörgemeinschaft ist somit getrennt von der, wie Hagen und Epping-Jäger argumentieren, sie konstituierenden Verschaltung mit der Stimme Hitlers. Radio-Hören wird durch den starken Einsatz von Unterhaltungsmusik, Kriegsmeldungen etc. dennoch als Gemeinschaftserfahrung inszeniert. Dies zeigt sich auch bei der Inszenierung der „Volksgemeinschaft" als Hörgemeinschaft durch die Medienangebote im Rundfunkprogramm.

5.4 Medien und „Volksgemeinschaft" im NS-Rundfunk

Am Material der Programmgeschichte wurde herausgearbeitet, dass die „Volksgemeinschaft" als Hörgemeinschaft im Rundfunk nicht nur über die Reden Hitlers inszeniert wurde, sondern zugleich kompensative Strategien entwickelt wurden, um die „Volksgemeinschaft" als eine massenmedial aufeinander bezogene Hörergemeinschaft zu inszenieren. Im Folgenden wird auf die Strategien des RMVP eingegangen werden, die sich aus der Programmgeschichte ablesen lassen. Inwiefern die Inszenierung der „Volksgemeinschaft" auch Teil der Programmplanungen waren, zeigt sich an der ideologischen Ausrichtung und Strategie der eingesetzten Rundfunkformate.

5.4.1 Die NS-Programmgeschichte: Ein Drei-Phasen-Modell

Eine zentrale Übertragungs- und Inszenierungsstrategie bildete der Versuch (wie schon gezeigt werden konnte), den Hörer durch Gemeinschaftsfunk zu erreichen. Für die nun daran anschließende Analyse wird unter den genannten Voraussetzungen angenommen, dass vor allem der imaginäre Hörraum ein entscheidender Faktor für die Identifikation der Hörer mit den Radioübertragungen und -sendungen gewesen ist. Mit welchen Mitteln der imaginäre Raum zwischen Sender und Empfänger, der Äther, ideologisch besetzt wurde, gilt es zu bestimmen.

Wolfram Wessels formuliert in seiner Rundfunk- und Hörspieltheorie bereits 1985, dass das Spannungsverhältnis zwischen Politik und Kunst im NS-Rundfunk aufgehoben sein sollte. Sich auf die Wagnersche Gesamtkunstwerkkonzeption beziehend, sei Kunst als Mittel zur Politik und umgekehrt aufzufassen. So sei die „örtliche Ungebundenheit des Rundfunks als Medium im „imaginären Raum" besonders dazu geeignet, eine „innere Einheit" aller Hörer als „Volksgemeinschaft" zu beschwören, um die „volksverbindende Macht", die vom Rundfunk ausginge, zu erproben.[344]

5.4.2 Erste Rundfunkphase 1933-1935

Gerade in der ersten Phase des Rundfunks ist der Versuch, Hörer imaginär und real auf die ideologischen Ziele des Nationalsozialismus einzuschwören, medientechnisch umgesetzt und die Wirksamkeit des Hitlerschen Wortes und seiner Stimme im Rundfunk erfolgreich erprobt worden. Sie bilden eine zentrale Übertragungsstrategie, die sich jedoch zügig ändert, als schon im Mai 1933 eine Übersättigung der Hörer mit wortpropagandistischen Inhalten spürbar wurde. Bereits im Mai 1933 wies Goebbels an, dass nur noch zwei politische Reden im Monat übertragen werden dürften. Für den 1. Mai 1935 kündigte er an, mit den „Hörberichten sehr sparsam zu arbeiten". In dieser Phase wurde ab dem Winter 1933/34 vor allem nach Möglichkeiten gesucht, dass Volk nicht mehr mit Redenpropaganda für sich einzunehmen, sondern durch eine „Offensive der Kulturpropaganda" zu erreichen. Hadamovsky wollte, dass „der Rundfunk durch Kunst für Politik"[345] warb. Da die „parasoziale" Verschaltung sich als eine erfolgreiche Strategie erwiesen hatte, hielt das RMVP an der Übertragungsstrategie

344 WESSELS (1985): Hörspiele im Dritten Reich, S. 111ff.
345 POHLE (1955): Der Rundfunk als Instrument der Politik, S. 293ff.

des totalen Gemeinschaftsempfangs fest. Um massenhaft die Hörer mit der „neuen", „arisierten" Kultur der NS-Kulturästhetik auf ihre Rolle als „Kulturvolk" einzuschwören, wurden den Rundfunkhörern die „Heroen" der deutschen Geistes- und Kulturgeschichte präsentiert. So wurde im Januar 1934 beispielsweise innerhalb von zwölf Tagen über alle Senderanstalten ein Beethoven-Zyklus, bestehend aus „Fidelio" und allen neun Sinfonien, im „totalen Gemeinschaftsempfang" ausgestrahlt.[346] Dem folgte ein Zyklus aus dem Werk der „weltanschaulichen Vorkämpfer": also Wagner, dazu der Dichter Friedrich Schiller und der Kulturphilosoph Houston Stuart Chamberlain. Eingerahmt war das Programm mit Kammermusik.[347] Ähnliche Programmkonzepte, mit der die Rundfunkhörer von nun an auf das neue deutsche Selbstverständnis als „Kulturvolk" eingeschworen werden sollten, waren die Übertragungen der Bayreuther Festspiele, die „von einer Fülle von Sendern des Auslands in die ganze Welt ausgestrahlt [wurden]".[348]

Bemerkenswert ist Peter Reichels Feststellung, dass die gleichgeschalteten Reichssenderkonzerte einen Hörraum konstituierten, mit dem Ziel, nicht nur das ganze Reich imaginativ zu verschalten, sondern sich auch in der Welt auszubreiten. Die Imagination und mit ihr der Ätherraum weiteten sich medientechnisch aus, indem alle Sender gleichzeitig die Übertragungen von Kundgebungen, Feiertagen etc. sendeten. Der „Ring" ist zum Beispiel auch von ausländischen Sendern übertragen worden. Deshalb sei davon auszugehen, dass diese Sendungen nicht nur jene ansprechen wollten,

> „die noch abseits standen. Sie sollten darüber hinaus auch ‚das Ohr der Welt' gewinnen. Es mochte dem lädierten Nationalbewußtsein mancher Hörer schmeicheln und Deutschlands ersehnten Wiederaufstieg zu neuer Weltgeltung verheißen, wenn die Ansage begann: ‚Hier ist der Deutsche Rundfunk'. [...] Das gab den Hörerwünschen ferne Ziele."[349]

Dass der Hörraum, der mit der Ankündigung der internationalen Ausweitung der deutschen Hörzone beim Zuhörer schließlich nicht nur die Weite der Welt vor Augen und Ohren aufziehen lassen sollte, sondern der Welt draußen die Bedeutung des „Kulturvolkes" zu vermitteln hatte und dies als Selbstverständnis in die Wahrnehmung der Hörer gepflanzt wurde, lässt sich als eine Übertra-

346 Die IV. Symphonie wurde aus München am 18. Januar 1934 vom Nationalsozialistischen Reichssymphonie-Orchester unter der Leitung von Franz Adam gespielt, die VI. Symphonie am 22. Januar 1934 unter der Leitung von Hans Pfitzner, die IX. Symphonie am 25. Januar 1934 aus der Tonhalle München von den Münchner Philharmonikern unter der Leitung von Siegmund von Hausegger. Vgl. dazu: Ulm, Renate (2006): „Rundfunkentwicklung am Beispiel des Bayrischen Rundfunks", in: Jacobshagen, Arnold/Reinighaus, Frieder (Hg.): *Musik und Kulturbetrieb. Medien, Märkte und Institutionen*. Laaber, S. 46-73, hier: S. 62.

347 Vgl. Dussel (2004): Deutsche Rundfunkgeschichte, S. 93.

348 Ebd.

349 Reichel (2006): Der schöne Schein, S. 167.

gungsstrategie der expansiven Empfangspolitik verstehen. Hieran zeigen sich weitere programmpolitische Versuche, dem deutschen Volk im gemeinsamen Hörraum nicht nur deutsche Identität abstrakt zu vermitteln, sondern zugleich auch konkrete mediale Identitätsangebote zu unterbreiten. Die großen Kompositionen waren nun konstitutiver Teil einer „Volksgemeinschaft“, an der durch das Zuhören im Rundfunk teilgenommen werden konnte. Beethoven, Wagner und Bruckner gehörten von nun an zur nationalsozialistischen Identität, und dies wurde der Welt mitgeteilt.

Es folgten Übertragungen auch von Wagners „Ring des Nibelungen“.[350] Daran schlossen sich weitere Reichssendungen an: So wurden ebenso die Werke von Bach, Händel und Mozart sowie Kompositionen von Bruckner gesendet.[351] Gespielt wurden sie in der Regel von hauseigenen Klangkörpern, die ja bereits in der Weimarer Zeit bestanden hatten. Sie wurden ebenfalls vom Rundfunk übernommen, sollten von nun an jedoch populärer werden. Die Partituren und Kompositionen, die aus der Zeit des Weimarer Rundfunks stammten, waren auf die Musikwünsche eines bürgerlichen Publikums hin geschrieben worden. Damit sich auch die Masse angesprochen fühlen konnte, wurden Versuche unternommen, mittels des Sounds die Stücke aus dem Bereich der ernsten Musik zu popularisieren. So ist beispielsweise im Bayerischen Rundfunk versucht worden, das Rundfunkorchester umzustrukturieren. Das Orchester sollte u.a. „Beethovens Schlachten-Musik mit zwei S.A.-Kapellen als Hilfsgruppen“ aufführen, um eine „Popularisierung der klassischen Musik“[352] zu erreichen. Zugleich entstanden durch die strikten Zensurmaßnahmen im Rundfunk große Lücken im Repertoire. Dieses Vakuum wurde mit „arischen“ Neukompositionen und mit völkisch gedachten Stoffen befüllt. Die Übernahme der Ensembles verlief also dergestalt, dass die Orchester und Kapellen Partituren von Carl Orff, Hans Pfitzner oder Josef Suder vorgesetzt bekamen und spielten. Neue Ensembles wie zum Beispiel die „Bayrischen Funkschrammeln“ spielten vorrangig Volksmusik und bemühten sich um Heimatpflege.[353]

Gerade in der Frühphase des NS-Radios wurde die Vereinnahmung der klassischen Musik im Rundfunk zu einem wesentlichen Instrument der NS-Medienpolitik. Klassische Musik wie die von Beethoven, Bruckner und vor allem Wagner wurde genutzt, um die Hörer mit dem in Anspruch genommenen kulturellen Erbe zu konfrontieren. Politisch wurden diese Konzertübertragungen in der Regel von expliziten Propagandawortsendungen eingerahmt.

---

350 Ebd.

351 Vgl. ULM (2001): Rundfunkentwicklung am Beispiel des Bayrischen Rundfunks, S. 63.

352 Gerhard von Westerman im Juli 1933 in der *Bayrischen Radiozeitung*, Nr. 27 vom 2. Juli 1933, „Freude am Musikprogramm“, S. 4. Zitiert nach: ULM (2001): Rundfunkentwicklung des Bayrischen Rundfunks, S. 63f.

353 Vgl. ebd., S. 64.

Ein Beispiel hierfür ist die „Stunde der Nation" des Deutschlandsenders. Sollte sie zunächst NS-Identität vermitteln, erging sie sich „in mehr oder minder platter Agitation und Polit-Poesie":

> „Einen beträchtlichen Teil der Sendezeit nahmen nämlich Programme ein wie das vom 29. April 1933, wo Hans Pfitzner zunächst eigene Werke und schließlich Beethovens 8. Sinfonie dirigierte, oder das vom 13. Oktober jenen Jahres, wo Anton Bruckners 2. Sinfonie unter Leitung von Hans Rosbauds zur Aufführung kam – in diesen wie in vielen anderen Fällen Beiträge, die sich in die Tradition der Pflege des klassischen Erbes stellten und weit über nationalsozialistische Kreise Anklang finden mußten."[354]

An der Realisierung dieses Programmkonzepts lässt sich die von Konrad Dussel angesprochene programmatische Auseinandersetzung der NS-Programmmacher mit den Sendekonzepten des Weimarer Radios belegen. „Bildungsgüter" des Weimarer Radios wurden propagandistisch eingefärbt, indem die vormals bildungsbürgerlichen Inhalte durch ideologisch-politische ersetzt wurden, Musik von NS-Komponisten wie Hans Pfitzner gespielt wurde und die von Hitler vereinnahmten „deutschen" Komponisten wie Richard Wagner oder Anton Bruckner das Programm rahmten.

Die „Stunde der Nation" gilt als „eine Übergangserscheinung in der bewußten Auseinandersetzung der Nationalsozialisten mit dem Rundfunk der Weimarer Republik".[355] Durch den Versuch, sich abzugrenzen, während nur sehr wenige Mittel nach den rigorosen Personalsäuberungs- und Zensurmaßnahmen zur Verfügung standen und in vielen Teilen Programme übernommen wurden, setzten die Nationalsozialisten auf direkte Wortpropaganda.

Aber gerade deshalb ging diese Übertragungsstrategie offenbar nicht vollends auf: „Hörerschwund"[356] war die Folge, weshalb bereits im Jahr 1934 zunehmend mehr Unterhaltung gefordert wurde. Dies hatte auch für die „Stunde der Nation" Konsequenzen.

Zunächst wurde die zentrale Sendezeit für dieses Programm aufgegeben. Als Ursachen hierfür sieht Dussel „zu viel Wort und zu viel Bildung":

> „Seit dem 1. April 1934 lief die Reihe nur noch zwei- bis dreimal wöchentlich halb- oder dreiviertelstündig vor 21.00 Uhr, um schließlich Ende 1935 ohne jede direkte offizielle Erklärung – aber im Kontext einer weitgehenden Programmauflockerung – ganz eingestellt zu werden."[357]

Wort- und Bildungsanteile wurden schließlich vor allem durch Musikprogramme ersetzt, wobei die E-Musik komplett aus dem Programm gestrichen wurde.

---

354 Dussel (2002): Hörfunk in Deutschland, S. 185f.

355 Ebd., S. 186.

356 Reichel (2006): Der schöne Schein, S. 166.

357 Dussel (2002): Hörfunk in Deutschland, S. 186.

Wenn sie ausnahmsweise doch gespielt wurde, geschah dies „im Stile von ‚klassische[n] Lieder[n]' – die in [den] Volksmund übergegangen sind".[358]

Auch für die Zeit nach 20 Uhr verfuhr man so, dass man „zweistündige Abendprogramme, die für den Weimarer Rundfunk so charakteristisch waren", auflöste und auf alles verzichtete, was eine „hochkulturelle Orientierung besaß: Große Sinfoniekonzerte oder Opernsendungen wurden auf Ausnahmen reduziert."[359] Kultur wurde von nun an eingängiger dargeboten.[360]

Die geringe oder gar negative Resonanz der Hörer[361] trug offenbar dazu bei, dass kulturelle, bildende Anteile vermehrt aus dem Programm gestrichen und stattdessen nach und nach mehr Volkstümliches und leichte Unterhaltungsmusik eingesetzt wurden.

> „In vielen Unterhaltungskonzerten war das beliebte bunte Mischprogramm vertreten, in dem die Abteilung ‚U' und ‚E' (Kunst und Unterhaltung in der nationalsozialistischen Programmplanung) oft vermischt wurden."[362]

Bemerkenswert ist gerade für die Frühphase des NS-Radios, dass seine Hörer nicht nur „empfingen": Zuhören hieß nicht nur „empfangsbereit" zu sein. Vielmehr wirkte auch eine vom Hörer ausgehende Macht, die sich in der Regel nicht in direkter Kommunikation, sondern durch Hörerbriefe mitteilte. In gewisser Weise lässt sich von einer auf das Rundfunkprogramm wirkenden Resonanz ausgehen. Schließlich ist wegen des Goebbels'schen Anliegens, die Hörerschaft zu halten und zu vergrößern, von ihm und Hadamovsky immer mehr Unterhaltungsmusik eingefordert worden. So kann angenommen werden, dass von der Hörerschaft eine indirekte Macht ausging, eine unsichtbare Kraft, die faktisch nicht genau nachvollzogen werden kann, sich jedoch in den zahlreichen Programmänderungen und neuen Schwerpunktsetzungen ablesen lässt.

Aus diesem Grund sei die drastische Reduzierung der kulturell-bildenden Programmanteile nicht als das „Neue" am nationalsozialistischen Rundfunk zu begreifen, so Dussel. Schließlich wäre der Rundfunk weiterhin auf leichte Unterhaltungsmusik eingestellt worden. Diese Annahme greift jedoch zu kurz, wenn man diese oben beschriebenen Maßnahmen „pauschal als ‚politisch'

---

358 Dussel bezieht sich auf S. 186 dabei auf Stuttgart am 11. Oktober 1935, 19.00-19.30 Uhr.

359 Ebd., S. 186.

360 Dussel führt als Beispiel den 3. Oktober 1935 an: „Von 20.10 bis 20.50 Uhr ‚Ballettmusik' unter anderem mit Schuberts ‚Rosamunde' und dem Csardas aus Delibes ‚Coppelia', sowie – nach zehn Minuten Barock-Poesie – ab 21.00 Uhr in der Reihe ‚Lebendige Klassik' Beethovens Chor-Fantasie und seine 5. Sinfonie." Ebd., S. 186.

361 Vermutlich durch die Inlandsberichte der Wehrmacht in Erfahrung gebracht. Vgl. dazu Kap. 5.1.

362 Drechsler, Nanny (1986): *Die Funktion der Musik im deutschen Rundfunk 1922-1945*. Pfaffenweiler, S. 124.

etikettieren“[363] wollte. Vielmehr gab es direkte Folgen, um auf die Wünsche der Hörer einzuwirken,

> „aber mindestens ebenso wichtig waren die eher indirekten, die zu einem regionalistisch-volkstümelnden Akzent führten, in dem Unterhaltsames, Schwäbisches und Militaristisches in einer seltsamen Mischung zusammengeführt wurden“.[364]

Solche Zusammenstellungen dürfen als der Versuch gewertet werden, den Hörraum so zu gestalten und zu inszenieren, dass die Popularisierung des Geschmacks zwar einerseits weiter voranschritt. Andererseits stand die „seltsame Mischung“ dafür, dass Volk durch Marsch- und Militärmusik zu militarisieren und zugleich die Hörer durch Regionales und Unterhaltsames am Empfangsgerät zu halten.

Besonders die Militarisierung unterhaltender Programmanteile war eine entscheidende Übertragungsstrategie, Unterhaltung politisch-ideologisch im Rundfunk zu vermitteln. Als ein exemplarisches Beispiel gilt der vermehrte Einsatz der Militärmusik, die während des Erntedanktages 1935 im Rahmen der Reichssendungen „Übertragung des Großen Zapfenstreiches vor der Kaiserpfalz in Goslar“ gesendet wurde. Am 12. Oktober von 19 Uhr bis 20 Uhr wurde schließlich „Der König braucht Soldaten. Eine bunte Folge von älterer deutscher Marschmusik“ übertragen. Auch sei am Mittwoch, dem 9. Oktober, von 19 bis 20 Uhr eine „schwäbische Variante“ dazu über den Äther gegangen, und zwar mit einer Sendung namens „‚I bin Soldat – vallera!‘ Das Lied vom schwäbischen Soldaten“. Dieses Programm ordnet Dussel auch der „Kategorie ‚Volkmusik‘“ zu, in der „Blasmusik“, wie am 6. Oktober 1935 von 19 Uhr bis 19.30 Uhr, den „Marsch ‚An den Schwarzwald‘, den Walzer ‚Am Neckarstrand‘ und ‚Aellerhand aus'm Schwobaland‘ vereinigen konnte“.[365]

Die Militarisierung der Unterhaltungsinhalte und -musik darf als eine weitere akustische Übertragungsstrategie gelten, im Hörraum auch rhythmisch die Richtung des Regimes anzugeben. Bereits am 15. Februar 1935 hatte der „Arbeitssender“, das Organ des „Freien Radio-Bundes Deutschland“, den „Massenverbrauch an Militärmärschen im deutschen Rundfunk“ angekreidet. Damit sei dem Volk „mit Schellenbaum und Pfeifen die Angstpsychose von 1914 „einzutrommeln“ versucht worden. Weiter heißt es: „Die werktätigen Hörer müssen endlich etwas gegen dieses Militärmarschfieber im deutschen Rundfunk tun [...], denn denkt daran, daß hinter der Militärmusik die Generäle und der Krieg marschieren.“[366]

---

363 Ebd.
364 Ebd.
365 Ebd., S. 187.
366 Zitiert nach: DRECHSLER (1986): Die Funktion der Musik, S. 24.

Auf diese Weise nimmt der Hörraum akustisch die anstehenden Absichten des Regimes vorweg und ist zugleich und von vornherein als ein militarisierter Hörraum konstituiert, der sich an alle richtet, dabei jedoch den Wunsch nach regionalen Bindungen und nach mehr Unterhaltungssendungen nicht vernachlässigt.[367] Volk und Rundfunk sind auf diese Weise miteinander verbunden.

Neben der vermehrten Behandlung militärischer Themen in der Musik entwickelten die Nationalsozialisten als dezidierte Übertragungsstrategie schließlich auch zielgruppenorientierte Programme. So wurden auch spezifische Sujets aus dem Handwerk bedient, darunter zum Beispiel durch eine Sendung mit dem Titel „Blas mir den Hobel! Eine bunte Folge von Zunftliedern und Handwerkersprüchen“ (8. Oktober 1935, 19.20 bis 20 Uhr), „Feierabend beim deutschen Arbeitsdienst“ im Rahmen der „Stunde der Nation“ (18. Oktober 1935, 20.15 bis 22 Uhr). Oder es wurden Sendungen gebracht, die einen stark regionalen Bezug aufwiesen, wie zum Beispiel „Weinlese im Kanton Tessin“ (16. Oktober 1935, 21 bis 22 Uhr) oder „Beim Besenwirt gibt's neuen Wein, kommt, laßt uns lustig und fröhlich sein!“ (19. Oktober 1935, 20.10 bis 22 Uhr). Letztere Sendung wurde sogar als bunter Abend „in Verbindung mit der NS-Gemeinschaft ‚Kraft durch Freude‘“[368] ausgestrahlt.

Diese programmplanerische Kategorie durchzog auch den Bereich der „Literatur“. Unter dem Titel „Wir bitten sehr, hört einmal her!“ wurde „eine heitere Stunde mit Willy Reichert“ gesendet, „die auch von Berlin, Hamburg, München und Saarbrücken übernommen wurde“. Ein Hörspiel, das von der Markgräfin Franziska Sibylla von Baden-Baden handelt, verortet Dussel ebenso in dieser Reihe wie auch die immer samstags gesendete „besinnliche Folge aus unserer Heimat Sagenschatz“.[369] So seien ganze Programmabende „zu einer Art Volkstumsabend“ gestaltet worden.[370]

Die ideologische Durchdringung der Alltagswelt auch ländlicher Regionen durch den „Volksrundfunk“ steht schon hier in einem engen Zusammenhang mit der Strategie, regionale und soziale Unterschiede aufzuheben, wie sie Hitler bereits in seiner ersten Regierungserklärung am 1. Februar 1933 im Rundfunk gefordert hatte. Zugleich vermittelte die Übernahme des kirchlichen Festtages des Erntedankfestes in den Rundfunksendungen zwischen 1933 und 1937 die „Blut und Boden“-Ideologie. So wurde neben den Änderungen in der Programmplanung dennoch weiterhin an dem medientechnisch geschalteten Gemeinschaftsempfang festgehalten. Alljährlich auf dem Bückeberg bei Hameln wurde das Reichserntedankfest gefeiert und als nationaler Feiertag stilisiert. Cebulla wertet es als den

367 Vgl. RIMMELE (1977): Der Rundfunk in Norddeutschland 1933-1945, S. 220-223.
368 DUSSEL (2002): Hörfunk in Deutschland, S. 187.
369 Ebd.
370 Vgl. ebd.

> „Höhepunkt des Versuchs der Identifizierung des deutschen Volkes mit der bäuerlichen Art, die folklorisierend zu einem einheitlichen Bild vom Bauerntum stilisiert wurde. Hauptziel der Inszenierung war die Demonstration der Einheit der drei Säulen der Volksgemeinschaft, bestehend aus Nährstand, Wehrstand und Arbeiterstand unter dem Motto ‚Blut – Boden – Arbeit'."[371]

Über alle Sender ausgestrahlt nahm das Programm den ganzen Tag in Anspruch, ohne dass es ein alternatives Programm gegeben habe. Ab 7.45 Uhr wurde ein Weckruf und „Rheinische Bauernmusik" gesendet.[372] Darauf folgte die Ansprache Goebbels zur Eröffnung und

> „um 10.45 Uhr ein Hörbericht vom Eintreffen der Sonderflugzeuge mit den Bauernführern auf dem Tempelhofer Feld und anschließender Begrüßung durch Reichskanzler Hitler. Zwischen 13 und 15.25 Uhr wurde ein Orchesterkonzert, das Hörspiel ‚Erntedank' von Hans Friedrich Blunck, Winzer- und Hermann-Löns-Lieder übertragen. Es folgte ein Hörbericht von der Ankunft des Führers auf dem Flugplatz Hannover. Um 15.45 war Nierentz' ‚Segen der Bauernschaft' an der Reihe. Von 17 bis zwanzig Uhr erfolgte dann die eigentliche Übertragung vom Bückeberg, die mit der Sendung von Darré und Hitler ihren Höhepunkt fand."[373]

Auch in dieser Inszenierung war eine Militarisierung dieses Hörübertragungsraumes konstitutiv. Das gesendete Hörspiel

> „passte mit seiner Verknüpfung von nähr- und wehrständischen Aufgaben des Bauerntums zu den Intentionen des Festes, das von Beginn an der Kriegsvorbereitung diente. Es fand jedes Mal ein Manöver der Wehrmacht neben dem Festgelände statt."[374]

Im Jahre 1934 wurde ebenfalls der gesamte Festtag übertragen. Die Übertragung setzte ein mit Unterhaltungsmusik,

> „zur Mittagszeit brachte der Funk eine Hörfolge über den ‚deutschen Bauern im Volkslied und Volkstanz', der sich ein Symphoniekonzert des RD Hamburg anschloss. Zwischen fünfzehn und 17.30 Uhr fand dann eine Übertragung vom Festakt statt, inklusive Führerrede. Am Abend wurde aus Königsberg eine ‚Ostpreußische Erntefeier in Masuren' ausgestrahlt. Dieser Sendung folgte ein Singspiel über schlesische Bauern vom RD Breslau. Nach den Nachrichten um 22 Uhr kamen dann Volks- und Tanzlieder vom Lande, Tanzmusik, schwäbische Bauernmusik und volkstümliche bayrische Unterhaltung zum Zuge."[375]

---

371 CEBULLA (2004): Rundfunk und ländliche Gesellschaft, S. 231.
372 Ebd.
373 Ebd., S. 231f.
374 Ebd.
375 Ebd., S. 232.

Erst 1935 wurde dann die Sendezeit auf acht Stunden verkürzt, im Jahre 1936 betrug sie wiederum elf Stunden und 1937 schließlich nur noch vier Stunden.[376]

Der Hörraum, der sich auch hier über das gesamte Reichsgebiet erstreckte, war auch in inszenatorischer Hinsicht nicht nur auf die ländlichen Gebiete bezogen, sondern bezog das städtische Publikum mit ein:

> „Durch die Aufnahme der bäuerlichen Volkskultur in die mediale Massenkultur wurde erstere folklorisiert und verlor ihre Widerständigkeit gegen diejenigen politischen Faktoren bzw. Institutionen nationalsozialistischer Herrschaft, die von außen oktroyiert wurden und nicht vom Land selbst kamen. Die mediale Folklorisierung, die bürgerlichen Bildern vom Landleben folgte, war damit das beste Mittel der Inkorporierung des Landes, das in dieser Art auf einer ideellen Ebene abgefunden werden konnte. Es war aber auch ein Mittel zur Inkorporierung der Städter, denn das folklorisierte Brauchtum generierte die beliebte volkstümliche Unterhaltung (Bauern- und Volksmusik) und Bilder ländlicher Idylle, wie sie nur von der nicht-agrarischen Bevölkerung imaginiert werden konnten."[377]

Durch diese medial inszenierten Austauschprozesse zwischen Stadt und Land, die sich mit audiovisuell erzeugten Hörimpressionen aufeinander bezogen, wurde ein Hörraum konstituiert, der als mediale Praxis die „Volksgemeinschaft" in einen konkreten Erfahrungs- und Erlebnisraum miteinbezog. Im imaginierten Hörraum werden romantische, imaginierte Vorstellungen als konkretes soziales „Erlebnisangebot"[378] hörbar gemacht, an dem beide, Bauern sowie Angestellte und Arbeiter aus der Stadt, gleichsam partizipieren konnten.

So stehen die oben beschriebenen Maßnahmen in einem engen Zusammenhang mit Hitlers Versprechen, die „geistige und willensmäßige Einheit" des Volkes zur „obersten und ersten Aufgabe" seiner Regierung zu machen. Das Prinzip der „Volksgemeinschaft" wurde durch die Aufhebung kulturell unterschiedlich gewichteter Rezeptionsformen zugunsten eines allgemeinen Unterhaltungswillens dabei immer mehr aufgehoben. Zugleich erlebte auch die regionale Volkskultur eine Aufwertung im Gegensatz zu der im Weimarer Radio gespielten hochkulturellen Erzeugnisse eines klassischen Bildungskanons, indem sie nun überhaupt im regionalen Radioprogramm repräsentiert waren.[379]

Alternativ zu den regionalen Reichssendern setzte Goebbels auf eine Übertragungsstrategie, die sowohl unterhaltend konzipiert war, jedoch zugleich auch auf das Alltagsleben der Arbeiter und Angestellten abgestimmt war.

Der aus der Deutschen Welle hervorgegangene Deutschlandsender, der wohl „am einfachsten für radikale Neuerungen zu nutzen"[380] war, sendete seit 1935, nachdem die Programmverantwortlichen vom Propagandaminister beauftragt

376 Vgl. ebd.
377 Ebd., S. 233f.
378 Vgl. BROCKHAUS (1997): Schauder und Idylle.
379 Dieses Prinzip durchzog auch die Programmplanungen für das Deutschlandradio.
380 BROCKHAUS (1997): Schauder und Idylle , S. 188.

worden waren, ein neues Unterhaltungsprogramm zu entwickeln. Um den Hörern eine Alternative zum regionalen Reichssender zu bieten,[381] sendeten sie ein auf die allgemeinen Arbeitszeiten abgestimmtes Programm. Das Ergebnis sah wie folgt aus:

> „Da gab es morgens zwischen 6.00 und 8.00 Uhr ‚fröhliches Schallgeplätscher mit Jupp Hussels' und danach das ‚Morgenständchen für die Hausfrau'; nachmittags entwickelte sich das ‚Allerlei von zwei bis drei' zum Publikumsmagneten, der von immer mehr Reichssendern übernommen wurde, und am frühen Abend setzte ‚Und jetzt ist Feierabend!' einen unterhaltenden Akzent."[382]

Am Ende des Jahres 1935 änderte Goebbels jedoch seinen Kurs. Die Unterhaltung lag zwar weiterhin in der Verantwortung der Reichssender, das Deutschlandradio sollte aber „wieder für das repräsentative Kulturangebot zuständig"[383] sein. Der Versuch jedoch, mittels eines zielgruppenorientierten Radioprogramms Einfluss auf die Hörgewohnheiten der „Hausfrau", des „Arbeiters" oder „Angestellten" zu gewinnen, bestand weiterhin, wird jedoch zu einem etwas späterem Zeitpunkt noch näher behandelt.

Für die Frühphase des nationalsozialistischen Rundfunks gilt bis hierher, dass, obwohl „demonstrativ viel Raum für Unterhaltendes gelassen wurde, Goebbels' Vorstellungen [...] noch lange nicht erfüllt werden konnten".[384] Vielmehr bestand er auf weiteren Programmänderungen. Dass diese noch nicht im vollen Umfang erfolgt waren, hatte vor allem strukturelle Gründe. Verantwortlich hierfür war laut Dussel „unter anderem die unter Nationalsozialisten verbreitete Vorstellung, deutscher Rundfunk müßte deutscher Kultur-Rundfunk sein"[385] – eine Annahme, die einerseits sicherlich auch geprägt war durch die Erfahrungen, die mit dem Weimarer Radio gemacht worden waren. Andererseits lag es auch an den Überzeugungen älterer Intendanten, die zum Teil ganz mit der klassischen E-Kultur sozialisiert worden waren,[386] dass der Forderung von Goebbels nach mehr Unterhaltung nicht immer Folge geleistet wurde. Außerdem war der NS-Rundfunk nicht ohne strukturelle und inhaltliche wie programmplanerische Schwächen. Ein Beispiel sind die „mehr oder minder willkürlichen Programmänderungen". Dussel geht in diesem Zusammenhang von einer Überforderung der Programmmacher aus:

> „Auf der einen Seite wird man ohne Zweifel die Kombination von fachlicher Unerfahrenheit der neuen Intendanten und übertriebenen Anforderungen an den

381 Vgl. o. V. (1935): „Neue Wege zur Unterhaltung", in: *WERAG*, vom 7. Juli 1935, S. 50.
382 BROCKHAUS (1997): Schauder und Idylle, S. 188.
383 Ebd.
384 Ebd., S. 189.
385 Ebd.
386 Vgl. KOCH (2003): Das Wunschkonzert, S. 101.

> Rundfunk von Seiten gerade regionaler Parteistellen in Rechnung stellen müssen, die viel Programmplanung ad absurdum führte."[387]

So wurden in der Woche vor den Reichsparteitagen Informationen zur Sendezeit und zu den Sendeorten nicht übermittelt. In der WERAG-Zeitschrift entschuldigten sich die Programmmacher erst eine Woche nach der Veranstaltung.[388] Auch noch im Jahre 1934 wurden keine Ankündigungen vorgenommen, wenn Reichssendungen im Rundfunk übermittelt wurden, allerdings mit zwei Ausnahmen: am 9. September

> „zum Appell der SA und SS und zum Schluß des Parteikongresses am Montag, dem 10. September. Die restlichen Änderungen seien schließlich nur über die WERAG-Zeitschriften im nachhinein kommuniziert worden."[389]

Erst 1935 seien die Programmmacher dazu übergegangen, reguläre Ankündigungen politischer Ereignisse einzuführen und sie mit einer Berichterstattung über die jeweiligen Veranstaltungen zu verbinden.[390]

Zuletzt sieht Dussel „die Beschränkung gerade des unterhaltungsmusikalischen Repertoires durch antisemitische Maßnahmen"[391] als Grund für die Lücke im Unterhaltungsspektrum an. Die Tatsache, dass viele professionelle jüdische Unterhaltungskünstler im Zuge der NS-Personalpolitik entlassen worden waren, hatte eine große Kluft hinterlassen, die die Programmmacher kaum mehr zu füllen in der Lage waren. Dieses Argument findet sich auch bei der Rundfunkhistorikerin Rita von der Grün:

> „Von einem neuen deutschen Geist, einer ‚Funkrevolution' auf allen Ebenen, konnte auch auf dem Musiksektor keine Rede sein. Im Gegenteil: Dem NS-Rundfunk fehlten geeignetes Personal und ‚völkisch durchtränkte Stoffe'. So blieb das Angebot der Sender in den Jahren 1932 und 1933 nahezu gleich."[392]

387 DUSSEL (2002): Hörfunk in Deutschland, S. 183; und auch POHLE (1955): Der Rundfunk als Instrument der Politik, S. 277.

388 Man entschuldigte sich dort dafür, „daß das Programm der vergangenen Sendewoche von Mittwoch an im Zeichen des Reichsparteitages der NSDAP in Nürnberg stand". „Rückblick und Ausblick",in: *WERAG*, vom 10. September 1933, S. 2. Zitiert nach: DUSSEL (2002): Hörfunk in Deutschland, S. 183.

389 o. V.: „Rückblick und Ausblick," in: *WERAG*, vom 16. September 1934, S. 2. Zitiert nach: DUSSEL (2002): Hörfunk in Deutschland, S. 183.

390 Allein aus diesem Grund einer verlässlichen Quellenlage rät Dussel dazu, „die Programmankündigungen dieses Jahres zur Basis quantifizierender Programmanalysen zu machen". DUSSEL (2002): Hörfunk in Deutschland, S. 185.

391 Ebd., S. 189.

392 GRÜN, Rita von der (1984): „Funktionen und Formen von Musiksendungen im Rundfunk", in: HEISTER, Hanns-Werner/KLEIN, Hans-Günter (Hg.): *Musik und Musikpolitik im faschistischen Deutschland*. Frankfurt am Main, S. 98-106, hier: S. 102.

Und drittens sei „ein zweiter ‚Schallplattenkrieg', der den Rundfunk zwang, vermehrt seine eigenen, stärker hochkulturell orientierten Ressourcen einzusetzen",[393] entscheidend für die „nur" sukzessive Umsetzung und Errichtung des nationalsozialistischen Unterhaltungsrundfunks gewesen.[394] Dies war auch der Grund, warum vermehrt SA- und SS-Kapellen im Rundfunk auftraten[395] oder deutsche Komponisten wie Weill oder Hindemith dazu verpflichtet werden sollten, neue Werke zu schreiben.[396]

Dennoch wurden in dieser Phase erste Strategien entwickelt, die sich in den späteren Jahren des NS-Radios durchsetzen sollten. Vor allem die Abkehr von den Strukturmerkmalen des Weimarer Rundfunks und die Verdrängung e-kultureller Programmbeiträge in Wort und Musik sind hier zu nennen. Grundsätzlich lässt sich deshalb bereits hier das Aufweichen eines noch aus dem Weimarer Radio überlieferten, bildungsbürgerlich geprägten Kulturbegriffes feststellen. Die „geistige und willensmäßige Einheit" des Volkes sollte vermehrt mittels leichter Unterhaltungsangebote erreicht werden, die sich als Mischprogramme zwischen E- und U-Musik zunehmender und regelmäßiger Beliebtheit erfreuten. So bestand das „bunte Mischprogramm der Unterhaltungskonzerte teilweise aus beliebter Klassik einzelner Opernarien, Ouvertüren und bekannten Instrumentalwerken [...], teilweise mit Schlager-, Marsch- und Tanzmusik gefüllt".[397] Diese Mischung ist charakteristisch für den nationalsozialistischen Rundfunk, und die Gewichtung der E-Kulturmusikanteile und Unterhaltungsinhalte sollte sich in der zweiten Phase des NS-Rundfunks noch einmal verschieben.

393 Ebd.

394 Damit ist folgendes gemeint: Hatten einige Schallplattenfirmen schon im Jahre 1931/32 eine Gebühr für den Einsatz der Industrieschallplatten gefordert und der Rundfunk daraufhin am 6. Dezember beschlossen, komplett auf die Erzeugnisse der Schallplattenindustrie zu verzichten, wurde schließlich ab dem 12. März 1932 ein Vertrag zwischen RRG und der Plattenindustrie rechtskräftig, nach dem Schallplattenkonzerte „pro Gesellschaft auf 60 Stunden im Monat zu beschränken" waren. Ebd., S. 190. Ab 1935/36 reichten die Firmen eine gerichtliche Klage ein, woraufhin die RRG ab dem 4. Mai 1935 keine Platten mehr im Rundfunk spielte. Nachdem das Gericht den Schallplattenfirmen Recht gab, musste die RRG schließlich Entgelte für die Nutzung der Platten bezahlen. Vgl. o. V. (1937): „Urteil des Reichsgerichts, 1. Zivilsenat, vom 14. November 1936", in: *Archiv für Urheber-, Film- und Theaterrecht*, Bd. 10. S. 79-96, hier: S. 94; und DUSSEL (2002): Hörfunk in Deutschland, S. 190.

395 Vgl. ULM (2001): Rundfunkentwicklung des Bayrischen Rundfunks, S. 64.

396 In einem Briefentwurf von 1934 schrieb Bertolt Brecht an Paul Hindemith: „Ob sie wollen oder nicht, Sie können eine Musik wie sie in Hitlerdeutschland verlangt wird, nicht schreiben. Es nützt nichts, wenn Sie ‚Mein Kampf' vertonen, ein Buch, dessen Autor die höchsten Spitzen der Polizei zu Freunden hat. Sie werden damit niemanden ‚täuschen'. Ich muß lachen, wenn ich lese, daß man sie beschuldigt, ‚Bewegungsmusik' zu schreiben. Wie wollen Sie das unterlassen? [...] Die Musik ist keine Arche, auf der man die Sintflut überdauern kann. [...] Räumen Sie das Feld!" Siehe BRECHT, Bertolt (1971): „Der Rundfunk als Kommunikationsapparat", in: Ders.: *Über Politik und Kunst.* Frankfurt am Main, S. 31f.

397 DRECHSLER (1986): Die Funktion der Musik, S. 120.

Für die erste, von 1933 bis 1935 des NS-Rundfunks gilt, dass Kultur im Radio des Nationalsozialismus immer auch als Oppositionsbegriff zu derjenigen der Weimarer Republik verstanden wurde. In einer Rede Anfang April 1933 über die neue Programmatik des nationalsozialistischen Rundfunks hatte der designierte stellvertretende Intendant Richard Kolb den neuen Geist der Hauspostille des Südfunks unter dem Leitsatz „Die nationale Rundfunkwende – Für Unterhaltung, gegen Erziehung im Rundfunk" zusammengefasst.[398]

Aber auch an der Entwicklung des Radioprogramms lässt sich diese Tendenz aufzeigen: Die Wortanteile im NS-Radio gingen im Laufe dieser Jahre sehr deutlich zurück. Weitaus stärker wurde das Senden von Unterhaltungsprogrammen gefordert.

Einer Mitteilung der RRG aus dem Jahre 1934 ist Folgendes zu entnehmen:

> „Jede Sendung muß unterhaltend sein, soll ein vollendetes Kunstwerk darstellen. Jede Sendung muß nationalsozialistisch sein. Das ist der vollendete politische Rundfunk, weil er unser Volk zugleich mit Freude und Spannung erfüllt und es innerlich zur festen nationalsozialistischen Haltung emporhebt."[399]

Insgesamt ist heute trotz der schlechten Quellenlage davon auszugehen, dass „die Mehrheit der Rundfunkhörer eine abwechslungsreiche Unterhaltungsmusik bevorzugte".[400] So lässt sich konstatieren, dass auch die Hörer einen Anteil an der Programmgestaltung hatten. Durch ihre Wünsche und Resonanz und durch das Ziel von Goebbels, die Masse vollends mit den Empfangsgeräten auszustatten und an das Programm zu binden, löste sich u.a. auch das bildungsbürgerliche Kunst- und Kulturverständnis des Rundfunks immer mehr auf. Peter Raabe als Präsident der Reichsmusikkammer und „offiziell oberster Hüter der Musik" hatte – ebenso wie all jene, die im Kaiserreich eine Sozialisation in der bürgerlichen Musiktradition erlebt hatten – dem „Arbeiter als Untertan" nur sehr zögerlich die bürgerliche Musikkultur überlassen wollen. Auch daran scheiterte „die Theorie an der Praxis, deren Vorgaben von Leuten kamen, die nicht nur dem Gedanken der ‚Volksgemeinschaft' näherstanden, sondern die vor allem eine Generation jünger waren und die die Bedürfnisse der Hörer besser kannten und entsprechend zu befriedigen suchten",[401] darunter Goebbels, Hans Hinkel und Eugen Hadamovsky, wie der Musikhistoriker Jörg Koch betont hat. Mit der neuen Programmausrichtung ist das Radio seit den Jahren des nationalsozialistischen Rundfunks demnach nicht mehr auf ein bildungsbürgerliches Kulturverständnis beschränkt, sondern wurde – zunächst aus übertra-

398 „Die nationale Rundfunkwende", in: *Südfunk*, kleine Ausgabe, vom 2. Februar 1933, S. 2. Zitiert nach: DUSSEL (2004): Deutsche Rundfunkgeschichte, S. 182.

399 *Mitteilungen der RRG*, vom 24.5.1934. Zitiert nach: DRECHSLER (1986): Die Funktion der Musik, S. 122.

400 KOCH (2003): Wunschkonzert, S. 167.

401 Ebd., S. 101.

gungsstrategischen Gründen – einer volkstümlichen Interpretation von Kultur geöffnet. Regionale wie volkstümliche Populärkultur waren dabei Teil des Übertragungsrepertoires der U-Musikkultur.[402]

Auch dass gerade ab 1934 auf die Redenpropaganda sämtlicher NS-Funktionäre auf Kundgebungen und Versammlungen aller Art verzichtet worden ist, ist als eine Strategie zu werten, das Volk als Zuhörer zu gewinnen.

So ordnete Goebbels zum Beispiel für den 1. Mai 1935 an, „mit Hörberichten des SD sparsam zu arbeiten". Zwischen unterhaltsamer Morgenmusik und „Tanz in der Maienacht"[403] wurde schließlich die politische Veranstaltung zwischen Tempelhofer Feld und Lustgarten in der Reichshauptstadt Berlin übertragen. Ähnlich verhielt sich dies auch bei der „Stunde der Nation", die 1935 gar nicht mehr ausgestrahlt wurde. Der Anteil der Unterhaltungsmusik wurde in dieser Zeit von 60 Prozent auf 70 Prozent erhöht.[404]

Die entstandene Lücke, die durch das Auslassen der Hörberichte ab 1934 entstanden war, ist weitgehend durch bunte Unterhaltungsprogramme gefüllt worden, die heterogen und eigentümlich gestaltet waren. Sie sind als ein Schritt zu mehr Unterhaltung einzuschätzen, indem der Versuch unternommen wurde, Sparten wie Regionales und Volkstümliches abzudecken. Unter Unterhaltung wurde ein „vielfältiges Programm" verstanden, das

> „Hafenkonzerte, die Musik am Nachmittag mit Opern- und Operettenmelodien sowie Blas- und Volksmusik [beinhaltete]; Promenandenkonzerte erfreuten sich ebenfalls hoher Beliebtheit. […] Dann gab es Sendungen, die jahreszeitliche Anklänge vermittelten (‚Der Frühling naht mit Brausen' u. ä.) Kurkonzerte, Operettenkonzerte sowie Militärmusik."[405]

Diese Mischprogramme wurden in weiten Teilen dort gebracht, wo Sendungen mit direkter Propaganda immer mehr aus dem Rundfunk verschwanden. Die Vorliebe des breiten Publikums für derartige Mischkonzepte führte schließlich zur Aufweichung starrer Grenzen zwischen E- und U-musikalischen Kulturproduktionen.

---

402 Dass diese Diskussion um den Wert von E- und U-Kultur auch in der RRG geführt worden ist, zeigt folgendes Zitat aus den „Mitteilungen der RRG" vom 4.10.1934: „Man sollte dabei aber bewußt nach Grundsätzen werten, die nicht den persönlichen Geschmacksrichtungen des Kritikers entsprechen, sondern den Erfolg oder Mißerfolg der Arbeit bedingen. Kunst und Kultur müssen sich *nicht* in ununterbrochenem Niveaugeschrei oder in schwersten musikalischen oder dramatischen Kunstwerken ausdrücken." *Mitteilungen der RRG* vom 4.10.1934. Zitiert nach: DRECHSLER (1986): Die Funktion der Musik, S. 122f. (Hervorhebung durch die Verf.).

403 POHLE (1955): Der Rundfunk als Instrument der Politik, S. 293ff. und 297ff.

404 Ebd., S. 327.

405 Ebd., S. 125.

5.4.3 Die Vorkriegsjahre 1936-1939

Hadamovskys[406] und Goebbels' Forderungen an den Rundfunk, immer mehr Unterhaltung zu senden, wurden verhältnismäßig zögerlich im Rundfunk umgesetzt, da die Intendanten in der Programmpraxis oft noch an den „alten" Kulturprogrammen festhielten. Obgleich im Jahre 1936 Goebbels bei der Eröffnung der Berliner Funkausstellung glaubte, seiner „Forderung einer größeren Rücksichtnahme auf die Unterhaltungsbedürfnisse der breiten Volksschichten" sei genügend Ausdruck verliehen worden – er kam zu dem Schluss, „daß dieser Forderung, vor allem in letzter Zeit, seitens unserer Sender weitgehend Rechnung getragen worden ist"[407] – appellierte er erneut an die Intendanten, den Programmanteil von „Entspannung und Unterhaltung" noch einmal zu erhöhen. Dies sollte geschehen,

> „weil die weitaus überwiegende Mehrzahl aller Rundfunkteilnehmer meistens vom Leben sehr hart und unerbittlich angefaßt wird, in einem nerven- und kräfteverzehrenden Tageskampf steht und Anspruch darauf hat, in den wenigen Ruhe- und Mußestunden nun auch wirkliche Entspannung und Erholung zu finden. Demgegenüber fallen die wenigen, die nur von Kant und Hegel ernährt werden wollen, kaum ins Gewicht."[408]

Ganz eindeutig formulierte Goebbels hier seine Überzeugung, dass die „Masse" mit leichter Unterhaltung zu erreichen sei, und zielte in seiner Argumentation auf die Solidarisierung mit den „Volksgenossen" im Alltag. Unterhaltungsmusik wird in diesem Sinne auch zu einer Art Gebrauchsmusik in einer angenehm zu gestaltenden, entspannten Freizeit. Dabei wandte sich Goebbels ganz dezidiert von einer kognitiven, anspruchsvollen Auseinandersetzung mit den philosophischen Klassikern ab und konstruierte Unterhaltung als Gegensatz dazu. Auch hier schwingt das weiterhin dichotomisch konstruierte Oppositionspaar U- und E-Kultur mit: E-Musik sei mit dem kräftezehrenden Alltag der „Masse" nicht zu vereinbaren. Die Mehrzahl der Hörenden müsse sich entspannen, während auf die wenigen philosophisch „Denkenden" deshalb keine Rücksicht genommen werden könne. Die ideologische Inszenierung der „Volksgemeinschaft" ist hier in der Rechtfertigung und Forderung für mehr Unterhaltung im Rundfunk selbst angelegt.

---

406 Die Rundfunkpolitik Hadamovskys war weitgehend deckungsgleich mit den Interessen von Goebbels. Schon im Jahre 1934 forderte Hadamovsky: „Wollen wir unseren Rundfunk nicht durch verkehrte reaktionäre Tendenzen zugrunde richten und unsere Hörer zum regelmäßigen Auslandsempfang erziehen, dann muß das gesamte Programm auf der Grundlage der leichten Musik und der aktuellen Nachrichten aufbauen." HADAMOVSKY, Eugen (1934): *Dein Rundfunk. Das Rundfunkbuch für alle Volksgenossen*. München, S. 51.

407 Ebd., S. 138.

408 DUSSEL, Konrad/LERSCH, Edgar (Hg, 1999): *Quellen zur Programmgeschichte des deutschen Hörfunks und Fernsehens.* Göttingen/Zürich, S. 136.

So hatten sich Hadamovsky und Goebbels von einer offensiven politisch-propagandistischen und hochkulturell orientierten Programmgestaltung immer mehr distanziert. Hadamovsky hatte für die Programmplanung bereits Anfang Oktober 1934 berücksichtigen wollen, dass „Unterhaltung ein natürliches Anrecht nach der Arbeit und darüber hinaus die unerlässliche Voraussetzung für geistige Weiterbildung und Kultivierung der Volksmasse“ [409] ist. Zwar wolle er sich auch weiterhin der Pflege des hochkulturellen Erbes als Teil der Programmplanung widmen, diese wurde jedoch auf den späten Abend verlagert. Dies betrifft zum Beispiel die 15 „Meisterkonzerte“. In ihnen waren die „populärsten und beliebtesten zu allen Volksgenossen sprechenden Werke unserer großen Meister“ von den „hervorragenden deutschen Interpreten“[410] zur Aufführung gebracht: Sie wurden jedoch statt zur besten Sendezeit zwischen 20 und 21 Uhr nun um 21.30 Uhr gespielt.[411]

Anfang 1935 formulierte Hadamovsky die „wesentliche Grundlage der Programmarbeit“: Dies war „1. Die Entspannung des Hörers durch leichte Unterhaltungssendungen in den dafür geeigneten Stunden und 2. Die Pflicht zu künstlerischer und weltanschaulicher Aufbauarbeit im Geiste des Nationalsozialismus.“[412]

Für die praktische Umsetzung war die Anweisung an die Intendanten so zu verstehen, dass sie immer mehr leichte Unterhaltung zu senden hatten. Jedoch mussten Hadamovsky und Goebbels auch mit Widerständen rechnen, weshalb der Sendeplatz zwischen 20 und 22 Uhr von einzelnen Programmplanern nur sehr zögerlich für reine Unterhaltungssendungen freigemacht wurde.

So war in der Zeitschrift der SÜRAG noch am 5. Januar 1936 zu lesen: „Die Zeit des eigentlichen Abendprogramms von 20.00 bis 22.00 Uhr wird unberührt bleiben, so daß die Auflockerung nicht auf Kosten der kulturell wichtigen Sendungen erfolgt.“[413]

Ein Schreiben Hadamovskys vom 4. März 1936 gab jedoch einen anderen Kurs vor:

> „Die bisher in der Zeit von 18.00-19.45 [Uhr] gebrachte Unterhaltung wird in der Zeit von 20.10-22.00 Uhr verlegt. In der Zeit von 20.10-22.00 [Uhr] dürfen neben den reinen Unterhaltungskonzerten nur Bunte Abende und Tanzmusik zur Sendung gelangen [...]. Die Zeit von 18.00-19.00 Uhr ist ebenfalls für Unterhaltungsmusik freizuhalten. Die Sender bringen in dieser Zeit Schallplattenmusik oder beteiligen sich an dem bisher vorgesehenen Austausch von Unterhaltungskonzerten.“[414]

409 DUSSEL/LERSCH (1999): Quellen zur Programmgeschichte, S. 129.

410 Ebd., S. 130.

411 Vgl. DUSSEL (2004): Deutsche Rundfunkgeschichte, S. 94.

412 DUSSEL/LERSCH (1999): Quellen zur Programmgeschichte, S. 131.

413 DUSSEL (2002): Hörfunk in Deutschland, S. 191.

414 Schreiben Hadamovskys vom 4. März 1936, BArch R 78/910. Zitiert nach: DUSSEL (2002): Hörfunk in Deutschland, S. 192.

Laut Konrad Dussel bestand die Möglichkeit, diese Anweisung unterschiedlich zu interpretieren, so dass der neue Reichsintendant, der überzeugte Nationalsozialist (und spätere Intendant des Westdeutschen Rundfunks in Köln) Heinrich Glasmeier,[415] kurz nach seiner Einstellung am 22. April 1937 einen Brief an die deutschen Rundfunk-Intendanten richtete, die die explizite Forderung enthielt, „die vom Reichsminister gewünschte Auflockerung der deutschen Rundfunkprogramme zu erzwingen". Dort hieß es: „In der Zeit von 19-22 Uhr ist das Schönste und Beste zu bieten, was an Unterhaltung überhaupt zu bieten ist. Rein musikalische Darbietungen haben dabei das Übergewicht."[416] Außerdem solle jeder Sender monatlich „höchstens nur ein Hörspiel" zur Aufführung bringen. Es solle hervorragend gestaltet und die Bevölkerung so begeistern, „das tausende von Hörerbriefen aus dem Inlande und dem Auslande spontan seine Wiederholung – immer und immer wieder! – verlangen!!"[417]

Musikalisch solle auf alles „volksfremde und volksverhaßte Niggergedudle" sowie auf „langweilige, unserem heutigem Empfinden unverständliche Urgroßtantenmusik"[418] verzichtet werden. Anstatt sich bei der Wahl der Musik nach den „Gebildeten" zu richten, solle vielmehr ein Programm gesendet werden, bei dem auch „der ‚Primitive' noch eben mitkommen" könne. Er erläutert: „Also nicht täglich die Neunte zum Kartoffelschälen der Hausfrau und zum Dämmerschoppen des Spießbürgers!!!!"[419]

Zudem sollen zielgruppenspezifische Sendungen abgeschafft werden:

> „Der Sonderfunk in jeder Form (HJ-Funk, Bauernfunk, Frauenfunk, Kinderfunk, usw. usw.) wird grundsätzlich abgelehnt. Jede Sendung hat sich an das ganze Volk zu wenden und das ganze Volk zu packen. Alle Sonderfunkarten sind daher mit größter Beschleunigung und ohne jede Kompromißlerei abzubauen. [...] In den Tageszeiten von 6-9 Uhr, von 12-15 Uhr, von 19-22 Uhr sind alle diese Sonderfunksendungen mit sofortiger Wirkung verboten; desgleichen in der Zeit von Sonnabendmittag bis Sonntagabend."

Stattdessen sollte „*sogleich* und uneingeschränkt" der Platz freigemacht werden für die „Unterhaltung für die Volksgesamtheit".[420]

---

415 Als „Direktor der Vereinigten Westfälischen Adelsarchive" hatte sich Glasmeier, seit 1932 NSDAP-Parteimitglied, als Kulturwart des NSDAP-Gaus Westfalen-Nord „sehr verdient gemacht". Vor allem habe er sich durch seine Tätigkeit als Archivar bewährt, da seine Arbeiten „den Forderungen der nationalsozialistischen Grundanschauung von Blut und Boden" entspreche. Zitiert aus: DILLER (1980): Rundfunkpolitik im Dritten Reich. Bd. 2, S. 114.

416 Schreiben Glasmeiers vom 22. April 1937, abgedruckt in: DUSSEL/LERSCH (1999): Quellen zur Programmgeschichte, S. 140.

417 Vgl. ebd., S. 141.

418 Ebd.

419 Ebd.

420 Ebd. (Hervorhebung im Original).

Auch die Sendungen „Der Ruf der Jugend" und „Glückwunsch für Kinderreiche" sollten „*sofort*" abgeschafft und die „Stunde der Nation" fortan nicht mehr in den „Sommermonate[n] Mai, Juni und Juli" gesendet werden. Stattdessen wurde die Konzeption neuer Programme geplant – wie genau sie zu sein hatte, würde Glasmeier „mit den zuständigen Stellen überlegen". Hierfür wolle er „bessere Mittel" einsetzen, um „den beabsichtigten Zweck" zu erreichen. Das Programm allgemein sowie einzelne Sendungen (wie „Zeitecho", „Echo des Tages" oder die „Momentaufnahme") sollen „mit allen funkischen Mitteln bunt und mannigfaltig" gestaltet sein. „Scharfe und knappe Fassung" lautete die Devise. Ausgestrahlt werden sollten die Sendungen „kurz vor 20 Uhr".[421]

Ganz eindeutig gehen diese Vorgaben auf Rückmeldungen aus dem Hörerkreis zurück. Glasmeier ging davon aus, dass die „zahlreichen Programmänderungen", die durch seine Anordnungen „notwendig" geworden seien, „die ständige Verärgerung der Hörer durch langweilige Sendungen"[422] abwenden würden. Er wolle das „Leistungsprinzip [...] im deutschen Rundfunk uneingeschränkt durchgeführt" wissen. Gemeint ist, dass nur professionelle Ansager das Programm anzukündigen haben und ebenso keine Produkte von „schlechten oder durchschnittlichen Musiker[n] oder Sänger[n]" über den Äther gehen sollten. Der deutsche Rundfunk solle schließlich nicht „zum Schuttabladeplatz erniedrigt werden".[423] Nochmals betonte er, auf keinen Fall „die Hörerschaft zu verärgern".[424] Er betrachtete die Änderungen als „gemeinsame Aufgabe": Wer nicht „ein vernünftiges Programm zu liefern imstande ist", könne damit rechnen, dass eine „entsprechende Neubesetzung" der Stelle die Folge wäre.[425]

Der radikale und zum Teil auch sehr vulgäre Ton des neuen Reichsintendanten zeigt, wie dringend die „Volksgemeinschaft" als Einheit mittels des Rundfunks zusammengeführt werden sollte. Aufgeschreckt offenbar durch negative Lagebeschreibungen in den durch staatliche und parteieigene Instanzen in Auftrag gegebenen Berichte zur Wirkungskontrolle propagandistischer Maßnahmen[426] fasste Goebbels den Entschluss, eine radikale Zäsur im Rundfunkprogramm herbeizuführen. Entsprechend der „Rede zur Eröffnung der 14. Großen Deutschen Rundfunk-Ausstellung" im Jahre 1937 wollte Glasmeier die Programmvorgaben des Ministers umsetzen. Goebbels hatte sich in seiner Rede vor allem gegen die Zielgruppenprogramme ausgesprochen, die „durchaus irrtümlich und [...] vollkommen am Wesen des Rundfunks" vorbei gedacht seien.

421 Ebd., S. 141f. (Hervorhebung im Original).
422 Ebd., S. 142.
423 Ebd.
424 Ebd.
425 Vgl. ebd., S. 143.
426 Vgl. hierzu: DRÖGE (1970): Der zerredete Widerstand, S. 45ff.

Goebbels formulierte: „Es darf keinen Funk für den Arbeiter oder den Bauern oder den Angestellten geben. *Es gibt nur einen Rundfunk des deutschen Volkes.*“[427]

Goebbels beharrte auf dem Einheitsgedanken, den er offenbar durch die Zielgruppensendungen gefährdet sah. Von nun an sollte mithilfe des neuen Reichsintendanten der Rundfunk „unmittelbar das ganze Volk“ ansprechen; alle Sendungen sollten so konzipiert sein, „daß [sich] auch der Arbeiter mit Genuß der Stunde des Angestellten und der Soldat mit Genuß die Stunde des Bauern anhören kann“. Die Stunde soll sich nicht an dem „Stande“ orientieren, sondern sich an die „Gemeinschaft“ richten.[428]

Außerdem beschäftigte sich Goebbels in seiner harschen Kritik mit der künstlerischen Gestaltung vor allem der Hörspiele. Als „Experimente“ seien sie vom Hörer wahrgenommen worden, und „in ihren gebrüllten Ekstasen“ hätten sie „auf den Zuhörer“ „nur aufreizend und abstoßend“[429] gewirkt. Er appelliert an die Intendanten, den „Ehrgeiz“ zu haben, *„den besten, interessantesten, aktuellsten, bildendsten und unterhaltendsten Volksfunk der Welt zu besitzen“*.[430]

Für die Nationalsozialisten ergab sich aus den Anweisungen von Goebbels und Glasmeier besonders auch die Frage, wie denn genau eine solche Unterhaltung inhaltlich zu definieren und zu füllen sei. Gesendet werden sollte von nun an „gute deutsche Unterhaltungsmusik“. Was jedoch darunter zu verstehen war, blieb den Programmmachern offenbar unklar. So wurde vor allem für den Jazz nach geeigneten Kategorien und Klassifikationen gesucht, um den Kern der „deutschen“ Musik zu bestimmen.[431] Dabei handelte es sich um ein Unternehmen, das von Anfang an zum Scheitern verurteilt war. Einerseits gab es zu wenige Unterhaltungskünstler und -komponisten: Hier zeigten sich wieder einmal die Folgen der krassen Zensurpraxis, die Künstler und ihre Kunst gleichsam verdammte. Andererseits erlaubt die Bestimmung einer „harmonischen“ deutschen Musik nicht, die in dieser Zeit so beliebte wie moderne Jazz- und Swing-Musik zu spielen. Zensurpraxis und Hörerwünsche waren demnach nicht so einfach zu vereinbaren. Dass die Nationalsozialisten sich immer weiter den Bedürfnissen der Hörer anzupassen hatten, wenn sie eine Abwanderung der Hörer zu ausländischen Programmen verhindern wollten, zeigt schließlich das von Glasmeier 1941 bei einer Arbeitstagung formulierte Eingeständnis, dass „rhyth-

427 GOEBBELS, Joseph (1937): „Rede zur Eröffnung der 14. Großen Deutschen Rundfunk-Ausstellung 1937“, abgedruckt in: DUSSEL/LERSCH (1999): Quellen zur Programmgeschichte, S. 139 (Hervorhebung im Original).

428 Ebd., S. 139.

429 Ebd., S. 140.

430 Ebd. (Hervorhebung im Original).

431 Vgl. Kapitel 5.2.5.

mische Musik das Schwarzbrot unserer Zeit" sei, „das den Hauptteil unserer Tagesprogramme ausmachen soll".[432]

Diese Vorgabe für das Kriegsradio deutet an, dass sich das Rundfunkprogramm immer mehr an den Wünschen der Hörerschaft orientierte. Dies zeigt schon das Bemühen um Kompromisse, als es Mitte der 1930er Jahre um die Gestaltung der Tanzmusik ging. In dieser Phase wurde Jazz- bzw. Tanzmusik rassistisch als „Niggerei" denunziert. Gesucht wurde nach „positiv zu wertende[n] Angleichungen", also nach „Tänze[n], die in der Verhaltenheit beherrscht schreitender Bewegung den bestimmenden Wesenszug aufweisen. Wo sich aber Elemente fremder, niederer Rassen, wo Niggerei und jüdische Frivolität sich in den Vordergrund drängen, da müssen wir eine entschieden trennende Schranke aufrichten." Der ausländische Jazz sei „abgebrüht", „pervertiert" und „dekadent", ein „gesundes und auf seine Gesunderhaltung bedachtes Volk" könne damit nichts zu tun haben.[433] So wurde am 12. Oktober 1935 von Glasmeier angekündigt: „Mit dem heutigen Tage spreche ich ein endgültiges Verbot des Nigger-Jazz für den gesamten deutschen Rundfunk aus."[434] Statt Jazz-Musik sollte „deutsche" Tanzmusik gespielt werden.[435]

Da jedoch weder Personal noch geeignete Kompositionen zu diesem Zeitpunkt im Rundfunk zur Verfügung standen, wurde im Jahre 1936 schließlich ein „Tanzkapellen-Wettstreit" ausgeschrieben. Die Tanzkapellen hatten sich auf drei Ebenen zu beweisen: lokal, regional und auf Reichsebene.[436] Bemerkenswert sind die innerhalb dieses Wettstreits vorgetragenen und entstandenen Musikstücke, die auch heute als bekannt vorausgesetzt werden dürfen: darunter das von Wilhelm „Wiga" Gabriel komponierte „In München steht ein Hofbräuhaus", Peter Kreuders „Ich wollt', ich wär' ein Huhn" sowie der ebenfalls von Kreuder komponierte Walzer „Sag' beim Abschied leise ‚Servus'" und Gerhard Winklers „Neapolitanisches Ständchen".[437]

Dass sich das Musik- und Unterhaltungsprogramm in seiner Konzeption in den drei Jahren von 1935 bis 1938 deutlich änderte, offenbart eine Vergleichsanalyse der Programmplanungen für das Jahr 1938. Dussel hat für die Programmwochen vom 2. bis zum 15. Oktober auf der Basis der Programmzeitschriften „Funk-

432 Heinrich Glasmeier über Musik im Kriegsrundfunk. Aus dem Protokoll der Arbeitstagung der Abteilungsleiter Musik des Großdeutschen Rundfunks am 2./3. Oktober 1941. BArch R 55/695. Zitiert nach: Dussel/Lersch (1999): Quellen zur Programmgeschichte, S. 144.

433 Zitiert nach: Wulf, Joseph (1983): *Musik im Dritten Reich. Eine Dokumentation*. Frankfurt am Main, S. 388.

434 Dussel/Lersch (1999): Quellen zur Programmgeschichte, S. 134, und auch: Dussel (2004): Deutsche Rundfunkgeschichte, S. 95.

435 Dussel (2004): Deutsche Rundfunkgeschichte, S. 95.

436 Ebd., S. 97.

437 Dussel misst die Bekanntheit durch einen Vergleich der entstandenen Stücke durch die 1991 vom Spitzenverband Deutsche Musik publizierte „Chronik deutscher Unterhaltungsmusik". Vgl.: Dussel (2004): Deutsche Rundfunkgeschichte, S. 95.

Illustrierte für Süddeutschland" und „WERAG" „Eindeutiges" feststellen können: „Die Anteile von Volks- und Militärmusik waren 1938 gegenüber 1935 deutlich reduziert, volkstümliche Unterhaltung verlagerte sich in andere Genres." [438]

Außerdem sei es offenbar trotz der Zurückhaltung gegenüber der Schallplattenindustrie zu einem vermehrten Einsatz von industrieller Schallplattenmusik gekommen. So sei es möglich, obwohl die Quellenlage problematisch ist – Tondokumente, Sketchtexte, Sendemanuskripte seien „Mangelware",[439] insbesondere für die U-Musik ist „die Programmankündigung sehr unzureichend" –, einige Rückschlüsse auf die Produktions- und Sendebedingungen aus den vorliegenden Programmankündigungen zu ziehen. So sei für Samstag, den 15. Oktober 1938, von 19 bis 20 Uhr eine Sendung mit Schallplatteneinsatz angekündigt worden: „... Und jetzt wird getanzt". Dussel schließt nun daraus, dass nicht nur „übliche Salonmusik mit Walzern und Polkas gebracht worden" sein kann, also jene Musik, die in der Regel von den „rundfunkeigenen Ensembles" gespielt wurde.[440] Dementsprechend lässt sich für diesen Zeitraum ein weiter reichendes Repertoire an leichter Unterhaltungsmusik aus dem Bestand der Industrieschallplatten erwarten. Das Programm der Rundfunkensembles war naturgemäß weitaus beschränkter. [441]

Da nun Tanzmusik anders als Volks- und Militärmusik kaum vergleichbare ideologische Botschaften vermitteln konnte und auch nicht dem „deutschen Kulturwillen" entsprach, der sich weiterhin im Spiel vor allem ernster deutscher Musik repräsentiert sah, mussten neue Konzepte zur ideologischen Kontextualisierung der neuen Tanz- und Unterhaltungsmusik gefunden werden. Wie bereits ab 1934 wurde die Einbettung der Musikstücke in das Wort-Programm des Rundfunks für die Vermittlung politischer Botschaften und für die Gestaltung der Unterhaltungssendungen immer wichtiger.

Unterhaltung wurde nicht mehr mittels eigentümlicher Mischkonzepte vermittelt, in denen Volks- und Militärmusik den größten Anteil besaß. Es wurden stattdessen neue Strategien entworfen, im Rahmen von Textbeiträgen innerhalb der Unterhaltungssendungen die Hörer der „Volksgemeinschaft" ideologisch für sich einzunehmen. Dies geschah laut Dussel „im Kontext von Sendungen und Programmkonzeptionen".[442] In solchen unterhaltenden Mischkonzepten waren die Anteile an Musik und Text gleich verteilt,[443] so dass die Hörer zu gleichen

438 Vgl. Dussel (2002): Hörfunk in Deutschland, S. 192.

439 Dussel (2004): Deutsche Rundfunkgeschichte, S. 96.

440 Vgl. Dussel (2002): Hörfunk in Deutschland, S. 192. Hingegen war das Repertoire der SS-Orchester vor allem auf Marschmusik festgelegt: „die Konzerte der SS brachten z.B. Flötenmusik und Märsche Friedrichs des Großen, historische Märsche aus sechs Jahrhunderten, zum Abschluß den ‚Badonviller Marsch' als ‚Marsch des Führers' mit Großem Zapfenstreich." Ebd., S. 125.

441 Vgl. Elste (1984): Zwischen Privatheit und Politik, S. 108f.

442 Dussel (2004): Deutsche Rundfunkgeschichte, S. 98.

443 Vgl. ebd., S. 96.

Teilen unterhalten und gleichzeitig mit politischer Propaganda versorgt werden konnten. Durch politischen Sketch, Plauderei, Vortrag, Rundfunklesung, Hörfolgen, Kabarett[444] etc. wurde von nun an die NS-Ideologie vermittelt.

> „In das von Unterhaltungsmusik geprägte Programm der kaum noch selbstständig agierenden ‚Reichssender' waren propagandistische Wortsendungen eingebettet, deren Titel keinen Zweifel über ihre Inhalte aufkommen ließ",[445]

schreibt der Rundfunkhistoriker Hans Sarkowicz. In Frankfurt hießen solche Sendungen beispielsweise „Braune Kameraden", „Deutsche Gespräche", „Rasse und Glauben", „Die deutsche Frau", „Der deutsche Held", „Ein wehrhaft Volk", „Ewiges Deutschland, „Kamerad, wo bist Du?", „Stunde der Reservisten" oder „Des Führers schwarze Scharen – Ein Portrait der SS".[446]

Zwischen diesen Wortsendungen waren schließlich Schlager- und Tanzmusik geschaltet, sie dienten dann vor allem dazu, die Hörer am Empfangsgerät zu halten. Dies zeigt sich auch in einem allgemeinen Blick auf die Reichssender aus Stuttgart und Köln, die zwar unterschiedliche Akzentuierungen der E- und U-Musikanteile aufweisen (die heute leider nicht mehr nachvollzogen werden können), an denen jedoch deutlich wird, dass politische Propaganda ganz eindeutig anhand eines hohen Unterhaltungsanteils vermittelt wurde:

> „Stuttgart (und Frankfurt, weil hier eine enge Kooperation gerade bei den Unterhaltungssendungen bestand) präsentierten die anspruchsvollere musikalische Unterhaltung" und versuchten auch „dezidiert Politisches zu transportieren".

Vom Kölner Reichssender unterschieden sie sich wie folgt:

> „In Stuttgart wäre es undenkbar gewesen, wie die Kölner eine Sendung wie ‚Zur Unterhaltung und zum Tanz' (Dienstag, 4. Oktober 1938, 20.30-22.00 Uhr) um 21.00 Uhr eine Viertelstunde lang zu unterbrechen, um vom Deutschlandsender die ‚politische Zeitungsschau' zu übernehmen."[447]

Unter der Kategorie Wort-Musik-Beiträge wurde schließlich eine Reichssendung unter dem Titel „Eröffnung des Winterhilfswerks 1938/39 aus dem Berliner Sportpalast" für Mittwoch, den 5. Oktober 1938, in der „Primetime" von 20 bis 22 Uhr angekündigt, von der Dussel auf eine unauflösliche Durchdringung von Politik und Unterhaltung schließt.[448]

---

444 Vgl. FISCHER, Kurt E. (1942): *Dramaturgie des Rundfunks.* Heidelberg/Berlin/Magdeburg.

445 SARKOWICZ, Hans (2010): „‚Nur nicht langweilig werden ...'. Das Radio im Dienst der nationalsozialistischen Propaganda", in: HEIDENREICH, Bernd/NEITZEL, Sönke (Hg.): *Medien im Nationalsozialismus.* Paderborn, S. 205-234, hier: S. 219.

446 Ebd.

447 DUSSEL (2002): Hörfunk in Deutschland, S. 193.

448 Vgl. ebd.

Ab 1938 lässt sich die vollständig erreichte Politisierung der Unterhaltung vor allem für den übermäßigen Einsatz der Unterhaltungsmusik belegen. So wurde den Hörern in Form von Häppchen immer wieder die gewünschte Musik gespielt, auf die sogleich die politischen Beiträge folgten.

Dussel sieht seine Beobachtungen der Politisierung der Unterhaltungsanteile im NS-Rundfunk bestätigt durch eine von der RRG herausgegebene Statistik für den „Anteil der Dauer der ‚Wortsendungen' am Gesamtprogramm in Prozenten" aus dem Jahre 1938 und eine im selben Jahr veröffentlichte Erhebung zur „Entwicklung des ‚gesamten Musikteils' im deutschen Rundfunkprogramm 1934-1937".[449] Daraus ist zu entnehmen, dass „vor allem Sendungen unterhaltenden Charakters überwogen, weil schon allein die unterhaltende Musik 60 Prozent des Programms ausmachte (während auf die ernste nur 8,5 Prozent entfielen)".[450]

Als ein Beispiel für diese einschneidenden Veränderungen im NS-Rundfunk in dieser Phase kann der Umgang mit der Übertragung nationalsozialistischer Feiertage, wie dem 1. Mai, genannt werden. Seit 1935 wurde der Feiertag nicht mehr in voller Länge übertragen, stattdessen sollten „ein geschlossene[s] Unterhaltungsprogramm [... und] die politischen Veranstaltungen als die Höhepunkte des 1. Mai eingeblendet"[451] werden. Auch im Jahre 1938 war die Dramaturgie des Tages ähnlich, gesendet wurde „ein breiter Musikteppich mit einigen Kundgebungsberichten".[452]

Mit Glasmeiers Äußerung im Winter 1938/39 wurde ab 1939 jedoch noch einmal umgeschwenkt. Er formulierte dazu, dass „die gesamte Rundfunkarbeit auf die breite Masse eingestellt" wird, jedoch „künftig im größerem Umfange vor allem ernste und anspruchsvolle Musik gesendet wird".[453] Gleichzeitig teilte Glasmeier mit, dass „durch erhöhte Zeitnähe des Programms der Rundfunk in verstärktem Maße Ausdruck unseres Denkens" sein solle. Es liegt nahe, diesen Ausspruch im Zusammenhang mit Hitlers Rede vor der deutschen Presse am 10. November 1938 zu betrachten, in der er ankündigte,

> „das deutsche Volk psychologisch umzustellen und ihm langsam klar zu machen, daß es Dinge gibt, die, wenn sie nicht mit friedlichen Mitteln durchgesetzt werden können, mit den Mitteln der Gewalt durchgesetzt werden müssen".[454]

Grundsätzlich lässt sich offenbar nachweisen, dass mit dem Herannahen des Krieges wieder mehr Militärmusik und Soldatensendungen eingesetzt wurden,

449 WEINBRENNER (1938): Handbuch des deutschen Rundfunks 1938, S. 293 und 295.
450 DUSSEL (2002): Hörfunk in Deutschland, S. 194.
451 POHLE (1955): Der Rundfunk als Instrument der Politik, S. 294f.
452 DUSSEL (2002): Hörfunk in Deutschland, S. 196.
453 GLASMEIER, Heinrich: „Das Winterprogramm des Reichsrundfunks 1938/39", abgedruckt in: DUSSEL/LERSCH (1999): Quellen zur Programmgeschichte, S. 143.
454 Zitiert nach: DUSSEL (2002): Hörfunk in Deutschland, S. 197.

mit dem Anspruch, „gezielte Sympathiewerbung für die deutsche Wehrmacht" zu betreiben.[455]

An dieser Stelle wird auch deutlich, dass Militärisches und die Unterhaltungsmusik, wie sie in den Jahren zuvor immer mehr Raum im Programm einnahm, nun wieder neu diskutiert wurde, um die „Volksgemeinschaft" auf die politischen Ziele hin einzustimmen. Bereits zu diesem Zeitpunkt begannen die Nationalsozialisten auch damit, englische Nachrichten zu senden: „Seit dem 22. März 1939 [...] präsentierten die Reichssender Köln und Hamburg dieses Angebot täglich von 20.15 bis 20.30 Uhr und ab dem 21. April 1939 auch noch von 22.15 bis 22.35 Uhr nach den deutschsprachigen Nachrichten." Versucht wurde offenbar, der BBC etwas Entsprechendes entgegen zu halten, denn seit der Münchener Konferenz hatte diese ihr „Programmangebot für deutsche Hörer systematisch ausgebaut."[456] Die BBC reagierte dabei vor allem auf die Sudetenkrise: Sie richtete einen deutschsprachigen Dienst ein, um im Falle eines Krieges nach dem obersten Prinzip „Never tell a lie" den Glauben an die Objektivität des alliierten Rundfunks aufrecht zu erhalten.[457] Darüber hinaus gab es ausländische Schwarzsender der Alliierten, die sich als deutsche Stationen ausgaben. „Vor allem Soldaten schalteten die getarnten Sender ein und gerieten so in das Netz der alliierten Rundfunkpropaganda, die durch gezielte Falschmeldungen Verwirrung in die deutschen Truppen bringen wollte."[458] Hier handelt es sich eben auch um eine Programmänderung und -konzeption, die entstanden war, weil die Hörer der „Volksgemeinschaft" zu anderen Sendern abzuwandern drohten. So kann diese Übertragungsstrategie, ideologisch gefärbte deutsche Nachrichten auf Englisch zu senden, als Beispiel für den „Kampf um die Hörer"[459] gesehen werden, wie Dussel schreibt.

---

455 SYWOTTEK, Jutta (1976): *Mobilmachung für den totalen Krieg: die propagandistische Vorbereitung der deutschen Bevölkerung auf den Zweiten Weltkrieg.* Opladen, S. 89f.

456 DUSSEL (2002): Hörfunk in Deutschland, S. 198.

457 SARKOWICZ (2010): Radio im Dienst der NS-Propaganda, S. 224. Auf den Sendern der BBC wurden sogar „detaillierte Bastelanleitungen" durchgegeben, mit deren Hilfe sich die billigen Kleinempfänger für Lang- und Mittelwellen auf Kurzwellenempfang umbauen ließen. Damit waren die Stationen „weltweit zu empfangen, schwer zu orten, und sie konnten blitzschnell die Frequenz ändern". Inhaltlich „berichtete die BBC über alles, was deutsche Hörer interessieren konnte und was in deutschen Radioprogrammen nicht gesagt wurde, zum Beispiel über die Spitzeldienste der Gestapo, über die nationalsozialistischen Euthanasiemorde, über Verbrechen der Deutschen in den besetzten Gebieten und, allerdings nur in ganz wenigen Sendungen, über den Massenmord an den europäischen Juden". Vgl. ebd.

458 SARKOWICZ (2010): Radio im Dienst der NS-Propaganda, S. 227; und vgl. dazu: SCHAFRANEK, Hans/TUCHEL, Johannes (Hg., 2003): *Krieg im Äther. Widerstand und Spionage im Zweiten Weltkrieg*. Wien.

459 DUSSEL (2002): Hörfunk in Deutschland, S. 198.

5.4.4 Programmgeschichte: Die Kriegsjahre 1939-1945

Die Kriegsjahre des nationalsozialistischen Rundfunks waren viel stärker als die anderen Rundfunkphasen von inhaltlichen, formalen und personellen Umstrukturierungen geprägt.

Bereits wenige Tage vor dem Krieg wurde das Referat einer ‚Rundfunkkommandostelle' in der Rundfunkabteilung des Propagandaministeriums eingerichtet. Es hatte die Aufgabe, das Rundfunkprogramm in propagandistischer Hinsicht von zentraler Stelle aus zu kontrollieren. „Dies waren die ersten Schritte zu einer Zentralisierung von Organisations- und Programmkonzepten im Propagandaministerium, der weitere folgen sollten."[460] So wurde ab 1940 „durch einen Federstrich" der bisherige Verwaltungsrat der RRG aufgelöst und ab 1942 stattdessen zwei Mitarbeiter des Propagandaministeriums bestellt. Ihnen wurde die gesamte Verantwortung für die „unterhaltenden und künstlerischen Sendungen" bzw. für die „politisch-propagandistischen Sendungen" des NS-Rundfunks übertragen.[461]

Bereits in der ersten Phase des Krieges ließ sich erahnen, dass das Programm der noch „im Sommer bestehenden zwölf Haupt- und 27 Nebensender auf Dauer nicht aufrecht zu erhalten wäre".[462] Dies hatte vor allem personelle Gründe, wie die „Einberufungen zur Wehrmacht, Verpflichtungen in die Rüstungsindustrie und die Versetzung von Mitarbeitern zu dem für die psychologische Kriegsführung als außerordentlich wichtig eingestuften Auslandsrundfunk".[463] Außerdem wurden strukturelle Programmänderungen vorgenommen, und zwar vom Oberkommando der Wehrmacht (OKW), das mit Kriegsbeginn vor allem über den Ätherraum zu bestimmen hatte, wenn die Kriegsgegner Luftangriffe flogen und die deutschen Radiofrequenzen nutzten, um dort Informationen abzuhören. Überhaupt wurden im Rundfunk mit Kriegseintritt vermehrt Nachrichtensendungen gesendet, „Berichte des Oberkommandos der Wehrmacht und die Reportagen der Propagandakompanien". Die Wortprogramme verschwanden dadurch „zumindest zeitweise [...] fast völlig"[464] aus dem Rundfunk.

Die Umstrukturierungen hatten zur Folge, dass die Rundfunkteilnehmer ihre Hörgewohnheiten völlig umstellen mussten: So wurden ihnen nicht nur neue Sendezeiten „zumindest nach 20.00 Uhr" vorgesetzt, sondern sie mussten zum Teil „andere als ihre gewohnten heimischen Sender"[465] einstellen.

460 DILLER, Ansgar (2001): „Kommunikative Funktion der Hörfunkpropagandasendungen im Zweiten Weltkrieg", in: LEONHARD, Joachim-Felix/LUDWIG, Hans-Werner u.a. (Hg.): *Medienwissenschaft. Ein Handbuch zur Entwicklung der Medien und Kommunikationsformen.* Bd. 2. Berlin/New York, S. 1415-1482, hier: S. 1479.

461 Vgl. ebd., S. 1479.

462 DILLER (1980): Rundfunkpolitik im Dritten Reich, S. 372.

463 Ebd., S. 372f.

464 Ebd.

465 Ebd.

Nachts wurden die Sendeanlagen fast völlig ausgeschaltet und ab September 1940 das Rundfunksendenetz in zwei Gruppen eingeteilt. Die Sendegruppe I blieb „etwa östlich der Linie Stettin, Dresden, München außerhalb der Reichweite französischer und britischer Flugzeuge", hinzu kam eine westliche, „nicht regelmäßig sendende" Sendergruppe II.[466] Inhaltlich waren die Reichssender und ihre Nebensender darauf festgelegt, entweder das Reichsprogramm auszustrahlen oder das, was von dem eigenen, lokalen Programm „übrig geblieben war".[467]

Da das Militär von nun an die Sendekapazitäten stark einschränkte und die „propagandistischen Aspekte des Rundfunks völlig in den Hintergrund" gerieten, kündigte Goebbels in seiner Sprachregelungskonferenz am 6. November 1939 an, von nun an sechs bis acht Großsender einzusetzen, die er für „völlig ausreichend"[468] hielt. Nebensender produzierten fortan nicht mehr selbst, sondern übernahmen das Programm der Großsender. Ab 1940 wurden schließlich 25 Prozent der männlichen Angestellten der RRG eingezogen. Die Produktion von Regionalprogrammen war damit unmöglich geworden, zumal „die Aktualität des Kriegsverlaufs" von nun an die „Zusammensetzung der Wortprogramme diktierte" und dabei „auch das Musikprogramm nicht verschonte".[469] Künftig wurden Opern, Märsche, heroische Musik und leichte Unterhaltung gesendet.[470]

Stattdessen erhielten Informationen zum Kriegsverlauf einen sehr hohen Stellenwert, allerdings galt dies nur unter der Voraussetzung weiterer dominierender Unterhaltungsprogramme spätestens ab 1941. Schon 1939 war in der Zeitschrift „Der Deutsche Rundfunk" zu lesen, dass gerade leichte Unterhaltungsmusik „einem besonderen Wunsch unserer Soldaten" entspreche. Weiter heißt es: „Aber auch die bereite Hörerschaft in der Heimat will Frohsinn und Heiterkeit, soweit es die Zeit erlaubt um Mut und Glauben zu stärken."[471]

Laut Dussel haben für den Rundfunk zwei Optionen für die Programmgestaltung eine zentrale Rolle gespielt, unter denen es für den „quantitativ allerdings noch immer dominierenden ‚Rest'" zu wählen galt: nämlich entweder „dem Ernst der Stunde entsprechend" den Rundfunk „eher heroisch-klassisch" zu gestalten oder eben „doch lieber entlastend-unterhaltend." Auch wenn eine musikalisch-klassische Hinführung in den Kriegszustand denkbar gewesen wäre, wie sie Dussel offenbar durch einen vermehrten Einsatz klassischer E-Musik belegt sieht, wurde laut seiner Einschätzung dennoch „[s]pätestens mit dem Beginn

466 Ebd., S. 373.
467 Ebd.
468 Zitiert nach: Diller (1980): Rundfunkpolitik im Dritten Reich, S. 374.
469 Ebd., S. 374f.
470 Vgl. ebd., S. 375.
471 o.V. (1939): *Der Deutsche Rundfunk*, Jg. 17, Nr. 40, S. 2. Zitiert nach: Diller (1980): Rundfunkpolitik im Dritten Reich, S. 375.

des Rußlandfeldzuges im Sommer 1941 [...] die zweite Position fast ohne Einschränkung durchgesetzt".[472]

Die Unterhaltungsprogramme wurden jedoch immer wieder von langen „von täglich bis zu sieben fremdsprachigen Nachrichtenblöcken in die Programme der einzelnen Reichssender"[473] unterbrochen. So bestand gerade in den ersten Kriegswochen der einzige Unterschied in den Hauptprogrammen auf Mittelwelle darin, dass dort fremdsprachige Nachrichten unterschiedlich verteilt wurden:

> „Köln brachte neben sieben Terminen mit deutschen Nachrichten sechs Termine mit englischen Nachrichten, Stuttgart fünf mit französischen und einen mit spanischen sowie Breslau und Königsberg fünf (bzw. sechs) mit polnischen; darüber hinaus gab es auch noch Nachrichten in litauischer, serbischer, slowenischer, ungarischer und ukrainischer Sprache."[474]

Dies geschah, um einerseits auch das Ausland mit propagandistisch aufbereiteten Nachrichten zu versorgen, insbesondere diejenigen Staaten, die dem Protektorat des Deutschen Reiches unterstanden. Andererseits scheint es, dass mit den ausländischen Nachrichtenblöcken eine Art „Objektivität" hergestellt werden sollte. Zu den wenigen Fakten, die über das Programm kurz vor dem Beginn des Krieges bekannt sind, zählt nämlich der Umstand, dass Nachrichten antipolnisch aufbereitet wurden und zwar bis zum Angriff auf Polen Anfang September 1939.[475] Nicht zuletzt war mit der Verordnung über außerordentliche Rundfunkmaßnahmen seit 1939 das Verbreiten von abgehörten Feindsendern und das bloße Abhören ausländischer Rundfunksender unter Strafe[476] gestellt worden. Abgehört wurden vor 1939 vor allem die Unterhaltungsprogramme der BBC vor dem Hintergrund, dass auf deutschen Sendern zu wenig Unterhaltung gesendet worden war. Ab 1939 lagen die Gründe hierfür vor allem offenbar in dem Wunsch, andere als die propagandistischen Nachrichten des NS-Rundfunks zu hören. Verfügt wurde die Verordnung mit der Begründung, dass nicht nur militärisch gegen die Gegner des Deutschen Reiches vorgegangen werden müsse, sondern sie auch mit Mitteln bekämpft werden müssten, „die das Volk seelisch beeinflussen und zermürben sollen". Weiter heißt es, dass das Wort des Gegners „verlogen" sei, „um dem deutschen Volk zu schaden". Von der Verordnung wurde erwartet, „daß jeder Deutsche aus Verantwortungsbewußtsein her-

472 DUSSEL (2002): Hörfunk in Deutschland, S. 198.

473 DILLER (1980): Rundfunkpolitik im Dritten Reich, S. 375.

474 Ebd.

475 Vgl. DUSSEL (2002): Hörfunk in Deutschland, S. 198f.

476 Verordnung über außerordentliche Rundfunkmaßnahmen, in: *Reichsgesetzblatt* (RGBl) I 1939, S. 1683. Auf das Abhören und Verbreiten von ausländischen Nachrichten stand Zuchthaus und in schweren Fällen sogar die Todesstrafe. Vgl. DILLER (2001): Kommunikative Funktion der Hörfunkpropagandasendungen, S. 1479.

aus es zur Anstandspflicht erhebt, grundsätzlich das Abhören ausländischer Sender zu unterlassen".[477]

Dies ließ sich jedoch auch während des Krieges nicht vermeiden. Immer wieder hatten nämlich Hörer des NS-Rundfunks nach und nach andere fremdländische Sender gehört, und zwar nicht nur, um mutmaßlich den Gehalt und Wert der deutschen Nachrichten zu überprüfen.[478] Weniger absichtsvoll geschah dies, wenn durch immer wieder auftretende starke Empfangsschwierigkeiten deutscher Sender[479] andere, nicht-deutsche Sender auf den Frequenzen zu empfangen waren:

> „In letzter Zeit häufen sich die Stimmen über einen zunehmenden schlechten Empfang des Deutschlandsenders und des Reichssenders Breslau. [...] Besonders in Westdeutschland werde wieder häufiger die Beobachtung gemacht, daß englische, aber auch vereinzelt italienische Sender, wieder sehr stark durchschlügen."[480]

Grundsätzlich lässt sich über das Programm des NS-Rundfunks der ersten beiden Kriegswochen nicht sehr viel ermitteln, da den Programmzeitschriften nichts zu entnehmen ist: Aufgrund der durch den Krieg bedingten Programmausfälle und -änderungen lagen dementsprechend keine Planungen vor, und in der zweiten Woche verzichtete der NS-Rundfunk komplett auf Programmankündigungen in der Presse.[481] In den Mitteilungen der WERAG war nachzulesen, dass es unmöglich sei, „eine Programmfolge bekannt zu geben und ihre Abwicklung zu garantieren. Das Programm wird von den Sendern selbst angesagt werden."[482] In der dritten Woche nach Kriegsausbruch gingen die Sender schließlich dazu über, die Ankündigungen nur noch knapp und formelhaft zu formulieren.[483] „Wochenlang wurden eigentlich nicht viel mehr als die Nachrichtentermine und vage Hinweise im Stile von ‚Schallplattenmusik' oder ‚Konzert' veröffentlicht."[484]

Seit Oktober 1939 wurde in zunehmend konventioneller Weise angekündigt, dennoch erforderte die „bis dahin noch immer bestehende grundsätzliche föderalistische Struktur des Reichssendesystems [...] ein einheitliches ‚Gemein-

---

477 Ebd.

478 Ein Beispiel für diese Annahme ist der den Berichten unterstellte „Defaitismus" selbst sowie vor allem die Berichte ab Mitte 1941. Vgl. dazu: MadR, Nr. 216, 1. September 1941, in: BOBERACH (1984): Meldungen aus dem Reich 1938-1945, Bd. 8, S. 2713; und MadR, 4. September 1941, in: Ebd., Bd. 8, S. 2727; und MadR, Nr. 219, 11. September 1941, in: Ebd., Bd. 8, S. 2748f.

479 Vgl. zum Beispiel: MadR, Nr. 149, 12. Dezember 1940, in: BOBERACH (1984): Meldungen aus dem Reich 1938-1945, Bd. 6, S. 1859; MadR, Nr. 229, 16. Oktober 1941, in: Ebd., Bd. 8, S. 2873; und MadR, Nr. 239, 20. November 1941, in: Ebd., Bd. 8, S. 3011.

480 MadR, Nr. 239, 20. November 1941, in: BOBERACH (1984): Meldungen aus dem Reich 1938-1945, Bd. 8, S. 3011.

481 Ebd. und DUSSEL (2002): Hörfunk in Deutschland, S. 199.

482 o. V. (1939): „An unsere Leser", in: *WERAG*, vom 10. September, S. 9.

483 Vgl. DUSSEL (2002): Hörfunk in Deutschland, S. 199.

484 Ebd.

schaftsprogramm'",[485] das am 9. Juni 1940 erstmals ausgestrahlt wurde und bis zum Kriegsende so erhalten blieb.[486]

Dass „sämtliche Rundfunksender vom Mai 1940 an"[487] in „ständige[n] Reichssendungen zusammengeschaltet"[488] wurden, wie es ein Mitarbeiter der Rundfunkabteilung des Propagandaministeriums formulierte, hing nach Diller mit dem Ziel zusammen, „Sondermeldungen von den Kriegsschauplätzen für die Bevölkerung von zentraler Stelle aus jederzeit durchgeben zu können".[489]

Diese Gemeinschaftsschaltung steht schließlich in einer Tradition mit den unzähligen Kundgebungen und Übertragungen der Hitlerreden, die ja ebenfalls gleichzeitig über alle Sender gegangen waren. Nach diesen zahlreichen Erfahrungen mit dem „totalen Gemeinschaftsempfang" war dies technisch ohne Schwierigkeiten zu bewerkstelligen, und die Hörer der „Volksgemeinschaft" waren von nun an nicht mehr nur den propagandistischen Maßnahmen Goebbels ausgesetzt, sondern vor allem den Vorgaben des Militärs.

> „In zunehmendem Maße beanspruchten die Militärs das letzte Wort, wenn Entscheidungen für die Festsetzung von Sendezeiten, Frequenzen oder die Zusammenfassung einzelner Sender zu Gruppen zu treffen waren."[490]

Ab dem 20. Januar 1940 wurde „[a]uf Drängen der Abteilung Wehrmachtspropaganda" täglich ab 1.30 Uhr ein Heimatnachrichtendienst, der so genannte „Kameradschaftsdienst des Großdeutschen Rundfunks", gesendet. Auch die Vorgabe, dass alle Sender „mit Ausnahme des Deutschlandsenders und der Sender Böhmen, Bremen, Breslau, Danzig und Königsberg" das Programm um 22.15 Uhr abzuschalten hatten, geht auf das Militär zurück. In Köln war sogar „zeitweise" um 21.15 Uhr Schluss.[491] Bis 3 Uhr in der Früh blieb jedoch ab dem 4. Juli 1940 der Deutschlandsender auf Sendung. Goebbels hatte sich offenbar durchgesetzt mit dem Argument, der „Bevölkerung im Westen in den Luftschutzkellern Unterhaltung"[492] zu bringen.

Ende Juli sendeten die Reichssender wieder eigene Beiträge. Dies verursachte offenbar den Eindruck von einem „Anfang der Rückkehr zum Rundfunk-Alltag".[493] Jedoch trog der Schein, denn als die Bombenangriffe auf England ih-

485 Ebd.
486 Vgl. Ebd.
487 DILLER (1980): Rundfunkpolitik im Dritten Reich, S. 375.
488 Brief Rundfunkabteilung an Personalabteilung des Propagandaministeriums, 5.9.1940. BArch Koblenz, R 55/227. Zitiert nach: DILLER (1980): Rundfunkpolitik im Dritten Reich, S. 375.
489 DILLER (1980): Rundfunkpolitik im Dritten Reich, S. 375f.
490 Ebd., S. 376.
491 Ebd., S. 378.
492 BOELCKE, Willi (1966): *Kriegspropaganda 1939-1941. Geheime Ministerkonferenzen im Reichspropagandaministerium.* Stuttgart, S. 414.
493 o. V. (1940): *Südwestdeutsche Rundfunkzeitung*, Nr. 31, S. 7. Zitiert nach: DILLER (1980): Rundfunkpolitik im Dritten Reich, S. 378.

ren vorläufigen Höhepunkt erreicht hatten, wies Hermann Göring die Sendeanstalten an, „sämtliche Sender auf der Lang- und Mittelwelle in der Zeit von 23.00 bis 3.00 Uhr abzuschalten".[494]

Eigentlich nur für eine kurze Phase von wenigen Tagen vorgesehen, verschärfte sich die Situation mit der Anzahl der Nachtangriffe britischer Flugzeuge, „so daß am 1. Oktober 1940 die wichtigsten Sender in den Abendstunden auf die Wellenlänge des Reichssenders Breslau geschaltet werden mußten".[495] Durch dieses Vorgehen Görings waren die Hörer über die Sendepausen zunehmend irritiert. Zudem führte es dazu, dass die Hörer „durch einen allzu frühen Sendeschluß [...] zu den deutschsprachigen Nachrichten der ausländischen Rundfunkstationen abwanderten".[496]

Diese von der militärischen Situation abhängig gemachten Sendestrukturen sorgten nicht nur bei den mithörenden „feindlichen Flugzeugbesatzungen" für Irritationen, „auch auf die eigene Bevölkerung mußten sie geradezu chaotisch wirken".[497] Als Reaktion auf diese neue Kriegssituation wurde am 19. Oktober 1940 eine neue „Rundfunkregelung" erlassen. Alle Sendeanlagen wurden in neun Gruppen zusammengefasst, die für die Koordination von Abschaltregelungen sorgten und schließlich vorgaben, wann und auf welchen Wellenlängen gesendet werden durfte. Der Deutschlandsender strahlte zwar täglich von 5.00 bis 22.15 Uhr das Gemeinschaftsprogramm aus, musste aber vollständig abgeschaltet werden, sobald feindlicher Flugverkehr an der Reichsgrenze bemerkt worden war.[498] 25 Sender waren

> „ständig in vier Gleichwellennetzen, das norddeutsche bzw. südwestdeutsche auf gleicher Wellenlänge, das schlesische und das ostmärkische, das die Wellenlänge Graz benutzte, zusammengeschaltet".[499]

Die Hauptsender wie Berlin, Hamburg, Köln, Leipzig, München und Stuttgart nutzten weiterhin am Tage ihre „eigenen Wellenlängen", jedoch mussten auch sie am Abend ab 20.15 Uhr „und ab 11. November 1940 sogar schon um 19.30 Uhr auf die Frequenz des Reichssenders Breslau" umschalten.[500] Stille auf allen Frequenzen, auch in Breslau, gab es, wenn alle sechs Rundfunkstationen angewiesen worden waren, ihre Stationen abzuschalten. Bei den Gleichwellensendern führte schließlich das Abschalten „eines Senders innerhalb des Systems den Sendeschluß aller anderen Sender"[501] herbei.

494 DILLER (1980): Rundfunkpolitik im Dritten Reich, S. 378.
495 Ebd.
496 Ebd.
497 Ebd., S. 379.
498 Vgl. ebd.
499 Ebd.
500 Ebd.
501 Ebd., S. 379f.

Der Hörraum, der in den Jahren der NS-Herrschaft durch Goebbels, Hadamovsky und später Glasmeier durch propagandistische Übertragungsstrategien die einzelnen Hörer zu einer Hörgemeinschaft versammeln ließ, wurde gestört, brach ganz ab oder war einfach nicht mehr auf den bekannten Frequenzen zu erreichen. Auch Goebbels war der „Schaden des Abschaltens der Rundfunksender" bekannt: Er führte offenbar zu weitreichenden Auseinandersetzungen zwischen dem Propagandaministerium und dem Militär. Ab Anfang November 1940 kam das Oberkommando der Wehrmacht Goebbels entgegen und gestattete einen garantierten Sendebetrieb für die Abendnachrichten; auch durfte fortan erst nach Anweisung des Nachrichtendienstes einem Abschaltbefehl Folge geleistet werden.[502] Ab dem 20. Dezember 1940 galt dann schließlich – die Lage im Luftraum über Deutschland hatte sich entspannt – eine Anordnung, nach der die Restriktionen für den Sendebetrieb gelockert wurden. Ab dem 23. Dezember wurden „das Reichsgebiet und die unter Deutscher Hoheit stehenden besetzten Gebiete (ohne Dänemark und Norwegen) in Zonen"[503] eingeteilt. Demnach konnte der Deutschlandsender wieder sein eigenes Programm ausstrahlen, während alle anderen Sender, insbesondere die Großsender, auf der Breslauer Welle ab 20.15 Uhr zusammengeschaltet waren. Dieses Vorgehen führte jedoch nicht zur Entspannung der Lage: „Die Zahl der permanent zusammengeschalteten Gleichwellennetze erhöhte sich auf fünf mit jeweils eigener und z.T. neuer Frequenz, während das Abschaltverfahren kaum verwirrender hätte werden können."[504]

Wenn nämlich der Sendebetrieb in Frankfurt unterbrochen wurde, waren auch alle Sender des gleichen Netzes davon betroffen, darunter die Sender Luxemburg, Saarbrücken, Melnik, Prag, Brünn und Linz. Erst wenn in Frankfurt der Sendebetrieb wieder aufgenommen wurde, konnten dies schließlich auch die anderen Sender tun. So oder so, das Wort des Oberkommandos galt – und zwar nicht nur im Deutschen Reich, sondern für alle dem Reichsprotektorat und dem Generalgouvernement unterliegenden Sender wie Budapest, Preßburg, Wien, Warschau etc.[505]

Aber nicht nur durch die Luftangriffe der Feinde war der Hörraum gefährdet, sondern trotz einer „bedeutende[n] Erweiterung" sowie des Ausbaus der Empfangsleitungen im Westen und Süden des Reiches[506] wurde in den SD-Berichten zur Lage der Empfangsverhältnisse im Februar 1941 festgestellt, dass im Elsass und auch auf der Breslauer Welle so erhebliche Störungen zu verzeichnen seien, „daß ein einwandfreier Empfang" nicht zustande komme. Die Hörer würden aus

502 Vgl. o. V. (1940): *Anordnung Oberkommando der Wehrmacht vom 6.11.1940*. BA-MA Freiburg RW 4/299. Zitiert nach: DILLER (1980): Rundfunkpolitik im Dritten Reich, S. 380.

503 Ebd.

504 DILLER (1980): Rundfunkpolitik im Dritten Reich, S. 380.

505 Vgl. ebd., S. 381.

506 o.V. (1941): *Illustrierter Rundfunk*, Nr. 6, S. 7.

diesen Gründen gebeten, auf einwandfrei zu empfangende Sender umzuschalten, vor allem nach Frankreich und in die Schweiz. Ab 22 Uhr würde sogar der Kurzwellen-Empfang des nordamerikanischen Universitätssenders Boston „mit deutschlandfeindlichen Sendungen in deutscher Sprache" besser zu verstehen sein als das Programm, das über Breslau gesendet würde. Aus Salzburg, wo ohne Ankündigungen einfach die Wellenlänge verändert wurde – nach dem 20-Uhr-Nachrichtendienst wurde von den anderen deutschen Sendern die Wellenlänge bekannt gegeben –, hieß es, dass die Hörer davon ausgingen, „daß der Sender ganz ausgefallen ist".[507]

Auch die Hörer anderer Sendegebiete hatten sich an „ein Dutzend neue Wellenlängen und Sendezeiten zu gewöhnen", weshalb ab dem 23. Mai 1941 „wenigstens in den Abendstunden ein Dreifachprogramm" vom Propagandaministerium angeboten werden sollte. Das Reichsprogramm blieb täglich von 5.00 bis 2.00 Uhr erreichbar und wurde weiterhin über die angeschlossenen Reichssender ausgestrahlt. Zur gleichen Zeit wurde über den Deutschlandsender „Orchester-, Opern- und Kammermusik" gesendet. Neue von der Reichspost im Jahre 1940 ausgebaute Lang- und Mittelwellensender wie Luxemburg, Weichsel und Alpen „erhielten für die Zeit von 20.15 und 22.00 Uhr die Aufgabe, Unterhaltungs- und Tanzmusik zu bringen".[508] Ab 1941 wurde von Goebbels persönlich bei einer Konferenz am 21. Mai 1941 veranlasst, das „Abendprogramm auf Heiterkeit, Entspannung und Unterhaltung umzustellen".[509] Die geplanten Programmänderungen für einen dreifach strukturierten Sendeplan galten offenbar nicht lange. Ab dem 1. März 1942 existierte ein „Doppelprogramm des Deutschlandsenders und der Reichssender für die Zeit von 17.10 bis 18.30 Uhr und von 20.20 bis 22.00 Uhr".[510]

Grundsätzlich lässt sich festhalten, dass die Programmstruktur des Gemeinschaftsrundfunks in ihrer Gestaltung an die Konzeptionen der Frühphase des NS-Rundfunks gebunden war, wobei der Deutschlandsender „künftig hauptsächlich ernste, gehobene und klassische Musik" sendete, „während die Reichssender abends die leichte Unterhaltung pflegten".[511] Kurt Fischer berichtete in seinem 1942 erschienenen Buch, dass schließlich „[w]ährend der großen Angriffsschlachten […] alle Sender auf ein Reichsprogramm zusammengeschaltet"[512] wurden. So sei laut Fischer im Rahmen einer „musikalischen Entlastungsoffensive"[513]

507 MadR, Nr. 161, 10. Februar 1941, in: Boberach (1984): Meldungen aus dem Reich 1938-1945, Bd. 6, S. 1987.
508 Diller (1980): Rundfunkpolitik im Dritten Reich, S. 382.
509 Boelcke (1966): Kriegspropaganda 1939-1941, S. 747f. Zitiert nach: Diller (1980): Rundfunkpolitik im Dritten Reich, S. 383.
510 Diller (1980): Rundfunkpolitik im Dritten Reich, S. 383.
511 Ebd.
512 Fischer (1942): Dramaturgie des Rundfunks, S. 178.
513 Ebd., S. 178ff.

mehr als 13 Stunden lang Musik gesendet worden, die nur wegen „zweitwichtige[r] Gegenstände" – im Durchschnitt betraf das acht Stunden – unterbrochen wurde. Dabei wurden jedoch keine Sendepausen mehr einkalkuliert. „Nichtpolitische Wortsendungen" wurden kaum noch oder gar nicht mehr gesendet. Für das Frühjahr 1941 zeigt sich, dass nur zehn Minuten Programmanteil („in zwei morgendlichen kleinen Gymnastiksendungen"[514]) für den Sender zu planen waren. Dass vor allem Hörspiele für den Kriegsrundfunk ungeeignet waren, lag daran, dass sie mit einer Dauer von etwa einer Stunde „nicht einfach durch Sondermeldungen unterbrochen werden" konnten.[515]

Dussel betont, dass am Vormittag „noch kleine Reste des Regionalprogramms" Platz fanden, letztlich aber nicht mehr als eine Stunde am Tag. Für den Abend galt schließlich uneingeschränkt das Gemeinschaftsprogramm, das weitgehend standardisiert war. Dussel stellt exemplarisch folgenden Programmabend vor:

„18.20 Uhr	Ruf in die Zeit
18.30 Uhr	Aus dem Zeitgeschehen
19.00 Uhr	Frontberichte
19.30 Uhr	Marschmusik
19.45 Uhr	Militärischer Vortrag
20.00 Uhr	Nachrichten
20.15 Uhr	Musik
22.00 Uhr	Nachrichten."[516]

Das Problem der politischen Gewichtung der Anteile von E- oder U-Musik war für die Reichssendeleitung nicht einfach zu lösen. Glasmeier hatte im Herbst 1940 angekündigt, „daß der Deutschlandsender ein gehaltvolles Programm sendet, während für die Reichssender ein leichtes Unterhaltungsprogramm vorgesehen ist". Gleichzeitig erachtete er es „bei der großen politischen Bedeutung des Rundfunks" für „ganz selbstverständlich, daß hier der Gedanke an die Unterhaltung einmal in zweiter Linie kommen muß".[517]

Während das Programm für den Winter nur sehr begrenzten Gestaltungsraum bot – „es wurde am späten Nachmittag und frühen Abend maximal von 15.45 bis 19.45 Uhr gesendet und schloss auch längere Sendepausen mit ein"[518] –, hatte Glasmeier für die Abendstunden zwischen 18 und 19 Uhr die

514 Ebd., S. 200.

515 WESSELS, Horst (2001): „Kommunikative und ästhetische Funktionen des hörfunkdramatischen Bereichs in ihrer Entwicklung bis 1945", in: LEONHARD, Joachim-Felix/LUDWIG, Hans-Werner u.a. (Hg.): *Medienwissenschaft. Ein Handbuch zur Entwicklung der Medien und Kommunikationsformen*. Bd. 2. Berlin/New York, S. 1469-1477, hier: S. 1475.

516 FISCHER (1942): Dramaturgie des Rundfunks, S. 201.

517 „Der Reichsintendant zu aktuellen Rundfunkfragen", in: *Westfunk*, vom 10. November 1940, S. 2. Zitiert nach: DUSSEL (2002): Hörfunk in Deutschland, S. 201.

518 DUSSEL (2002): Hörfunk in Deutschland, S. 201.

„Musik zur Dämmerung" als zentrales Rundfunkangebot vorgesehen. Diese Sendung spielte „durchweg klassische Musik".[519]

Goebbels, der von Beginn an für einen vermehrten Einsatz von Unterhaltungsprogrammen Position bezogen hatte, wies am 20. Dezember 1940 den Reichsintendanten Glasmeier an, seinen Wünschen Rechnung zu tragen:

> „Das Tanzverbot ist gelockert worden. Der Minister gibt Reichsintendant Glasmeier den Auftrag, dieser Tatsache auch in den abendlichen Rundfunksendungen Rechnungen zu tragen."[520]

Besonders als sich 1941 die Auswirkungen des Krieges vor allem gegen die Sowjetunion immer mehr in der Stimmung der Bevölkerung bemerkbar machten, „sollte der Rundfunk Soldaten wie Zivilisten von den täglichen Sorgen ablenken".[521] Das Unterhaltungsangebot im Rundfunk hatte von nun an für Goebbels einen „staatspolitisch besonderen Wert".[522] In diesem Zusammenhang ließ Goebbels Ende September 1941 vom Propagandaministerium neue Programmrichtlinien herausgeben, worin es u.a. hieß:

„Die bisherigen Programme waren zu gleichförmig und langweilig. Die Programme müssen ab sofort sehr bunt und sehr volkstümlich gestaltet werden mit bester Auswahl."[523]

Die Umstellung auf mehr Unterhaltung hatte dann schließlich nach Berichten des SD großen Anklang bei den Hörern gefunden; „unter Hinweis auf alle verfügbaren Quellen – Hörerbriefe, Meldungen von NSDAP-Amtswaltern und SD-Berichten" resümierte am 8. November der Sonderbeauftragte Hinkel:

> „Die breite Masse (aktive Wehrmacht an allen Fronten und die schaffenden Schichten in den Betrieben) stimmt der grundsätzlichen Umstellung der Rundfunkprogramme auf frohe Unterhaltung und stärkeren Rhythmus der diesbezüglichen Sendungen in den Vormittagsstunden von 6.00 bis 8.00 Uhr und an den Abendstunden von 20.00 bis 2.00 Uhr sowie an den Sonnabend- und Sonntagsnachmittagen restlos – dem übergroßen Teil mit sehr auffälliger Begeisterung! – zu."[524]

Die „Hörgemeinschaft" der Rundfunkteilnehmer wurde von nun an im Rundfunk zu einer „Schicksalsgemeinschaft" im Krieg vereinigt, die dessen Verlauf am Apparat mitverfolgte. Dies zeigt sich vor allem an den Schwerpunktsetzun-

---

519 Ebd.

520 Boelcke (1966): Kriegspropaganda 1939-1941, S. 591.

521 Diller (2001): Kommunikative Funktion der Hörfunkpropagandasendungen, S. 1481.

522 Programm-Richtlinien vom 26. September 1941, BArch R 58/1090. Vgl. dazu: Drechsler (1986): Die Funktion der Musik, S. 136; und Klingler, Walter (1980): „Die Rolle des Unterhaltungsrundfunks im Kriegswinter 1941/42. Zur Vorgeschichte der Umorganisation in der Rundfunkführung im Februar 1942", in: *Rundfunk und Geschichte*, Jg. 6, Heft 1, S. 50-62; und Dussel (2002): Hörfunk in Deutschland, S. 203.

523 Programm-Richtlinien vom 26. September 1941, BArch R 58/1090.

524 BArch R 55/1254. Zitiert nach: Dussel (2002): Hörfunk in Deutschland, S. 204.

gen im Programm des NS-Rundfunks: Einzelne Programme lassen in ihrer akustischen Gestaltung den Schluss zu, dass der bewusste Einsatz akustischer Mittel den Hörraum um die Kriegsschauplätze, auf denen deutsche Soldaten kämpften, erweiterte und inszenierte.

Auffallend ist, dass insbesondere die Frontberichte eine zentrale Rolle bei der Bevölkerung spielten. Sie sind in fast jedem Bericht erwähnt, der zu den „Stimmen zum Rundfunk" angefertigt wurde, und als einzelner Punkt aufgeführt.

> „Unter den Wortsendungen stehen nach wie vor die Frontberichte der Propaganda-Kompanien im Vordergrund des Interesses, wobei die Berichte bevorzugt würden, die unmittelbar während der Kampfhandlungen gesprochen worden seien."[525]

Zu den akustischen Mitteln, die verwendet wurden, um die Berichte offenbar glaubwürdiger zu machen, wird in einem SD-Bericht vom 13. November 1941 Folgendes berichtet:

> „Ein immer wieder seitens der Hörer geäußerter Wunsch gehe dahin, solche Frontberichte zu bevorzugen, in denen die Geräuschkulisse des Gefechtslärms, der Sprengexplosionen, Motorengeräusch usw. besonders überzeugend eingefangen sei. Kaum ein anderes Moment der Darstellung würde die Unmittelbarkeit der Frontberichte so unterstreichen wie diese Geräuschkulissen. Wenn ein Berichter ausführe: ‚... Soeben setzt das Artilleriefeuer ein', und dann bei der hier folgenden Stille mitzuteilen, daß das Mikrophon dieses Artilleriefeuer leider nicht einfangen könne, habe der Hörer leicht das Gefühl, daß der Bericht eine Nacherzählung darstelle."

Ebenso wie die akustische Authentizität sei schließlich die *„Fähigkeit des Sprechers zur dramatischen Schilderung"* eine „wesentliche Voraussetzung für die Aufnahme in der Bevölkerung". Beide Effekte hinterließen den Eindruck, „daß die Sprache trotz des Fehlens des bewegten Bildes bei einem guten Bericht die Kriegsgeschehnisse ähnlich lebendig machte, wie Filmaufnahmen".[526] Die Anteilnahme am Kriegsgeschehen scheint vor allem über die Frontberichte hergestellt worden zu sein. Unmittelbarkeit und Glaubwürdigkeit wurde den Berichten unterstellt und bildeten einen Kernpunkt der Programmstruktur im nationalsozialistischen Kriegsrundfunk. Aus den SD-Berichten ist zu entnehmen, „daß vor allem die Frontberichte um 20.50 Uhr den größten Hörerkreis finden, weil sie zeitlich am günstigsten lägen".[527] Anfang August 1941 heißt es:

---

525 MadR, Nr. 203, 17. Juli 1941, in: BOBERACH (1984): Meldungen aus dem Reich 1938-1945, Bd. 7, S. 2533.

526 MadR, Nr. 237, 13. November 1941, in: BOBERACH (1984): Meldungen aus dem Reich 1938-1945, Bd. 8, S. 2975 (Hervorhebung im Original).

527 MadR, Nr. 205, 24. Juli 1941. in: BOBERACH (1984): Meldungen aus dem Reich 1938-1945, Bd. 7, S. 2562, und so auch in: MadR, Nr. 207, 31. Juli 1941, in: Ebd., Bd. 7, S. 2594f.

„Das Interesse am deutschen Rundfunk verlagert sich immer mehr auf die politischen Sendungen. Im Vordergrund stehen die Frontberichte."[528]

Der Hörraum der „Volksgemeinschaft" war im Krieg durch und durch militarisiert. Diejenigen, die zu Hause geblieben waren, sollten durch den gemeinsamen Hörraum am Kriegsgeschehen partizipieren können. Von ähnlicher Beliebtheit wie die OKW- und Frontberichte waren zum Beispiel entsprechend der SD-Protokolle politisch-militärische Berichte, die das Geschehen militärisch erläuterten, kommentierten oder für den Hörer besser vorstellbarer machten, zum Beispiel mittels des Berichts „24 Stunden Panzerverfolgungsschlacht". Dieser Bericht wird als „der bisher eindrucksvollste" geschildert, es wurde sogar nach einer Wiederholung verlangt.[529] Hinzu kamen „Erläuterungen zum Wehrmachtbericht", die „im allgemeinen zustimmend aufgenommen" wurden. „Man betrachte sie, ähnlich wie die Frontberichte als Ergänzungsmaterial zu dem OKW-Bericht. Sie trügen dazu bei, Ausmaß und Bedeutung der militärischen Erfolge richtig zu würdigen."[530]

Auch die politischen Vorträge erfreuten sich grundsätzlich einer großen Beliebtheit, dies geht in weiten Teilen aus den SD-Berichten hervor. Sie waren in der Regel 15 Minuten lang und umfassten Erläuterungen zu aktuellen kriegspolitisch wichtigen Themen. So hielt zum Beispiel Konteradmiral Lützow am 7. Oktober 1942 einen Vortrag „über die Bedeutung des Seewegs nach Indien" und hob darin die „Bedeutung Indiens für England"[531] hervor. Militärische Vorträge wie zum Beispiel jener, der Mitte Juni 1941 vom Flottenarzt Dr. Kranitz über das Kriegssanitätswesen auf See gehalten wurde, oder auch ein „Vortrag des Generals der Flieger Quade über den Einsatz der Luftwaffe auf Kreta am 13.6." scheinen auf die Hörer einen „großen Eindruck"[532] gemacht zu haben. Darüber hinaus waren auch Vorträge zu kulturellen Themen wie ein Beitrag von Emil Jannings über das Thema „Geschichte wird Film" am 8. Oktober 1942 im Rahmen dieser Programmdramaturgie möglich.

Ganz zentral waren für einen partizipativen Hörfunk, neben den Frontberichten und OKW-Berichten, die Sondermeldungen. Auch sie verfügten über ihre eigenen akustischen Mittel und besaßen ebenfalls einen sehr hohen Stellenwert in der Bevölkerung:

528 MadR, Nr. 209, 7. August 1941, in: BOBERACH (1984): Meldungen aus dem Reich 1938-1945, Bd. 7, S. 2621.

529 Vgl. ebd.

530 MadR, Nr. 204, 21. Juli 1941, in: BOBERACH (1984): Meldungen aus dem Reich 1938-1945, Bd. 7, S. 2548.

531 MadR, Nr. 326, 15. Oktober 1942, in: BOBERACH (1984): Meldungen aus dem Reich 1938-1945, Bd. 11, S. 4328.

532 MadR, Nr. 196, 23. Juni 1941, in: BOBERACH (1984): Meldungen aus dem Reich 1938-1945, Bd. 7, S. 2429.

> „Sie dokumentierten jede erfolgreich beendete Schlacht, jede Kapitulation bewaffneter Streitkräfte feindlicher Staaten, hoben mit ihrer Dramaturgie die Bedeutung des Augenblicks hervor und zogen mit Fanfaren und Trommelgewirbel die an den Lautsprechern lauschende Bevölkerung in den Bann."[533]

Die Bedeutsamkeit der Sondermeldungen für die Bevölkerung betonte die Rundfunkprogrammzeitschrift „Der Deutsche Rundfunk" Mitte 1940:

> „In den Wohnungen, in den Betrieben, in den Gaststätten starren die Menschen gebannt auf die Lautsprecher, wenn kurz und nüchtern das Wort ‚Sondermeldung' fällt; denn mit ihr ist Kampf und Sieg unserer Wehrmacht, sind die gewaltigen Ereignisse unserer Tage, ist das einzigartige Erlebnis des großen Ringens um unsere Freiheit verbunden."[534]

Auch in den SD-Berichten spiegelt sich die Bedeutung der Sondermeldungen für die Bevölkerung wider. Ein besonders ausführliches Beispiel wird für die am 6. August 1941 „mittags gebrachten Sondermeldungen" beschrieben. Darin heißt es, dass die „Ankündigung der Sondermeldung" sich „wie ein Lauffeuer verbreitet" habe.

> „Verschiedentlich wird dies auch für die Landbevölkerung betont, wo die Bauern von den Feldern hereingeholt wurden. Jeder sei bestrebt gewesen, noch rechtzeitig nach Haus zu kommen, oder die Meldungen an einer Lautsprecheranlage zu hören."[535]

Aus der Perspektive des Sicherheitsdienstes der SS wird die Bedeutung der Sondermeldungen für die „Volksgenossen" so beschrieben:

> „Durch die Sondermeldungen fühlen sich alle Volksgenossen von einem ähnlich schwer gewordenen Druck erleichtert. An vielen Plätzen, an denen die Meldungen in Gemeinschaft gehört worden sind, brachen die Volksgenossen in helle Begeisterung aus. Die Lieder der Nation wurden mitgesungen."[536]

Als noch zu Beginn des Kriegsrundfunks die deutsche Wehrmacht nur Siege zu vermelden hatte, wurden die Sondermeldungen dramaturgisch gestaltet und mit passender Unterhaltungsmusik unterlegt: So ertönte zum Beispiel das von Blasorchestern gespielte „Denn wir fahren gegen Engelland" oder, wenn es um Seeschlachten gegen die britische Schiffsflotte ging, „Es braust ein Ruf wie Donnerhall" aus „Die Wacht am Rhein", ebenso wie

---

533 DILLER (2001): Kommunikative Funktion der Hörfunkpropagandasendungen, S. 1480.

534 o.V. (1940): *Der Deutsche Rundfunk*. Zitiert nach: DILLER, Ansgar (2001): Kommunikative Funktion der Hörfunkpropagandasendungen. S. 1480.

535 MadR, Nr. 209, 7. August 1941, in: BOBERACH (1984): Meldungen aus dem Reich 1938-1945, Bd. 7, S. 2619.

536 Ebd.

> „das Prinz-Eugen-Lied zur akustischen Untermalung der kriegerischen Auseinandersetzungen auf dem Balkan oder Ausschnitte aus ‚Lés Préludes' von Franz Liszt – genannt das ‚Rußlandlied' –, um die Erfolge gegen die Rote Armee im Osten ins rechte Licht zu rücken".[537]

Dass der nun militärisch-politische Impetus auch das Unterhaltungsangebot stark durchsetzte, lässt sich ebenfalls anhand der SD-Berichte nachvollziehen. Daraus geht hervor, dass insbesondere Unterhaltungssendungen, die auf das Volkstümliche und auf das Soldatische setzten, gerade im Jahre 1941 sehr beliebt und ausdrücklich gewünscht waren.[538] In fast allen SD-Berichten der Jahre 1940 und 1941 wird immer wieder das „Volkskonzert" erwähnt, in dem nicht nur regionale Wortbeiträge wie „Mundartdichtung"[539] Platz fanden, sondern vor allem auch Märsche und Soldatenlieder vorgetragen wurden: So hätte das „Volkskonzert" vom 8. September 1940 „allgemein Anklang gefunden [...] und die Lieder und Märsche der einzelnen Waffengattungen, gesungen von Soldatenchören".[540] In einem Beispiel aus dem Jahre 1941 wird vermeldet: „Unter den musikalischen Sendungen findet das ‚Deutsche Volkskonzert' nach wie vor den größten Beifall."[541]

So wird betont, dass „der Wunsch nach *Soldatenliedern* sehr groß"[542] sei. Auch in Bezug auf die Übertragung des „Unterhaltungsabends", einem von den Angehörigen der SS-Leibstandarte Adolf Hitler am 21. Februar 1941 ausgestrahlten Programm, wurde „lobend hervorgehoben, daß man [...] nur echte Soldatenlieder gebracht habe. Besonders begrüßt wurden [...] die historischen Märsche und das Soldatenlied ‚Im Feldquartier auf hartem Stein'." Weiter gehe aus den Berichten hervor, dass den Hörern „vor allem das *Ungekünstelte, Echte und Einfach-Soldatische* gefallen [habe]. [...] Mehrfach ist der Wunsch zum Ausdruck gekommen, noch häufiger Sendungen dieser Art, selbst unter Verzicht auf gelegentliche Tanzdarbietungen, zu bringen."[543]

Immer wieder wird von den Hörern betont, dass die Soldaten an der Front auch Unterhaltung benötigten. Diese subjektiven Hörer-Wahrnehmungen de-

537 DILLER (2001): Kommunikative Funktion der Hörfunkpropagandasendungen, S. 1480f.

538 Vgl. MadR, Nr. 160, 6. Februar 1941, in: BOBERACH (1984): Meldungen aus dem Reich 1938-1945, Bd. 6, S. 1979.

539 MadR, Nr. 112, 5. August 1940, in: BOBERACH (1984): Meldungen aus dem Reich 1938-1945, Bd. 5, S. 1443.

540 MadR, Nr. 124, 16. September 1940, in: BOBERACH (1984): Meldungen aus dem Reich 1938-1945, Bd. 5, S. 1577.

541 MadR, Nr. 207, 31. Juli 1941, in: BOBERACH (1984): Meldungen aus dem Reich 1938-1945, Bd. 7, S. 2595; und auch MadR, Nr. 149, 12. Dezember 1940, in: Ebd., Bd. 6, S. 1861.

542 MadR, Nr. 160, 6. Februar 1941, in: BOBERACH (1984): Meldungen aus dem Reich 1938-1945, Bd. 6, S. 1980 (Hervorhebung im Original).

543 MadR, Nr. 166, 27. Februar 1941, in: BOBERACH (1984): Meldungen aus dem Reich 1938-1945, Bd. 6, S. 2047 (Hervorhebung im Original), und auch MadR, Nr. 170, 13. März 1941, in: Ebd., Bd. 6, S. 2105.

cken sich mit Goebbels' abermaligen Forderungen, „ungeachtet brennender Städte und verlorener Schlachten" vor allem Unterhaltungsmusik und weniger andere Sendungen über den Äther zu schicken. Schließlich waren die Soldaten „mit die wichtigste Zielgruppe seit 1939".[544] In den Berichten äußert sich zudem der Wunsch, sich in den Musiksendungen mit der Front solidarisch zu fühlen. Der Hörraum steht hier für den Zusammenhalt der „Volksgemeinschaft" an der Front und in der Heimat. Es fällt auf, dass in diesem Zusammenhang wie auch im Kontext der Frontberichte immer wieder betont wird, dass die Beiträge authentisch, echt und unmittelbar erscheinen müssten. Die geographische Verbindung des Ätherraumes bis hin in die Kriegsgebiete scheint radiotechnisch durchaus glaubhaft gewesen zu sein. Insgesamt fällt auf, dass die Verbindung von Kriegsbeiträgen und Unterhaltungsangebot zu diesem Zeitpunkt nicht sonderlich kritisch betrachtet worden ist. Ganz im Gegenteil: Bis zur Schlacht von Stalingrad bzw. um den November 1942 herum wird das Unterhaltungsangebot, insbesondere die Musikeinlagen, als sehr günstig beschrieben. Nach Halefeldt hatte die Musikauswahl in diesen Jahren „offenbar eine Färbung erreicht, die bei den Hörern positive Resonanz auslöste".[545] In den SD-Berichten heißt es dazu etwa, dass die „*musikalische Programmgestaltung des deutschen Rundfunks* [...] *sich in der breiten Masse der Hörer zunehmender Beliebtheit*"[546] erfreue. Einige Monate später wird die beabsichtigte propagandistische Wirkung der Programmänderungen sogar ganz explizit benannt. Dort heißt es, dass

> „das seit Beginn des Monats Oktober gebrachte neue Programm restlose Zustimmung finde. Die Umstellung des Programms auf beinahe ausschließlich heitere und leichte Sendungen falle geradezu auf. Das Programm mache einen ‚friedensmäßigen' Eindruck."[547]

Nach den schweren Kämpfen im Winter 1942/43 – eine gewisse Gleichgültigkeit der Bevölkerung gegenüber den unterhaltenden Anteilen im Radio wurde nun in den Berichten des SD vermeldet – wurde der Anteil an „Unterhaltungs- und Tanzmusik, gehobener und volkstümlicher Musik, Schlager und volkstümlichen Chören, Konzerten, Opern und Operetten, Liedern und Kammermusik"[548]

544 HALEFELDT, Horst O. (2001): „Die Organisationsstruktur des Hörfunks in ihrer Entwicklung", in: LEONHARD, Joachim-Felix/LUDWIG, Hans-Werner (Hg.): *Medienwissenschaft. Ein Handbuch zur Entwicklung der Medien und Kommunikationsformen*. Bd. 2. Berlin/New York, S. 1415-1428, hier: S. 1435.

545 Ebd.

546 MadR, Nr. 229, 16. Oktober 1941, in: BOBERACH (1984): Meldungen aus dem Reich 1938-1945, Bd. 8, S. 2872. (Hervorhebung im Original).

547 MadR, Nr. 233, 30. Oktober 1941, in: BOBERACH (1984): Meldungen aus dem Reich 1938-1945, Bd. 6, S. 2931. Von ähnlicher Zustimmung auch MadR, Nr. 235, 6. November 1941, in: Ebd., Bd. 6, S. 2950; und MadR, Nr. 237, 13. November 1941, in: Ebd., Bd. 6, S. 2976; und MadR, Nr. 239, 20. November 1941, in: Ebd., Bd. 6, S. 3011.

548 DILLER (2001): Kommunikative Funktion der Hörfunkpropagandasendungen, S. 1481.

noch einmal auf ein Gewicht von insgesamt 88 Prozent erhöht.[549] Es wurde in der Folge immer mehr leichte Musik gespielt, während gehobene U-Musik zunehmend aus dem Repertoire verschwand:

> „[E]s bildete sich gewissermaßen ein Musikteppich, aus dem nur noch repräsentative Opern- und Konzertaufführungen hervorstachen, die den ungebrochenen ‚Kulturwillen' der Nationalsozialisten belegen sollten."[550]

Gleichzeitig wurden strikte Anweisungen herausgegeben, welche Musik nicht gespielt werden durfte:

> „[S]o durften keine U-Boot-Lieder wegen der hohen Verluste im U-Boot-Krieg, keine fröhlichen Rheinlieder wegen der angloamerikanischen Luftangriffe und keine Jägerlieder mehr gebracht werden; mit dem Winter zusammenhängende Themen wie Skilaufen oder das Winterwetter waren tabu."[551]

Nachdem schließlich die 6. Armee in Stalingrad unter Generalfeldmarschall Friedrich Paulus am 31. Januar 1943 kapituliert hatte, war es Goebbels unmöglich geworden, „das im politischen System angelegte Lügen und Verschweigen"[552] im Rundfunk weiter aufrecht zu erhalten. In seinem Tagebucheintrag dazu hieß es:

> „Wir sind nunmehr gezwungen, die Aufgabe Stalingrads dem deutschen Volke mitzuteilen. Das ist ein bitterer, aber notwendiger Entschluß. Wir bringen die Nachricht als Sondermeldung nachmittags gegen 4 Uhr im Rundfunknachrichtendienst und machen sie mit einem entsprechenden heroischen Zeremoniell auf."

Die Einzelheiten würde er schließlich „persönlich" abklären.

> „Bei Gelegenheit der Bekanntgabe der Aufgabe von Stalingrad erlasse ich eine Kundmachung, nach der für das ganze Reichsgebiet bis einschließlich Sonnabend sämtliche Theater, Kinos und Vergnügungsstätten geschlossen werden. […] Das Volk ist jetzt sehr ernst und gehalten und erwartet von der Führung in dieser schweren Stunde ein Wort des Trostes und der Aufrichtung, aber auch der Stärkung der Gemüter. Unsere Meldung trägt diesen Gefühlen in jeder Weise Rechnung. Sie ist ernst, sachlich, nüchtern, unpathetisch, aber auch ohne jede Kälte."[553]

Hauptsächlich wurden im Rundfunk Aufnahmen aus Wagners Oper „Rienzi" ausgestrahlt. Am 3. Februar 1943 wurde – „ohne die Kapitulation zu erwähnen" – vermeldet, die 6. Armee sei „ihrem Fahneneid bis zum letzten Atemzug getreu […] unter der vorbildlichen Führung des Generalfeldmarschalls Paulus

549 Vgl. ebd.
550 Halefeldt (2001): Organisationsstruktur des Hörfunks, S. 1435.
551 Diller (2001): Kommunikative Funktion der Hörfunkpropagandasendungen, S. 1481.
552 Halefeldt (2001): Organisationsstruktur des Hörfunks, S. 1435.
553 Goebbels (1992): Tagebücher. 1924-1945, S. 1890f.

der Übermacht des Feindes und der Ungunst der Verhältnisse erlegen".[554] Genau dieses Nachrichten-, Reportagen- und Berichtssystem der Jahre 1942 und 1943, das dafür sorgte, dass in diesem Fall bis zuletzt die Nachrichten aus Stalingrad zurückgehalten und die Kapitulation verschwiegen wurde, kostete laut Halefeldt „den deutschen Rundfunk zeitweilig die ganze Glaubwürdigkeit".[555] Die Folge waren Hörerschwund und das bereits befürchtete und nun eintretende abermalige Abwandern der Hörer zu ausländischen Sendern.[556]

Schließlich wurde das Verbot Goebbels', das Senden von „Unterhaltung und Sportmeldungen" zu unterlassen, strikt eingehalten. An ihrer Stelle sollte das Rundfunkprogramm geprägt sein von – wie es im Tagebuch notiert ist – „Ernst und Sachlichkeit".[557] Nach dieser Programmänderung dauerte es sechs Wochen, bis der Rundfunk wieder zu seiner alten Struktur fand.[558]

Das immer weiter wachsende Misstrauen der Bevölkerung ist auch in den SD-Nachrichten nachzulesen. Vermerkt wird, dass die Bevölkerung kaum noch an „als wichtig empfundene[n] Tatsachen und Themen" interessiert sei, die „Hinweise darauf zu" geben versuchen, „auf welche Weise wir zu einem erfolgreichen Ende des Krieges kommen könnten". Ganz im Gegenteil: Die Bevölkerung befasse sich „umso stärker mit solchen Fragen, auf die Presse und Rundfunk nicht eingingen und zum großen Teil begreiflicherweise keine Antwort geben könnten".[559]

Laut Dussel gibt es lediglich eine einzige Quelle, die Aufschluss über die Programmstrukturen nach 1942 gibt: Gemeint ist die deutschsprachige „Schweizer Radio-Zeitung". Im Auslandsteil hat sie neben den Programmen Großbritanniens, Frankreichs und Schwedens auch die des „Dritten Reiches" veröffentlicht.[560] Aus dieser Quelle geht hervor, dass der Rundfunk im Jahre 1942 nicht neu erfunden wurde, sondern die Strukturen aus dem Jahre 1940 als Vorlage für das Gemeinschaftsprogramm dienten:

> „Zentral war nach wie vor die abendliche Informationsschiene im Gemeinschaftsprogramm von 18.30 bis 20.15 Uhr, in der regelmäßig aufeinander folgten: der halbstündige ‚Zeitspiegel', der viertelstündige ‚Frontbericht', ein oder zwei genauso lange militärisch-politische Vorträge und schließlich die Nachrichten."[561]

---

554 Ebd., Anm. 27.
555 HALEFELDT (2001): Organisationsstruktur des Hörfunks, S. 1435.
556 Vgl. ebd.
557 Ebd., S. 1482.
558 Halefeldt geht im Gegensatz zu Diller von zwei Wochen aus. Vgl. dazu: HALEFELDT (2001): Organisationsstruktur des Hörfunks, S. 1435.
559 MadR, Nr. 366, 11. März 1943, in: BOBERACH (1984): Meldungen aus dem Reich 1938-1945, Bd. 13, S. 4925.
560 Vgl. DUSSEL (2002): Hörfunk in Deutschland, S. 204.
561 Ebd., S. 205.

So sah beispielsweise die Programmplanung für den 8. Oktober 1942 wie folgt aus:

„18.30 Uhr	Zeitspiegel
19.00 Uhr	Unterhaltungsmusik
19.15 Uhr	Frontberichte
19.30 Uhr	Unterhaltungsmusik
19.45 Uhr	Politischer Vortrag
20.00 Uhr	Nachrichten“[562]

Danach folgte bis 22 Uhr ein Musikprogramm,

> „das regelmäßig aus zwei Sendungen mit ähnlicher ‚Musikfarbe‘ bestand. Am genannten 8. Oktober war es eine klassische ‚Abendmusik im Grünen‘ und – ab 21.00 Uhr – die Übertragung des vierten Aktes von Mozarts ‚Figaros Hochzeit‘.“[563]

Diese Struktur deckt sich auch mit den Beschreibungen in den SD-Berichten. Diese Programmstruktur galt auch, nachdem Goebbels am 18. Februar 1943 seine Sportpalast-Rede „Wollt' ihr den totalen Krieg?“ als Reaktion auf die schwere Niederlage während des Ostfeldzuges gehalten hatte. Erst nach seiner Rede und Hitlers Ansprache zum Heldengedenktag am 21. März 1943 sei laut Diller der Rundfunk wieder zu seiner alten Struktur zurückgekehrt, und es wurden wieder Unterhaltungsprogramme gesendet.[564] Von dem wenigen, was darüber bekannt ist, kann gesagt werden, dass der Hauptanteil der Wortbeiträge darin bestand, „neben den aktuellen Sendungen, wozu immer mehr Luftlagemeldungen hinzukamen, die früher den Fachzeitschriften und der Fachliteratur vorbehaltenen Spezialthemen im Programm“ zu senden. Dieses Programm wurde vor allem als „Ersatz für die jetzt verbotenen Vortragsveranstaltungen und Dichterlesungen sowie für ausfallende Opern-, Schauspiel- und Konzertabende“[565] angeboten.

Die Glaubwürdigkeit konnten die im Rundfunk gesendeten Nachrichtensendungen nicht wieder zurückerlangen. Insbesondere die massive Propagandawelle gegen Russland sorgte dafür, dass das Rundfunkprogramm kaum mehr rezipiert worden sei. Die einzige Funktion, die der Rundfunk noch erfüllte, war das Ankündigen der Luftlagemeldungen. Sie sicherten

> „dem Medium zeitweilig wenn nicht mehr Glaubwürdigkeit, so doch größere Aufmerksamkeit der Hörer. Die Luftwarnungen waren für viele der Hauptgrund, den Apparat überhaupt einzuschalten, zumal sie [...] stündlich über den Äther gingen, bei zwischenzeitlichen Angriffen sogar noch häufiger. Solche Meldungen

562 Ebd., S. 206.
563 Ebd.
564 Vgl. DILLER (2001): Kommunikative Funktion der Hörfunkpropagandasendungen, S. 1482.
565 Ebd.

> konterkarierten die immer noch auf Beschönigung setzende Propaganda in anderen Sendungen."[566]

Das Senden von Front- und Wehrmachtsberichten sowie von militärischen Fachvorträgen im Wechsel mit leichter Unterhaltungs- und Tanzmusik verwirrte die Hörer zunehmend, da die Nachrichten und Mitteilungen für die Hörer in ihrer Komplexität nicht mehr zu verstehen seien. Man suche einen „‚roten Faden' durch die Vielfalt der Einzelgeschehnisse, die auf einen hereindrängen".[567] Hinzu kam, dass vielfach „alte", also bereits gehaltene und den Hörern bekannte Vorträge von Schallplatte gesendet worden waren.

> „Zu den Vorträgen wird allgemein bemerkt, daß die Hörer ihnen z. Zt. nur folgen, wenn aktuelle Tatsachen besprochen werden, die durch Zahlen, Vergleiche und Beispiele erläutert sind. Wiederholung gleicher Themen mit kleinen Abänderungen könnten die Hörer nicht mehr fesseln."[568]

Die „tänzerische Musik" finde hingegen Zustimmung „nur in Teilen der großstädtischen Bevölkerung und bei Jugendlichen. Der Großteil der Heimatfront wünsche sich eine geruhsame und besinnliche Entspannung." Auch für die „Programmvorschau am Sonntagsvormittag" interessiere sich niemand mehr, „es wird angeregt, diese wichtige Sendezeit mit guter Unterhaltungsmusik zu füllen".[569] Am 6. Mai 1943 heißt es dann sogar, dass eine „Reihe außenpolitischer und militärischer Meldungen [...] nur wenig Beachtung gefunden" hätte. „Die Ereignisse an der Ostfront z.B. seien in den letzten Tagen lediglich am Rande beachtet worden."[570] Danach wurden schließlich keine „Rundfunkstimmen" mehr in den SD-Berichten berücksichtigt.

Goebbels sind die Berichte zuwider gewesen: Er beschreibt sie in seinem Tagebuch als realitätsfern und nicht objektiv. Dies betrifft die vom SD verfassten Reaktionen auf seine Rede „Wollt' ihr den totalen Krieg?". Am 21. Februar 1943 notierte er: „Die Wirkung im Inland ist enorm. [...] Die deutsche Presse hat die Rede großartig aufgemacht und dazu sehr wirksame Kommentare geschrieben. Nur der SD-Bericht sticht von der allgemeinen Meinung ab." Mit Fleiß habe man schließlich

> „alle stänkerischen Stimmen zusammengesucht, um sie zu einem Konglomerat von Kritik zusammenzufassen. Ich wende mich schärfstens gegen diese Methoden des SD, die mir in letzter Zeit schon einige Sorgen bereitet haben. Im SD ha-

---

566 HALEFELDT (2001): Organisationsstruktur des Hörfunks, S. 1435.

567 MadR, Nr. 372, 1. April 1943, in: BOBERACH (1984): Meldungen aus dem Reich 1938-1945, Bd. 13, S. 5033.

568 MadR, Nr. 375, 12. April 1943, in: BOBERACH (1984): Meldungen aus dem Reich 1938-1945, Bd. 13, S. 5109.

569 Ebd.

570 MadR, Nr. 381, 6. Mai 1943, in: BOBERACH (1984): Meldungen aus dem Reich 1938-1945, Bd. 13, S. 5219.

ben die verantwortlichen Leute, die diese Berichte verfassen, etwas die Nerven verloren."[571]

Goebbels hielt weiterhin an der bekannten Rundfunkstruktur fest. Dieses Programm gilt Diller als eine Übertragungsstrategie, das Volk darüber hinwegzutäuschen, „daß im September 1944 alliierte Truppen bereits im Westen die Reichsgrenze überschritten hatten und die Rote Armee nicht mehr weit entfernt von Ostpreußen stand". Der Radius der Propagandasendungen habe sich damit immer weiter verengt. Nicht zuletzt hatten Stromausfälle und „Bombenschäden an Funkhäusern, Sendeanlagen und Wohnungen" dazu geführt, dass es zu krassen Empfangs- und Sendeproblemen kam. Nur sehr wenigen Hörern seien deshalb die „letzten Programmentscheidungen [...] in ihrer Logik [...] deutlich geworden". Insbesondere gelte dies für diejenigen, die nicht die alten Geräte aus der Weimarer Republik besaßen, da der Volksempfänger mit Netzstrom betrieben wurde und damit vom Stromnetz in einer ganz anderen Art und Weise abhängig war als die alten Detektorgeräte. „Der Strom wurde an manchen Tagen jedoch bis zu 20 Stunden abgeschaltet. Nur wenige also konnten das realitätsblinde Durchhalteprogramm der letzten Kriegswochen hören."[572]

Schließlich seien von den alliierten Luftangriffen Sendestationen „in Schutt und Asche" gelegt worden, jedoch „die Mehrzahl der Sender [...] durch Hitlers Befehl der verbrannten Erde [von] Sprengkommandos von Wehrmacht [und] SS"[573] zerstört worden. Nach der Übertragung von Goebbels' letzter Rede am 19. April 1945 zu Hitlers 50. Geburtstag „waren auf dem Reichsgebiet nur noch der Deutschlandsender, die Hauptsender Berlin, München und Hamburg sowie die Nebensender Bremen und Flensburg intakt".[574] Aus dem Bunker unter dem Berliner Haus des Rundfunks wurde das Reichsprogramm bis zum 29. April weiter gesendet. Der letzte deutsche Sender im Äther war Hamburg, er sendete bis zum 3. Mai 1945.[575]

5.5 Unterhaltungssendungen im NS-Radio am Beispiel des „Wunschkonzerts": eine Annäherung

Zu Beginn dieses Kapitels über den nationalsozialistischen Rundfunk wurden seine propagandistischen Ziele erläutert. Die Inszenierung der „Volksgemeinschaft" war das oberste politische Ziel der Rundfunkarbeit, wie Goebbels und

571 GOEBBELS (1992): Tagebücher 1924-1945, S. 1901.
572 HALEFELDT (2001): Organisationsstruktur des Hörfunks, S. 1436.
573 DILLER (2001): Kommunikative Funktion der Hörfunkpropagandasendungen, S. 1482.
574 Ebd.
575 Vgl. ebd.

Hadamovsky immer wieder betont haben. Demgemäß sollte es im NS-Rundfunk keine Programmabteilung, keine Programmsparte und keine Programm- und Darbietungsform geben, die nicht in irgendeiner Weise dem Politischen dienen sollte.[576] Hadamovsky hätte in diesem Zusammenhang diese Ziele nicht deutlicher formulieren können: Der Rundfunk habe der „Bannerträger des Nationalsozialismus und seines Führers zu sein, bis kein Volksgenosse, kein deutscher Mensch mehr außerhalb der Schicksal- und Volksgemeinschaft des deutschen Volkes steht".[577]

Für Pohle verfolgte die Rundfunkarbeit von Beginn an das einzige Ziel, totale Rundfunkarbeit zu leisten, was mit einem totalen Begriff des Politischen verbunden war.

> „Dieser totale Begriff ‚politisch' oder ‚Politik' sollte damit im Denken und Handeln des Volkes die nationalsozialistische Einheit der Volksgemeinschaft spiegeln, sollte sozusagen Ausdruck der ‚Gleichschaltung' eines ganzen Volkes sein."[578]

Politisches Denken und Handeln sollte fortan „als allumfassende, verpflichtende Gemeinschaftsäußerung des Lebenswillens und -gefühls des Volkes verstanden"[579] werden, wie es Kurt Berendt in „Der Rundfunk" 1933 formulierte. Auf diese Weise galt, dass die Durchdringung von Politik und Unterhaltung bis in alle Lebensbereiche der Hörer hinein mittels einer einheitlichen „Dramaturgie des Rundfunks" hin zu einer „Dramaturgie der Wirklichkeit"[580] zu geschehen hatte. „Die Programmgestaltung selbst wurde zum Kunstwerk erklärt, wie Propaganda überhaupt."[581]

Die Frage danach, wie viel Propaganda dem Volk zuzumuten wäre, hatte schließlich am ehesten programmatische Änderungen zur Folge. Die Reaktionen der Hörer auf die Art und Weise, wie propagandistische Inhalte gewichtet wurden, waren dabei immer wieder ein bedeutender Faktor in der Geschichte des NS-Rundfunks. Die wichtigsten Änderungen lassen sich in drei Phasen einteilen und sollen im Folgenden nachvollzogen werden.

So wurde gerade nach der ersten Phase des NS-Rundfunks ab etwa 1935 wegen des Unmuts vieler Hörer immer mehr auf politische Kundgebungen verzichtet. Die Übertragung der Kundgebungen, Feiertage und Hitler-Reden bildeten dabei also nur *eine* Säule gemeinschaftlicher Selbstvergewisserung totaler Politisierung. Zwar hatte sich in dieser Phase überhaupt erst die Fähigkeit und

576 Vgl. Pohle (1955): Der Rundfunk als Instrument der Politik, S. 234.

577 Rede Hadamovskys auf der deutschen Funkausstellung vor Vertretern der Presse. Abgedruckt in: o. V. (1933): *Mitteilungen der RRG*, Nr. 375, vom 17. August 1933, Bl. 2/4.

578 Pohle (1955): Der Rundfunk als Instrument der Politik, S. 233.

579 Berendt, (1946): „Zwischen Rufer und Hörer", in: *Der Rundfunk*, Jg. 1, Heft 2, S. 52.

580 Vgl. Fischer (1942): Dramaturgie des Rundfunks.

581 Wessels (2001): Kommunikative und ästhetische Funktionen des hörfunkdramatischen Bereichs, S. 1474.

Möglichkeit einer „parasozialen“, medialen Verschaltung erproben lassen. Der Hörer sah sich das erste Mal jedoch auch mit einer Form von Massenmedialität konfrontiert, die es schließlich zu keinem Zeitpunkt vorher gegeben hatte. Nicht zuletzt die Darstellungen in unzähligen Flugblättern oder Plakaten hinterließen beim Hörer eine imaginierte, visuelle Vorstellung massenhaften Zuhörens, und auch akustisch stellte sich die Wahrnehmung einer gleichzeitigen und raumunabhängigen Präsenz anderer Zuhörer an den Empfangsgeräten ein. Der Einzelne imaginierte sich als einer unter vielen, denen er zugehörig ist.[582] Auf diese Weise wurde mediale Zugehörigkeit bei diesen Veranstaltungen inszeniert, die auf eine eben solche Wirkung beim Hörer abzielten. Jedoch gilt gerade diese Phase als eine, in der wenig mit anderen, also ästhetisch-medialen Mitteln der Beeinflussung gearbeitet wurde, wie zum Beispiel die ästhetische Funktion der Hörfunkdramatik es dem „Hörspieler“ erlaubte, sich dem Menschen wie ein „Psychotherapeut“ zu nähern, wie es Richard Kolb im Jahre 1932 formulierte.[583] Ästhetische Prinzipien der innerlichen Beeinflussung, wie sie sich zum Beispiel ab 1936/37 in den zahlreichen Hörspielproduktionen und in den Wortsendungen durchsetzten, wurden ab diesem Zeitpunkt immer weiter verfolgt. „Das Programm im Rundfunk, nicht zuletzt die Musik, aber auch die Wortsendungen, waren vielleicht zu Anfang eher von dumpfer Propaganda geprägt“,[584] fasst der Rundfunkhistoriker Joachim-Felix Leonhard die Phase bis 1935 zusammen. Danach gab es neue ästhetische Wirkungskonzepte. Den Hörern wurde zum Beispiel vermittelt, sie seien nicht nur Rezipienten, sondern auch Produzenten des Programms. Als Beispiel hierfür können die Volkssender-Aktionen von 1935 und 1936 genannt werden, „wobei natürlich der Rundfunk über den Zugang zu den Mikrofonen entschied“.[585]

Es konnte jedoch auch gezeigt werden – dies hebt auch Wessels hervor – dass die Herstellung eines imaginären Hörraums nicht nur durch die technische Verschaltung zum Gemeinschaftsempfang möglich wurde, der in der Forschung oft als „moderne[r] Thing des Nationalsozialismus“[586] bezeichnet wird.

Auch das von der DAF organisierte gemeinschaftliche Zuhören, beispielsweise in Gemeinden oder in Betrieben, also „die Anwendung formaler Mittel“,[587] konstituierte keinen Hörraum, der allein ein längerfristiges Gemeinschaftsgefühl beim Hörer hätte sichern können. Zwar wurde in der ersten wie in der zwei-

582 Vgl. FISCHER (1942): Dramaturgie des Rundfunks.

583 Vgl. KOLB (1932): Das Horoskop des Hörspiels, S. 78; und WESSELS (2001): Kommunikative und ästhetische Funktionen des hörfunkdramatischen Bereichs, S. 1476.

584 LEONHARD (1997): Programmgeschichte des Hörfunks in der Weimarer Republik, S. 24.

585 WESSELS (2001): Kommunikative und ästhetische Funktionen des hörfunkdramatischen Bereichs, S. 1476.

586 POHLE (1955): Der Rundfunk als Instrument der Politik, S. 232.

587 WESSELS (2001): Kommunikative und ästhetische Funktionen des hörfunkdramatischen Bereichs, S. 1476.

ten Phase des NS-Rundfunks immer wieder auf das gemeinschaftliche Hören hingewiesen, wichtiger als die formal-technischen Voraussetzungen waren jedoch in der Folge die Möglichkeiten, den Hörern Identifikationsmöglichkeiten anzubieten. Zwar bereitete die frühe Redenpropaganda den Hörraum als ein wechselseitiges Wahrnehmen im Akt des Zuhörens als Identifikationsraum vor, doch Ende der 1930er Jahre reichte der Gemeinschaftsempfang als Erfahrung des Zuhörens in Gemeinschaft nicht mehr aus. Es folgte eine massenmediale, politisch totalitäre Programmgestaltung, die eine gemeinsame Hörerfahrung als unterhaltendes Gemeinschaftserleben in Gedanken evozierte. Dies war nun auch nötig geworden, weil die Hörer zu anderen, ausländischen Sendern wechselten. Dennoch wurde als dezidierte medienpolitische Propagandastrategie von Goebbels im Jahre 1937 vorgegeben:

> „Ich wünsche nicht etwa eine Kunst, die ihren nationalsozialistischen Charakter lediglich durch Zurschaustellung nationalsozialistischer Embleme und Symbole beweist, sondern eine Kunst, die ihre Haltung durch nationalsozialistischen Charakter und durch Aufraffen nationalsozialistischer Probleme zum Ausdruck bringt. Diese Probleme werden das Gefühlsleben der Deutschen und anderer Völker umso wirksamer durchdringen, je unauffälliger sie behandelt werden. Es ist im allgemeinen das Charakteristikum der Wirksamkeit, daß sie niemals als gewollt in Erscheinung tritt. In dem Augenblick, da eine Propaganda bewußt wird, ist sie unwirksam. Mit dem Augenblick aber, in dem sie als Propaganda, als Tendenz, als Charakter, als Haltung im Hintergrund bleibt und nur durch Haltung, durch Ablauf, durch Vorgänge, durch Kontrastierung von Menschen in Erscheinung tritt, wird sie in jeder Hinsicht wirksam.“[588]

Noch präziser formulierte er bereits im Jahre 1934: „Wir wollen auch nicht, daß der Nationalsozialismus durch die Auswahl des Stoffes zur Darstellung kommt, sondern durch die Gestaltung.“[589]

Daraus folgt, dass genau diese Erkenntnis für Goebbels in der Folge handlungsleitend war. Um diese umzusetzen, bedurfte es einiger Programmänderungen und unterschiedlicher Inszenierungsstrategien. Zunächst waren die Bemühungen im Rundfunk noch darauf angelegt, eine nationalsozialistische E-Musikkultur als Zeichen „Deutschen Kulturwillens“ im Rundfunk zu repräsentieren, nachdem sich die Programmmacher immer weiter von der Direktpropaganda im Gemeinschaftsempfang abgewandt hatten. Die Kompositionen von Wagner, Mozart, Beethoven, Bruckner oder Liszt prägten vor allem den Versuch, eine „arische“ Musikkultur im Rundfunk zu vermitteln. Außerdem wurden nach und nach neue Mischverhältnisse der Anteile an E- und U-Musik erprobt – eigentümliche Kons-

588 Zitiert nach: ALBRECHT, Gerd (1979): *Der Film im Dritten Reich. Eine Dokumentation.* Karlsruhe, S. 456.

589 Zitiert nach: WITTE, Karsten (1995): *Lachende Erben, Toller Tag. Filmkomödie im Dritten Reich.* Berlin, S. 80.

tellationen von Volkstümlichem, Militärischem und Unterhaltungsmusik waren die Folge.

Jedoch waren solche Programme bei den Hörern offenbar weniger beliebt als die Unterhaltungssender der ausländischen Rundfunkstationen. So wurden insbesondere die ausländischen Sender zu einer Gefahr für den Hörraum der „Volksgemeinschaft". So wurde von Goebbels immer eindringlicher gefordert, die Hörer mit Unterhaltung zu versorgen und diese neu zu programmierende Unterhaltung zu „gestalten", um die Hörer vom Abhören nicht-deutscher Sender abzuhalten. Als Folge wurde die imaginierte Innerlichkeit politisch auf die „Volksgemeinschaft" als eine innere Gemeinschaft hin ausgerichtet: „[U]npolitisch, unterhaltend oder im literarischen Sinne anspruchsvoll" wurde eine individuelle „Flucht in die Innerlichkeit" geboten.[590]

Dies geschieht einerseits durch die Bindung der Hörer an die Sender, die durch Unterhaltungsmusik gewährleistet werden sollte, und andererseits durch eine viel konkretere, inhaltliche Redaktionsarbeit mit Unterhaltungselementen. Die Propaganda hatte weniger direkt gestaltet und weniger auf ein bürgerliches Publikum gerichtet sein sollen. Eine solche Art von Redaktionsarbeit brachte zunächst die eigentümliche Mischung der musikalischen Genres der Militär- und Unterhaltungsmusik hervor, um im weiteren Verlauf jedoch zur Kürzung von reinen Propagandasendungen wie der Reden-Übertragungen sowie von Formaten wie der „Stunde der Nation" zu schreiten. Immer wichtiger wurde jedoch die Gestaltung der Musik- und Wortprogramme im Hörraum der Gemeinschaft, in denen zunächst konkrete Identifikationsangebote gemacht worden waren, zum Beispiel in Form der Zielgruppenprogramme. Auch Programme, in denen verschiedene Berufsgruppen mit unterhaltenden Elementen vorgestellt wurden, gehörten dazu. So gestaltete sich der Rundfunk nach und nach als eine „ungeahnte Vermischung von fiction und faction. Die erfundene Realität war darin genauso real wie vorgefundene und übertragene Realität."[591]

Diese zentrale Übertragungsstrategie sorgte dafür, die massenmediale Rezeption von Unterhaltungssendungen, wie sie durch die massenhafte Verbreitung der günstigen Empfangsgeräte spätestens ab 1937 möglich geworden war, als ein gemeinschaftliches Hörerleben zu etablieren. Zunächst noch auf die Gleichheit und die gleiche Repräsentation heterogener Hörergruppen hin orientiert, schaffte Goebbels diese Strategie mit Glasmeiers Beförderung zum Reichssendeleiter ab. Offenbar wurde er zu diesem Zeitpunkt mit den ersten Einzelmeldungen der „Hörerforschung" des SD konfrontiert, bevor in der Folge von beiden eine radikale Wende des Programms angeordnet wurde. Diese Absicht zeigt sich in Glasmeiers und Goebbels' Verfügungen im Jahre 1937, keine Zielgruppenpro-

590 WESSELS (2001): Kommunikative und ästhetische Funktionen des hörfunkdramatischen Bereichs, S. 1476.

591 Ebd.

gramme mehr zu senden und stattdessen auf höchstem Niveau die beste Unterhaltung in allen Sendungen zu erreichen. Zwar wurde kurzzeitig noch einmal versucht, das Volk auf den Krieg vorzubereiten: Es wurden sogar wieder vermehrt Marsch- und Volksmusik und etwas später schließlich auch von den Hörern Soldatenlieder in großem Umfang gewünscht – ein Umstand, der nochmals die Wirksamkeit der Propaganda, sofern man den SD-Berichten Glauben schenken darf, unterstreicht.

Vielmehr bildete sich jedoch ab 1939/1940 eine Strategie heraus, vermehrt Unterhaltungssendungen im Stile des Kölner „Frohen Samstagnachmittag[s]", der „Bunten Abende", der „Bunten Stunde", des „Lustigen Abends", „... für jeden etwas" und des „Volkskonzert[s]" sowie des „Wunschkonzert[s] für die Wehrmacht" bzw. das „Wehrmachtswunschkonzert[s]" über den Äther zu schicken. Diese Sendeformate gab es auch schon vor dem Krieg, als sie vor allem konzipiert worden waren, um deutsche Hörer vom Einschalten ausländischer Sender abzubringen. Ab Kriegsbeginn erfreute sich das „Wunschkonzert für die Wehrmacht", das am 1. Oktober 1939 erstmals ausgestrahlt wurde, besonderer Beliebtheit und erreichte die größte Resonanz der gesamten NS-Zeit. Unterhaltungssendungen dieser Art hatten die Aufgabe, vom Kriegsalltag abzulenken und an den Durchhaltewillen der Bevölkerung zu appellieren. In der Phase vor dem Winter 1942/43 waren diese Programme ganz dezidiert an das Konzept von „Ablenkung und Lenkung" im Krieg geknüpft. Bis dahin gab es von der Wehrmacht Positives zu berichten. Als jedoch schließlich General Paulus die Kapitulation der 6. Armee mitteilte, wandelte sich auch die Rundfunkpolitik: Sie war bestimmt von Sondermeldungen, Wehrmachtsberichten und dem bisher größten Anteil an Unterhaltungsmusik. Wie wenig der Rundfunk schließlich in der Lage war, nach dem gescheiterten Ostfeldzug die „Volksgemeinschaft" zu inszenieren, zeigten die zunehmenden durch den Krieg bedingten Störungen des Sendebetriebs und die mangelnde Glaubwürdigkeit ab 1942/43, von der sich die NS-Rundfunkpolitik nicht mehr erholen sollte.

So war das „Wunschkonzert für die Wehrmacht", entstanden aus dem „Wunschkonzert für das Winterhilfswerk", das bereits seit 1935 über den Äther ging, eine Konzertreihe, die zunächst nur über den Deutschlandsender ausgestrahlt wurde. Ab 1936/37 wurde diese Konzertreihe aus dem Großen Sendesaal des „Hauses des Rundfunks" in der Masurenallee viermal im Winter übertragen, und zwar immer sonntags von 17 bis 20 Uhr.[592] Im Krieg erreichte das erfolgreiche Format „Wunschkonzert für die Wehrmacht" unter anderem deshalb eine so große Zuhörerschaft, weil es, im Gegensatz zu der Vorkriegsvariante, die nur

592 Vgl. Koch, Jörg (2010): „Das NS-Wunschkonzert", in: Heidenreich/Neitzel (Hg.): *Medien im Nationalsozialismus*, S. 253-271, hier: S. 258.

über den Deutschlandsender ausgestrahlt wurde, auch von den Reichssendern aus gesendet[593] wurde.

Mit Beginn des Zweiten Weltkriegs wurde das „Wunschkonzert" zu einer Rundfunksendung, „verstanden als ‚Sprachrohr zwischen Front und Heimat'",[594] stilisiert. Es unterschied sich von den Vorkriegsübertragungen darin, dass im Publikum „nur noch Soldaten und Sanitätspersonal"[595] saßen. Instrumentalisiert wurde das Format vor allem durch die fortwährende „Beschwörung von ‚Treue und Liebe der Heimat' über ‚Raum und Zeit'". Außerdem wurde „trotz großer räumlicher Distanzen wirkungsvoll eine kurzzeitige Nähe inszeniert, die den im Rundfunk oft propagierten Gedanken der ‚Volksgemeinschaft' popularisierte."[596] Nach Hans-Jörg Koch, der dieser Sendung eine Monographie gewidmet hat, ist das „Wunschkonzert" sogar die Sendung, die das Konzept der „Volksgemeinschaft" im Rundfunk *par excellence* realisierte:

> „Gemäß dem Motto ‚Die Front reicht ihrer Heimat jetzt die Hände, – die Heimat aber reicht der Front die Hand' beabsichtigte diese Sendereihe, voneinander entfernte Menschen zu verbinden und seine gefolgsame Hörergemeinschaft zu bilden."[597]

Moderiert von Heinz Goedecke und Wilhelm Krug waren bereits nach der ersten Ausstrahlung „über 20.000 Feldpostbriefe mit Musik- und Durchsagewünschen im Berliner Funkhaus eingetroffen".[598] Eingesetzt wurde die Sendung „zur Stärkung des unterhaltenden Elements", um ab Oktober 1939 zunächst „zweimal in der Woche"[599] und danach einmal pro Woche als „Wunschkonzert für die Wehrmacht" ausgestrahlt zu werden,[600] und zwar „in der Regel zwischen 17.00 und 20.00 Uhr".[601] Aufgetreten waren unter anderem „Willy Schneider, wenn er von der kleinen, tapferen Soldatenfrau sang, oder dem ‚Münchener im Himmel', [und] Weiß Ferdl, der den typisch bayrischen Humor vertreten musste".[602]

Das „Wunschkonzert für die Wehrmacht" hatte vor allem großen Erfolg, weil nicht nur „die großen Stars von Film und Bühne vor einem begeisterten Publikum"[603] sangen, sondern weil das Sendekonzept die Einbeziehung der Hörerschaft dezidiert vorsah: „Die Sendereihe gab vor, sich in ihrem Programmablauf

593 Vgl. ebd., S. 258.
594 Ebd.
595 Ebd.
596 Ebd.
597 KOCH (2003): Das Wunschkonzert im NS-Rundfunk, S. 338.
598 SARKOWICZ (2010): Radio im Dienst der NS-Propaganda, S. 231.
599 DILLER (2001): Kommunikative Funktion der Hörfunkpropagandasendungen, S. 1480.
600 SARKOWICZ (2010): Radio im Dienst der NS-Propaganda, S. 231.
601 Ebd.
602 Ebd.
603 Ebd.

nach den Wünschen der Hörer zu richten, in Wirklichkeit aber wurde sie von Goebbels für seine Ziele instrumentalisiert."[604]

Zunächst interagierte das „Wunschkonzert für die Wehrmacht" (wie zuvor auch bereits) mit seinem Publikum, indem Hörer unterschiedlicher sozialer Schichten Musikwünsche per Post an die Redaktion weitergeben konnten, deren Herkunft und Kontext im Radio verlesen wurde. Eine direkte Publikumsbeteiligung war erreicht worden, als sich das Wunschkonzert mit dem Winterhilfswerk (WHW) verband, das in das RMVP eingegliedert worden war. Als „vorzeigbares, öffentlich zu inszenierendes und somit erlebbares Symbol"[605] der „Volksgemeinschaft", die sich solidarisch zeige, wurden die Hörer direkt aufgefordert, an das Winterhilfswerk zu spenden, um damit einen Beitrag zu der im Radio inszenierten „Volksfamilie" zu leisten. Die Idee der „Volksfamilie" wurde also dahingehend radikalisiert, dass die stilisierten Mitglieder der Familie nun auch finanziell füreinander aufkommen sollten. Um dieses Ziel überhaupt zu erreichen, war es wichtig, das Prinzip der gemeinschaftlichen Fürsorge auch als gemeinsame, aus dem Volk hervorgegangene Idee zu kommunizieren. Das WHW, eine Organisation der Spitzenverbände der freien Wohlfahrtspflege (darunter die Caritas und das Deutsche Rote Kreuz), war den Zuhörern aus anderen Radiosendungen hinreichend bekannt. So warb das politisch und konfessionell sehr heterogene Verbandssystem bereits das erste Mal im Winter 1931/32 für das Volk. Bekannte Persönlichkeiten warben schon damals um Spenden an das WHW. So war das WHW zwar zunächst selbst eine Institution, die für Gemeinschaft und Solidarität stand. Dennoch hatten angeblich nicht die institutionellen Expansionsinteressen des WHW den Ausschlag für die Verbindung des Volksfunks und der Organisation gegeben. Dass es überhaupt zu dieser Liaison kommen konnte, sei einer „Idee aus dem Volke" zu verdanken, so wie die Gründung des WHW selbst „spontan aus dem Volke" angestoßen worden sei, so ein Resümee der Wohlfahrtsverbände aus dem Jahre 1932. Schließlich wurde ein dreifach strukturierter, gemeinsamer Gründungsmythos kreiert, wonach das WHW, das „Wunschkonzert" und das „Wunschkonzert für das WHW" aus dem Volk erwachsen seien. So propagierte die RRG, die „Wunschkonzerte für das WHW" seien einer „Idee aus Hörerkreisen"[606] entsprungen, eine Mitteilung, die „[n]ach dem

604 DILLER (2001): Kommunikative Funktion der Hörfunkpropagandasendungen, S. 1480.

605 TENNSTEDT, Florian (1987): „Wohltat und Interesse. Das Winterhilfswerk des deutschen Volkes. Die Weimarer Vorgeschichte und ihre Instrumentalisierung durch das NS-Regime", in: *Geschichte und Gesellschaft*, Jg. 13, Heft 2, S. 157-180, hier: S. 170ff.

606 DRA Frankfurt am Main, Mitt. RRG, Nr. 489 vom 24.1.1936, Bl. 5. Zitiert nach: PATER, Monika (1998): „Rundfunkangebote", in: SALDERN, Adelheid von/MARSSOLEK, Inge (Hg.): *Zuhören und Gehörtwerden.* Bd 1: *Radio im Nationalsozialismus zwischen Lenkung und Ablenkung.* Tübingen, S. 129-241, hier: S. 228.

ersten, fünfstündigen Wunschkonzert für das WHW am 14. Januar 1936" verfasst wurde.[607]

So war laut Monika Pater das „Wunschkonzert" als Format dazu prädestiniert, als „Volksfunk" deklariert zu werden[608]. In einem Presseartikel des Deutschen Pressedienstes war dementsprechend nachzulesen, dass „Hörer, Sender und Künstler eine Kampfgemeinschaft gegen die Not ihrer armen Volksgenossen [bilden]" und dass das „Opfern" kleinerer Geldbeträge oder anderer Sachspenden „das große Herz der Volksgenossen"[609] beweise. Auf diese Weise wurden für das Volk geschaffene Identifikationsangebote vermittelt: „Anhand exemplarischer Vorgänge ließ sich viel eher nationalsozialistisches Denken und Handeln vermitteln, oder anhand geschilderten ‚Fehlverhaltens' Abscheu und Haß erzeugen."[610]

Wie schon im Vorkriegsradio wurde es bei der Konzeption solcher Unterhaltungssendungen immer wichtiger, die Zwischenmoderationen so zu verfassen, dass sie die ideologischen Inhalte vermittelten. Die Musik vermochte diese Aufgabe nur am Rande zu erfüllen. Unterhaltungssendungen dieser Art waren hingegen durch ihr buntes Mischprogramm dazu in der Lage, politische Sketche, Anmoderationen oder andere Wortbeiträge so zu gestalten, dass die politische Botschaft deutlich hervortrat.

Pater bestätigt in ihrer Untersuchung zur Aneignung von Rundfunkangeboten, dass nicht nur das „Wunschkonzert" medialisierte Rollenbilder vermittelte, sondern diese auch „in einzelnen Sketchen und Szenen aus verschiedenen Sendungen sowie der Sendereihe ‚Froher Samstagnachmittag' deutlich"[611] herausgearbeitet wurden.

> „Der ‚Frohe Samstagnachmittag' sowie die Wunschkonzerte konnten erfolgreich über mehrere Jahre hinweg viele Menschen ansprechen und zum regelmäßigen Einschalten bringen, da ihre Produzenten zwei wesentliche Faktoren berücksichtigt hatten. Bei der Inszenierung dieser Medienereignisse knüpften sie zum einen an vorhandene Einstellungen an, wie beispielsweise dem Stellenwert der Familie. Zum anderen wurden im Verlauf der dreißiger Jahre Formen entwickelt, die glei-

607 Auch Monika Pater stellt fest: „Und die Idee Volkssender blieb wach und wurde immer wieder neu geboren auf diese oder jene Art [...] Volkssender im besten Sinne war auch der Deutschlandsender, als er einer *Idee aus Hörerkreisen* folgte, ein fünfstündiges Wunschkonzert im Dienste der Winterhilfe durchführte." DRA Frankfurt am Main, Mitt. RRG, Nr. 489 vom 24.1.1936, Bl. 5 (Hervorhebung durch die Verf.). Zitiert nach: PATER (1998): Rundfunkangebote, S. 228.

608 Nach dem ersten Erfolg des Deutschlandsenders folgten die anderen Reichssender dieser Linie.

609 DRA Frankfurt am Main, Pressedienst DS (Januar 1936), zum 14.1. „Spendenflut bricht Dämme", in: o.V. (1936): *Der Deutsche Sender*, Jg. 7, Nr. 5, S. 8. Zitiert nach: PATER (1998): Rundfunkangebote, S. 230.

610 WESSELS (2001): Kommunikative und ästhetische Funktionen des hörfunkdramatischen Bereichs, S. 1476.

611 PATER (1998): Rundfunkangebote, S. 239.

chermaßen den Produktionsbedingungen Rechnung trugen und den Rezitationssituationen verschiedener Hörerinnen- und Hörergruppen entsprachen."[612]

Auch in der „Bunte[n] Stunde" seien schließlich klassische Geschlechterrollen vermittelt worden.

„In den Bunten Stunden lag damit der Schwerpunkt bei Darstellung von Männlichkeit und Weiblichkeit auf ihrer sozial-räumlichen Verortung, während in den zuerst analysierten Hörfolgen der gesellschaftliche Stellenwert des weiblichen und männlichen Geschlechts im Vordergrund stand."[613]

Anders als in den anderen Unterhaltungssendungen wurde jedoch beim „Wunschkonzert für die Wehrmacht" ganz gezielt die klassische Rollenverteilung eines nationalsozialistischen Familienbildes konstruiert und bedient, während gleichzeitig nach einer festen Dramaturgie ein klassisches Unterhaltungsmusikprogramm abgespult wurde. So gliederte sich das Programm dreifach:

„Im ersten und dritten wurden hauptsächlich Märsche, Chöre, Operetten- und Volkslieder gebracht, der zweite Teil bot Tanzlieder, Filmmusik und wieder Märsche."[614]

Im ersten Teil wurden Märsche von einer Militärkapelle bestritten und enthielten zunächst eine „Fanfare als Erkennungsmelodie", der der Begrüßungstext folgte. Im Anschluss daran wurde schließlich Hitlers Lieblingsmarsch, der „Badenweiler Marsch", gespielt, der im dritten Teil noch einmal wiederholt wurde. Dass dieser Marsch überhaupt im „Wunschkonzert" gespielt wurde, „unterstreicht den besonderen Stellenwert der Sendung".[615] Überhaupt ist stark mit akustischen Mitteln der Wiedererkennung gearbeitet worden, so dass eine gewisse Vertrautheit mit der Sendung beim Publikum vorausgesetzt werden konnte:

„Mit regelmäßig wiederkehrenden Elementen wie dem einleitenden Signal, der ‚Wunschkonzert-Fanfare', der Dreiteilung des Programms und den stets gleichen Schlussworten des Moderators, nach denen die Melodie ‚In der Heimat, da gibt's ein Wiedersehen' einsetzte, besaß die Sendung einen unverwechselbaren Wiedererkennungseffekt, durch den sie sich deutlich von anderen Musiksendungen unterschied. Zu diesen ‚Markenzeichen' gesellten sich die bekannten Stimmen der Moderatoren Heinz Goedecke und Wilhelm Krug."[616]

612 Ebd., S. 241.
613 Ebd.
614 Ebd. S. 229.
615 Koch (2010): NS-Wunschkonzert, S. 259.
616 Ebd., S. 267.

Die „Beliebtheit an dem Vertrauten" sei nach Koch der Hauptunterschied zu anderen „bunten Unterhaltungen in anderen außerhäußlichen Veranstaltungsstätten".[617]

Als besonderes Highlight wurden schließlich die Auftritte populärer Künstler präsentiert. „Es verging kein ‚Wunschkonzert', in dem nicht ein prominenter Gast auftrat."[618] Darunter befanden sich Sportler wie Maxi Herber, Ernst Bayer, Max Schmeling[619] oder Sänger und Schauspieler wie Heinz Rühmann, Hans Albers oder Zarah Leander. Um jedoch auch weiterhin politische Inhalte der NS-Ideologie zu vermitteln, wurde mittels der Wortbeiträge, wie sie zuvor bereits in den bunten Mischprogrammen der Vorkriegsära untergebracht waren, politische Botschaften kommuniziert. Sie bestanden aus „gesprochenen Einlagen", aus gereimten Spendenaussagen und eingeflochtenen Gedichten, Ansagen militärischer oder privater Provenienz sowie aus politischen Sketchen.[620] Mit diesen Mitteln bestand vor und nach dem Krieg die Möglichkeit, Unterhaltungssendungen zu ideologisieren. Dazu heißt es bei Sarkowicz:

> „Das Gros der Sendungen bestritten neben den Tanzorchestern geschwätzige Conférenciers, Humoristen und kleinere Gesangsgruppen wie die ‚Drei Rulands', die in ihrem ‚Lied vom kleinen Cohn' wenige Tage nach der Pogromnacht vom 9. November 1938 eingängige Melodien mit antisemitischer Propaganda verbanden."[621]

Bemerkenswert ist, dass der Hörraum des „Wunschkonzertes" als Vertrauensraum stilisiert wurde. Die Hörer wurden zu einer großen „Volksfamilie" – einer Familie, die im Kriege realiter nicht mehr bestand weil Frauen, Mütter, Kinder und Männer voneinander getrennt waren. Im imaginären Hörraum waren sie jedoch scheinbar wieder vereint, und so wurde im Rundfunk einmal mehr das individuelle Hörerleben zu einem Zuhören in vertrauter Gemeinschaft in Szene gesetzt. Das Ideologische erhielt scheinbar nur eine Nebenrolle in diesem Schauspiel, verfehlte seine Wirkung jedoch nicht: „Die Mischung aus Wort- und Musikbeiträgen, das Nebeneinander ernster und unterhaltsamer Musikstücke, dazu die Auftritte prominenter Künstler aus verschiedenen Kulturbereichen, verstärkte das Gefühl der ‚Volksgemeinschaft'."[622] Außerdem heißt es: „Verbunden wurde dieses Zusammengehörigkeitsgefühl mit Millionen anderer Hörer mit einer rundfunkspezifischen individuellen Ansprache und einer Pseudo-Mitbestimmung der Sendeinhalte."[623]

---

617 Ebd.
618 Koch (2003): Das Wunschkonzert im NS-Rundfunk, S. 203.
619 Vgl. Pater (1998): Rundfunkangebote, S. 229.
620 Vgl. ebd., S. 259.
621 Sarkowicz (2010): Radio im Dienst der NS-Propaganda, S. 218.
622 Koch (2010): NS-Wunschkonzert, S. 267.
623 Koch (2003): Das Wunschkonzert im NS-Rundfunk, S. 235.

Wie nun aber wurde in dieser Unterhaltungssendung die „Volksfamilie" inszeniert? Das „Wunschkonzert" als Scharnierstelle zwischen sozialer Kodierung und medienästhetischer Wahrnehmung war zweifach strukturiert: Einerseits wurden in dem Sendeformat inhaltlich und formal gestaltete, medialisierte Typen geschaffen, die dem Modell einer Volksfamilie nach patriarchalem Muster folgte. Andererseits interagierte besonders das „Wunschkonzert für die Wehrmacht" direkt mit seinem Publikum.

So wurden zum einen über die Text- und Wortbeiträge der Künstler, jedoch auch durch die Zwischenmoderationen die schriftlich eingereichten Wünsche der Hörer nach standardisierten Rollenbildern geordnet und vorgetragen. So bot das „Wunschkonzert" eine Identifikationsfläche für jedes „Familienmitglied".

Dies geschah einmal durch die soziale Verortung der Wünschenden und andererseits mittels genderspezifisch formulierter Kontaktanzeigen:

> „Während Frauen und Kinder hauptsächlich von familiären Zusammenhängen in der Begründung ihrer Wünsche schreiben, wurden Männer in anderen Gemeinschaften sozial verortet: einem SA-Jugend-Sturm, als Bäckerlehrlinge, Arbeitsdienstmänner, Segelflieger und Revierförster."

Männern und Frauen, die ledig waren, wurde im Rundfunk offeriert,

> „Kontakt zum anderen Geschlecht aufzunehmen: So verlangte eine Gruppe junger Frauen, die sich ‚Bund der Ungeküßten' nannte, nach dem Lied ‚Küsse im Dunkeln', während ‚neun Junggesellen' mit ‚Sehnsucht nach liebevoller Umgebung' durch den Rundfunk weibliche Aufmerksamkeit erlangen wollten, mit dem Wunsch ‚Ach wie trügerisch sind Weiberherzen'."[624]

Aber nicht nur die Rollenverteilung war klar konturiert, sondern es wurden zugleich die „unterschiedlichen Orte gekennzeichnet, an denen sich eine Frau bzw. ein Mann normalerweise aufhalten". Nach Einbruch des Krieges „bestand weiblicher Alltag in der Sorge um die Angehörigen an der Front und der Versorgung der Kinder", während „Berufstätigkeit […] nicht vor[kam]". Und letztlich wurden auch die Emotionen, die eine Mutter und Ehefrau in Kriegszeiten zu empfinden in der Lage war, vorgegeben:

> „Die von Ehefrauen und Müttern gewünschten, ja erwarteten Einstellungen und Gefühle wurden im Namen von Kriegsfrauen und Soldatenmüttern in Gedichten und Geschichten erzählt und damit den Frauen quasi in den Mund gelegt. Dabei propagierten diese Erzählungen vor allem das bereitwillige Opfer der männlichen Angehörigen für das Wohl der Gemeinschaft."[625]

---

624 Pater (1998): Rundfunkangebote, S. 234.
625 Ebd., S. 234f.

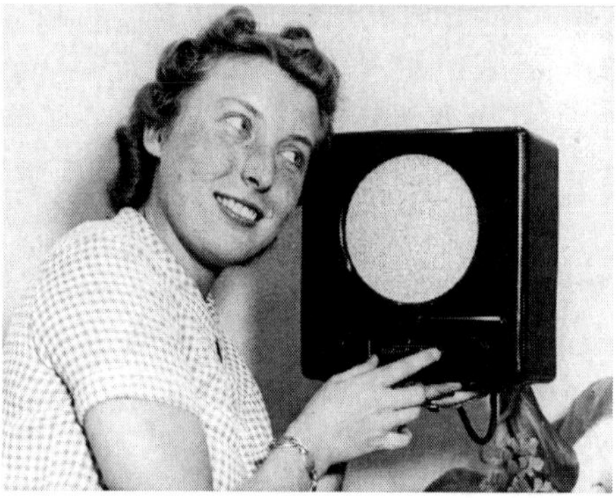

Abb. 11: Frau am Volksempfänger

Die mediale Repräsentation stereotyper Familientypen, die in klassischen Konstruktionen heterosexueller Paarbeziehungen gedacht wurde, radikalisierte sich mit Kriegsbeginn noch einmal. Sie galten nach Willi Boelcke als „kriegswichtig",[626] um den „Durchhaltewillen" moralisch zu festigen.

Vor dem Hintergrund dieser „konkreten Beispiele", die „eine großartige Gelegenheit" boten, „die ‚Volksgemeinschaft' [...] erlebbar zu inszenieren",[627] wurde die Personalanordnung standardisierter Rollentypen in einen größeren Zusammenhang der Volksfamilie gestellt. Als ein zentrales Mittel mit dem Ziel der Vergemeinschaftung der Hörerschaft verwendeten die Redakteure sogar oft familienähnliche Metaphoriken oder bezeichneten die Gemeinschaft der Hörer sogar direkt als Familie. Dies belegt ein Auszug aus der „Kreuzzeitung": „Ganz Deutschland ist gestern Abend für ein paar kurzweilig ausgedehnte Stunden zu einer einzigen großen Familie zusammengewachsen."[628] Die nationalsozialistische „Volksgemeinschaft" fand also in diesem Format seinen repräsentativen Ausdruck, ja mehr noch, sie wurde gar als klassische Aufstellung einer prototypischen, nach den Vorstellungen der NS-Ideologie konturierten Familie inszeniert, die sich umeinander sorge.

> „[I]n dieser Inszenierung trat die Volksfamilie an die Stelle der tatsächlichen Familiengemeinschaft. Die präsentierten Mitglieder dieser Volksfamilie erlebten einen Heimat- und Frontalltag, dessen Darstellung mit geschlechtsspezifischen Stereotypen arbeitete [...]. Dadurch wurden nicht nur reale vom Krieg geprägte soziale Erfahrungen verschleiert, sondern es sollten auch die Daheimgebliebenen bzw. die Eingezogenen über das Schicksal des jeweils anderen beruhigt werden."[629]

---

626 BOELCKE (1966): Kriegspropaganda 1939-1941, S. 326. Zitiert nach: PATER (1998): Rundfunkangebote, S. 239.

627 Ebd.

628 DRA Frankfurt am Main, Mitt. RRG (1936), Nr. 489, Bl. 6 (Zitat aus der „Kreuzzeitung"). Zitiert nach: PATER (1998): Rundfunkangebote, S. 233.

629 PATER (1998): Rundfunkangebote, S. 239.

Genauso wie es eine Typologie der Familienmitglieder schon vor der Verbindung des traditionellen Sendeformats „Bunte Stunde“ mit der direkten Publikumsbeteiligung gab,[630] wurden die potentiellen Spender in diese Klassifizierung mit einbezogen: Pater spricht von einer „Typologie der Spenden“, die es gegeben habe, wobei vor allem „Großmütter, alte abgearbeitete Frauen, Kinder und andere ‚Bedürftige‘, die in gemeinschaftlichen, häufig familiären Bezügen verortet werden“, die „bevorzugt angeführten Beispiele“ seien.[631]

Der Moderator Heinz Goedecke hat diesen Gedanken zeitgenössisch in der Zeitschrift „Sieben Tage“ auf den Punkt gebracht:

> „50 Pfennige, die der Knirps aus seiner Sparbüchse opfert, sind ja viel mehr als ein Riesenbetrag, den ein Großer gleichgültig aus seiner Brieftasche zieht […] Oder die Pfennige, die ein altes Mütterchen zusammengekramt hat, um auch spenden zu können.“[632]

Deutlich wird an diesem Ausschnitt, dass wirklich *alle* angesprochen werden sollten: Der jüngste wie auch die älteste Volksgenossin seien so in der Lage, innerhalb des (totalitären) Systems der Gemeinschaft einen Teil beizutragen.

Genauso wie es für die Inszenierung und Herstellung der „Volksgemeinschaft“ Methoden der Inklusion gegeben hat, wurden für die Herstellung einer kohärenten Gruppe jedoch auch die Methoden des Ausschlusses praktiziert. Die Volksgemeinschaft, wie sie hier inszeniert wurde, verweist deshalb analog zu „familiären Beziehungen“ auch auf „‚Blutsverwandtschaft‘“. So heißt es bei Pater:

> „Trotz dieser gemeinsamen Grundlage konnte man der Mitgliedschaft in dieser Gemeinschaft verlustig gehen – bei abweichendem sozialen Verhalten (wie es ‚Asoziale‘, Homosexuelle etc. zeigen). Das durch die Geburt erworbene Recht, als Mitglied der ‚Volksgemeinschaft‘ anzugehören, mußte durch erbrachte Leistungen verdient werden. Der Ausschluß wurde dann vorgenommen, wenn jemand nicht bereit war, den geforderten Beitrag zu leisten oder das geforderte (soziale) Verhalten zu zeigen: Die ‚Volksgemeinschaft‘ war auch eine Leistungsgemeinschaft.“[633]

Dass sich diese familiär inszenierte Radiogemeinschaft vor allem auch durch Ausschluss- und Sanktionierungsmaßnahmen konstituierte, belegen die strengen Reglements, denen die Radiohörer unterworfen waren. Ihre definitorischen Grenzen waren eng gezogen:

---

630 Diese „Idee aus Hörerkreisen“, entstanden aus der „Kombination des traditionellen Sendeformats ‚Bunte Stunde‘ und direkter Publikumsbeteiligung mit Wohltätigkeit und politischer Funktionalisierung“, wird mit Drechsler schließlich als „Prototyp nationalsozialistischer Rundfunkgestaltung“ begriffen. DRECHSLER (1986): Die Funktion der Musik, S. 222.

631 PATER (1998): Rundfunkangebote, S. 239.

632 Zitiert nach: PATER (1998): Rundfunkangebote, S. 239.

633 Ebd., S. 230.

„Diese Gemeinschaft und ihre Umgangsregeln wurden so konstruiert, daß alle als fremd Definierten ausgeschlossen waren. Dieser Ausschluß erfolgte nicht nur über medienexterne Maßnahmen, wie der Konfiszierung von Radiogeräten und dem Besitzverbot gegenüber Juden oder durch die Ansprache der Hörenden als ‚Volksgenossen', die verdeutlichten, für welche Gruppen das Programm *nicht* gemacht wurde. Auch die Medieninstitutionen selber richteten sich bei der Konstitution ihres Publikums und der Anlage und Organisation der Sendungen nach der Vorgabe, ‚an und durch Volksgenossen' zu senden."[634]

An diesen Ausführungen zeigt sich nicht nur der normative Versuch, politische und soziale Kohärenz über das Radio herzustellen, sondern auch die formative Dimension handlungsanleitender Wissenszusammenhänge. So wird einerseits die Formung eines Selbstbildes vermittelt, nämlich Mitglied einer großen, das Individuelle übersteigenden, durch aktives Zuhören konstituierten Gruppe zu sein, aus der auch eine Verpflichtung jedes Einzelnen für die Gruppe erwächst. Durch Ausschluss und Einschluss wird eine Identität des Kollektivs künstlich über das Medium Radio hergestellt. Andererseits sei nach Pater eine „Art Versprechen" an alle Mitglieder der „Volksfamilie" gerichtet worden, die in der Rolle der Mutter für das Volk sorge. So lässt „die Volksfamilie keinen im Stich [...], denn sie sorge für Gesellschaft und materielles Wohlergehen".[635]

Die inhaltliche Inszenierung eines Millionenpublikums als eine familiäre Gemeinschaft folgte der Idee eines gemeinsamen Erfahrungs-, Erwartungs- und Handlungsraumes, der verbindlich Vertrauen und Orientierung stiften will. Vor allem zum Zeitpunkt des Kriegsausbruchs war die Reaktualisierung des Volksgemeinschaftsgedankens im Radio bedeutender denn je. Die medial vermittelte, traditionelle Familienaufstellung diente hier der Inszenierung einer vormodern-familiären Kommunikationssituation mit massenmedialen Mitteln. Dies zeigt sich schon an den standardisierten Geschlechterrollen, die vermittelt wurden. Die künstliche Herstellung von Kohärenz und Konnektivität unter nationalsozialistischen Vorzeichen verdeutlicht, dass durch diese Konstruktion im „Wunschkonzert" Inhalte im Sinne der NS-Gemeinschaft, der Kohärenz sowie der Hör- und Spendengemeinschaft medial kodiert wurden und dadurch totalitäre Züge annahmen. Zudem wurden die im Radio übertragenen Botschaften und das Radio selbst zu einer Form direkter Kommunikation stilisiert. So ist das Radio zu einem Mitglied der Familie inszeniert worden:

„Inszeniert als Freund, der Entspannung und Unterhaltung bot, brachte es mit seinen industriell und massenhaft hergestellten Angeboten gleichzeitig die Anforderungen der Herrschenden ins Heim. Sie forderten dazu auf, sich einzuglie-

634 Ebd., S. 231. (Hervorhebung im Original).
635 Ebd., S. 236.

dern in die Hör- und Spendengemeinschaft, die letztlich der ‚Volksgemeinschaft' entsprach."[636]

Zuletzt wurde die Kommunikation zwischen den Soldaten an der Front und den Daheimgebliebenen (abgesehen freilich von der Feldpost) ausschließlich durch den Apparat vermittelt.[637] Exemplarisch stehen dafür die Musikwünsche der Soldaten, die im „Wunschkonzert" gesendet wurden. Der soldatische Musikwunsch, der zuletzt als einziger Musikwunsch im Programm Platz fand, wurde als eine Art „Flaschenpost" an die Heimat vermittelt. Als Lebenszeichen verstanden wurde(n) die Musik(wünsche) zum Überbringer einer Nachricht von der Front und ist/sind zugleich als eine Art musikalischer „Stimmungsbericht" zu verstehen.

> „Denn in Rechnung gestellt werden muß auch, daß Frauen zuhause hörten, ob in den Listen der vorgelesenen Spender Namen und Einheiten genannt wurden, die sie kannten. In so einem Fall konnte frau sich denen an der Front näher fühlen oder es als Lebenszeichen werten." [638]

Auf diese Weise wurde die soldatische „Arbeit" als Teil des nationalsozialistischen Unterhaltungsrundfunks inszeniert und der Krieg verharmlost, indem das durch die Musik medialisierte Frontleben sich als musikalische Projektionsfläche darbot. Auch die Darstellung des einfachen Soldaten war schließlich Teil der familiären Kommunikationsgemeinschaft: Gerade diese Inszenierung mit nur wenigen typisch männlichen Attributen diente der Herstellung einer einfachen und banalen Projektionsfläche.

> „Wie bei der Geburt von Kindern, die gemeinsam gefeiert werden,,wird Kameradschaft dargestellt. Soldaten werden hier zu ‚Lausbuben', und diese ‚Einheit' oder ‚Bunkergemeinschaft' zu einer Gruppe von Freunden, die den Feinden *gemeinsam* ein Schnippchen schlagen. […] In der Sendung wurden die einzelnen wegen ihrer großen Zahl und der Zeitknappheit auf den Typ ‚einfacher bodenständiger Soldat' reduziert."[639]

---

636 Ebd.

637 Die Auswahl der Wünschenden wurde mit der Zeit und der Vielzahl der Zuschriften nur auf die Soldaten beschränkt. Zuletzt durften nur noch „größere Einheit[en] Wünsche äußern". Schon nach kurzer Zeit verinnerlichten die „Volksgenossen" offenbar die Regeln des Wunschkonzertes, nach denen sie ihre Wünsche formulierten, denn nur originelle, sehr kurze Wünsche mit ausführlichem Begleitschreiben wurden ausgewählt und gesendet. „So wurden aufgrund der Bedingungen des Mediums Verhaltensvorschriften implizit vermittelt, nach denen die Hörenden sich richten mußten, wenn sie ihren Wunsch erfüllt wissen wollten." BArch Koblenz, R 78/2338. GOEDECKE, Heinz (1938): „Geholfen wird vielen!", in: *Sieben Tage*, Nr. 15, Zitiert nach: PATER (1998): Rundfunkangebote, S. 230.

638 Ebd., S. 237.

639 Ebd. (Hervorhebung im Original).

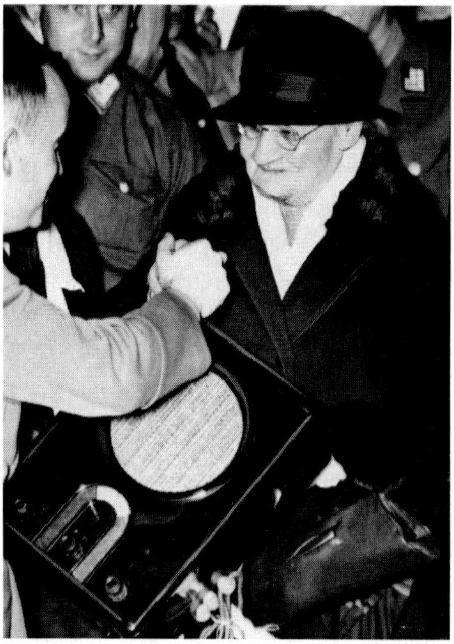

Abb. 12: Frau nimmt Volksempfänger entgegen

So zeigt das „Wunschkonzert" hier in exemplarischer Form die ästhetisch-politischen Funktionen der Gestaltung von Unterhaltungssendungen. Dass dabei vor allem mit Mitteln der psychologischen Beeinflussung gearbeitet wurde, zeigt sich in der Weise, wie der Volksgemeinschaftsbegriff im „Wunschkonzert" zu einem vertrauten Raum der wechselseitigen Zuwendung ausgebaut wurde, indem er zum Beispiel als Familienraum inszeniert wurde.

Dass der hier gebrauchte, politisch-propagandistisch instrumentalisierte Gemeinschaftsbegriff durch die Diskussion um Ferdinand Tönnies' Argumentation in „Gemeinschaft und Gesellschaft" (1887) durchaus auch schon „von dem Idealbild der Familie"[640] her gedacht wurde, zeigt an dieser Stelle einerseits den Weg „von einem diskursiven Konstrukt der Soziologie zu einem ideologischen Verhängnis".[641] Andererseits wird mit diesem Begriff in der konkreten Indienstnahme für die NS-Medienpolitik zugleich eine Medialität offenbar, die in ihm selbst angelegt ist.

Aus kulturtheoretischer Perspektive wohnte dem Gemeinschaftsbegriff selbst ja schon immer etwas Imaginäres inne. Slavoy Žižek hat beispielsweise

640 ROSA (2010): Theorien der Gemeinschaft, S. 42.

641 RAULET, Gérard (1993): „Die Modernität der ‚Gemeinschaft'", in: BRUMLIK, Micha/BRUNKHORST, Hauke (Hg.): *Gemeinschaft und Gerechtigkeit.* Frankfurt am Main, S. 72-93, hier: S. 83. Zitiert nach: ebd., S. 43.

mit Rekurs auf Jacques Lacans Begriff der *jouissance*, dem Genießen, allen Gemeinschaftskonzepten diese schmerzhafte Lust unterstellt. Er geht davon aus, dass ohne das Imaginäre weder Zusammenhalt von Gemeinschaft gewährleitstet ist, ebenso wenig wie das Eintreten füreinander ohne dieses Imaginäre möglich sein kann. Das Gemeinschaftliche bezeichnet er dabei mit Émile Durkheims Theorie des „nationalen Dings" als ein Korrelat, das widersprüchlich ist als „etwas dem Anderen Unzugängliches und zugleich durch ihn Bedrohtes".[642]

Auch Žižek geht es bei der Konstitution von Gemeinschaft um eine Projektion: „Was diese Logik [...] in Gang bringt, ist natürlich nicht die unmittelbare gesellschaftliche Realität, [...] sondern vielmehr der innere Antagonismus, der diesen Gruppen inhärent ist."[643] Nach ihm bilden das Innen und das Außen zwei Pole, die durch das Imaginäre miteinander verbunden sind. Erst unter Berücksichtigung dieser Überlegung seien Vergemeinschaftungsprozesse zu verstehen. Letztlich vermittelt jedoch der Rundfunk genau zwischen diesen beiden Polen, indem er die „Volksgemeinschaft" so inszeniert, dass zwischen Realität und medialer Repräsentation kaum mehr zu unterscheiden ist.

Einerseits ist dies durch die unzähligen Direktübertragungen geschehen, die, wie Hagen formulierte, eine „parasoziale Verschaltung" ermöglichten und durch den Akt des Zuhörens im virtuellen Raum das gemeinschaftliche Zuhören real erscheinen ließen. Andererseits ist die „Volksgemeinschaft" auch jenseits dieser Live-Übertragungssituationen und formalen Gemeinschaftsempfänge mit ästhetischen Mitteln in Szene gesetzt worden. Dies betrifft vor allem die Einrahmung der Unterhaltungsbeiträge durch Worteinlagen:

> „In den Direktübertragungen, in den Interviews mit den aus den Flugzeugen kommenden Delegationen aus allen Gauen bis hin zu den unterhaltenden Sketchen wurde die neue NS-Gemeinschaft entworfen und medial als ‚Wirklichkeit' inszeniert."[644]

Sketche, Ansagen, Hörspiele sowie schließlich auch politische Kommentare, die insbesondere im Kriegsfunk „einen immer größeren Stellenwert"[645] erhielten, vermittelten die rassistisch-völkische Ideologie, wobei die Unterhaltungssendungen selbst in der Phase ab 1936/38 schließlich zum Inbegriff der Gestaltung der „Volksgemeinschaft" im Rundfunk geworden sind. „In den Jahren der Stabilisierung des NS-Systems und der Etablierung des Radios als Alltagsmedium be-

---

642 Žižek, Slavoj (1997): „Genieße deine Nation wie Dich selbst! Der Andere und das Böse – Vom Begehren des ethnischen ‚Dings'", in: Vogl, Joseph (Hg.): *Gemeinschaften. Positionen zu einer Philosophie des Politischen.* Frankfurt am Main, S. 133-164, hier: S. 137.

643 Ebd., S. 139.

644 Saldern, Adelheid von u.a. (1998): „Zur politischen und kulturellen Polyvalenz des Radios. Ergebnisse und Ausblicke", in: Marssolek, Inge/Saldern, Adelheid von (Hg.): *Zuhören und Gehörtwerden.* Bd. I: *Radio im Nationalsozialismus. Zwischen Lenkung und Ablenkung.* Tübingen, S. 361-376, hier: S. 362.

645 Sarkowicz (2010): Radio im Dienst der NS-Propaganda, S. 228.

herrschte immer mehr der ‚heitere Mensch' als Leitbild der ‚Volksgemeinschaft' das Reservoir der Inszenierungen."[646] Die Vermittlung des „heiteren Menschen" im Hörraum der „Volksgemeinschaft" ist, wie Žižek für den Gemeinschaftsbegriff überhaupt erklärt, die zentrale Botschaft, die zwischen den beiden Polen des Innen und Außen fungiert.

> „Der Mensch hatte nach der Vorstellung der Machthaber heiter zu sein, weil er im Einklang mit den ‚VolksgenossInnen' lebte. Sein Raum war die ‚Normalität', die zum Synonym dieser ‚Volksgemeinschaft' wurde."[647]

Dieser virtuelle Hörraum war von völkischen, rassischen und antisemitischen Ressentiments bestimmt und vermittelte sie durch die Wortbeiträge. Heiterkeit, Normalität und Nationalsozialismus waren dabei ebenso die Bestandteile des virtuell inszenierten Hörraums der „Volksgemeinschaft" wie Nationalismus, Militarismus und Antisemitismus.

> „So förderte der viel zitierte und oft erinnerte Rückzug der Menschen in die scheinbare Normalität, wozu auch Unterhaltung gehörte, häufig quasi unter der Hand die Akzeptanz der rassistisch orientierten NS-Gesellschaft. Dabei spielte das NS-Regime gekonnt auf der Klaviatur althergebrachter Unterhaltungskonzepte und baute geschickt systemspezifische Präferenzen wie das Völkisch-Nationale ein."[648]

Dass dabei die Hörer selbst immer auch einen Anteil an der Gestaltung dieses Raumes hatten, ließ sich anhand der Reaktionen des RMVP auf die Hörerbriefe oder Spitzelberichte ablesen. Sie selbst forderten indirekt mehr Unterhaltung, indem sie auf das Unterhaltungsangebot ausländischer Sender zurückgriffen und damit sozusagen mit dem „Ein/Aus"-Knopf für Unterhaltung votierten. So ist die „Heiterkeit" des „schönen Scheins" immer auch an die zwei Pole eines inneren Antagonismus der „Gemeinschaft" gebunden:

> „[H]eiter konnte nur der sein, der die Ausgrenzung der anderen, also der Juden, der Sinti und Roma und all derjenigen, die nicht zur rassistisch geprägten NS-Leistungsgemeinschaft zählen oder nicht zählen wollten, billigte oder in Kauf nahm. Also implizierte die Unterhaltung auch immer Ausgrenzung."[649]

So lässt sich abschließend festhalten, dass der Rundfunk im Nationalsozialismus eine ganz zentrale Rolle bei der Herstellung des Volksgemeinschaftsgedankens spielte. Er fungierte als Medium einer Welt, die zwischen dem Diesseits einer „Realität" und dem „Jenseits" der „Volksgemeinschaft" vermittelte. Massenmedialität war so von Beginn an Medium künstlich-realer Identitätsbildung:

---

646 Saldern u.a. (1998): Zur politischen und kulturellen Polyvalenz des Radios, S. 363.
647 Ebd.
648 Ebd.
649 Ebd., S. 364.

> „Gerade weil das Publikum noch nicht gelernt hatte, Simulation und Wirklichkeit deutlich zu scheiden, wirkte, so eine These, der im Medium inszenierte ‚schöne Schein' als Realität und erhöhte die Akzeptanz des Regimes."[650]

Als einen imaginären Raum beschreibt auch der Kulturtheoretiker Klaus Theweleit den Raum der Wahrnehmung zwischen technischem Speichergerät und Rezipienten. Er führte 2007 in dem Aufsatz „Übertragung. Gegenübertragung. Dritter Körper" neurobiologische und psychoanalytische Emotions- und Gedächtnistheorien zusammen und fragte dabei, inwieweit die Wirkung von Musik zwischen Rezipient und Produzent ein so genanntes Drittes entstehen lässt, das sich durch die Innerlichkeit der Musik in den Körper einschreibt. Theweleit erläutert:

> „Ein Teil des eigenen Unbewussten wandert sozusagen aus in den Raum in den dort schwingenden ‚dritten Körper' und trifft sich mit dem Wellenkörper der Musik, die auch ihr ‚Unbewusstes' hat, das nicht etwa aus irgendwie ‚unbestimmten, vagen Wünschen' besteht, sondern meist ziemlich exakt anzugeben ist. Die Wünsche und Vorstellungen, die eine Musik transportiert, setzen sich sehr genau fest in der Empfindung des Hörers. Was sich zwischen der Musik [...] und meinem Körper abspielt, kann ich mir bewusst machen (oder es auch lassen). [...] In meinem Bewusstsein werden aus der Musik Formen von Nicht-Musik: Gedanken, Einsichten, Vorstellungen, Wünsche. Die primäre körperliche Sensationierung selber, die die Musik vornimmt [...], wird nicht verbalisiert und ist auch nicht verbalisierbar. Sie lebt im Körper als gespeicherte Schwingung. Sie wird etwas anderes, wenn ich sie mit meinem Bewusstsein verarbeite. Ich wandle dann die Mikrozellen der Musik, die sich mit den Mikrozellen meines unbewussten Systems verbunden haben, in neue Zellkombinationen meines Cortex um. Darüber hinaus bewahre ich etwas im Körper, im ganzen sensomotorischen System, das als Ergebnis des Zusammenpralls mit der Musik sein Eigenleben führt. Das ist für mich das Entscheidende in einem materiellen Sinn: bestimmte Teile der Zellstruktur meines Körpers haben sich verändert nach der Aufnahme bestimmter Musiken."[651]

Grundsätzlich kann geltend gemacht werden, dass die Rezeption von Musik etwas weiteres, ja einen dritten imaginären Raum entstehen lässt, der Rückschlüsse auf die durch die Musik erzeugten Wünsche und Vorstellungen zulässt. Diese sind schließlich nur sagbar, weil sie kognitiv repräsentiert werden können. „Die primäre körperliche Sensationierung selber" hingegen kann nicht ausgesprochen werden, es ist dasjenige, das die symbolische Ordnung unterläuft. So wird die körperliche Reaktion, die die Musik hervorruft, „selbst nicht verbalisiert und ist auch nicht verbalisierbar", meint Theweleit und kommt zu dem Schluss: „Sie lebt im Körper als gespeicherte Schwingung". Theweleit zitiert aus Robert Jourdains Buch „Das wohltemperierte Gehirn. Wie Musik im Kopf entsteht", wo-

650 Ebd., S. 363.
651 THEWELEIT, Klaus (2007): *Übertragung. Gegenübertragung. Dritter Körper. Zur Gehirnveränderung durch die Medien.* Köln, S. 37f.

nach „alle erlebten frühen Körperspannungen“[652] mit Tönen und Musik verbunden sind. Nach Jourdain „nutzen wir unseren Körper als ‚Resonator‘ für auditorische Erfahrungen. Der Zuhörer selbst wird zum Instrument, er legt seinen Körper in die Hände der Musik und läßt diese auf ihm spielen.“ Deshalb, so Jourdain, „drückt sich Musik bei uns durch Bewegung aus und nicht z.B. durch bildliche Vorstellungen“. Weiter heißt es:

> „Es handelt sich um eine Sprache, bei der sich Klangobjekte koordiniert bewegen, genauso wie sich Körperteile koordiniert bewegen, wenn wir laufen. Kein Wunder, daß wir zur Musik tanzen wollen. [...] Unser Körper ist nämlich Experte für das Timing und die Verschmelzung zeitlicher Abläufe.“[653]

Durch Musik wird also grundsätzlich eine „körperliche Sensationierung“ beim Rezipienten verursacht.

So lässt sich vor dem Hintergrund dieser Annahmen die Aussage treffen, dass die in Wortbeiträgen vermittelten Identitätsangebote der „Volksgemeinschaft“ auch Teil einer musikalischen Erfahrung sind, die individuell zwar nicht sagbar, jedoch durch das Imaginäre der „Volksgemeinschaft“ vermittelbar sind. Gemeinschaftliches Zuhören erhält eine Identität, die aus der auditorischen Erfahrung der Gemeinschaft als das Imaginäre selbst erwachsen ist. Theweleit hat sich in seinem Aufsatz auch auf die Theorie Joachim Bauers zum „Gedächtnis des Körpers“ berufen: „Da alles, was wir geistig tun, seelisch fühlen und in Beziehung gestalten, seinen Niederschlag in körperlichen Strukturen findet“, gibt es in der Psychologie für „Seelen ohne Körper“ keine Evidenz.[654]

Angewendet auf die politisch-ideologische Musikästhetik der Nazis bedeutet die von Albrecht Dümling betonte „Gleichschaltung der Gefühle“, die, wie Nancy konkretisiert hat, in eine Form gebracht nur mit einem musikalischen Sinn ausgestattet wird, die Verengung und Disziplinierung des körperlichen Empfindens hin auf einen Sinn. Vor allem die musikalische Disziplinierung des Körpers scheint am Beispiel der im Marschrhythmus sich bewegenden Soldatentruppen in den Wochenschauen, dem andächtigen Lauschen beim Spiel einer Beethovensinfonie (wie u.a. in dem Propaganda-Unterhaltungsfilm „Das Wunschkonzert“ Eduard von Borsody aus dem Jahre 1940 zu sehen ist), dem „Schunkeln“ zu Schlagern wie „Davon geht die Welt nicht unter“ oder „Lili Marleen“ oder dem gemeinsamen Gesang – ganz gleich ob Volkslied, Kantate oder dem „Stuka-Lied“ – eindeutig ein Beleg für die These zu sein.

---

652 Ebd., S. 12.

653 Jourdain, Robert (1998): *Das wohltemperierte Gehirn. Wie Musik im Kopf entsteht und wirkt.* Heidelberg. Zitiert nach: Theweleit (2007): Übertragung. Gegenübertragung. Dritter Körper, S. 37.

654 Bauer, Joachim (2004): *Das Gedächtnis des Körpers. Wie Beziehungen und Lebensstile unsere Gene steuern.* München, S. 8.

Eine seelische Vorstellung von Gemeinschaft, Nation und Militarismus wird so inszeniert, dass sie zugleich auch eine körperliche Erfahrung ist. Zwar sind die im Körper gespeicherten Schwingungen „nicht verbalisierbar", aber sie sind im Cortex zu etwas anderem geworden und haben sich mit Wünschen und Vorstellungen verbunden, die durch das imaginäre Bild der „Volksgemeinschaft" repräsentiert sind. Theweleit begründet seine These des Körpers als medialer Speicher so:

> „Nicht nur das Gehirn also reagiert, indem es bei Musikgenuss die opiatähnlichen Endorphine ausschüttet; auch der Körper reagiert: die Muskulatur ist eine Registratur auditiver Lüste (und Schrecken). Die Töne haben ihren körperlichen Niederschlag. Musikhören: ein Rauschzustand, nicht nur metaphorisch."[655]

Wenn Theweleit auf der richtigen Spur sein und in Jourdains Theorie einen Beleg für die Fähigkeit des Körpers, musikalische Reize zu speichern, gefunden haben sollte, dann sind die von Hanns-Werner Heister diagnostizierten „‚rauschhafte[n]', geradezu orgiastische[n] Züge" beim Marschieren der Soldaten und der „Schunkelschlager" Ausdruck einer Disziplinierung des Körpers, der auf die musikalisch-rhythmischen Reize seiner Umwelt reagiert: eine Gleichschaltung der Gefühle, durch und mit dem Körper. In gewisser Weise sah dies Heister auch bereits im Jahre 1984:

> „Der (ideologischen) Tendenz nach ist die explizite (politisch-soziale) Indienstnahme auch des ‚Unpolitischen' durch die Nazis ‚total'. Denn nichts soll existieren, das nicht immer schon ideell wie praktisch in den faschistischen Funktionszusammenhang einbezogen ist."

Und weiter:

> „Ein solches Bewußtsein bzw. ‚Gefühl' ist als Imaginär-Reales mehr als bloßer Schein und Illusion, und es hat für die Haltung wie für das Verhalten der Subjekte prägende Wirkung. Die ‚Erfassung' der Subjekte (zumindest die beabsichtigte) zielt vielmehr auf deren Inneres, auf freiwillige Unterwerfung – unter ‚höhere Werte', in deren Dienst auch der ‚Führer' steht. Dadurch wird die Unterwerfung als solche gar nicht erkannt und erscheint als Einverständnis mit der aggressiven Macht, die sich als Macht der Kultur aufführt. Die dergestalt ideologisch vermittelten Rituale und Zeremonien der Musikrealisierung verstärken jenen ‚Konsens', dessen auch und gerade die Nazi-Diktatur im Interesse ihrer Expansionspläne bedurfte: ein einig' Volk nicht von Brüdern, von sozial Gleichen und politisch Freien, sondern von ‚Herrenmenschen', von rassisch Gleichen und militärisch zur Unterdrückung anderer ehern Entschlossenen."[656]

---

655 THEWELEIT (2007): Übertragung. Gegenübertragung. Dritter Körper, S. 14.

656 HEISTER, Hanns-Werner (1984): „Nachwort. Funktionalisierung und Entpolitisierung", in: Ders./KLEIN, Hans-Günter (Hg.): *Musik und Musikpolitik im faschistischen Deutschland.* Frankfurt am Main, S. 306-315, hier: S. 311.

So lässt sich vor dem Hintergrund der Frage nach einem akustischen Gedächtnis behaupten, dass gerade der systematische Einsatz von Musik und ihre Kontextualisierung durch entsprechende Wortbeiträge, wie dies für den NS-Rundfunk gezeigt werden konnte, eine ideologische Besetzung der imaginären Vorstellungswelten vorsieht. Diese sind medial vermittelt. Insgesamt lässt sich angesichts dieser Überlegungen feststellen, dass ein massenmedialer, kommunikativer Hörraum entstanden ist, der medial auf die „Volksgemeinschaft" als totalitäres faschistisches Konzept verweist, das Realität und Medialität konstitutiv aneinander band.

> „Als Teil einer umfassenden Herrschaftsstrategie bezweckte die Inszenierung der ‚Volksgemeinschaft', eine Loyalität der Bevölkerung gegenüber dem Regime zu erzeugen oder, soweit schon vorhanden, diese zu erhöhen. Im Vordergrund stand dabei nicht die direkte propagandistische Verbreitung der rassistischen Ideologie, sondern die Herstellung der ‚Volksgemeinschaft' im virtuellen Raum, durchaus mit völkischen und rassistischen Konnotationen."[657]

Mediale Praxis wird zu einer realen rassistischen, antisemitischen Weltvorstellung. Der Hörraum wurde dabei zu einem Körperraum, der rassistisch und antisemitisch geprägt war. Parasozialität ist immer selbst das Soziale und eine soziale Praxis, die sich medial in die Körper der NS-Hörgemeinschaft einschrieb.

---

657 PRIEBERG, Fred K. (1982): *Musik im NS-Staat.* Frankfurt am Main. S. 362.

6 Schlussteil und Ergebnisse

Eine der grundlegenden Einsichten der Medienwissenschaft besteht darin, dass das Auftauchen einer neuen Medientechnologie in der Mediengeschichte mit der verzögerten Bestimmung seines spezifischen kulturellen Einsatzes verbunden ist. In der Folge produziert und formatiert jedes neue Leitmedium in einem evolutionären Prozess spezifische Diskurse und kulturelle Formationen. Als Beispiel ließe sich der Phonograph anführen, der zu Beginn als „Spielzeug" auf dem Jahrmarkt eingesetzt werden sollte, zugleich sein Gebrauch als Diktiergerät von Edison imaginiert wurde und schließlich als „Messinstrument" für die Wissenschaft (konkret: der Musik- und Sprachwissenschaft) benutzt wurde.

Dieser medienhistorisch relevante Zusammenhang zwischen Mediendispositiv und Mediengebrauch lässt sich anhand der Mediendiskursgeschichte akustischer Speicher- und Übertragungstechniken begrifflich fassen und analytisch beschreiben als mediale Ordnung des akustischen Diskurses.

Frühe technikakustische Speicher- und Übertragungsprozesse haben dafür gesorgt, dass eine medienkulturelle Ordnung des Akustischen entstanden ist. Unter deren Voraussetzungen bildeten sich Speicher- und Übertragungsordnungen aus, die für die Entwicklung kulturell organisierter Mediengedächtnisse zentral sind und die durch den akustischen Diskurs bestimmt sind. Das medial Akustische erhält medienhistorisch einen Platz innerhalb kultureller Diskurs- und Ordnungsgefüge, die bis heute Gültigkeit besitzen.

Vor dem Hintergrund dieser Koordinaten manifestiert sich für den Bereich der frühen grammophonischen Aufnahmen eine kulturelle Ordnung, die mit den medientechnischen Direktiven des Grammophons korrespondiert. Die frühen grammophonischen Aufnahmen in Deutschland beinhalten – auf Platte gespeichert – dasjenige, was zuvor nur einer mündlichen Traditionsgeschichte populärer Melodien entsprang. Wegen ihrer Popularität im Kollektivgedächtnis wurden aus der Volksliedkultur, die mehr als hundert Jahre alten Lieder, Melodien und Gesänge von Militär- und Blasorchestern eingespielt und auf Platte gespeichert. Genuin mündliche Überlieferungen von Liedern und Gesängen einer volkskulturellen Erinnerungsgemeinschaft wurden so erstmals medientechnisch verbreitet. Damit ist eine Zäsur zu konstatieren, die das zuvor nur mündlich organisierte Körpergedächtnis von den Zwängen seiner generationellen Tradition befreite. Durch die Möglichkeit der akustischen Speicherung haben sich Lieder und Melodien aus einem nicht-schriftlichen Erinnerungszusammenhang erstmals auch in einer medientechnisch gespeicherten Form erhalten. Sie wurden über soziale Grenzen hinweg verbreitet und daraus entwickelte sich ein neues System musikalischer Rezeptionsformen. Insofern stellten diese Aufnahmen einen medienkulturellen Anfang dar. Ihre medientechnische Speicherung ermöglichte die Externalisierung und den Erhalt jenseits eines an die Lebensdauer einer sozialen Gruppe oder Gemeinschaft gebundenen Körpergedächtnisses.

Die Unterhaltungsmusik der Jahrhundertwende bildete sodann den Grundstock für eine Musikgeschichte der Unterhaltungsmedien. Eine mediale, historisch gewachsene Verweisstruktur der U-Musik, wie sie seit langem innerhalb von Traditionen der E-Musik besteht, ist zu diesem Zeitpunkt aber noch nicht innerhalb der U-Musik ausgebildet worden. Genres, Gattungen, Formen und Traditionen, die Musikgeschichte ordnen, sind für die E-Musik seit hunderten Jahren gewachsen. Für die E-Musik gilt, dass Wertmaßstäbe existieren, die den kulturellen „Wert" der Musik des musikalisch Neuen bestimmen, weil sich eine Geschichte und Tradition der Produktionen der E-Musik in mehr als über 200 Jahren ausgebildet hat. Insbesondere auch für die Überlieferung der medientechnisch reproduzierbaren Musik werden konkret Sänger, Dirigenten oder Instrumentalisten unter solchen Ordnungskriterien in der Musikgeschichte rezipiert. Neben einer musikgeschichtlich etablierten Musikästhetik, wie sie seit dem 18. Jahrhundert entstanden war, entwickelte sich unter medientechnischen Gesichtspunkten eine Tradition des Verweises und des Kommentars. Medientechnisch reproduzierbare Aufnahmen fanden auf diese Weise den Weg in die Hochkultur und die Aufnahmen bedeutender Kompositionen wurden als besondere Einspielung in Kultur verstetigt.[1] Zu solchen Aufnahmen bedeutender Dirigenten gehören vor allem Aufnahmen von Arthur Nikisch aus dem Jahre 1913, die heute noch erhalten sind.[2] Nicht zuletzt haben sich Aufnahmen von ihm deshalb bis zur Gegenwart erhalten, weil sie reproduzierbar sind und auf sie kulturell Bezug genommen wurde und wird. Der Kenntnis dieser Aufnahmen steht in diesem Falle der „Gebrauch von Gedächtnis"[3] voraus. Mit Jan Assmann ließe sich dieser Prozess als ein Verfahren der textuellen Kohärenz (oder Redundanz) beschreiben, weil die Aufnahme kulturell kommentiert wird und der Hochkultur zugeschrieben wurde – und dies obwohl im Ersten Weltkrieg die Gram-

1 Als Beleg hierfür wurde das berühmte Kapitel aus Thomas Manns „Zauberberg" angeführt, in dem genau die Kriterien der Sangeskunst und Popularität von Opern und Symphonien in seinen literarischen Beschreibungen ausgeführt werden, um den musikalischen Eindruck (hoch-)kulturell zu nobilitieren.

2 Vgl. Kap. 3.3 und online verfügbar unter http://www.youtube.com/watch?v=Gn7Wk5w25oM (zuletzt abgerufen am 20.6.2015).

3 Vgl. hierzu ESPOSITO, Elena (2002): *Soziales Vergessen – Formen und Medien des Gedächtnisses der Gesellschaft*. Frankfurt am Main, S. 23. Esposito formuliert den Gebrauch von Gedächtnis in Anlehnung an Aleida Assmanns Differenzierung von Speicher- und Funktionsgedächtnis.

mophonwerke in Hannover vollständig zerstört wurden. Aufnahmen aus dem Bereich der U-Kultur sind demgegenüber heute kaum erhalten.

Die kulturelle Anschlussfähigkeit der Medien, die erhalten und im Gedächtnis geblieben sind, ist demgemäß an historisch überlieferte Strukturen kultureller Vereinnahmung gebunden. Dies gilt besonders für die Aufnahmen Arthur Nikisch, die im „Zauberberg" Thomas Manns thematisiert werden, und heute den Weg aus privaten Sammlungen ins „YouTube"-Archiv gefunden haben oder eben auf Sammlerboxen der Grammophon noch einmal aufgelegt[4] und im musikgeschichtlichen Kontext unvergessener Dirigenten rezipiert werden. Für die U-Musik gibt es solche Bemühungen in Gestalt von Sammelboxen nicht. Damit hat das Gedächtnis als Funktion der Wiederholung eine Semantik zum Ergebnis, auf die die Gedächtnisarbeit immer auch angewiesen ist. Der akustische Speicherprozess ist damit von der Erinnerung geschieden, die zeitlich nur begrenzt möglich ist, solange sich nicht ein komplexes System der Wiederholung und des Verweises ausbildet, das zu diesem Zeitpunkt für Beiträge auf dem Gebiet der E-Musik ganz besonders gilt. U-musikalische Aufnahmen, darunter die Revueschlager oder auch Operettengesänge, sind in ihrem ursprünglichen Medienzusammenhang gedacht und erstmals öffentlich gemacht worden. Erste Verbreitungsstrategien sind hier medientechnisch vorbereitet worden. Dies gilt vor allem für die Entwicklung erster und früher Soundstrukturen und kostengünstiger Formate, die frühe, medienarchäologische Standards der späteren Popmusik ausbildeten. Ihre Geschichte der akustischen Medienträger ist nicht rekonstruierbar.

Einen besonderen Fall der Medien- und Wissenschaftsgeschichte stellen die Aufnahmen des Berliner und Wiener Phonogramm-Archivs dar: die Wachswalzen, die im Feld (u.a. in deutschen Kolonialgebieten in Afrika und Ozeanien) für die Archive angefertigt wurden, nach Berlin versendet und anschließend transkribiert wurden. Ihr Inhalt wurde ausgewertet und eingespeist in die Wissenschaftsdiskurse einer sich zu diesem Zeitpunkt institutionalisierenden Musikethnologie und vergleichenden Musikwissenschaft. Originalaufnahmen aus dem geographischen Sprachraum Österreich-Ungarns, und außereuropäische Gesänge, Lieder und Gebete haben das System der Wissenschaft grundlegend verändert. Die Wissenschaften von der Sprache bildeten in der Folge dieser Forschungen ab etwa 1900 ihre eigene disziplinäre Axiomatik aus. Zeitgenössische ideengeschichtliche philosophische Diskurse werden von diesen akustischen Experimenten berührt: Wird in den wissenschaftlichen Disziplinen der Zeit die Frage eines sprachgeschichtlichen Anfangs noch teleologisch gedacht, verän-

4 Vgl. https://www.youtube.com/watch?v=Gn7Wk5w25oM (zuletzt abgerufen am 6.6.2015) Und: Die CD-Box: 100 Jahre Berliner Philharmoniker – Frühe Aufnahmen 1913 – 1933. Arthur Nikisch, Leo Blech, Bruno Walter, Hans Knappertsbusch, Erich Kleiber, Oscar Fried, Hans Pfitzner, Richard Strauss. Herausgegeben von der Deutschen Grammophon. Vgl. auch: Sinfonie Nr. 5 C-Moll op. 67 Berliner Philharmoniker Arthur Nikisch 1913 / DRA 5015197.

dert sich dies durch die Berliner Carl Stumpf und Erich von Hornbostel, weil sie von der Struktur der musikalischen Zeichensysteme ausgehen. Dies wird ermöglicht durch die Arbeit mit dem Phonographen und die Reproduzierbarkeit des akustischen Ausdrucks. Durch die neu entstandene Möglichkeit, die vormals flüchtige Wahrnehmung akustischer Ausdrucksformen technisch zu wiederholen, eröffneten sich neue Forschungsmethoden und -erkenntnisse. Indem der Phonograph als „Messgerät" verwendet wurde, um neue schriftliche Notationssysteme zu erproben, wurde eine musikalische Grammatologie der akustischen Muster deutlich. Stumpfs und Hornbostels Arbeit kann deshalb als ein Zergliederungsgeschäft beschrieben werden, das einzelne (außer-)musikalische Strukturen jenseits des Zusammenhangs europäischer Aufschreibesysteme verortete und reflektierte und durch den Vergleich mit außereuropäischen Klang- und Sprachsystemen als eigenständiges System neu positionierte. Das Klangliche wird auf diese Weise bei Hornbostel im strukturalistischen Sinne signifikant und schließlich notariell erfasst, indem es in neue Denk- und Schriftsysteme als ein (exotisches) Objekt eingespeist wird, das neue (internationale) Wissenschaftsdisziplinen entstehen lässt. Die Folge ist die Entwicklung neuer wissenschaftsgeschichtlicher Denksysteme und Disziplinen wie zum Beispiel die Sprachwissenschaft, die Dialektologie oder die Musikethnologie. Es konstituierten sich also neue Ordnungen des Wissens, die von dem ursprünglichen sozialen Kontext des Mediums getrennt sind, das Medium aber gleichzeitig zur Voraussetzung haben.

Die originalen Speicherinhalte des Phonogramm-Archivs Berlin sind heute noch in weiten Teilen als Walzenaufnahmen vorhanden. Diese Speichermedien (unabhängig von ihrem Trägermaterial gedacht) verharren, mit Aleida Assmann gesprochen, in ihrer Potentialität (also im Speichergedächtnis).

Das aus der Preußischen Phonographischen Kommission hervorgegangene Berliner Lautarchiv enthält Plattenproduktionen, die u.a. wegen ihrer hohen Aufnahmequalität erstmals in eine frühe kulturelle Distributionsordnung überführt (und zum Teil auch kommerziell verbreitet) worden sind.

Wilhelm Doegen sammelte im Gegensatz zu Hornbostel und Stumpf Aufnahmen in Kriegsgefangenenlagern in Deutschland im Verlauf des Ersten Weltkriegs. Die Kosten waren dadurch geringer und die Aufnahmenqualität der Platten höher als die der Walzen, sodass sie sich akustisch auch für den Verleih und Verkauf eigneten. Akustische Sprachlernspiele entstanden, die jedoch ohne Hinweise auf die Umstände und die Situation der Sprecher in den Kriegsgefangenenlagern, vertrieben wurden. Außerdem entwickelte Wilhelm Doegen ein System der Verbreitung, das an jenes einer Bibliothek angelehnt war.

Das Wissen, das aus diesem Mediendispositiv heraus produziert und angelegt worden ist, ist neuen Schriftordnungen zugeführt worden, die bis heute gelten. Aus der Archivordnung sind wissenschaftliche Raster und Koordinaten entstanden, die in der Vergangenheit den Gebrauch des Wissens für die Zukunft nicht vom Mediendispositiv her denken. Dessen Gebrauch hat den wissenschaftlichen Diskurs im Umgang mit Tonquellen bestimmt. Dabei ist er jedoch schriftlich organisiert gewesen und hat den Klang folkloristischer, oraler und nicht-europäischer Kulturen zum zentralen Gegenstand seiner wissenschaftlichen Disziplin gemacht. Dies gilt zwar primär für die Phonogramm-Archive, aber auch die Forschungen um Doegen führten zu längerfristigen Wissensordnungen, die sich diskursiv verstetigten. So kam es schließlich auch zu einer Entwicklung erster, auf den Englischunterricht bezogener Lautschriftsysteme. Die Lautschrift, wie sie Diedrich Westermann, der das aus dem Lautarchiv hervorgegangene Forschungsinstitut in den 1930er Jahren leitete, weiterentwickelte, wird bis heute für den Englischunterricht in deutschen Schulen eingesetzt.

Eine zentrale Zäsur innerhalb eines medientechnisch geprägten akustischen Wahrnehmens bildet der Beginn des Rundfunkzeitalters. Der medientechnische Wandel von einem Speicherzusammenhang des Akustischen hin zur Übertragung akustischer Inhalte war charakterisiert durch Umgang und Zugriff auf Inhalte eines humanistischen Bildungskanons, wie er am Ende des 19. Jahrhunderts und zu Beginn des 20. Jahrhunderts von einem stark bildungsbürgerlichen Kulturbegriff geprägt war. Dieser Übergang konstituierte eine neue Ästhetik des Akustischen, die medial die Voraussetzung für die Wahrnehmung von Rundfunksendungen bildete und eine neue kulturelle Ordnung akustischer Übertragungsmedien herstellte. Das Weimarer Radio stellt grundsätzlich den medienarchäologischen Anfang rein akustischer Wahrnehmungsinhalte dar.

Entstanden sind diese Formen durch den Rückgriff auf einen kulturellen Kanon von Genres, Gattungen und Medieninhalten arrivierter Kunst- und Kulturformen, die die Erfindung und Entwicklung der medientechnischen Übertragungssituationen bestimmen. Sie bildeten die Vorlage, um die Übertragungsinhalte des Weimarer Bildungsradios zu erzeugen, indem auf etablierte und sich erfolgreich durchsetzende kulturelle Formate und Genres des Theaters, der Oper oder der Revue zurückgegriffen wurde. Überlieferte schriftliche gattungsspezifische Medien wurden für den Rundfunk aufbereitet und übertragen.

Somit war der chronologisch (inter-)mediale Wechsel vom medientechnischen akustischen Speichern hin zum Übertragen von schriftlich vorliegenden Formen und Inhalten geprägt. Die Adaptionsprozesse bildeten jedoch auch eine kreative Grundlage dafür, ganz neue akustische Formen für das Rundfunkmedium zu entwickeln. So setzten sich beispielsweise neue Erzählformen wie die der Collage und Montage durch, ebenso sind das Hörbild und schließlich die serielle Form der Hörfolge in den Redaktionen des Weimarer Rundfunks entstanden.

Es entwickelten sich neue musikalische Darbietungsformen, die die Oper, Operette und auch die Unterhaltungsmusik nicht mehr von dem sozial reglementierten Aufführungsraum her dachten. Im virtuellen Übertragungsraum konnten die Grenzen eines strengen, bildungsbürgerlich geprägten Kulturbegriffs aufgeweicht werden und musikalische Phänomene aus dem U- und dem E-Bereich gleichsam nebeneinander stehen.

Das Mediendispositiv der Rundfunkübertragung ließ also Wort-Musikkonstellationen, nach Themen geordnet, entstehen, die beispielsweise später zu Mischformen wie den so genannten „Bunten Abenden" zählten. Insbesondere dieses Genre sorgte dafür, dass die musikalischen Produktionen unterschiedlicher kultureller Rahmungen gleichberechtigt nebeneinander von allen Hörern, die ein Rundfunkgerät besaßen, wahrgenommen werden konnten.

Aus Sendungen wie dem „Bunten Abend", die in diesem Format schließlich beim nationalsozialistischen Radio wieder aufgelegt werden sollten, entstanden Sendungsformate, die bis heute im Rundfunk übertragen werden: „Wünsch Dir was. Wunschkonzert", „Das große Wunschkonzert" und „Schellack-Schätzchen. Als Swingtanzen verboten war". Für das Fernsehen sind daraus hervorgegangen: „Das große Wunschkonzert. Juwelen der Musik und andere Kostbarkeiten" und „Das große Wunschkonzert. Beliebte Melodien und Interpreten". So „steht der Titel und das Konzept des ‚Wunschkonzertes' bis heute Pate für musikalische Unterhaltungssendungen zur besten Sendezeit."[5] Medienarchäologisch ist das „Wunschkonzert" also schon als Konzept im Weimarer Rundfunk angelegt und wird bis heute fortgeführt.

Aber nicht nur inhaltlich führte der Rundfunk zu einer medialen Ausdifferenzierung innerhalb eines neuen kulturellen Ordnungsgefüges: Konstitutiv für die Ausbildung dieses neuen Mediendispositivs der vom physischen Raum der leiblich präsenten Körperlichkeit unabhängig gedachten Rezeptionsbedingung ist auch formal die raumzeitliche Neuordnung des Kommunikationsrahmens. Die Gleichzeitigkeit von Senden und Empfangen ermöglichte die Verschiebung und Neustrukturierung von medialen Raum-Zeit-Dimensionen. Einerseits war die Teilnahme an besonderen Konzerten nicht mehr an die physische Präsenz des Rezipienten am Aufführungsort gebunden, jedoch an die Voraussetzung einer Kabelverlegung zwischen dem Konzerthaus und der Sendestation geknüpft.

Ab 1928/29 ging dann auch andererseits das Mikrophon „auf Wanderschaft". Die Hörer partizipierten nicht mehr nur an einem kulturellen Ereignis von Konzert und Oper. Es entwickelte sich in diesem Sinne auch eine frühe und erste Medialität des Alltags, indem eine Grundsteinlegung oder gar ein Fußballspiel übertragen werden konnte. Die Live-Übertragung war jedoch noch wesentlich den Konzertstätten vorbehalten. Stattdessen wurden Alltagsszenarien mit dem Mikrophon aufgenommen und die vormalige Speicherung des Ereignisses erlaubte es schließlich, dass im Anschluss an die Aufnahme in der Redaktion das Ereignis kontextualisiert, also mit entsprechenden Texten im Rundfunk eingeleitet oder kommentiert wurde.

5 Koch (2003): NS-Wunschkonzert, S. 269.

Die Live-Übertragung politischer oder sportlicher Ereignisse wurde zwar schon ab 1926 möglich gemacht. Reportagen wurden nicht live übermittelt, sondern im Ü-Wagen bearbeitet, jedoch galt: Das Prozedere war technisch viel zu aufwändig, um zur Routine im Rundfunkgeschäft zu werden. Es entwickelten sich dann aber jene neuen frühen Formen, die eine kulturelle Einordnung des Live-Erlebten kontextualisierten. Das mobile Rundfunk-Reportage-Auto als Medientechnik ermöglichte nämlich die Genese eines allgemeinen Wahrnehmungsbewusstseins, indem das Gehörte zugleich gedeutet wurde: Es entwickelte sich die Kommentierung eines live gehörten Ereignisses (in Auszügen) in Form einer Reportage, die eine erste Variante der Live-Berichterstattung darstellte. Genau diese Nutzungsweise des Rundfunks begann eine allgemeine Alltagsrealität in ein kollektives Wahrnehmungsbewusstsein zu integrieren. Der Reporter berichtet über das Ereignis und liefert zugleich dessen gesellschaftlich-mediale Bedeutung für die Zuhörer.

Dieses Ergebnis lässt für die Frage nach der Ausbildung eines akustischen Gedächtnisses folgende Schlussfolgerung zu: Der Kodierungsprozess, wie oben beschrieben, gerät hier sehr früh zu einer Form kollektiver (alltags-)medialer Einordnung und ist akustisch bestimmt, dabei jedoch weiterhin flüchtig und an die kommunikative Erinnerungsstruktur der Hörer gebunden. Sie ist zeitlich begrenzt. Die Speicherung und medientechnische Verarbeitung wird nämlich nur für die augenblickliche Übertragung genutzt. Die Idee von einem Medienarchiv, das den Gebrauch der Vergangenheit für die Zukunft regelt, gibt es zu diesem Zeitpunkt nicht.

So lässt sich sagen, dass akustische Medien, um zu einem Gedächtnismedium zu werden, nicht nur einer (intermedialen) Semiosefähigkeit bedürfen. Da sich ein Mediengedächtnis des Rundfunks erst ab 1927 ausbildet, indem fortan ausschnittsweise archiviert werden konnte und wurde, sind die hier hergestellten Aufnahmen nicht als Gedächtnismedien zu betrachten: Es stellt sich unter akustischen Bedingungen erst dann die Frage der Gedächtnisfähigkeit akustischer Übertragungsmedien, wenn Aufnahmen deshalb archiviert werden, weil ihnen attestiert wird, noch einmal in der Zukunft gebraucht zu werden. Das kurzfristige Speichern im Sinne der Montage eines Beitrages ist als etwas grundsätzlich von der Archivpraxis unterschiedenes zu betrachten. Dieser experimentierfreudigen Phase im Umgang mit einem ersten Produktionsarchiv, wie es sich ab 1927 langsam im Aufbau befindet, und vor allem für die Einspielung von Geräuschen für Hörspiele genutzt wurde, ist bereits nach 1932 ein jähes Ende beschieden. Die gespeicherten akustischen Aufnahmen aus dem Nachlass des Weimarer Rundfunks haben nämlich für den NS-Rundfunk nur eine begrenzte Bedeutung. Vielmehr erfahren die epistemologischen Voraussetzungen für das Speichern von gesendeten und übertragenden Rundfunkmedien eine vollkommen neue Ausrichtung. Goebbels' Speicherpolitik im Rundfunk sah hauptsächlich die archivische Aufbewahrung der Reden Hitlers und anderer Parteifunktionäre aus einem historischen Impetus heraus begründet. Das historisch-musikalische Erbe des Weimarer Rundfunks, das schriftlich überliefert ist, hatte für ihn eine weitaus größere Bedeutung. Dies betrifft Formen und Genres aus der Rundfunkphase der 1920er Jahre, die er für den NS-Rundfunk übernahm. Somit setzte auch eine formale Verstetigung der kulturellen Ordnung ein. Zusammenfassend lässt sich sagen: Die Gestaltung des NS-Rundfunks war zwar einerseits geprägt von den Entwicklungen akustischer Formate im Weimarer Radio, andererseits wurden die formalästhetischen Konzepte nur als Behältnis für ideologisch indoktrinierte Stoffe benutzt.

Die medienpolitische Rundfunkpolitik im Nationalsozialismus speiste sich jedoch auch vorrangig aus dem schriftmedialen Fundus des musikalischen Erbes. Dies geschah unter strikten rassistischen, antisemitischen und antirussischen Vorzeichen. Nationalsozialistische Rundfunkpolitik war darauf ausgerichtet, aktuell Erlebtes bzw. Gehörtes mit einem vermeintlich deutschen Kulturerbe in Beziehung zu setzen und völkisch einzufärben. Die Realisierung dieser Medienpolitik ist dabei nur im Rahmen von Übertragungsstrategien zu verstehen, die die gesendeten Inhalte ideologisch einordneten und in Szene setzten. Dies geschah, indem gerade der Charakter der Unmittelbarkeit rundfunkspezifischer Medialität im Übertragungsprozess als ein Gemeinschaftserleben der „Volksgemeinschaft“ inszeniert wurde. Im NS-Rundfunk wurde der Versuch unternommen, das (zensierte) Erbe des kulturellen Gedächtnisses als Erlebnis in der unmittelbaren Rezeption der Übertragungssituation medial in Szene zu setzen.

So sind die Zensurmaßnahmen der Nationalsozialisten in konstitutiver Weise an die Hörerfahrungen der Rezipienten gebunden gewesen, indem sie durch die Mittel des Einschlusses und Ausschlusses einen Hörraum schufen, der Kodierungsprozesse auf die NS-Ideologie hin neu ausrichtete. Rezeption bedeutete in diesem Zusammenhang Teilhabe und Zugehörigkeit, wobei mediale Wahrnehmung an Prozesse des Deutens und Bedeutens durch die Inszenierungs- und Übertragungsstrategien gebunden ist, die durch den Akt des Hörens in Gemeinschaft mediale Wirklichkeit zu einem realen Geschehen werden lassen. Diese Inszenierungsstrategien bilden die Wahrnehmungskodierung des aktuell medial Erlebten. Auf diese Weise sind die akustischen Rundfunk-Medien zur Kodierung der Gefühle genutzt worden, wie sie für eine Hörgemeinschaft im Raum der wechselseitigen Wahrnehmung des gemeinschaftlichen Zuhörens inszeniert wurden. Diese Erkenntnis bildet eine materiell fundierte Erweiterung des Luhmannschen Blicks auf die mediale Kodierung der Emotionen.[6] Solche Prozesse bildeten die Grundvoraussetzung für das Mediendispositiv des NS-Rundfunks.

6 Vgl. hierzu: LUHMANN, Niklas (1994): *Liebe als Passion: Zur Codierung von Intimität.* Frankfurt am Main, S. 9 und 13ff.

Es gilt aber dennoch, dass die Rundfunkpolitik der Nationalsozialisten im Gegensatz zu der zielgerichteten Propaganda aus Film und Literatur in weiten Teilen als dysfunktional betrachtet werden kann. Der Mythos von der nationalsozialistischen Propagandamaschine stimmt in diesem Fall nicht. Eine Maschine, die alle drei Jahre neu geölt oder sogar völlig überholt werden muss, ist durchaus nicht als voll funktionstüchtig zu betrachten. Nicht zuletzt verlor spätestens nach 1942/43, also nach der Niederlage von Stalingrad, insbesondere die Wortpropaganda vollständig an Glaubwürdigkeit, wie es sich am Material der Berichte des SD nachweisen lässt. Dennoch zeigt sich unter medialen Parametern eine Dimension, die bisher in der Forschung weitgehend vernachlässigt wurde. Klar ist, dass im Nationalsozialismus der kulturelle Kanon der deutschen Kulturgeschichte im medientechnischen Übertragungsprozess neu kontextualisiert und ideologisch durchtränkt wurde. Um das Volk vollständig mit den ideologischen Inhalten zu indoktrinieren, wurden nicht nur die Medien neu kontextualisiert, sondern die gesendeten Inhalte so inszeniert, dass durch sie eine Gefühlskodierung ermöglicht wurde. So ist nicht das technische Speichern im Übertragungsvorgang für den Nationalsozialismus ein zentrales Bezugsfeld gewesen, sondern das körperliche Speichern und Erinnern im Akt der technischen Übertragung.

Im Nationalsozialismus wurde vor allem auf technische Übertragungsstrategien gesetzt, die die Radiomacher in die Lage versetzten, die passive Rezeptionssituation vor dem Rundfunkgerät aktiv zu gestalten – und zwar, indem ein Hörraum so inszeniert wurde, dass Zugehörigkeit zur „Volksgemeinschaft" durch „bloßes" Zuhören ermöglicht wird. Auf diese Weise wurden die Hörer massenmedial miteinander als „Volkskörper" verschaltet. In diesem Sinne trat das Medium nicht nur als Interaktionskoordinate auf, sondern als Emotionskoordinate, die sich körperlich manifestiert. Die medial hergestellt soziale Wirklichkeit als eine im medialen Hörraum wechselseitige (Körper-) Wahrnehmung, ist eine reale Verschaltung, die sozial funktioniert und medial in Szene gesetzt wird und schließlich Konsequenzen für einen gemeinschaftlichen Hörraum als sozialen Körperraum hat. Diese Kodierungspraxis ist intensiver als jede andere Form der medialen Rezeption und schreibt sich in den Körper des Rezipienten ein, der sich stets in Gemeinschaft, also in Abgrenzung zum anderen, dem Ausgeschlossenen, als identitär wahrnimmt. Körper- und Medienspeicher gehen auf diese Weise eine enge Bindung ein, indem mediale Rezeption immer auch Körperprozesse einbezieht, die selbst eine mediale Erfahrung gespeichert haben und die auch nach Jahren wieder abrufbereit sind. Dieser Fragezusammenhang zwischen kultureller Zirkulation der NS-Medien und deren Rezeption nach 1945 müsste jedoch an einer anderen Stelle weiter verfolgt werden.

Für weitere Forschungen wäre es besonders erhellend, wie und wo die Kontinuitäten nach 1945 zu bestimmen sind vor dem Hintergrund der allliierten Rundfunk- und Kulturpolitik. Vor allem stellt sich die Frage, inwiefern die Zensurpolitik der Alliierten nationalsozialistische Körpererfahrungen, die ja nach

1945 nicht einfach zu verbieten sind, auch weiterhin in Kultur zirkulieren. Ein gutes Beispiel ist der Schlager „Davon geht die Welt nicht unter" oder „Das wird einen Seemann nicht erschüttern". Obwohl sie nicht zu den verbotenen Liedern gehörten, sind mit ihnen Ideologie vermittelt worden, die sich auch nachträglich medientheoretisch und -geschichtlich als Fortsetzung der vorliegenden Analyse bestimmen lässt. So ist ein entscheidendes Ergebnis dieser Studie, dass der akustische Medienspeicher von der körperlichen Erinnerung geschieden ist, die zeitlich nur begrenzt möglich ist, aber intergenerationell die Weitergabe vergangener Rezeptionspraktiken implizieren kann.

Und so stellt sich die weiter führende Frage nach Hörräumen, die über die historische Epoche hinaus ganze Generationen geprägt haben. Anschließende Forschungen, die das akustische Speichern in den Blick nehmen, eröffnen ein interdisziplinäres Feld, in dem sich Programm- und Mediengeschichte, Gedächtnis- und Medientheorie durchdringen. Zentrale Elemente zur Epistemologie des Akustischen berühren damit auch disziplinäre Felder der Mentalitäts- und Sozialgeschichte der Nachkriegszeit.

Festhalten lässt sich, dass eine Mediengeschichte und -theorie sozialer Systeme eben gerade nicht nur in Rekurs auf Schrift und Bild zu konzipieren ist, sondern auch den Klang und seine Körperresonanzen in den Blick nehmen muss. Eine Geschichte der Resonanz dieser Speicher- und Übertragungsgeschichte bis in die deutsche Gegenwart hinein muss noch geschrieben werden.

7 Anhang

7.1 Benutzte Archive

- Phonogramm-Archiv Wien
- Phonogrammarchiv Berlin
- Lautarchiv Berlin
- Deutsches Rundfunkarchiv Potsdam
- Deutsches Rundfunkarchiv Frankfurt am Main

7.2 Abkürzungsverzeichnis

AG	Aktiengesellschaft
ARD	Arbeitsgemeinschafts der öffentlich-rechtlichen Rundfunkanstalten der Bundesrepublik Deutschland
Art.	Artikel
BBC	British Broadcasting Company
Bd.	Band
DAF	Deutsche Arbeitsfront
DAP	Deutsche Arbeiterpartei
DDD	Der Drahtlose Dienstag
DDR	Deutsche Demokratische Republik
DKE	Deutscher Kleinempfänger
DNVP	Deutschnationale Volkspartei
DRA	Deutsches Rundfunkarchiv
Dradag	Drahtloser Dienst AG
D.W.	Deutsche Welle GmbH
Ebd.	Ebenda
E-Musik	Ernste Musik
Gema	Genossenschaft zur Verwertung musikalischer Aufführungsrechte e. G. m. b. H.
GmbH	Gesellschaft mit beschränkter Haftung
HJ	Hitlerjugend
Hg.	Herausgeber
Jg.	Jahrgang
Kap.	Kapitel
KZ	Konzentrationslager

LP	Langspielplatte
MIRAG	Mitteldeutsche Rundfunk AG
Mitt. RRG	Mitteilungen der Reichsrundfunkgesellschaft
NORAG	Nordische Rundfunk AG
NS	Nationalsozialismus
NSDAP	Nationalsozialistische Partei Deutschlands
NWDR	Nordwestdeutscher Rundfunk
OKW	Oberkommando der Wehrmacht
PK	Propagandakompanie
RMI	Reichsministerium des Innern
RMK	Reichsmusikkammer
RMVP	Reichsministerium für Volksaufklärung und Propaganda
RNST	Reichsnährstand
RPM	Reichspostministerium
RRK	Reichsrundfunkkkammer
RS	Reichssender
RRG	Reichsrundfunkgesellschaft
SA	Sturmabteilung
SD	Sicherheitsdienst
Sp.	Spalte
SPD	Sozialdemokratische Partei Deutschlands
SS	Schutzstaffel
SÜRAG	Südwestdeutsche Rundfunkdienst AG
SWR	Südwestdeutscher Rundfunkdienst AG
U-Musik	Unterhaltungsmusik
VE	Volksempfänger
WERAG	Westdeutsche Rundfunk AG
WHW	Winterhilfswerk
ZFL	Zentralfunkleitung

7.3 Literaturverzeichnis

ABRAHAM, Otto/HORNBOSTEL, Erich von (1904): „Phonographierte türkische Melodien", in: *Zeitschrift für Ethnologie*, Jg. 36, Heft 2, S. 203-221.

ABRAHAM, Otto/HORNBOSTEL, Erich von (1904): „Über die Bedeutung des Phonographen für vergleichende Musikwissenschaften", in: *Zeitschrift für Ethnologie*, Jg. 36, Heft 2, S. 222-236.

ABRAHAM, Otto/HORNBOSTEL, Erich von (1909/10): „Vorschläge für die Transkription exotischer Melodien", in: *Sammelbände der Internationalen Musikgesellschaft*, S.1-25.

ALBRECHT, Gerd (1979): *Der Film im Dritten Reich. Eine Dokumentation*. Karlsruhe.

ASSMANN, Aleida (2003): *Erinnerungsräume: Formen und Wandlungen des kulturellen Gedächtnisses.* München.

ASSMANN, Aleida (2010): „Archive und Bibliotheken", in: GUDEHUS, Christian/EICHENBERG, Ariane/WELZER, Harald (Hg.): *Gedächtnis und Erinnerung. Ein interdisziplinäres Handbuch.* Stuttgart, S. 165-170.

ASSMANN, Aleida (2011): „Vorwort“, in: MAIER, Robert (Hg.): *Akustisches Gedächtnis und Zweiter Weltkrieg.* Göttingen, S. 7-9.
ASSMANN, Jan (2007): *Das kulturelle Gedächtnis: Schrift, Erinnerung und politische Identität in frühen Hochkulturen.* München.
ATZE, Marcel (2003): *Unser Hitler. Der Hitler-Mythos im Spiegel der deutschsprachigen Literatur nach 1945.* Göttingen.
AUER-KRAFKA, Tamara (1980): *Die Entwicklungsgeschichte des westdeutschen Rundfunkfeatures von den Anfängen bis zur Gegenwart.* Wien.
BAND, Lothar (1930): „Rundfunk im Rahmen der ‚Neuen Musik‘“, in: *Funk*, Heft 26, S. 133.
BARTHES, Roland (1990): „Die Musik, die Stimme, die Sprache“, in: ders.: *Der entgegenkommende und der stumpfe Sinn.* Frankfurt am Main, S. 279-285.
BAUER, Joachim (2004): *Das Gedächtnis des Körpers. Wie Beziehungen und Lebensstile unsere Gene steuern.* München.
BAUMGÄRTEL, Tilman (2015): *Schleifen. Zur Geschichte und Ästhetik des Loops.* Berlin.
BAUSCH, Hans (1956): *Der Rundfunk im politischen Kräftespiel der Weimarer Republik.* Tübingen.
BENDIX, Regina (2003): *Über das (Zu-)Hören.* Göttingen.
BENJAMIN, Walter (1974): „Das Kunstwerk im Zeitalter seiner technischen Reproduzierbarkeit“, in: TIEDEMANN, Rolf/SCHWEPPENHÄUSER, Herman (Hg.): *Gesammelte Schriften*, I, 2. Frankfurt am Main, S. 471-508.
BERLIN, Gabriele/SIMON, Artur (Hg., 2002): *Music Archiving in the World. Papers Presented at the Conference on the Occasion of the 100th Anniversary of the Berlin Phonogramm-Archiv.*(inklusive einer CD). Berlin.
BLUMENBERG, Hans (2001): *Arbeit am Mythos.* Frankfurt am Main.
BOBERACH, Heinz (1984): *Meldungen aus dem Reich 1938-1945. Die geheimen Lageberichte des Sicherheitsdienstes der SS. Bd. 1-17.* Herrsching.
BOELCKE, Willi (1966): *Kriegspropaganda 1939-1941. Geheime Ministerkonferenzen im Reichspropagandaministerium.* Stuttgart.
BOHSE, Jörg (1988): *Inszenierte Kriegsbegeisterung und ohnmächtiger Friedenswille. Meinungsbildung und Propaganda im Nationalsozialismus.* Stuttgart.
BOLZ, Norbert (1990): *Theorie der neuen Medien.* München.
BORSÓ, Vittoria/KRUMEICH, Gerd/WITTE, Bernd (2001): *Medialität und Gedächtnis. Interdisziplinäre Beiträge zur kulturellen Verarbeitung europäischer Krisen.* Stuttgart/Weimar.
BOSE, Fritz (1934): „Musik der Uitoto“, in: *Zeitschrift für Vergleichende Musikwissenschaft*, Jg 2, Nr. 1, S. I 1-14; II 25-50.
BOSE, Fritz (1935): *Lieder der Völker – die Musikplatten des Institutes für Lautforschung an der Universität Berlin.* Staatliche Museen zu Berlin – Preußischer Kulturbesitz, Ethnologisches Museum. Berlin.
BOSE, Fritz (1936): „Systematische Musikwissenschaft. Musikwissenschaft im Institut für Lautforschung“, in: *Archiv für Musikforschung*, Jg. 18, S. 487-490.
BRANDSTETTER, Gabriele (2012): „‚Listening‘ – Kinaesthetic Awareness im zeitgenössischen Tanz“, in: SCHROEDTER, Stephanie (Hg.): *Bewegungen zwischen Hören und Sehen. Denkbewegungen über Bewegungskünste.* Würzburg, S. 113-127.
BRAUCHITSCH, Konrad von (1934): „Schallaufnahme und Schallarchiv der Reichs-Rundfunk-Gesellschaft“, in: *Rufer und Hörer*, Jg. 3, Heft 6/7, S. 296f.

BRAUNER, Siegmund (1979): „Die Entwicklung der Afrikanistik an der Universität Leipzig. Progressive Traditionen der Orientalistik in Leipzig“, in: *Wissenschaftliche Zeitschrift der Karl-Marx-Universität Leipzig*, Jg. 28, Heft 1, S. 87ff.

BRECHT, Bertolt (1971): „Der Rundfunk als Kommunikationsapparat“, in: ders.: *Über Politik und Kunst.* Frankfurt am Main, S. 31f.

BREDEKAMP, Horst (2003): „Bildwissenschaft“, in: *Metzlers Lexikon Kunstwissenschaft. Ideen, Methoden Begriffe.* Stuttgart/Weimar, S. 56-58.

BREDOW, Hans (1927: *Vier Jahre deutscher Rundfunk.* Berlin.

BREDOW, Hans (1954): *Im Banne der Ätherwellen. Bd. 1: Der Daseinskampf des deutschen Funks.* Stuttgart.

BREDOW, Hans (1956): *Im Banne der Ätherwellen. Bd. 2: Funk im ersten Weltkriege, Entstehung des Rundfunks.* Stuttgart.

BROCKHAUS, Gudrun (1997): *Schauder und Idylle. Faschismus als Erlebnisangebot.* München.

BRÜCKNER, Wolfgang (1999): „Ordnungsdiskurse in den Kulturwissenschaften“, in: *Österreichische Zeitschrift für Volkskunde*, Bd. 102, Heft 4/1999, S. 457-497.

BRUNER, Frank G. (1908): „The hearing of primitive peoples“, in: *Archives of Psychology*, Jg. 2, Nr. 11, S. 1-113.

BULL, Michael/BACK, Les (Hg., 2003): *The Auditory Culture Reader. Sensory Formations Series.* New York.

BUTTING, Max (1930): „Das Verhältnis des schaffenden Musikers zum Rundfunk“, in: KESTENBERG, Leo: *Kunst und Technik.* Berlin, S. 279-298.

CEBULLA, Florian (2004): *Rundfunk und ländliche Gesellschaft 1924-1945. Eine Sozialgeschichte des Agrarsektors am Beispiel des Rundfunks.* Göttingen.

CHRÉTIEN, Jean-Louis (1990): *La Voix nue: phénoménologie de la promesse.* Paris.

COOK, Nicholas (2001): „Between Process and Product. Music and / as Performance“, in: *Music Theory Online. The Online Journal of the Society for Music Theory*, Jg. 7, Nr. 2. Online verfügbar unter: http://www.mtosmt.org/issues/mto.01.7.2/mto.01.7.2.cook.html#Beginning, zuletzt abgerufen am 10.9.2013.

CORBIN, Alain (1995): *„Die Sprache der Glocken“. Ländliche Gefühlskultur und symbolische Ordnung im Frankreich des 19. Jahrhunderts.* Frankfurt am Main.

CORRÊA DO LAGO, Pedro (2005): *Schriftstücke – Autographen aus sieben Jahrhunderten.* Hildesheim.

DANKER, Uwe/SCHWABE, Astrid/LEHMANN-HIMMEL, Sebastian (2015): „Vermittlungspotenzial der ‚NS-Volksgemeinschaft‘. Der fachdidaktische Gehalt eines wissenschaftlichen Analysekonzepts“. Online verfügbar unter http://www.hsozkult.de/event/id/termine-27758, zuletzt abgerufen am 03.06.2015.

DIEDERICHSEN, Dietrich (2014): *Über Pop-Musik.* Köln.

DILLER, Ansgar (1980): *Rundfunkpolitik im Dritten Reich.* Frankfurt am Main.

DILLER, Ansgar (1983): „Der Volksempfänger, Propaganda- und Wirtschaftsfaktor“, in: *Rundfunk und Geschichte*, Jg. 9, Heft 3, S. 140-157.

DILLER, Ansgar (2001): „Kommunikative Funktion der Hörfunkpropagandasendungen im Zweiten Weltkrieg“, in: LEONHARD, Joachim-Felix/LUDWIG, Hans-Werner (Hg. u.a.): *Medienwissenschaft. Ein Handbuch zur Entwicklung der Medien und Kommunikationsformen.* Berlin/New York, S. 1415-1482.

DILLER, Ansgar/MÜHL-BENNIGHAUS, Wolfgang (1991): „Rundfunk unter zwei Regimen“, in: *ARD-Jahrbuch ´91.* Hamburg.

DOBNICK, Jim (2004): *Listening Awry: Music and Alterity in German Culture.* Toronto

DOEGEN, Wilhelm (1921): „Die Lautabteilung", in: *Fünfzehn Jahre Königliche und Staatsbibliothek.* Berlin, S. 253-259.

DOEGEN, Wilhelm (1921): *Kriegsgefangene Völker.* Bd. 1: *Der Kriegsgefangenen Haltung und Schicksal in Deutschland.* Berlin.

DOEGEN, Wilhelm (1925): *Unter fremden Völkern – Eine neue Völkerkunde.* Berlin.

DOLAR, Mladen (2007): *His Master's voice. Eine Theorie der Stimme.* Frankfurt am Main.

DOMARUS, Max (1965): *Hitler. Reden und Proklamationen 1932-1945. Kommentiert von einem Deutschen Zeitgenossen.* Bd. 2, Zweiter Halbband: *1941-1945.* München.

DRECHSLER, Nanny (1986): *Die Funktion der Musik im deutschen Rundfunk 1922-1945.* Pfaffenweiler.

DRECKMANN, Kathrin (2013): „Verba volant, scripta manet. Das kulturelle Gedächtnis und die Archivierung des Akustischen", in: MOHRMANN, Ruth (Hg.): *Audioarchive: Tondokumente digitalisieren, erschließen und auswerten.* Münster, S. 9-23.

DRECKMANN, Kathrin (2014): „‚Abhören und Strafen': Die Geburt der akustischen Überwachung aus dem Geiste der Phonographie", in: MATEJOVSKI, Dirk (Hg.): *Resonanzräume. Medienkulturen des Akustischen.* Düsseldorf, S. 137-165.

DRESSLER-ANDRESS, Horst (1934): „Der Rundfunk – das Verkündigungsmittel der nationalsozialistischen Weltanschauungseinheit", in: DREYER, Ernst Adolf: *Deutsche Kultur im Neuen Reich.* Berlin, S. 101-103.

DRÖGE, Franz (1970): *Der zerredete Widerstand. Soziologie und Publizistik des Gerüchts im 2. Weltkrieg.* Düsseldorf.

DRÜNER, Ulrich/GÜNTHER, Georg (2012): *Musik und „Drittes Reich". Fallbeispiele 1910 bis 1960 zu Herkunft, Höhepunkt und Nachwirkungen des Nationalsozialismus in der Musik.* Köln.

DÜMLING, Albrecht (2003): *Musik hat ihren Wert. 100 Jahre musikalische Verwertungsgesellschaft in Deutschland.* Regensburg.

DÜMLING, Albrecht (2006): „Norm und Diskriminierung: Die Reichsmusiktage 1938 in Düsseldorf und die Ausstellung ‚Entartete Musik'", in: *Das ‚Dritte Reich' und die Musik.* Herausgegeben von der Stiftung Schloss Neuhardenberg in Verbindung mit der Cité de la musique. Paris/Berlin, S. 105-111.

DUSSEL, Konrad (2001): *„Deutsches Radio, deutsche Kultur"*, in: *Archiv für Sozialgeschichte.* Bd. 41, S. 119-144.

DUSSEL, Konrad (2002): *Hörfunk in Deutschland. Politik, Programm Publikum 1923-1960.* Potsdam.

DUSSEL, Konrad (2004): *Deutsche Rundfunkgeschichte.* Konstanz.

DUSSEL, Konrad/LERSCH, Edgar (Hg, 1999): *Quellen zur Programmgeschichte des deutschen Hörfunks und Fernsehens.* Göttingen/Zürich.

EBELING, Knut/GÜNZEL, Stephan (Hg., 2009): *Archivologie. Theorien des Archivs in Philosophie, Medien und Künsten.* Berlin.

ECKERT, Gerhard (1941): *Der Rundfunk als Führungsmittel.* Heidelberg/Berlin/Magdeburg.

ECKHARDT, Ferdinand (1933/1934): „Im Rundfunk: Kult des neuen Staates", in: *Rufer und Hörer,* Jg. 3, Heft 11, S. 503-505.

EGK, Werner (1981): *Die Zeit wartet nicht.* München.

ELSTE, Martin (1984): „Zwischen Privatheit und Politik. Die Schallplatten-Industrie im NS-Staat", in: HEISTER, Hanns-Werner/KLEIN, Hans-Günter: *Musik und Musikpolitik im faschistischen Deutschland.* Frankfurt am Main, S. 107-125.

ELVEN, Gisela (1945): *Der Schlesische Rundfunk 1924-1939.* Leipzig.

ENGELL, Lorenz (2001): „Ereignis". In: PETHES, Nicolas/RUCHATZ, Jens (Hg.): *Gedächtnis und Erinnerung. Ein interdisziplinäres Lexikon.* Hamburg, S.149-150.
ENGELL, Lorenz (2001): „Radio als Welt. Über das Vernehmen", in: *Neue Rundschau,* Jg. 112, Heft 4, S. 55-64.
EPPING-JÄGER, Cornelia (2003): „‚Eine einzige jubelnde Stimme'. Zur Etablierung des Dispositivs Laut/Sprecher in der politischen Kommunikation des Nationalsozialismus", in: dies./LINZ, Erika: *Medien/Stimmen.* Köln, S. 100-123.
EPPING-JÄGER, Cornelia (2003): „Laut/Sprecher Hitler. Über ein Dispositiv der Massenkommunikation in der Zeit des Nationalsozialismus", in: WIESINGER, Peter: *Hitler der Redner.* München, S. 143-158.
EPPING-JÄGER, Cornelia (2005): „Stimmräume. Die phonozentrische Organisation der Macht im NS", in: GETHMANN, Daniel/STAUFF, Markus: *Politiken der Medien.* Zürich/Berlin, S. 341-358.
EPPING-JÄGER, Cornelia (2013): „LautSprecher Hitler. Über eine Form der Massenkommunikation im Nationalsozialismus", in: GERHARD, Paul/SCHOCK, Ralph: *Sound des Jahrhunderts. Geräusche, Töne, Stimmen 1889 bis heute.* Bonn, S.180-191.
EPPING-JÄGER, Cornelia/ LINZ, Erika (Hg., 2003): *Medien/Stimmen.* Köln.
ERLL, Astrid (2004): *Medien des kollektiven Gedächtnisses: Konstruktivität, Historizität, Kulturspezifität.* Berlin.
ERLMANN, Veit (2004): *Hearing Cultures: Essays on Sound, Listing and Modernity.* New York.
ERNST, Wolfgang (2002): *Das Rumoren der Archive.* Berlin.
ERNST, Wolfgang (2007): *Das Gesetz des Gedächtnisses. Speichermedien als Übertrag des 20. Jahrhundert.* Berlin.
ESPOSITO, Elena (2002): Soziales Vergessen – Formen und Medien des Gedächtnisses der Gesellschaft. Frankfurt am Main.
EXNER, Sigmund (1900): „Bericht über die Arbeiten der von der kaiserl. Akademie der Wissenschaften eingesetzten Commission zur Gründung eines Phonogramm-Archives", in: *Almanach der mathematisch-naturwissenschaftlichen Classe der kaiserl. Akademie der Wissenschaften in Wien,* Nr. 37, Beilage, S. 1-6.
EXNER, Sigmund (Hg., 1922): *Katalog I der Platten 1-2000 des Phonogramm-Archives der Akademie der Wissenschaften in Wien.* Wien, S. 14-17.
FAVRE, Muriel (2007): „Goebbels', phantastische Vorstellung'. Sinn und Zweck des O-Tons im Nationalsozialismus", in: MAYE, Harun/REIBER, Cornelius/WEGMANN, Nikolaus (Hg.): Original / Ton. Zur Medien-Geschichte des O-Tons. Konstanz, S. 91-101.
FELDERER, Brigitte (Hg., 2004): *Phonorama. Eine Kulturgeschichte der Stimme als Medium.* Berlin.
FICKERS, Andreas (2006): „Sichtbar hörbar! Radioapparat und Stadt: Knoten im vernetzten Kommunikationsraum", in: ZIMMERMANN, Clemens (Hg.): *Zentralität und Raumgefüge der Großstädte im 20. Jahrhundert.* Stuttgart, S. 83-103.
FISCHER, Kurt E. (1942): *Dramaturgie des Rundfunks.* Heidelberg/Berlin/Magdeburg.
FISCHER-LICHTE, Erika (2004): *Ästhetik des Performativen.* Berlin.
FITZE, Walter (1932): „Der leidige Schallplattenkrieg", in: *Der deutsche Rundfunk,* Jg. 10, Nr. 7, S. 3.
FLESCH, Hans (1930): „Zukünftige Entwicklung des Rundfunkprogramms", in: *Niederschrift der Sitzungen des Programmausschusses der deutschen Rundfunkgesellschaf-*

ten am 22. und 23. September 1930 im großen Sitzungssaal der Handelskammer in Wien. Berlin, S. 60-65.

FOUCAULT, Michel (1969): *Die Archäologie des Wissens.* Frankfurt am Main.

FOUCAULT, Michel (1978): *Dispositive der Macht. Über Sexualität, Wissen und Wahrheit.* Berlin.

FRANKE, Erich (1915): „Die geistige Entwicklung der Negerkinder", in: *Beiträge zur Kultur- und Universalgeschichte,* Heft 35.

FRITSCH, Ingrid (2003): *Berliner Phonogramm-Archiv – Historische Klangdokumente/ Historical Sound Documents No. 1: Walzenaufnahmen japanischer Musik (1901-1913)/ Wax Cylinder Recordings of Japanese Music (1901-1913).* Hg.: SIMON, Artur/ZIEGLER, Susanne. [CD + 96 S. Booklet (dt./engl.), Transkripte, Fotos. Staatliche Museen zu Berlin – Preußischer Kulturbesitz BPhA-WA 1].

FRÜH, Werner (1991): *Medienwirkungen: Das Dynamisch-Transaktionale Modell.* Opladen.

FÜHRER, Karl Christian (1997): „Aufnahmestudis und Sendesäle.", in: LEONHARD, Joachim-Felix: *Programmgeschichte des Hörfunks in der Weimarer Republik.* Bd. 2. München, S. 740-741.

FÜHRER, Karl Christian (1997): „Übertragungen und Reportagen.", in: LEONHARD, Joachim-Felix: *Programmgeschichte des Hörfunks in der Weimarer Republik. Bd. 2.* München, S. 784-785.

FÜHRER, Karl-Christian (1997): „Aufzeichnungstechnik: Wachs- und Schwarzplatten", in: LEONHARD, Joachim-Felix: *Programmgeschichte des Hörfunks in der Weimarer Republik. Bd. 2.* München, S. 710-711.

GASIMOV, Zaur (2011): „Lieder, Befehle und Sprüche: Zur Kriegserinnerung kaukasischer Wehrmachtsangehöriger", in: MAIER, Robert: *Akustisches Gedächtnis und Zweiter Weltkrieg.* Göttingen, S. 53-62.

GAUSS, Stefan (2009): *Nadel, Rille, Trichter. Kulturgeschichte des Phonographen und des Grammophons in Deutschland (1900-1940).* Köln/Weimar/Wien.

GETHMANN, Daniel (2006): *Die Übertragung der Stimme: Vor- und Frühgeschichte des Sprechens im Radio.* Zürich/Berlin.

GIESEN, Rolf (2003): *Nazi propaganda films: a history and filmography.* Jefferson.

GLASMEIER, Heinrich (1938/39): „Das Winterprogramm des Reichsrundfunks 1938/39", abgedruckt in: DUSSEL/LERSCH (1999): *Quellen zur Programmgeschichte. Göttingen/ Zürich,* S. 143.

GOEBBELS, Joseph (1937): „Rede zur Eröffnung der 14. Großen Deutschen Rundfunk-Ausstellung 1937", abgedruckt in: DUSSEL/LERSCH (1999): *Quellen zur Programmgeschichte.* Göttingen/Zürich S. 139.

GOEBBELS, Joseph (1992): *Tagebücher 1924-1945.* Herausgegeben von Ralf Georg Reuth. München/Zürich.

GOEDECKE, Heinz (1938): „Geholfen wird vielen!", in: *Sieben Tage,* Nr. 15.

GÖTTERT, Karl-Heinz (1998): *Geschichte der Stimme.* München.

GÖTZ, Aly (2005): *Hitlers Volksstaat. Raub, Rassenkrieg und nationaler Sozialismus.* Frankfurt am Main.

GREVERUS, Ina-Maria (1972): „Kulturelle Ordnungen", in: BEITL, Klaus (Hg.): *Volkskunde. Fakten und Analysen. Festgabe für Leopold Schmidt zum 60. Geburtstag.* Wien, S. 6-13.

GROSSMANN-VENDREY, Susanna (1997): „Rundfunk und etabliertes Musikleben.", in: LEONHARD, Joachim-Felix: *Programmgeschichte des Hörfunks in der Weimarer Republik. Bd. 2.* München, S. 725-846.

GROYS, Boris (1992): *Über das Neue. Versuch einer Kulturökonomie.* München.
GROYS, Boris (2009): „Der submediale Raum des Archivs", in: GÜNZEL, Stephan/EBELING, Knut (Hg.): *Archivologie. Theorien des Archivs in Philosophie, Medien und Künsten.* Berlin, S. 139-151.
GRÜN, Rita von der (1984): „Funktionen und Formen von Musiksendungen im Rundfunk", in: HEISTER, Hanns-Werner/KLEIN, Hans-Günter: *Musik und Musikpolitik im faschistischen Deutschland.* Frankfurt am Main, S. 98-106.
HAAS, Walter (1977): Das Jahrhundert der Schallplatte – eine Geschichte der Phonographie. Bielefeld.
HABERMANN, Alexandra/KLEMMT, Rainer/SIEFKES, Frauke (1985): *Lexikon deutscher wissenschaftlicher Bibliothekare 1925-1980.* Frankfurt am Main.
HADAMOVSKY, Eugen (1933): *Propaganda und nationale Macht. Die Organisation der öffentlichen Meinung für die nationale Politik.* Oldenburg.
HADAMOVSKY, Eugen (1934): *Dein Rundfunk. Das Rundfunkbuch für alle Volksgenossen.* München.
HADAMOVSKY, Eugen (1934): *Der Rundfunk im Dienste der Volksführung.* Leipzig.
HAENSEL, Carl (1950): *Das Gericht vertagt sich.* Hamburg.
HAGEN, Wolfgang (2005): *Das Radio. Zur Geschichte und Theorie des Hörfunks – Deutschland/USA.* München.
HAJEK, Leo (1931): „Für die Ewigkeit gesprochen …", in: *Schallplattenmagazin. Zeitschrift für das gesamte Gebiet der Musik- und Sprechwiedergabe,* Nr. 7, S. 4-6.
HALEFELDT, Horst O. (1997): „Sendegesellschaften und Rundfunkordnungen", in: LEONHARD, Joachim-Felix: *Programmgeschichte des Hörfunks in der Weimarer Republik. Bd.* 2. München, S.23-352.
HALEFELDT, Horst O. (2001): „Die Organisationsstruktur des Hörfunks in ihrer Entwicklung", in: LEONHARD, Joachim-Felix/LUDWIG, Hans-Werner: *Medienwissenschaft. Ein Handbuch zur Entwicklung der Medien und Kommunikationsformen. 2. Teilband.* Berlin/New York, S. 1415-1428.
HAY, Gerhard (1976): „Rundfunk und Hörspiel als Führungsmittel des Nationalsozialismus", in: DENKLER, Horst/PRÜMM, Karl (Hg.): *Die deutsche Literatur im Dritten Reich. Themen, Traditionen, Wirkungen.* Stuttgart, S. 366-381.
HEIBEL, Helmut (Hg., 1971/1972): *Goebbels Reden 1932-1945.* Düsseldorf.
HEIDENREICH, Bernd/NEITZEL, Sönke (2010): „Vorwort", in: dies. (Hg.): *Medien im Nationalsozialismus.* Paderborn, S. 7-12.
HEISTER, Hanns-Werner (1984): „Nachwort. Funktionalisierung und Entpolitisierung", in: ders./KLEIN, Hans-Günter (Hg.): *Musik und Musikpolitik im faschistischen Deutschland.* Frankfurt am Main, S. 306-315.
HEISTER, Hanns-Werner (1998): „Zweckbestimmung von Musik", in: BRUHN, Herbert/RÖSING, Helmut (Hg.): *Musikwissenschaft. Ein Grundkurs.* Reinbek, S. 208-220.
HEISTER, Hanns-Werner/KLEIN, Hans-Günter (Hg., 1984): *Musik und Musikpolitik im faschistischen Deutschland.* Frankfurt am Main.
HERMAND, Jost (2010): *Kultur in finsteren Zeiten. Nazifaschismus – Innere Emigration – Exil.* Köln/Weimar/Wien.
HICKETHIER, Knut (2002): *Genretheorie und Genreanalyse.* In: FELIX, Jürgen (Hg.): *Moderne Filmtheorien,* Mainz, S. 62-96.
HIEBLER, Heinz (1999): „Akustische Medien", in: HIEBEL, Hans: *Große Medienchronik.* München, S. 541-782.

Hilgert, Christoph (2012): Tagungsbericht zum Historikertag 2012 mit dem Thema *Sound History*, veranstaltet u.a. vom Verband der Historiker und Historikerinnen Deutschlands. Online verfügbar unter: http://www.hsozkult.de/conferencereport/id/tagungsberichte-4457, zuletzt abgerufen am 03.06.2015.

Hitler, Adolf (1934): „Funk und Volk", in: *BRZ*, Heft 6.

Hitler, Adolf (1939): Kapitel „Kriegspropaganda", in: *Mein Kampf. Band I.* München, S. 193-204.

Hoffmann, Christoph (2004): „Vor dem Apparat. Das Wiener Phonogramm-Archiv", in: Spieker, Sven (Hg.): *Bürokratische Leidenschaften. Kultur- und Mediengeschichte im Archiv*. Berlin, S. 281-294.

Hoffmann-Riem, Wolfgang/Ross, Dieter (1980): *Strukturfragen des Rundfunks in Geschichte und Gegenwart*. Hamburg.

Holzbauer, Hermann (Hg., 1999): *Geschichte der Tonträger. Von der Erfindung der Schallplatte zu den digitalen Medien. Begleitheft zur Ausstellung.* Bearbeitet von Christian Büchele. Tutzing.

Hörburger, Christian (1975): *Das Hörspiel der Weimarer Republik.* Stuttgart.

Hörisch, Jochen (2001): *Der Sinn und die Sinne. Eine Geschichte der Medien.* Frankfurt am Main.

Hornbostel, Erich Moritz von (1905): „Die Probleme der vergleichenden Musikwissenschaft", in: *Zeitschrift der internationalen Musikgesellschaft*, Jg. 7, Heft 3, S. 85-97.

Hornbostel, Erich Moritz von (1911): „Arbeit und Musik", in: *Zeitschrift der internationalen Musikgesellschaft*, Jg. 13, Heft 10/11, S. 341-350.

Hornbostel, Erich Moritz von (1912): *Diskussion. Bericht über den 5. Kongreß für experimentelle Psychologie.* Leipzig.

Hornbostel, Erich von (1909): „Wanyamwezi-Gesänge", in: *Anthropos. Internationale Zeitschrift für Völker- und Sprachkunde*, Bd. 4, Heft 3, S. 781-800 und Bd. 4, Heft 4, S. 1033-1052.

Hornbostel, Erich von (1910): „Über vergleichende akustische und musikpsychologische Untersuchungen", in: *Zeitschrift für angewandte Psychologie und psychologische Sammelforschung*, Bd. 3, S. 465-487.

Hornbostel, Erich von (1933): „Das Berliner Phonogramm-Archiv", in: *Zeitschrift für vergleichende Musikwissenschaft*, Jg. 1, Nr. 1, S. 40-45.

Horton, Donald/Strauss, Anselm (1957): „Interaction in audience-interaction shows", in: *American Journal of Sociology*, Nr.62, S. 579-587.

Horton, Donald/Wohl, R. Richard (1956): „Mass communication and para-social interaction", in: *Psychiatry*, Nr. 19, S. 215-229.

Howes, David (2004): „Sound Thinking", in: Drobnick, Jim (Hg.): *Aural Cultures*. Toronto, S. 240-251.

Hubert, Rainer (1999): „Mitglieder des Herrscherhauses. Politiker und Beamte", in: Schüller, Dietrich (Hg.): *Tondokumente aus dem Phonogrammarchiv der Österreichischen Akademie der Wissenschaften. Gesamtausgabe der Historischen Bestände 1899-1950. Serie 2: Stimmporträts.* Wien, S. 24-35.

Husserl, Edmund (2012): *Cartesianische Meditationen*. Hamburg.

Ihde, Don (2007): *Listening and Voice: Phenomenologies of Sound.* New York.

Jacke, Christoph (2008): „Pop – die vergessliche Erinnerungsmaschine", in: ders./Zierold, Martin (Hg.): *Populäre Kultur und soziales Gedächtnis: theoretische und exemplarische Überlegungen zur dauervergesslichen Erinnerungsmaschine Pop*. Frankfurt am Main, S. 199-210.

JANDER, Thomas (2011): „‚Sprechende Feldpostbriefe'. Private Propaganda und akustisches Gedächtnis." in: MAIER, Robert: *Akustisches Gedächtnis und Zweiter Weltkrieg.* Göttingen, S. 159-194.

JESCHKE, Lydia (2004): „Von überallher aus der Welt. Technik und Fortschritt in der Funkoper", in: GROSCH, Nils (Hg.): *Aspekte des modernen Musiktheaters in der Weimarer Republik.* Münster, S. 193-207.

JOOSS-BERNAU, Christian (2010): *Das Pop-Konzert als para-theatrale Form.* Bielefeld.

JOURDAIN, Robert (1998): *Das wohltemperierte Gehirn. Wie Musik im Kopf entsteht und wirkt.* Heidelberg.

KAMMER, Hilde/BARTSCH, Elisabet (1992): *Nationalsozialismus. Begriffe aus der Zeit der Gewaltherrschaft 1933-1945.* Reinbek.

KAPELLER, Ludwig (1925): „Krise im Rundfunk", in: *Funk,* Heft 46, S. 549f.

KERSHAW, Ian (2000): *Hitler. 1936-1945.* Stuttgart.

KERSHAW, Ian (2011): „‚Volksgemeinschaft'. Potenzial und Grenzen eines neuen Forschungskonzeptes", in: *Vierteljahreshefte für Zeitgeschichte,* Jg. 59, Heft 1, S. 1-18.

KHURANA, Thomas (2002): „Gedächtnis als Korrelat sinnhafter Prozesse. Einige Umdispositionen in einer Theorie des Gedächtnisses", in: ECHTERHOFF, Gerald/SAAR, Martin (Hg.): *Kontexte und Kulturen des Erinnerns. Maurice Halbwachs und das Paradigma des kollektiven Gedächtnisses.* Konstanz, S. 123-140.

KIERKEGAARD, Sören (1967): *Die Wiederholung. Drei erbauliche Reden.* Düsseldorf.

KILLY, Walther (Hg., 1995): *Deutsche Biographische Enzyklopädie. Bd. 2.* München/ London/Paris.

KITTLER, Friedrich (1986): *Grammophon, Film, Typewriter.* Berlin.

KITTLER, Friedrich (1987): *Aufschreibesysteme 1800/1900.* München.

KITTLER, Friedrich (1993): „Der Gott der Ohren", in: ders.: *Draculas Vermächtnis. Technische Schriften.* Leipzig, S. 130-148.

KITTLER, Friedrich/ MACHO, Thomas/WEIGEL, Sigrid (Hg, 2002): *Zwischen Rauschen und Offenbarung. Zur Medien- und Kulturgeschichte der Stimme.* Berlin.

KLEMPERER, Victor (1995): *Ich will Zeugnis ablegen bis zum letzten. Tagebücher 1933-1941.* Berlin.

KLINGLER, Walter (1980): „Die Rolle des Unterhaltungsrundfunks im Kriegswinter 1941/42. Zur Vorgeschichte der Umorganisation in der Rundfunkführung im Februar 1942", in: *Rundfunk und Geschichte,* Jg. 6, Heft 1, S. 50-62.

KLOTZ, Sebastian (1998): *Vom tönenden Wirbel menschlichen Tuns: Erich M. von Hornbostel als Gestaltpsychologe, Archivar und Musikwissenschaftler.* Berlin.

KOCH, Hans-Jörg (2003): *Das Wunschkonzert im NS-Rundfunk.* Köln/Weimar/Wien.

KOCH, Jörg (2010): „Das NS-Wunschkonzert", in: HEIDENREICH, Bernd/NEITZEL, Sönke (Hg.): *Medien im Nationalsozialismus.* Paderborn, S. 253-271.

KÖCK, Christoph (2001): „Bilderbuch-Natur und verrückte Natur. Strategien und Konsequenzen der kulturellen Gestaltung von Jahreszeiten", in: BREDNICH, Rolf Wilhelm/ SCHNEIDER, Annette/WERNER, Ute (Hg.): *Natur-Kultur. Volkskundliche Perspektiven auf Mensch und Umwelt.* Münster, S. 91-106.

KOEPPEN, Wolfgang K. (1935): „Die innere Vormachtstellung des Rundfunks", in: *Rufer und Hörer,* Jg. 4, Heft 5, S. 207-210.

KOLB, Richard (1931): „Die Entwicklung des künstlerischen Hörspiels aus dem Wesen des Funks", in: *Rufer und Hörer,* Jg. 1, Heft 5, S. 211-215.

KOLB, Richard (1932): *Das Horoskop des Hörspiels.* Berlin.

KOLESCH, Doris (2001): „Ästhetik der Präsenz. Theater-Stimmen", in: FRÜCHTL, Josef/ZIMMERMANN, Jörg: *Ästhetik der Inszenierung*. Frankfurt am Main, S. 260-276.

KOLESCH, Doris (2004): „Natürlich künstlich. Die Stimme im Medienzeitalter", in: dies./SCHRÖDL, Jenny: *Kunst-Stimmen*. Berlin, S. 19-38.

KOLESCH, Doris (2004): „Szenen der Stimme. Zur stimmlich-auditiven Dimension des Gegenwartstheaters" in: ARNOLD, Hein Ludwig: *Theater fürs 21. Jahrhundert. (Sonderband TEXT + KRITIK, XI)*. München, S. 156-165.

KOLESCH, Doris (2006): „Wer sehen will, muß hören. Stimmlichkeit und Visualität in der Gegenwartskunst", in: dies./KRÄMER, Sybille: *Stimme. Annäherung an ein Phänomen*. Frankfurt am Main, S. 40-65.

KOLESCH, Doris (2009): „Zwischenzonen. Leiblichkeit – Räumlichkeit – Aisthesis", in: dies./SCHRÖDL, Jenny/PINTO, Vito: *Stimm-Welten. Philosophische, medientheoretische und ästhetische Perspektiven*. Bielefeld, S. 11-22.

KOLESCH, Doris/KRÄMER, Sybille (2006): „Stimmen im Konzert der Disziplinen", in: dies.: *Stimme. Annäherung an ein Phänomen*. Frankfurt am Main, S. 7-15.

KOLESCH, Doris/SCHRÖDL, Jenny (Hg., 2004): *Kunst-Stimmen*. Berlin.

KÖNIG, Christoph/SEIFERT, Siegfried (Hg., 1992): *Literaturarchiv und Literaturforschung*. München.

KOSSAK, Heinz (1971): *Findbuch Institut für Lautforschung (1920-1945)*. Berlin.

KRAUSE, Walter (1999): „Bildende Künstler", in: SCHÜLLER, Dietrich (Hg.): *Tondokumente aus dem Phonogrammarchiv der Österreichischen Akademie der Wissenschaften, Gesamtausgabe der Historischen Bestände 1899-1950*, Serie 2: *Stimmporträts*. Wien, S. 166-218.

KRIEGLER, H. (1938): „Rundfunk 1937/38", in: *Rundfunkarchiv*, Nr. 11, S. 1-5.

KUCHLER, Christian (2014): „NS-Propaganda zwischen Verbot und öffentlicher Auseinandersetzung", in: ders. (Hg.): *NS-Propaganda im 21. Jahrhundert. Zwischen Verbot und öffentlicher Auseinandersetzung*. Köln/Weimar/Wien, S. 7-14.

KUHLMANN, Herta (1942): *Die Frauen und der Rundfunk unter besonderer Berücksichtigung des Frauenfunks*. Tübingen.

KUTSCH, Arnulf (1985): *Rundfunkwissenschaft im Dritten Reich. Geschichte des Instituts für Rundfunkwissenschaft der Universität Freiburg*. München.

LACAN, Jacques (1988): *Radiophonie Television*. Berlin/Weinheim.

LACAN, Jacques (1996): *Seminar XI. Die vier Grundbegriffe der Psychoanalyse*. Berlin/Weinheim.

LANGE, Britta (2012): „Was wir hören: Aus dem Berliner Lautarchiv", in: HOFFMANN, Anette/LANGE, Britta/SARREITER, Regina (Hg.): *Was wir sehen. Bilder, Stimmen, Rauschen. Zur Kritik anthropometrischen Sammelns*. Berlin, S. 61-78.

LANGE, Britta (2013): *Die Wiener Forschungen an Kriegsgefangenen 1915-1918. Anthropologische und ethnografische Verfahren im Lager*. Wien.

LAURETIS, Teresa de/HEATH, Stephen (Hg., 1980): *The Cinematic Apparatus*. London.

LAVEN, Paul (1941): *Der Weg zum Rundfunkwerk*. Heidelberg.

LECHLEITNER, Franz (2005): „Die Technik der wissenschaftlichen Schallaufnahme im Vergleich zu ihrem kommerziellen Umfeld", in: SEGEBERG, Hanno/SCHÄTZLEIN, Frank (Hg.): *Sound. Zur Technologie und Ästhetik des Akustischen in den Medien*. Marburg, S. 16-22.

LECHLEITNER, Gerda (1999): „Zu den Stimmportraits", in: SCHÜLLER, Dietrich (Hg.): *Tondokumente aus dem Phonogrammarchiv der Österreichischen Akademie der Wissenschaften. Gesamtausgabe der Historischen Bestände 1899-1950*, Serie 2: *Stimmporträts*. Wien, S. 19-23,

LECHLEITNER, Gerda (1999): „Zukunftsvisionen retrospektiv betrachtet: Die Frühzeit des Phonogrammarchivs", in: *Das audiovisuelle Archiv*, Nr. 45, S. 7-15.

LECHLEITNER, Gerda (2009). „Von alten Quellen zu neuen Ufern: Reflexionen zur Edition historischer Tondokumente", in: KELLER-DRESCHER, Lioba/TSCHOFEN, Bernhard (Hrg.): *Dialekt und regionale Kulturforschung. Traditionen und Perspektiven einer Alltagssprachforschung in Südwestdeutschland.* Tübinger kulturwissenschaftliche Gespräche 5 (= Studien und Materialien des Ludwig-Uhland-Instituts der Universität Tübingen, Bd. 35). Tübingen, S. 207-222.

LECHLEITNER, Gerda (2009): „The Phonogrammarchiv, Cultural Policy, and the Safeguarding of the Audiovisual Heritage: Past and Present Studies", in: JURKOVÁ, Zuzana/BIDGOOD, Lee (Hg.): *Voices of the Weak. Music and Minorities.* NGO Slovo21. Prag, S. 226-232.

LECHLEITNER, Gerda (2012): „The historical collections of the Phonogrammarchiv in Vienna – some reflections on dealing with presenting intangible heritage", in: TALAM, Jasmina/HADŽIĆ, Fatima/HODŽIĆ, Refik (Hg.): *7th International Symposium "Music in Society", Collection of papers.* Sarajevo, S. 135-141.

LECHLEITNER, Gerda (o.J.): „Das Phonogrammarchiv als ‚Gedächtnisspeicher' – Dokumentationsmodelle im Wandel von ‚Text' zu ‚Kontext'", in: FISCHER, Erik (Hg.): *Das immaterielle Kulturgut Musik im Spannungsfeld von ‚Lebenswelt' und ‚Monument'* (= Berichte des interkulturellen Forschungsprojektes „Deutsche Musikkultur im östlichen Europa", Bd. 6), Stuttgart (Druck in Vorbereitung).

LECHLEITNER, Gerda/LOMIDZE, Nona (2012): „Some Considerations on the Interpretation of Multipart Music on Early Sound Documents.", in: TSURTSUMIA, Rusudan/ JORDANIA, Joseph (Hg.): *The Fifth International Symposium on Traditional Polyphony: Proceedings (The Fifth International Symposium on Traditional Polyphony, 4–8 October 2010).* International Research Center for Traditional Polyphony, Tbilisi State Conservatoire. Tbilisi, S. 492–505.

LEERS, Peter W. (1933): „Auf dem Weg zum Gemeinschaftserlebnis", in: *Funk*, Heft 16.

LENK, Carsten (1999): „Medium der Privatheit? Über Rundfunk, Freizeit und Konsum in der Weimarer Republik", in: MARSSOLEK, Inge/SALDERN, Adelheit von: *Radiozeiten. Herrschaft, Alltag, Gesellschaft (1924-1960).* Potsdam, S.206-217.

LEONHARD, Joachim-Felix, LUDWIG, Hans-Werner/SCHWARZE, Dietrich, (Hg. u.a.): *Medienwissenschaft. Ein Handbuch zur Entwicklung der Medien und Kommunikationsformen.* 2. Teilband. Berlin.

LEONHARD, Joachim-Felix (Hg., 1997): *Programmgeschichte des Hörfunks in der Weimarer Republik. Bd. 1 und Bd. 2. München.*

LEPA, Steffen/KROTZ, Friedrich/HOKLAS, Anne-Kathrin (2014): „Vom ‚Medium' zum ‚Mediendispositiv'. Metatheoretische Überlegungen zur Integration von Situations- und Diskursperspektive bei der empirischen Analyse mediatisierter sozialer Welten.", in: KROTZ, Friedrich (Hg.): *Die Mediatisierung sozialer Welten. Synergien empirischer Forschung. Medien- Kultur-Kommunikation.* Wiesbaden, S. 116-141.

LERG, Winfried B. (1970): *Die Entstehung des Rundfunks in Deutschland: Herkunft und Entwicklung eines publizistischen Mittels.* Frankfurt am Main.

LERG, Winfried B. (1972): „Das Magazin-Konzept", in: *Rundfunk und Fernsehen*, Jg. 20., Heft 2, S. 169-177.

LERSCH, Edgar (1999): „Rundfunkintendanten als Medienunternehmer", in: Günther Schulz (Hg.): *Geschäfte mit Wort und Meinung. Medienunternehmer seit dem 18. Jahrhundert (Büdinger Forschungen zur Sozialgeschichte – Deutsche Führungsschichten der Neuzeit, Bd. 22).* München, S. 218.

LIEBL, Christian (2010): *„K.u.K. – Kaiserliche Stimmportraits und ihre Kontextualisierung"*, in: *Schall & Rauch*, Nr. 13. S. 31–34.

LONGERICH, Peter (1987): *Propagandisten im Krieg. Die Presseabteilung des Auswärtigen Amtes unter Ribbentrop.* München.

LOTMAN, Jurij/USPENSKI, Boris A. (1989): „Zum semiotischen Mechanismus der Kultur", in: EIMERMACHER, Karl (Hg.): *Semiotica Sovietica. Sowjetische Arbeiten der Moskauer und Tartauer Schule zu sekundären modellbildenden Zeichensystemen (1962-1973).* Bd. 2. Aachen, S. 853-880.

LUSCHAN, Felix von (1904): „Einige türkische Volkslieder aus Nordsyrien und die Bedeutung phonographischer Aufnahmen für die Völkerkunde", in: *Zeitschrift für Ethnologie der Deutschen Gesellschaft für Völkerkunde und der Berliner Gesellschaft für Anthropologie, Ethnologie und Urgeschichte*, Jg. 36, Heft 2, S.177-202.

LUSCHAN, Felix von (1904): „Anleitung für ethnographische Beobachtungen und Sammlungen in Afrika und Ozeanien"*, in: Zeitschrift für Ethnologie*, Jg. 36, Heft 2, S. 1-128.

MAASE, Kaspar (1997): *Grenzenloses Vergnügen. Der Aufstieg der Massenkultur 1850-1970.* Frankfurt am Main.

MAGNUS, Kurt (1953/1954): „Gedenken an Hans Flesch und seine Freunde", in: *Rufer und Hörer*, Jg. 8, S. 409-415.

MAGNUS, Kurt (1959): „Erinnerungen an Hans Bredow", in: *Rundfunk und Fernsehen*, Bd. 7, Heft 3/4, S. 260-265.

MAHRENHOLZ, Jürgen (2000): „‚Stimmen der Völker'. Das Berliner Lautarchiv", in: BREDEKAMP, Horst/WEBER, Cornelia (Hg.): *Theater der Natur und Kunst. Katalog.* Berlin, S. 117-128.

MAHRENHOLZ, Jürgen-Kornelius (2003): Zum Lautarchiv und seiner wissenschaftlichen Erschließung durch die Datenbank IMAGO. Online verfügbar unter: http://www.iasa-online.de/files/2003_Lautarchiv.pdf, zuletzt abgerufen am 10.06.2015.

MAIER, Robert (2011): „Einführung", in: ders.: *Akustisches Gedächtnis und Zweiter Weltkrieg.* Göttingen, S. 11-20.

MANN, Thomas (1952): *Der Zauberberg.* Frankfurt am Main.

MARCHAL, Peter (2004): *Kultur- und Programmgeschichte des öffentlich-rechtlichen Hörfunks in der Bundesrepublik Deutschland. Ein Handbuch. Bd. 1: Grundlegung und Vorgeschichte.* München.

MARSSOLEK, Inge/SALDERN, Adelheid von (Hg., 1998): *Zuhören und Gehörtwerden I. Radio im Nationalsozialismus. Zwischen Lenkung und Ablenkung.* Tübingen.

MARSSOLEK, Inge/SALDERN, Adelheit (1998): *Das Radio als historisches und historiographisches Medium.* Tübingen.

MATEJOVSKI, Dirk (Hg., 2014): *Resonanzräume. Medienkulturen des Akustischen.* Düsseldorf.

MAXWELL-LEFROY, Harold (1909): *Indian Insect Life.* Calcutta.

MAY, Otto (2003): *Inszenierung der Verführung: die Ansichtskarte als Zeuge einer autoritären Erziehung im III. Reich.* Hildesheim.

MERLEAU-PONTY, Maurice (1986): *Das Sichtbare und das Unsichtbare.* München.

METZGER, Wolfgang (1942): *Das Räumliche der Hör- und Sehwelt bei der Rundfunkübertragung.* Berlin.

MEYER, Petra Maria (Hg., 2008): Acoustic Turn. München.

MEYER-KALKUS, Reinhart (2001): *Stimme und Sprechkünste im 20. Jahrhundert.* Berlin.

MIRZOEFF, Nicholas (2006): „What is Visual Culture?", in: MORRA, Joanne/SMITH, Marquard (Hg.): *Visual Culture. Critical Concepts in Media and Cultural Studies. Bd. 1: What is Visual Cultural Studies.* London/ New York, S. 120-129.

MISSFELDER, Jan-Friedrich (2008): „Endlich Klartext. Medientheorie und Geschichte", in: HACKE, Jens/POHLIG, Matthias: *Theorie in der Geschichtswissenschaft. Einblicke in die Praxis des historischen Forschens.* Frankfurt am Main, S. 181-198.

MISSFELDER, Jan-Friedrich (2012): „Period Ear. Perspektiven einer Klanggeschichte der Neuzeit", in: *Geschichte und Gesellschaft*, Jg. 38, Heft 1, S. 21-47.

MOELLER, Felix (1998): *Der Filmminister. Goebbels und der Film im Dritten Reich..* Berlin.

MOHRMANN, Ruth (Hg.,2013): *Audioarchive: Tondokumente digitalisieren, erschließen und auswerten.* Münster.

MOMMSEN, Hans (2007): „Forschungskontroversen zum Nationalsozialismus", in: *Aus Politik und Zeitgeschichte*, Jg. 57, Heft 14-15/ S. 14-21. Online verfügbar unter: http://www.bpb.de/apuz/30541/forschungskontroversen-zum-nationalsozialismus?p=all, zuletzt abgerufen am 23.6.2015.

MOMMSEN, Wolfgang J. (2002): *War der Kaiser an allem schuld? Wilhelm II. und die preußisch-deutschen Machteliten.* Berlin.

MORAT, Daniel (2011): „Zur Geschichte des Hörens. Ein Forschungsbericht.", in: *Archiv für Sozialgeschichte*, Bd. 51, S. 695-716.

MORAT, Daniel (2011): Sammelrezension zu *Krieg und Akustik.* Online verfügbar unter: http://www.hsozkult.de/publicationreview/id/rezbuecher-15123, zuletzt abgerufen am 03.06.2015.

MORAT, Daniel (2013): „Zur Historizität des Hörens. Ansätze für eine Geschichte auditiver Kulturen", in: VOLMAR, Axel/SCHRÖTER, Jens (Hg.): Auditive Medienkulturen. Techniken des Hörens und Praktiken der Klanggestaltung. Bielefeld, S. 131-144.

MORTON, David L. (2005): *Sound Recording: The Life Story of A Technology.* Baltimore.

MÜLLER, Martin (1998): „Erich M. Hornbostel: Gestaltpsychologie und kulturvergleichende Forschung", in: KLOTZ, Sebastian (Hg.): *„Vom tönenden Wirbel menschlichen Tuns". Erich M. von Hornbostel als Gestaltpsychologe, Archivar und Musikwissenschaftler.* Berlin, S. 169-183.

NANCY, Jean-Luc (2006): „Marschier'n im Geist in unseren Reihen mit...", in: *Das ‚Dritte Reich' und die Musik.* Herausgegeben von der Stiftung Schloss Neuhardenberg in Verbindung mit der Cité de la musique. Paris/Berlin, S. 129-134.

NANCY, Jean-Luc (2014): *À l'écoute*; dt: Zum Gehör, aus dem Französischen übersetzt von Esther von der Osten. Berlin/Zürich.

NANCY, Jean-Luc (2014): *Die Mit-Teilung der Stimmen.* Zürich.

NORA, Pierre (1990): *Zwischen Geschichte und Gedächtnis.* Berlin.

o.V. (1939): *Der Deutsche Rundfunk*, Jg. 17, Nr. 40.

o.V. (1887): „The New Phonograph", in: *Scientific American*, Heft 57, S. 422.

o.V. (1919): „Protokoll der 18. Sitzung der Kgl. Preußischen Phonographischen Kommission vom 3. Februar 1919", in: *Nachlass Carl Stumpf im Phonogramm-Archiv.* Ethnologisches Museum Berlin.

o.V. (1924): *Funk*, Heft 6.

o.V. (1929): *Niederschrift der Sitzung des Programmrats in Bremen am 22. und 23.5. 1929.*

o.V. (1929): *Programmbericht Hans Flesch, Protokoll SWR-Kulturbeirats-Sitzung am 20.3.1929*, S. 6. GStA Bln Rep. 76 VeSekt. I Abt. VII Nr. 80.

o.V. (1930): „Ein Funkarchiv für die Ewigkeit", in: *Der Deutsche Rundfunk*, Jg. 8, Nr. 30.

o.V. (1931): „Verhandlungen mit dem Gewandhaus abgeschlossen", in: *Funk.* Heft 38, S. 302.

o.V. (1933): „Rückblick und Ausblick", in: *WERAG*, vom 10. September 1933, S. 2.

o.V. (1934): „Der Tag des Rundfunks", in: *BRZ*, Heft 5, vom 11.2.1934. S. 2-3.

o.V. (1934): „Der Volksempfänger auf dem Lande. Ratschläge für Installation und Betrieb" in: *Funk,* Heft 5, S. 89-91.
o.V. (1934): „Rückblick und Ausblick", in: *WERAG,* vom 16. September 1934, S. 2.
o.V. (1935): *Funkstunde-Geschäftsbericht,* S. 45.
o.V. (1935): „Neue Wege zur Unterhaltung", in: *WERAG,* vom 7. Juli 1935.
o.V. (1936): *Der Deutsche Sender,* Jg. 7, Nr. 5, S. 8.
o.V. (1937): „Urteil des Reichsgerichts, 1. Zivilsenat, vom 14. November 1936", in: *Archiv für Urheber-, Film- und Theaterrecht,* Bd. 10, S. 79-96.
o.V. (1937): *Amtliche Mitteilungen der Reichsmusikkammer.* Jg. 4, Nr. 10.
o.V. (1939): „An unsere Leser", in: *WERAG* vom 10. September 1939, S. 9.
o.V. (1939): „Das Programm der Woche", in: *Südwestdeutsche Rundfunk-Zeitung,* Nr. 25.
o.V. (1941): *Illustrierter Rundfunk,* Nr. 6.
o.V. (2010): Ankündigung des „9th Blankensee Colloquium – Hearing Modern History", online Verfügbar unter: http://www.geschkult.fu-berlin.de/e/fmi/arbeitsbereiche/ab_nolte/dokumente/Morat/blankensee.html, zuletzt abgerufen am 03.06.2015.
O'BRIEN, Mary-Elizabeth (2006): *Nazi cinema as enchantment. The politics of entertainment in the Third Reich.* Columbia.
OSSOWICZ, Jan (2014): „‚Bitte oszillieren Sie' – Mediales Rauschen als Stilmittel in der (Pop-)Musik", in: MATEJOVSKI, Dirk (Hg.): *Resonanzräume. Medienkulturen des Akustischen.* Düsseldorf, S. 259-275.
OVERBECK, Peter (2006): „Die Entwicklung der Tonträgertechnologie", in: JACOBSHAGEN, Arnold/REINIGHAUS, Frieder (Hg.): *Musik und Kulturbetrieb. Medien, Märkte, Institutionen.* Köthen, S. 77-112.
PACHNIKE, Bernd (Hg., 1980): *All meine Gedanken – Deutsche Volkslieder.* Leipzig.
PAECH, Joachim (1997): „Überlegungen zum Dispositiv als Theorie medialer Topic", in: *Medienwissenschaft,* Nr.4, S. 400-420.
PATER, Monika (1998): „Rundfunkangebote", in: SALDERN, Adelheid von/MARSSOLEK, Inge (Hrsg.): *Zuhören und Gehörtwerden 1. Radio im Nationalsozialismus zwischen Lenkung und Ablenkung.* Tübingen, S. 129-241.
PAUL, Gerhard/SCHOCK, Ralph (Hg., 2013): *Der Sound des Jahrhunderts. Ein akustisches Porträt des 20. und beginnenden 21. Jahrhunderts.* Bonn.
PAUSEWANG, Gudrun (2005): *Die Kinder- und Jugendliteratur des Nationalsozialismus als Instrument ideologischer Beeinflussung.* Frankfurt am Main.
POHLE, Heinz (1955): *Der Rundfunk als Instrument der Politik.* Hamburg.
POIZAT, Michel (1992): *The Angel's Cry: Beyond the Pleasure Principle in Opera.* New York.
POIZAT, Michel (2008): „Teuflisch oder göttlich. Der lyrische Genuß", in: KITTLER, Friedrich/MACHO, Thomas/WEIGEL, Sigrid: *Zwischen Rauschen und Offenbarung.* Berlin, S. 215-232.
PONGS, Hermann (1930): *Das Hörspiel.* Stuttgart.
PORCELLO, Thomas (2007): „Three Contributions to the ‚Sonic Turn'", ín: *Current Musicology,* Nr. 83, S. 153-166.
POSCHARDT, Ulf (2001): *DJ-Culture. Diskjockeys und Popkultur.* Reinbek.
PRIEBERG, Fred K. (1982): *Musik im NS-Staat.* Frankfurt am Main.
PUDOR, H. (1901): *Phonographische Zeitschrift,* Jg. 2, Nr. 6, S. 59f.
PYTA, Wolfram (2014): „Sinn geben und Opfer fordern", in: *Frankfurter Allgemeine Zeitung* vom 30.9.2014. Online verfügbar unter: http://www.faz.net/aktuell/politik/politische-buecher/martina-steber-bernhard-gotto-herausgeber-visions-of-community-in-nazi-germany-sinn-geben-und-opfer-fordern-13182152.html.

RAABE, Peter (1936): „Wege zur Belebung der Hausmusik“, in: ders.: *Kulturwille im deutschen Musikleben. Kulturpolitische Reden und Aufsätze. Bd. 2.* Regensburg, S. 42-49.

RAJEWSKY, Irina O. (2002): *Intermedialität.* Tübingen/Basel.

RAULET, Gérard (1993): „Die Modernität der ‚Gemeinschaft'“, in: BRUMLIK, Micha/BRUNKHORST, Hauke (Hg.): *Gemeinschaft und Gerechtigkeit.* Frankfurt am Main, S. 72-93.

RAULFF, Ulrich (2001): „Ich höre Radio. Eine Liebeserklärung“, in: *Neue Rundschau*, Jg. 112, Heft 4, S.9-20.

REICHEL, Peter (2006): *Der schöne Schein des Dritten Reiches.* Hamburg.

REYNOLDS, Simon (2012): *Retromania. Warum Pop nicht von seiner Vergangenheit lassen kann.* Mainz.

RIESINGER, Robert (2003): *Der kinematographische Apparat. Geschichte und Gegenwart einer interdisziplinären Debatte.* Münster.

RIMMELE, Lilian-Dorette (1977): *Rundfunk in Norddeutschland 1933-1945. Ein Beitrag zur nationalsozialistischen Organisations-, Personal- und Kulturpolitik.* Hamburg.

RITTER, Rüdiger (2011): „Tönende Erinnerung: Überlegungen zur Funktionsstruktur des akustischen Gedächtnisses. Das Beispiel der Schlacht von Stalingrad.“, in: MAIER, Robert: *Akustisches Gedächtnis und Zweiter Weltkrieg.* Göttingen, S. 31-42.

ROSA, Hartmut (2010): *Theorien der Gemeinschaft. Zur Einführung.* Hamburg.

RÖSING, Helmut (1998): „Musikgebrauch im täglichen Leben“, in: BRUHN, Herbert/RÖSING, Helmut (Hg.): *Musikwissenschaft. Ein Grundkurs.* Reinbek, S. 107-129.

ROUSSEAU, Jean-Jacques: „Essay über den Ursprung der Sprachen“, in: AMMON, Frieder von/BÖHM, Elisabeth (Hg.): *Texte zur Musikästhetik.* Stuttgart, S. 93-104.

RÜHR, Sandra (2008): *Tondokumente von der Walze zum Hörbuch. Geschichte-Medienspezifik-Rezeption.* Göttingen.

RUPPERT, Wolfgang (2006): „Nationalsozialistische Kulturpolitik“, in: *Das ‚Dritte Reich' und die Musik.* Herausgegeben von der Stiftung Schloss Neuhardenberg in Verbindung mit der Cité de la musique. Paris/Berlin, S. 87-92.

SALDERN, Adelheid von u.a. (1998): „Zur politischen und kulturellen Polyvalenz des Radios. Ergebnisse und Ausblicke“, in: MARSSOLEK, Inge/SALDERN, Adelheid von (Hg.): *Zuhören und Gehörtwerden I. Radio im Nationalsozialismus. Zwischen Lenkung und Ablenkung.* Tübingen, S. 361-376.

SANTIS, Ramona S. (2011): „Die Lautsphäre des Zweiten Weltkriegs in den Erinnerungsberichten russischer Zeitzeugen“, in: MAIER, Robert: *Akustisches Gedächtnis und Zweiter Weltkrieg.* Göttingen, S. 43-52.

SARKOWICZ, Hans (2010): „‚Nur nicht langweilig werden…' Das Radio im Dienst der nationalsozialistischen Propaganda“, in: HEIDENREICH, Bernd/NEITZEL, Sönke (Hg.): *Medien im Nationalsozialismus.* Paderborn, S. 205-234.

SCHAFRANEK, Hans/TUCHEL, Johannes (2003): *Krieg im Äther. Widerstand und Spionage im Zweiten Weltkrieg.* Wien.

SCHENK, Michael (2007): *Medienwirkungsforschung.* Tübingen.

SCHMIDT, Leopold (1948): „Volkskunde als Geisteswissenschaft“, in: *Handbuch der Geisteswissenschaften. Bd. 2, Heft 1.* Wien, S. 7-30.

SCHMIDT, Siegfried J. (2000): *Kalte Faszination. Medien, Kultur, Wissenschaft in der Mediengesellschaft.* Velbrück.

SCHMIDT, Uta C. (1998): „Radioaneignung. Radio in der Nachkriegszeit und in den 50er Jahren“, in: MARSSOLEK, Inge/SALDERN, Adelheid von (Hg.): *Zuhören und Gehörtwer-*

den I. Radio im Nationalsozialismus. Zwischen Lenkung und Ablenkung. Tübingen, S. 305-337.

SCHMIDT, Wolfgang (2003): „‚Maler an der Front'. Die Kriegsmaler der Wehrmacht und deren Bilder von Kampf und Tod", in: Arbeitskreis Historische Bildforschung (Hg.): *Der Krieg im Bild – Bilder vom Krieg.* Frankfurt am Main/New York.

SCHMIDTKE, Adrian (2007): *Körperformationen. Fotoanalysen zur Formierung und Disziplinierung des Körpers in der Erziehung des Nationalsozialismus.* Münster.

SCHMIECHEN-ACKERMANN, Detlef (2012): „Einführung", in: ders.: *„Volksgemeinschaft": Mythos, wirkungsmächtige soziale Verheißung oder soziale Realität im „Dritten Reich"? Zwischenbilanz einer kontroversen Debatte.* Paderborn, S. 13-53.

SCHOEN, Ernst (1924): „Festina lente!", in: *Der Deutsche Rundfunk*, Jg. 2, Nr. 48. S. 2895.

SCHOEN, Ernst (1924): „Vom Sendespiel, Drama, der Oper und dem Briefkasten", in: *Der Deutsche Rundfunk*, Jg. 2, Nr. 42, S. 2425f.

SCHOEN, Ernst (1924): „Zukunftsmusik", in: *Der deutsche Rundfunk*, Jg. 2, Nr. 36, S. 2020.

SCHREIBER, Wilfrid (1923): „Des Rundfunks vierte Dimension", in: *Werag*, Nr. 46, S. 5.

SCHRÖDL, Jenny (2012): *Vokale Intensitäten. Zur Ästhetik der Stimme im postdramatischen Theater.* Bielefeld.

SCHRÖDL, Jenny (2013): „Die Energie der Theaterstimme. Einem Phänomen auf der Spur", in: GRONAU, Barbara: *Szenarien der Energie. Zur Ästhetik und Wissenschaft der Immateriellen.* Bielefeld, S. 131-153.

SCHRÖTER, Jens (2004): *Das Netz und die virtuelle Realität. Zur Selbstprogrammierung der Gesellschaft durch die universelle Maschine.* Bielefeld.

SCHUBART, Christian F. D. (2011): „Das eigentümliche innere Wesen der Tonkunst und die Seelenlehre der heutigen Instrumentalmusik", in: AMMON, Frieder von/BÖHM, Elisabeth (Hg.): *Texte zur Musikästhetik.* Stuttgart, S.105-119.

SCHÜLLER, Dietrich (Hg., 1999-2009): *Gesamtausgabe der Historischen Bestände 1899-1950. Serie 1-11.* Wien. In Teilen auch online verfügbar: o.V.: „Tondokumente aus dem Phonogrammarchiv der Österreichischen Akademie der Wissenschaften". Online verfügbar unter: http://www.phonogrammarchiv.at/wwwnew/edition_d.htm#Gesamtausgabe, zuletzt abgerufen unter 03.06.2015.

SCHULZE, Holger (Hg., 2008): *Sound Studies. Traditionen – Methoden – Desiderate. Eine Einführung.* Bielefeld.

SCHUMACHER, Renate (1997): „Radio als Vermittlung von Gegensätzen: ein Resümee", in: LEONHARD, Joachim-Felix: *Programmgeschichte des Hörfunks in der Weimarer Republik. Bd. 2.* München, S. 1196-1208.

SEESSLEN, Georg (2010): *Quentin Tarantino gegen die Nazis. Alles über Inglorious Basterds. Kleine Schriften zum Film: 1.* Berlin

SEIFERT, Jürgen (1971): „Probleme der Parteien- und Verbandskontrolle von Rundfunk- und Fernsehanstalten", in: ZOLL, Ralf (Hg.): *Kritik 4: Manipulation der Meinungsbildung.* Opladen, S. 124-152.

SIDIKOV, Bahodir (2011): „Erhörte Zeit: Akustische Reminiszenzen an den Zweiten Weltkrieg in der russisch-sowjetischen Dichtung", in: MAIER, Robert: *Akustisches Gedächtnis und Zweiter Weltkrieg.* Göttingen, S. 75-98.

SILBERGLEIT, Arthur (1926): „Neue akustische und geistige Wege des Rundfunks", in: *Die Sendung*, Nr. 17, S. 3.

SIMON, Artur (Hrsg., 2000): *Das Berliner Phonogramm-Archiv. Sammlungen der traditionellen Musik der Welt/The Berlin Phonogramm-Archiv 1900-2000. Collections of Traditional Music of the World.* Berlin.

SMITH, Mark M. (2007): *Sensing the past. Seeing, hearing, smelling, tasting, and touching in history.* Berkeley/Los Angeles.

SONNTAG, Brunhilde u.a. (Hg., 1999): *Die dunkle Last. Musik und Nationalsozialismus.* Köln.

SPEHR, Georg (2009): *Funktionale Klänge. Hörbare Daten, klingende Geräte und gestaltete Hörerfahrungen. Sound Studies, Bd. 2.* Bielefeld.

SPIEKER, Sven (2004): *Bürokratische Leidenschaften. Kultur- und Mediengeschichte im Archiv.* Berlin.

SPRUNG, Helga/SPRUNG, Lothar (1995): „Carl Stumpf und die Anfänge der Gestaltpsychologie an der Berliner Universität", in: JAEGER, Siegfried/STÄUBLE, Irmingard/SPRUNG, Lothar/BRAUNS, Hans-Peter (Hg.): *Psychologie im soziokulturellen Wandel – Kontinuitäten und Diskontinuitäten.* Frankfurt am Main., S. 259-268.

STAHL, Heiner (2010): „Mediascape and Soundscape in Cold War Berlin", in: BROADBENT, Philipp/HAKE, Sabine: *Berlin. Divided City, 1945-1989.* New York, S. 56-66.

STAHL, Heiner (2013): „Der Klang der postmodernen Großstadt", in: PAUL, Gerhard/SCHOCK, Ralph (Hg.): *Der Sound des Jahrhunderts. Ein akustisches Porträt des 20. und beginnenden 21. Jahrhunderts.* Bonn, S. 558-563.

STAHL, Heiner (2014): „‚Soundgenerationen'– Eine Perspektive auf kulturelle, technische und soziale Formierungsprozesse am Schnittpunkt zu den Sound Studies", in: GROTHUSEN, Söhnke/MORAIS, Vânia/STÖCKMANN, Hagen (Hg.): *Generation und Raum- Zur symbolischen Ortsbezogenheit generationeller Dynamiken.* Göttingen, S. 252-263.

STAHL, Heiner (2014): „Stadt als Anordnung von Sound und Lärm. Das Auditorische als Ressource der Konstruktion und diskursiven Bewertung von städtischem Raum", in: WARNKE, Ingo H./BUSSE, Beatrix (Hg.): *Place-Making in urbanen Diskursen.* Berlin/München/Boston, S. 191-207.

STAHL, Heiner (2014): „Vom Versprechen der Entlärmung. Geräuschkulissen im Sozialismus. Erfurt 1950-1975", in: *Historische Anthropologie*, Jg. 22, Nr. 3, S. 384-407.

STEBER, Martina/GOTTO, Bernhard (2014): „Volksgemeinschaft: Writing the Social History of the Nazi Regime", in: dies. (Hg.): *Visions of Community in Nazi Germany. Social Engineering and Private Living.* Oxford, S. 1-28.

STEBER, Martina/GOTTO, Bernhard (2014): *Visions of community in Nazi Germany. Social engineering and private lives.* Oxford.

STEINERT, Marlis (1985): *Hitlers Krieg und die Deutschen.* München.

STEINITZ, Wolfgang (1953, 1956): *Deutsche Volkslieder demokratischen Charakters aus 6 Jahrhunderten.* Berlin

STERNE, Jonathan (2003): *The Audible Past: Cultural Origins of Sound Reproduction.* Durham.

STEVENSON, Jill (2006): *Hitler's Home Front. Württemberg under the Nazis.* London.

STINGL, Karl (1925): „Die höhere Sendung des Rundfunks", in: *Funk*, Heft 7, S. 77.

STOCK, Ulrich (2007): „Der Klangfotograph", in: *Die Zeit*, Nr. 12 vom 15.03.2007. Online abrufbar unter: http://www.zeit.de/2007/12/A-L-Scott/seite-6, zuletzt abgerufen am 5.1.2015.

STOFFELS, Ludwig (1997): „Kunst und Technik", in: LEONHARD, Joachim-Felix: *Programmgeschichte des Hörfunks in der Weimarer Republik. Bd. 2.* München, S. 682-724.

STOFFELS, Ludwig (1997): „Rundfunk und die Kultur der Gegenwart", in: LEONHARD, Joachim-Felix: *Programmgeschichte des Hörfunks in der Weimarer Republik. Bd. 2.* München, S. 948-995.

STOFFELS, Ludwig (1997): „Schallplatte und Rundfunk: Symbiose mit Hindernissen", in: LEONHARD, Joachim-Felix: *Programmgeschichte des Hörfunks in der Weimarer Republik. Bd. 2.* München, S. 712-725.

STUIBER, Heinz-Werner/SCHNEIDERBAUER, Christian/WICH, Andrea (1998): *Medien in Deutschland, Bd. 2: Rundfunk.* Konstanz.

STUMPF, Carl (1886): „Lieder der Bellakula-Indianer", in: *Vierteljahresschrift für Musikwissenschaft*, Jg. 2, Heft 4, S. 405-426.

STUMPF, Carl (1908): „Das Berliner Phonogramm-Archiv", in: *Internationale Wochenschrift für Wissenschaft, Kunst und Technik* vom 22. Februar 1908, S. 225-246.

STUMPF, Carl (1911): *Die Anfänge der Musik.* Leipzig.

STUMPF, Carl (o.A.): „Das Berliner Phonogrammarchiv", in: SIMON, Arthur (Hg., 2000): *Das Berliner Phonogramm-Archiv 1900-2000. Sammlungen der traditionellen Musik der Welt.* Berlin, S. 65-84.

SZENDREI, Alfred (1924): „Das akustische Problem des deutschen Rundfunks", in: *Der deutsche Rundfunk*, Jg. 2, Nr. 45, S. 2655f; Nr. 46, S. 2735f und Nr. 47, S. 2811f.

TASCH, Dieter (1987): „Die ‚Grammophon' in Hannover – 100 Jahre Schallplattengeschichte", in: *100 Jahre Schallplatte. Von Hannover in die Welt.* Beiträge und Katalog zur Ausstellung vom 29. September 1987 bis 10. Januar 1988 im Historischen Museum Am Hohen Ufer, Hannover. Hamburg, S. 41-82.

TASIEMKA, Hans (1928): „Gegen den Kabarettkitsch – für Jack Smith.", in: *Der deutsche Rundfunk*, Jg. 6, Nr. 33.

TASIEMKA, Hans (1930): „Krise des Unterhaltungsrundfunks", in: *Der deutsche Rundfunk*, Jg. 8, Nr. 5.

TENNSTEDT, Florian (1987): „Wohltat und Interesse. Das Winterhilfswerk des deutschen Volkes. Die Weimarer Vorgeschichte und ihre Instrumentalisierung durch das NS-Regime", in: *Geschichte und Gesellschaft*, Jg. 13, Heft 2, S. 157-180.

THEWELEIT, Klaus (2000): *Männerphantasien 1+2: Bd. 1: Frauen, Fluten, Körper, Geschichte.* München.

THEWELEIT, Klaus (2007): *Übertragung. Gegenübertragung. Dritter Körper. Zur Gehirnveränderung durch die Medien.* Köln.

TILL, Sabine (2014): *Die Stimme zwischen Immanenz und Transzendenz. Zu einer Denkfigur bei Emmanuel Lévinas, Jacques Lacan, Jacques Derrida und Gille Deleuze.* Bielefeld.

ULM, Renate (2006): „Rundfunkentwicklung am Beispiel des Bayrischen Rundfunks", in: JACOBSHAGEN, Arnold/REINIGHAUS, Frieder (Hg.): *Musik und Kulturbetrieb. Medien, Märkte und Institutionen.* Laaber, S. 46-73.

VERWEYEN, J.M. (1933/1934): „Die Kunst des Rundfunkhörens", in: *Rufer und Hörer*, Jg. 3, Heft 1, S. 1-7.

VOLMAR, Axel/SCHRÖTER, Jens (2013): „Einleitung: Auditive Medienkulturen", in: dies.: *Auditive Medienkulturen. Techniken des Hörens und Praktiken der Klanggestaltung.* Bielefeld, S. 9-34.

WACKENRODER, Wilhelm H. (2011): „Ideen zu einer Ästhetik der Tonkunst", in: AMMON, Frieder von/BÖHM, Elisabeth (Hg.): *Texte zur Musikästhetik.* Stuttgart, S. 120-132.

WALDENFELS, Bernhard (1999): *Sinnesschwellen. Studien zur Phänomenologie des Fremden.* Frankfurt am Main.

WALDENFELS, Bernhard (2004): *Phänomenologie der Aufmerksamkeit.* Frankfurt am Main.

WARBURG, Aby (2003): *Der Bilderatlas MNEMOSYNE.* Herausgegeben von Martin Warnke, Berlin.

WEILL, Kurt (1927): „Vorweihnachten auf allen Wellen", in: *Der Deutsche Rundfunk*, Jg. 5, Nr. 51.

WEINBRENNER, Hans-Joachim (Hg., 1938): *Handbuch des deutschen Rundfunks 1938*. Heidelberg/Berlin.

WESSELS, Horst (2001): „Kommunikative und ästhetische Funktionen des hörfunkdramatischen Bereichs in ihrer Entwicklung bis 1945", in: LEONHARD, Joachim-Felix/ LUDWIG, Hans-Werner u.a. (Hg.): *Medienwissenschaft. Ein Handbuch zur Entwicklung der Medien und Kommunikationsformen. 2. Teilband.* Berlin/New York, S. 1469-1477.

WESSELS, Wolfram (1985): *Hörspiele im Dritten Reich. Zur Institutionen-, Theorie- und Literaturgeschichte.* Bonn.

WILDT, Michael (2007): *Volksgemeinschaft als Selbstermächtigung. Gewalt gegen Juden in der deutschen Provinz* 1919 bis 1939. Hamburg.

WINKLER, Hartmut (1990): „Der Zuschauer und die filmische Technik. Apparatus-Theorien. Frankreich 1969-1975", in: HICKETHIER, Knut/WINKLER, Hartmut (Hg.): *Filmwahrnehmung. Dokumentation der GFF-Tagung 1989.* Berlin, S. 19-25.

WINTHROP-YOUNG, Goeffrey (2011): *Kittler and the Media.* Cambridge.

WITTE, Karsten (1995): *Lachende Erben, Toller Tag. Filmkomödie im Dritten Reich.* Berlin.

WITTENBRINK, Theresia (1997): „Rundfunk und literarische Tradition", in: LEONHARD, Joachim-Felix: *Programmgeschichte des Hörfunks in der Weimarer Republik. Bd. 2.* München, S. 996-1097.

WOLFGANG, Siegbert (1930): „Das Gesicht des Unterhaltungsrundfunks", in: *Funk*, Heft 22, S. 116.

WONNEBERG, Frank (2000): *Vinyl-Lexikon – Wahrheit und Legende der Schallplatte.* Berlin.

WULF, Joseph (1983): *Musik im Dritten Reich. Eine Dokumentation.* Frankfurt am Main.

WULFF, Hans J. (1996): „Parasozialität und Fernsehkommunikation", in: *Medienpsychologie*, Jg. 8, Nr. 2, S. 163-181.

WUNDT, Wilhelm (1912): *Elemente der Völkerpsychologie.* Leipzig.

ZAHN, Wilfried (1987): „Der Künstler auf der Platte", in: *100 Jahre Schallplatte. Von Hannover in die Welt.* Beiträge und Katalog zur Ausstellung vom 29. September 1987 bis 10. Januar 1988 im Historischen Museum Am Hohen Ufer, Hannover. Hamburg, S. 127-144.

ZAHN, Wilfried (1987): „Von der Zinkplatte zur Compact Disc", in: *100 Jahre Schallplatte. Von Hannover in die Welt.* Beiträge und Katalog zur Ausstellung vom 29. September 1987 bis 10. Januar 1988 im Historischen Museum Am Hohen Ufer, Hannover. Hamburg. S.13-28.

ZELNHEFER, Siegfried (1992): „Die Reichsparteitage der NSDAP", in: OGAN, Bernd/ WEISS, Wolfgang W.: *Faszination und Gewalt. Zur politischen Ästhetik des Nationalsozialismus.* Nürnberg, S. 79-94.

ZIEGLER, Susanne (2000): „Die akustischen Sammlungen. Historische Tondokumente im Phonogramm-Archiv und im Lautarchiv", in: BREDEKAMP, Horst/Brüning, Jochen/WEBER, Cornelia (Hg.): *Katalog der Ausstellung „Theatrum naturae et artis" – Wunderkammern des Wissens. Essays.* Berlin, S. 197-206.

ZIEGLER, Susanne (2006): *Die Wachszylinder des Berliner Phonogramm-Archivs.* Berlin.

ZIEGLER, Susanne (2009): „Felix von Luschan als Walzensammler und Förderer des Berliner Phonogramm-Archivs", in: RUGGENDORFER, Peter/SZEMETHY, Hubert D. (Hg.): *Felix von Luschan (1854-1924). Leben und Wirken eines Universalgelehrten.* Wien/Köln/ Weimar, S. 113-140.

ZIMMERMANN, Clemens (2007): *Medien im Nationalsozialismus. Deutschland, Italien und Spanien in den 1930er und 1940er Jahren.* Wien/Köln/Weimar.

ŽIŽEK, Slavoj (1997): „Genieße deine Nation wie Dich selbst! Der Andere und das Böse – Vom Begehren des ethnischen ‚Dings'", in: VOGL, Joseph (Hg.): *Gemeinschaften. Positionen zu einer Philosophie des Politischen.* Frankfurt am Main, S. 133-164.

ZOELLNER, Richard (1927): „Aus München", in: *Der Deutsche Rundfunk*, Jg. 5, Nr. 18, S. 1234.

7.7 Abbildungsverzeichnis